U0861522

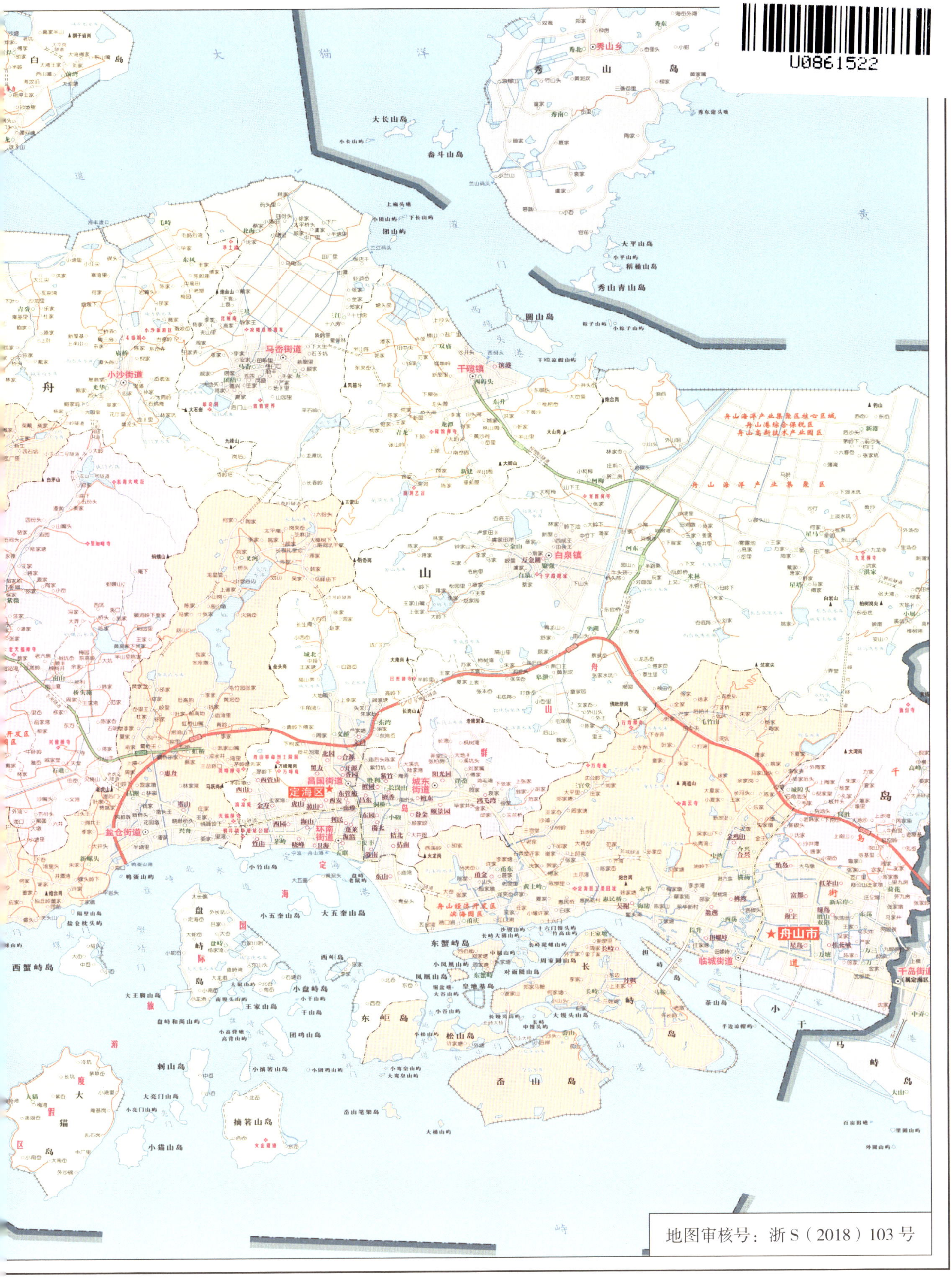

秀山岛
秀山乡
大长山岛
小长山屿
畚斗山岛
大平山岛
稻桶山岛
秀山青山岛
圆山岛
团山屿
灌门
西码头港
大猫洋
黄
白
舟
山
岛
小沙街道
马岙街道
干䃎镇
白泉镇
盐仓街道
昌国街道
城东街道
环南街道
定海区
临城街道
千岛街道
舟山市
舟山海洋产业集聚区核心区域
舟山港综合保税区
舟山高新技术产业园区
舟山海洋产业集聚区
舟山经济开发区
新港园区
千岛
长峙岛
小干岛
马峙岛
盘峙岛
大五奎山岛
小五奎山岛
东蟹峙岛
西蟹峙岛
小盘峙岛
东岠岛
西岠岛
刺山岛
大猫岛
小猫山岛
摘箬山岛
岙山岛
凤凰山岛
茶山岛
大猫山屿
定海港
国际旅游度假区
地图审核号：浙S（2018）103号

2021

DING HAI
YEARBOOK

定海年鉴

《定海年鉴》编纂委员会　编

方志出版社
Publishing House of Local Records

《定海年鉴（2021）》编纂委员会

编委会主任：邵　辉
主　　　编：方思宏
副　主　编：毛　媛

《定海年鉴（2021）》编辑部

主　　任：毛　媛
总　　纂：王英伟
顾　　问：李世庭
责任编辑：王英伟　袁豪臻　吴宏军
制　　图：袁晶晶
彩页摄影：陈炳群 等
英文翻译：袁豪臻
编　　务：陈冬飞

图书在版编目(CIP)数据

定海年鉴. 2021 / 《定海年鉴》编纂委员会编. —北京：方志出版社，2021. 12

ISBN 978-7-5144-5143-6

Ⅰ. ①定… Ⅱ. ①定… Ⅲ. ①区（城市）—舟山—2021—年鉴 Ⅳ. ①Z525. 54

中国版本图书馆CIP数据核字(2022)第043806号

书　　名：定海年鉴（2021）

编　　者：《定海年鉴》编纂委员会

责任编辑：范　静

出 版 者：方志出版社

地址　北京市朝阳区潘家园东里9号（国家方志馆4层）

邮编　100021

网址　http://www.fzph.org

发　　行：方志出版社图书营销中心

电话（010）67110500

经　　销：各地新华书店

印　　刷：舟山市乐诚印刷有限公司

开　　本：889×1194　1/16

印　　张：37

字　　数：1026千字

版　　次：2021年12月第1版　2021年12月第1次印刷

印　　数：001～800册

ISBN　978-7-5144-5143-6　定价：258.00元

· 版权所有　翻印必究 ·

1月10日，中共舟山市定海区第十三次代表大会第四次会议暨区委经济工作会议在舟山剧院召开

区委书记庄继艳作区委工作报告

大会表彰2019年度区级先进集体、先进生产（工作者）

（本版照片陈炳群 摄）

1 月 18 ~ 20 日，舟山市定海区第十七届人民代表大会第四次会议在舟山剧院召开

区人大常委会主任余河通作区人大常委会工作报告

区长侯富光作区政府工作报告

各人大代表分组讨论人大常委会工作报告和政府工作报告

（本版照片陈炳群 摄）

1月17～19日，中国人民政治协商会议第六届舟山市定海区委员会第四次会议在舟山剧院召开

区政协主席车志宽作区政协常务委员会工作报告

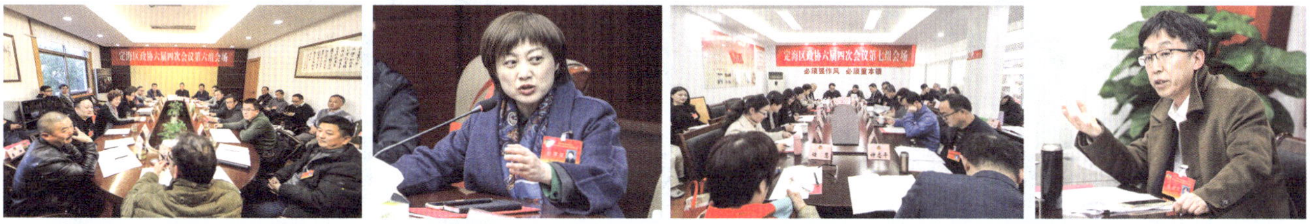

政协委员分组讨论有关工作报告

（本版照片陈炳群 摄）

2月6日，全区新冠疫情防控工作领导小组（扩大）会议召开

5月29日，全区创建全国文明城市决战动员大会召开

（本版照片陈炳群 摄）

10月26日，四川省达州市人大常委会副主任、宣汉县委书记唐廷教带领宣汉县党政代表团到定海考察交流。图为定海区——宣汉县合作缔结友好县区签约仪式

11月25日，党的十九届五中全会精神省委宣讲团在定海区宣讲

（本版照片陈炳群 摄）

2月18日，中共浙江省委书记车俊到定海督查疫情防控和复工复产工作

12月8日，中共浙江省委常委、统战部部长熊建平到定海海洋科学城开展“三服务”活动

（本版照片陈炳群 摄）

3 月 10 日，全省文化和旅游重大项目集中开工仪式舟山分会场活动在南洞艺谷景区举行

3 月 20 日，大洋世家海洋食品制造产业集聚区项目开工仪式在舟山国家远洋渔业基地举行

（本版照片陈炳群 摄）

5 月 19 日，舟山市定海区人民政府和上海市虹口区人民政府战略合作框架协议签署仪式在沪举行

5 月 23 日，国内首条海底高铁隧道金塘海底隧道完成海上钻探工作

（本版照片陈炳群　摄）

6 月 14 日，舟山长宏国际船舶修造有限公司建造的第一艘 2700TEU 集装箱船顺利下水

9 月 29 日，“舟创未来”定海·虹口协同创新中心开园暨 2020 全球海洋经济创业大赛蓝海智造上海城市赛启动仪式在上海举行

（本版照片陈炳群 摄）

12 月 1 日，11 万吨级的马绍尔籍油轮“曼达拉”号靠港册子实华码头进行轻质原油装船作业

12 月 3 日，中储粮集团浙江（舟山）粮食仓储物流项目开工仪式在舟山国际粮油产业园区举行

（本版照片陈炳群 摄）

12月16日，定海区与深圳市盐田港集团有限公司举行盐田港油气产业链项目战略合作协议签约仪式

12月22日，全省“县县通高速”集中通车暨“十四五”综合交通重大项目开工仪式舟山分会场在册子岛小晒网村举行，宣告甬舟铁路项目正式开工

（本版照片陈炳群 摄）

2月9日，来自区中心医院的定海区首批赴鄂支援医护人员郑杰、丁丽娜赴湖北支援新冠肺炎疫情防控工作

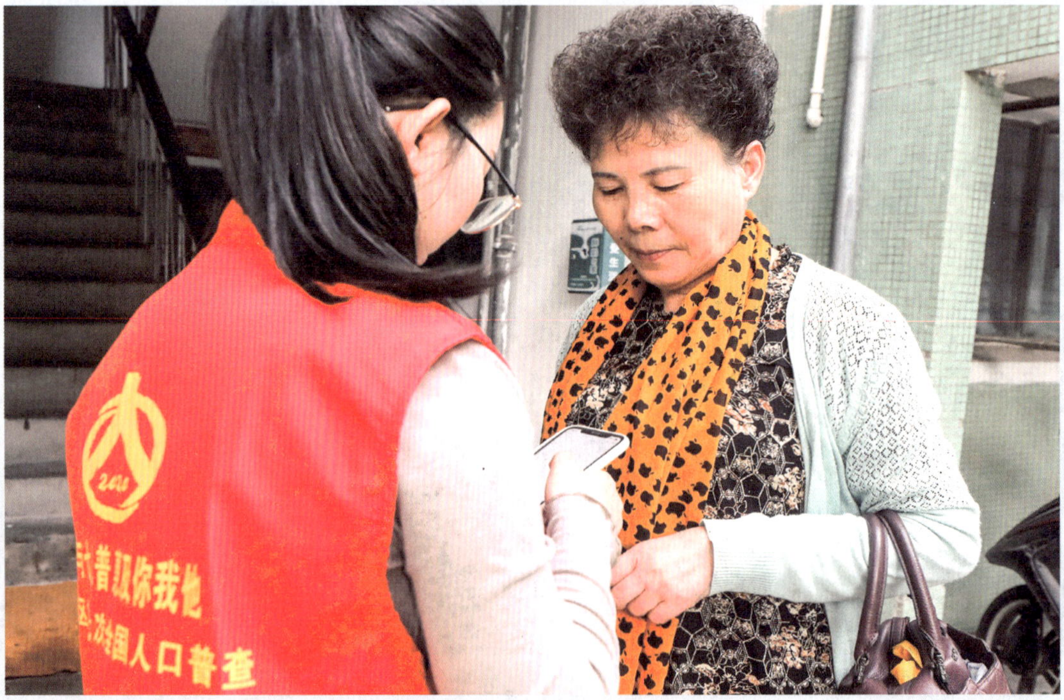

2月28日，定海区第七次全国人口普查工作正式启动

（本版照片陈炳群 摄）

3月2日，舟山市首条自动化口罩生产线在位于定海区白泉镇的舟山潼宇物联网科技有限公司正式投产

3月5日，全国首个“5G+智慧路灯充电桩”在定海凯虹广场投入使用

（本版照片陈炳群 摄）

3 月 11 日，2020 年定海区机关干部春季义务植树活动在盐仓街道举行

4 月 10 日，“春暖古城 · 乐享定海”全民消费季活动举行

（本版照片陈炳群 摄）

7月1日，全区首个商圈邻里服务中心——“阅享城南里”宋都商圈邻里服务中心对外开放

8月28日，定海区经营面积最大的乐星超市在东门交通综合体二楼正式开业

（本版照片陈炳群 摄）

9 月 16 日，东海开渔节暨舟山远洋渔市节启动仪式在舟山国家远洋渔业基地举行

12 月 4 日，定海区举行新时代文明实践中心试点建设工作推进会

（本版照片陈炳群 摄）

1月5日，白泉传奇庄园农场入选2019年度省级示范性青创农场

5月25日，2020浙江定海美丽乡村周活动在干𬒗镇新建村南洞艺谷景区启动

（本版照片陈炳群 摄）

5 月 25 日，小沙街道举办第二届“文韵墨香读书节”活动

6 月 15 日，马岙街道成立全省首个“乡村善治学堂”——舟山乡村善治学堂

（本版照片陈炳群 摄）

6 月 16 日，马岙省级农村综合改革集成示范区项目建设启动

7 月 11 日，嵊泗至定海公路马岙至定海疏港公路工程项目建设加快推进

（本版照片陈炳群 摄）

8 月 13 日，定海区深化生态文明建设示范区创建暨“美丽舟山·绿色人物”颁奖仪式在干磁镇新建村举行

8 月 26 日，干磁镇新建村入选文化和旅游部和国家发展改革委发布的第二批全国乡村旅游重点村名单

（本版照片陈炳群 摄）

10 月 30 日，定海区入选浙江省第四批省级生态文明建设示范市、县名单

12 月 8 日，白泉大河被浙江省水利厅评为省级美丽河湖

（本版照片陈炳群 摄）

1月1日，2020年全国新年登高健身大会（舟山分会场）暨“福在舟山——神行定海”新年登高活动启动仪式在浙江海洋大学东海科技学院举行

4月25日，以“守护家园海岸线”为主题的蓝海守护侠行动在位于环南街道的东岠岛举行。

（本版照片陈炳群 摄）

5 月 24 日，首届中国东海自驾游旅游节在南洞艺谷景区举行

5 月 25 日，改造升级后的马岙博物馆重新开放

（本版照片陈炳群 摄）

6 月 13 日，以 “非遗传承　健康生活” 为主题的 2020 定海区庆祝文化和自然遗产日活动在中大街举行

（陈炳群　拍摄）

10 月 15 日，男生组唱《为了春天而来》获浙江省十九届新作演唱演奏大赛 “三地一窗口” 专场金奖

（王晨溯　拍摄）

11月29日，2020"神行定海山"全国徒步大会暨浙江省登山健身步道挑战赛（定海站）在干碳镇新建社区开赛

12月6日，"活力定海"2020年定海区第六届山地自行车锦标赛在南洞艺谷开赛

（本版照片陈炳群 摄）

12 月 30 日，2020 定海区三团三社文艺成果展演暨 2020 唱响定海·我的文化我的团云展演颁奖典礼在舟山剧院举行

12 月 31 日，2020 中国定海“领尚杯”动感单车比赛在檀枫小学教育集团体育馆举行

（本版照片陈炳群 摄）

编辑说明

一、《定海年鉴》是中共舟山市定海区委、区人民政府主办，由定海区史志研究室组织实施，区属各部门、单位撰稿，经《定海年鉴》编辑部编辑、总纂，并由《定海年鉴》编纂委员会审定的年度地方信息资料性文献。创刊于2004年，坚持“一年一鉴”。《定海年鉴（2021）》为第18部。

二、《定海年鉴（2021）》以马克思列宁主义、毛泽东思想、邓小平理论、“三个代表”重要思想、科学发展观、习近平新时代中国特色社会主义思想为编纂指导思想，系统记述定海区自然、政治、经济、文化、社会、生态建设等方面基本面貌和发展状况，为各级领导资政决策提供依据，为社会各界了解定海提供信息，为研究地情和编修续志积累资料。

三、本年鉴记述时限为2020年1月1日至12月31日，部分内容为保持完整性，适当有所追溯或延伸。

四、本年鉴采用分类法编辑，设类目、分目、条目三个层次，有41个类目、291个分目、1711个条目。类目依次为特载、专记、大事记、区情综述、中共舟山市定海区委员会、中共舟山市定海区纪律检查委员会、舟山市定海区人民代表大会、舟山市定海区人民政府、政协舟山市定海区委员会、民主党派、群众团体、法治、农业农村、海洋渔业、工业经济和信息化、商务、旅游、城区管理与城乡建设、水利水务、环境保护、交通运输、港航、海事、邮政 电信、财政 税务、银行 保险、综合经济管理、应急管理、自然资源与规划、市场监督管理、教育、科技 气象、文化 体育、新闻媒体、卫生健康、人力资源和社会保障、民政、退役军人事务管理、街道（镇）、人物、附录等。全书以条目为主要载体，条目标题加“【】”表示，其中“特载”类目采用综合性文章；“大事记”“人物”“附录”等类目因行文需要，分目下直接记述，不另设条目。卷首有地图1幅、彩页照片66张、中英文目录，正文配图照609张，卷尾附有要目索引和图表索引。

五、本年鉴文字称谓、数字、计量单位、纪年等均按国家有关规定书写，所用数据以统计部门提供为准，统计部门没有的，以职能部门提供的为准。因水、电、气、邮政、电信、保险、水务等均由市属机构统一经营管理，有关这些部门的统计数字与设施建设等内容，市、区难以厘清的，只记其大概。文中“是年”均指2020年，“上年”均指2019年。未具名的省、市、区，均指浙江省、舟山市、定海区。

六、《定海年鉴（2021）》的编纂出版工作在中共舟山市定海区委、区人民政府的领导下，得到区属各部门和街道、镇领导的大力支持，撰稿和编纂人员为年鉴的撰稿、编纂、校对付出了辛勤的劳动，谨此深表谢忱。由于时间紧、成书仓促、水平有限，难免有疏漏欠妥之处，恳请读者批评指正。

目　　录

大事记

区情综述

中共舟山市定海区委员会

中共舟山市定海区纪律检查委员会
舟山市定海区监察委员会

舟山市定海区人民代表大会

舟山市定海区人民政府

政协舟山市定海区委员会

民主党派

群众团体

法 治

农业 农村

海洋渔业

工业经济和信息化

商 务

旅 游

城区管理与城乡建设

水利水务

环境保护

交通运输

港 航

海 事

邮政 电信

财政 税务

银行 保险

综合经济管理

应急管理

自然资源与规划

市场监督管理

教　育

科技 气象

文化 体育

新闻媒体

卫生健康

人力资源和社会保障

民　政

退役军人事务管理

街道 镇

人　物

附　录

索　引

补白：

Contents

Special Reports

Monographs

Chronicle of Events

Dinghai Overview

Dinghai Party Committee of Zhoushan of the Communist Party of China

Dinghai Discipline Inspection Commission and Supervisory Commission of Zhoushan of the Communist Party of China

Dinghai People' s Congress Standing Committee of Zhoushan

Dinghai Government of Zhoushan

Dinghai Committee of Zhoushan of the Chinese People' s Political Consultative Conference

Democratic Parties and Association of Industry and Commerce

Mass Organizations

Rule of Law

Agricultural Economy

Ocean Administration and Fishery

Industrial Economy and Informatization

Business Affairs

Tourism

Urban Administration and Municipal and Rural Construction

Water Conservancy and Water Affairs

Environmental Protection

Transportation

Harbor and Shipping Affairs

Maritime Affairs

Postal Service and Telecom

Finance and Tax

Bank and Insurance

Comprehensive Economic Management

Management of Sudden Public

Natural Resources and Programming

Market Supervision Management

Education

Technology and Meteorology

Culture and Sports

News and Media

hygiene and Health

Human Resources and Social Security

Civil Administration

Veterans Affairs Management

Towns and Streets

Figures

Appendix

Index

决战决胜高水平全面小康　奋力推动花园式国际人文港城建设再上新台阶

——在中国共产党舟山市定海区第十三次代表大会第四次会议暨区委经济工作会议上的报告

中共舟山市定海区委书记　庄继艳

（2020年1月10日）

我代表中国共产党舟山市定海区第十三届委员会向大会作报告。这次大会的主题是：高举习近平新时代中国特色社会主义思想伟大旗帜，争先跨越，争创一流，决战决胜高水平全面小康，奋力推动花园式国际人文港城建设再上新台阶，为早日实现高水平社会主义现代化目标而努力奋斗。

一、全面高质量发展迈出坚实步伐

过去的一年，在省委、市委的正确领导下，区委团结带领全区各级党组织、广大党员和干部群众，自觉践行习近平总书记赋予浙江的新期望，聚焦"'八八战略'再深化、改革开放再出发"的主题主线，围绕打好"五大会战"、建设"四个舟山"，攻坚克难，真抓实干，奋力推进全面高质量发展，推动各项事业取得了新成绩，为实现率先建成"两个高水平"奋斗目标奠定了坚实基础。预计地区生产总值增长6.5%，区本级一般公共预算收入增长4%，城乡居民人均可支配收入均增长8%。连续五年入选全国综合实力百强区。

一年来，我们保持定力加快转型升级，经济发展稳中有进积聚新动能。海洋经济在积极应对各类风险挑战中行稳致远，预计海洋经济增加值增长6.8%。获评省级"腾笼换鸟"考核先进区，规上高新技术产业增加值占规上工业比重超过55%。海洋农副食品加工产品改造、金塘塑机螺杆行业智能化技术改造等省重大项目扎实推进，太平洋海工26000立方天然气储存和再气化驳船入选省装备制造业重点领域首台（套）产品，新增浙江制造"品字标"认证企业2家，沪航物联成功挂牌新三板，华业塑机成为国家首批专精特新"小巨人"企业。数字经济发展行动计划制定实施，全年新注册海洋电子信息、军地融合市场主体37家。现代服务业发展势头向好，金塘文旅健康物流小镇、中谷石化120万立方米油品储运等重大服务业项目开工建设，港口货物吞吐量增速创近年新高。农渔村一二三产业融合步伐加快，定海远洋渔业小镇"三个百亿"目标基本实现，华晟国家级数字化万头规模牧场建成投运。引资引智工作取得新突破，预计实际到位市外资金46亿元、实际利用外资8035万美元，新落户投资超20亿元项目2个，成功引进省部级及以上人才11人、"5313"科技创业领军人才企业8家，实现省"万人计划"①人才入选零突破。

一年来，我们动真碰硬全面深化改革，体制机制加快优化释放新活力。"最多跑一次"改革全面纵深

①"万人计划"：是指用10年时间，遴选1万名左右自然科学、工程技术和哲学社会科学领域的杰出人才、领军人才和青年拔尖人才，给予特殊支持。

推进，66项企业和个人全生命周期“一件事”[①]实现全流程“最多跑一次”，一般企业开办压缩至4小时，企业投资项目竣工验收前审批实现“最多80天”，非涉密敏感政务服务事项100%实现网上办、掌上办，无证明城市建设取得阶段性成效，交通出行、就医挂号等公共领域实现快速自助服务，企业、群众办事更加便利。“亩均论英雄”改革进入攻坚期，产业平台“标准地”供地全面推行，差别化用水用电用能等政策深入实施，一批“低散乱”行业企业关停整治，低效闲置厂房再利用走在全市前列，资源要素配置更有效益。顺利完成党政机构和镇街道机构改革，内设科室数量精简12%，机关内部办事事项100%实现“最多跑一次”，机构职能设置与“最多跑一次”要求更为契合。区国资公司、旅游集团市场化改革取得积极进展。完成农村土地集中连片长期流转2119亩，全域土地综合整治扎实推进。社区村体制改革按时平稳高质量完成，一村一经济合作社完全融合比例达到92.5%，村级运行体制更具优势。

一年来，我们不遗余力建设美丽家园，城市品质全域升级彰显新魅力。创建全国文明城市保持强大攻势，城乡环境综合整治“八大行动”取得明显成效，背街小巷、农贸市场等重点区域环境焕然一新，城区人力客运三轮车退市等难题得到解决。老旧住宅小区改造启动实施，累计改造房屋189幢、31.93万平方米。开工建设安置房项目16个、111万平方米，馨港苑安置小区建成交付。入城口、城市走廊、亲水廊道、城市公园等重要节点加快打造，“绿改彩”“白改黑”[②]等提升工程深入实施，“全景干碗”建设初见雏形，洁净乡村创建实现全覆盖，新建村入选全球净零碳乡村典型案例，皋泄村、叉河村成功创建省级美丽宜居示范村，5条“断头路”“瓶颈路”实现贯通，城市整体品质明显提升。有力保障了大陆引水三期大沙调蓄水库、500千伏联网输变电工程顺利建成，宁波舟山港主通道富翅至岑港段、329国道岑白段全线通车。获评美丽浙江建设工作考核优秀县区，全年空气质量优良率达到96%以上，县级以上饮用水水源地水质达标率100%，大棚房问题专项清理和违建别墅清查整治顺利完成，马岙稻香田园入选全省100个“最美田园”之一。

一年来，我们矢志不渝的创造美好生活，民生福祉持续改善增添新温度。低收入群体增收工作精准有力推进，人均年收入16000元以下低收入家庭动态消除。圆满完成与四川省宣汉县的对口扶贫年度任务。城镇登记失业率连创新低。城乡居民医保门诊慢性病保障扩大至12类常见病种。全年交付保障性住房1591套，完成农渔村住房改造754户。第三社会福利院认知症障碍康复照料区等一批民政设施加快建成，慈善、救济等工作取得新成绩。入选新时代文明实践中心国家级试点，成功创建省公共文化服务重点区、省农村文化礼堂建设示范区，以区图书馆、镇街道图书分馆、城市书房为主要依托的“1小时阅读圈”基本形成，“三毛散文奖”跻身华语散文创作领域顶尖奖项。完成新改扩建学校4所，中小学集团化办学模式调整完善，小沙中学教师陈雪霞被评为全国模范教师。区医疗集团组建成立，悬水小岛健康小屋全部启用，整合型医疗卫生服务体系基本形成。成功夺取平安定海建设十四连冠，区社会矛盾纠纷调处化解中心加快建成，以定海新闻发布厅、“请你来协商”等为依托的民主参与机制更加健全，岑港派出所所长林剑入选央视“2019十大暖新闻人物”，扫黑除恶专项斗争、道路交通安全综合治理成效显著，菜篮子保障扎实有力，安全生产形势总体稳定，人民群众平安获得感不断增强。

一年来，我们坚定不移全面从严治党，铁军队伍有力锻造呈现新气象。党建工作质量持续走在全市前列，党建工作系数法考核全面延伸覆盖，党委（党组）主体责任、书记第一责任、班子成员“一岗双责”、纪委监督责任精准落实，意识形态、网络意识形态、网络安全工作责任制全面实施，大抓党建、抓大党建的工作体系更加完善。机构改革后部门镇街领导班子转隶调配有序推进，公务员职务与职级并行制度稳步实施，10名干部的不实举报得到澄清正名，让有为者有位、为担当者担当成为共识。在全市率先实现农村街道“大工委”全覆盖，村党组织书记、村委会主任“一肩挑”稳步推进，新型社区治理共同体、践行村规民约“星级农户”制度等创新探索取得突

①全生命周期“一件事”：是指围绕公民个人出生到身后、企业准入到退出两个全生命周期，把分散在各个部门的办事事项组装集成为群众和企业眼里的“一件事”。

②“绿改彩”“白改黑”：“绿改彩”是指将绿地实施彩化提升；“白改黑”是指将水泥路面改为沥青路面。

破，基层党组织组织力、战斗力持续增强。查处违反中央八项规定精神问题24起33人，党纪政务处分18人，一批官僚主义、形式主义突出问题得到有力整治。纪检监察派驻机构改革顺利完成，区委巡察持续高标准开展，涉黑涉恶腐败及其保护伞等问题得到严厉查处，“点案说案”警示教育扎实开展，山清水秀的良好政治生态更加巩固。

这一年，我们以强烈的政治自觉和行动自觉，坚持全程高质量、全面高质量，精心组织，推动“不忘初心、牢记使命”主题教育始终聚焦学习贯彻习近平新时代中国特色社会主义思想这一主线，与开展“服务企业　服务群众　服务基层”活动结合起来，与推进花园式国际人文港城建设结合起来，引领全区党员干部全面增强“四个意识”、坚定“四个自信”、做到“两个维护”，把“9+1”专项整治尤其是推进“新官理旧账”贯穿始终，乘势而上解决了灌门航道10万吨级以上船舶禁止通航等一批企业群众基层反映强烈的突出问题，形成了一系列切实可行的思路举措，真正做到走心走深走实，促进了理论大提升、行动大担当、作风大改进。这一年，我们充分发挥区委总揽全局、协调各方的作用，切实加强对人大、政府、政协工作的领导和支持；认真做好新形势下民主党派、工商联、无党派人士以及民族、宗教、侨务和港澳台等工作，团结社会各界人士，巩固发展最广泛的爱国统一战线；重视发挥老干部的优势和作用，支持群团组织创造性开展工作；坚持党管武装，国防动员、后备力量建设、双拥等工作取得新成绩。

各位代表，同志们！过去一年的成绩，是在宏观经济下行压力不断加大、区域竞争日趋激烈、各类因素制约日益显现的情况下取得的，过程充满艰辛、成绩来之不易。这是以习近平同志为核心的党中央集中统一领导和省委、市委正确领导的结果，是全区广大共产党员和干部群众共同努力的结果。在此，我代表中共舟山市定海区委，向全区广大共产党员和干部群众，向老领导、老同志，向各民主党派、工商联、无党派人士和各人民团体，向驻定部队、武警官兵和驻定各单位，向所有关心支持定海发展的海内外朋友们，致以崇高的敬意和衷心的感谢！在肯定成绩的同时，我们也要清醒地认识到，工作中还面临着不少突出问题和挑战。主要表现在：经济总量不大、结构不优的问题依然突出，新兴产业培育成效不够明显，高质量发展的科技创新、人才、项目支撑有待进一步增强；城市品质与先进地区相比还有不小差距，基础设施、生态环境、平安建设等领域短板有待进一步补齐，满足群众美好生活需求还需付出更大努力；党员干部能力水平不高、拼抢意识不强等问题还一定程度、一定范围存在；全面从严治党依然任重道远。所有这些问题，我们必须采取有效措施，认真加以解决。

二、准确把握高水平全面建成小康社会的时代使命

上世纪七十年代末改革开放初期，邓小平同志首次创造性地提出建设小康社会的战略构想。党的十三大，正式提出“三步走”战略目标，描绘了小康社会的发展蓝图。自此，奔小康成为90年代我国经济和社会发展的主题曲。经过二十多年的艰苦奋斗，党的十六大作出了人民生活总体上达到小康水平的重大判断，进一步把全面建设小康社会确定为本世纪前20年的奋斗目标。进入新时代，以习近平同志为核心的党中央统揽伟大斗争、伟大工程、伟大事业、伟大梦想，推动改革开放和社会主义现代化建设取得历史性成就、实现历史性变革。在此基础上，党的十九大向人民、向历史作出庄严承诺，明确到二〇二〇年全面建成小康社会。

一个时代有一个时代的主题，一代人有一代人的使命。今天，站在实现第一个百年奋斗目标的历史关口，决胜全面建成小康社会的历史接力棒已经交到了我们手中。我们要不负时代使命、人民重托，咬定青山不放松，风雨无阻向前行，以必胜信念奋力夺取高水平全面小康历史性胜利。必胜信念，源于对习近平新时代中国特色社会主义思想的坚定信仰。伟大的时代呼唤伟大的理论，伟大的实践孕育伟大的思想。近代以来，在血与火中救亡图存的中华民族，尝试了农民战争、民族改良主义、西方资本主义等各种主张和方案，无一例外未能取得成功。直到十月革命一声炮响，送来马克思列宁主义，中国共产党应运而生。近百年来，我们党从失败中奋起、在挫折中觉醒，不断推进马克思主义中国化，胜利开辟了新民主主义革命道路、社会主义革命道路、社会主义建设道路和中国特色社会主义道路。尤其是党的十八大以来，习近平总书记以马克思主义政治家、理论家的深刻洞察力、敏锐判断力和战略定力，创立形成习近平新时代中国特色社会主义思想，带领人民解决了许多长期想解决而没有解决的难题，办成了许多过去想办而没有办成的大事，迎来了中华民族从站起来、富起来到强起来的伟大飞跃，以雄辩的事实彰显了科学社会主义的鲜活生命力。必须认识到，这是我们最大的政治优势、最强的政治自信。要始终高举旗帜，紧紧跟随核心，坚定理论信仰，确保始终沿着正确的方向前进。必胜信念，源于对当前发展大势的客观认识。暮色苍茫看劲松，乱云飞渡仍从容。虽然，世界大变局加速演变的特征更趋明显，国内经济“三期叠加”的影响持续深化，我们面临的宏观环境复杂多变、变中有忧。但是，全球新一轮科技革命和产业革命方兴未艾，我国经济稳中向好、长期向好的基本趋势没有改变，我们正迎来新一轮创新转型的机会窗口；长三角一体化发展被赋予打造全国发展强劲活跃增长极的更重要使命，以“最多跑一次”改革为总牵引的“八八战略”再深化、改革开放再出发在我省势如破竹，我们正迎来新一轮改革开放的广阔空间；新区系列国家战略叠加实施，绿色石化基地等标志性重大项目加快建成，我们正迎来优势转化的加速通道。必须认识到，这是我们当前发展的基本特征。要始终保持清醒，把准战略全局，从容坚定前行，在克服各类风险挑战中抢抓机遇、再造优势。必胜信念，还源于历届以来定海发展形成的良好势头。改革开放40余年，历届领导班子薪火相传，带领定海人民拼搏奋斗、勇立潮头，历史性地跨越了海岛时代、大桥时代，大步向高铁时代迈进，偏远海岛区位将得到根本性扭转；用活用好深水良港优势，打造了船、油、牛、粮、渔以及海洋科创等重大开发开放平台，现代海洋产业体系更加完备；全面发力品质城市建设，系统推进环境面貌、城市功能、社会民生优化升级，人民生活进入幸福美好新阶段；积极承接理顺市区管理体制，实现了从管农村到管全域的转变，争取到更具主动权的财政体制，定海发展活力得到充分激发。必须认识到，这是我们奋楫扬帆再出发的坚实基础。要始终振奋精神，牢牢咬定目标，勇于担当使命，在新的起点谱写定海发展的新篇章。

艰难困苦，玉汝于成。高水平全面建成小康社会不是敲锣打鼓就能实现的，高质量发展的道路上仍需跋山涉水、奋勇搏击。我们要勇于登高望远。奋进新征程，敢为时代先。主战场、排头兵始终是定海长期发展形成并坚持的自信定位。要进一步坚定舟山发展看定海的境界，自觉为全市发展挑大梁、做贡献，自觉向先进地区看齐，勇于全市争一流、全省争先进，通过每项工作的争先进位，保持定海发展的领跑姿态。要进一步打开立足全局谋定海的眼界，把定海发展置于国家战略、省域发展、新区建设中去审视，找准结合点，谋划推进事关长远的一系列大事要事，实现定海发展的乘势突围。我们要善于超越自我。一切过往，皆为序章。不断超越自我，本来就是高质量发展的内在要求。要坚决克服精神懈怠危险，强化归零的意识和魄力，不忘初心、牢记使命，在高质量发展的新征程上重新出发再创业，加快把既有优势转化为项目、科技、人才的现实竞争力，努力把握主动权、跑出加速度。要切实打破惯性思维和路径依赖，把主观能动性发挥到极致，在领跑“最多跑一次”改革、融入长三角一体化等改革攻坚领域，敢为人先、大胆创新，变不可能为可能。我们要敢于攻坚克难。沧海横流，方显英雄本色。我们现在所处的，是一个船到中流浪更急、人到半山路更陡的时候，是一个愈进愈难、愈进愈险而又不进则退、非进不可的时候。要秉持“功成不必在我、功成必定有我”的政绩观，主动向多年来积累的深层次矛盾开刀，全力攻克重大基础设施、民生服务、生态治理等突出短板，让“一任接着一任干”成为定海党员干部的普遍自觉。要永葆斗争精神，增强忧患意识，敢于斗争、善于斗争，在大事大非面前毫不含糊，在防风险、保稳定中当仁不让，切实守护好定海发展的和谐环境。我们要勤于真抓实干。天道酬勤，事在人为。不干，半点马克思主义都没有。要点燃立说立行的干事激情，全面对标“马上就办”，急企业、群众之所急，雷厉风行，做到日事日毕、高质高效，努力创出新时代高质量发展的“定海效率”。要奉行干则干成的工作信条，全面提升抓落实的能力本领，对确定的目标、议定的工作，无论遇到多大困难都不退缩、不放弃，切实制定路线图、细化时间表，把工作做细、做精、做实，确保高水平全面小康得到群众认可、经得起历史检验。

三、奋力冲刺高水平全面建成小康社会

2020年，是高水平全面建成小康社会和“十三五”规划的收官之年，也是定海加快高质量发展、全力补短板增优势的奋进之年。今年工作的总体要求是：坚持以习近平新时代中国特色社会主义思想为指引，认真贯彻落实党的十九大和十九届二中、三中、四中全会和中央经济工作会议、省委经济工作会议、市委七届八次全会精神，聚焦“‘八八战略’再深化，改革开放再出发”主题主线，围绕打好“五大会战”、建设“四个舟山”，以“三服务”活动为抓手，紧扣高质量发展主旋律，全力以赴补短板增优势，决胜高水平全面建成小康社会，坚定不移全面从严治党，奋力推动花园式国际人文港城建设再上新台阶，为实现高水平社会主义现代化目标打下更加坚实的基础。建议今年全区经济社会发展的主要预期指标是：地区生产总值增长6.5～7%，在高质量基础上能快则快；一般公共预算收入增长5%；城乡居民人均可支配收入分别增长7.5%和8.5%。

围绕上述目标，重点抓好以下三方面工作：

（一）聚焦聚力关键路径，全力办好三件大事

推进创新、开放、城市化，是新时代定海深入贯彻落实供给侧结构性改革、后发赶超增创优势的重要举措，是实现高质量发展的必由之路。要坚定不移贯彻落实新发展理念，聚精会神办好经济发展、改革开放、城市工作三件大事，着力解决好发展中的各种不平衡不充分问题。

发展高质量海洋经济。牢牢把握质量变革、效率变革、动力变革的总要求，全力以赴调结构稳企业增动能。打好产业升级组合拳。瞄准数字产业化、产业数字化主线，深入实施数字经济发展行动计划，加快培育海洋电子信息、军地融合等标志性产业，统筹推进“5G+智能制造”“机器换人”“企业上云”[①]等行动，确保数字经济核心产业增加值增长10%以上。突出重大项目支撑，打好传统产业改造提升攻坚战，积极促成低硫船用燃料油基地、海洋通信新材料产业园落地，加快中天重工二期、中储粮集团浙江粮食仓储、大洋世家海洋食品制造产业园等项目进度，稳步推动石化、船舶、机械、粮油、水产品加工等产业向产业链、价值链高端攀升。强化“亩均论英雄”导向，着力提升经济密度，有序推进“低散乱”落后产能出清，积极盘活低效闲置土地、厂房、岸线，推动资源要素向优势高效领域加速集中。打好企业升级组合拳。把推动企业对接多层次资本市场摆在重要位置，持续用力推进企业上市和并购重组“凤凰行动”，分类开展股份制改造、辅导备案、申报上市梯队培育，积极促成有条件企业重组合作，力争新增主板报会企业1家。致力引导企业专精特新发展，深入实施“雏鹰行动”，统筹推进质量、标准、品牌升级，支持企业高水平建设省级研发中心、工程中心，力争新认定高新技术企业15家以上。不折不扣的落实国家以及省市各类降本减负政策，持续深化联系服务企业制度，营造亲商安商富商良好氛围，助力企业轻装上阵。打好创新能力升级组合拳。聚焦打通科技创新向现实生产力转化“最后一公里”，依托塑机螺杆、远洋渔业等优势产业企业，加快推进产业创新服务综合体建设，不断优化区域协同创新生态。着力完善创业创新孵化服务体系，高水平打造“5313”项目产业园，创建省级小微企业园1家。大力实施人才强区战略，全链条优化引、育、留、用人才生态，发挥世界舟山人、定海籍雁归人才等作用，深化以赛引才、定向引才等模式，加强“高精尖缺”人才引进，强化基础人才梯队培育，努力为高质量发展提供有力的人才支撑。

推进高水平改革开放。始终坚持新区改革开放主战场和桥头堡的定位，高水平做好引进来、走出去、服务好的文章。更大力度推进招商引资一号工程。抢抓新一轮市区财政体制调整的契机，完善与自贸试验区相衔接的政策体系，着力打破利用外资、重点产业培育和扶持等领域的政策差异。发挥专业招商部门及产业平台招商主力军作用，继续实行月度项目对接任务清单制，紧扣自贸试验区、国际农产品贸易中心等建设，瞄准大宗商品贸易、高端装备制造、海洋电子信息、通信新材料等重点领域，深化以商引商、产业链招商等模式，努力拼抢盯引一批基地型、税源型项目。更广领域融入长三角一体化发展。主动出击全方位接轨上海，推进与上海虹口共建协同发展示范区，探索与上海重点科技园区、高等院校、科研院所建立合作机制，加快发展飞地经济，实现借势借智借力发展。积极参与大湾区大通道大花园大都市区建设，深度融入宁波舟山港一体化，持续提升金塘国际集装箱物流岛集疏运功能，积极争取老塘山港区陆港一体化合作开发机制，全力保障甬舟铁路项目实施，谋划推进白泉高铁新城建设，提高区域开放融合水平。更优服务打造一流营商环境。坚持对标世界银行关于营商环境的测评标准，以领跑者的姿态纵深推进“最多跑一次”改革，全面实现80项“一件事”全流程“最多跑一次”，完善企业投资项目“标准地+承诺制+代办制”服务模式，推行外商投资商务备案一日办结、企

①“企业上云”：是指企业以互联网为基础进行信息化基础设施、管理、业务等方面应用，并通过互联网与云计算手段连接社会化资源、共享服务及能力的过程。

业登记信用承诺制度，加快政府数字化转型和“无证明城市”建设，推动“最多跑一次”向更多公共服务领域延伸覆盖，努力打造营商环境最优区。

建设高品质美丽城市。紧扣品质高端、充满活力、独具韵味的海上花园城市建设目标，快马加鞭推动定海全域美丽升级。持续发力城乡环境综合整治。全面推动创建全国文明城市常态化、长效化，确保决战之年万无一失。深化背街小巷等专项整治行动，全面开展乱张贴、乱搭建等问题查漏补缺，健全街道、街巷、社区（村）保洁制度，全面推行垃圾分类，不断擦亮干净有序的城市底色。纵深推进中心城区有机更新。突出重点窗口、重点道路、重点区域，适时推进城市走廊、美丽河道、生态绿道、街景立面、休憩空间等一批提升工程，精心塑造城市亮点。深化南部诸岛保护开发，积极打造省级海岛公园，不断提升定海湾魅力。大力实施城市防洪排涝能力提升三年计划，系统推进五山水利工程、强排泵闸新建、阻水桥闸拆改、管网清淤改造等项目，切实补齐防洪排涝设施短板。持续推进老旧住宅小区改造，高质量建好安置小区，积极破解停车难、行车难等问题，进一步提升城市宜居指数。稳步做好古城核心区保护开发，高标准推进城西未来社区省级试点建设，加快完善商务金融、时尚文化等多元业态布局，引导推动“老字号”品牌向中大街、芙蓉洲路等特色街区集聚，促进提升城市能级和活力。加快推进美丽乡村再升级。突出精品升级和示范带动，聚力打造马岙、小沙、干䃏美丽乡村组团，做好串点连线成片文章，推动美丽乡村“盆景”变为“风景”。加强生态、人文等“美丽”资源的挖掘、嫁接与整合，加快农村宅基地“三权分置”、集体建设用地入市等探索突破，加大生命健康、乡村旅游、现代农业等项目设计与推介力度，全力推动资本、人才、科技下乡，不断拓宽“两山”转化通道，打造美丽经济发展的定海样板。

（二）对标对表刚性要求，坚决打赢三大攻坚战

打赢三大攻坚战，是破解制约全面建成小康社会的重点难点问题、一鼓作气向第一个百年目标冲刺的现实需要。要不折不扣落实中央关于三大攻坚战的最新部署，全力以赴决战决胜，确保高水平全面小康圆满收官。

打赢防范化解重大风险攻坚战。扭住经济金融领域风险关键“牛鼻子”，牢牢守住不发生系统性风险的底线。大力实施融资畅通工程。动态完善企业融资“三张名单”①，深化与人民银行、金融机构对话协作机制，积极搭建政银企服务平台，谋划推动企业债券发行工作，着力解决企业融资难、融资贵问题。放大国家知识产权强县工程试点区建设效应，大力推广商标权、专利权等知识产权质押融资模式，不断拓宽企业融资渠道。加强政府性债务管控。树立“过紧日子”的思想，实行政府投资项目资金保障评估审查，严格控制新增债务，确保当期可承受、长远可持续。充分挖掘国有资产资源潜力，深化国有公司市场化改革，稳步推进地方政府债券发行，积极化解存量债务，妥善解决隐性债务。深化风险源头预防化解。完善金融风险监测预警和早期干预机制，高度关注资金密集型行业企业流动性安全，稳步推进重点两链风险企业帮扶化解工作。加大互联网金融等清理整顿力度，依法打击各种形式的恶意逃废债和非法集资，切实维护良好的区域金融生态环境。

打赢污染防治攻坚战。坚持方向不变、力度不减，切实推动生态环境质量根本好转。大力整治突出环境问题。深入实施蓝天、碧水、净土、清废行动，统筹推进工业废气、汽车尾气、城市扬尘等治理，扎实开展“污水零直排区”“美丽河湖”“品质河道”建设，加快补齐环保设施短板，保持空气质量全国领先，确保市控以上断面水质全面达标，力争创成省级生态文明建设示范区、省级“无违建区”。深入整改中央、省环保督察和国家海洋督察反馈问题，确保销号。加强生态环境保护修复。统筹推进全域土地综合整治、森林定海建设、废弃矿山整治等工作，全域实施抛荒土地复种彩化，努力让环境更具绿色魅力。稳步推进五峙山鸟岛保护性开发，深入实施舟山渔场修复振兴暨“一打三整治”行动，加强海岸线整治修复，不断提升海洋资源环境承载力。健全生态文明建设长效机制。以新一轮国土空间总体规划编制为契机，最大限度拓展发展空间，科学划定生态保护红线、永久基本农田、城镇开发边界三条控制线，优化生态空间布局。全面实施河长制、湖长制、湾（滩）长制，健全源头预防、过程控制、损害赔偿、责任追

①企业融资“三张名单”：是指需要帮扶纾困的企业名单，需要支持的优质企业名单，量大面广、经营正常又需要资金的中小微企业名单。

究的生态环境保护机制。加强生态文明宣传教育，强化公民环境意识，倡导节约适度、绿色低碳、文明健康的生活方式和消费模式，形成全社会共同参与的良好风尚。

打赢精准脱贫攻坚战。坚持不漏一村、不落一人，持续在高质量帮扶、高水平巩固上下功夫。着力提升脱贫攻坚质量。精准推进低收入家庭增收，实施建档对象年度盘点、动态调整和“一户一策”帮扶，完善收入水平略高于达标线边缘群体的巩固提升机制，促进低收入家庭人均年收入达到16000元以上，逐年缩小与农渔村常住居民之间的差距。对标“两不愁三保障”要求，统筹教育、健康、民政、社保等政策资源，完善城乡最低生活保障、大病兜底保障机制，加大病残孤老灾等重点群体救助力度，努力让每个家庭都过上幸福生活。加快发展村集体经济。持续做好社区村体制改革完善“后半篇”文章，积极推进村集体经济“飞地”抱团发展，培育实施一批高质量集体经济发展项目，切实增强造血能力、巩固“消薄”成果，确保90%的行政村集体经济年总收入、经营性收入分别达到30万元和15万元以上。持续做好对口扶贫工作。坚决扛起政治责任，聚焦消除深度贫困，集中精力推进与四川省宣汉县的扶贫协作，确保圆满完成任务，促进当地群众真正脱贫，共享全面小康。

（三）提质提效幸福生活，深入实施民生三大行动

创造幸福美好生活，是践行以人民为中心发展思想、促进改革发展成果共享的本质要求，是做好一切工作的落脚点。要及时回应民生关切，更高水平推进富民惠民安民，不断增强群众获得感幸福感安全感。

深入实施富民行动。围绕鼓起群众“钱袋子”，千方百计增加城乡居民收入。大力实施就业优先战略。进一步完善城乡普惠的就业服务体系，加大针对性在岗培训、技能培训力度，探索建立“企业列清单、群众点菜单、政府来买单”的培训模式，推动群众就业有保障、企业用工有着落。坚持以创业促进就业，完善创业补贴、创业孵化和创业奖励等扶持政策，丰富创业创新大赛模式，支持青年、高校毕业生、退役军人等群体“初始创业”，让大众创业、万众创新蔚然成风。积极推进产业富民。大力培育农民专业合作社、家庭农场、农创客等新型农业经营主体，创新经营主体与农户之间的利益联结机制，推动资源变资产、农民变股东，多渠道增加群众劳务性收入和财产性收入。着力加强社会保障。深入实施全民参保计划，稳步推进社保精准扩面。统筹做好楼市、菜市等保供稳价各项工作，进一步织密民生保障网，让在定海生活更具获得感。

深入实施惠民行动。围绕促进人的全面发展，大力发展优质均衡社会事业。持续打造基础教育最优区。以创建全国义务教育优质均衡区为龙头，加快教育现代化建设步伐，稳步推进中小学校、幼儿园布局调整，加强农村小规模初中学校的整合，推动互联网与教育深度融合发展。持续提高中小学教师研究生及以上学历比例，加大名校长名班主任名教师培养力度，实施农村（海岛）教师支持计划，推行中小学教学全面质量管理，始终保持定海基础教育优势。持续打造高质量健康定海。深化医共体、医联体建设，支持瑞金医院舟山分院发展，进一步做优区中心医院，推进基层医疗机构发展特色专科，持续提升公共医疗卫生服务水平。积极推进医养结合，加大中高端养老机构引进力度，确保干䃭青龙山康养中心项目落地开工。完善示范型居家养老服务中心布局，推进镇街敬老院运营机制改革，探索智慧健康养老模式，不断提高养老服务保障水平。加快推进国家登山健身步道三期等一批体育设施项目，继续办好“神行定海山”全国徒步大会等体育赛事，推动全民健身蓬勃开展。持续打造海洋历史文化名城。进一步提升现代公共文化服务体系内涵，加快城市书房、文化礼堂等布局建设，丰富“三个全民”①公共文化服务供给，更好满足群众文化需求。扎实做好第三届“三毛散文奖”征集评选工作，精心设计系列专题活动，推动三毛名人文化品牌不断走向世界。深化文物古建筑修缮保护与活化利用工作，加强木偶戏、翁洲走书等非遗文化保护传承，让传统历史文化在新时代焕发生机。

深入实施安民行动。围绕守护社会公平正义，全面建设更高质量的平安定海。着力推进社会治理领域“最多跑一地”。高效运作社会矛盾纠纷调处化解中心，规范提升“基层治理四平台”和全科网格建设，完善人民调解、行政调解、司法调解联动工作体系，

① “三个全民”：是指全民阅读、全民学艺、全民善行。

健全信访代办、接诉即办、访调诉调联动、社会风险评估等机制，着力构建上下联动、多元集成的社会矛盾纠纷化解“定海模式”。着力守护社会公共安全。积极推进全域智慧安防，深化实施“雪亮工程”，进一步完善立体化、信息化社会治安防控体系。深入推进扫黑除恶专项斗争，依法严厉打击各类违法犯罪行为。持续提升应急救援能力，压实安全生产属地责任与行业管理责任，常态化开展油品危化、交通运输、食品药品等领域安全隐患大排查大整治，坚决杜绝和遏制重特大事故发生。着力创新基层治理。扎实开展民主法治村创建，深化以新时代文明实践中心国家级试点为引领的德治建设，发扬“洗桥阿婆”精神，发挥乡贤组织、党派服务点等统战基地作用，推动基层党建与基层治理融合发展，完善村民说事、重大事项发布及民意征集反馈等机制，逐步构建人人有责、人人尽责、人人享有的基层社会治理共同体，形成共建共治共享的强大合力。

四、坚定不移推动新时代党的建设走在前列

事业成败，关键在党，关键在人。要以习近平新时代中国特色社会主义思想为根本遵循，牢牢把握新时代党的建设总要求，坚持党要管党、全面从严治党，不断提高党的建设质量，为新时代定海发展提供坚强保障。

永葆绝对忠诚的政治品格。始终把坚决维护习近平总书记党中央的核心、全党的核心地位，坚决维护党中央权威和集中统一领导，融入日常、抓在经常，在政治立场、政治方向、政治原则、政治道路上同以习近平同志为核心的党中央保持高度一致。积极构建不忘初心、牢记使命长效机制，推动各级党员干部学懂弄通做实习近平新时代中国特色社会主义思想，自觉用新思想武装头脑、在新时代展现作为，不断增强“四个意识”、坚定“四个自信”。认真执行党内政治生活准则，常态化落实“三会一课”、民主生活会、组织生活会、民主评议党员等制度，保持积极向上的党内政治文化。旗帜鲜明加强党的全面领导，切实发挥区委议事协调机构作用，支持人大、政府、政协等开展工作，巩固发展最广泛的爱国统一战线，牢牢掌握意识形态工作主动权，凝聚起继续前行的磅礴力量。

锻造务实担当的干部队伍。紧扣新时代好干部标准，突出政治过硬和本领过硬，认真贯彻落实党政领导干部选拔任用工作条例，深化干部考核评价与成果运用，精准为干部“画像”，大力使用敢于担当、实绩突出的优秀干部。深入实施干部能力素质提升工程，高质量开展干部教育培训，完善年轻干部一线历练培养机制，统筹做好女干部、党外干部工作，着力建设结构合理的高素质专业化干部队伍。打好严管厚爱“组合拳”，加强对领导干部日常监督和“八小时之外”管理，探索建立容错纠错负面清单，统筹用好正向激励、澄清保护、职务与职级并行等机制，不断营造干事创业良好氛围。

筑牢坚强有力的战斗堡垒。聚焦推进党建责任实体化，持续完善党建工作系数法，探索实施党建工单机制，推动各级党委（党组）更加自觉种好“政治责任田”。着力提升基层党组织组织力，探索建立基层党组织质量评定管理体系，积极打造区域党建综合体，深化推进基层党建示范带、示范群建设，推动党的建设向社会组织、文化商圈、军地融合等领域有形覆盖，促进基层党建全面进步全面过硬。大力推进村党组织书记和村委会主任“一肩挑”，深化村后备干部队伍梯队建设，严格实行党员积分量化管理，常态化开展软弱后进基层党组织整顿提升，着力形成“支部书记有作为、党员队伍有质量、基层组织有力量”的生动局面。

巩固风清气正的政治生态。严格落实党风廉政建设“两个责任”，持续推行政治生态评估、廉情抄告、问题线索处置等制度，切实把责任扛在肩上，把纪律和规矩挺在前面。完善服务企业服务群众服务基层长效机制，持续改进调查研究，切实走好群众路线。驰而不息纠治“四风”，高标准落实中央八项规定及其实施细则精神，坚决破除形式主义、官僚主义。持续开展区委巡察，做深做实问题整改，确保起到整改一个、提升一片的效果。着力构建一体推进“三不”体制机制，坚持无禁区全覆盖零容忍惩治腐败问题，科学运用监督执纪“四种形态”，充分发挥派驻纪检组“探头”作用，着力打造清廉定海示范线，强化清廉文化宣传和“点案说案”警示教育，努力实现干部清正、政府清廉、政治清明、社会清朗的良好政治生态。

同志们，幸福都是奋斗出来的。让我们更加紧密团结在以习近平同志为核心的党中央周围，在省委、市委的正确领导下，始终以奋进者、搏击者的姿态，决战决胜高水平全面小康，奋力推动花园式国际人文港城建设再上新台阶！

政府工作报告

——在舟山市定海区第十七届人民代表大会第四次会议上

舟山市定海区人民政府区长　侯富光

（2020年1月18日）

我代表区人民政府向大会作政府工作报告，请予审议，并请各位政协委员和其他列席人员提出意见。

一、2019年政府工作回顾

过去一年，是砥砺奋进的一年。一年来，我们在市委市政府和区委的正确领导下，在区人大及其常委会、区政协的监督支持下，自觉践行习近平总书记赋予浙江的新期望，聚焦"'八八战略'再深化、改革开放再出发"的主题主线，围绕打好"五大会战"、建设"四个舟山"，攻坚克难、真抓实干，奋力推进全面高质量发展，较好地完成了区十七届人大三次会议确定的目标任务，为实现率先建成"两个高水平"奋斗目标奠定了坚实基础。预计全年实现地区生产总值增长6.5%，区本级一般公共预算收入增长4%，城乡居民人均可支配收入均增长8%，节能减排各项指标完成省、市下达目标任务。连续第五年入选全国综合实力百强区。

一年来，我们全力调结构促转型，经济发展更加稳健。主导产业转型升级加快步伐，预计区本级规上工业增加值增长8.5%。集装箱船、LNG船等高附加值船舶订单达到63艘，全球最大的2万方LNG加注船开工建设，单柱半潜式深海渔场养殖平台实现国内首制，2.6万方天然气储存和再气化驳船入选省装备制造业重点领域首台（套）产品。油品库容、油气吞吐量分别增长29%、23%，浙石化马目油库230万方、外钓应急油品储运工程55万方油罐投入使用，中谷石化120万方油品储运项目顺利开工，建成石油配套管道35公里。远洋渔业小镇通过复检验收，国内首发中国远洋鱿鱼指数，远洋水产品交易市场建成运营，中农发明珠工业园、圣吉豪水产品精深加工项目启动建设。成功引入全国粮食行业龙头企业中储粮集团仓储物流项目，和润物流40万吨仓储项目基本建成。和泓环保纸业、新奥泛能站等顺利投产。现代服务业蓬勃发展。预计港口货物、集装箱吞吐量分别增长9.3%、10%，外钓油品30万吨级码头投入试运营，金塘大浦口集装箱码头二期工程扎实推进。百悦生活广场、西部商业中心、舟山商贸城等开业运营。南洞艺谷国家级服务业标准化试点项目启动实施。农渔业发展水平不断提升。省级现代农业园区全面建成，新增土地集中连片长期流转面积2119亩、粮食果蔬生产基地3000亩。成功创建国家级农产品质量安全区和马岙省级特色农业强镇，华晟国家级数字化万头牧场建成投运。国内捕捞稳步发展。远洋渔业全产业链总产值增长10%，新启用第3座万吨级远洋渔业专用码头，整合设立远洋渔业南美服务中心。

一年来，我们全力抓落实重创新，改革开放更加深入。全面完成创新发展三年行动，完成工业技改投入20亿元。定海海洋科学城新入驻海洋电子信息、军地融合等企业92家，海洋文创产业园正式运营。新认定省级首批小微企业园3个、省级电子商务产业基地2个，新增高新技术企业18家、省级科技型中小企业50家、浙江制造"品字标"认证企业2家。华业塑机入选国家首批专精特新"小巨人"企业，7412工厂获评省级先进质量管理孵化基地，沪航物联成功挂牌新三板。引进培育省部级以上人才11人、“5313”科技创业领军人才企业8家。制定出台促进民营经济高质量发展实施意见，减税降费7.35亿元，创新推出“续贷通2.0”帮助216家企业无还本续贷11.9亿元，成功促成灌门航道40万吨级空载船舶实船适航。“最多跑一次”改革向纵深推进。全面实现政务服务事项“一网通办”“掌上可办”，“无差别全科受理”镇街全覆盖，做到一般企业投资项目审批“最多80天”，一般企业开办压缩至4小时。盘活闲置厂房7.5万平方米、存量土地1072亩，获评省级“腾笼换鸟”考核先进区。政府机构改革全面完成，市场化运作区国资公司、区旅游集团。完成社区村体制改革完善工作，完全融合率达到92.5%，完成村改居4个。对外开放蹄疾步稳。实际到位市外资金46亿元、利用外资8035万美元，签约落地亿元以上项目13个，成功引进新奥LNG等2个20亿元以上项目和中信重工智能制造机器人项目。实现宁波友邦、浙江润柯等与本地企业重组合作，促成二次招商“凤凰涅槃”项目36个。沪舟甬跨海通道列入《长江三角洲区域一体化发展规划纲要》，大陆引水三期大沙调蓄水库基本建成，500千伏联网输变电工程顺利投运，宁波舟山港主通道富翅至岑港段、329国道岑白段全线通车。

一年来，我们全力提品质强管理，城乡环境更加和美。海上花园城市建设攻坚行动深入推进，城市生活品质和环境风貌全域升级。城中村（旧城）改造全面进入建设阶段，开工建设安置房项目16个111万平方米，建成和平路等5个安置小区，创新推行安置房工地开放日机制。完成老旧小区改造16个189幢，基本完成桔园南区等危房解危。海天大道、环城东路等主要道路完成提升改造，打通和平路、解放桥等断头路、瓶颈路5条，建成昌国路机械停车场。五山公园绿道东山段开工建设，定海公园、海之歌广场完成改造，建成盐仓富都公园。白泉新泉华府等6个农居小区相继建成。创建全国文明城市保持强大攻势。城乡环境综合整治“八大行动”取得实效，547辆城区人力客运三轮车全部退出营运市场。深化美丽乡村建设三年行动全面完成。新建村被联合国列入低碳发展乡村规划案例，集中打造马岙村等风情乡村，叉河村、皋泄村成功创建省级美丽宜居示范村，马岙稻香田园入选全省百个“最美田园”。“蓝天碧水净土清废”四大行动强势推进。空气质量优良率达到96%以上，东方环保、旺能三期投入运营，实现定海工业园区等“污水零直排”。整治修复海岸线28公里，建成“品质河道”15条，盐仓、大沙河库水系获评省级“美丽河湖”。严格落实中央和省级环保督查、国家海洋督查问题整改，全面完成“大棚房”整治①，建立设施农用地全生命周期管理机制，获评美丽浙江建设工作考核优秀县区。

一年来，我们全力补短板增供给，民生福祉更加厚实。高质量办好民生实事项目，民生支出达到32亿元。深入实施低收入农渔户三年帮扶行动，建成扶贫基地10个。城镇登记失业率连创新低，全额代缴困难群体城乡居民养老保险。第三社会福利院认知症障碍康复照料区投入试运营，华康颐养园和3家镇街示范型居家养老服务中心建成启用。交付使用保障房1591套。顺利通过省基本公共文化服务标准化认定，获评省农村文化礼堂建设示范区。蓝理纪念馆、海洋赏石博物馆、“两黄”②公园、柳行民俗文化中心对外开放，白泉、双桥入选省民间文化艺术之乡。“三毛散文奖”跻身华语散文创作领域顶尖奖项，“神行定海山”全国徒步大会、定海极限山地越野赛等品牌影响力不断扩大，获省“群星奖”2项。教育现代化发展水平位居全省前列。定海小学教育集团海滨校区、城北幼儿园建成投用，完成定海六中、原石礁中学改扩建。组建成立檀枫小学教育集团，全面推行小学公益性托管服务，成功创建省级“学习型城市”。区医疗集团成立运行，建成畚金社区卫生服务站和4个悬水小岛“健康小屋”③。区社会矛盾纠纷调处化解中心挂牌成立，信访代办制全面推行。新打造西园新村等“智安小区”6个，持续保持扫黑除恶高压态势。成功创建省“无欠薪”区。整合建立“大安全、大应急、大减灾”应急管理体系，扎实开展道路交通、危化、消防、涉海涉渔等重点领域安全整治，成功夺取平安定海建设十四连冠。圆满完成新中国成立70周年大庆安保维稳任务。

①“大棚房”整治：是指整治违法违规占用耕地建设非农业设施等行为。
②“两黄”：是指晚清经学大师黄式三、黄以周父子，定海双桥人。
③健康小屋：是指在偏远离岛地区，由公共卫生机构建设的具有体检测量、干预指导、健康宣教等功能的场所。

一年来，我们全力抓作风提效能，政府工作更加高效。高质量开展“不忘初心、牢记使命”主题教育活动，“9+1”专项整治深入实施。“三服务”活动成效显著，帮助企业群众协调解决实际问题183个。针对超强台风“米娜”带来的严重影响，全面排查梳理城市内涝短板问题，制定城区防洪排涝能力提升三年行动计划，迅速实施部分积水路段、低洼小区管网和阻水桥梁改造工程。政府数字化转型进一步加快，“浙里办”①“浙里督”②全面推行，“互联网+监管”走在全省前列。扎实推动基层减负，从严控制各类会议和文件数量，社区村台账报表得到清理精简。严格落实党风廉政建设责任制，建筑工程招投标领域专项整治扎实有效，国有资产管理和国有企业资金存放制度进一步完善。坚决贯彻中央八项规定精神，“三公”经费支出下降20%。法治政府建设不断推进，“七五”普法规划深入实施。坚持向人大报告、与政协协商，积极开展“请你来协商”等专题活动，认真办理人大议案建议92件、政协提案159件，满意率达100%。

军政联系更为紧密，四川宣汉对口扶贫年度任务圆满完成，民族宗教、物价、人防、反邪教、外事、爱国卫生、消防救援、反走私、老龄、慈善、供销、税务、气象等工作取得了新成绩。

各位代表，过去的一年，成绩来之不易，这是市委市政府和区委正确领导的结果,是全区上下同心协力、团结拼搏的结果。在此，我代表区人民政府，向全区广大人民和广大建设者，表示崇高的敬意和衷心的感谢！向人大代表、政协委员，向各民主党派、工商联、各人民团体、社会各界人士和离退休老同志，向驻定部队和武警官兵，向关心和支持定海发展的海内外朋友们，表示衷心的感谢！

在取得成绩的同时，我们也要清醒的认识到，全区经济社会发展中的不平衡不充分问题依然存在，主要是：高质量发展的动能还不够强劲，传统产业转型升级、新兴产业培育引进还不够有力，科技创新和人才支撑能力有待增强；城乡建设存在短板，防洪排涝等基础设施还比较薄弱，教育、医疗、养老、文体等公共服务供给不足；精细化管理水平有待进一步提升，社会治理面临不少新情况新问题；一些干部担当意识和服务能力还不够强，形式主义、官僚主义等问题在一定程度上仍存在。对此，我们将在今后工作中采取更加有力的措施认真加以解决。

二、2020年政府工作主要安排

2020年，是高水平全面建成小康社会和“十三五”规划的收官之年，也是定海加快高质量发展、全力补短板增优势的奋进之年。从宏观形势看，世界大变局加速演变的特征更趋明显，全球动荡源和风险点显著增多，国内经济“三期叠加”的影响持续深化，但经济稳中向好、长期向好的基本趋势没有改变，长三角一体化发展战略加快实施，为定海新一轮发展提供了广阔空间。根据区第十三次党代会第四次会议暨区委经济工作会议精神，我们要准确把握高水平全面建成小康社会的时代使命，全力办好经济发展、改革开放、城市工作三件大事，坚决打赢防范化解重大风险、污染防治、精准脱贫三大攻坚战，深入实施富民惠民安民三大民生行动，以必胜信念奋力夺取高水平全面小康历史性胜利。

根据区委的战略部署，今年政府工作的总体要求是：坚持以习近平新时代中国特色社会主义思想为指引，认真贯彻落实党的十九大和十九届二中、三中、四中全会，以及中央、省委经济工作会议和市委七届八次全会精神，聚焦“‘八八战略’再深化，改革开放再出发”主题主线，围绕打好“五大会战”、建设“四个舟山”，以“三服务”活动为抓手，紧扣高质量发展主旋律，全力以赴补短板增优势，决胜高水平全面建成小康社会，奋力推动花园式国际人文港城建设再上新台阶，为实现高水平社会主义现代化目标打下更加坚实的基础。建议今年全区经济社会发展的主要预期指标为：地区生产总值增长6.5～7%，在高质量基础上能快则快；一般公共预算收入增长5%；城乡居民人均可支配收入分别增长7.5%和8.5%。

为实现上述目标，我们要以主动进取的干劲、勇争前列的拼劲、攻坚克难的闯劲，立足新时代、践行新思想，顺应新形势、抢抓新机遇，营造心齐、气顺、劲足、实干的良好局面，沿着“创新、开放、城市化”的发展路径，全力推进经济社会高质量发展。重点抓好以下六方面工作：

①浙里办：是指一款基于浙江政务服务网一体化平台的便民服务APP，囊括“掌上办事”“掌上咨询”“掌上投诉”三大核心功能板块，以及查缴社保、提取公积金、交通违法处理和缴罚、缴学费等数百项便民服务应用。

②浙里督：是指浙江省打造的全国首个综合性“互联网+督查”平台。

（一）聚焦改革开放创新，全力激发区域发展活力

坚持向开放要潜力。重点实施开放动能、开放平台、开放空间拓展行动，全方位打造开放发展新高地。狠抓招商引资“一号工程”，坚决打好招商引税攻坚战。全面更新产业扶持和招商政策，聚焦先进智能制造、海洋电子信息、新能源新材料等领域实施精准招商、全产业链招商，力争引进烯宇新材料、海容科技、海洋潮流能等意向项目。坚持“以商引商”“一商多招”，大力推动中集集团等央企的关联企业和业务落户定海，加快引进一批税源型企业。深度融入浙江自由贸易试验区等国家战略，全力建设对外开放主阵地。依托西部国际化油品储运交易基地推进油气全产业链发展，保障浙石化马目油库、舟山液化天然气管输项目顺利运营，争取实施低硫船用燃料油项目，拓展油品期货交割和现货贸易。努力将舟山国际粮油产业园区打造成为长三角重要的粮油集散加工贸易基地，确保中储粮项目顺利开工，推进老塘山港区陆港一体化合作开发，争取进口粮食保税交易政策取得突破。力争实现国家远洋渔业基地“三个百亿”①目标，推进大洋世家海洋食品制造产业园、南极磷虾捕捞加工一体化项目建设，开展葡语系、“一带一路”沿海国家过洋性渔业合作，探索实施境外养殖项目。确保澳牛进境加工项目建成投产。抢抓长三角一体化发展战略机遇，构建区域合作新格局。积极参与上海都市圈“1+8”②协同发展，主动承接高端制造、航运物流等优质转移项目，推进与上海虹口共建协同发展示范区。主动融入甬舟一体化发展，加强与北仑、镇海等地的产业协作，谋划打造金塘甬舟一体化示范区，全力保障甬舟铁路、宁波舟山港主通道建设。

坚持向创新要动力。深入实施创新平台、创新主体、创新人才提升工程，全力抢占区域竞争制高点。积极打造高能级科创平台。建成运营定海工业园区科创培育中心，推动初创型科技企业向海洋科技创业园等6个小微园区集聚。提升金塘塑机螺杆和远洋渔业产业创新服务综合体运行效能，探索建立船舶海洋工程领域创新服务平台。着力打造创新企业梯队。支持企业扩大技术创新投入，新增高新技术企业15家、省级科技型中小企业40家、省级企业研发机构2家以上。组建海洋电子信息产业创新联盟，与航天五院等科研院所共建海洋北斗卫星应用、海洋可视系统等研究中心。培育麦克斯韦、中电海通等“专精特新”企业，新增“隐形冠军”企业2家。深入实施凤凰行动，争取企业主板报会实现突破。推进国家知识产权强县工程试点建设，全力保护企业创新成果。加快集聚多层次创新人才。积极打造“5313”特色产业园，引进高端创业项目和团队，探索建立上海人才飞地。发挥世界舟山人、定海籍燕归人才作用，加快“高精尖缺”人才引进，加强“定海智库”人才储备。建立完善人才发现培养激励机制，打响“蓝海智造”创业品牌，推进小洋岙、蔡家墩人才公寓建设。

坚持向改革要活力。努力在关键领域和重要环节取得新突破，不断增创体制机制新优势。推动“最多跑一次”改革延伸扩面。全力打造营商环境最优区，推进“证照分离”改革，完善企业投资“标准地+承诺制+代办制”服务模式，推行外商投资商务备案一日办结、企业登记信用承诺制度。全面实现80项个人和企业全生命周期“一件事”③全流程“最多跑一次”，着力建设“无证明城市”。建成使用定海审批办证大楼，实现村级便民服务站全覆盖。持续推进“亩均论英雄”改革，全面整治淘汰亩均税收低于1万元的低效企业，盘活利用闲置厂房12万平方米以上。持续推进国有企业改革，逐步实现政企分离、市场化运作。全力打造信用定海，建立完善公共信用评价和信用联合奖惩机制。

（二）加快产业结构调整，切实增强经济综合实力

着力打造“定海制造”升级版。坚定不移贯彻新发展理念，推动制造业向高端化规模化数字化转型，引领带动工业经济高质量发展，实现区本级规上工业增加值增长6%。深入实施船舶工业高质量发展行动，引导长宏国际、太平洋海工等企业研发制造特种船舶等高附加值产品，拓展大型钢构件等制造贸易业务，促进临港装备制造向价值链上游攀升。扎实推进制造

① “三个百亿”：是指实现远洋捕捞及相关服务业产值100亿元、远洋水产品加工产值100亿元、远洋水产品贸易额100亿元。

②上海都市圈“1+8”：是指上海和苏州、无锡、南通、宁波、嘉兴、舟山、常州、湖州城市群。

③个人和企业全生命周期“一件事”：是指围绕公民个人出生到身后、企业准入到退出两个全生命周期，把分散在各个部门的办事事项组装集成为群众和企业眼里的“一件事”。

业改造提升行动，加快实施中天重工二期、优众新材料、海富海洋生物科技等项目，开工建设森森智能制造基地、浙交工大桥配套设备生产基地，规划建设中小企业产业园。加快实施数字经济发展行动计划，推进塑机螺杆、海洋农副产品加工省级传统产业智能改造项目，培育数字经济核心企业3家，建成“数字长白岛”。打好“5G+智能制造”组合拳，建设一批“数字工厂”“智能车间”，实施“两化融合”项目8个。

积极发展现代服务业。更多依靠市场机制和现代科技创新，推动生产性生活性服务业延伸升级，积极争创省级服务强区。深入实施融资畅通工程，谋划建立定海金融联盟，深化企业无还本续贷、循环贷等还款服务，着力打通民营和中小微企业融资“最后一公里”。创新发展航运物流和海事服务，大力拓展粮食“散改集”多式联运、远洋渔船保税油加注等业务，进一步提升信息咨询、金融法务等海事服务能力。推进大洋世家、森森集团等企业电子商务平台建设，引导凯虹、三农等企业打造线上商城，拓展“网红带货”“网上直销”等产品销售渠道。加快小洋岙商业综合体、盐仓宝龙新天地建设，引入品牌企业整体打造义桥综合大楼。培育海滨新天地、蓝邻知己等社区邻里中心，建设一批省级商贸镇、商贸街。积极创建省级全域旅游示范区，争创南洞AAAA级景区，加快黄沙秘境观海、联众欢庭等精品民宿建设。保持房地产和建筑业平稳健康发展。

培育壮大新兴产业。立足自身产业基础优势，瞄准蓝海产业和更大规模市场，培育发展战略性新兴产业集群。深化定海海洋科学城“一城三园”建设。系统性打造智慧海洋产业链，支持中电科海洋通信、浙江国星、至控智能等企业向海洋感知通信等专业方向发展，积极争取国家和省级智慧海洋项目落地，谋划建设科学城二期项目。推进军地融合高新技术产业园建设，加快实施北鲲百吨级无人艇、巨洋航天涉海技术研发等合作项目，积极引进4805集团特装中心等标杆项目。高质量运营海洋文创产业园，培育发展创意设计、影视传媒、动漫游戏等产业，打造舟山非遗文化体验游学基地。规划建设海洋通信新材料产业园，围绕绿色石化基地建设打造上下游产业集群，积极招引落地先进信息材料等领域龙头企业。着力打造大健康产业园，培育引进高端医疗保健、健康养生等产业，开工建设青龙山康养项目。

（三）提升城市发展质量，积极打造优美人居环境

加快推进城市开发建设。坚持高起点规划、高标准建设，全力推动城市高质量发展。全面优化城市发展空间布局，科学编制国土空间规划，推进主体功能区划、土地利用总体规划、城乡规划、生态功能区划等“多规合一”。深化古城、定海湾、高铁新城等重点区块规划研究，进一步提升城市形象。持续推动城市有机更新，有序推进拆迁地块土地出让和后续开发，布局完善教育、医疗、养老等公共配套设施。启动实施城西“未来社区”省级试点项目。积极推进金塘小城市培育工作。继续支持新城建设。

着力提升城市品质形象。紧扣品质高端、充满活力、独具韵味的海上花园城市建设目标，加快实现城市美丽升级。着力推动城中村（旧城）改造区块“华丽蝶变”，加快建设工农路、小洋岙等16个安置项目，完成老旧小区住宅改造420幢。高标准打造以定海湾、古城核心区、五山公园绿道为核心的“全景港城”，加快建设定海体育公园等沿湾精品建筑群，积极引入知名开发商整体打造竹山门区块，基本建成五山公园绿道东山段。扎实推进定海古城复兴行动，启动打造太平弄区块，深入挖掘“十五古”文化精髓，推动“老字号”品牌向中大街、芙蓉洲路等特色街区集聚，推进文物古建筑修缮保护与活化利用。完善城市交通路网，建成定马公路迎宾大道，推进西山路、双拥路等主干道路改造建设，实施昌国路、甬东路“白改黑”，打通总府路延伸段等断头路、瓶颈路4条，推行“智慧停车”“共享停车”。坚持“海绵城市”理念，全面实施城区防洪排涝能力提升三年行动计划，开工建设五山水利工程和城北湿地公园，启动建设丰产碶、利民闸等3个强排泵闸，拓宽整治城西河、庆丰河及出海浦道，推进低洼小区、重点道路管网和阻水桥闸改造。开工建设盐仓富虹公园，建设一批亲水廊道、城市绿道，打造更加宜居宜业的精品城区。

持续加强城市精细管理。以“绣花”功夫推进城市管理精细化、科学化、智能化，确保全国文明城市创建决战决胜。持续发力创城薄弱环节，深化“门前三包”、交通秩序等常态化长效化管理机制，不断扩大“城市啄木鸟”等特色志愿活动参与度。推进环卫市场化改革，建成青岭环卫综合服务中心。开展生活垃圾精准分类示范行动，创建6个省级示范小区。深

化智慧城管“一中心四平台”①建设，提升城市管理问题收集受理处置响应速度。争创省级“无违建区”。

切实加大生态保护力度。严格落实生态环境保护责任，着力攻坚污染防治，高质量创建省级生态文明建设示范区。坚决打好“蓝天保卫战”，淘汰35蒸吨以下燃煤锅炉，保持空气质量稳定提升。深入推进治水治污，实施水库河网及雨污管道清淤改造工程，加快三江污水处理厂建设，打造一批“品质河道”“美丽河湖”。不断提升危废固废处置监管能力，推进纳海固废、同舟环保等项目建设。争创册子大皇山国家级绿色矿山。认真抓好中央和省级环保督察问题整改，着力解决一批突出的环境问题。

（四）践行乡村振兴战略，扎实推进“三农”全面发展

推动农渔业高质量发展。坚持保供给、保安全、创特色，加快海岛农渔业规模化、特色化、生态化发展，打造部省共建乡村振兴示范区和全国农村一二三产业融合发展先导区。改造建设高标准农田6000亩，建成绿色农产品生产基地380亩，整合提升一批粮食生产功能区和畜禽养殖场，切实加强粮食、生猪等重要农产品供给能力。做大做强绿色粮油、特色果蔬、农旅休闲产业经济，加快实施良海粮油二期、省直属粮库三期、三农批发市场二期项目，推进马岙康养田园综合体、小沙百果园等农旅示范项目建设，积极创建小沙省级特色农业强镇和新建省级休闲乡村。做优做精“定海山”农产品公共品牌，改良提升晚稻杨梅、皋泄香柚等特色农产品的品质，增设农产品展销实体店。全力打造远洋渔业现代化专业母港，实施西码头中心渔港扩建改造，发展壮大远洋渔业船队。

加快建设美丽乡村。深入推进“千村示范、万村整治”工程，协调推进乡村振兴和新型城镇化战略，加快形成城乡融合、全域美丽的新格局。牢牢把握“五美”②目标要求，持续深化城镇功能更新和环境整治，积极创建马岙等特色示范美丽城镇。全力打造新时代美丽乡村示范区，精心建设庙桥等风情乡村，加快创建9个省市的历史文化村、精品示范村，串联打造中西部乡村景观线。全域提升洁净乡村建设，开展主干道路沿线农业设施用房和环境问题的整治行动，推广村民自治卫生保洁的监督机制。健全自治、法治、德治、智治相结合的乡村治理体系，打造善治乡村6个以上。

实施富村惠农行动。坚决补齐全面小康“三农”领域短板，切实做好社区村体制改革完善的后半篇文章，有效推进农民增收、农村富裕。深入实施低收入农户的高水平全面小康计划，实现低收入农户年收入增长10%以上。大力开展“两进两回”③行动，切实增强村集体的造血能力、巩固“消薄”成果，组织实施集体经济发展项目27个，力争行政村集体经济年总收入、经营性收入分别达到30万元和15万元以上。统筹推进农村宅基地“三权分置”改革④和农合联改革，实施新螺头等3个全域土地整治工程，探索集体经营性建设用地入市。加大农村基础设施建设力度，提前完成农村饮用水达标、提标三年行动计划，建设强排泵站9座、陆岛交通码头3座，争创全国“四好农村路”示范县。

（五）促进社会事业发展，加快补齐民生领域短板

提高社会保障水平。坚持以人为本、精准施策，建立完善全方位兜底线的社会保障体系。推行实施“一户一策”帮扶机制，促进低收入家庭人均年收入达到16000元以上。大力支持高校毕业生等群体就业创业，探索建立“定岗式”培训就业模式。完善退役军人服务保障体系，打造枫桥式退役军人服务站。深入实施全民参保计划，稳步推进社保精准扩面。对标“两不愁三保障”⑤要求，进一步完善城乡最低生活保障、大病兜底保障机制。加大病残孤老幼等重点群体救助力度，实施特殊人群消防安全关爱工程。完善镇街敬老院运营机制，开工建设城西社会福利中心，新建镇街示范型居家养老服务中心4个。扎实开展残疾人精准康复服务，推进省级无障碍社区建设。

加强公共服务供给。加快教育文化卫生事业发

①一中心四平台：是指指挥中心和日常管理、应急指挥、公共服务互动、决策分析平台。

②五美：是指功能便民环境美、共享乐民生活美、兴业富民产业美、魅力亲民人文美、善治为民治理美。

③两进两回：是指科技进乡村、资金进乡村、青年回农村、乡贤回农村。

④农村宅基地“三权分置”改革：是指落实宅基地集体所有权，保障宅基地农户资格权和农民房屋财产权，适度放活宅基地和农民房屋的使用权。

⑤ 两不愁三保障：是指不愁吃、不愁穿，义务教育、基本医疗、住房安全有保障。

展，努力满足群众对美好生活的新期盼。坚持教育利民。启用定海六中新校区、育才学校双桥校区以及和平路幼儿园，加快城关二幼和奋斗岙、小洋岙等幼儿园建设，推进农村小规模初中整合提升。深入实施“三名”[①]工程，建成名师工作室25个。坚持文体惠民。推进国家登山健身步道三期建设，新建城市书房2家、农村文化礼堂8个。积极开展“送书走万家”等文体活动，打造“阿婆桥”精神地标，推动“三毛散文奖”等名人文化品牌走向世界。坚持医疗便民。深化医共体、医联体建设，进一步完善远程医疗、分级诊疗、双向转诊体系。促进区中心医院和瑞金医院舟山医院分院发展，打造基层医疗机构“一院一品牌”特色专科。

加快社会治理现代化。推进新时代文明实践中心国家级试点建设，争创平安定海星级金鼎。积极推进社会治理领域“最多跑一地”，高效运作社会矛盾纠纷调处化解中心，规范提升“基层治理四平台”和全科网格建设，强化源头治理和社会风险评估，提高初信初访办理质效。持续推进扫黑除恶专项斗争，构建全域智慧安防体系，建设一批“智安小区”。建立完善金融风险监测预警和早期干预机制，帮扶化解重点企业两链风险。构建完善应急管理体系，建立防洪抗台一体化精准管控机制，组建应急救援专业团队，加强设备物资配置。压实安全生产属地责任、主体责任和主管责任，切实加强危化企业、海陆交通、食品药品等重点领域的监管力度，坚决杜绝和遏制重特大事故发生。

（六）加强政府自身建设，不断提升办事执行能力

旗帜鲜明讲政治。始终把政治建设摆在首位，不断增强“四个意识”、坚定“四个自信”、做到“两个维护”，自觉在思想上、政治上行动上同以习近平同志为核心的党中央保持高度一致。坚持把加强党的全面领导贯彻到政府工作的各方面、各环节，努力打造政治过硬、忠诚可靠、善作善成的定海铁军。

真抓实干勇担当。始终把“六稳”落脚点建立在稳企业上，制度化开展“三服务”活动，严格落实降本减负政策，持续深化重点项目专班制度，细化完善“一企一策”帮扶举措，全力帮助企业解决实际问题。深入实施“两强三提高”行动计划，推动区长坐堂“最多跑一次”向基层延伸，完善重点工作实绩晾晒机制，坚决打好政策处理、民生问题等“最后一平米”攻坚战。深化政府数字化转型，高效应用“浙里办”“浙政钉”和机关内部“最多跑一次”协同办事系统。

持之以恒强法治。深化法治定海建设，培育基层法治政府建设“最佳实践”，严格规范公正文明执法。推进依法科学民主决策，推行政务公开标准化建设，完善法律顾问决策咨询机制。巩固深化行政复议体制改革，促进政府工作法制化、规范化。健全协商监督体系，主动接受人大法律监督、政协民主监督、社会舆论监督，自觉接受审计监督、统计监督。

清正廉洁作表率。认真落实全面从严治党主体责任和“一岗双责”，积极营造风清气正的政治生态。坚持政府过“紧日子”原则，实行政府投资项目资金保障评估审查，严控一般性项目支出和日常公用支出。严格落实基层减负二十条意见，坚决破除形式主义、官僚主义。深入推进招投标、扶贫民生、“小微权力”等重点领域专项治理，严查违规、违纪、违法行为。

各位代表，惟其艰难更需勇毅，逆势飞扬方显担当，让我们高举习近平新时代中国特色社会主义思想伟大旗帜，在中共舟山市定海区委的正确领导下，团结依靠全区人民，只争朝夕，不负韶华，干出逆周期经济飞扬新气象，为决战决胜高水平全面小康，奋力推动花园式国际人文港城建设再上新台阶而努力奋斗！

①“三名”工程：是指名校长、名班主任、名教师培养工程。

舟山市定海区人民代表大会常务委员会工作报告

——在舟山市定海区第十七届人民代表大会第四次会议上

舟山市定海区人大常委会主任　余河通
（2020年1月19日）

我受舟山市定海区第十七届人民代表大会常务委员会的委托，向大会报告工作，请予审议。

2019年主要工作回顾

2019年，是中华人民共和国成立70周年，是加快全面高质量发展、谱写花园式国际人文港城建设新篇章的奋进之年，也是地方人大设立常委会40周年。过去一年，常委会在中共舟山市定海区委的坚强领导下，高举习近平新时代中国特色社会主义思想伟大旗帜，深入学习贯彻党的十九大、十九届四中全会精神，全面贯彻落实中央和省、市、区重大决策部署，聚焦工作大局，依法履职尽责，主动担当作为，较好地完成了区十七届人大三次会议确定的目标任务。全年共召开常委会会议13次、主任会议17次，听取和审议"一府一委两院"工作报告42个，作出决议决定22项，充分发挥了地方国家权力机关的作用。

一、聚力全区工作大局，积极推动经济社会高质量发展

常委会积极践行新发展理念，坚持把服务大局贯穿于人大工作的全过程，突出正确有效的监督，助推经济社会向全面高质量发展迈出坚实步伐。

*力推经济提质增效。*关注全区经济总体运行态势，加强对计划执行和全口径预算审查监督，听取和审议了国民经济和社会发展计划、财政预算上半年执行情况等报告，通过认真审议，提出针对性意见，政府积极破解各类要素制约，努力推动经济稳健发展。在深入调研的基础上，专题审议民营经济高质量发展情况报告，围绕转型升级举措落实、综合竞争能力提升、发展要素保障提出要求，推动政府及时出台相关扶持支持政策，着力优化发展环境，民营经济发展后劲有了新的增强。高度关注政府隐性债务化解工作，督促政府在积极融资促发展的同时，有效防范政府债务风险。认真履行人大国有资产监督职能，积极推进国有资产报告制度的建立和实施。首次审议了全区行政事业单位国有资产管理情况，并就提高管理工作质效、妥善解决历史遗留问题、规范制度建设等方面提出意见要求，促进政府有效盘活存量资产，更好地保障履职、服务发展。强化对审计查出问题整改情况的跟踪监督，专题听取政府整改情况报告，推动政府及时改进规范。审计反映的预算编制细化不够、专项资金拨付滞后、项目招投标不规范等问题基本整改到位，切实维护了人大监督的权威性和审计监督的严肃性。

*依法决定重大事项。*行使重大事项决定权，是人民代表大会制度的重要内容。按照中央和省、市有关文件精神，及时修订讨论决定重大事项的规定，完善相关工作程序和机制，促进决策的民主化、科学化、规范化，保证区委决策部署得到全面贯彻和有效执行。加强年度财政预算审查监督，对预决算安排的合法性、完整性、可行性以及重点支出、重大投资项目等进行认真审查，批准了2018年度区本级财政决算和2019年度区地方债务限额和预算调整方案。高度关注城乡教育布局完善，着力推进基础教育最优区打造，

根据全区经济社会发展状况，作出批准《定海区2018—2022年中小学布局调整规划》的决定。同时，坚持对常委会决议决定的跟踪问效，综合运用听取审议专项报告、专题调研、代表视察等多种方式进行督查，推动各项目标任务的落实。

助力城市品质提升。全国文明城市创建是一项覆盖面广、关联度高的系统工程，常委会对此高度关注，组织调研组进行认真细致的调研，同时积极发动人大组织和广大代表参与“创城”工作，围绕标本兼治、综合施策，建立“创城”长效监管机制等方面提出客观意见建议，政府积极落实，采取有效措施，着力推进城市基础设施建设、管理服务水平和市民文明素质的整体提升。针对“米娜”台风给我区造成的重大影响，常委会在灾后第一时间组成专题调研组，对全区防洪排涝设施存在的问题进行全面调研，客观论证洪涝成灾的原因，提出对策清单。政府加快补齐水利基础短板，重点改进提升城区防洪排涝设施，相关项目建设已全面展开。

二、积极回应社会关切，持续推进民生福祉改善

常委会始终坚持以人民为中心的工作理念，从事关群众切身利益的具体问题着手，推动民生福祉改善和社会事业发展，力促发展成果惠及于民。

重视宜居环境建设。历届人大常委会持续关注水系规划的实施，去年常委会把水系规划的监督重点转移到“美丽河湖”“品质河道”的建设上，督促政府加强规划设计、厚植生态优势，建设理念逐步向人水和谐、生态治水转变，实现了在注重工程防洪排涝作用的同时向追求生态、休闲、景观等综合功能的提升。持续关注生态环境质量，听取和审议了政府关于全区生态文明示范区建设的工作报告，要求政府在完善生态机制、严惩环境违法行为的同时，努力加快环保基础设施建设。古村落保护利用是乡村振兴的重要组成部分，为此常委会在全面调研的基础上，提出要采取切实有效的措施，改善古村落及周边基础环境，建立健全保护机制，融入风情乡村、美丽宜居示范村建设。政府积极行动，着力挖掘古村落的历史人文价值、旅游价值、建筑价值，并作为美丽乡村的新亮点予以打造。

关注社会事业发展。做好退役军人事务工作是义不容辞的社会责任。我区退役军人群体大，常委会对退役军人事务工作情况进行了专题审议，着重在健全服务体系、权益保障、就业创业等方面提出了意见要求。政府职能部门高度重视人大意见，认真落实相关优抚政策，加大干事创业扶持力度，积极营造全社会关心关爱退役军人的良好环境。为加快推进我区道路交通、岛际交通建设和发展，常委会开展专项调研，提出了加大基础设施建设、改善岛际交通条件、确保运输安全等建议，政府从加快工程建设、增强监管力量、健全管理体系等方面积极落实，成效明显。

强化民生实事监督。票决制工作是充分发挥人大代表作用、体现人民当家作主的重要平台。常委会积极构建“综合协调、每月报告、常态联络、科学评估”全过程监督体系，通过代表集中视察、专工委分工督查、听取专题报告、满意度测评等方式对年度民生实事票决项目跟进监督。政府在资金安排、土地指标、项目审批等方面对票决项目予以全力保障，并狠抓项目落地，细化责任分解，扎实推进实施。2019年度15项民生实事代表票决项目总体完成情况良好。对实施滞后的青岭环卫综合服务中心、双桥卫生院等项目持续跟踪监督，目前，这两个项目也已基本完成，回应了人民群众和代表的关切。

三、坚持厉行法治，致力维护社会公平正义

常委会以推进民主法治建设为己任，进一步加强和改进法律监督，依法行使选举任免权，切实发挥法治在地方治理和社会管理中的重要作用。

深化监察司法监督。按照法定权限和法定程序，监督和支持区监察委依法履职，专题听取了工作报告。审议了法院、检察院半年度工作情况报告，要求“两院”针对司法体制改革的新形势，积极践行司法为民宗旨，健全司法权力运行机制，加强司法队伍建设，切实维护社会公平正义。专题听取扫黑除恶专项斗争工作报告，支持和督促公检法司机关依法严厉打击黑恶犯罪，全力营造良好的社会发展环境。基层派出所作为公安机关在基层的综合战斗实体，承担着矛盾纠纷化解和维护社会稳定的艰巨任务。为此，我们对派出所工作和建设情况进行了认真调研审议，要求政府及区公安分局加强基层派出所的软硬件建设，不断充实一线干警力量，关爱民警身心健康，着力发挥基层派出所和社区民警紧密联系群众的优势，积极参与基层治理，维护一方平安。配合做好上级人大立法工作，参与市人大《舟山市科技创新促进条例》《舟山市生活垃圾分类管理条例》等立法调研活动，及时反映基层意见建议，推动有关法律法规的完善和实施。

促进依法行政。审查政府关于全区第七个五年法治宣传教育工作情况，大力推进法律知识的普及，不断提高全民法律意识。按照全省统一部署，对《浙江省学前教育条例》开展执法检查，督促政府优化布局规划、加大学前教育经费投入、提升办园质量；开展海洋环境保护“一法一条例”执法检查，推动政府加大近海海域环境治理力度。切实加强和改进人大信访工作，注重分析研判，坚持把处置涉法涉诉信访事项纳入法治化轨道，全年受理人民群众来信来访101件，认真交办督办，一批信访问题得到依法妥善处理。完善规范性文件备案审查办法和工作程序，实现网上报备系统常态化运行，全年对区政府20件规范性文件进行了备案审查，并提出相关修正意见。

依法抓好选举任免。不断深化人事任免工作。坚持党管干部和人大依法任免国家机关工作人员相统一的原则，认真落实任前法律知识考试、履职表态发言、颁发任命书、任后公告等制度，依法举行宪法宣誓，增强被任命干部的责任感和使命感。首次对提请任命的审判人员、检察人员通过人大媒体向社会进行任前公示，增强人事任免的透明度。一年来，共依法任免地方国家机关工作人员76人次，任免人民陪审员51人次。及时开展代表补选工作。区十七届人大一次会议以来，因部分代表工作岗位变动和调离本行政区域，影响了代表的结构和履职。常委会根据选举法相关规定，接受了13名区人大代表、6名市人大代表辞去代表职务的请求，并依法作出补选决定。按法定程序，全区共补选区人大代表10名、市人大代表6名，代表队伍得到稳定充实。

四、优化代表履职服务，充分发挥代表主体作用

常委会始终把保障、支持和激励人大代表依法履职摆在突出位置，不断加强和改进代表工作，有效发挥了代表主体的作用。

完善代表履职载体。代表联络站作为代表联系群众的重要平台，经过几年的探索实践，运作形式日益完善，作用发挥越发明显。目前我区采用“站点结合”的方式，建成镇、街道代表联络站13个，联络点87个，每月安排一定数量的各级代表定期接待群众，重点收集民情民意、对“一府一委两院”工作的建议要求，做好相关政策的宣传解释工作，开展“发挥人大代表作用 助推文明城市创建”等主题活动。主动加强与省、市、区领导代表联系对接，把领导代表也均编入相应的代表联络站，进站接访群众。代表联络站及时将汇总梳理的意见建议反馈给相关部门，跟踪督促落实。一年来，已有251位各级人大代表接访群众400余人次，收集意见建议560余件，答复解决率达到90%。同时，积极发挥网上联络站作用，便于代表通过网上渠道倾听群众呼声。

提升服务保障水平。扩大代表对常委会工作的参与，全年共邀请45名代表列席常委会会议，组织代表广泛参与“创城”志愿服务、进“一府一委两院”单位部门等活动，履行代表职责、服务定海建设。一年来，还组织300多人次的代表参加各类执法检查、视察调研、信访接待、法院庭审旁听、征求意见会等，保障代表知情知政权。支持选举单位依法监督代表履职，组织52名市、区代表向选举单位报告执行职务情况，督促代表自觉接受监督、树立良好形象。做好浙江人大代表履职服务平台推广应用工作，加强平台管理，及时发布信息，进一步拓宽代表履职和反映民意的渠道。

注重议案建议办理实效。常委会把督办代表建议作为加强监督工作和支持代表履职的重要抓手，实行重点督办、对口督办、合议督办等制度。注重提高代表建议解决率，坚持常委会领导牵头督办，通过听取办理报告、走访承办单位、实地视察落实结果、召开重点建议督办会、满意度测评等方式，推动办理工作有效开展。区政府继续实行政府领导领衔办理，进一步改进方式方法，压实承办责任，有效提升了办理效率和质量。经过各方努力，代表在区十七届人大三次会议及闭会期间提出的92件议案建议已按期办复完毕。其中，问题得到解决或部分解决的46件占50%，正在解决或已列入计划解决的24件占26%，因受条件和职能限制暂不能解决或未被采纳的22件占24%。大会确定的关于巩固文明城市创建成果、重视风情乡村打造、纵深推进“最多跑一次”改革等一批事关发展和民生的重点建议，得到了较好的落实。

五、坚持务实担当作风，切实加强常委会自身建设

常委会以党的政治建设为统领，认真落实省、市、区委人大工作会议精神，不断提升工作能力和水平，打牢依法履职根基。

重视思想政治建设。以习近平总书记关于坚持和完善人民代表大会制度的重要思想为引领，提高政治站位，准确把握人大工作方向。深入领悟党的十九届四中全会关于人大在完善国家制度和国家治理体系中的重要作用的论述。积极开展“不忘初心、牢记使命”主题教育，抓好常委会、党组班子专题学习及机关干部学习，着力提高全体人大干部的理论素养和履职能力。深入学习省、市委人大工作会议精神，积极主动配合筹备区委人大工作会议，并就贯彻落实《区委关于高水平推进新时代人大工作和建设的意见》的精神及时作出部署。

强化基层人大工作。扎实推进试点工作。2019年初全省街道人大工作和建设试点启动后，常委会及城东、马岙试点街道工委积极履行主体责任，突出工作重点，认真组织实施。首次专题听取和审议人大街道工委的工作报告，作出了《关于加强街道人大工作和建设的决定》。修订完善了街道人大工作规则、议事规则、街道预算审查办法等各项制度，两个试点街道也全面建立了代表活动、居民议事会议等各类细则办法，保障人大工作有规可依、有章可循。推进实施对街道预算和国有资产审查监督工作，首次将两个试点街道预算列入区人代会重点审查内容。全区10个街道全部建立街道居民议事会，并实现街道民生实事项目票选工作全覆盖。试点工作取得良好成效，为全面提升我区街道人大工作水平提供了样本，得到省市人大的充分肯定。同时，加强与镇人大主席团的联系，指导开好一年两次的人代会，引导基层人大围绕当地经济社会发展积极履职，形成上下联动、整体推进的良好工作局面。

不断改进工作作风。结合常委会、主任会议议题和“三服务”活动，围绕服务发展、改善民生、强化法治等主题，深入生产生活一线开展调研，为审议议题提供详细的材料。对困扰基层的形式主义问题作了重点调研，认真分析梳理，提出整治改进意见。一年来，共形成各类调研报告20篇，审议意见5个，为推进全区相关工作提供了决策依据。按照区委统一安排，常委会领导积极参与全区“创城”等各项重点工作的联系推进。

加强常委会机关建设。通过专题学习会、座谈会、代表履职风采征文、图片展览等一系列活动，纪念回顾地方人大设立常委会40周年，总结人大工作的经验做法，宣传人大制度在我区的生动实践，增强全体人大干部的制度自信。编撰完成《舟山市定海区人民代表大会志》初稿，确保人大工作的传承与连续。深入贯彻全面从严治党要求，落实党风廉政建设主体责任，支持派驻纪检监察组开展工作，自觉接受监督，树立人大机关为民履职、积极作为、务实清廉的良好形象。进一步充实常委会工作机构力量，注重在人大履职实践中培养、锻炼干部。加强对人大工作的深度报道，拓展宣传阵地，努力扩大我区人大工作的影响力。

各位代表，一年来，区人大常委会各项工作所取得的成绩，是中共舟山市定海区委正确领导的结果，是常委会组成人员和全体人大代表共同努力的结果，是“一府一委两院”积极配合的结果，也是全区人民、社会各方大力支持的结果。在此，我谨代表区人大常委会，向全区人民，向各位代表和各界人士，向各级各部门、驻定部队和武警官兵，向所有关心、支持人大工作的同志表示衷心的感谢和崇高的敬意！

回顾一年来的工作，我们也清醒地认识到，常委会的工作离人民的期望和代表的要求还有一定差距，主要是：监督工作实效有待增强，监督形式的综合运用还需不断探索；讨论决定重大事项的范围和程序尚需进一步规范；代表的主体作用有待更好发挥，代表和人民群众联系的渠道需要进一步拓展；人大领域的许多改革举措仍需深化落实，自身建设和履职能力还需不断提高，等等。我们将自觉接受人民监督，虚心听取代表意见，切实改进各项工作。

2020年主要工作

2020年，是高水平全面建成小康社会和“十三五”规划的收官之年，也是定海加快高质量发展、全力补短板增优势的奋进之年。今年常委会工作的总体要求是：坚持以习近平新时代中国特色社会主义思想为指引，深入学习贯彻习近平总书记关于坚持和完善人民代表大会制度的重要思想，聚焦“‘八八战略’再深化，改革开放再出发”主题，围绕打好“五大会战”、建设“四个舟山”，认真履行宪法法律赋予的各项职权，勇于担当，求真务实，推动新时代全区人大工作高质量高水平发展，为奋力推动花园式国际人文港城建设再上新台阶发挥积极作用。

一、坚持党的领导，推动人大工作再有新作为

准确把握人大的工作方向，牢固树立“四个意识”，坚定“四个自信”、坚决做到“两个维护”，深入学习习近平总书记关于坚持和完善人大制度的重要思想，提高政治站位，严守政治纪律和政治规矩。自觉把党的领导贯穿于人大工作的各方面和全过程，保证党委的决策部署在人大得到全面落实。深化对区委

人大工作会议和《关于高水平推进新时代人大工作和建设的意见》精神的贯彻，细化责任分解，严格落实有关要求和工作任务。同时，进一步增强做好新时代人大工作的使命感和责任感，在依法履职的基础上，探索做好人大工作的新方法、新途径，努力开创全区人大工作新局面。

二、牢记初心使命，推动监督工作再取新实效

找准依法履职的切入点、着力点和结合点，主动融入、主动作为。将在法定听取审议计划、财政执行情况的基础上，继续开展对审计查出问题整改的监督，不断提升政府依法行政能力和管理效能。着力加强国有资产监督职能，将分别听取政府关于全区街道国有和本级集体资产、企业国有资产管理情况报告，推进国有、集体资产保值增值，安全运行。开展对政府专项资金使用绩效管理情况监督，提高资金使用效率。密切关注和跟踪重大规划的落实和编制，将组织力量专门对“十三五”规划执行和“十四五”规划编制情况开展调研，为人代会审查批准新一轮五年发展规划纲要奠定基础。积极推动乡村振兴战略在定海的深入实施，对乡村产业振兴、农民专业合作社情况进行调研监督。围绕全国文明城市创建，继续跟踪监督全区环境状况和环境保护目标的完成，聚焦城区物业管理、生活垃圾分类，推进环境优化和城市品质提升。调研定海科学城建设，促进城市创新能力的增强。及时回应民生关切，听取城乡居民养老保险工作情况报告，力促社会保障能力和服务水平提升。

三、突出法治引领，推动民主法治建设再上新台阶

进一步发挥法治主导作用，加强对区监察委、区法院、区检察院工作监督，将开展法官履职评议，深入推动完善司法权力运行机制。听取全区“七五”普法规划执行情况报告，扎实推进法治宣传教育和法治实践。继续关注扫黑除恶专项斗争工作的深化。根据省人大统一部署、上下联动开展推动矛盾纠纷调处“最多跑一地”专项监督，完善人民调解、行政调解、司法调解联动工作体系。深入推进民生实事项目代表票决制工作，规范和完善项目征集、监督、评价等相关工作机制，有效扩大基层民主。

四、优化履职服务，推动代表工作再现新活力

不断加强和改进代表工作，增强代表的主体意识。积极推进代表联络站等代表履职平台作用的发挥，持续深化领导干部代表进站接待群众工作。强化代表履职保障，开展代表培训，邀请更多代表参与视察、监督等活动。注重发挥代表的专业优势，编组督查票决民生实事项目，助推项目顺利实施。完善代表履职档案，综合运用教育、引导、服务、管理等多重手段，激发履职活力。注重代表议案建议质量，强化督办合力，推动议案建议及时转化为实际工作举措。

五、加强自身建设，推动履职能力再有新提升

深化对人大工作规律的认识和把握，切实抓好人大制度理论、业务知识和法律法规的学习，增强解决问题、推动发展的能力。不断改进调研的方式方法，完善行之有效的工作举措和工作机制，形成高质量的调研报告和审议意见。进一步加强常委会及机关党的建设，落实全面从严治党主体责任。根据省市区委对加强人大及其常委会工作力量的建设要求，完善机构制度建设，以本次大会为契机，新设置有关专门委员会和工作机构，保障人大各项职能的充分履行。畅通信访渠道，强化督查督办，着力维护社会和谐稳定。贯彻落实《浙江省街道人大工作条例》的精神，及时总结提炼两个试点街道所取得的经验和做法，梳理形成全区街道可复制、可操作的制度规范，加快补齐街道人大工作短板，真正发挥好街道人大工委的作用。加强对镇人大工作的指导，增强人大工作的整体合力。

各位代表！新时代赋予新使命，新思想引领新征程。让我们更加紧密团结在以习近平同志为核心的党中央周围，在中共舟山市定海区委的坚强领导下，锐意进取、勇于担当，开拓创新、求真务实，为决战决胜高水平全面小康，奋力推动花园式国际人文港城建设再上新台阶做出新的更大贡献！

中国人民政治协商会议第六届舟山市定海区委员会常务委员会工作报告

——在政协第六届舟山市定海区委员会第四次会议上

舟山市定海区政协主席　车志宽

（2020年1月17日）

我代表政协第六届舟山市定海区委员会常务委员会，向大会报告工作，请予审议，并请列席会议的同志提出意见。

2019年工作回顾

2019年，区政协常委会在中共舟山市定海区委的坚强领导下，以习近平新时代中国特色社会主义思想为指引，全面贯彻落实党的十九大精神和省、市、区委决策部署，高举团结民主旗帜，在建言资政和凝聚共识上双向发力，在服务大局和履职为民上提质增效，充分发挥协商民主重要渠道和专门协商机构作用，为定海全面推进新时代高质量发展，奋力谱写花园式国际人文港城建设新篇章做出了积极贡献。

一、坚持凝聚共识定方向，不断提高思想站位“高度”

常委会坚持从思想上、政治上系好履职第一粒扣子，旗帜鲜明讲政治，坚定不移跟党走，确保定海政协事业沿着正确的方向前进。

始终坚持党的领导。把习近平新时代中国特色社会主义思想作为统揽政协一切工作的总纲，引导广大委员和各界人士进一步增强“四个意识”，坚定“四个自信”，做到“两个维护”，始终在政治立场、政治方向、政治原则、政治道路上同以习近平同志为核心的中共中央保持高度一致。始终坚持在区委领导下开展工作，重要工作及时报告，重大事项及时反映，重要议题及时沟通，党组工作要点、年度重大协商工作计划报请区委批准后实施，对中央和省、市、区委各项决策部署认真传达贯彻，第一时间学习贯彻中央和省、市、区委政协工作会议精神，细化分解任务、不折不扣落实，确保政协工作与党政中心工作同轴共转、同频共振、同向发力，始终沿着正确的政治方向前进。

高度重视理论武装。切实做到把习近平新时代中国特色社会主义思想、党的十九届四中全会精神作为学习的首要任务，不断推动学习往深里走、往实里走、往心里走。认真贯彻落实习近平总书记关于加强和改进人民政协工作的重要思想，特别是在中央政协工作会议暨庆祝中国人民政治协商会议成立70周年大会上的重要讲话精神，切实做到学深悟透、入脑入心。拓展学习渠道，丰富学习载体，统筹抓好党内和党外学习、委员和机关学习、集中和自主学习，建立完善党组会议、主席会议、常委会会议集体学习、专题研讨、委员培训等相配套的学习体系，增强了学习的针对性和实效性。

扎实开展主题教育。按照省、市、区委统一部署和要求，认真开展“不忘初心、牢记使命”主题教育，牢牢把握“守初心、担使命，找差距、抓落实”总要求，精心组织实施，科学谋划推进，扎实开展工作，坚持抓思想认识到位、抓检视问题到位、抓整改落实到位、抓组织领导到位，政协党组成员和机关党组成员分别到区属部门、联系街道及6个专委会委员党支部、机关党总支上党课，带头深入基层调研，形成了一批高质量的调研报告。结合自身实际，主动检视问题，积极整改落实，切实提升了党员干部的理论水平，锤炼了忠诚、干净、担当的政治品格，强化了干事创业的责任担当，为推动新时代政协工作提质增效注入了新动力。

二、坚持围绕中心献良策，不断探索协商议政“深度”

常委会坚持服务大局，围绕区委、区政府中心工作，聚焦高质量发展的热点问题建言献策，每逢大事必有政协声音，服务发展常见委员身影。

当好服务大局的“智囊团”。区政协六届三次会议期间，精心组织委员大会发言，各界别和委员工作室提交的29件大会发言材料，既有对行政审批“颗粒化”改革、智慧城市建设等重点工作的研讨，又有探索打造城市会客厅、推进小区物业管理服务等事关民生的建议，还有宗教活动场所升挂国旗、做好海外华侨华人新生代工作等方面的见解，有13件（次）得到区委书记、区长的批示肯定，不少建议被相关部门在工作中采纳。搭建“请你来协商”平台，被区委纳入加强主动参与、共促高质量发展的总体工作部署。常委会坚持建言资政和凝聚共识双向发力，围绕“对接绿色石化基地建设”开展书记与委员专题协商活动，围绕“探索共享停车模式”开展区长与委员专题协商活动，围绕城乡垃圾分类处理、促进农村养老体系、老旧小区改造、医疗资源优化等议题与区政府分管领导和相关部门面对面沟通交流，同步建立意见建议协商反馈、跟踪问效等机制，提高了协商议政的实效。

做好决策落实的“监督员”。认真贯彻落实中央、省委、市委关于加强和改进人民政协民主监督工作方面的文件精神，不断创新监督形式，规范监督程序，健全监督机制。整合三级政协委员力量，组成监督小组围绕“城乡生活垃圾分类处理”等开展专项集体民主监督活动，每个小组开展监督调研2次以上，提出相关意见建议108条，以问题导向倒逼工作进度。主席会议组织开展我区扫黑除恶专项斗争民主监督活动，常委会会议专题听取我区应急管理工作情况汇报，推动了我区扫黑除恶专项斗争和应急管理工作扎实有效开展。组织开展提案督查周活动，区政协主席会议成员分别带领监督组，重点对区政协六届一次会议以来的B、C类提案办理情况进行回头看，有效克服在办理中重答复、轻落实的现象，确保提案建议落实落地。

当好改革发展的“助推器”。强化责任担当，积极投身经济、社会发展主战场，扎实做好创城、五水共治、乡村振兴、社区村体制改革完善、老旧住宅小区改造等中心工作，逐步形成了调研考察深入、查找问题精准、意见建议管用、成果反馈有效的良性循环，推动了各项建议落到实处、见到实效。针对我区现行人才政策存在的不足，组织调研组深入调研，提出了精准施策引用人才、浓厚人才工作氛围、优化人才发展环境等意见建议，助推了人才强区战略的实施。为推动我区民营经济高质量发展，在深入调研的基础上，向区委、区政府提交了《加快推进小微企业扩容升级 助力民营经济高质量发展》的调研报告，受到定海工业园区、海洋科学城等单位的高度重视。扎实开展“三服务”活动，深入基层了解、排摸企业发展和社区、村工作面临的困难和问题，共上报需要上级协调研究解决的事项27件。关注企业融资需求，通过“政协委员面对面”“委员沙龙”等形式组织银企专场对接会，为企业牵线搭桥，切实提升“三服务”活动的实效。

三、坚持履职为民建真言，不断展现服务社会的“温度”

常委会坚持以人民为中心的发展思想，把更好满足人民日益增长的美好生活需要作为履职的出发点和落脚点，帮助群众解决实际问题，努力增进人民福祉。

关注重点汇集民智。坚持把提案工作作为履职的重要内容和关键环节，广泛发动委员围绕重大决策落实情况、重点工作写好提案、反映民意、汇集民智。

常委会会议专题听取区政府关于提案办理情况的通报，区政协六届三次会议以来的159件提案全部如期办复，委员们对办理结果满意率为100%。对其中10件重点提案，继续落实完善区委、区政府领导领办、区政协领导督办制度，积极探索主席会议成员集体督办协商，一批事关民生问题的提案得到了较好办理。同时，创新提案督办方式，积极推动“开门办案”，首次对涉及垃圾分类工作的8件提案进行主题式现场办理，加快了办理进程，取得了良好效果。

*聚焦热点反映民意。*注重发挥社情民意直通车作用，瞄准群众所期所盼和关心关注的热点难点问题，积极收集反映社情民意信息。每季度召开研判会，根据民情走向和热点动向，以会代训提出指导性意见，不断提升政协社情民意信息反映质量。全年收集报送社情民意60篇，被市政协录用12篇，委员们反映的《定海海丰码头“黑车”猖獗现象亟待重视》等一些苗头性、倾向性、预警性的重要信息得到区领导的批示关注，政协社情民意信息的建议参考作用得到充分体现，区政协荣获全市政协系统反映社情民意信息工作先进单位。

*投身难点排解民忧。*高度关注城乡居民食品安全问题，对加强绿色农产品生产管理开展专题调研并形成报告提交区委、区政府决策参考。充分发挥委员工作室在加强基层协商民主、联系服务群众中的积极作用，结合“三服务”活动推进委员联系群众的工作。区政协各参加单位、各界别和委员全年开展走访、慰问和法律服务、慈善捐赠、送医送药、扶贫帮困、家电维修等服务活动26次，走访群众上百人次，收集意见建议210条，部分关系群众切身利益的问题得到反映和解决。持续推动民生改善，充分展示新时代政协委员勇担责任、奉献社会、回报百姓的高尚情怀，受到基层群众和社会各界的广泛好评。

四、坚持团结民主聚合力，不断增加凝心聚力“广度”

常委会坚持发挥政协爱国统一战线组织作用，广泛团结各党派团体和各族各界人士，做好争取人心、凝聚力量的工作，维护团结稳定的发展环境。

*加强团结合作。*重视发挥民主党派、工商联、各人民团体和无党派人士及新社会阶层的重要作用，加强与他们的沟通联系，坚持定期走访，沟通信息，通报区情。邀请民主党派、工商联、人民团体和无党派界别委员参加调研视察、协商议政、提案督办、民主监督等活动，鼓励和支持党派团体依托政协平台提出意见建议，促进合作共事。成功举办“讲政协故事、展委员风采、庆70华诞”联谊活动，听政协老领导讲政协故事、政协委员讲履职故事、界别代表讲创业故事，让委员学习政协理论、了解政协历史，增进了思想共识、凝聚了奋进力量。

*加强交流联络。*根据区级党政机关机构改革后的实际情况，对各专委会对口联系区属部门进行调整。以王亚先生捐赠的书法作品为基础，初步建成政协书香园。重视发挥界别作用，建立界别负责人碰头机制，区政协组织的大型活动、会议发言等均通过界别负责人进行落实，全年邀请各界别负责人参加的工作部署会议达到5次。加强与省市有关部门的交流和联系，认真参加全国和省政协开展的关于县级政协工作情况的调研座谈，积极参加市政协组织的党建培训、机关干部履职培训等活动。热情接待省内外兄弟县（区）政协前来交流学习，充分推介我区产业功能区建设、乡村振兴工作、生态文化旅游等高质量发展成果，扩大了交流、促进了工作、宣传了定海。

*注重文史宣传。*开展“我与人民政协——庆祝人民政协成立70周年”史料征集，编辑出版《古城印迹·下册》和《王亚书法集》，着力推动“海上古城千年定海”的保护和活化利用，促进优秀文化的传承发展。创新政协宣传，被省政协办公厅评为宣传工作先进集体。以《定海政协》杂志、定海政协网站、定海政协微信公众号为主体，构建形成宣传新阵线，不断发出政协声音，努力讲好政协故事。加强策划合作，我区首场“请你来协商”活动，在全市政协系统首个得到省政协“同心苑”微信公众号的推送。为庆祝新中国和人民政协成立70周年拍摄的MV《红旗飘飘》被“学习强国”“同心苑”“掌上舟山”等平台录用，目前阅读量接近1万次，扩大了定海政协的影响力，提高了社会各界对政协工作的关注和认同。

五、坚持固本培元筑根基，不断加强自身建设的“力度”

常委会着力健全管理机制，注重发挥政协委员、委员工作室、界别活动组和政协机关的作用，自身建设不断加强。

焕发党建工作活力。在全市率先成立区政协委员党委，以界别为纽带、以专委会为依托，设立6个专委会党支部，实现党的组织对党员委员、党的工作对政协委员的“两个全覆盖”。建立区政协党组成员联系党外常委、区政协机关党组成员联系所在界别党员委员等制度，让各界别的党员委员与党外委员结对子、交朋友，在协商监督、调研视察等履职活动中，主动给党员委员压担子，让他们担重担、唱主角，发挥好党员委员的示范引领作用。

强化委员队伍建设。以庆祝新中国和人民政协成立70周年为契机，精心组织开展“新时代人民政协的新样子”主题讨论活动，举行“新时代人民政协的新样子”专题研讨会，邀请省人民政协理论研究会专家作《新时代政协工作创新与实践》专题报告。以“人文定海·书香政协”品牌为抓手，在革命圣地延安举办“品读历史”专题培训班，组织观看《我和我的祖国》红色电影，不断提升委员爱国爱党的情怀。持续开展“读好书·写心得”活动，继续向委员发放书籍，撰写学习心得文章，收到128篇，评出一等奖3名，二等奖6名，三等奖9名，优秀奖18名。不断创造崇学尚学的氛围。健全完善区政协领导和专委会对口联系委员制度，通过召开政情通报会、座谈会，走访慰问等形式，听取委员意见建议，帮助委员解决工作、生活中的实际困难和问题，切实让委员感受到政协组织的温暖。进一步健全委员履职考核制度，充分调动委员履职尽责的积极性和主动性，增强履职实效，树立新时代人民政协的新样子，打造有情怀、有定力、有担当、有作为的委员队伍。

改进机关工作作风。区政协党组充分发挥把方向、管大局、保落实的领导作用，落实好管党治党主体责任，机关建设和管理更趋规范。精心策划“主题党日”活动主题，组织机关党员干部参观廉政教育基地，强化廉政法纪教育。引导政协机关党员干部在五水共治、重大项目、新农村建设等一线发挥先锋模范和示范引领作用，有1名干部被区委表彰为担当作为好干部，充分展示了政协干部参与中心、合作共事、追求作为的担当精神。加强专委会建设，各专委会立足于自身特点开展了富有成效的工作。机关建立健全行为规范、运转高效的工作机制，着力打造履职工作的参谋部、服务委员的后勤部。2019年3月区政协办公室被市委市政府命名为2016—2018年度市级文明单位。

各位委员、各位同志，过去一年区政协工作取得的成绩，是中共定海区委坚强领导的结果，是区人大常委会、区政府大力支持的结果，是各参加单位、全体政协委员和政协工作者共同努力的结果，是区属各单位、各镇街和社会各界协作配合的结果。在此，我代表六届区政协常委会，向所有关心支持政协工作的领导和同志们、朋友们表示衷心的感谢，向积极履职、乐于奉献的全体政协委员致以崇高的敬意！

各位委员、各位同志，总结过去一年的工作，我们深切体会到，做好新时代政协工作，必须牢牢把握以下四个方面：一是必须把讲政治作为第一要求。讲政治是政协工作的根本保证和立身之本。必须把政治建设摆在首要位置，贯穿于政协工作全过程、各方面，始终坚定政治立场、严守政治规矩、把牢政治方向，确保政协事业行稳致远。二是必须把讲担当作为第一责任。讲担当是政协工作的优良品格和动力之源。必须把准性质定位，认清责任使命，坚持观大势、谋全局、干实事，始终在助推大局中发挥优势、展现作为，在履职实践中体现担当、彰显价值。三是必须把讲服务作为第一任务。讲服务是政协工作的重要内容和履职之要。必须急党政之所急，忧群众之所忧，尽政协之所能，坚持议政议到点子上、监督监到关键处，确保到位不越位、帮忙不添乱。四是必须把讲实效作为第一标准。讲实效是政协工作的不懈追求和成事之基。必须深入基层、深入群众，坚持干字为要、效字为求，真正做到摸实情、出实招、求实效。

在总结成绩的同时，我们也清醒地认识到，工作中还存在着一些差距和不足。主要是：推动政协工作提质增效的举措还不够实，建言资政和凝聚共识双向发力的形式还不够活，调查研究还不够深入，等等。这些，都需要我们在今后的工作中认真加以改进。

2020年工作任务

2020年，是高水平全面建成小康社会和“十三五”规划、实现第一个百年奋斗目标的收官之年，也是全面贯彻落实中央和省、市、区委政协工作会议精神的开局之年。区政协工作的总体要求是：以习近平新时代中国特色社会主义思想为指导，认真学习领会习近平总书记关于加强和改进人民政协工作的重要思想，紧扣区委的决策部署，把服务国家战略、助推定海发展作为工作主线，把加强思想政治引领、广泛凝聚共识作为中心环节，坚持团结和民主两大主题，提高政治协商、民主监督、参政议政水平，以新气象、新担当、新作为，为决战决胜高水平全面小康，奋力推动花园式国际人文港城建设再上新台阶贡献智慧和力量。

一、强化党建引领，在增进思想共识上再有新提高

以党的政治建设为统领推进政协中党的各项建设，将党建工作与政协工作同谋划、同部署、同落实。加强党的科学理论武装，将学习贯彻党的十九届四中全会精神与学习贯彻中央和省、市、区委政协工作会议精神结合起来，组织开展系列学习研讨活动。把加强党的建设贯穿到政协履职工作各方面和全过程，充分发挥政协党组在政协工作中的领导核心作用，加强政协机关党组、委员党委和各专委会委员党支部的建设，健全完善工作制度，进一步完善党员委员参加双重组织生活的方式方法，组织党员委员自觉接受政协党组织的教育，提高党的组织对党员委员、党的工作对政协委员“两个全覆盖”的质效，以党建引领的新成效促进履职质量全面提升。

二、积极建言资政，在助力改革发展上再做新贡献

把凝聚共识融入到政协履职活动中，把党的主张转化为社会各界的共识，厚植共同思想的政治基础。紧紧围绕贯彻落实区委、区政府的决策部署，坚持谋划工作向中心聚焦、履职内容向大局贴近、建言献策向质量发力，准确入位、主动作为，以高质量的履职实效为区委、区政府分忧，为改革发展尽责，为人民群众谋利。深入学习贯彻党的十九届四中全会精神，着力在提高区域治理能力现代化中发挥更大的作用。贯彻为民尽责思想，聚焦人民群众对美好生活的向往，聚焦发展的短板，围绕经济社会发展的关键环节、重点领域，充分发挥政协调研视察的助推作用，献务实之策，建利民之言。更好发挥民主监督的利剑作用，围绕贯彻落实党委、政府的重要决策部署的落实情况开展民主监督。

三、深化探索创新，在激发工作活力上再有新提升

坚持以制度建设规范履职活动、提升履职实效。注重补齐短板完善制度、提炼经验升华制度、探索新路创新制度，建立具有定海政协特色的履职制度体系。着力完善定海政协充分发挥专门协商机构作用的体制机制，建好用好“请你来协商”平台，挖掘界别、专委会、委员工作室等协商平台优势，探索基层群众参与政协协商的有效途径，鼓励引导各界人士通过政协大平台发表意见、形成共识，既集思广益、建言献策，又正面发声、宣传引导，做到建言资政和凝聚共识双向发力、双向融合。规范协商议题的提出和确定机制，协助区委、区政府制定年度重点协商工作计划，加强与区政府重点工作的协商对接，立足小切口，建言大问题，真正议到需要时，商到点子上，推动更多协商成果进入党委、政府决策。

四、增进团结联合，在凝心聚力汇智上再求新成效

畅通党外知识分子、非公有制经济人士、新的社会阶层人士意见诉求表达渠道，广交天下朋友、广聚八方志士，把包容的多样性半径拉长，拓展“化解矛盾、凝聚共识的重要渠道”，担当好“凝聚起来、落实下去”政治责任。做好政协新闻宣传、理论研究工作，开展文史资料的挖掘、整理、征集工作，持续提升“人文定海·书香政协”品牌，高标准建政协书香园，切实发挥好委员活动阵地作用，不断扩大政协工作影响力。积极组织广大政协委员和社会各界人士开展扶贫济困、结对帮扶等社会公益活动，为创建全国文明城市贡献力量。加强与各党派团体，异地商会、海外社团，非公有制经济人士，新的社会阶层人士，定海籍港澳台同胞、海外侨胞的团结联谊、沟通联络，主动做好宣传推介、招商引资等方面的工作，形成齐心协力谋发展的强大合力。

五、强化队伍建设，在履职能力水平上再上新台阶

以提高政治把握能力、调查研究能力、联系群众能力、合作共事能力为重点，大力推进政协履职能力现代化建设。落实“懂政协、会协商、善议政，守纪律、讲规矩、重品行”要求，加强委员队伍建设，进一步健全完善委员学习培训机制，强化委员履职管理和考核，自觉投身“四个一线”。强化委员和机关干部的政治意识和责任意识，在践行“为国履职、为民尽责”中做好委员作业，展现政协委员的新形象。加强专委会建设，激发专委会工作活力。提高提案、调研视察、社情民意信息等经常性工作的质量。加强政协机关建设，强化干部队伍的思想建设、作风建设、能力建设，努力造就一支政治坚定、学识丰富、业务熟练、清正廉洁、作风优良的高素质政协干部队伍。

各位委员、同志们，新时代催人奋进，新成绩有待创造。让我们更加紧密地团结在以习近平同志为核心的中共中央周围，在中共舟山市定海区委的坚强领导下，不忘初心、牢记使命，以更加积极的态度、更加务实的作风，奋力干出新时代人民政协的新样子，为决战决胜高水平全面小康，奋力推动花园式国际人文港城建设再上新台阶而努力奋斗！

责任编辑：王英伟

专　记

新冠肺炎疫情防控

【概况】 2020年，定海区委面对新冠肺炎疫情，第一时间召开常委会研究部署疫情防控工作，区政府成立疫情防控工作领导小组和各专项工作组，做好疫情防控工作。全区紧扣省、市系列政策，第一时间主动介入，坚持提前部署、提级响应，关口前移、抓早抓小，区委常委会每次听取疫情分析汇报，科学防治、精准施策，疫情防控工作取得成效。在严防严控的同时，有序推进复工复产，在各阶段的指标排名（如精密智控、复工复产率、经济运行月度评价指数）中均处全市领先地位，社会生产生活秩序恢复井然有序。是年，定海区在全市率先制定集中和居家观察、海上输入管控、复工复产跨省劳务协作等多项制度，创新工作方式方法，多项举措在国家、省级媒体上发表推广。

【疫情基本情况】 截至年底，全区报告新冠病例3例，无症状感染者1例，均治愈出院。累计有密切接触者485人（其中涉外密接累计62人，累计移交15人），累计集中医学观察712人、居家医学观察10088人，目前无密切接触人员集中医学观察。对21名检测阳性（含血清IgM阳性）的国际航行船舶船员予以人道主义救治。累计核酸检测39670份。全区未出现本地二代病例，未发生因防控不力导致的疫情传播。在防控能力、救治能力、核酸检测能力提升等方面累计投入6972.6万元。

【疫情防控阶段】 根据时间轴和标志性节点，定海区疫情防控工作大致可以划分为五个阶段。在战前准备阶段（2019年12月底—2020年1月17日），提前做好组织保障和物资准备。在疫情防控阻击战阶段（2020年1月17日—2月8日），创新机制实现快速、有效、暖心防控。在疫情防控与复工复产复学“两手抓、两战赢”阶段（2月9日—3月22日），实现产能率先恢复。在常态化疫情防控持久战阶段（3月23日—8月24日），实现工作机制和防控措施的常态化。目前全区正处于境外疫情输入防控和秋冬季疫情应对的关键阶段（8月24日—年底 ）。

【做好战前准备】 关注武汉新冠肺炎发展动向及发病症状，联系本地冬春季呼吸道传染病发病情况，科学研判并相对应地发布预警信息，全面加大重点行业、重点人群的流感防治力度。

成立区传染病防治工作组　由区政府牵头，卫生健康、教育、公安、财政、文旅、市场、交通等部门组成，对外关注武汉不明原因的肺炎，对内防治冬季呼吸道传染病，分析两者关联，时刻防范警惕。

加大宣传力度，强化群众防范意识　定海区自2019年12月底开始在健康定海微信公众号、“定海山”客户端等平台上开展防控宣教，多次播发预防流感和“冬季呼吸道传染病”等信息，引导市民加强防范，“多通风、勤洗手、戴口罩、不聚集”，截至1月12日，累计发放宣传折页7500余份，张贴宣传海报300余份。

加强传染病预警监测，发挥哨口作用　关注武汉方面动向，开展疫情专题风险会商与评估工作，“一天一研判”分析病例分布、病情特点，实施全天候监测，重点加强疫情暴发风险较大的学校、幼托机构等人群聚集场所的监测频次与力度，及时掌握本地流感样病例发病趋势并处置聚集性疫情31起。

筑牢联防联控堡垒　加强卫健、教育等部门信息互通，督促学校落实晨（午）检等“一案八制”传染病防控措施，开展全区中小学、托幼机构流感防控专题培训检查全覆盖，加强流感防控管理。

提升防控救治水平　落实区财政局准备应急专项资金，联系兄弟医院、兄弟县区调配医疗器械等物资。强化各医疗机构流感监测和诊断能力，推行接种门诊延时服务，截至1月12日，累计完成流感疫苗接种2445针次，有效控制流感疫情蔓延流行。

【打好疫情防控阻击战】　启动一级响应，采取紧急性应对措施，实施铁桶工程严防输入，形成闭环管控。

省内最早顶格组建领导指挥系统　在一级响应初期，定海成立由区委书记、区长为双组长，区政府其他班子成员任各专项组组长的指挥领导小组和“一办六组”（区防办及综合协调、卫生教育、宣传报道、文化旅游、交通运输、市场环境和生活物资保障专项组），各小组全部进驻区卫健局集中办公、统一指挥，做到扁平化管理和垂直化运作有机结合，做到“指令清晰、系统有序、条块畅通、执行有力”。之后根据疫情形势发展相继成立稳控观察组、“三返”及复工复产组、境外输入专项组（海上防疫指挥部）。

省内最早集中储备防疫物资　定海在全国防护服紧缺的情况下，内挖潜力，在大年廿九迅速组织区内企业生产隔离服用于应急代替，之后组织5家企业购置设备生产口罩及隔离服；在大年三十组织人员驱车赶赴河南新乡采购口罩，此后多次前往金华、宁波、建德、新昌等地的生产企业，累计采购口罩46万只、防护服4000余套、测温仪4600只、消毒物品5800公斤，保障全区防疫物资供应平稳有序。

创新联防联控机制完善社区防控　在城市小区和农村村口全面设卡700余个，城区106个开放式小区全部实行封闭式管理。其间创新“群众举报、医生首访、社区服务、邻居监督、公安警告”联防联控机制，全民动员群防群控；在全省创新推出“暖心在线”服务，提供“暖心三色”隔离服务单，打造最有温度的硬隔离，对境外隔离人员专门制作6国语言的服务手册，创新做法均在《人民日报》《浙江日报客户端》等平台得到推广。

坚持量化细化、闭环管控　出台集中医学观察机制8项，制定居家医学观察办法6项，梳理制定一整套闭环管理制度，实施重点人员五级分管措施，并通过区防办统一下达、发布各项指令和信息，使疫情防控各项工作井然有序、顺利开展。区镇村三级联动、高效运作，各级领导干部靠前指挥、深入一线，实现疫情防控全区“一盘棋”。

把好总关口做好全市“一盘棋”防控　在1月21日第一时间向市政府提出“关口前移，全市一盘棋”的建议，集中人力物力扼守进岛主通道——金塘大桥，主动承担守卫“桥头堡”的使命职责，严把“全市总关口”。累计检查车辆6.5万辆、人员22.6万人次，劝返1.8万人次，检查船舶1600余艘、船员1万余人次。

坚持党员带头、全社会参与　发动行政事业单位、部队、企业、志愿者等各方面力量，组建120人的民兵预备役应急队，招募61人的“星灯守护”志愿服务队，组织44个单位成立“5人组”应急小分队，充实防疫一线队伍，累计支援金塘卡点超9000人次。非重点防疫单位按照大应急联系制度落实人员支援镇街；民营医疗、红十字会、蓝天救援队等也自发参加防疫工作。

【疫情防控与复工复产两手抓】　坚持防疫复工“两手抓、两战赢”战略，省内率先提出“动态防疫”。根据疫情发展，工作方式由封闭式“静态管控”向精密型“动态智控”转变，工作重心由“疫情防控”向“疫情防控与复工复产两手抓”转变。其间全区确诊病例全部出院清零，且未出现因复工复产导致的病例。

细化疫区划分单元，探索最安全跨省劳务协作　将疫区划分单位从“省（市）”细化到“县（区）”，从8个主要劳务输入省（市）中筛选出38个县（区）为重点劳务输入县区，再根据各地疫情交叉比对最后确定江西省玉山县、河南省息县等13县区作为劳务协作的重点县区，“县对县”制定“一县一策”返工工作方案，对方县区按名单组织返工人员进行健康体检、包车来定，累计包车291辆次接返5820人。以“院对院”形式在上海瑞金医院与上海瑞金医院舟山分院之间专车接送专家101人次，为定海患者实行手术124台。

全面开展企业复工服务　结合“三服务”活动，抽调144名干部、整合343名医护人员，按照重点企业、行业和区域组建36个企业复工防疫服务组、79支卫生健康指导团队，由科级干部担任组长，2月上旬起进村助企进行指导，向企业发放“两书三案”（承诺书、责任书、开复工方案、疫情防控措施和应急处置预案），制定个性化复工复产防疫措施，完善企业复工复产问题现场解决和交办机制。对重点行业的专家、技术骨干特殊考虑，实行岗位、宿舍“两点一线”闭环管控。累计解决问题102个，村企健康指导覆盖率100%，防疫措施零纰漏。

政策纾困推动经济恢复　落实“六稳”“六保”任务，在企业减负、金融纾困、税款延缴、外贸扶持等方面，提出39项具体措施。编制全市首本《企业复工复产和疫情防控金融帮扶手册》，涵盖27家金融机构的惠企政策。累计为5400多家企业新增贷款、优惠贷款70.34亿元，减息免息近3.2亿元，累计减税1.273亿元。落实小微企业扶持政策及“三减”联动政策，对因受疫情影响办理资金转贷业务费用减半收取。全区主要经济指标恢复性增长。

复工率居国家、省市前列　2月19日，规上工业企业、规上（限上）服务业企业、重点监测外贸企业复工率均达到100%，产能利用率平均达到95%，电力复工指数达93%，省市重点项目全部复工，制造业小微企业产能恢复率超过100%，到3月基本实现全面复工复产。

聚焦民生兜牢底线　关注民生需求，对生活必需品库存情况和市场价格实施动态监测，21家农贸市场、27个菜篮子供应点及生活超市全部正常经营，协调三农批发市场与种植大户、自产自销户对接实行统购统销、专车运送，确保生活物资供应充足。对人手不足的蔬菜种植户，组织机关干部帮助农户解决收割问题，保障基本民生。

【打好常态化防控持久战】　主要是外防境外输入，内防疫情反弹，实施常态化疫情防控，推动经济社会发展。

防范输入性疫情　在省内率先推行船员上岸疫情防控处置制度，完善国际航行船舶入境入港、核酸检测、船舶消杀、换班作业等全流程防控措施，做到船员上岸、转运、隔离等各环节严密闭环。打击海上走私偷渡，开展“净海”行动、“海岸卫士”工程。对船厂、码头、锚地等船舶停靠（泊）重点区域动态开展联合巡查检查，并督促企业建立点位长和AB岗制度，加强船舶作业现场管理。累计换班船员2300人，实施海上人道主义救援8次21人。开展侨情调查、留学生调查1.3万人次，掌握返定意愿，实行“一对一”联系接返制度。

严格进口冷链食品管控　全域开展进口冷链食品排查，推广“浙冷链”二维码应用。盯住进口食品流转风险点，对进口冷链食品入库、入厂实行全流程“闭环”管控，规范操作流程和防护要求。实施进口冷链食品专项监测，全区累计采样29批次1900份，结果均显阴性。严把纯贸易加工企业冷链食品进口关，实施“白名单”管理，明确“一企一策”管控制度。

加快核酸检测能力储备提升　全区基层医疗机构血清检测能力已实现全覆盖，先后建成并启用PCR实验室2个，配备核酸检测设备2套，能够满足7天内完成辖区内人口数最大镇街（昌国街道）5.5万人次的检测要求。建立疫情防控重要医疗物资储备保供制度，目前全区共有有创呼吸机11台，无创呼吸机5台、心电监护仪117台、CT设备3台，区级仓库储备医用外科口罩27.3万只、N95口罩10306只、防护服8007套，各定点医疗机构储备的医药物资满足30天满负荷运转需求。

开展全方位的健康教育　制发海报、视频、科普PPT课件、预防指南手册等60种，在隔离点等重点场所滚动播放，讲解心理健康知识，组建心理危机干预应急机动队，科学指导、帮助重点人群调整心理状态。开展健康卫士进家门、进企业、进社区，提供健康宣教上门服务，开展健康教育专题讲座80余场，开通疫情咨询24小时热线，实时监测居民健康素养情况。

推动经济社会发展　管好各类“中门”“小门”，落实车站、码头等“健康码”查验，市场、商超、医疗机构“亮码+测温+戴口罩”管控措施。做好跨省游、宗教场所开放、影剧院重启后相关场所防疫工作，严格执行验码测温和流量管控。人流、物流、商流恢复畅通，各项主要经济指标保持在合理区间内，5月份MEI位列全省第19位，率先实现全市县区“优+”突破。

【备战秋冬季疫情防控】　主要是聚焦海上输入风险、冷链食品管控关键领域，强化秋冬季疫情防控“九大能力”建设，封堵输入疫情内流“人防”“物防”两道关口。

完善指挥体系建设　制定《舟山市定海区新冠肺炎疫情防控应急预案》等“三方案四指引”，调整防控领导小组下设的一办八组（部）两专班（防控办、综合协调组、疾病防治组、宣传舆论组、公共场所组、交通运输组、市场环境和生活物资保障组、稳控观察组、海上疫情防控指挥部、境外疫情输入防控工作专班、高风险冷链食品“物防”专班)。

加大疫情防治能力建设　率先在每个镇(街道)组建流调队伍11支48人、采样队伍219人、检测队伍7人,每个社区(村)组建流调协查队伍、消杀队伍各123支,通过线上线下开展全员轮训、核酸采样及检测培训、诊疗方案轮训等1.75万人次,并举办技能比武锤炼精神面貌,提高精准处置能力。完善定点医院发热门诊及隔离病房建设,优化发热门诊就诊流程,持续做好“应检尽检、愿检尽检”工作。计划投资2.6亿元启动区中心医院整体改造工程,明确上海瑞金医院舟山分院为后备医院,市区统筹使用方舱医院。建立健全医疗物资政府专项储备、商业储备、生产能力储备等多元化储备体系,加强应急保障,合理储备检测、防护、治疗、消杀等医疗物资。

优化闭环管控流程　严把海上输入关口,进一步压实入境人员“一对一联系人”制度,实时跟进掌握入境人员信息动态,做到信息变化及时上报,快速形成数据闭环、管控闭环、口岸闭环。实时监测管好远洋渔船、国际运输船、修造船等各类船只,严格落实船员入境登陆管控,按照“四不接一审核”要求审慎开展船舶修造业务。按照“先检后换”“先检后上”“先检后修”原则,主动扩大核酸检测范围,对所有抵港维修外轮、远洋渔船、换班货船、外贸转内贸船只和境外换班时间不足14天船只等5类国际船舶,实行全船船员核酸检测全覆盖,无异常后方可进行作业。卫健部门组建一支有18名专业人员组成的口岸核酸检测队伍,“登舷梯”“坐吊篮”登船采样、隔海送检,确保及时出具检测结果。

强化精密智控提升风险管理效率　系统整合公安、大数据、通信管理等部门全量数据,开展人员精准排查。对重点区域赴定海的外地人员、重点区域返定本地籍人员开展靶向研判,最大限度还原人员轨迹,确保“见人、见轨迹、见接触史”。应用“精密智控疫情指挥平台”对秋冬季疫情防控工作进行管理,动态分析评估人力和物资储备情况、检测和救治能力建设情况等,及时调整工作措施。应用“浙冷链”系统,截至11月6日,全区累计激活进口重点产品企业和经营进口食品企业250家,设置首站行政联络员7名,“浙冷链”系统扫码量26705份,赋码率及扫码率每周均保持在100% 。

加强监测预警增强风险意识　按照《舟山市定海区秋冬季新冠肺炎疫情防控监测预警工作指引》,按时完成发热患者、住院患者和陪护人员、新进工作人员核酸检测,定点医院和社区卫生服务机构对突发病房、发热门诊、隔离点工作的医务人员定期进行核酸检测。持续推进进口冷链食品全流程管控,加大进口冷链食品、环境、从业人员新冠病毒检测力度,做到新增订单“每柜必检”。在农贸市场、大型超市、酒店餐饮、食品生产加工企业、冷链仓储/冷链运输企业和快递企业等单位采集样本,开展风险监测。累计开展核酸检测39670份,均为阴性。开展两轮新冠疫苗紧急接种意愿调查3503人,对重点保障对象和出国留学人员接种418人。

(撰稿:赵展峰)

全国文明城市创建

【概况】　2020年,定海区践行以人民为中心的理念,打赢全国文明城市创建攻坚战。是年,舟山获评第六届全国文明城市。

【全国文明城市创建督查工作】　根据工作实际新增舟山市定海区创建全国文明城市城乡接合部管理专项工作组,有创城专项工作组19个。构建区创建办总体协调、专项组牵头落实,镇街、责任单位相互配合的责任体系,施行静态指标问题整改“基层上报、区级统筹、即报即改”清单管理,动态问题工作人员即知即改、综合性问题点位长协调、难点问题领导推进的三级分理流程,200余个创城点位全部实现常态管理。是年,区领导下沉创城督查年均在百次以上,召开创城部署动员会、专题会议等13次,市级抄告单88份,下发区级抄告单199份,创城微信群年解决问题达3000余个。

【全国文明城市创建宣传工作】　开展多轮城区入户宣传,组织楼道长、兼合式党支部党员和其他各类人员力量进行入户走访,全年累计走访城区居民家庭约15万户次,发放宣传资料、宣传品近30万份,覆盖城区所有居民家庭。发送以核心价值观、新冠疫情防控、未成年人工作等为主题的创城短信,覆盖近12万余人,进一步提升创城工作知晓率和支持率。开展公益广告宣传,全年更换、制作公益广告3万余块,张

发放公筷公勺倡议书

贴文明餐桌系列海报1.5万余份，并通过公益广告督查分组攻坚行动，推动公益广告持续完善提升。

【全国文明城市创建志愿服务】　开展机关单位与城市社区结对、主要交通路口文明劝导、“城市啄木鸟”、周末公益等志愿服务活动，提升志愿者服务水平及质量。39个城市社区注册志愿者人数41000人，占常住人口的25.9%；其中有时数的志愿者35000人，占注册志愿者比例85%；全年开展各类志愿活动9100场，累计志愿时长30万小时，其中全年社会化认领斑马线、车站，持续常规化开展文明交通劝导、车站码头秩序引导，游客咨询等服务,打造“古城定海　志愿有你”志愿服务品牌。

开展“古城定海　志愿有你”志愿服务活动

【全国文明城市创建网上申报工作】　根据创建台账要求，梳理11个镇街和7家单位的台账任务，经前期培训、资料筛选、台账制作、审核修改等流程，上报18项台账类别的17篇说明报告及相关照片。

【中央、省城市文明程度指数测评迎检工作】　针对中央、省城市文明程度指数测评，多次召开专题部署会、协调会。按照《全国文明城市(地级以上)测评体系操作手册（2020年版）》《浙江省城市文明程度指数测评体系（2020年）》，强化落实点位责任制，加大渔农村、城中村、城乡接合部等薄弱区域专项整改，开展居民小区楼道环境专项整治、创城动静态指标问题“扫尾清零”攻坚行动等工作，将国测标准贯彻执行到位。

【市日常管理测评迎检工作】　召开专题会议部署动员，分组实地抽查，微信实时反馈，安排区域管家志愿服务，落实市月度日常管理测评迎检工作，推进创城长效管理。全年4次市测中，定海2次排名第一。

【镇街道文明指数测评工作】　对全区11个镇街在基础设施、环境卫生、群众性精神文明创建活动等方面的文明程度进行测评，根据2020年舟山市创建全国文明城市日常管理测评结果，结合镇（街道）日常工作开展情况进行综合排名,盐仓街道、白泉镇分列城区、农渔村镇街第一。安排资金奖励测评优秀镇(街道)。

8月12日，在环南街道利民社区
开展亲子携手助力创城活动

【重点区域风貌环境PK赛】　2020年累计开展11期城乡接合部综合环境PK赛、4期农渔村行政村综合环境PK赛、2期物业小区PK赛，掀起学先进、比亮点、赛实绩、重实干的创建热潮，推动薄弱区域消除环境“脏、乱、差”和卫生死角。

【联合执法机制】 联合城管、市监、公安、交警等职能部门力量分点位类型持续推进创城重难点问题的执法，全年开展主次干道等专项执法9次，现场发放整改通知书52份，处罚5件，跨门经营、乱扔垃圾烟蒂等不文明行为得到整治。

【居民小区楼道环境专项整治】 针对老旧小区楼道破损、脏污严重等老城区普遍存在的问题，以社区居委会、菜场周边500米的小区为重点，集中力量开展专项整治，抓紧消除失分隐患，覆盖169个小区、3900个楼道。开展“楼道大清洗”爱国卫生运动，组织全区机关、企事业单位、兼合式党支部、志愿团队等清洗楼道,并针对楼道内箱体破损、脏污问题，安装10500个牛奶箱插卡牌，落实报刊箱拆废、清洗工作。

7月3日，开展定海区爱国卫生运动

【定海区“烟蒂不落地”专项治理行动】 组织综合执法局、卫健、交警、团委等职能部门，通过强化宣传氛围、完善基础设施、加大执法力度、倡导志愿服务等举措，遏制乱扔烟蒂的不文明行为，养成“烟蒂不落地”的文明风气。是年，处罚乱丢烟蒂2000余起，罚款5万余元。开展志愿服务活动300余次，参与人数近8000人，发放便民烟灰包2万个。开展“烟蒂不落地、社区齐发力”主题实践活动，动员辖区内各单位、各类志愿团队、兼合式党支部、热心市民等群体通过认领、承包或集中组织等方式，开展阻乱扔烟蒂行为、捡拾落地烟蒂等活动，根据全年活动开展情况，评选合源社区等活动组织奖15个，美之声演唱团等优秀团队奖9个，俞小毛等先进个人120位，发放奖励资金26.9万元。

【点位责任制】 完成全区点位长调整工作，按照点位责任制管理要求，重新细化点位责任范围，根据人员变动情况充实调整点位长及工作人员，目前全区有点位长近900人，其中，城区点位细化到小区、背街小巷，农村点位实现全域覆盖。建立点位每周定期巡查机制，发挥点位长创城点位第一责任人的作用，每周组织工作人员、“区域管家”、志愿者等力量开展点位日常管理，并不定期对点位长履职情况进行督查通报。

【2019年度定海区创建全国文明城市工作先进集体和先进个人评选表彰工作】 经推荐和严格评选，确定城东街道畚金社区等20家单位为2019年度定海区“全国文明城市创建工作先进集体”，应姿等52名同志为“全国文明城市创建工作先进个人”，并在定海区创建全国文明城市决战动员大会上予以表彰。

（撰稿：翁超慧）

“最多跑一次”改革

【推进联办“一件事”事项“最多跑一次”】 继续推进“一件事”事项办理，明确责任、信息互通、统筹协办，对接市级部门进一步推进全区部门联办“一件事”网上、掌上联办，加快“一件事”一体化在线办理平台接入，梳理区域特色“一件事”10件。2020年，定海区46项“一件事”已线下实施，其中36项“一件事”能够在线上进行办理。推广水、电、气、网络报装“一件事”联办，完成初期意见征询，制定《定海区水、电、气、网络报装“一件事”改革工作方案》,建设水电气联办专窗，提高企业用水用电用气用网效率。全年有8个项目通过定海区水电气网联办平台办理。

【推进重点领域项目改革】 推进一般企业投资项目从赋码到竣工验收的审批用时“最多80天”，小型项目全过程审批时间压减至45天内，低风险小型项目审批“最多20天”。全面推广应用投资项目在线审批监管平台3.0版，实现统一收件、统一审批、统一出件，投资项目全程网上申报、网上审批。2020年，完成“最多80天”项目10个。提升企业开办便利化，实现企业常态化开办“一日办”，进一步压缩环节，精减材料，全年有684家企业实现常态化开办一日办结。降低企业常态化开办成本，实施首套印章政府买单，每套印章包含公章、法人章、合同章、财务章、发票章5枚章，费用150元/套，享受该政策的企业有87家。

【开展“最多跑一次”改革特色比学展示】　围绕“最多跑一次”的目标和要求，从解决群众和企业实际问题出发，完成“最多跑一次”改革特色比学第一批、第二批《打造随军家属创业园》《探索重大醒目社会风险等级智能评价体系》《“就近办”——打通基层服务“最后一公里”》《建立保留证明“定证通”兜底服务机制》四大项目申报，签订项目认领协议书。制定各项目专项工作方案和推进计划，确定比学展示活动特色项目分管领导和固定联络员各一名，将压力传导到位。

【窗口多项举措落实“少跑腿”】　市场监管窗口颁发的全市首张住房公积金企业缴存登记联办营业执照；税务窗口利用大数据提升基础信息匹配率，推进税电匹配工作；不动产窗口秉承“互联网+不动产登记+金融服务”理念，进一步深化政银协作，推进抵押登记联动办理，实现抵押登记“零跑腿”“零见面”；水利窗口推进园区涉水审批承诺制改革，优化行政资源，减轻企业负担；卫健窗口加强医师多点执业事项办理；生态环境窗口稳步推进排污许可规范化管理试点工作，通过建立政府牵头、属地为主、部门联动、企业主体、第三方参与的工作机制，提升企业环保管理水平，实现绿色发展。

（撰稿：王文艳）

“服务企业　服务群众　服务基层”活动

【概况】　2020年，面对新冠肺炎疫情，定海区坚持以“三服务”活动为重要抓手，全区领导干部第一时间动起来、走下去，以“群众满意不满意”作为检验成效最重要的标尺，从企业最需要帮扶、群众最需要关心、基层最需要指导的“三最”问题着手，制定《关于建立完善“服务企业　服务群众　服务基层”1+3+N长效机制的意见》，促进定海“三服务”走深走实，真正“沉下去”“接地气”“踏准点”，让企业轻装上阵、让群众收获满满、让基层活力迸发。2020年，全区汇总“三服务”事项2771项，解决率100%。

【完善联系表】　调整完善区领导联系表，统筹明确包括镇街道和村社区联系点、困难群众、种养殖户、党员、人才、党外人士、民生类实事项目、重点企业、小微企业、抗台联系点等联系内容，区四套班子领导以上率下，通过一张表全面掌握和推进重点项目建设、重大民生工程、重点信访案件等工作。

【推行联系日】　利用周三、周四无会日，建立周三区领导“三服务”活动日制度，区领导每周行程安排中在周三优先开展“三服务”活动。区属部门根据党建融入基层、文明城市创建结对、扶贫结对、抗台结对等制度，定期、不定期相结合，联动开展“三服务”活动。

【组建联系队】　选派150名领导干部下沉到企业一对一指导，组建复工防疫服务组，助推企业复工复产。企业复工复产以后，及时将防疫服务组升级为驻企服务组，常态化开展驻企服务。2020年共解决企业问题1354个，累计为4200多家企业争取金融贷款48.5亿元、减免税费4.93亿元。针对驻企服务组提出的企业劳务需求难题，推出了劳务协作机制，与省外人力资源大县建立劳务合作关系，帮助企业引进劳务人员12500名。

【服务企业】　上半年区领导在走访远洋渔业小镇时，发现企业面临鱼货滞销、价格下跌、仓储饱和、资金短缺等问题，研究推出税务绿色服务通道、加大宣传力度、扶持行业协会等系列举措，到7月底实现全区远洋渔业总产量同比增长26.79%，总产值同比增长38.13%。区法院在走访中发现塑机螺杆行业频繁遭遇防疫物资退货、赔偿纠纷，对企业造成较大影响，为此设立巡回法庭，妥善解决纠纷。以上两个案例入选全省“三服务”月度十个好典型。

【服务群众】　区领导走访联系社区时发现，部分居住在危房中的老年人对居住质量、人身安全比较担忧，改造愿望强烈，为此组织旧改、规划、住建等部门科学制定改造方案，并纳入年度“最后一平米”攻坚清单。区交通局对于很多司机反映的交通路面隐患、事故处理时长、无证黑车、路边摊点等问题，主动探索推出综合交通快速处置“最多一小时”机制，创新完善速办速结工作闭环，通过工作发现、群众反映、天眼监控等发现的各类问题，制定“办结清单、到位清单、响应清单”三张清单，快速处理问题。

【服务基层】　对不少村反映的集体经济发展后劲不足、自我造血能力不强等问题，建立区领导包干联系和部门（单位）结对帮扶制度，选派70名党员领导干部担任后进薄弱村“第一书记”，全区集体经营性年收入15万以下的村实现清零。对于基层干部反响强烈的台账多、督查多等现象，开展定点监测，持续跟踪，及时清理，破除阻碍基层发展的“瓶瓶罐罐”，为基层减负。

【挂图作战】　围绕中企业、群众、基层反响最强烈的问题，梳理确定经济发展、改革开放、城市工作、最后一平米等四大块重点攻坚方向，71项重点攻坚项目，100%落实包干区领导和责任部门，每月在亮相台公开亮晒攻坚进度，动态更新攻坚项目。

【比学赶超】　围绕重大项目攻坚、重点工作突破、服务保障水平等内容在部门、镇（街道）中定期开展“双学双比”专场竞赛活动，并组织全区相关部门、“两代表一委员”、企业群众代表等现场评比打分，成绩以附加分形式统一纳入比学单位年终考核中，全方位调动各地各部门“三服务”积极性和创造性，实现服务品质持续提升。2020年，开展防洪排涝建设、美丽乡村建设、基层党建、改革攻坚四场主题竞赛活动。

【民意畅通】　畅通群众实时在线提交问题的渠道，依托定海新闻发布厅、定海山网络问政APP等平台，主动征集民意、发布新闻、反馈结果，让服务对象满意。2020年定海山网络问政APP安装量4万人次，最高阅读量10万人次以上，接受问政304件，全部办结并反馈。

（撰稿：周嘉豪）

扫黑除恶专项斗争

【概况】　2020年，是中央部署开展的三年扫黑除恶专项斗争的收官之年，全区公安机关始终将扫黑除恶专项斗争作为首要政治任务，推进专项斗争向纵深发展。年内，侦办包括全市首起网络套路贷团伙案件在内的涉网黑恶案件8起，摧毁团伙4个，打处涉案人员35人，打击质量及指标完成率居全市第一。三年内扫黑除恶专项斗争累计查结涉黑涉恶线索311条（其中上级下发线索91条）；摧毁恶势力集团4个48人，恶势力团伙3个35人，破获团伙案件103起，查扣非法资产5215余万元；侦办九类涉黑恶案件205起，抓获嫌疑人546人，移送起诉368人。通过专项斗争持续攻坚，全区外地黑恶势力被彻底打散清除，传统六类涉恶案件、黄赌类警情呈断崖式下降，重点领域黑恶势力得到有效震慑，线索举报数大幅下降，年内接到群众举报涉恶有效线索5条，同比2019年70条下降92.9%，群众安全感满意率持续上升。

【强化组织领导与政治责任】　成立由副区长、分局党委书记、局长杨健挂帅的全区公安机关扫黑除恶专项斗争领导小组，先后制定专项斗争有关方案5个，向区政府常务会议、区人大、区政协报告扫黑除恶工作8次。分局党委先后24次学习贯彻上级扫黑除恶会议精神，听取研究扫黑除恶工作推进情况，组织召开全局性推进会14次。副区长、分局党委书记、局长杨健专题听取并研究重大案件27次。建强专业团队，组建专家组、线索核查专业队、专案侦办预备队，确保线索核查、案件侦办工作质效。按照“项目化运作、清单式管理、督导式推进”工作要求，实行“周汇总、月通报、季评析”机制，常态化跟进线索核查、专案侦办、机制落实等工作。阶段性制订扫黑除恶工作推进表，刚性设定目标任务，严格执行扫黑除恶“一把手”负责制和重点线索、案件“一把手”责任制。线索核查和案件侦办以“指令单”形式下发并跟进督导，实行“两定三包”（定人、定时，包任务、包举措、包责任）责任制。分局党委班子成员实行分片包干负责制，坚持带班督导，采取通报、约谈、督办、问责等工作措施，层层传导压实责任。

【深化线索收集与摸排核查】　拓展线索收集宽度，推行“内外”两张宣传清单，推广“5+X”宣传模式，开设“扫黑”专线、举报信箱，实行举报奖励，宣传发动群众举报线索。围绕重点场所、重点领域、重点人员、重点区域，开展常态化、拉网式、联动式线索排摸，全面梳理历史警情、信访案件、未破案件，开展比对碰撞、串并排查、会商研判。建立疑似黑恶警情“日关注、周汇总、月评析”机制，加强现发警情线索排查。全角度提升线索研判精度，坚持“传统+科技”“专门力量+群众力量”“研判+外调”紧密呼应，抽调刑侦、技侦、网安等警种专业人员，组建线索研判小组，从背景核查、资金分析、关系研判、警情梳理着手，将清查旧线索和挖掘新线索结合起来，定期开展会商研判，提高线索源头质量，从中深挖一批隐藏蛰伏的黑恶势力犯罪团伙。全链条加大线索核查力度，严格落实线索摸排“四长”责任制、线索核查“三长”责任制、派出所所长“零报告”背书制，绘制涉黑涉恶线索分类、分级、分步处置流程图，按照重点线索专业队负责、一般线索派出所负责、疑难线索集体负责，建立线索“一线索一方案”“一案一档”“回访反馈”等制度，确保底数清晰、核查精准。

【突出重拳打击标本兼治】　聚焦重点群体，针对外来人员黑恶犯罪突出现象，紧盯盘踞当地且被多次打击的河南、安徽和东北籍黑恶群体，全面深挖寻衅滋事等涉恶隐案，突出重点予以集中挖掘、高频打击。三年打击处理九类涉恶犯罪外来人员286名，占全部九类犯罪人员54%，其中上述地区人员103名。聚焦特殊领域，紧盯群众反响强烈的黄赌毒等违法犯罪活动以及易滋生黑恶势力的工程建设领域，坚持露头就打与常态治理相结合，累计侦办黄赌毒刑事案件131起，打处犯罪嫌疑人405人，侦办涉及工程建设领域专案5个，打击处理23人。聚焦突出犯罪，开展“钱潮”系列攻坚行动，摧毁全市首个“套路贷”团伙，先后侦办“套路贷”专案9起，摧毁涉恶团伙4个，打处犯罪嫌疑人99人。组织开展利用信息网络实施涉黑涉恶犯罪专项整治行动，重点打击“裸聊”敲诈、网络“套路贷”、跨境赌博等突出犯罪。破获全市首起网络敲诈案，侦破涉网黑恶案件8起，摧毁团伙4个，打击处理涉案人员34人，侦办涉跨境赌博刑事案件64起，打掉涉案团伙12个，采取刑事强制措施137人，逮捕43人，涉案资金5200余万元。聚焦深挖彻查，落实与纪检监察部门线索快速双向传递、同步对接介入办案机制，坚持“一案三查”“打伞破网”“打财断血”，加强涉案资产查扣“六查五取”工作举措，铲除黑恶势力的经济基础和关系网。累计向区纪委监委通报团伙案件7起，移交线索9条，累计查扣非法资产5215余万元。

【建立打防并举长效机制】　规范涉黑苗头处置流程，根据《全市公安机关疑似黑恶警情处置工作规范》，建立应急联动处置和后续评估预警机制，对涉嫌“非法讨债、斗殴伤害、限制人身、动刀动棒”等疑似涉恶警情，依照“疑警从有、快速反应、提级处置”要求，坚持“打早治小”。对本地称霸逞强人员、涉恶犯罪屡教不改人员、具有犯罪苗头问题的青少年等重点人员，实行三级管控，通过走访调查、布建人力情报、研判分析、约谈警告、盯梢打击等措施，最大限度将黑恶犯罪控制在初始阶段。根据《涉黑涉恶线索流转、核查、反馈工作规范》的要求，健全成员单位间线索流转核查机制，提升核查效率，做到“一线索一反馈”，确保件件有落实、事事有回应。对案件办理中发现的行业部门监管薄弱环节，按照“三书一函”发放要求，提交行业监管漏洞建议书9份，督促有关部门整改落实并开展回访。侦办恶势力团伙等重点案件，第一时间邀请检察机关提前介入，累计开展重点疑难案件集中会商20余次。

（撰稿：钱舟海）

“三改一拆”专项行动

【概况】　2020年，全区改拆工作贯彻省市区工作决策部署，以“无违建创建”为核心，坚持“坚决拆、大力改、抓巩固”工作思路，推动各项工作开展。至年底，全区完成“三改”面积22.02万平方米，占全年工作目标的220.22%，其中旧住宅区改造22.02万平方米；拆除违法建筑面积20.02万平方米，占全年工作目标的181.96%，拆后利用率达85%以上。

【打好全区“五大会战”】　是年，组织开展系列国家战略落地会战，招商引资大会战、综合交通大会战、城乡环境综合整治大会战、治水治污大会战，助推“四个舟山”建设，其中以“三改一拆”违法建筑拆除及开展整治河道及小流域沿线违法建筑专项整治行动,全面排摸，紧抓落实，排摸出59个违建点位，整治59个，完成率100%。

现代建材市场违建点位拆除前

现代建材市场违建点位拆除后

【"两路两侧""四边三化"整治持续发力】 把"无违建区"创建与"两路两侧""四边三化"、精品道路等重点工作有机结合，做到项目共建、成果共享。是年，创建1条省级精品示范道路，由滨海大道定海段从盐仓大转盘至定海滨海大道入城口止，途经盐仓街道、双桥街道，全长5千米，资金总投入为1.6亿元；打造一条省级绿化美化、特色精品道路，由定海区长春水库至南洞公路（长春水库—新建社区），

定海区长春水库至南洞公路（部分）

滨海大道定海段（部分）

途经马岙街道、盐仓街道、干碶镇等3个镇（街道），全长5公里，资金总投入为2900万元。促"三改一拆"工作出形象、见成效，累计整治"两路两侧"十大类省、市、区级"四边三化"问题点位60处，面积约10000平方米。

【开展全区"无违建"创建】 建立防违控违指挥中心，打造防违控违综合信息管理平台，利用平台实现巡查轨迹、违建定位、巡查上报等功能，建立起涵盖全区的"实时巡查、实时指挥、实时举报、实时处置"防违控违综合管理智慧体系。强化区、镇街、社区村三级网格化管理体系，组建各级"三改一拆"工作微信群、浙政钉钉群，做到随时发现问题，第一时间反馈整改结果，提高工作实效。

【注重拆后利用】 结合旧城改造、新农村建设、城乡环境整治等工作，提升拆后综合治理质量，做到违

念亩墩项目拆除前

念亩墩安置项目效果图

建即拆即清、即拆即改。是年，全区通过拆违共腾出土地21.57万平方米，利用15.99万平方米,其中复垦复绿6.68万平方米，规划建设6.27万平方米。

（撰稿：夏天祎）

（本分目照片由“三改一拆”领导小组办公室提供）

治水治污大会战

【概况】　2020年，全区以习近平生态文明思想为指导，坚定践行“两山”理念，围绕省市区中心工作，按照“绝不把污泥浊水带入全面小康”“五水共治只能加强，不能放松”的要求，推进治水体系和治水能力现代化，打好污染防治攻坚战。全年累计投入治水治污资金5.64亿元，推动治水治污工作向前发展。

【建设“污水零直排区”】　推进“污水零直排区”建设，完成定海工业园区“污水零直排区”建设复核和10个生活小区“污水零直排区”的创建。加快推进盐仓街道、白泉镇的“污水零直排区”建设任务。金塘镇、干𥔲镇作为2022年“污水零直排区”建设试点乡镇，完成前期排查工作，城区的城东、环南、昌国3街道前期摸排分别完成80%、40%、60%。

【建设“美丽河湖”和“品质河道”】　全面完成县级以上河道无违建河道创建，加快恢复河湖水系自然联通。全年完成林家支河、西堠南河、西堠北河、千金岙叉河、草塘河、大丰老大河、穆岙南河、小支河、十字路河、北蝉外支河、北蝉内支河11条“品质河道”建设。完成2条省级“美丽河湖”创建，其中白泉河库水系完成河段提升12.66千米，岑港河库水系完成河段提升10.71千米。

【加强河（湖）长制、滩（湾）长制标准化管理】推进河长制巡河、保洁等常规工作，新出台《定海区镇村级河湖长履职评价考核办法》《定海区镇级“河湖长”履职积分及考评标准》等制度。定期开展河（湖）长、滩（湾）长培训、学习工作，落实河（湖）长制信息系统使用工作。做好河湖长制“一周一提醒，一次一整改，一月一通报”监督考核制度，发挥和调动河（湖）长工作积极性，确保河（湖）长履职到位。实行市民巡访团监督检查机制，聘请市民巡访团对定海区河道保洁和河（湖）长制、滩（湾）长制工作进行检查，采用内部通报和媒体曝光的方式对河（湖）长、滩（湾）长进行监督。

【加强饮用水水源安全保障】　完成12个千吨万人饮用水源地整治，完成虹桥水库生态安全调查评估及环境保护方案编制。新建和改造管道20千米，新建泵站3个，提升人口2.5万人，完成投资627万元，提前完成渔农村饮用水达标提标三年行动计划。三年间实际完成投资5653万元，受益人口达9.8万人（受益人口完成率160%），实现全区渔农村供水工程，供水保证率99%以上。岛北水厂入选“全国首批农村供水规范化水厂”。加快水库除险加固项目，年度计划实施9座水库除险加固工程，完成投资4449万元。截至年底，2座水库完工，累计投资3617万元。山塘综合整治工程，年度计划实施2座山塘综合整治工程，完成投资314万元。至年底，完工1座山塘，累计投资205万元。

【开展水环境整治】　加快河湖水系连通治理项目，年度计划实施中小流域综合治理工程2项，治理河长23.99千米，完成省投资4096万元。至年末，岑港烟墩片河库连通综合治理工程治理河长11.57千米，累计投资2018万元；大沙片河库连通综合治理工程已治理河长9.94千米，累计投资1767万元。城区提标改造管网2.55千米，清淤排水管网300千米，改造易涝点6处。完成城东河（开源新村—新港桥）、洋岙河（东瀛桥—颐景园桥）、环南河、蓬莱河及解放河（海山桥—寿星桥）等河段清淤工程，总投资约600万元，清淤面积约70000平方米。

【巩固黑臭水体治理成果】 开展黑臭水体排查、小微水体大排查大整治等专项行动，根据问题清单形成整改治理方案并完成整改。原定海城区10条养护河道清河净水项目于12月底到期，开展新一轮养护招投标工作。

【提升城乡污水处理提质增效】 完成定海污水处理厂“一厂一策”方案编制工作；启动金塘镇大浦口污水处理中心（二期）扩建完成立项等前期手续，争取完成招投标工作；启动定海区西北片污水处理厂清洁排放技术改造。全面推广农村生活污水处理设施标准化运维，各镇(街道)完成20个农村生活污水处理设施实现标准化运维，完成2个农村生活污水处理设施改造工程，全区农村生活污水处理设施终端出水水质达标率85%以上。

【加强农业面源污染生态治理】 以国家农业绿色发展先行区为抓手，不断深化农业面源污染治理。加快推进“肥药两制”改革，推广商品有机肥1万吨；不合理施用化肥减量10吨；农药减量2吨，农药废弃包装物和农膜回收处置率均90%以上，地膜回收处置机制全覆盖。

【全过程防控船舶污染】 实施长江经济带船舶和港口污染突出问题整治，落实长江经济带共抓大保护措施。加强港口船舶污染物接收转运处置设施建设，完成率100%，实现港口接收设施与城市公共转运处置设施有效衔接。开展渔港污染物收集设施建设，完成船长35米以下渔船防污染设备设施安装。

【开展近岸海域污染防治】 引入第三方完成入海排污口深度排查，全面掌握了全区入海排污口状况，并削减2个入海排污口。建设完成入海河流（溪闸）污染物入海通量监测体系，强化入海排污口在线监测及数据联网，确保入海排污口稳定达标排放。开展海岸线整治修复行动，整治修复海岸线11.474千米以上；推进海水养殖绿色发展，创建3个水产健康养殖示范场；完成海洋水生生物增殖放流0.21亿单位。

【加大防洪御潮设施建设力度】 全面启动海塘“安澜”工程，完成定海区海塘“安澜”工程“一县一策”方案并批复。建设实施海塘加固兼生态修复项目5项，完成投资1亿元。截至年底，5条海塘均开工建设，累计投资8465万元，其中1条海塘年底完工。

【全面完善排水排涝体系】 坚持城市外围“防、调、泄”，城市内“蓄、滞、排”的原则，全面完善排水防涝体系，提高排涝能力。年度计划新建2座泵站（新增排涝流量33立方米/秒）、完工2座泵站（排涝流量35立方米/秒）、实施3座水库清库扩容治理工程，完成投资5315万元。至年末，累计投资4380万元，3座泵站和1座水库工程预计年底完工。舟山市定海中心片区排涝提升工程（五山生态旅游带建设项目）完成项目建议书和可行性研究批复，东山段提前开工建设，完成投资3600万元，提前完成年度2000万元的投资任务。

【加快完成农村饮用水达标提标任务】 实施农村饮用水达标提标三年行动计划，加大城乡供水一体化力度，通过城市供水管网延伸解决农村饮用水安全问题，确保农村居民喝上达标饮用水，新增渔农村饮用水达标提标人口2.5万人，完成城乡供水一体化1.97万人。

【高效推进节水工作】 以农业水价综合改革工作为抓手，持续推进农业节水，对部分农灌设施进行维护提升，落实节水奖励和精准补贴52万元。开展节水标杆工作，创建完成5家节水标杆小区、1家节水标杆酒店、1家节水标杆企业，均入围省级名录。开展省级节水宣传教育基地建设，定海公园场馆包括VR体验，多媒体互动等现代化节水展示内容。

（撰稿：钟舟杰）

责任编辑：王英伟

大 事 记

1月

1日，中国体育彩票2020年全国新年登高健身大会（舟山分会场）暨“福在舟山——神行定海”新年登高活动举行，1200余位市民参加。

2日，区政协六届十二次常委会会议举行。区政协主席车志宽主持会议。区政协副主席方家慧、柳跃军、夏江龙、陆翰恺，秘书长华福耐出席会议。

是日，市委副书记、政法委书记徐张艳带领市属相关部门负责人到舟山长宏国际船舶修造有限公司开展“三服务”活动。区委副书记顾飞舟参加活动。

3日，区十七届人大常委会举行第二十九次会议。区人大常委会主任余河通主持会议。区人大常委会副主任林伟康、范纲、张伟旭、孙忠定、王华杰、王金康出席会议，区委常委、常务副区长林剑彪列席会议。

5日，马岙新青农农场和白泉传奇庄园农场入选2019年度省级示范性青创农场。

7日，中共舟山市定海区委第十三届委员会第九次全体（扩大）会议举行。区委书记庄继艳代表区委常委会向全会作报告。区领导侯富光、余河通、车志宽、毛铁年、顾飞舟等出席会议。

是日，区委常委会召开会议。区委书记庄继艳主持讲话，区委副书记、区长侯富光作传达，区人大常委会主任余河通、区政协主席车志宽、区委副书记顾飞舟等参加会议。

9日，定海区“不忘初心、牢记使命”主题教育总结大会召开。区委书记庄继艳强调会议精神。市委第一巡回指导组组长周继跃讲话，区委副书记、区长侯富光主持会议。区领导余河通、车志宽、顾飞舟等出席会议。

10日，中国共产党舟山市定海区第十三次代表大会第四次会议暨区委经济工作会议在舟山剧院举行。区委书记庄继艳代表中共舟山市定海区第十三届委员会向大会作题为《决战决胜高水平全面小康奋力推动花园式国际人文港城建设再上新台阶》的报告。区委副书记、区长侯富光主持会议。区领导余河通、车志宽、陆沧波、毛铁年、顾飞舟、何徐华、郑飞科、林世军、陈海平、林剑彪、邵辉、徐峻峰、崔亚东出席会议。

15日，环南街道首个“撤桶并点”试点小区启动改造。

17—19日，区政协六届四次会议举行。车志宽、柳跃军、夏江龙、林志刚、陆翰恺、华福耐担任大会执行主席，庄继艳、侯富光、余河通、毛铁年、顾飞舟、陆沧波等出席大会。区政协主席车志宽作区政协常务委员会工作报告。区政协副主席夏江龙主持会议。

18—20日，舟山市定海区第十七届人民代表大会四次会议举行。开幕式由大会执行主席、主席团常务主席余河通主持。大会执行主席庄继艳、侯富光、毛铁年、顾飞舟、邵辉、林伟康、范纲、齐友国、王华杰、王金康、林剑彪、郑飞科、车志宽、陆沧波等出席会议。区人大常委会主任余河通作区人大常委会工作报告。

22日，区委常委（扩大）会议举行。区委书记庄继艳主持会议，区委副书记、区长侯富光作政府工作报告，区领导余河通、陆沧波、顾飞舟等参加。

是日，区纪委十三届六次全会举行。区委书记庄继艳在会上作题为《坚守职责定位 忠诚履职担当 为决战决胜高水平全面小康提供坚强保障》的工作报告。区领导侯富光、余河通、陆沧波、顾飞舟等出席会议。

26日，发布《关于做好居家医学观察工作的通告》，要求市民支持和配合做好居家医学观察，降低疫情扩散风险。

30日，区委副书记、区长、区新型冠状病毒感染的肺炎疫情防控工作领导小组组长侯富光到甬舟高速金塘出入口和纺织企业检查指导疫情防控工作。区领导杨健、董凯龙随行参加。

是月，在医疗机构、商场、车站、公园等人流大的公共场所建成母婴室30家，配置率达到90%，居全市之首。

是月，盐仓街道新螺头社区全域永久农田调整方案获区自然资源与规划部批准，该项目为市内首个获批方案。

是月，定海区“三上门”实现烟花爆竹零售经营许可“零跑动”审批。

2月

6日，区新型冠状病毒感染的肺炎疫情防控工作领导小组举行扩大会议。区委书记庄继艳主持会议并讲话，区委副书记、区长、区新型冠状病毒感染的肺炎疫情防控工作领导小组组长侯富光作报告。

9日，区中心医院的郑杰、丁丽娜作为定海区支援医护人员，赴湖北支援新冠肺炎疫情防控工作。区委书记庄继艳，区委副书记、区长侯富光，副区长屠定玉，为2名医护人员送行。

是日，区委副书记、区长、区新冠肺炎疫情防控工作领导小组组长侯富光到舟山中天重工有限公司、太平洋海洋工程（舟山）有限公司督查指导“三返”防控保障工作。

是日，舟山市新冠肺炎疫情防控工作领导小组第九场新闻发布会在市行政中心举行，市卫健委、定海区、岱山县、嵊泗县相关负责人就疫情防控工作情况和企业复工复产情况进行解答。副区长、区新冠肺炎疫情防控工作领导小组常务副组长屠定玉通报定海区疫情防控工作总体情况。

13日，市委副书记、政法委书记徐张艳到定海区开展“三服务”活动。区委书记、区新冠肺炎疫情防控工作领导小组第一组长庄继艳参加活动。

是日，区新冠肺炎疫情防控工作领导小组专题会议举行。区委书记、区新冠肺炎疫情防控工作领导小组第一组长庄继艳主持。区委副书记、区长、区新冠肺炎疫情防控工作领导小组组长侯富光出席会议。

是日，舟山市启用全省统一的“健康码”。定海区在全区范围内推行“舟山健康码”和“绿色通行证”。

17日，区委书记、区新冠肺炎疫情防控工作领导小组第一组长庄继艳主持召开全区疫情防控和复工复产专题会议。区委副书记、区长、区新冠肺炎疫情防控工作领导小组组长侯富光出席会议。

18日，区委副书记、区长、区新冠肺炎疫情防控工作领导小组组长侯富光主持召开全区疫情防控和复工复产工作专题部署会议。区领导林剑彪、刘世君参加会议。

是日，全区规上工业企业复工数量为98家，复工率达100%。

19日，市委副书记、政法委书记徐张艳到定海区开展“三服务”活动，检查指导疫情防控和复工复产工作情况。区委书记庄继艳参加活动。

20日，江西省玉山县、安徽省颍泉区、河南省息县等一批疫情防控到位、务工人员主要来源地政府与定海区政府签订备忘录。当地政府将授权相关部门对所辖社区（村）及各单位出具的健康证明或解除隔离观察证明等加强管理。

22日，省政府新闻办举行第二十七场浙江省新冠肺炎疫情防控工作新闻发布会。现场视频连线副区长、区“三返”工作专项组组长刘世君。

24日，温州银行舟山分行与森森集团股份有限公司举行2000万元抗疫专项贷款签约仪式。

25日，区委常委会召开会议，传达学习中央政治局会议和中央、全省、全市统筹推进新冠肺炎疫情防控和经济社会发展工作部署会议精神。区委书记庄继艳主持会议，区委副书记、区长侯富光作传达，区领导余河通、陆沧波、毛铁年、顾飞舟等参加。

是日，区委副书记、区长、区新冠肺炎疫情防控工作领导小组组长侯富光调研重点民生项目开复工情况。副区长夏泉、董凯龙参加调研。

28日，区委书记庄继艳督查城乡环境综合整治工作。区委副书记顾飞舟参加督查。

是日，区委副书记、区长侯富光主持召开区政府工作任务部署会。区领导林剑彪、杨健、夏泉、董凯龙、徐峻峰、刘世君参加会议。

是日，定海区第七次全国人口普查工作正式启动。

3月

3日，市人大常委会副主任李善忠到定海区企业走访，慰问市人大代表，实地调研企业复工复产和疫情防控工作。区人大常委会副主任范纲参加。

4日，市委副书记、政法委书记徐张艳在区委副书记顾飞舟的陪同下到定海区督查指导农业生产工作。

是日，区委书记庄继艳、区委副书记顾飞舟到盐仓、小沙等地调研指导美丽乡村建设工作。

5日，全市招商引资招才引智大会上，定海区获2019年度招商引资大会战考核先进单位二等奖，并获招商引资重大产业项目落地先进单位称号。

6日，区委、区政府抽调400名机关干部支援城东、环南、昌国3个街道部分社区开展疫情防控工作。

10日，全省文化和旅游重大项目集中开工仪式舟山分会场活动在南洞艺谷景区举行。副市长方维宣布分会场集中开工，区委常委、常务副区长林剑彪参加开工仪式。

11日，区委书记庄继艳，区委副书记、区长侯富光，区人大常委会主任余河通，区政协主席陆沧波等区领导到盐仓街道参加2020年定海区机关干部春季义务植树活动。

12日，区委常委会召开会议，传达贯彻习近平总书记在湖北省考察新冠肺炎疫情防控工作时的重要讲话精神，区委书记庄继艳主持会议。

17日，太平洋海洋工程（舟山）有限公司创新将超高压水除锈机器人替代人工，进行修船作业的项目，除锈工艺，产能从1月份的15%提高至90%。

18日，首家企业中石化中海（舟山）船舶燃料供应有限公司落户定海自贸区块。

20日，大洋世家海洋食品制造产业集聚区项目开工仪式在舟山国家远洋渔业基地举行。市人大常委会主任钟达宣布项目开工，市、区领导姜建明、庄继艳、侯富光、林剑彪、林志刚出席开工仪式。

24日，区委副书记、区长侯富光到昌国街道和盐仓街道，就城中村改造建筑工地安全施工和“最后一平方米”清零攻坚工作推进情况开展督查。

25日，在中国（浙江）自由贸易试验区“云招商”对接会上，13个重点产业项目完成签约，总投资超70亿元。舟山群岛新区三农农副产品综合批发市场（二期）项目和迈恩信息科技软件研发项目落户定海。

26日，区机关事务管理中心联合团区委、区妇联，开展机关单位“清烟蒂”志愿活动，发挥机关干部的带头作用，做到“烟蒂不落地”。

27日，定海区防洪排涝能力提升“双学双比”活动举行。区委书记庄继艳对活动开展情况进行点评，区领导侯富光、余河通、陆沧波、顾飞舟等参加活动。

是月，省委、省政府发文通报表彰2019年浙江省实施乡村振兴战略优秀单位，有63家单位入选，定海区榜上有名。

是月，定海区首个口罩生产厂房在位于鸭蛋山工业园区的浙江金鹰股份有限公司投产。该厂房于2月初动工建设，面积约5000平方米。

4月

7日，区委常委（扩大）会议举行，传达学习习近平总书记在浙江考察时的重要讲话精神和省委、市委常委会扩大会议精神，区委书记庄继艳主持会议并讲话。

8日，市人大常委会主任钟达带领市人大调研组到定海区调研省人大常委会《疫情防控工作决定》的落实情况。区委副书记、区长侯富光，区人大常委会主任余河通陪同调研。

是日，区委武装工作暨国防动员委员会会议举行。区委书记、区人武部党委第一书记、区国防动员委员会第一主任庄继艳发表讲话。区领导余河通、林剑彪、崔亚东出席会议。

9—10日，定海城区五山分洪排涝工程（暨定海区五山水利生态旅游带建设项目）设计方案评审会举行。副市长姜建明，副区长董凯龙参加会议。

10日，区十七届人大常委会举行第三十二次会议。区人大常委会主任余河通主持会议并讲话，区人大常委会副主任林伟康、范纲、齐友国、王华杰、王金康参加会议，区委常委、副区长徐峻峰列席会议。

是日，区政协六届十四次常委会会议举行。区政协主席陆沧波主持会议，区政协副主席柳跃军、陈礼松、林志刚、陆翰恺，秘书长华福耐参加会议。

是日，“春暖古城·乐享定海”全民消费季活动启动，首批“嗨购券”的领取通道开启，价值300万元的“嗨购券”免费发放给市民。

11日，定海区防洪排涝工程项目之一昌国路（海天大道至环城东路）管网改造工程启动。

12日，来自区中心医院的医护人员郑杰和丁丽娜带着“全国卫生健康系统新冠肺炎疫情防控工作先进集体”称号平安返舟。定海区举行援鄂医护人员欢迎仪式，区委副书记、区长侯富光参加仪式。

13日，区委农渔村工作会议暨省美丽乡村示范县创建动员会举行。区委副书记、政法委书记顾飞舟出席会议。

是日，根据全省中小学（幼儿园）开学复课的总体要求，全区实行分类错峰复学。

14日，在省建设平安浙江工作会议上，首批连续15年达到平安建设标准的3个设区市、42个县（市、区）被授予 星平安金鼎，定海区上榜。

16日，由区文化和广电旅游体育局主办的“品读定海”活动走进双桥。省级非物质文化遗产代表性项目代表性传承人侯雅飞为村民表演木偶戏。

20日，第三届“三毛散文奖”新闻发布会举行，第三届“三毛散文奖”的征集、评选工作启动。区委常委、宣传部部长何徐华，区委常委、常务副区长林剑彪参加评选工作。

22日，定海区防洪排涝项目之一的德行桥改造工程和新桥路（颐景园路至檀东颐景园南门）管网改造工程启动，德行桥禁止车辆通行。

是日，由区委宣传部、区文化和广电旅游体育局主办，区图书馆承办的“2020书香定海·全民阅读节”系列活动启动。

23日，推行“公筷公勺”制动员会举行，防范、减少交叉感染和食源性疾病传播。

25日，以“守护家园海岸线”为主题的蓝海守护侠行动在环南街道东岠岛举行，来自定海区美之声演唱团、舟山市慈善总会金平助老服务队等多支志愿服务团队的150余名志愿者通过捡拾、并进行海滩垃圾。

26日，环城南路（环城东路至东河路）道路管网改造工程启动，该工程是2020年定海区防洪排涝工程项目之一。

29日，环南街道西园社区和城东街道桔南社区分别举行“烟蒂不落地、社区齐发力”新时代文明实践主题活动。

是日，区十七届人大常委会举行第三十三次会议。区人大常委会主任余河通主持会议。区人大常委会副主任林伟康、范纲、齐友国、王华杰、王金康出席会议。副区长徐峻峰、刘世君列席会议。

是月，定海区完成册子大皇山矿签约工作，该矿是舟山本岛工程建设主要石料的来源地。

是月，推行不合格食品核查处置“一单五制”（由食品抽检监测部门对各级食品抽查检验，建立不合格食品问题清单，实行流转制、台账制、销号制、公示制、通报制）获省市认可推广。

是月，定海区首批地方政府专项债券项目数量居全市首位。

是月，“定海创客工厂”获批“国家级”众创空间。

5月

4日，美丽舟山千里行第一站——“回望历史忆英雄 放眼未来展风采”五四登山健步活动举行，150余名青年和健身爱好者参加。

7日，定海区开设全市首个“金融服务站”助力企业复工复产。

8日，区委全面依法治区委员会举行第二次会议。区委书记、区委全面依法治区委员会主任庄继艳主持会议。区委副书记、政法委书记顾飞舟和区委全面依法治区委员会其他成员出席会议。

是日，“舟山记忆”纪念舟山解放七十周年展在区非物质文化遗产馆开展。

13日，开展县（区）级水利数字化转型试点项目建设，为全市唯一省水利管理平台建设试点。

14日，市人大常委会主任张明超在定海区调研“十四五”期间高质量推进人大工作，区人大常委会主任余河通陪同调研。

是日，共青团舟山市定海区十六届四次全委（扩大）会议举行。区委副书记顾飞舟出席会议。

19日，舟山市定海区人民政府和上海市虹口区人民政府战略合作框架协议签署仪式在沪举行。上海市虹口区委书记吴信宝，区委副书记、区长胡广杰，区委常委、副区长张伟，区委常委、组织部部长杨春花，舟山市副市长韩峻，定海区委书记庄继艳，区委副书记、区长侯富光等出席相关活动。定海区领导林剑彪、邵辉出席活动。

是日，市政协主席王伟带队赴定海调研经济社会发展和政协工作情况。区委书记庄继艳，区政协主席陆沧波，区委副书记、金塘管委会主任毛铁年陪同调研。

22日，定海区美丽乡村建设“双学双比”活动举行。区委书记庄继艳讲话，区领导侯富光、余河通、陆沧波、顾飞舟等参加活动。

23日，昌国路延伸段（海天大道至紫竹公寓）管网改造工程启动，该工程是定海区防洪排涝工程项目之一。

23—25日，宁波定海商会企业家开展“乡约定海·在甬定商家乡行”活动，实地考察定海投资环境和投资项目。区委副书记、金塘管委会主任毛铁年、区领导何徐华、林世军、刘世君参加考察活动。

24日，中国东海自驾旅游及自驾车后备箱工程发展研讨会在省级特色小镇——定海远洋渔业小镇举行。

25日，2020浙江定海美丽乡村周活动启动仪式在干……镇新建村南洞艺谷景区举行。市委副书记徐张艳、副市长姜建明出席活动。区委书记庄继艳致辞，区人大常委会主任余河通、区政协主席陆沧波、区委副书记顾飞舟等出席。

29日，创建全国文明城市决战动员大会召开。区委书记庄继艳在会上发表讲话，区人大常委会主任余河通出席，区委副书记顾飞舟主持会议。

是日，宁波舟山港主通道项目舟岱大桥主通航孔桥宣告合龙，标志着向全桥合龙贯通迈出关键一步。

31日，由团区委主办的“重走总书记考察之路”青春定向活动在南洞艺谷景区举行，百余名团员青年参加。

是月，马岙博物馆升级为舟山史前文明专题性博物馆。

是月，定海区启动新时代“枫桥式”退役军人服务中心（站）建设。

是月，定海区引入公路养护新技术，延长公路使用寿命。

6月

11日，定海工业园区科技创新培育中心整体工程通过竣工验收，正式投运。

15日，全区首家廉政亲商工作室——定海区海洋科技产业园管理中心廉政亲商工作室启用。

是日，定海区建成首家教授（专家）工作室，即舟山市7412工厂企业教授（专家）工作室。

是日，马岙街道成立全省首个“乡村善治学堂”——“舟山乡村善治学堂”。

16日，定海区2020年省级农村综合改革集成示范项目马岙试点建设启动，为全市唯一入选试点。

19日，区委常委会召开会议，传达学习贯彻省委十四届七次全体（扩大）会议精神。区委书记庄继艳主持会议，区领导余河通、陆沧波、顾飞舟等出席会议。

20日，由区委组织部、区文明办、区妇联主办的“文明从家庭出发”定海区决战全国文明城市创建家庭总动员活动在城东街道檀东社区举行，百余名文明家庭代表、党员家庭代表及志愿者参加。

28日，市公安局定海分局舟山国家远洋渔业基地派出所举行揭牌仪式。市委常委、市公安局局长魏明，区委副书记、政法委书记顾飞舟出席仪式。

29日，区十七届人大常委会举行第三十四次会议。区人大常委会主任余河通主持会议。

是日，区委副书记、区长侯富光就城区幼儿园规划建设情况进行专题调研。

30日，锋涌定海山“七一”党建论坛暨基层党建“双学双比”活动举行。区委书记庄继艳点评，区领导余河通、陆沧波等出席活动。

是月，嵊泗至定海疏港公路，该项目是虹桥互通至长春岭水库段开工建设。

是月，市内首创低洼易涝区域“红、橙、黄”三级管控模式。

是月，定海区以“创益定海，幸福海岛”为主题，举办全市首场公益创投路演大赛。

7月

1日，创建全国文明城市专题会议举行。区委书记庄继艳发表讲话，区委副书记顾飞舟主持会议。

是日，全区首个商圈邻里服务中心对外开放，即“阅享城南里”宋都商圈邻里服务中心。该中心总面积约390平方米，总投入约93万元。

2日，区委全面深化改革委员会第二次会议举行。区委书记、区委全面深化改革委员会主任庄继艳主持会议并讲话，侯富光、顾飞舟及区委全面深化改革委员会成员出席会议。

是日，区发改局联合国网舟山供电公司客户服务中心（配电），在马岙街道举办“绿水青山 节能增效”2020年定海区节能宣传周活动。

3日，区委副书记、区长侯富光就城中村改造“最后一平方米”清零攻坚工作推进情况开展调研。

是日，开展“爱卫有我、创建同行”爱国卫生运动，助力全国文明城市创建。区领导顾飞舟、何徐华、屠定玉参加活动。

7日，区委副书记、区长侯富光到盐仓街道和白泉镇调研民生实事项目推进情况。区领导王其锋参加调研。

是日，区人大常委会人大常委会主任余河通带领部分区人大代表视察部分防洪排涝工程建设情况。出席视察活动。

8日，省纪委副书记、省监委副主任暨军民赴定海调研清廉村居建设工作。市、区领导周峰、侯富光、郑飞科陪同调研。

8—10日，区政协首次采用“集中督办”模式开展“集中督办政协提案办理情况”活动，区政协提案委、区政府督查室工作人员及部分政协委员组成督办组，对区政协六届四次会议提案办理情况进行集中督办。

9日，区村（社区）组织换届工作领导小组召开试点工作动员部署会。区委书记、区村（社区）组织换届工作领导小组组长庄继艳在会上讲话，区委副书记、政法委书记、区村（社区）组织换届工作领导小组副组长顾飞舟主持会议。区领导邵辉、屠定玉、董凯龙参加会议。

14日，区委理论学习中心组（扩大）举行学习会，区委书记庄继艳，区委副书记、区长侯富光，区人大常委会主任余河通，区政协主席陆沧波和区委理论学习中心组成员出席学习会。

是日，区委副书记、区长侯富光到白泉镇、干礁镇、双桥街道和昌国街道，调研公共卫生建设项目推进情况。副区长屠定玉参加调研。

16日，市清廉村居建设现场推进会在定海区举行。市委副书记、市委政法委书记徐张艳，市委常委、市纪委书记、市监委主任周峰，副市长姜建明，区委书记庄继艳出席会议。区领导郑飞科、董凯龙、刘世君参加会议。

18日，“上海大学—舟山市7412工厂高端紧固件研究院”签约揭牌仪式在位于盐仓街道的7412工厂举行。

21日，省村（社区）组织换届联系督导组在区委书记、区村（社区）组织换届工作领导小组组长庄继艳陪同下到环南街道卫海社区和干礁镇新建村，督导定海区村（社区）组织换届试点工作。

22日，市、区两级人大常委会组织开展“社会矛盾纠纷调处化解‘最多跑一地’改革”专项监督活动。市人大常委会副主任夏亚红，区人大常委会主任余河通主持该活动。

23日，作为2020年省级村（社区）组织换届试点单位，干礁镇启动村（社区）组织换届选举工作，该镇6个村和1个社区完成党组织换届选举工作。该镇为定海区首个完成村（社区）党组织换届选举的镇（街道）。

25日，昌国路（海天大道至环城东路）管网改造工程完成机动车道改造，接着道路两侧的非机动车道和人行道进行封闭施工。

27日，区委十三届十次全体（扩大）会议举行。区委委员、候补委员出席会议。区委书记庄继艳代表区委常委会向全会作报告并讲话。区委常委会主持会议。

31日，区政协开展全国文明城市创建民主监督集中视察活动，40余名政协委员，视察创建全国文明城市工作。

是月，区政协“书香政协·品读治理”委员培训班开班，区政协主席陆沧波和来自各界别的50余名区政协委员参加培训。

是月，定海区创设全市首个在外大学生联合会开辟靶向引才"快速路"。

是月，定海区入选省基层政策性农业信贷担保服务创新试点。

8月

5日，区委副书记、区长侯富光到昌国街道和盐仓街道，调研五山水利工程（五山绿道）项目水库联合防洪调度工程建设。

6日，第四届中国·浙江舟山群岛新区全球海洋经济创业大赛蓝海智造行业赛·西安城市赛举行，21名参赛选手携创业项目参加。

11日，区委网络安全和信息化委员会第二次全体会议举行。区委书记、区委网络安全和信息化委员会主任庄继艳主持会议并讲话。

12日，区委书记、区村（社区）组织换届工作领导小组组长庄继艳到小沙街道、盐仓街道调研村（社区）组织换届工作。

13日，定海区深化生态文明建设示范区创建暨"美丽舟山·绿色人物"颁奖仪式在干䂬镇新建村举行。副市长陈隆，区委书记庄继艳等出席并颁奖。

17日，区委书记、区村（社区）组织换届工作领导小组组长庄继艳到岑港街道、昌国街道调研村（社区）组织换届工作。区委常委、组织部部长邵辉参加调研。

18日，全区民政会议暨慈善事业发展大会举行。区委书记庄继艳出席并讲话，区委副书记、区长侯富光出席会议。

20日，定海区统一战线暑期读书会举行。区委书记庄继艳发表讲话，区委常委、统战部部长林世军，区政协副主席林志刚出席会议。

21日，由定海籍大学生自愿组成、自主管理的非营利性青年社会组织——定海在外大学生联合会成立。

24日，定海区创建文明城市专题会议举行。区委书记庄继艳发表讲话。区委副书记、区长侯富光主持会议，区委副书记顾飞舟出席会议。

是日，针对第八号台风"巴威"影响，定海区启动防台风Ⅳ级应急响应。

25日，区纪委区监委将"警示课堂"搬进法庭，组织全区11个镇（街道）的各村（社区）党组织负责人，旁听典型职务犯罪案件庭审过程。

28日，区十七届人大常委会举行第三十五次会议。区人大常委会主任余河通主持会议。区人大常委会副主任林伟康、范纲、齐友国、王华杰、王金康出席会议。区委常委、常务副区长林剑彪，副区长王其锋列席会议。

是日，定海区科学技术协会第七次代表大会举行。区委副书记、政法委书记顾飞舟出席会议。副区长刘世君，区政协副主席柳跃军参加会议。

29日，甬舟人才活动一体化——2020智慧海洋人才高峰论坛开幕式在定海举行。市委常委、组织部部长蒲晓斌出席活动，区委副书记、区长侯富光致辞。区委常委、组织部部长邵辉，副区长刘世君参加活动。

31日，区委副书记、区长侯富光到环保企业、污水处理厂和地表水环境监测站点，调研生态环境保护工作。

是月，省委、省政府公布2019年度美丽浙江建设（生态文明示范创建行动计划）工作考核优秀单位和"五水共治"（河长制）工作优秀市县，定海区获评美丽浙江建设考核优秀县区，连续三年上榜。

是月，定海区建成全市首个国家级标准耕地质量监测点。

9月

1日，相关职能部门、镇（街道）开展规范养犬管理工作。

2日，全区政情通报会举行。区委副书记、区长侯富光代表区政府向区政协委员发表讲话，区政协主席陆沧波主持会议。

7日，定海区2020年入伍新兵欢送仪式在定海华其山训练场举行。市委常委、常务副市长许小月，舟山警备区副司令郑定距出席仪式。区委常委、区人武部政委崔亚东，区委常委、区政府党组成员夏泉参加仪式。

8日，全国抗击新冠肺炎疫情表彰大会在北京人民大会堂举行。区公安分局党委委员、副局长，金塘公安检查站副指挥长刘军获"全国抗击新冠肺炎疫情先进个人"称号，成为舟山市唯一获评该称号的政法干警。

10日，区政协举行“请你来协商”专题协商会。区委副书记、区长侯富光应邀出席并讲话，区政协主席陆沧波主持会议。

16日，东海开渔节暨舟山远洋渔市节启动仪式在舟山国家远洋渔业基地举行。市人大常委会主任张明超宣布活动启动，市委常委姜建明致辞。副区长董凯龙参加仪式。

24日，浙江省2020年度绿色矿山遴选结果显示，位于岑港街道册子岛的大皇山建筑用石料矿区以综合评分964.2分的高分位居全省第一，通过国家级绿色矿山省级遴选。定海区有2家矿山通过国家级绿色矿山省级遴选。

26日，由区商务局、团区委主办的“定有引力·海播天团”直播展示活动在定海凯虹广场启动。

是日，中国民主建国会舟山市工作委员会定海区支部举行第二届第一次会员大会。

28日，区政协组织全体政协委员开展“百名委员走乡村 拍乡村 绘乡村”活动。区政协主席陆沧波主持活动，区委副书记、政法委书记顾飞舟受邀出席活动并致辞。

29日，“舟创未来”定海·虹口协同创新中心开园暨2020全球海洋经济创业大赛蓝海智造上海城市赛启动仪式在上海举行。上海市虹口区副区长李铭出席活动，定海区委书记庄继艳致辞。区委常委、常务副区长林剑彪，区委常委、组织部部长邵辉参加活动。

是月，区政协六届十五次常委会会议举行。区政协主席陆沧波主持会议。区政协副主席柳跃军、陈礼松、夏江龙、林志刚、陆翰恺，秘书长华福耐出席会议。区委常委、常务副区长林剑彪应邀出席会议。

是月，首个“人才飞地”——定海·虹口协同创新中心正式开园，为定海区创新探索飞地引才聚才模式的首次尝试。

是月，全区完成渔农村饮用水达标提标三年行动。

是月，定海区出台《定海区镇（街道）敬老院改造提升三年行动方案（2020—2022年）》，实施乡镇敬老院改造提升工程。

是月，全区完成556户“僵尸企业”强制注销任务。

是月，舟山馋文化电子商务有限公司获得境外首轮风投资金5000万元，为全市首例境外风险投资基金。

10月

10日，全区村（社区）组织换届工作会议举行。区委书记、区村（社区）组织换届工作领导小组组长庄继艳在会上讲话。区领导郑飞科、邵辉、王华杰、董凯龙参加会议。

13日，由中储粮集团公司党组副书记、总经理迟京涛带领的考察团一行到定海区，考察位于舟山国际粮油产业园区的中储粮集团浙江粮食仓储物流项目。副市长韩峻，区委副书记、区长侯富光陪同考察。

14日，绍兴银行与定海区政府支持浙江自贸试验区发展战略合作协议签约仪式举行。区委副书记、区长侯富光出席并讲话，副区长王其锋、绍兴银行行长金建康出席签约仪式。

15日，“洗桥阿婆”志愿服务精神传承仪式举行。

是日，全市公安机关深化“枫桥式公安派出所”创建推进会暨联勤警务站建设现场会在定海区举行。

23日，区委常委会传达学习习近平总书记在深圳经济特区建立40周年庆祝大会上的重要讲话精神。区委书记庄继艳主持会议并讲话。

26日，四川省达州市人大常委会副主任、宣汉县委书记唐廷教带领宣汉县党政代表团到定海考察交流。定海区委书记庄继艳，区政协主席陆沧波，宣汉县政协主席张升国出席友好县区缔结仪式。定海区领导林剑彪、屠定玉，宣汉县领导吴红卫、李均林参加仪式和考察活动。

27—28日，区十七届人大常委会举行第三十六次会议。区人大常委会主任余河通主持会议。区人大常委会副主任林伟康、范纲、齐友国、王金康出席会议。区委常委、常务副区长林剑彪，区委常委、区政府党组成员夏泉列席会议。

28日，浙江交通资源投资有限公司砂石骨料研究院揭牌仪式在岑港街道册子岛举行，全省首个砂石骨料科研机构落户定海。

11月

1日，定海区进入第七次全国人口普查正式登记阶段。

2日，区政府召开党组（扩大）会议，传达学习贯彻党的十九届五中全会精神。区委副书记、区政府党组书记、区长侯富光主持会议并讲话。

10日，省委巡视组巡视定海动员会。

12日，区政协开展“请你来协商”活动，区政协主席陆沧波主持活动。

13日，区疾病预防控制中心获“浙江省抗击新冠肺炎疫情先进集体”荣誉称号，并在主会场接受表彰，郑杰、陈彦博、孙继达分别获“浙江省抗击新冠肺炎疫情先进个人”荣誉称号。区领导庄继艳、侯富光、余河通、陆沧波等在定海分会场参加会议。区委书记庄继艳为定海区3名“浙江省抗击新冠肺炎疫情先进个人”颁奖。

15日，新桥改造工程作为定海区防洪排涝工程项目之一，经过前期的各项准备工作，该工程正式启动改造施工。

19日，“长三角全媒体看定海”外宣活动媒体座谈会举行，来自中新社、《中国青年报》、《上海日报》、中国江苏网等近20家中央级、长三角区域媒体记者到定海区开展采风活动。

23日，定海区引进两大侨资项目，即供销“统仓统配”物流项目和中国国际侨创园项目，分别由浙江农合物联有限公司、杭州融裔投资管理合伙企业投资。

24日，区政协举行六届十六次常委扩大会议，区政协主席陆沧波主持会议。

25日，党的十九届五中全会精神省委宣讲团在定海区宣讲党的十九届五中全会精神。省委宣讲团成员、省人大常委会副秘书长张国强作宣讲报告。区委书记庄继艳，区委副书记、区长侯富光，区政协主席陆沧波等出席宣讲报告会。区委常委、宣传部部长何徐华主持。

是月，定海区入选第四批省级生态文明建设示范市、县名单。

是月，“关注消防 生命至上”2020年舟山市“119”消防宣传月活动启动仪式在定海文化广场举行。市委常委、常务副市长许小月出席仪式。区委常委、常务副区长林剑彪参加活动。

是月，定海区首次以“无感认证”方式完成退休人员生存调查。

是月，全区实现全域城乡清洁供水数字化。

12月

1日，区人大常委会组织开展省、市、区三级人大代表会前集中视察活动。区人大常委会主任余河通参加视察。

3日，中储粮集团浙江（舟山）粮食仓储物流项目开工仪式在舟山国际粮油产业园区举行。副市长韩峻宣布开工，区委副书记、区长侯富光致辞，中储粮集团浙江分公司党委书记、总经理卢波出席仪式，副区长刘世君主持。

是日，总占地面积约200平方米的定海区首个“人才驿家”在小沙街道挂牌启用。

4日，定海新时代文明实践中心建设推进会举行，定海新时代文明实践中心定海公园展陈馆正式启用。市委常委、宣传部部长沈国通出席推进会。区委书记庄继艳致辞，区领导何徐华、丁伟民、王华杰、陆翰恺参加推进会。

9日，区政协组织农技、医卫、法律等领域的区政协委员和志愿者在岑港街道桥头村开展“送科技、送法律、送医卫”三下乡为民服务活动。区政协主席陆沧波参加活动。

是日，浙江省气象局首次公布浙江省“乡村氧吧”获评名单，干磯镇新建村入选。

是日，定海区援鄂医疗队员、区中心医院医务工作者郑杰和丁丽娜收到蒙古国捐赠的“暖心羊肉”。

10日，位于岑港街道的舟山欧莱克新材料科技有限公司，全市首张通过“智能审核”拿到的原产地证书，标志着全市出口货物原产地证书审签进入“秒批”时代。

11日，全区防疫工作会议举行，区委副书记、区长侯富光出席会议并讲话。

是日，区政协专题民主协商会举行。区委副书记、政法委书记邵辉出席会议，区领导林世军、夏泉、林志刚、陆翰恺参加会议。

16日，定海区与深圳市盐田港集团有限公司举行签约仪式，签订盐田港油气产业链项目战略合作协议。区委书记庄继艳，区委副书记、区长侯富光出席仪式并讲话，副区长刘世君主持仪式。

24日，定海区举行《中国共产党舟山市定海区第十三次代表大会第五次会议暨区委经济工作会议报告

（征求意见稿）》及《关于制定舟山市定海区国民经济和社会发展第十四个五年规划和二〇三五年远景目标的建议（征求意见稿）》座谈会。区委书记庄继艳主持会议。区委常委、组织部部长江舟参加会议。

28日，省农业农村厅公布2020年度种植业“五园”创建省级示范基地名单，定海区再添一个“五园”省级示范基地。

29日，区政协六届十七次常委会会议举行。区政协主席陆沧波主持会议。

31日，区委十三届十一次全体（扩大）会议举行。区委书记庄继艳代表区委常委会向全会作报告。区委副书记邵辉出席。

是月，《2019年浙江省生态文明建设年度评价结果公报》出炉，定海绿色发展指数为81.26，在全省89个县（市、区）中位列第四。

是月，定海区创建全市首个省级“机器换人”示范县，以水稻为主导产业开展示范创建产业，获评2020年度省级“平安农机”示范县（区）。

是月，首届全国市辖区旅游研究成果《全国市辖区旅游研究报告2020》暨“2020年全国市辖区旅游综合实力百强区”“2020年全国市辖区旅游发展潜力百佳区”榜单出炉，定海区入选旅游综合实力百强区。

是月，第三批省级引领型农村社区名单公布，定海区区双桥街道石礁村、金塘镇和平村、岑港街道涨次村入选。

（撰稿：王燕迪）

责任编辑：王燕迪

区情综述

历史沿革

定海历史悠久，早在四五万年前，就有哺乳类动物和人类在此共同生息繁衍。1999—2003年，在金塘海域打捞出水的各类晚更新世古哺乳动物骨骼化石1吨，其中有古菱齿象牙齿、德氏水牛上颌骨、四不像鹿左角等，还有人工痕迹木棒化石，经中科院古脊椎动物与古人类研究所鉴定确定，分别是2.5万年前的、4万至5万年前的定海古人类活动的可靠物证。在20世纪70年代，定海白泉十字路、马岙三星社区等地考古发现大量新石器时代的陶器、石器。

春秋时属越，称“甬东”。秦王嬴政二十五年（前222），置会稽郡，“甬东”为会稽郡鄮县东境。两汉、三国（吴）及晋、宋、齐梁、陈因之。隋开皇九年（589）废会稽郡，并鄞、鄮、余姚三县为句章县，“甬东”随鄮县并入句章县。唐武德四年（621）以句章、鄞、鄮地置鄞州，“甬东”归鄞州。武德八年（625），又废鄞州置鄮县，“甬东”属之。

唐开元二十六年（738），江南东道采访使齐澣奏请，析越州鄮县地，置鄮、慈溪、奉化、翁山（今定海）4个县。古甬东境始为翁山县，下辖富都、安期、蓬莱3个乡。鄮县县令王叔通兼翁山县首任县令。宝应元年（762）翁山设富都监，隶朝廷盐铁使。宝应元年（762）袁晁率众起义，占据翁山。大历六年（771），翁山县废，归属鄮县。五代开平三年（909），原翁山属吴越国明州望海军鄞县。

北宋太平兴国三年（978），翁山入浙东道明州。端拱二年（989）置巡检司。熙宁六年（1073）七月，应原鄞县令王安石奏请，析鄞之富都、安期、蓬莱3乡建昌国县。隶浙东道明州。元至元十五年（1278），因“海道险要”和“户口倍万”，升县为州，隶庆元路。明洪武二年（1369），昌国州复为县，隶明州府。十二年（1379），置昌国守御千户所。十四年（1381），改明州府为宁波府，昌国随属之。二十年（1387）六月，废昌国县，徙昌国卫于象山县南天门山。此后，始称昌国境为舟山，在舟山置中中、中左两千户所，隶昌国卫，二十五年（1392）改隶定海卫（今镇海）。

清康熙二十三年（1684），朝廷颁“展海令”，开海禁，舟山展复，被驱迁的原住民及外地移民陆续上岛垦荒，重建家园。移定海镇总兵于舟山。二十六年（1687）五月，康熙帝以“山名为舟，则动而不静”诏改舟山为定海山，并题“定海山”匾额。二十七年（1688），建定海县，原定海县改为镇海县。

道光二十年（1840），鸦片战争爆发，定海陷落。二十一年（1841）二月，释放安突德等18名战俘，英军撤离定海。定海镇总兵葛云飞、寿春镇总兵王锡朋、处州镇总兵郑国鸿率兵进驻定海，重建定海防务。是年四月，升定海县为直隶厅，隶宁绍台道。八月，英军再犯定海，三总兵率军激战六昼夜，壮烈牺牲，城陷。道光二十六年（1846）三月，《英军退还舟山条约》签定，六月，英国撤出定海。宣统三年（1911）八月，辛亥革命爆发。九月，浙江宣布独立，是月二十一日，定海光复，改直隶厅为县。

1949年7月，中共定海县委、定海县人民政府在宁波庄桥成立。1950年5月17日，定海解放，县委、县政府迁至定海城关。1953年3月16日，舟山专员公署成立。6月，原定海县析为定海、普陀、岱山3个县。新设定海县辖城关镇及盘峙、金塘、小沙、盐仓、白泉、干𥔽、临城7个区，78个乡，基本确立现定海区境域。1967年3月，舟山专区改为舟山地区，县随属。1987年1月，撤销舟山地区，建立舟山市，辖定海、普陀2个区和岱山、嵊泗2个县。3月14日，中共定海区委、区人民政府成立。

1987年3月，定海区设金塘直辖区（包括沥港镇、大丰乡、柳行乡、山潭乡，1989年撤销，所辖乡镇由定海区直辖），城关镇（1988年10月撤销，设昌国、解放、环南3个街道）、白泉镇、临城镇、岑港镇等4个直辖镇，小沙、长白、大沙、烟墩、马目、册子、石礁、盐仓、紫微、洞岙、荷花、长峙、皋泄、北蝉、干𥔽、马岙、洋岙、盘峙、大猫19个直辖乡。

2001年7月，乡镇街道行政区划调整，全区设白泉、小沙、岑港、双桥、金塘、干𥔽、马岙7个镇，北蝉、册子、长白3个乡，昌国、解放、环南、城东、盐仓、临城6个街道。2004年9月，临城街道由区政府委托舟山市新城管委会管理；2008年5月金塘镇建立舟山市金塘开发建设管理委员会，由市人民政府授权，在所辖区域内行使相关的市级经济管理权限和县级社会行政管理职能。

2017年8月，经舟山市人民政府批准同意，由舟山群岛新区新城管理委员会代为管理的临城街道，一分为二，分为两个街道。以“千岛路西侧—329国道南侧—临长路、尖峰岗隧道西侧”为界，界线以东区域命名为千岛街道，街道办事处驻海天大道1555号；以西区域设置为新的临城街道，街道办事处驻海景道528号。

截至2020年年末，全区下辖昌国、环南、城东、临城、千岛、盐仓、小沙、岑港、马岙、双桥10个街道（其中临城街道和千岛街道委托舟山市新城管理委员会管理），金塘、白泉、干𥔽3个镇，并设有小沙街道长白管理处、岑港街道册子管理处、白泉镇北蝉管理处，分别为小沙街道、岑港街道、白泉镇派出机构。是年，全区有城市社区43个；有行政村80个，包括75个农村社区和5个城中村。

（撰稿：王英伟）

地理概况

定海位于舟山群岛西南部，处于北纬29°55′～30°15′，东经121°38′～122°15′之间。东与舟山市普陀区接壤，西与杭州湾海域相连，南与宁波市北仑区隔海相望，北与岱山县为邻。处中国沿海南北航线与长江水道交汇点，是长三角地区对外开放的海上门户和江海联运重要枢纽，是中国南北海运和远东国际航线的主通道之一。

境域总面积1444平方千米，其中陆域面积531.06平方千米，滩涂面积37.74平方千米，海域面积875.20平方千米。有大小岛屿127.5个，其中住人岛27.5个。有海礁120个，其中明礁12个、干出礁61个，暗礁47个。海岸线总长428.07千米，其中水深10米以上深水岸线68.70千米、水深20米以上深水岸线43.10千米。

区境大地构造处华夏古陆北东端，在浙东华夏褶皱象山嵊泗构造隆起带，属华南地层区，地质构造复杂。出露地层以中生界侏罗系上统为主，主要是火山喷出岩，属陆相酸性火山沉积岩构造。境内岛屿呈西南—东北排列。丘陵面积356平方千米，占陆地面积65%，由低山、高丘向低丘、平原延伸，呈环形分布。

介于舟山岛与金塘岛之间有横水洋，距城区西北42千米有灰鳖洋，北面长白岛与岱山县之间有大猫洋，南面大猫、摘箬诸岛与宁波穿山之间有崎头洋。金塘岛与穿山半岛间的金塘水道是定海通往宁波必经航道。册子岛与金塘岛之间的西堠门则是上海、沥港船舶往来的常用通道。定海港东侧十六门，是定海通往沈家门的必经航道。此外，小盘峙与小岠山之间的火烧门、大盘峙岛与西蟹峙岛之间的蟹峙门都是南来北往的船舶进出定海港之必经航道。主要港口有定海港、老塘山港、岑港、西码头港、沥港、岙山港、三江港和册子港。

（撰稿：王英伟）

资源特产

海岸线总长428.07千米，辖区拥有约912平方千米的可开发海域面积，其中水深10米上深水岸线68.70千米，水深20米以上深水岸线43.10千米。港口岸线资源丰富，拥有岛屿岸线达428千米，其中海域内10米以上深水岸线达68.7千米，可供15万吨级货轮自由进出，20万吨级候潮通过，能满足国际上第四代、第五代集装箱船的通航靠泊要求。四周群岛环抱，境内水深域广，港湾众多，航道纵横，是中国南北海运和远东国际航线的黄金水道，是中国内陆与世界主要港口通航最便捷的起航点之一。绵长的海岸线、广阔的滩涂地、众多的航门水道和丰富的生物、能源、医药、旅游等资源，提供了发展海洋经济的天然资源。

生物资源十分丰富。有常见鱼类80种，小型虾类17种，贝类134种及其他海藻类、哺乳类海洋生物。野生动物中有兽类13种，两栖类8种，爬行类25种，鸟类164种。淡水水生动物126种。野生植物类型复杂，种类繁多。有山地植物12群系，果树近200种，花卉59科152种。古树名木中500年以上国家一级古树1株，300年以上国家二级古树7株，100年以上国家三级古树187株。有世界濒危物种1种（黑脸琵鹭）。世界受胁物种1种（黄嘴白鹭）。国家二级保护鸟类黑脸琵鹭、黄嘴白鹭、角䴙䴘、鹗、红隼、小隼、赤腹鹰、雀鹰、松雀鹰、白尾鹞和普通䴉（白额䴉）等11种。

舟山海鲜、浙东白鹅、晚稻杨梅、金塘李子、皋泄香柚等名优特产远近闻名。富有海岛特色的舟山锣鼓、跳蚤舞、布袋木偶戏等非物质文化遗产更是享誉中外。

（撰稿：王英伟）

气候　气象

2020年，定海区全年平均气温为历史最高，连续第九年高于常年，呈现春、夏、秋、冬皆暖景象。年降水量与常年几乎持平，梅雨期之长为近六十年来之最,梅雨量在历年排位第三，秋冬季有旱情。日照时数偏少，降水日数和雾日偏多，大风偏少，年初多连阴雨天气，夏初多海雾。霾日比常年明显偏少，空气质量持续第六年向好。年内有四个台风影响（202004号台风“黑格比”、202008号台风“巴威”、202009号台风“美莎克”、202010号台风“海神”“美莎克”“海神”为外围环流影响），春季多强对流天气，年末受强寒潮侵袭，无重大灾情，气候年景一般。

气温　年平均气温为18.0℃，比常年偏高1.3℃,冬季、春季、夏季和秋季分别偏高2.5℃、1.5℃、0.9℃和0.6℃。月平均气温7月、9月比常年分别偏低0.7℃和0.1℃，10月与常年持平，其他月份偏高。1月平均气温为8.9℃，较常年偏高幅度最大为3.0℃，为历年同期之最高；2月、3月、5月、6月比常年偏高达到或超过2.0℃，11月偏高1.9℃。

3月7日入春，比常年提前8天；5月31日入夏，比常年提前8天；10月5日入秋，比常年延迟3天；2019年12月2日入冬，比常年提前7天。

年极端最高气温36.1℃，出现在6月18日。

年极端最低气温-4.5℃，出现在12月31日。

年35℃及以上高温5天。

降水　年降水量为1412.5毫米，与常年基本持平，同比上年偏少34%，降水主要出现在1—3月、5—7月和9月，七个月降水占全年的九成。

雨日　年降水日数153天，比常年偏多4天，比上年偏少14天。

日照　年日照时数1681.9小时，比常年偏少11%，比上年偏多14%。1月和7月日照时数偏少，比常年各偏少48%和47%；1月日照时数为60.6小时，仅次于1977年同期，7月日照时数之少为历年同期之最。

2020年定海区主要天气日数一览表

表1　　单位：天

雨日（≥0.1毫米）	大风日	雾日	霾
153	7	22	11

（撰稿：阙成蛟）

户籍人口状况

【常住人口数据】　2020年，全区总户数158145户；总人口400968人，其中男性197001人，女性203967人，男女性别比为96.58（女性=100）；比2019年增加1586人，年增长率为3.97‰；全区省内迁入1739人，省外迁入2101人，迁往省内1613人，迁往省外960人，人口机械增加1267人；全年出生登记2368人，死亡注销2992人，自然负增长624人。全区人口按年龄段分布，18岁以下57482人，18～35岁66818人，36～60岁167477人，60岁以上108831人，60岁以上占总人口的27.14%。总人口中城东街道51392人，环南街道33983人，昌国街道54330人，临城街道50829人，千岛街道40921人，盐仓街道19256人，小沙街道19377人，岑港街道17734人，马岙街道9448人，双桥街道17896人，金塘镇39504人，白泉镇36568人，干揽镇9730人。（数据包括临城，时间截止至2020年11月30日）

【流动人口数据】 至2020年12月30日，全区有流动人口117332人（数据不包括临城），其中男性72109人，女性45223人。流动人口同比下降5.87%计7312人。

（撰稿：钱舟海）

经济和社会发展

【概况】 2020年，面对国内外形势深刻复杂变化，特别是突如其来的新冠疫情，在以习近平同志为核心的党中央坚强领导下，区委区政府坚持以习近平新时代中国特色社会主义思想为指导，全面贯彻党的十九大和十九届二中、三中、四中、五中全会精神，贯彻落实习近平总书记来浙江考察时重要讲话精神，忠实践行“八八战略”、奋力打造“重要窗口”的主题主线，落实市委市政府部署，做好“六稳”工作、全面落实“六保”任务，全区经济持续稳定恢复，全年呈现结构优化、活力增强、高质量发展稳步推进的良好态势。

是年，全区实现生产总值569.56亿元，比上年增长2.5%。其中，第一产业增加值12.77亿元，增长14.8%；第二产业202.85亿元，增长0.9%；第三产业353.94亿元，增长3.1%。三次产业比例为2.2∶35.6∶62.2。按户籍人口计算，人均地区生产总值142328元，约20634美元，同比增长2.0%。“十三五”期间地区生产总值年均增长7.0%。

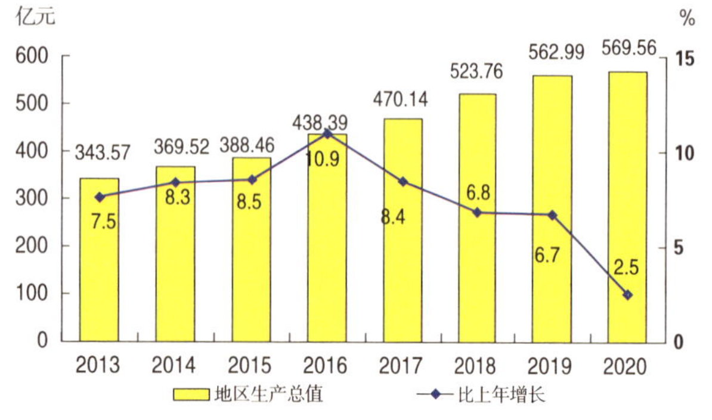

图1：2013—2020年地区生产总值及其增长速度示意图

全年全区实现海洋经济增加值319.17亿元，同比增长3.1%，占GDP的比重为56.0%。

全年全区实现财政总收入52.60亿元，同比增长0.4%，实现一般公共预算收入32.03亿元，同比下降1.5%。在一般公共预算收入中，增值税10.32亿元，同比增长13.7%；企业所得税3.11亿元，同比下降21.9%；个人所得税1.16亿元，同比下降3.0%。一般公共预算支出为43.51亿元，同比下降10.2%，其中，一般公共服务支出4.33亿元，同比增长1.1%;教育支出6.33亿元，同比增长0.4%;社会保障和就业支出3.39亿元，同比增长24.3%;医疗卫生和计划生育支出2.69亿元，同比下降2.7%；农林水支出8.76亿元，同比增长0.4%。

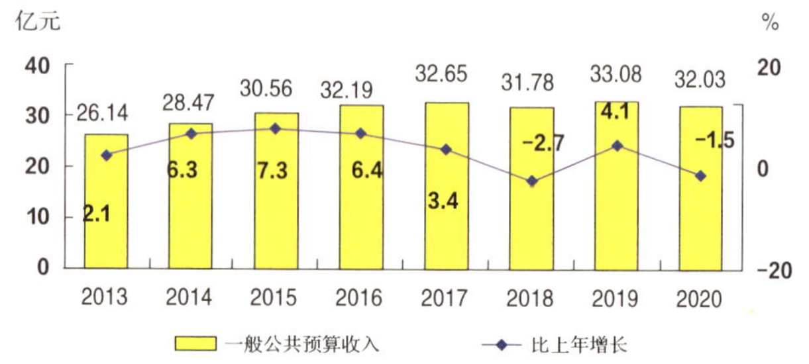

图2：2013—2020年一般公共预算收入及其增长速度示意图

全年居民消费价格（CPI）比上年上涨1.9%，其中食品烟酒类价格上涨6.3%。商品零售价格上涨0.9%。工业生产者出厂价格（PPI）下降2.6%。

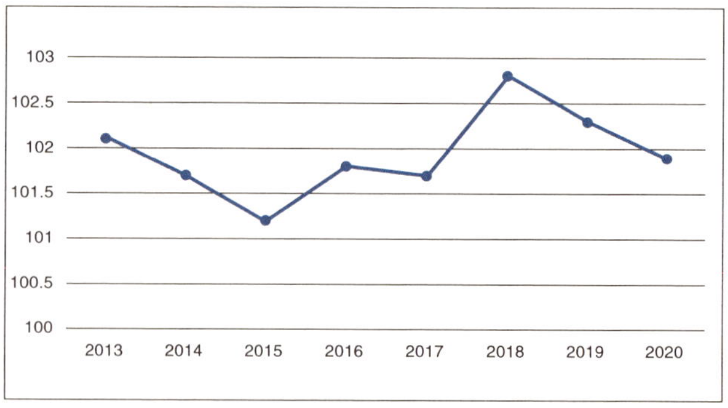

图3：2013—2020年居民消费价格指数（以上年为100）示意图

2020年分大类居民消费价格涨幅一览表

表2

类　别	比上年±%
居民消费价格	1.9
一、食品烟酒	6.3
二、衣着	-0.5
三、居住	-0.8
四、生活用品及服务	1.5
五、交通和通信	-3.2
六、教育文化和娱乐	1.4
七、医疗保健	4.0
八、其他用品和服务	4.5

全年新增城镇就业20349人，年末城镇登记失业率为1.53%，比上年下降0.03个百分点。

全年新设企业947户，比上年增加20家，注册资本总额111.19亿元。新增外商投资企业4家，合同外资6.02亿美元。

【农业和农村】 全年农林牧渔业总产值22.78亿元，同比增长14.7%。其中，渔业总产值14.72亿元，同比增长16.2%；农业总产值4.78亿元，同比下降2.0%；畜牧业总产值2.87亿元，同比增长42.7%；林业总产值0.04亿元，同比下降15.5%。

全年粮食作物播种面积3140公顷，同比增长0.5%，粮食产量1.84万吨，同比增长1.6%；蔬菜播种面积3378公顷，同比下降0.4%，蔬菜产量6.81万吨，同比增长2.3%。全区共有果园面积3537公顷，同比下降1.4%，全年实现园林水果产量2.16万吨，同比增长7.0%。渔船总吨位19.55万吨，增加4.92万吨，其中，生产渔船总吨位17.49万吨，增加4.2万吨。渔船总功率30.65万千瓦，增加7.1万千瓦，其中，生产渔船27.22万千瓦，增加6.53万千瓦。

建成部省共建乡村振兴示范区、全国农村一二三产业融合发展先导区和省级现代农业园区，全区有效期内地理标志产品1个、绿色食品认证产品16个、无公害农产品24个，主要农产品质量安全省级监测合格率达100%。开展精品蔬菜基地打造2个，总面积270亩。省级无公害水产品产地10个，面积147.92公顷。推进一园一基地建设，创建放心菜园和精品蔬菜基地改造提升680亩；完成5000亩高标准农田建设任务的50%；完成华晟牧场市级美丽生态牧场建设。定海远洋渔业小镇被命名为省级特色小镇，成功创建小沙省级特色农业强镇，建成杨梅博览园。农村生活垃圾分类实现全覆盖，成功创建省级农村生活垃圾分类处理高标准示范村1个，成功创建省级美丽宜居示范村2个。

2020年农渔业主要产品产量一览表

表3

农畜产品	产量（吨）	比上年±%	水产品	产量（吨）	比上年±%
一、粮食	18411	1.6	一、海水产品	191429	18.5
二、油料	1476	-9.8	1. 近海捕捞	26067	-8.5
三、中草药材	2065	10.8	#鱼类	7017	-10.7
四、蔬菜	68100	2.3	甲壳类	18212	-3.4
五、茶叶	8	持平	2. 海水养殖	3350	3.0
六、水果	21638	7.0	3. 远洋捕捞	162012	24.9
七、肉类	3561	34.6	#鱿鱼	89419	37.5
#猪肉	2820	49.0	金枪鱼	51880	-18.0
八、鸡鸭鹅蛋	630	-13.5	二、淡水产品	131	8.3

【工业和建筑业】 全年全区144家规模以上工业企业实现产值387.13亿元，同比增长4.0%。其中，重工业产值303.27亿元，同比增长10.0%；轻工业产值83.86亿元，同比下降13.1%。年末有工业产值上亿企业62家，产值同比增长7.1%，占规上工业产值的比重为91.4%。全区规模以上工业增加值同比增长8.3%。工业新产品产值73.53亿元，新产品产值率为19.0%。战略性新兴产业、高新技术产业和装备制造业增加值分别增长1.8%、7.9%和19.8%，占规模以上工业增加值的比重分别为3.6%、27.2%和41.7%。

全年规模以上工业企业资产总计598.09亿元，同比增长1.2%；实现营业收入388.12亿元，同比增长7.2%；实现利税总额20.53亿元，同比增长47.3%，其中利润总额12.37亿元，同比增长96.8%。

全年规模以上工业企业综合能源消耗量90.10万吨标准煤（等价值），同比增长7.6%，单位工业增加值能耗同比下降0.6%。全区工业用电量12.87亿千瓦时，同比增长10.3%。

年末区本级具有资质等级的总承包和专业承包建筑业企业89家。全年全区建筑业增加值57.79亿元，占GDP的比重为10.1%。

【固定资产投资和房地产开发】 2020年区本级累计固定资产投资增长5.0%。其中工业投资下降24.2%，服务业投资增长7.9%。生态环保、城市更新和水利设施投资增长68.6%，高新技术产业投资增长1.8%，交通投资下降2.3%，民间项目投资下降25.0%。

全年全区房地产开发投资增长2.0%，其中区本级增长14.1%。年内房地产开发施工面积530.64万平方米，同比增长12.9%，其中年内新开工面积135.58万平方米，同比下降19.7%；房地产开发竣工面积29.59万平方米，同比下降47.9%。年内商品房销售面积74.41万平方米，同比下降9.9%，其中住宅销售面积70.05万平方米，同比下降7.6%。

【国内贸易和对外经济】 全年全区全社会消费品零售总额224.33亿元，同比下降6.8%，其中限额以上消费品零售额49.89亿元，同比下降23.2%。分地区看，城镇地区实现零售总额197.05亿元，同比下降6.6%；农村地区实现零售总额27.28亿元，同比下降7.9%。全年批发业商品销售额增长8.5%；零售业商品销售额下降1.8%；住宿业营业额下降22.7%；餐饮业营业额下降18.4%。

图4：2013—2020年社会消费品零售总额及其增长速度示意图

在限额以上批发零售业零售额中，中西药品类保持正增长，实现零售额7.4%的增速；受国际油价下跌和疫情的持续影响，汽车类、石油及制品类零售额分别同比下降21.9%、27.2%；粮油食品类零售额下降12.2%；服装鞋帽针织品类、日用品类分别同比下降37.6%、39.2%。

至年末，全区有商品交易市场53个，其中，消费品市场48个，生产资料市场5个；全年商品交易市场成交额111.45亿元。年末全区有亿元市场10个，全年实现成交额94.26亿元。

全年全区完成外贸进出口总额105.55亿美元，同比增长69.0%。其中，进口总额91.20亿美元，同比增长82.6%；出口总额14.34亿美元，同比增长14.8%。从出口产品分品种看，油品实现出口额2.33亿美元，同比增长3.0%；机电产品实现出口额8.27亿美元，同比增长41.7%，其中船舶实现出口额5.81亿美元，同比增长45.1%；水产品实现出口额3.35亿美元，同比下降15.8%；纺织品实现出口额0.13亿美元，同比下降17.2%。分出口国别（地区）看，对日本的出口额为1.17亿美元，同比下降20.4%；对欧盟的出口额为1.93亿美元，同比增长4.7%；对美国的出口额为0.23亿美元，同比下降40.2%；对韩国的出口额为0.52亿美元，同比下降13.5%。

2020年外贸出口总额及其增长速度一览表

表4

指 标	出口额（亿美元）	比上年±%
出口总额	14.34	14.8

续表

其中：水产品	3.35	－15.8
机电产品	8.27	41.7
#船舶	5.81	45.1
油品	2.33	3.0
其中：欧盟	1.93	4.7
日本	1.17	－20.4
美国	0.23	-40.2
韩国	0.52	－13.5

全年批准外资项目6个，合同外资金额5.51亿美元，实际利用外资金额0.75亿美元。

【交通运输、邮电和旅游业】 年末全区海上货物运输船舶639艘，海运总运力达到277.99万载重吨，其中，万吨级以上船舶79艘，比上年增加4艘，运力162.18万载重吨，比上年增加5.46万载重吨。年末全区集装箱运输车辆数1042辆，总运力3.18万吨。

2019年定海港域港口货物吞吐量1.83亿吨，同比增长9.0%。从主要品种看，石油及天然气吞吐量9328.67万吨，同比增长27.5%；矿建材料4043.46万吨，同比下降10.7%；金属矿石吞吐量932.03万吨，同比下降31.0%；粮油类吞吐量873.27万吨，同比增长21.9%；煤炭及制品吞吐量379.71万吨，同比增长9.3%。全年集装箱吞吐量142.47万标箱，同比增长4.4%。

图5：2013—2020年港口货物吞吐量及其增长速度示意图

年末全区固定电话用户11.24万户，比上年末下降6.3%。移动电话用户105.07万户，增长10.4%。宽带网用户26.96万户，增长2.4%。年末全区有线电视用户数为11.27万户，有线电视入户率为71.2%。

全年全区接待国内外游客1032.21万人次，同比下降30.4%，其中，国内游客1032.01万人次，同比下降30.0%，国际游客1567人次，同比下降98.4%。旅游总收入105.66亿元，同比下降49.9%，其中，国内旅游收入105.60亿元，同比下降49.0%；国际旅游收入89.32万美元，同比下降98.4%。年末全区有星级宾馆（饭店）4家，客房总数324间，床位数562张，星级宾馆入住率36.36%。旅行社36家，其中国际旅行社3家，AAAA级景区一个，AAA级旅游景区6个，AA级旅游景区7个，A级旅游景区6个。

【金融和保险业】 年末市级及定海金融机构本外币存款余额1576.50亿元，其中，金融机构人民币存款余额1526.49亿元，比上年末增长10.5%。年末市级及定海金融机构本外币贷款余额1941.87亿元，其中，金融机构人民币贷款余额1871.60亿元，比上年末增长10.8%。

全年全区保险公司保费收入27.02亿元，同比增长6.9%。其中，财产保险费收入11.02亿元，同比增长8.0%；人身保险费收入16.00亿元，同比增长6.1%。保险公司赔款支出8.90亿元，同比下降18.1%；给付支出1.36亿元，同比下降6.9%。

【人民生活和社会保障】 全年定海区全体居民人均可支配收入60668元，同比增长4.3%。其中城镇常住居民人均可支配收入69857元，同比增长3.7%；农渔村常住居民人均可支配收入39227元，同比增长6.5%。城乡收入比为1.78∶1。

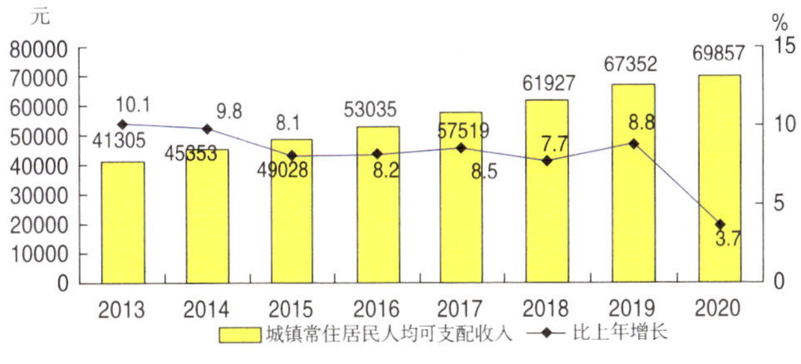

图6：2013—2020年城镇常住居民人均可支配收入及其增长速度示意图

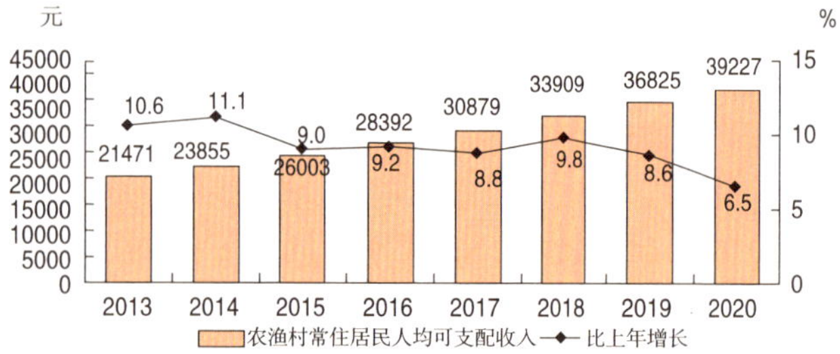

图7：2013—2020年农渔村常住居民人均可支配收入及其增长速度示意图

全体居民人均生活消费支出32858元，同比增长0.4%，其中城镇常住居民人均生活消费支出37580元，同比增长0.4%，农渔村常住居民人均生活消费支出21840元，同比增长0.1%。城镇居民恩格尔系数为34.4%，农渔村居民恩格尔系数为36.3%。年末城镇居民人均住房面积43.9平方米，农渔村居民人均住房面积64.0平方米。

2020年新增就业20349人。登记失业率1.53%，低于上年的1.56%，基本养老保险期末参保人数31.26万人，参保率达95.82%，城乡居民基本医疗保险人数20.88万人，参保率为99.34%。2020年全区人均期望寿命80.54岁，比上年增加0.53岁。

年末全区有敬老院11所，社会福利院3所，总收养人数824人。城镇“三无”对象集中供养率69%，农渔村“五保”老人集中供养率95%。城乡居民得到政府最低生活保障人数2681人，其中农渔村低保对象2244人；城乡低保对象最低生活补助标准均为每人每月810元，比上年提高90元。

【教育和科学技术】 年末全区有幼儿园45所，全年招生2933人，在园幼儿8719人。共有小学18所，全年招生2734人；在校生16995人；小学学龄儿童入学率为100%。小学生均校舍建筑面积10.91平方米，生均图书42.85册，每百名学生拥有计算机24.48台，小学体育运动场（馆）面积达标的学校比例为100.0%。共有初中13所，招生2706人；在校生7759人。初中生均校舍建筑面积16.98平方米，生均图书53.81册，每百名学生拥有计算机33.93台，初中体育运动场（馆）面积达标的学校比例为100%。

幼儿园教师1328人，其中专任教师712人。义务教育中小学教师2031人，其中专任教师1888人。全区小学毕业生升学率100%，初中毕业生升高中段率达到99.60%。

全年全区共申报各类科技项目208项，已被立项158项，其中，省级99项，市级24项；共受理专利申请2116项，授权1909项,其中授权发明589项。年末全区有国家高新技术企业69家，比上年增长12家，省级科技型中小企业273家，比上年增长22家。年末全区共有各类注册商标5294件，其中，国际注册商标177件，中国驰名商标6件。

【卫生和文化体育】 年末全区有医疗卫生机构（含村卫生室）36家，其中医院16家；卫生机构开放床位3536张。卫生技术人员（含村卫生室）5278人，其中，执业（助理）医师2011人，注册护士2305人。全区有社区卫生服务中心（卫生院）7个，社区卫生服务站42个，村卫生室48个。全区免费婚检率65.05%，产前检查率为98.41%，孕产妇住院分娩率99.92%，孕产妇死亡率0，计划生育率98.25%，5岁以下儿童死亡率为3.15‰。

在定海区图书馆的基础上，建成城东街道城市书房、环南街道城市书房，建构城区“15分钟阅读圈”。全区有文化艺术表演团体13个，艺术表演场所7个，文化馆1个，文化站11个。开展送戏下乡125场，送电影1497场，送书33826册，举办“百姓课堂”文化公益培训461期。图书馆、乡镇图书分馆、城市书房等阅读阵地累计接待读者13万余人次，文化馆免费举办展览10期。

全区共举办体育活动与赛事45次，参加活动人数3万人次。新建和更换全民健身路径61套，新增体育场地4万平方米。竞技体育创历史新高，定海五中田径队在省少年儿童田径冠军赛中积分位列全省11名、在省田径锦标赛中摘获四金二银三铜，女子沙滩排球在省冠军赛、锦标赛中分获乙组2、3名和甲组2、4名成绩。

【城市建设和新渔农村建设】 近年来，以创建全国文明城市为抓手，定海区始终把城市建设放在重要位置，2020年舟山市以优异成绩获评全国文明城市。小洋岙、竹山门、青垒头路等区块改造提升步伐加快，城西未来社区开工建设，和馨苑、畚馨苑、富虹等安置小区顺利交付，420幢老旧住宅改造完成。

城区防洪排涝能力提升三年行动全面实施，五山水利工程（五山公园绿道）东山段主体完工，定海湿地公园建成开放，丰产泵、利民闸、盐河泵站开工建设。建立“一小区一策”“一道路一策”精准防涝机制，基本完成西园新村等首批低洼小区综合改造，提标改造道路管网10条7.3公里、阻水桥梁5座。

美丽乡村建设稳步推进。创建“一环四线”新时代美丽乡村风景线1条；创建新时代美丽乡村达标村19个、新时代美丽乡村精品村7个；完成美丽庭院创建500户。

【能源、环境保护和公共安全】 全社会用电量27.49亿千瓦时，比上年增长8.2%。其中，工业用电12.87亿千瓦时，增长10.3%；城乡居民生活用电4.95亿千瓦时，增长8.3%。

全区县级以上城市集中式饮用水水源水质全部达标。全年PM2.5平均浓度为18微克/立方米，比上年减少4微克/立方米。日空气质量优良达标天数比例为96.0%。区域环境噪声平均等效声级49.9分贝。

全年全区发生各类生产安全事故9起，各类生产安全事故死亡（失踪）9人；亿元GDP生产安全事故死亡人数为0.016人。根据2020年度“平安浙江”建设人民群众安全感调查结果显示，舟山市人民群众安全感满意率为97.68%，参与率为77.21%，知晓率为92.50%。

（撰稿：徐　波）

责任编辑：王英伟

定海农时习俗

由于定海的气候因素，农家每年过了清明节气便进入春耕农忙季节，直至立夏前后早稻插秧完毕才结束。先是清明过后“秧子落缸”，即浸谷种，并在秧子上面放上一张红纸，压上一把镰刀以镇邪；立夏前后“种田汛”，即种早稻，插秧开始。第一天插秧是“开秧门”，最后一天“关秧门”，示种田结束。此后农家要供神，要礼请帮助自家种田的长工、短工、牛倌喝酒吃饭，称为“打散”。习俗是，如果不“打散”，不请吃这一餐，朱倌可要唱山歌，咒你颗粒无收了：“种田不打散，三亩地割拢吃一餐”。春耕时节尤其要“敬牛倌”：请吃时，牛倌必要坐上位，还要送上水煮鸡蛋2只。到晚稻收割后，大多要种上秕花（紫云英）与草子（苜蓿），一些深水荡田则要进行翻耕，即“耕冬畈”。俗话就说：“儿要亲生，田要冬耕”，冬耕既可灭虫，又利于土壤结构的改良，实为良俗。

定海农家称植棉为“种花”，称棉田为“花田”，在棉田起沟排水叫做“挖花沟”。棉花生产一般在每年小满节气前后开始播种，俗话说，“小满种棉花，勿用向人家”。定海农民习惯用“花篓”和布襕收摘棉花。

近些年由于农用水紧张及粮食结构的变化等原因，定海农民已很少再种早稻，一些农时习俗也随之消失。

中共舟山市定海区委员会

区委领导

书　记：庄继艳
副书记：侯富光
　　　　毛铁年
　　　　顾飞舟
常　委：何徐华
　　　　郑飞科
　　　　林世军
　　　　林剑彪
　　　　邵　辉
　　　　崔亚东
　　　　夏　泉

综　述

2020年，区委以习近平新时代中国特色社会主义思想为指导，学习贯彻习近平总书记考察浙江重要讲话精神，紧扣省委关于忠实践行“八八战略”、奋力打造“重要窗口”的战略部署，围绕打好“五大会战”、建设“四个舟山”工作主线，应对宏观形势的深刻复杂变化特别是突如其来的新冠肺炎疫情，推动高水平全面建成小康社会取得决定性成果。是年，实现地区生产总值增长2.5%，城镇和农渔村常住居民人均可支配收入分别增长4%和5%。

【开展争先创优】　“1+3+N”三服务长效机制与精密智控常态化机制联动推进，战疫情稳经济系列举措精准有效。全年争取下达中央预算内资金2亿元、发行专项债券8.25亿元，实现全社会固定资产投资增长5%以上。39项助企惠企政策组合发力，2020年促进消费十件实事全面落实，累计减税降费超10亿元，为5400余家企业新增贷款77亿元，市场主体信心得到有力提振。创新驱动制造业高质量发展深入实施，47个市智能化技术改造百项项目加快推进，大洋兴和水产品智能化加工技术与装备研发应用项目列入科技部重点专项，区本级规上工业企业研发费用增长15%以上，区本级规上高新技术产业增加值增长9%。数字经济发展继续领跑全市，森森集团获评省新零售示范企业，“数字长白岛”试点建成，海洋电子信息、军地融合等标志性数字产业加速培育。浙江自贸区定海片区建设深入推进，油品、粮食大宗商品交易规模持续扩大，港口货物吞吐量、集装箱吞吐量分别增长8.3%和3.4%。浙江定海美丽乡村周品牌创新打响彰显鲜明辨识度，带动乡村旅游人数突破280万人次、逆势增长27.8%，入选全国市辖区旅游综合实力百强区。定海远洋渔业小镇被省政府正式命名省级特色小镇。

【深化改革开放】　党委（党组）书记改革工作述职在全市率先推行，以“最多跑一次”改革为牵引的全面深化改革加快突破。取消替代各类证明305项、占比92.4%，“一件事”事项达到62项，工业企业“零土地”技改项目审批实现“最多10个工作日”，告知承诺最简审批模式入选全省争先创优行动小微企业和个体工商户领域“最佳实践”，政务服务事项网上可办率、掌上可办率100%，“企业码”注册申领实现全覆盖，政务服务加速向数字化协同化智能化系统变革。“亩均论英雄”改革进入关键期，227家低效企业整治覆盖率100%，实现低效用地再开发1100亩、批而未供和闲置土地处置1300亩。国家知识产权强县工程试点区创建扎实推进。入选第二批省级农村综合改革集成示范区建设试点。获评全省农业水价综合改革示范县。高水平开放迈出坚实步伐，各类创新要素呈现加速流入的良好态势。预计全年实现外贸出口增长16.7%，实际利用外资7509万美元，定海·虹口协同创新中心挂牌运行，新签约投资10亿元以上项目3个、亿元以上项目18个，投资达50.9亿元的盐田港油气全产业链项目落地，新引进省部级以上人才29名、高校毕业生2900余名，落户“5313”人才企业10家，国家特支计划人才入选实现零突破。

【建设美丽家园】 决胜全国文明城市创建演绎定海硬核担当，以点位为核心的责任体系环环相扣、全面落实，专项整治、动态整改、机制建设协同推进，助力舟山以优异成绩跻身全国文明城市行列。新一轮中心城区城市有机更新五年计划研究制定，房屋征收补偿政策调整优化，全年完成老旧住宅小区改造420幢、64.5万平方米、8767户，实施安置房项目17个、130万平方米，和馨苑、畚馨苑等安置小区建成交付，未来社区开工建设。城市绿地、口袋公园、休闲绿道等城市休憩空间精心打造，马岙街道入选省级旅游风情小镇，南洞艺谷被认定为国家AAAA级景区，五山水利工程等41个防洪排涝项目全面启动，4条“断头路”“瓶颈路”实现贯通，5G基站、智能化公交候车亭、公共停车位等一批便民设施建成投用，环境品质持续明显提升。保障甬舟铁路顺利开工。创建省第四批生态文明建设示范区，绿色发展指数全省排名从第80位跃升至第4位，全年空气质量优良率达到95.6%，入选省级“美丽河湖”2个，完成修复海岸线12.7公里，新增彩色健康森林1000亩。

【办好为民实事】 疫情期间重要民生物资保障有力，社会秩序迅速恢复平稳有序。低收入农渔户与低保边缘户认定标准“两线合一”，低保救助金标准提高至每人每月810元。精神残疾人康复救助“零距离”模式入选《竞跑者》。集体经济经营性年收入15万元以下村实现清零。对口帮扶四川省宣汉县高质量完成整县摘帽。全年交付保障性住房1719套。提前完成农村饮用水达标提标三年任务，累计受益人口9.8万人。示范型居家养老服务中心等一批民政设施建成投用，慈善、救济等工作取得新进步。入选国家第二批革命文物保护利用片区分县名单，第三届“三毛散文奖”评选颁奖工作全面启动，城市书房“15分钟阅读圈”基本形成，白泉镇获评省农村文化礼堂建设示范镇。全国义务教育优质均衡区创建扎实推进，农村小规模初中完成整合，学前教育招生“服务区”制度全面推行。整合型医疗卫生服务体系进一步健全，全民健康信息平台建成启用，隔离病房、核酸检测仪、负压救护车等防疫设施配备完善。夺得首批“一星平安金鼎”，区社会矛盾纠纷调处化解中心高效运转，舟山乡村善治学堂全省首创，平民英雄钟耿平被省政府记一等功奖励，“三个我” 系列理论宣讲品牌获省委领导批示肯定，新乡贤工作经验入选全省新乡贤工作30例，“情指行一体化” 、综合交通应急处置“最多一小时”机制创新实施，扫黑除恶专项斗争收官，安全生产形势持续向好，人民群众平安获得感增强。

【建设铁军队伍】 党的建设提升三年行动计划深入实施，“锋涌定海山”“德行定海山”“廉润定海山”系列党的建设品牌创新打响，党的建设质量继续领跑全市。关于推动全面从严治党“四责协同”的实施意见在市内率先出台，党建述职考核评议机制延伸至区属部门，意识形态工作责任制全面落实，横向到边、纵向到底的管党治党责任体系更加严密。“不忘初心、牢记使命”长效机制建立实施，领导班子政治建设推进。一线实干选人用人导向鲜明，14名表现突出的公务员得到优先职级晋升，3名干部提任重要领导岗位。新一轮以“全领域建强、全区域提升”为主题的基层党建年全面开启，以“一肩挑”为核心的村社组织换届工作高质量完成，14个区域化特色党建共同体成功打造。地方政治生态评价“四清指数”为全省首创，村（居）监察工作联络站建设在市内率先完成，实现本届区委任期内村级巡察全覆盖，群众身边不正之风和腐败问题得到严肃查处，山清水秀的政治生态得到巩固。

重要会议

【区委十三届九次全体（扩大）会议】 2020年1月7日上午在区行政中心一号会议厅召开。会议审议和通过《中国共产党舟山市定海区第十三届委员会第九次全体（扩大）会议关于召开中国共产党舟山市定海区第十三次代表大会第四次会议的决议（草案）》；审议和通过区委、区纪委在区第十三次党代会第四次会议暨区委经济工作会议上的报告及关于两个报告的决议（草案）；审议中国共产党舟山市定海区第十三次代表大会第四次会议暨区委经济工作会议相关事宜；审议区委委员递补名单。

【全区“不忘初心、牢记使命”主题教育总结大会】 1月9日下午在区行政中心一号会议厅召开。区委书记庄继艳在会上强调，全区上下要高举习近平新时代中国特色社会主义思想伟大旗帜，不忘初心再出发、牢记使命勇担当，以更加昂扬的步伐、更加奋进的姿态，决战决胜高水平全面小康，奋力推动花园式国际人文港城建设再上新台阶。市委第一巡回指导组组长周继跃讲话，区委副书记、区长侯富光主持会议。

【中国共产党舟山市定海区第十三次代表大会第四次会议暨区委经济工作会议】 1月10日上午在舟山市艺术剧院隆重开幕。区委书记庄继艳代表中国共产党舟山市定海区第十三届委员会向大会作题为《决战决胜高水平全面小康 奋力推动花园式国际人文港城建设再上新台阶》的报告。

【创建全国文明城市决战动员大会】 5月29日下午召开，会议设置主会场，各镇（街道）通过视频连线设分会场。区委书记庄继艳在会上强调，当前创城工作到了最后关头，全区上下要迅速行动起来，以决战的气势、冲刺的状态、攻坚的举措，奋力夺取全国文明城市创建工作的最后胜利。会议表彰2019年度全国文明城市创建工作的先进集体和先进个人。

【全区建设平安定海暨推进区域社会治理现代化工作会议】 6月5日上午在区行政中心一号会议厅召开。区委书记庄继艳出席会议并讲话，区委副书记、区长侯富光主持会议，区领导余河通、陆沧波、顾飞舟等出席会议。会议设置主会场，各镇（街道）通过视频连线设分会场，通报表扬了获评省、市、区平安建设各类先进名单，并授予部分平安村（社区） “一星平安金鼎”“平安金鼎”。

【区委十三届十次全体（扩大）会议】 7月27日下午在区行政中心一号会议厅举行。全会高举习近平新时代中国特色社会主义思想伟大旗帜，深入学习贯彻习近平总书记考察浙江重要讲话精神，按照省委十四届七次全会和市委七届九次全会的总体部署，动员全区上下进一步增强使命意识、前列意识、实干意识，全力以赴当好建设新时代全面展示中国特色社会主义制度优越性重要窗口海岛风景线的排头兵。

【全区村（社区）组织换届工作会议】 10月10日下午在区行政中心一号会议厅举行。区委书记、区村（社区）组织换届工作领导小组组长庄继艳在会上强调，全区上下要按照省、市、区委统一部署，高标准推进、高质量落实，确保换届工作过程和结果经得起检验，为定海决战决胜高水平全面小康，奋力推动花园式国际人文港城建设再上新台阶提供坚强组织保障。

【省委第一巡视组巡视舟山市定海区工作动员会】 11月10日上午在区行政中心一号会议厅召开。会议深入贯彻习近平总书记关于巡视工作重要论述，以及中央第六轮巡视工作动员部署会、巡视指导督导工作动员部署会精神，贯彻落实十四届省委第十一轮巡视工作动员部署会和袁家军书记讲话精神，动员全区领导干部严格落实巡视工作各项要求，确保巡视工作顺利开展。

重大决策与重要工作

【新冠疫情防控】 面对突如其来的严重疫情，区委统揽全局、果断决策，调动一切可以调动的力量，实施抗疫大战，经受历史大考，取得抗击新冠肺炎疫情斗争重大战略成果。因时因势推进“源头查控+硬核隔离+精密智控”，9000余人次公安干警、机关干部连续26天冲在金塘卡口捍卫铁桶工程，1万余名社区工作者和志愿者不惧风雨坚守一线，1200余名医务人员心怀大爱连续作战护佑生命，1.7万余名党员自愿捐款185万元，10名优秀人员火线入党，在启动一级响应后37天内完成确诊病例治愈清零，顶住海上输入等巨大风险确保2月1日以来新增确诊病例零发生。

【浙江定海美丽乡村周】 5月23日至5月29日，定海区举办以“‘两山’理念再深化，美丽乡村再出发”为主题的2020浙江定海美丽乡村周活动。启动仪式于5月25日上午在新建村南洞艺谷盛大举行，仪式现场发布了舟山南洞艺谷海岛乡村休闲旅游景区服务业标准，举行“美丽浙江定海创作中心”“舟山红色旅游联盟”“舟山乡村善治学堂”授牌仪式。此次活动被新华社、央广网、《浙江日报》等主流媒体刊载深度报道150余篇、累计阅读量超过5000万次，在常态化疫情防控初期迅速激活乡村美丽产业。定海2020年民宿接待量81.4万人次，乡村旅游人数突破280万人次、逆势增长27.8%，实现经济效益与社会效益的双赢，搭建起绿水青山就是金山银山的转化平台和展示窗口。

【全国文明城市创建】 决胜全国文明城市创建演绎定海硬核担当，以点位为核心的责任体系环环相扣、全面落实，专项整治、动态整改、机制建设协同推进、掀起热潮。三年全区累计派发创城整改问题工单852件，开展人民南路夜市街、农贸市场及周边环境等专项整治百余场，改造提升硬件设施8.8万余处、背街小巷123条、农贸市场15个，新建无障碍设施935处、停车位2万余个，创新建立准物业管理模式等长效机制40项，城市管理乱象得到根本性遏制，城市环境面貌有了根本性改观。11月20日，舟山被中央文明委命名为“全国文明城市”。

区委办公室工作

【概况】 2020年，区委办公室学习贯彻党的十九大精神、习近平总书记考察浙江时的重要讲话精神以及中央、省市委全会精神，围绕区委中心工作和决策部署，在建设“重要窗口”海岛风景线排头兵的征程中切实当好区委“坚强前哨”和“巩固后院”，全面发挥办公室统筹协调、规范运转、协调左右、沟通内外的作用，不断创新工作机制、狠抓工作落实，不断提高“三服务”水平，保障各项工作顺利运转。

【综合协调】 按照“四最一中枢”的职能定位，抓好各项大型活动事件保障，配合上级有关部门，完成省市领导到定海区视察、巡视以及外地党政代表团来定海区考察的接待任务，完成浙江定海美丽乡村周、全市清廉村居建设现场会等服务保障工作。

抓好综合文稿撰写 履行参谋职能，发挥助手作用，保障活动的综合文字工作，高标准、高质量起草全区《“不忘初心、牢记使命”主题教育总结大会讲话》《关于制定舟山市定海区国民经济和社会发展第十四个五年规划和二〇三五年远景目标的建议》《区委十三届十一次全会报告》等各类文稿120余篇，为领导科学决策提供决策依据。

开展调查研究 围绕区委领导关注的热点、改革发展的难点以及群众关心的焦点问题，组织力量开展调查研究，适时提出有针对性、操作性强的意见建议，供区委决策参考。以“三服务”活动为抓手，协调区四套班子领导带头开展“三服务”活动。建立挂图作战、工单、销号管理、重点突破等机制，明确责任办理部门，推动“三服务”反馈问题有效解决。深入基层调研，撰写《牢记嘱托高质量打造美丽乡村海岛》《高标准打造清廉村居 高质量推动主体责任落到基层末梢》等调研文章，其中2篇文章被省级以上媒体刊发。

【信息管理】 强化党委信息主渠道作用，调整信息工作重点，进一步完善信息工作机制，加强信息队伍传帮带质效，进一步提高信息上报省市的录用率，发挥信息为领导决策的参谋作用。全年被省市及以上党委、政府录用信息稿件147篇次，省市领导批示7篇次，其中，《“标准地”制度下，涉水审批承诺制改革或影响区域防汛能力》等稿件获省长郑栅洁批示。

【深化改革】 统筹抓好领导体制、系统谋划、整体推进、督促落实等各个环节，抓紧抓实深化改革工作。召开区委全面深化改革委员会第二次会议，确定区领导领衔重点改革项目21项，全区各部门重点改革项目30项，在区委常委会、区政府常务会议上审议通过改革方案、文件19个，听取改革相关汇报6项。组织召开改革攻坚·创新发展“双学双比”活动暨党委（党组）书记改革工作述职会议，持续深化经济体制、民主法治和社会治理体制、文化体制、生态文明体制等八大方面改革，推动各领域改革再上新台阶。开展农村综合改革集成示范区省级试点、农业水价综合改革试点等4项省级以上改革试点，获评农业水价综合改革示范县称号。

【督查考核】 精准开展重点督查，开展对习近平总书记重要讲话，中央、省市区重要会议精神学习贯彻落实情况的督查，以及省市区重点项目、重点工作和政府民生实事项目等专项督查，开展各类督查2次，下发各类通报15次。抓好媒体曝光项目整改，整改率达95%以上。进一步完善考核办法，全面实施党建系数考核，调整党建系数构成项目，全区各镇（街道）和区属部门党建系数全覆盖；结合全区工作重点，调整重大项目招引附加分、新增项目税收落地附加分项目，进一步强化实绩导向。持续创新完善“实绩亮相”“双学双比”等活动，推进全区中心工作、重点工作落实，确定“实绩亮相”任务清单项目151个，有117个项目完成年度目标任务飘红旗；开展防洪排涝能力提升、美丽乡村建设、基层党建和改革攻坚·

创新发展为主题的4场“双学双比”活动。

【队伍建设】 坚持思想教育与业务培训两手抓两手硬，带动全区各部门办事水平提升。夯实理论武装建设。巩固“不忘初心、牢记使命”主题教育成果，执行“三会一课”制度，发挥“关键少数”带头作用，抓紧抓实党员干部学习教育，形成集中每月学、个人每周学的良好学习氛围。用好“学习强国”、钉钉等学习载体，促进办公室干部全方位多时段交流学习，进一步增强党的凝聚力和战斗力。全面加强组织建设，以模范机关创建为主要抓手,严把发展党员质量关，规范支部组织生活会、谈心谈话、民主评议党员等各项基本工作制度的完善和落实。坚持秉行正风肃纪，以责任清单化促履职实效化。

（撰稿：蒋　璐）

组织工作

【概况】 2020年，区委组织部以习近平新时代中国特色社会主义思想为指导，贯彻新时代党的建设总要求和党的组织路线，紧扣区委中心工作，抓好服务大局、练强队伍、筑牢基石、人才集聚等各项工作，为全面推进新时代定海高质量发展提供组织保障。

至2020年年底，全区有基层党组织1044个，其中党委77个，党总支80个，党支部883个。有党员20226名，其中女党员7035人，占党员总数34.78%的；30岁及以下1547人,占7.65%，31岁到40岁4431人，占21.91%，41岁到50岁3532人，占17.46%，51岁到60岁3560人，占17.60%，61岁以上7156人，占35.38%。研究生311人，占1.54%，大学本科5520人，占27.29%，大学专科3765人，占18.61%，中专1084人，占5.36%，高中中技2779人，占13.74%，初中及以下6767人，占33.46%。全区有科级领导干部534名，其中正科级145名，副科级389名；部门局办科级领导干部353名，乡镇（街道）科级领导干部181名；女干部121名，非中共党员34名。大学及以上学历的496名，大专学历的37名，中专及高中以下学历的1名。

【政治建设走深走实】 把推动学习贯彻习近平新时代中国特色社会主义思想作为干部教育培训的核心内容，举办习近平新时代中国特色社会主义思想培训班2期，参训近百人；完成科级干部学习贯彻党的十九届四中全会精神全员轮训工作。实施“万名党员全面成长”计划，11个镇（街道）全面建立红色书院，打造基层党员学习新阵地，推动实现党员教育常态化制度化。

【保障大战大考】 建立区、镇（街道）、村（社区）、党小组、党员五级联防联控组织体系，全区8500余名党员深入重要卡口、村（社区）一线参与疫情防控，选派144名助企指导员下沉企业开展指导服务。落实关心关爱，划转112万元党费和关爱基金支持防疫，嘉奖各级干部22人，通报表扬表现突出的基层党组织31个、党员75人，专项考核领导干部207人、提拔重用3人、优先晋升职级14人。

【强化干部队伍】 突出实干实绩选人用人导向，调配区管领导干部7批次80人次，其中新提任干部15人次，交流38人次。继续实施年轻干部一线实践锻炼三年行动计划，先后选派优秀年轻干部、选调生、机关业务骨干等86人次参与创建全国文明城市、“五水共治”、甬舟铁路政策处理等市区各项中心工作。推进东西部扶贫干部常态化交流，双向挂职交流27人。

【规范标准做好公务员工作】 围绕公务员、事业单位人员职业生涯“全周期”改革事项业务，把数字化改革的好事办好、实事办实，全年公务员“一件事”办件量为400件，事业单位1471件。用好用活职务与职级晋升政策，树立赏优罚劣导向，完成公务员职级晋升455人次。完成疫情期间公务员招录8名、选调生7名，创新开展聘任制公务员招录岗位2个，录用1人。

【推进落实“两个担当”】 树立优秀典型，22名干部被评为区“担当作为好干部”。结合届中考核，按照综合评价、考核得分排名、考核等次等内容，向领导干部逐一反馈。落实干部正向激励实施办法，首次将抗疫先进典型纳入疗休养范围，开展2批次，涉及33人。

【抓实干部监督】 抓实政治监督首要职责，落实领导干部重大事项请示报告制度，研究印发《重大事项请示报告清单》，首次将民间借贷情况纳入填报范围。开展干部监督专项检查，按照“自查+抽查”的形式，对4个镇（街道）和10家区属部门选人用人、干部兼职、干部职级晋升等工作进行全面检查。常态化开展股级干部调整、机关干部调配预审和领导干部离任交接等工作。

【开展村（社区）组织换届】 全区122个村（社区）全面实现“一肩挑”，两委班子年龄学历结构进一步优化。聚焦一线储备优质人选，深化后备干部“青蓝工程”，选前提拔任用16人次、跨社区调配17人次。“政治体检”严把入口关，开展候选人入户测评，凝聚选人共识。落实选情动态监控,实施“一村一策”分类管理，推进“红黄码”村攻坚整转。

【深化党建引领基层治理】 全面构建党组织统一领导、各类组织协同参与、广大群众广泛参与的基层治理体系，实现城区街道149个小区兼合式党支部全覆盖。实施老旧小区改造“红团攻坚”机制，在任务较重的街道社区成立9个临时党支部，吸纳骨干党员139名。推进引领乡村振兴发展，以“一镇街一农业专业党组织”为主要模式，建成农业专业合作社党组织15家，吸纳党员95名，实现对133个合作社的工作覆盖，带动农业增效、农民增收。

【持续夯实基层堡垒】 推进规范化建设，组织开展村（社区）基层党组织发展党员工作突出问题专项整治，处置不合格党员。狠抓品牌化打造，因地制宜建设军地融合党建、党建引领民俗文化推动乡村振兴等一批品牌线路，成立全市首批快递行业党组织、“远洋联勤”特色党支部。坚持区域化发展，在芙蓉洲路、宋都等特色商圈探索多元主体参与的商圈党建新模式，新建提升“沐东风”党群服务中心等一批枢纽型党建阵地，推动区域融合共建共赢。

【加快重点人才引进】 高精尖人才引育实现新突破，全区引进省部级及以上人才29人，完成率290%，自主推荐入选国家万人计划1人、省“引才计划”1人、省海外工程师8人，实现定海区国家级人才工程又一次零突破。“5313”人才项目加快引进，新注册落户“5313”人才企业10家。推进大学生人才招引，引进高校毕业生2920人。基础人才培育不断增强，“银龄”三师引进9人，新增高技能人才1957人。

【完善科技创新平台】 加快推进人才飞地建设，在上海新建首个人才飞地——定海·虹口协同创新中心，入驻企业6家。加快推进特色园区平台建设，定海工业园区完成园区整体工程竣工验收，新增科创面积4.3万平方米；定海海洋科学城完成市级园区型人才发展平台打造。平台创新活力不断显现，新增高校院所合作平台等科技创新载体3个、教授（专家）工作站3家，舟山巨洋技术开发有限公司创办的“定海创客工厂”获评“国家级”众创空间，为2020全市唯一。

【升级人才服务保障】 完善“1+10+N”人才政策体系，开展“宣政策、解难题、访人才”三服务活动，出台疫情防控期间关心关爱人才、服务人才企业八项举措。定期走访各类高精尖缺人才，帮助解决人才生产生活困难，先后走访慰问人才150余人，帮助人才协调解决复工复产、政策咨询、子女就学等问题百余项。深化人才服务“一件事”网上联办，审批完成人才认定、公租房申请、购房补贴等人才服务事项500余项。

（撰稿：陈　刚）

宣传思想工作

【概况】 2020年，全区宣传思想文化工作坚持以习近平新时代中国特色社会主义思想为指导，学习贯彻中央及省市区重要会议精神，紧扣“客观、全面、辩证、积极”4个关键词，履行意识形态工作责任制，践行举旗帜、聚民心、育新人、兴文化、展形象使命任务，为定海决战决胜高水平全面小康、奋力推动花园式国际人文港城建设再上新台阶，提供强劲的精神文化力量。

【机构改革后续工作】 根据机构改革后续工作要求，统筹协调做好区精神文明建设指导中心、区互联网信息中心、区委讲师团等三家下属事业单位的“三定”规定制定上报工作。做好区精神文明建设指导中心和区文学艺术界联合会的参照管理重新认定申报工作。

【宣传文化人才培育】 出台《“东海青峰”宣传思想文化青年英才培育工程实施方案》。完成新一轮百名宣传文化人才推荐及分类认定，择优新增12人入库，认定核心人才10名、优秀人才20名、骨干人才70名。开展“新思想聚同心 新担当展作为”主题宣传文化精品项目申报评选，评定精品项目10个，分类予以扶持。扩大宣传文化人才社会效益，引导文艺类人才开展抗疫主题精品创作140余件，组织新闻类、网络类人才有序参与战“疫”主流舆论宣传等工作，绘就同心圆。夏雨缀、朱国安、韩侃凯等多位宣传文化人才作品获省级以上重要奖项，网络类人才徐永华获评国家级荣誉。

【推进习近平新时代中国特色社会主义思想学习宣传】推进理论学习中心组制度化、规范化、常态化建设，举办区委理论学习中心组关于习近平总书记在浙江考察时的重要讲话精神、《中共浙江省委贯彻〈中国共产党宣传工作条例〉实施办法》等内容的中心组专题学习会7场次，通报表彰优秀中心组4家。《舟山日报》刊登区委理论学习中心组署名文章《坚定发展自信 扛起使命担当——奋力谱写建设“重要窗口”海岛风景线的定海篇章》。全面推进“学习强国”平台推广运用，顺畅供稿链运作机制，刊录定海图文、视频200余篇。

【打响“三个我”系列理论宣讲品牌】 搭建“我来说”宣讲平台。依托区—镇街—村社三级架构，培育“微言说理”“美之声”等基层宣讲品牌18个，策划推出“方言民嘴”“红色文艺轻骑兵”等全会精神宣讲专场。深入新时代文明实践中心、文化礼堂等160余处主流阵地，融合圆桌道地会、船头故事会、小店发布会等形式，引导群众分享全面小康、基层治理、美丽乡村等“十三五”成就鲜活故事，畅想“十四五”美好蓝图。创设“我爱听”指尖平台。针对日常学习较碎片化的受众群体，集成打造云课堂。借力“三个全民”APP、文明实践“云平台”、区级全媒体等线上宣传矩阵，将全会精神大主题分解成若干个微话题，推出“理论在线”“微型党课”等四大精品项目，启动微视频、快闪等互动式、数字化宣讲服务。布设理论传播小品，在城市书房、公园长廊等架设有声学习角170处，纳入全会精神重要内容，即扫即学实现理论带回家。组建“我参与”青年团队。依托基层干部、创业代表、媒体记者等不同背景人群，选拔组建首批35人的“青声说理”青年宣讲团，分层分类开展十九届五中全会精神、“我最喜爱的习总书记的一句话”“青声青语”等宣讲活动。

7月17日，习近平三十讲宣讲走进金塘山谭文化礼堂

【文化礼堂长效机制建设】 围绕“全域礼堂·与你共享”主题，推出“礼堂大晒场”，完成2020年13家文化礼堂建设任务，依托全区“文化礼堂共享驿站”，做好礼堂活动展示、指导，经验做法交流分享，活动信息的上报推荐等，全年开展大小礼堂活动近千场。开辟“礼堂游专线”,提升农渔村文化礼堂旅游公共服务功能。打造小沙街道、马岙街道文化礼堂中心站样板，在全区推广中心站做法。融合新时代文明实践中心建设，推进“千名志愿者进礼堂”系列活动。加强资源整合，健全 “文化礼堂服务大菜单”，整合17项服务内容并落实配送。规范文化礼堂管理员队伍建设，开展全区文化礼堂管理员培训会。完成干碶镇新

5月28日，“习近平新时代中国特色社会主义思想宣讲”走进城东街道党群服务中心

马岙街道马岙村文化礼堂进行非遗展示活动

建村书香文化礼堂建设。评定昌国街道城北村文化礼堂等24家文化礼堂为三星级农村文化礼堂。白泉镇被评为浙江省农村文化礼堂建设示范镇，双桥街道浬溪村文化礼堂被评为五星级农村文化礼堂，小沙街道宣传委员童姣被评为第三届浙江省“最美文化礼堂人”。

【开展社科理论研究】 强化理论学习，拓展网上平台，开展“云宣传”，进行习近平新时代中国特色社会主义思想、党的十九届五中全会精神等的学习宣传等。强化课题研究，2020年度立项完成区级社会科学研究课题14项，市级社科研究课题5项,其中《定海区“理论面对面”走心工程提升宣教水平的实践与思考》为市级重点课题。强化社科普及工作，开展“共享小康社会 建设‘重要窗口’”社科普及周系列活动，组织 “新思想面对面”主题宣讲、社科知识竞赛等活动，拓展“科普基层行”广度，培育城东街道社区文化家园、盐仓街道匈牙利馆、迟留书店3家区级科普基地，小沙街道三毛祖居被命名为第四批“舟山市社会科学普及基地”，培育“东风直播间”“古风汉韵”汉文化主题活动等社科普及创新项目。与定海区图书馆联合打造培育“名家有约”科普平台，开展文学讲座、作品分享会等活动。是年，定海区社科联被省社科联评为县（区）社科联测评优秀单位。

定海区社科联开展“共享小康社会 建设‘重要窗口’”社科普及周系列活动

【舆论引导服务中心工作】 围绕高水平全面建成小康社会、社会治理创新、乡村振兴等中心工作，推出“努力建设重要窗口的海岛风景线”“全力办好民生实事”“美丽定海示范县创建”等专题专栏，共刊发各级各类重要报道1.5万余篇，含市级以上专版22个，营造了浓厚的社会舆论氛围。

10月29日，凤凰网旗下“一点资讯”平台记者在小沙街道采访，定海发挥三毛文化名人效应，打造美丽乡村文化IP内容（拍摄者：葛琳璐）

【打好“两手都要硬、两战都要赢”舆论引导战】 规范舆论宣传引导工作机制，落实研判会商、审稿、发布等流程。建立政务类发布微矩阵，开设区级媒体专题专栏，加强上级重要指示、疫情动态、防疫知识等宣传推送。依托省市区专题新闻发布会、“浙江之声”等开展重要发布4场。紧扣群防群控、精密智控、复工复产、统筹推进新冠肺炎疫情防控和经济社会发展等阶段性要求开展精准宣传，累计刊播各级各类报道5000余篇，300余篇获省级以上重要媒体刊载。组织基层运用大喇叭村村响、横幅海报等，扩大社会宣传覆盖面。

4月10日，邀请《浙江日报》《舟山日报》《舟山广电》《舟山晚报》等记者集中采访定海发放“嗨购券”提振消费信心活动（拍摄者：康明军）

【讲好高水平全面建成小康社会奋斗故事】 宣传习

近平总书记关于全面建成小康社会等重要指示精神在定海区落地生根、开花结果的全过程，精心设施议题，在《中国改革报》《浙江日报》《舟山日报》等中央、省、市主流媒体策划刊出重点报道50余篇。以省市媒体开展“舟游列岛看小康”“解放七十年 千岛小康路”等新闻行动为契机，宣传金塘、小沙、白泉等地以特色产业引领发展、实现群众增收致富故事；钱江台摄制组走进马岙等地，开展“见证我们的小康生活”见闻式报道；舟山广电通过抖音直播、短视频传播、电台访谈直播等视听手段，展现定海城乡面貌、交通设施、产业经济等方面的喜人变化，浓厚“走向我们的小康生活·我们都是定海人”主题宣传氛围。区融媒体中心全媒体开设“走向我们的小康生活”专栏，多维度呈现定海人奔小康进程，为全社会团结奋进、同心奔小康提供坚强思想保证和强大精神动力。

8月26日，中新社记者在舟山国际粮油产业园区采访，了解定海粮油产业发展情况（拍摄者：葛琳璐）

【做好全国文明城市创建宣传工作】 制定下发《2020年度定海区“全国文明城市创建”新闻宣传方案》，完善全国文明城市创建宣传工作机制。组建定海创城报道微信群，形成各镇街、各专项组即时报题、媒体及时研判、第一时间跟进报道的线上线下互动模式，聚焦定海干部群众合力冲刺创城的创新举措和典型人物，在区级以上（含区级）媒体刊播报道500余篇。做好公益广告宣传工作，落实公益广告日常巡查维护机制，在镇（街道）办事处、公共广场、公园、主次干道、商业大街、农贸市场、大中小学等30类公共场所，更新发布3500余处，撤换破损、褪色的公益广告2000余块，新增“文明健康 有你有我”系列公益公告1500块，布置展陈“倡导使用公筷公勺”系列公益广告600余块。

【深化“定海新闻发布厅”市级试点舆论引导平台建设】 围绕重点交通项目建设等民生热点开展区级发布26场，累计邀请省市区媒体、“两代表一委员”、市民代表、专家学者、网络意见领袖等500余位人员参与现场问询。线上依托定海新闻网、“定海山”APP开设“定海新闻发布”专题，集结刊播省市区主流媒体报道抢占信息传播至高点，保障社会舆论平稳有序。线下强化新闻发布业务指导，以网络授课和赠阅专业书籍形式，提升全区新闻发言人舆论引导素质和水平，培养打造高素质新闻发言人队伍。

6月29日，组织开展“定海区1—5月外贸运行情况”新闻发布会（拍摄者：胡于川）

【“爱上定海”外宣品牌全面发力】 制定印发《“爱上定海”主题外宣系列活动方案》，组织开展“长三角全媒体看定海”外宣活动，邀请40余家主流媒体“体验式”组团采风，在《人民日报》、新华社、中新社等重量级媒体移动端刊播《植根山海基因 浙江“海上花园”定海于青山绿水间逆袭》等原创报道

11月19日，组织开展“长三角全媒体看定海”外宣活动媒体座谈会（拍摄者：葛琳璐）

50余篇，推出省市等主流媒体专版12个。制作推出定海城市形象宣传片《海天诗画 君安定海》，总播放量逾200万人次。举办“光影港城.大美定海”摄影大赛和作品展，评选出30张佳作奖，50张优秀奖，70张入围奖，优秀作品在区文化馆、定海新闻网首页、定海山APP首屏等平台集中展示。

【“乡约定海·浙江定海美丽乡村周”宣传声势浩大】 综合运用“可视化、社交化、移动化”传播手段，邀请钱江视频专业团队，拍摄制作定海美食美景、人文风情等短视频20个，联合定海“微旅行”路线，在抖音、腾讯视频等十余个热门平台同步推送。以央视新闻移动网、新浪微博、一直播等6个直播平台为主阵地，邀请“张小奈”“小小静”等网红达人对浙江定海美丽乡村周启动仪式及“晚风市集”“东海自驾发布会”等配套活动全程直播，累计在线观看人数逾4000万人次，百度搜索关键字“定海美丽乡村周”结果达73.4万个，相关视频和报道总阅读量逾5000万人次，通过全区联动、全程造势、全媒宣传，展现“重要窗口”海岛风景线的定海样板。

5月23—29日，举行浙江“定海美丽乡村周”活动（拍摄者：陈炳群）

【完成党报党刊征订任务】 以两办名义下发2021年度全区党报党刊征订工作通知，全程跟进督促各镇街、区属各单位党报党刊征订工作进度，确保党报党刊工作圆满完成。《人民日报》完成征订395份（109.4%），《求是》完成征订221份（125.6%），《浙江日报》完成征订1326份（103.8%），《今日浙江》完成征订448份（103.0%），《光明日报》完成征订31份（172.2%），《经济日报》完成征订88份（129.4%），《新华每日电讯》完成征订245份（108.9%），《舟山日报》完成征订4860份（101.2%）。

【加强爱国主义教育基地管理工作】 强化爱国主义教育基地管理，落实新冠肺炎疫情期间爱国主义教育基地防控工作。组织、指导爱国主义教育基地结合各自特色，开展“纪念鸦片战争爆发180周年”、“小小讲解员”志愿培训、红色书画比赛等各类社会主义核心价值观教育实践活动，发挥爱国主义教育基地宣传教育作用。完善爱国主义教育基地迎接创城测评的工作方案，定期实地检查，指导列检点位问题清零，为创城贡献力量。

7月3日，组织开展“纪念鸦片战争爆发180周年”活动（拍摄者：葛琳璐）

【第三届“三毛散文奖”启动】 4月20日下午，第三届“三毛散文奖”新闻发布会在三毛故乡浙江定海新闻发布厅举行，第三届“三毛散文奖”的征集、评选工作随之启动。定海区委常委、宣传部部长何徐华，舟山市文联副主席张辉作新闻发布。发布会由定海区委常委、区人民政府常务副区长林剑彪主持。

【创新“扫黄打非”管理模式】 制定出台《舟山市定海区“扫黄打非”网格员管理办法》、设计下发《“扫黄打非”进网格工作流程图》，将“扫黄打非”工作纳入全区基层社会治理网格化管理范畴、纳入网格员工作职责范围，与平安考核相衔接。

【区委网信委第二次全体会议召开】 8月11日，中共舟山市定海区委网络安全和信息化委员会召开第二次全体会议，学习贯彻习近平总书记关于网络强国的重要思想，贯彻落实全国和省、市网信工作会议精神，研究部署定海区网络安全和信息化工作。

【网络主题宣传】 围绕习近平新时代中国特色社会主义思想、习近平总书记在浙江考察时的重要讲话、走向我们的小康生活、努力建设重要窗口的海岛风景线、文明城市创建、美丽乡村周等30余个重大主题，开展网上正面宣传引导，全媒体推送稿件5500余篇，网宣队员转发1.2万余篇次，形成强大舆论声势。

【“点赞定海”品牌网络宣传活动】 深化“点赞定海”活动品牌，策划开展“点赞定海·发现身边的美好”短视频创作大赛，面向全网征集小康生活·幸福在身边、“醉”美乡情、感动定海、文明之花处处开、舌尖之美、寻找定海手艺人六大主题短视频，收到参赛作品181件，14件精选作品被“学习强国”平台及浙江新闻客户端录用展播，扩大定海新媒体传播影响力。

【网络安全宣传周系列活动】 加大网上宣传力度，开设专题专栏，创作推出短视频、图文等系列作品10余篇，其中网红短视频《青少年安全上网那些事》浏览量超30万。在定海凯虹广场举办线下宣传活动，现场通过网络电信诈骗情景剧、网安知识科普宣讲、趣味有奖问答等，吸引市民广泛参与，提升网络安全防范意识。开展实战模式应急演练，组织120余人参加，提高责任意识，增强综合能力。

【新冠肺炎疫情网络宣传和舆论引导处置】 牵头组建全区疫情防控宣传工作专项组，落实舆情集中研判会商、信息报送审核等工作机制。推送各类正面宣传报道3000余篇，制作短视频50个，总点击量超200万，凝聚抗击疫情强大正能量。监测涉疫舆情1400余条，组织开展辟谣4起，协调公安部门严厉打击造谣传谣行为。开展“身边的战疫”等微博话题讨论，转发正能量稿件、辟谣信息等6000余条次，营造齐心抗疫良好氛围。加强网络安全保障，开展安全大排查，深化实地走访、漏洞查补，为疫情防控做好网络基础保障。

【网信行政执法】 参加全省网信行政执法现场推进会，做好执法案例的总结提炼，区委宣传部副部长、区委网信办主任现场作《定海区探索执法体系化建设打造网络综合治理“东海前哨”》路演汇报。增强执法力量配备，通过执法考试2人，取得执法证2人。建立以区委网信委领导下的“网信、公安、文化执法、市场监管”等为主体的4+N互联网联合执法工作机制，落实工作例会制度、信息互通共享制度和联合执法制度等，推动形成互联网执法工作合力。

（撰稿：蒋旌晶）

（本分目图片由区委宣传部提供）

精神文明建设

【概况】 2020年，全区精神文明建设工作以创建全国文明城市为抓手，打赢创城攻坚战，进一步改善城市面貌，完善城市功能，提升城市品质；全面推进新时代文明实践中心国家级试点建设工作，强化“德行定海山”品牌培育，推动文明实践常态发展。

【新时代文明实践中心工作】 健全“德行定海山”文明实践工作体系，形成“一个核心品牌、二大目标、三级体系、四项内容、五类平台、六项制度”的品牌建设工作思路。建成定海公园新时代文明实践中心展陈馆，实现镇（街道）、村（社区）阵地建设全覆盖，培育各类实践点25个，380支团队常态化提供“点单式”服务。发挥文明实践围绕中心、服务大局的重要功能，新冠肺炎疫情期间，志愿者成为联防联控、群防群治重要力量，涌现各类先进150余人；聚焦文明城市创建，10万余名志愿者自主开展环境整治、文明宣传等工作，提升群众参与感获得感。培树海岛特色典型，打造“一村一品”乡村善治、“红钥匙楼道”老旧小区治理、“贴隔壁”群众联心坊等示范品牌，文明实践蔚然成风，开展活动近万场。

12月4日，举行定海区新时代文明实践中心试点建设工作推进会

【道德先进评选表彰】 开展第六届舟山市定海区道德模范评选表彰工作，评选产生孙峰等7名道德模范，

王海松等3名道德模范提名奖，在党代会予以表彰。推荐舟山好人18人（组）、创城好人1人（组）。

【落实道德标兵、道德模范优待政策】 发放2020年道德模范医疗补助24876元，惠及23人次；发放2020年道德模范生活补助资金117410.4元，惠及7人；春节慰问王锦堂等6位道德模范，发放慰问金1.2万元。

【“最美战疫志愿者”评选活动】 联合团区委、区志愿者协会开展定海区百名“最美战疫志愿者”宣传评选活动，经推荐、审定，授予120名志愿者“最美战疫志愿者”称号。

【文明好习惯养成工程】 制定《定海区文明好习惯养成工程实施方案》等文件，开展垃圾分类等十大文明好习惯。其中，依托“定海山”等区级融媒体平台，不文明行为举报、曝光台，引导市民随手拍摄公共场所乱丢烟蒂等陋习，累计收到群众举报1093条，经职能部门审核后，曝光749条，增强反面教育效果针对文明出行工作，统计区本级范围的车辆总数4973辆，较2019年增加8.63%，累计通报交通违法情况11期。全面推广公筷公勺制，设计制作具有定海特色的公筷公勺9000余副。

【核心价值观培育和践行工作】 开展好家风书法作品征集活动，收到作品57幅，评选产生一、二、三等奖作品16幅，制成展板进行宣传，传承家风美德。开展文化科技卫生“三下乡”活动，发放道德人物光荣谱等资料1500余册，涵养文明乡风。

【未成年人思想道德建设工作】 联合区教育局策划“弘扬真善美，助力文明行”德育主题教育实践系列活动，推出关爱未成年人公益主题月活动，重点突出“扣好人生第一粒扣子”六大主题教育活动，开展“春泥计划”活动500余场次，评选产生100名文明助力小使者，全面提升未成年人思想道德素养。

【城乡基层创建】 深化文明单位（文明校园）、文明村镇创建活动，新申报全国、省级、市级、区级文明单位2个、2个、9个、4个；新申报市级文明校园5家，复评区级、省级文明校园32家、3家；新申报市级文明村6家，区级文明村9家，复评第七批浙江省文明村镇11家。截至12月，全区有文明单位176个，其中国家级2个、省级15个、市级55个、区级文明单104个（多级别荣誉只按最高级别计）；国家、省、市、区级文明校园1个、3个、29个、32个；国家、省、市、区级文明镇1个、2个、3个、3个；国家、省、市、区级文明村5个、14个、36个、79个。

（撰稿： 翁超慧）

（本分目照片由区精神文明建设指导中心提供）

统一战线工作

【概况】 2020年以来，全区统一战线工作坚持以习近平新时代中国特色社会主义思想为指导，发挥统一战线凝聚人心、凝聚力量的优势作用，为建设“重要窗口”的海岛风景线做出统战贡献。

【全面深化思想政治引领】 坚持把加强思想政治引领、广泛凝聚共识作为统一战线履职尽责的主责主业，组织召开全区统战工作会议、全区统一战线读书会等活动，抓好习近平总书记在浙江考察时的重要讲话、十九届五中全会、全国“两会”等精神的学习贯彻。在各民主党派、统战团体中开展“不忘合作初心，继续携手前进”“舟山记忆——纪念舟山解放70周年交流会”等活动，引导统战成员进一步树牢“四个意识”、坚定“四个自信”，坚决做到“两个维护”。深挖资源，依托鸦片战争纪念馆，推动建好首个党外人士思想教育基地。

【助力实现“两手硬、两战赢”】 做好疫情防控工作，动员全区统一战线筹集善款6058250元，捐赠口罩316100个。做好全区133处宗教（民间信仰）活动场所“双暂停”工作和有序开放工作。联合区工商联、区侨联开展“助企抗疫情、联企复生产”专项行动，聚焦“六稳”“六保”任务，开展统战系统“三服务”活动，持续跟进解决用工、资金等问题，推动惠企助企政策落地，做到民营企业“应复尽复、应产尽产”，其中金塘镇商会被全国工商联评为全国抗疫情先进商会组织。依托基层侨联、海外侨团力量，做好港澳同胞、归侨侨眷、海外侨胞及留学人员入境信息排摸和劝侨安侨、已返舟侨胞联系服务工作，筑牢“防输入”坚实屏障。

【助力招商引资、招才引智】 设立定海·宁波人才驿家，依托宁波定海商会资源优势，签约“国千”

人才一名，引进“5313”项目一个。深化与国内工商社团、企业界的交流合作，开展“以商引商、精准招商”等活动，全年吸引定商回乡创业投资（注册金）超1.3亿元；宁波定海商会促成宁波相关企业到金塘投资。

【深化“同心”品牌建设】　持续推进“同心服务”“同心扶贫”等品牌建设，组织各民主党派、统战团体在小沙“同心服务”基地累计开展送学送教、送医送药、送戏下乡等服务20余次，其中“同心·知联”健康服务工作室获评全市唯一的浙江省知联会2019年度“三服务”品牌项目。实施结对帮扶四川宣汉三年行动，落实帮扶资金50万元。

【推进民主党派工作】　抓好参政党建设三个文件贯彻落实，从严加强民主党派自身建设，完成各个党派换届工作。强化民主监督，鼓励各民主党派、无党派人士积极建言献策，围绕区域治理现代化、建设“重要窗口”的海岛风景线等主题形成提案议案、意见建议18篇，多个提案获得党委政府领导批示并被采纳。

【推进党外知识分子和新的社会阶层人士工作】　全面推进知联会、新联会、网联会等组织规范化建设，不断增强凝聚力。引导区新联会四个实践创新基地有序开展服务，其中“涉税服务联盟”获评省级实践创新基地。

【推进民族宗教工作】　持续巩固中央宗教督查成果，抓好“四治”工作，推进基督教私设聚会点治理，破解宗教领域重点难点问题。开展“五进”工作，培育定海天主堂省级普法示范点和隆教禅寺省级普法示范基地。深化民族团结进步创建“六进”活动，檀枫小学通过省民族团结进步创建“互观互检”组检查验收，校长朱彩娟获评全省民族团结进步创建先进模范个人。规范民间信仰活动场所管理，实现“三人驻点小组”民间信仰场所全覆盖。在全省率先实行民间信仰活动场所登记编号“升降制”，将10处历史文化底蕴深厚、代表性强、影响广泛、管理规范的乙类民间信仰活动场所升级为甲类场所予以登记编号，并作为年度评优评先的依据。

【推进民营经济统战工作】　推动中央、省市区委经济工作会议及《中共中央国务院关于营造更好发展环境支持民营企业改革发展的意见》等精神落细落实，开展“三服务”，相关做法获评全省工商联系统“两个健康”优秀案例。贯彻落实《全国工商联深化改革总体方案》等要求，出台区工商联改革实施方案，推进工商联所属商会改革发展。不断加强基层商会和异地商会建设，实现基层商会全覆盖，其中盐仓街道商会被浙江省工商业联合会认定为首批“百家示范商会”，全省仅15家，全市唯一。

【推进港澳台和海外统战工作】　立足国家大局，做好维护香港长期繁荣稳定的有关工作，乡情数据稳中有升。坚持为侨服务、涵养侨源、维护侨益、发挥侨力，团结联合海外侨胞和归侨侨眷。贯彻实施《归侨侨眷权益保护法》《浙江省华侨权益保护条例》并加大侨法宣传力度，当好侨胞侨眷“娘家人”。

【推进党外代表人士队伍建设】　加强对党外干部的发现、培养、选拔、使用，定期走访联系党外代表人士。召开组织、统战两部联席会议，总结成效，分析问题，就共同推进党外干部工作达成共识。新认定4名无党派人士。

【推进新乡贤工作】　坚持党建引领，形成市级指导、区级负责、镇（街道）主抓、重点村（社区）参与、各有关部门支持的新乡贤工作体系。在全市率先实现11个镇（街道）乡贤联谊会全覆盖，并在重点村（社区）成立乡贤会，建立乡贤数据库，汇聚各类乡贤代表600多名。建成含乡贤工作室、乡贤馆在内的11家乡贤工作阵地，选树钟利达、姚心放、曹杏娣等一批典型，推动乡贤在招商引资、乡村治理、乡风文明和社会公益等领域贡献力量，相关工作入选全省新乡贤工作30例和全省统战理论政策研究优秀成果，先后被浙江电视台等媒体报道。

（撰稿：徐丹阳）

台湾事务

【概况】　2020年，区台办服务党中央对台工作大局，围绕区委区政府中心工作，做好定台两地交流合作、台胞台企联系服务等工作，提升定海对台工作水平。

【疫情防控期间对台服务工作】 加强疫情期间与涉台人员联络。境外疫情爆发后，区台办十分关注台湾疫情状况，主动与在台同乡会、定海籍台胞台属联系，关心他们的生产生活情况，根据他们的需求，向在台同乡会寄送口罩800个。通过电话、微信、实地走访等方式与19名大陆生进行沟通联系，了解因疫情对他们在台学业影响情况，做好大陆生在台就学安全教育工作。及时为往来两岸的台胞台属提供疫情期间台湾入境相关规定、两岸客运航线调整等有关信息。关注在定台胞台商防疫情况，包括台商返定、涉台企业延期复工、在定台胞人员防疫等信息。为多名在定台胞办理绿码通行证；为涉台企业复工复产协调办理绿色通行证、采购口罩等服务。

台胞台属捐赠助力疫情　区台办动员，定海台资企业“舟山华夏机械工业有限公司”向定海区慈善总会为抗击疫情专项工作捐赠10万元，总经理王婉姑以个人名义通过区台联会捐赠2000元善款；台胞夏朝峰先生得知家乡口罩缺乏，经多方打听，从美国购买近10000个口罩寄到家乡，为家乡的疫情防控工作出力；全区台胞台属开展支援疫情抗击捐助活动，筹得善款7700元。

台胞夏朝峰通过定海区慈善会，为家乡捐赠口罩近万个

做好疫情期间境外返舟人员排查、服务工作　配合疫情防控办公室，全力做好全市境外尤其是在台即将返舟人员的排查及服务工作，做到来定人员不遗漏，不脱管。做好返定台胞台属隔离期间的联系服务工作。

【对台文化交流】 配合做好第三届“三毛散文奖”新闻发布会及“三毛散文奖”征集作品宣传发动工作。经区台办对接协调，《台湾联合报》、联合新闻网上相继刊登了第三届“三毛散文奖”作品征集信息。并通过台北市舟山同乡会《舟山乡讯》、在台文学界作家、在台重点人士推广等多途径宣传，扩大“三毛散文奖”在台湾文化界的影响力。

台湾联合新闻网上刊登的第三届“三毛散文奖”作品征集信息

【对台基层交流】 是年，受疫情影响，两岸团组交流活动数量骤减，区台办更加注重抓好活动质量，力求每次交流活动效果达到最大化。9月16日，组织定海台胞台属开展定海新农村建设学习考察活动，宣传推介定海经济社会发展新变化；9月23日，接待10余名在甬台商开展经贸考察和文化交流；11月6日，接

待衢州市台联会一行26人开展对台工作交流；11月10日，接待由台湾中华妇女党、台湾两岸阳光创业促进会、“中华两岸婚姻协调促进会”等组成的12人交流考察团与定海区“美之声”演唱团成员一起开展“两岸巾帼一家亲 同心共织中国结”两岸姐妹联谊活动。11月24日，组织“两岸姐妹互助协会”20人开展主题为“寻找家乡记忆”的浙台邻里节舟山专场活动。

“两岸巾帼一家亲 同心共织中国结”定台姐妹联谊活动

【涉台服务工作】 2020年，处理寻亲、祖屋翻建、政策咨询等涉台信访件7起；受理小台胞入学身份证明2起；配合做好台胞在定居住证申领工作，办理“台湾居民居住证”65份。在春节、端午、中秋等传统佳节，走访慰问困难定居台胞、老年台胞、重点台属及台资企业122人次。

【捐赠资金管理】 继续做好台胞贝有添先生家人、王颜林先生家人与区教育局之间的联系沟通，加强捐赠资金的跟踪监督管理，确保捐赠资金按相关规定合理使用。是年，“第二十届贝友添奖教奖学金”颁发仪式未受疫情影响如期举行，贝有添家人及王颜林捐赠55万元助学金，表彰25名优秀教师和50名优秀学生，419名困难同学得到资助帮扶。

【去台老兵史料整理工作】 查摸台情，集中精力做好涉台人士、去台老兵的基本信息汇总整理工作，保留去台老兵珍贵的影像资料，为重建“舟山市去台老兵史料陈列馆”打好基础。与新闻中心对接，完成在定海的4名老兵视频拍摄工作。委托在台乡亲为在台的6名舟山去台老兵拍摄了回忆录视频，并收集老兵回忆录书籍、信件、照片等相关资料。

在定去台老兵接受区台办采访，拍摄回忆视频

（撰稿：王 玲）
（本分目图片由区委台办提供）

机构编制工作

【概况】 2020年，区委编办以习近平新时代中国特色社会主义思想为指导，贯彻十九届四中全会精神和全省编办主任会议精神，围绕全区工作大局，履行机构编制工作职能，取得工作成效，为展示“重要窗口”海岛风景线提供行政管理体制和机构编制保障。

【事业单位清理规范整合工作】 制定出台《舟山市定海区事业单位清理规范整合工作方案》，全面梳理明确工作解释口径，彻底扫清“盲点死角”，紧扣时间节点，于4月底实现135家事业单位的机构编制规定制定全覆盖。清理“空壳”事业单位，精简整合公益类事业单位37家，精简比例达21.5%，超过省定比例的两倍，为下步事业机构设置留足空间。重新确定事业单位职能、公益类别和经费形式，推进事业单位公益类别、经费形式和人员性质相一致。强化党的全面领导，核定重点单位党组织专职副书记职数。坚持瘦身和健身相结合，收回职能消失弱化事业单位事业编制17名、精简股级职数23名，增核重点事业单位事业编制13名。

【事业单位编制创新管理】 坚持提高存量编制的使用效益，制定出台《定海区事业单位周转编制管理办法》，除新成立、新增固定职责任务较多的单位以外，原则上不再核定无使用期限的事业编制，通过核定周转编制予以支持事业发展，2020年核定周转事业编制5名。建立行政事业编制互换调剂机制，解决部分无事业编制单位无法引进事业人员问题，推进编制灵活管理。更加注重引进高端紧缺人才，会同建立空编单位使用人才储备中心进人机制，拓展人才储备中心使用范围，核定人才储备中心用编18名，推动紧缺专业化人才队伍建设。

【重点领域体制机制改革】 全面推动“五大领域”综合行政执法改革，完成市交通运输、农业和文化派驻定海执法机构“三定”规定制定工作，划转人员编制61名，完成82名涉改人员身份核实工作，合理引导涉改人员改革预期，完成59名执法人员锁定、涉改5家事业单位机构设置调整、机构注销及中文域名调整工作。根据矛盾纠纷“最多跑一地”的改革精神，整合相关部门职能，设立区社会矛盾纠纷调处化解中心，推动矛调中心的高标准建设和实体化运作。配合区总工会、区侨联、区计生协会和区红十字会等单位推进群团改革工作。完成森林公安管理体制改革工作，在区公安分局增设内设机构森林警察大队，划入政法专项编制5名。配合开展机构改革后参照公务员法管理的事业单位重新审批工作。

【民生领域机构编制保障】 落实公办幼儿园编制保障，根据幼儿园办学规模，在重新分配原事业编制基础上，足额核定教职工编外用工控制数，保障公办幼儿园用编需求。建立幼儿园事业编制动态调整机制，推进教师园际交流。进一步提高区属公办幼儿园非编合格专任教师占比，稳定提高幼师教育质量。围绕全区中心工作和社会民生需要设立自贸区综合服务中心、区铁路建设中心等5家事业单位，统筹调剂使用事业编制12名。

【行政管理机构优化设置】 进一步完善区人大常委会的组织架构，设立区人大常委会研究室和区人大常委会社会建设工作委员会，将法制内务司法工作委员会更名为法制与监察司法工作委员会。健全完善区委直属机关党建领导体制，合理调整区委直属机关工委领导职数。设立区委全面依法治区委员会办公室秘书科，进一步加强全区法治建设工作。调整优化公安机关机构设置，优化基层派出所设置，落实实体化运作。指导协助金塘管委会完成股级内设机构设置职责调整、股级核定。

【其他机构编制管理工作】 提升机构编制使用效益 理顺解决94名镇（街道）中心幼儿园教师编制关系挂靠中小学校问题，缓解中小学校用编紧张情况。调研全区中小学、幼儿园教师编制使用管理情况，基本完成16家中小学校超编问题整改工作。提高用编计划审批的科学性，将有限用编计划向基层一线、民生领域、社会维稳和高精尖专业需求用编倾斜。全年核准镇（街道）及疾控预防、城市管理等重点领域招聘用编计划30名，占招聘用编总计划的一半以上。

完善机构编制系统管理 将机构编制实名制系统端口接入公务员职业生涯全周期“一件事”管理服务平台。发挥平台“一次提交、并联办理”功能,实现公务员从入编到出编涉及身份、工资、社保等事项“零次跑”，办理1045人次。提高实名制系统数据录入要求，实行机构编制满额超额预警机制，确保系统数据录入真实，更新及时。建立机构编制数据库，明确各类数据专人管理定时更新，强化数据分析手段，挖掘机构编制人员变化趋势，为全区机关事业单位队伍建设提出合理化对策建议。

强化机构编制法制水平 强化机构编制法定化管理，推动《中国共产党机构编制工作条例》纳入全区各部门理论中心学习组学习内容，开展网络趣味答题和现场专题培训，实现《中国共产党机构编制工作条例》宣传全覆盖。进一步完善与区纪委区监委的不定期沟通机制，加入区纪委区监委巡察事项咨询“专家库”名单，对巡察发现的相关问题及时沟通解答。调整与区审计局衔接的联络员名单，核对近三年行政事业人员数量，配合完成“财政供养人员只减不增”事项审计。开展超审批权限设置机构等问题的自查自纠工作，明确涉及股级职数变动事项必须经各单位党委（党组）讨论决定，压实党组织主体责任。

【事业单位登记管理】 实行事登业务网上“全流程”

办理，建立业务事项提醒机制,完成机关群团统一社会信用代码赋码、换证等工作。搭建党政群机关赋码信息库，开展统一社会信用代码赋码“回头看”，对发现问题单位督促整改。主动对接涉及调整的事业单位，加强沟通和指导，完成事业单位设立12家、变更196家、注销26家、年报公示257家。做好事业单位法人证书补领、到期换证工作，换领证书30余本。组织区财政局、区人力社保局、区卫健局、区税务局等部门联合开展民办事业单位公益指数评估工作。提升事业单位登记档案管理科学化水平，完成事业单位登记管理相关档案数字化工作，整理事业单位登记、党政群赋码档案近4万页，卷内条目近2万条。

（撰稿：鲍璟婧）

区委直属机关工委工作

【概况】 2020年，区委直属机关工委围绕新时代党的建设总要求，以“建设清廉机关、创建模范机关”为总牵引，落实省、市、区机关党的建设工作座谈会精神，发挥机关党建龙头作用，为当好建设“重要窗口”海岛风景线主力军提供组织保障。

举办第十届机关微型党课比赛“我们的小康 我们的家乡——定海区微型党课比赛”

【加强机关党的政治建设】 坚持把党的政治建设摆在首位，点亮政治机关属性。各机关党组织以“对党忠诚”为主题，组织开展系列党日活动。“关键少数”示范引领，严肃党内政治生活，开展重温入党誓词、党员集中过“政治生日”等政治生活仪式，实施优质主题党日多层次展播45次。推进完善学习制度，设定必学内容，以线下“知会堂”+线上“云课堂”方式组织教育轮训210余人次。举办第十届机关微型党课比赛，组建80、90宣讲团开展宣讲。

举办党务干部“知会堂”

【提升机关党建工作质效】 组织召开全区机关党建“三化两建”工作会议，以“三化两建”为抓手，厚实机关党建工作底气。标准化推动机关党建固本强基，重点在组织设置、支部建设、党员教育管理等方面加强标准化、规范化。优化调整机关基层党组织设置，升格2家机关党组织，调整6家机关党组织书记。开展“六不少”“线上+线下”专项督查，整转共性问题7个，建立完善制度2个，与各派驻纪检组加强联系，建立机关党建工作日常反馈监督联动机制。以项目化推动机关党建工作，从总结推广型、探索破题型、创新示范型三个维度确定机关党建项目54个，评定机关党建示范点9个，优秀机关党建项目5个。以区域化推动机关党建融合共建，探索以机关党组织为核心的区域党建联盟、园区党建、机关楼宇党建模式。制定全区《关于推进“建设清廉机关、创建模范机关”活动的实施方案》，部署“十个一”系列活动，推出《“双建”擂台》微信宣传专栏，推动“双建”工作落地落实。

“建设清廉机关、创建模范机关”专题交流会

【发挥“第一方阵”引领作用】 坚持围绕发展抓党建，发挥支部战斗堡垒和党员先锋模范作用。在统筹推进新冠肺炎疫情防控和经济社会发展工作中，机关党组织开展“强堡垒、争先锋”行动，推动机关党员在防疫与发展中打头阵、当先锋。组织机关干部力量下沉村社防控疫情，开展卡点值守、洗楼排查，累计组建机关应急小分队45支，出动服务6000人次、超3万小时，区属机关中有6人在抗疫一线发展入党。号召各机关单位全面吹响创建全国文明城市的“冲锋号”，全体机关干部在小区、道路、商超一线，持续发力，争取最后的胜利。1935名在职党员全部加入社区党组织或小区“兼合式”党组织，优秀机关党员干部主动担任所在小区“兼合式”党支部书记或进入班子成员，助力基层社会治理。

机关干部在舟山跨海大桥金塘高速通道疫情检查点手举标语“检查站前停一停，不留疫情留感情”

【完善机关党建工作体系】 率先在全市实施部门党组（党委）抓机关党建述职评议工作全覆盖，优化考评结果运用，推动责任层层落实。用好“党建系数法”，将履行机关党建工作责任情况列入部门领导班子和党员领导干部年度考核内容。完善工委领导体制，由组织部长担任工委书记，增设专职副书记1名，进一步推进工委审批办事流程标准化。选优配强机关党委（党总支）专职副书记，持续推进“85后”“90后”机关基层党组织班子的选配，建立党务干部数据库。加强和改进专兼职党务干部教育培训，组织党务干部政治建设提升班和基层机关党组织书记轮训班，下发《党建工作标准化指导手册》、编写《机关党建常用党内法规和规范性文件资料汇编》，提高党务干部业务水平。全面落实专兼职党务工作经历纳入干部履历工作要求。

开展机关党建主体责任检查

【抓实聚人心增活力工作】 坚持党建带群建，夯实群团组织基础，做好机关群团组织的调整、换届等工作。指导职工疗休养工作，组织工会采购定海农产品，开展纪念“三八”国际妇女节110周年系列活动，举办“迎中秋庆国庆·最爱国旗红——2020定海青年城市定向趣味赛”活动，持续开展“快乐工作、健康生活”机关业余文化体育行动，举办机关羽毛球比赛、篮球比赛、职工学堂等活动。坚持政治上关心、

“粮油·舟港海运杯”第九届定海区委直属机关羽毛球团体争霸赛

工作上关注、生活上关怀，推荐抗疫先进党组织和先进个人60个，开展“我身边的共产党员”摄影比赛，印制成册广泛宣传。落实分级谈心谈话制度，重点化解受处分党员的压力、情绪，加强困难慰问，帮助机关干部解决实际困难。

2020年定海区委直属机关篮球比赛

（撰稿：王　杰）

（本分目照片由区委直属机关工委提供）

政策研究工作

【概况】　2020年，区委区政府政策研究中心围绕全区中心工作和重要部署，牵头起草《关于制定舟山市定海区国民经济和社会发展第十四个五年规划和二〇三五年远景目标的建议》，开展各类调研和重要文稿起草工作。

【牵头起草“十四五”规划建议】　学习贯彻习近平总书记重要指示精神和党中央、省委、市委决策部署，多次实地调研，开展专题论证，科学客观总结成绩，正确分析形势，协助区委精心制定定海未来五年经济社会发展的主要目标和2035年远景目标，明确提出经济社会发展的重大举措和重点任务，为编制定海“十四五”规划纲要提供重要指导。

【开展重点课题调研】　围绕中心工作开展调查研究，就美丽乡村、乡村善治、基层党建等课题实地调研50余次，为区委区政府开展工作提供了思路、对策和措施。系统梳理十八大以来定海区在经济建设、政治建设、文化建设、社会建设、生态文明建设五大方面的重大改革创新、重大项目、重大平台、重大政策，形成《定海打造“重要窗口”海岛风景线的标志性成果》。做好关于农村综合改革的研究，起草了《马岙街道农村综合改革集成示范区建设成果目录》及项目任务分解表。开展定海老字号调查研究，完成《关于定海传统商业资源和文化遗产的调研报告》。针对房地产市场增长乏力、库存去化周期长等问题，深入调研行成《定海区房地产市场运行情况汇报》。

【协调全区调研工作】　组织区领导年度重点调研，做好进度安排、初评打分、编辑校对等各项工作，形成《2019年度区领导调研成果选编》并发放各地各单位。牵头组织全区性调研工作，完成2019年度全区优秀调研成果评选，优选10篇进行通报表彰，并通过《今日定海》面向全区发布。

【起草重要文稿】　参与起草区委第十三次代表大会第五次会议、区委十三届十次全会、区委十三届十一次全会等重大会议报告，完成定海区委工作汇报材料、贯彻落实中央和省委关于“长三角一体化”甬舟一体化“情况汇报等一批重要文稿。

（撰稿：柯雨昕）

信访工作

【概况】　2020年，区信访局接待群众来信来访1035件（批）1348件（人）次，上年同期为995件（批）1402件（人）次，同比分别增加4.8%和减少3.9%。其中，受理来信604件(包括网上投诉584件)，上年同期为508件，同比增加18.9%；受理个访413批578人次（上年同期为480批606），同比分别减少14%和4.6%；受理集体访18批166人次（上年同期为22批303人次）,同比分别减少18.1%和45.2%。12345中心来电15155件（批），上年同期为13303件（批）。

【做好重要敏感时期信访工作】　围绕全国“两会”、国庆节以及党的十九届五中全会等重大节点，强化“警信联动、力量联合、京定联防”三联工作机制。

【化解矛盾纠纷和疑难信访积案】　是年，将省级“无积案县（区）”创建作为信访工作的重中之重，落实信访工作责任制，开展信访矛盾化解攻坚战，推进信访积案化解工作走深走实，全年历史积案化解率99.56%，省级以上积案化解率100%，国家级积案化解率100%　，新增积案率0.47%，同比下降66.67%，成功创建“无积案县（区）”。

【完成信访局整体入驻矛调中心工作】　是年6月，完成信访局整体入驻矛调调解中心（信访超市），与区矛调中心互为依托、优势互补，打造信访矛盾联合调处“终点站”，实现群众解决诉求“只进一扇门”“有人帮着跑”。信访超市依托区矛调中心入驻的14个调解室，组织专业性调解组织和社会力量调解团队共同参与信访调解，主动安排律师为信访人解释案情，提供法律援助，推进信访事项化解。

【深化领导干部值守接访机制】　自6月起，区四套班子领导全部至信访超市开展值守接访，做好信访接待工作，规范接访程序，做到几个必接，即集体访必接、有合理诉求初次访必接、敏感节点异常情况必接；发挥领导优势，根据领导职权范围及个人资历资源，量身定制、精准安排接访；灵活接访方式，定期梳理不稳定因素、对接事权单位主动约访，加大接访的主动性、满意率。全年区领导值守接访184批次，占比为42.69%。其中领导批示119批207人次，绝大多数得到妥善化解和有效处理。

【开展进京重复访化解专项整治】　推进“重复访化解”专项工作，防范重复访转变为进京越级访，按照“化解一批、终结一批、法律援助一批、帮扶一批、依法处置一批”原则，分类施策对重复访人员开展工作，截至12月，国家及省级重复访事项化解3件、终结3件，法律援助1件、帮扶1件，依法处置1件，2名进京越级访重点人员均未进京上访，完成省级“无进京越级重复访县（区）”试点工作。

【推进信访代办服务触角延伸】　完善信访代办与信访超市的有效对接机制，实行代办分类处理，进一步把信访代办服务触角延伸到基层，做到简单事项村级代办闭环，一般事项镇街道代办闭环，复杂事项信访超市终结闭环。推动代办员“多跑腿”、群众“少跑腿”，信访问题及时就地解决，做到“小事不出村、大事不出镇、矛盾不上交”。自开展代办服务以来，全区以信访代办化解信访件360余件。

（撰稿：叶渶嫣）

保密工作

【概况】　2020年，区保密局落实省委、市委保密委员会的决策部署，完成保密各项工作任务，确保党和国家秘密绝对安全。

【强化政治引领】　坚持党对保密工作的全面领导　区委主要领导高度重视保密工作，多次在重要会议、重大场合强调保密工作的重要性，以案示警，要求坚持底线、守住红线。及时做好保密领导小组调整工作，召开区委保密委员会扩大会议，学习贯彻上级关于保密工作的文件精神，研究解决保密、密码工作的重大问题、难点问题。全区各单位保密领导小组层层抓好落实，不断完善近期保密组织机构，实现机构、责任、措施、人员四到位。

加强队伍能力建设　配齐配强区级保密队伍人员力量，打造保密管理团队，区级层面配备专职保密干部，各单位全部配备保密干部，且均为在编在岗人员，并同步做好保密干部的业务能力培养。

加大优化保密设施设备投入　升级更迭保密技术检查设备，实现保密局保密工具集中调配，各单位分时共享。升级完善区级保密库房，实现涉密载体、内部资料统一监管。2020年，集中销毁涉密文件、内部资料等。

【强化保密管理】　保密检查突出重点　线上、后台实时对涉密重点部门、部位计算机进行重点检查，发现问题及时反馈整改。线下，抽调业务强的保密骨干对全区各单位进行全覆盖式保密检查，及时纠正涉密隐患苗头。各单位根据自身职能定制检查计划，每年开展保密自查2次以上，确保泄密隐患扼制在萌芽状态。全年检查单位、企业70余家，覆盖计算机2000余台。

涉密人员管理更加全面　落实全区各单位涉密人员上岗审查、在岗管理、出国（境）管理，全面落实涉密人员签订保密承诺书和责任状。

【夯实保密基础】　注重保密工作制度的实效性　实时调整完善涉密人员管理、责任追究等工作制度，建立完善《保密工作条例制度汇总》等机制，强化对制度执行落实的追踪，对未按制度严格落实的单位，实行挂名督办。

拓展保密宣传的覆盖面 年初制订全年保密宣传计划，将4月作为“国家安全宣传月”，以盐仓甸牙利广场为宣传阵地，举办“4·15”国家安全日宣传教育展览；将9月作为“保密宣传月”，召开全区保密干部培训会，制作保密教育宣传光盘、宣传册，各单位集中观看警示教育片，进一步提高广大干部保密意识。结合部门工作特点，开展订单式保密培训，对区纪委、区委组织部、区委宣传部等单位全体干部累计开展保密培训30场次，受众2000余人次

提高考核体系的精准度 进一步完善保密工作考核田则，实行梯度式赋分，对问题较严重的单位实行“零得分度”。对有泄密隐患、问题严重的单位实行分管领导约谈及报批评机制。区属各部门、各镇（街道）参照制定保密工考核办法，重点突出保密工作自查自评、非涉密计算机管保密宣传教育等工作，让考核更具针对性、科学性。

（撰稿：王璐璐）

档案史志工作

【概况】 2020年，区档案馆以习近平新时代中国特色社会主义思想为指导，学习贯彻中央和省、市、区委精神，贯彻落实省、市档案史志部门工作要点，坚持稳中求进工作总基调，坚守“为党管档、为国守史、为民服务”宗旨，坚定档案工作“三个走向”根本遵循，深化“五档共建”，加快推进档案治理体系和治理能力现代化，各项工作稳步推进。

【党建工作】 坚持把政治建设摆在首位，学习并贯彻落实习近平新时代中国特色社会主义思想，全面贯彻落实党的十九大及十九届历次全会精神和习近平总书记视察浙江时的重要讲话精神，夯实机关党建，打造坚强堡垒。响应“抗疫”号召，安排机关干部支援区疫情防控领导小组下的各工作组以及各社区、企业开展疫情防控和复工复产工作，支持全区“抗疫”大局。热烈响应创建“全国文明城市”号召，遵从“创城”部署，圆满完成点位支援及迎评动员工作。推进“两学一做”学习教育常态化、制度化，及时传达学习习近平总书记关于新冠肺炎疫情防控、经济社会发展工作部署以及决战决胜脱贫攻坚的最新指示精神，全国“两会精神”、《党委（党组）落实全面从严治党主体责任规定》《中国共产党党和国家机关基层组织工作条例》以及《习近平谈治国理政》（第三卷），开展“我最喜爱的习总书记的一句话”微宣讲，赴新建社区开展开展“忆初心、明职责、找差距、转作风”主题党日活动，登蚂蚁岛感悟“艰苦创业、敢啃骨头、勇争一流”的蚂蚁岛精神，不断磨砺初心和党性。完善“清廉专区”的打造和内容布设，结合档案史志文化开展党建主题设计布置工作，着力营造蓬勃向上的党建氛围。

【依法治档】 *加强档案工作指导* 推进依法治档，强化档案实地年检。细化标准细则，优化检查程序，对建档单位逐一开展2019年度档案年检，及时反馈存在的问题和不足，落实整改。完成全区2019年度档案年检工作。与区委组织部联合转发《浙江省村（社区）组织换届档案管理办法》，及时联系并指导各镇（街道）做好今年换届选举工作中相关档案材料的收集归档工作，助力基层换届选举顺利进行。助力国有企业退休人员社会化管理改革，指导街道做好国有企业退休人员社会化管理人事档案的接收及保管。

加强档案行政执法 运用并维护好“互联网+监管”平台，补充完善平台登录事项。组建检查组，对区审计局、团区委、区委宣传部等3家单位开展“掌上执法”专项检查，并对重点建设项目、档案服务中介等开展掌上双随机执法检查，执法效率大大提升，定海区档案行政执法进入智能化、信息化的新时代。

加强新《档案法》的学习与贯彻 班子成员领学促学，专门组织理论中心组学习会开展专题学习，馆内党员干部掀起全方位学习浪潮，线上视频授课与线下自学同步开展，确保应知应会。督促基层档案员学习贯彻新《档案法》，为全区档案工作规范化保驾护航。

【村级档案建设】 *开展村级档案信息化试点* 根据省局开展档案服务农村基层社会治理试点工作的要求，对“智慧档案云综合利用平台”实行扩容和功能优化，推动馆室一体化延伸到村级。按照“存量数字化、增量电子化”要求，对长白岛三个村历年室藏的村级档案进行数字化扫描工作，现已全部完成，合计案卷546卷、电子目录19255条、扫描件12333件。探索村级电子文件归档工作，实行历年档案数字化，当年档案纸质和电子文档同时归档的模式，促进行政村

档案规范化、信息化发展。

开展行政村档案规范化建设　制定并下发《舟山市定海区推进行政村档案规范化建设实施方案》，按照行政村档案“四有二化一管”要求，开展行政村档案规范化建设，推动村级档案管理水平实现整体提升。完善农村档案管理体制，优化镇（街道）村联动档案工作机制，各镇（街道）综合档案室对内履行本单位档案收集整理、保管利用职责，对外履行行政村档案监管职责，使行政村档案规范化建设落在实处。至年底，完成对长白三个村的指导，全面规范化建设走上正轨。

构建四级联动查档机制　将档案查阅和管理权限下放至村一级档案室，村级档案员可直接通过平台查阅本村电子档案。借助浙江档案服务网，各档案室可直接对长三角地区及贵州省的各档案馆发出档案查询申请，实现馆际、区、镇（街道）、村四级联动档案查询。

【优质档案资源建设】　配合机构改革，调整全宗名录，制定全区2020—2024年档案馆移交、接收计划，强化接收前指导及接收后的整理。开展电子档案接收和馆藏系统数据上传，14个全宗，23118条；完成区档案局等13家单位2011—2015年16186件各类档案的校对和接收；做好污染源普查档案接收前的指导与验收；完成“千村档案”的整理及移交工作；完成古村落以及中华人民共和国成立七十周年成就展等341张征集照片档案的整理；完成征集的309册户口薄档案的修复及数字化工作；完成图书资料条目上传50条。对新增加的进馆单位加强走访与协调，指导并督促做好存量档案整理。强化档案征集力度，获赠多部族谱资料，并获得热心市民陈雨信捐赠的一批关于定海解放的珍贵历史影像资料，具有极高的文献史料价值。

【提升档案服务能力和水平】　服务中心工作　疫情发生后，第一时间成立工作专班，统筹推进疫情防控档案工作。加强与区疫情防控领导小组沟通，协调相关单位部门落实专门人员，集中统一保管疫情防控过程中产生的各类纸质、电子、音像档案，汇编下发档案收集整理规范性文件，安排技术骨干深入基层，全程跟进指导，并利用地方媒体，广泛征集区委、区政府领导人民抗击疫情的真实记录。4月，省档案局到我区实地调研基层疫情防控档案工作情况，对定海区工作给予高度评价。服务“美丽乡村”建设，做好定海区9个村专题档案的整理和移交。

服务基层社会治理　继续推进“最多跑一次”事项电子化归档工作，指导各单位电子文件在线归档、移交、数据扫描上传等环节，开展2019年度相关电子数据接收工作，助推“最多跑一次”改革。探索实施馆室一体化再深化战略，强化“一网通办”系统支撑，把民生档案利用服务向村级便民服务终端延伸，推动数据下沉到村，实现资源共享。在村级档案信息化试点中，试点村的村民不仅可以查询最新的村级档案数字化成果，还可以调阅原馆藏的村级民生档案，提升基层档案公共服务的能力和水平，实现查档不出岛、“零跑腿”。

服务民生　继续以电子查档、预约查档、异地查档三种查阅模式为基础提供全方位服务，满足群众查档需求。至10月底，累计接待利用档案1522人次（含异地跨馆查档68人次），数字化利用2113件、调阅1886卷件次，出具证明2120份、打印（复印）7975页、拷贝照片290张。加大档案开放力度，大力推进满25年档案鉴定开放工作，对馆藏1989—1995年档案进行开放鉴定，加强初审与复审，严把鉴定关口，完成16.3万余条。着力服务企业，做好建设项目档案验收前指导工作，协助完成近10个项目的档案验收。

【档案安全管理】　建牢安全体系，线上线下同步抓。做好三网分离、防火墙设置、信息系统普查、监控系统维护、消防设施设备维护检查、库房管理等安全预防措施，及时向基层档案室发出台风等灾害预警，强化防灾工作。联系第三方专业公司，做好征集所得的户口簿等档案的修复。邀请专业检测机构，开展档案馆房屋抗震强度检测，确保建筑安全。强化档案信息安全管理，组织开展各类数字档案平台的普查核验工作，排查弱口令账号，区分涉密件，严防涉密信息上网。定期做好档案登记备份工作，完成63家区级单位2018年度档案数字化成果的备份，共计187.43GB；征集档案、村级档案等数字化成果的备份，共计38.2GB；馆藏资源备份，共计27TB。开展馆藏移动介质设备充放电及数据核查工作，共计核查硬盘45盘、光盘357盘、U盘6个，数据总量共计43.68TB。

【档案管理现代化建设】 2020年，国家档案局正式命名定海区档案馆为“国家级数字档案馆”。是年，区档案馆巩固夯实国家级数字档案馆创建成果，落实去年测评中测评组专家反馈意见，实现信息化建设提质升级。开展馆藏资源复查工作，完成馆藏58个全宗电子目录校对、修改、调整，合计198650条。做好新版档案馆指南、全宗指南的修改、校对，着手印刷排版。做好数字档案馆综合管理平台、博通数字档案管理系统以及机房设施设备的日常巡查、维护、升级等工作，确保运维规范化。进一步加大数字化力度，协调全区各档案室进行数字化收尾工作，协助区人大、区妇联、区残联等63家单位进行2018年归档文件电子目录及数字化成果上传，合计37040条。

【党史二卷编纂工作】 根据党史二卷编纂工作总体方案，加快稿件修改节奏。在前期征求意见稿所得意见的基础上，进行全面修改和完善，完成2轮送审稿，分别于5月和8月向市史志研究室进行递交。根据市史志研究室提出的修改意见和审读意见，结合馆领导班子和编纂组成员对送审稿的通阅意见，再次对稿件进行修改和完善，形成终审稿呈送区委，并向区委提出审核请示。向区人大、政协、保密、统计、发改等13个区属单位发函，邀请相关单位对终审稿进行把关审阅。根据区委审核意见，对终审稿进行修改、完善和通阅。

【红色文化资源】 追寻先烈，凸显定海红色文化基因。广发征集令，搜集定海红色文化资源，开展《定海革命故事》前期征集工作，征集到革命小故事12个。配合上级党史部门，完成《浙江革命烈士》定海籍烈士的撰稿任务。梳理地方党史脉络，开展《中国共产党定海大事记（2003—2012）》编写，完成终审稿。协助、指导白泉镇做好东海游击总队陈列馆重新建馆工作，提供所需革命历史资料，走访参加过革命的老同志，丰富史实。完成图纸设计、专家论证等前期准备工作。对全区26处立碑的定海革命遗址遗迹的现状情况进行摸排，排查出1处需清理维护的革命遗址碑以及1处因当地群众反映需迁移的立碑地点。

【提升定海年鉴编纂质效】 配合机构改革，优化调整纲目，统筹全区年鉴编纂。征集相关资料，高标准谋划精品年鉴，历经多轮打磨，形成终审稿并进行终审验收，12月底定稿，交付印刷。地方志援藏工作顺利推进，对《尼玛县志》进行详细审读，梳理修改补充意见，开展“一对一”帮扶指导。通读并反馈《尼玛年鉴（2020）》修改意见，寄送《舟山年鉴（2019）》《定海古村落》等，以供交流参考借鉴。认真配合《舟山年鉴（2020）》编纂工作，高质量完成定海篇内容撰稿。完成《定海年鉴（2019）》发放工作，送出年鉴320余册。

【档案史志文化宣传】 挖掘馆藏资源和地方特色，结合第13个国际档案日和定海解放70周年纪念日，推出三大线上展览，开展纪念宣传活动。

定海解放70周年成果展 以“档案见证小康路、聚焦扶贫决胜期”为主题，围绕城市建设、海洋经济、交通发展、美丽乡村、幸福生活五个维度，精选展览图片，全方位展示定海70年来的发展成就和繁荣面貌。

“尘封的影像——梦回1950”照片展 以定海解放年为主题，精选馆藏老照片，回顾定海解放的历史风云。

定海名人图片展 选辑20位定海籍名人，述其生平，展示定海人杰引领时代潮流且不忘回报桑梓的拳拳之心。该系列展览得到浙江档案网、浙江在线等省级媒体的刊载及高度评价。

配合《跟着档案去旅行》拍摄专题宣传片 协同《跟着档案去旅行》栏目组来开展专题拍摄，通过档案视角全面展示定海发展成就和精神面貌，根据省档案馆和县市档案馆馆藏的珍贵档案史料，发掘档案背后的故事，解读档案背后的浙江人文精神。

（撰稿：王英伟）

责任编辑：王英伟

定海盐业习俗

定海盐业历史悠久，早在宋代时就有官办盐场，著名词人柳永就曾为定海富都盐场盐监。古时制盐用“镬”烧煮，故叫做“煮盐”（柳永就曾作“煮海歌”），后来改用木板晒盐，叫“板盐”。旧式晒盐必先造塯。每当涨潮来到之前，用耕牛将盐滩耙松，称为“耙滩”；涨潮时刻，将潮水经浦道引入盐滩，谓之“引潮”；退潮后，将经潮水浸泡又经太阳晒得起盐花的滩泥表皮刮拢，即“刮滩”；将这些泥皮挑拢叠堆压实即成“泥塯”。三伏天时挑泥塯即叫“挑伏泥”。此时为抓紧时间，往往把中饭送到塯地，即是“担塯头饭”。泥塯做成以后，再从海边挑海水浇在泥塯上“淋卤”，最后将卤灌在盐板上，晒制成盐。旧时盐民每逢过年时节，必备“三牲”祭品去盐场祭祈“塯头神”以求丰收。

中共舟山市定海区纪律检查委员会
舟山市定海区监察委员会

区纪委区监委领导

书　记：郑飞科
副书记：吴青青
　　　　朱存波
常　委：吴慧琴
　　　　陈　军
　　　　潘琼颖
　　　　张小艇
主　任：郑飞科
副主任：吴青青
　　　　朱存波
委　员：吴慧琴
　　　　陈　军
　　　　潘琼颖
　　　　王功跃

综　述

2020年，区纪委学习贯彻习近平总书记考察浙江重要讲话精神，扛起管党治党政治责任，深化全面从严治党，推进清廉定海建设。全区各级党组织和广大党员干部落实党风廉政建设和反腐败工作决策部署，各级纪检监察组织忠诚履行党章和宪法赋予的职责，推动中国特色社会主义监督制度在定海的生动实践，纪检监察工作在高质量发展上取得新的成绩。

重要会议

【十三届纪律检查委员会第六次全体会议】　1月22日召开。会议回顾总结2019年全区党风廉政建设和反腐败工作，部署2020年工作任务。区委书记庄继艳出席全会并作重要讲话，区委常委、纪委书记郑飞科代表区纪委常委会作题为《坚守职责定位 忠诚履职担当 为决战决胜高水平全面小康提供坚强保障》的工作报告。区四套班子领导出席会议，区纪委委员、各镇（街道）及区属各单位主要负责人、区纪委区监委派驻纪检监察组及市以上垂直管理单位在定派设机构负责人80余人参加会议。

召开中共舟山市定海区第十三届纪律检查委员会第六次全体会议

【市深化清廉村居建设现场推进会】　7月17日召开。会议实地参观小沙街道庙桥村的缪燧纪念馆和干䃎镇新建村“阿红书记工作室”，现场了解“大屏”加“小屏”“三务”智慧公开模式及村集体资金支付网上审批“三资”管理流程。相关部门围绕清廉村居建设、加强基层治理，就探索打通全面从严治党“最后一公里”取得的有效经验进行交流发言，并举行舟山市渔农村“三资”智慧监管平台启用仪式，通报全市首批清廉村居示范点和示范乡镇（街道）监察办。浙江省、舟山市、定海区委相关主要领导出席会议。

定海区清廉村居建设推进会

【区纪委常委会】 是年，区纪委召开常委会会议20次，部署安排全区纪检监察工作会议的召开及有关议程，讨论有关人事安排等三重一大事项，研究纪检监察体制改革、区委巡察工作、党风政风监督、信访举报、执纪审查、监察调查、宣传教育、案件审理、基层党风廉政建设等工作。

政治生态建设

【政治监督】 出台《关于加强政治监督的实施方案》，推出14项监督重点36项监督指标。推行政治监督清单式管理，靶向查找梳理共性问题49个，深化运用约谈、跟踪回访、纪检监察建议等方式推动落实整改。开展习近平总书记重要讲话精神学习贯彻落实情况专项督查，累计检查11个镇（街道）、37家区属部门，发送纪律检查建议书8份，对5家单位“一把手”进行约谈提醒。健全监督单位政治生态建设档案和区管干部廉政档案，建成监督单位政治生态建设档案59份、区管干部廉政档案849份。统筹推进疫情防控和复工复产监督，制发《关于党员干部、党组织疫情防控“五必须五严禁”的通知》，围绕居家隔离制度落实、慈善款项发放、惠企政策落实、海上疫情防控等实时开展精准监督,快查快处涉疫问题线索19起20人，其中党纪政务处分10人。坚持严管厚爱，及时为4名反映失实的村干部澄清正名，回访受处分人员27人。强化村（社区）组织换届监督，从严抓好选风选纪。

【贯通“四责协同”】 出台《关于推动全面从严治党“四责协同”的实施意见》，配套制定22项重点任务清单。建立主体责任、监督责任“两张清单”及班子成员廉政档案，厘清职责边界；推出磋商议事、廉情抄告、监督质询、多项提议“四项制度”，强化横向协作联动；实行对下考核督导、政治生态评估、主体责任报告评议、履责情况约谈，深化纵向压力传导；推动落实《定海区村级小微工程非招标项目实施细则》等制度。组织召开全面从严治党主体责任汇报会，抽选5家单位“面对面”质询、“一对一”点评，累计反馈问题14个，完成整改。深化运用“两个责任”在线平台，审核通过各项主体责任指标439条，实现任务在线下达、工作在线申报、进度在线督查、业绩在线考评。

【清廉村居定海样板】 实行清廉村居全域标准化推进、项目特色化打造、清廉指数化考评。在干礁、小沙、岑港、盐仓等镇（街道）打造4条清廉专线。龙潭村监察工作联络站规范化建设、新建村“阿红书记说廉”、毛峙村东海渔嫂“三金”团队、涨次村村事唱账机制、马岙村“一把扫帚大家扫”微自治理念等试点引领示范效应明显，4个村居获评市级示范点，清廉示范群加快形成。“聚焦‘四清’，激活基层末梢治理”入选全国“新时代清廉乡村建设与乡村治理现代化”研讨会优秀案例。

渔嫂们在“渔嫂议事厅”议事

日常监督

【正风肃纪专项工作】 开展专项检查113次，发现问题53起，处理89人，党纪政务处分30人，下发通报

10起，媒体曝光16起。其中查处违反中央八项规定精神问题22起，处理29人，党纪政务处分15人；查处群众身边腐败问题和不正之风26起，处理37人，党纪政务处分19人。重拳整治形式主义官僚主义，开展“新官理旧账”攻坚行动，销号老旧小区排水设施改造难等“旧账”47项，“‘阳光’离任‘明白’接任”获全省首届“基层清廉建设十大创新经验”优秀案例奖。以回访检查、巡察监督、日常监督等持续巩固基层减负成果。开展烟票背后“四风”问题，领导干部违规投资入股、经商办企业和借贷问题，村（社区）餐费问题，人防系统等专项整治，处理3人。

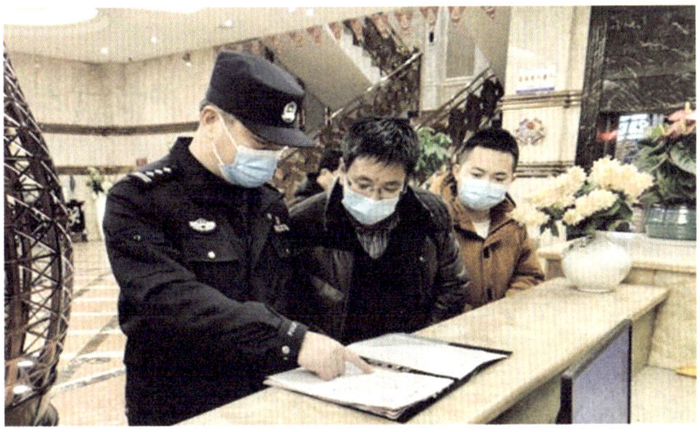

检查组查看娱乐会所包厢消费情况

【扶贫专项监督】　出台《关于开展扶贫开发和扶贫协作专项监督工作实施方案》，构建扶贫领域大监督格局。全面排查2018年以来受理的扶贫领域腐败和作风问题线索办理情况，逐项梳理低保低边户基本情况、集体经济发展项目落地情况等6大类数据，梳理出问题清单39条。完成全区低收入农渔户全覆盖走访，查处问题线索11件，党纪政务处分4人、组织处理13人，发送纪检监察建议书2份、廉情抄告单2份，通报曝光典型案例2起。

召开全区扶贫领域专项监督工作会议

贯通“四个监督”

【监察监督向基层延伸】　推进镇（街道）监察工作规范化建设，123个村（居）监察工作联络站实现全覆盖，监察监督“最后一公里”全面打通。加强镇（街道）纪检监察机构规范管理，明确履职清单32条，配套健全6项规范性制度。制定《定海区村（居）监察工作联络站运行规范》，实施廉情民意“三必听”、群众诉求“五必访”。实行镇（街道）纪检监察机构主要负责人单列考核、联络站履职情况纳入监察办年终考核。创新镇（街道）纪检监察机构履职路径，试行监察办成员驻站接访、联络站联络员和信息员走村入户倾听民情，构建起“收集、调处、反馈”闭环式廉情信息处置模式。打造市级示范监察办4个。11个镇（街道）纪检监察组织自办案件29件29人，全市率先全部破零。

【派驻监督提质增效】　制定《派驻机构工作规程（试行）》，推动派驻纪检监察组围绕主责主业从严监督，提升监督工作质效。聚焦服务保障大局，创新推进“清廉工地”建设，在重大项目指挥部设立廉政谈话室，“嵌入式”“下沉式”监督省市区重点项目建设；聚焦构建亲清政商关系，在定海海洋科技产业园管理中心促推建立全区首个廉政亲商工作室；聚焦抓实日常监督，试行“驻点办公日”制度，做到苗头性、倾向性问题及时发现、及时督促整改。完善片组协作机制，制定《定海区派驻纪检监察组、镇（街道）纪检监察组织片组协作工作办法》，进一步明确协作监督、协同办案、联动办信、联审协审等内容，做到监督力量联动、监督信息共享、监督成果共用，“一盘棋”工作格局逐渐形成。

派驻纪检监察组人员，了解企业配租公寓房申请管理工作情况

【推进巡察监督】 不断深化政治巡察，完成5家区属部门常规巡察，制定出台巡察整改约谈规定，对整改进展缓慢、巡察成果运用不到位的18家单位58个问题，开具“巡察整改督办单”，责令二次整改。完成配合省委巡视政治任务。

信访举报和执纪审查

【信访概况】 是年，全区受理群众信访举报128件，比去年减少82件。其中实名举报71件，占55.4%，重复信访12件,占9.4%。从反映的对象来看，反映社区村干部的占58.8%，从反映问题的性质来看，主要还是反映违反群众行为和违反廉洁纪律行为，分别占19.3%和35%。成功化解市纪委挂牌的7件“三多”信访件。

【加大执纪审查工作力度】 是年，全区各级纪检监察组织运用“四种形态”处置423人次，其中第一、二、三、四种形态分别占比81.1%、12.8%、2.6%和3.5%；立案97件103人；结案79件82人，留置16人，党纪政务处分74人，其中乡科级以上18人，移送司法机关5人。查处舟山市征地服务中心原主任蔡刚毅受贿案等严重违纪违法案件。持续推进扫黑除恶“打伞破网”，查结问题线索2件，对两起恶势力犯罪集团案“一案三查”问题线索予以了结。

【深化拓展“后半篇文章”】 注重从典型案件中查找管理监督薄弱环节和制度漏洞，督促发案单位开好专题民主生活会、完善监管体制机制，推动以案促改。坚持抓警示、明底线、促敬畏，依托定海廉政网、清廉定海微信公众号等开展“指尖教育”，第一时间对案件查办进行全流程通报。结合重要节点和村（社区）组织换届等重大工作，图文并茂推送“警钟长鸣、以案为鉴”“选风选纪再警醒”“解读政务处分法”等系列廉政微信。以“点案说案”深化“纪法宣讲基层行”品牌，开展纪法宣讲20余场次，受众近4000人次。组织村（社区）干部旁听临城街道吴榭社区原工作人员丁某某受贿案庭审，接受零距离警示教育。开展镇（街道）、村（社区）“一把手讲纪法、守清廉、促治理”微党课活动14场次，受众2500余人。

自身建设

【彰显政治引领】 区纪委常委会坚持把政治素质摆在首位，带头加强政治建设，提高政治能力，深悟政治理论，努力在践行“两个维护”中走在前、作表率。全区各纪检监察组织以打造清廉机关、模范机关为目标，依托“一支部一品牌”选育提升工程，组织开展“追寻红色足迹·砥砺初心使命”“纪检人说自己的故事”“争当重要窗口建设排头兵”“我在战役一线”等系列活动。2名纪检监察干部获评全区百名最美战疫志愿者。

开展“追寻红色足迹·砥砺初心使命”主题党日活动

【提升综合素质】 注重能力素质培养和梯队建设，创新采取“应知应会一周一测”“业务综合微测试”等形式，强化纪检监察综合业务全员培训效果，累计开展13期。统筹推进干部队伍专业化、年轻化，招录调任、交流轮岗、挂职锻炼、提拔任用纪检监察干部26名。组织开展“8090”师徒结对，助推年轻干部尽快成长。发挥从严考核的导向、评价、监督作用，进一步完善对纪检监察工作及干部的考评机制，力促担当作为。通过“开放日”、座谈会等形式推进特约监察员有效履职。开展以“九个一”为主要内容的纪检监察系统“警示教育月”活动，始终保持严防“灯下黑”的高压态势，强化纪律震慑，受理全区纪检监察干部问题线索3件，办结3件，教育处理3人。

（撰稿：阮 芳）

（本类目照片由区纪委提供）

责任编辑：王英伟

舟山市定海区人民代表大会

区人大常委会领导

主　　任：余河通（2007.3—2020.12）
副 主 任：林伟康（2017.2—2020.12）
范　纲（2014.2—）
张伟旭（2010.1—2020.1）
齐友国（2020.1-）
孙忠定（2014.2—2020.1）
王华杰（2017.2—）
王金康（2017.2—）
党 组 书 记：余河通（2006.10—2020.12）
林剑彪（2020.12—）
党组副书记：林伟康（2016.12—2020.12）
党 组 成 员：范　纲（2014.1—）
张伟旭（2010.1—2019.12）
齐友国（2019.12—）
孙忠定（2014.2—2019.12）
王华杰（2017.3—）
卢建军（2010.4—）

综　述

2020年，区人大常委会以习近平新时代中国特色社会主义思想为指导，贯彻落实习近平总书记考察浙江重要讲话精神，紧扣省委、市委、区委建设“重要窗口”的总体部署，准确把握新发展阶段人大工作的新使命、新要求，在实干中履职尽责，在担当中探索创新，为争当建设“重要窗口”海岛风景线排头兵作出贡献。全年召开常委会会议12次、主任会议16次，听取和审议“一府一委两院”工作报告29个，作出决议决定13项，推动民主法治建设和经济社会高质量发展，完成区十七届人大四次会议确定的目标任务。

重要会议

【区十七届人大四次会议】　舟山市定海区第十七届人民代表大会第四次会议于1月17日至20日在定海召开。203名区人大代表出席会议。区人民政府组成人员和在定海的省十三届、市七届人大代表，区委常委，金塘管委会负责人，区六届政协委员，区监察委员会、区人民法院、区人民检察院、区人武部负责人，区属有关单位、群众团体主要负责人，各镇、街道党（工）委书记，镇长、街道办事处主任，镇人大主席、副主席，区人大常委会各工委（办）负责人、各工委兼职委员，区人大常委会街道工作委员会负责人，市以上垂直管理单位在定派设机构的主要负责人，金融保险机构主要负责人，驻定部队和武警负责人，大会秘书处各组组长，定海区部分原领导干部262人列席会议。大会依法选举齐友国为舟山市定海区第十七届人民代表大会常务委员会副主任，选举郑飞科为舟山市定海区监察委员会主任，选举徐文斌为舟山市定海区人民法院院长；通过关于设立舟山市定海区人民代表大会教育科技文化卫生与民族宗教侨务委员会、城乡建设与环境资源保护委员会、农渔业与农渔村委员会、社会建设委员会等有关专门委员会，舟山市定海区人民代表大会法制内务司法委员会更名为舟山市定海区人民代表大会法制与监察司法委员会的决定；通过舟山市定海区第十七届人民代表大会教育科技文化卫生与民族宗教侨务、城乡建设与环境资源保护、农渔业与农渔村、社会建设、法制与监察司法等有关专门委员会组成人员名单。会议审议《定海区2019年国民经济和社会发展计划执行情况及2020年国民经济和社会发展计划草案的报告》《2019年财政预算执行情况和2020年财政预算草案的报告》。听取和审查区人大常委会、区人民政府、区人民法院、区人民检察院的工作报告，审查批准2020年定海区国民经济和社会发展计划、区本级财政预算，并作出相应决议。大会对政府民生实事项目进行票决，票决通过15项政府重点实施的民生实事项目。

大会期间，代表们坚持以习近平新时代中国特色社会主义思想为指引，贯彻落实党的十九大精神，围绕决战决胜高水平全面小康，推动花园式国际人文港城建设再上新台阶的奋斗目标，以对人民高度负责的精神和求真务实的态度，履行宪法和法律赋予的职责，向大会提出议案。至大会规定的议案截止时间，大会秘书处收到代表10人以上联名提出的议案58件，其中法制监察司法方面4件、财政经济方面3件、教科文卫与民宗侨方面15件、城建环资方面21件、农业农村方面12件、社会建设方面3件。同时，大会秘书处还收到代表提出的建议、批评和意见（以下简称建议）32件。经议案审查委员会研究，将58件议案均作为建议。将王红军等11名代表提出的《关于对定海区中小型企业加大扶持政策的议案》（第3号）、乐伟国等10名代表提出的《关于要求加强对老旧小区改造施工项目安全和质量管理的议案》（第13号）、顾科惠等14名代表提出的《关于依法推进垃圾分类工作的议案》（第32号）、戴瑜等12名代表提出的《关于定海区基础教育师资招聘及培养模式的议案》（第34号）、陈培植代表提出的《关于进一步完善应急快速反应机制强化专业抢险救援队伍建设的建议》（建第23号）等5件建议作为大会重点建议。

大会结束后，90件建议由区人大常委会办事机构和区政府办公室交有关机关、组织研究处理，并负责答复代表，其中涉及临城街道、千岛街道范围内的建议，由区政府办公室集中转交市政府办公室，待市政府有关部门提出处理意见后，再由区政府办公室答复代表。

【区十七届人大常委会会议】 区十七届人大常委会第二十九次会议 1月3日召开。会议由余河通主持。一、会议听取和初审区发改局局长严华受区人民政府委托所作的《关于舟山市定海区2019年国民经济和社会发展计划执行情况与2020年国民经济和社会发展计划草案的报告》，听取区人大财经委《关于舟山市定海区2019年国民经济和社会发展计划执行情况与2020年国民经济和社会发展计划草案的初审报告》。会议认为，2019年全区国民经济和社会发展计划执行情况总体良好；2020年的计划草案总体可行，基本符合定海经济社会发展实际。会议要求，区政府在2020年要聚焦聚力高质量发展，确保实现“十三五”规划目标，打造一流营商发展环境，更加重视改善和保障民生，推进花园式国际人文港城建设。二、会议听取区发改局局长严华受区人民政府委托所作的《关于定海区2020年政府民生实事代表票决候选项目情况的报告》。会议认为，区政府准确把握民生实事项目内涵，突出项目的普惠性、公益性、社会效益性，同时兼顾区域均衡性，推选19个项目，具体是可行的，同意提交区十七届人大四次会议进行票决。三、会议讨论《舟山市定海区2019年政府民生实事项目代表票决办法（草案）》。四、会议听取和初审区财政局局长何红受区人民政府委托所作的《关于舟山市定海区2019年财政预算执行情况和2020年财政预算草案的报告》和2020年人大上会审议单位部门及街道预算编制情况，听取区人大财经委《关于舟山市定海区2019年财政预算执行情况和2020年财政预算草案的初审报告》。会议认为，2019年定海财政预算执行情况总体良好，区政府提出的2020年预算草案工作重点突出，措施积极稳妥，总体可行。会议要求，区政府要大力提质增效，确保完成“十三五”规划和年度计划目标，不断改善提升人民福祉，持续推进财政管理改革，为全面建成高水平小康社会提供财力保障。五、会议审查区十七届人大三次会议上的14个上会单位部门、2个上会街道预算执行情况。会议认为，区政府高度重视预算管理工作，切实加强领导，注重制度和规范化建设，各部门和有关街道的预算执行意识不断增强，预算执行情况良好。会议要求，区政府要进一步严肃财经纪律，努力强化预算执行，提高资金使用效益，保障各项事业健康发展。六、会议听取区人大法制内司委、财经委工作报告。七、会议讨论《关于设立舟山市定海区人民代表大会有关专门委员会及法制内务司法委员会更名的决定（草案）》。八、会议决定相关人事任免事项。

区十七届人大常委会第三十次会议 1月7日召开。会议由余河通主持。一、会议审议通过代表资格审查委员会《关于补选的区第十七届人民代表大会代表的代表资格审查报告》。二、会议讨论提出区十七届人大四次会议议程草案、日程草案、主席团和秘书长名单草案、主席团常务主席名单草案、主席团执行主席分组名单草案、副秘书长名单草案、议案审查委员会组成人员名单草案、议案截止日期的决定草案、各项名单和决议案的表决办法草案，通过各代表团组成及召集人名单草案，决定列席人员名单。三、会议审议通过区人大常委会在区十七届人大四次会议上的工作报告稿。四、会议审议通过区人大常委会2020年工作要点草案。

区十七届人大常委会第三十一次会议　3月11日召开。会议由余河通主持。会议审议通过《舟山市定海区人民代表大会常务委员会关于同意补选舟山市定海区人民陪审员的决定》。会议学习《全国人大常委会深入学习贯彻习近平总书记关于坚持和完善人民代表大会制度的重要思想加强和改进人大代表工作交流会精神学习传达提纲》。

区十七届人大常委会第三十二次会议　4月10日召开。会议由余河通主持。会议决定人事任免事项。会议听取和审议区人大常委会各街道工作委员会关于上一年度工作情况和本年度工作计划的报告，经过审议，会议通过《舟山市定海区人民代表大会常务委员会关于街道工作委员会工作报告的决议》。

区十七届人大常委会第三十三次会议　4月29日召开。会议由余河通主持。一、会议听取区人民政府副区长刘世君所作的《关于定海海洋科学城建设发展情况的报告》和区人大常委会教科文卫与民宗侨工委叶立占所作的《关于定海科学城建设发展情况的调查报告》。会议认为，定海海洋科学城围绕“3年打基础，5年出形象，7年上台阶”这一建设目标，自2017年成立以来，在发展环境营造、政策制定实施、招商引资引才、机构队伍建设、内部管理规范等方面打下较为坚实的基础。会议要求，区政府要进一步加强组织领导，完善体制机制，推动科学城高效运作；加大产业引导，完善专项规划编制，解决要素保障，推进上下游产业链协同建设；优化政策举措，向上争取政策支持，提升服务企业水平，强化专业化队伍建设，改善公共配套设施。二、会议听取区人民政府刘世君副区长所作的《关于全区2019年度生态环境状况和环境保护目标完成情况的报告》和区人大常委会城建环资工委蒋玲军所作的《关于全区2019年度生态环境状况和环境保护目标完成情况的调查报告》。会议指出，2019年定海区总体环境质量稳中有升，生态环境保护工作取得了明显成效，较好完成总体保护目标。会议要求，政府及其职能部门要提高政治站位，牢固树立生态文明理念，处理好保护和发展的关系，完善生态环境机构改革和考核机制；坚持问题导向，抓好整改落实，实施省级生态文明建设示范区创建工程，持续推进美丽定海建设；突出治理重点，持续推进重点区块污水治理，加大大气污染防治工作力度，不断提升固废处置能力，补齐环境短板；强化执法监管，夯实生态环境责任，抓好环境监测能力和监察监管能力建设。三、会议听取区人民政府刘世君副区长所作的《关于全区农民专业合作社建设发展情况的报告》和区人大常委会农业农村工委徐汉云所作的《关于全区农民专业合作社建设发展情况的调查报告》。会议认为，近年来，区政府及其职能部门紧紧围绕本地主导产业，坚持把加快发展农民专业合作社作为推进农业产业化、促进农民增收的重要手段，强化政策扶持，精准为农服务，有力地促进了现代农业协调、健康、稳定发展。会议要求，政府要提高认识，加强政策引导，坚定信心推进合作社高质量发展；突出重点，建立健全合作社动态监测机制，努力提高合作社规范化水平；做实经营，积极打造农旅结合新业态，增强合作社营销能力，充分发挥合作社带动作用；加大服务，积极发挥政府扶持导向作用，进一步优化合作社发展环境。四、会议听取了区人民政府副区长徐峻峰所作的《关于居家养老服务照料中心建设专项资金项目绩效评价情况的报告》和区人大常委会财经工委石江洋所作的《关于居家养老服务照料中心建设专项资金项目绩效评价情况的调查报告》。会议认为，近年来，定海区认真贯彻落实省、市有关居家养老工作方针政策，积极推进全区居家养老工作，全力推进社区（村）居家养老服务照料中心建设，全区居家养老项目推进已初见成效。会议要求，要强化宣传引导，拓展为老服务领域,提升服务实效；统筹整合资源，建立多层次、多途径、多渠道投资发展机制，形成工作合力；突出需求导向，实施精准服务，努力构建符合定海实际、具有海岛特色的居家养老服务体系；健全管理制度，不断补齐短板，规范资金运行；完善评价体系，提高绩效水平，持续夯实财政绩效管理基础工作。五、会议听取了区人民政府副区长徐峻峰所作的《关于全区新冠肺炎疫情防控工作情况的报告》和区人大常委会教科文卫与民宗侨工委叶立占所作的《关于全区新冠肺炎疫情防控工作情况的调查报告》。会议认为，自新冠肺炎疫情防控工作开展以来，区委区政府坚决贯彻中央和省市党委政府关于疫情防控决策部署，全力做好疫情防控和复工复产工作，当前全区中小学有序错时复学，全区疫情防控及复学复工态势趋稳向好。会议要求，要牢固树立常态化防控意识，继续落实精准防控措施；加快扶持政策落地见效，进一步完善校园防控体系，全力推进复工复产复学；切实提高公共卫生应急管理体系运行效率，提升重大疫情应急响应能力和水平；规范应急物资调配流程，加强全区应急物资保障体系建设；加快完善公共卫生服务体系，提高定海区疫病防控和医疗救治能力。六、会议审议通过《关于加强新时代检察机关法律监督工作的决定（草案）》。

区十七届人大常委会第三十四次会议　6月29日召开。会议由余河通主持。一、会议听取和审议区人民政府刘世君副区长代表区人民政府所作的《关于全区促进数字经济发展情况的报告》，听取区人大常委会财经工委石江洋所作的《关于全区促进数字经济发展情况的调查报告》。经过认真审议，会议通过了《关于进一步促进我区数字经济发展的审议意见》。二、会议决定人事任免事项。三、会议听取和审议区财政局局长何红受区人民政府委托所作的《关于舟山市定海区2019年度财政决算情况的报告》，听取区审计局局长傅忠国受区人民政府委托所作的《关于定海区本级2019年度财政预算执行和其他财政收支的审计工作报告》，听取了区人大常委会财经工委石江洋所作的《关于舟山市定海区2019年度财政决算和其他财政收支情况的调查报告》。经过认真审议，会议通过《关于批准2019年度区本级财政决算的决议》。

区十七届人大常委会第三十五次会议　于8月28日召开。会议由余河通主持。一、会议听取区人民政府常务副区长林剑彪代表区人民政府所作的《关于定海区矛盾纠纷调处化解“最多跑一地”改革情况的报告》，听取区人大常委会法制与监察司法工委俞嫦女所作的《关于我区推进社会矛盾纠纷调处化解“最多跑一地”改革情况的调查报告》。会议认为，去年以来，定海按照省委省政府“最多跑一地”改革部署要求，不断完善社会矛盾纠纷多元预防调处化解综合机制，推进“最多跑一地”各项改革任务，取得了实质性成效。会议要求，区政府及其职能部门要以高水平建设为起点，巩固提升矛调中心平台功能实效，高标准建设区级矛调中心，促进资源协同融合，优化运行机制；要以推进“源头治理”为重点，构建机制贯通的区域系统治理格局，发挥区矛调中心辐射牵引作用，完善镇街四平台运行管理机制，组织运用好全区网格区块；要以“智慧化”为工作赋能，推进社会矛盾纠纷“一网通调、协同治理”机制，完善线上线下联动机制，构建区域社会治理“智慧大脑”，打造区域社会治理现代化；要以补短板强保障为基石，加强调解组织和队伍建设，继续加大经费支持保障力度，提升“最多跑一地”改革工作效能。二、会议听取和审议区发改局局长张宣杰受区人民政府委托所作的《关于定海区2020年上半年国民经济和社会发展计划执行情况的报告》和区财政局局长何红受区人民政府委托所作的《关于舟山市定海区2020年财政预算上半年执行情况的报告》，听取区人大常委会财经工委石江洋所作的《关于舟山市定海区2020年国民经济和社会发展计划、财政预算上半年执行情况的调查报告》。经过认真审议，会议通过《关于全区2020年国民经济和社会发展计划、财政预算上半年执行情况的审议意见》。三、会议听取和审议区人民政府常务副区长林剑彪代表区人民政府所作的《关于2020年定海区政府民生实事代表票决项目部分项目调整情况的报告》。经过认真审议，会议通过《关于批准调整定海区2020年部分政府民生实事代表票决项目的决议》。四、会议决定人事任免事项。五、会议听取区农业农村局局长王家通受区人民政府委托所作的《关于全区乡村产业振兴情况的报告》和区人大常委会农业农村工委徐汉云所作的《关于全区乡村产业振兴情况的调查报告》。会议认为，近年来，区政府及其职能部门贯彻实施乡村振兴战略，发展乡村特色产业，推进乡村旅游，农村创新创业环境不断改善，新产业新业态不断涌现，乡村产业发展取得积极成效。会议要求，区政府及其职能部门要树立“窗口”意识，进一步打开“两山”转化通道，细化实化工作重点和政策措施，加强统筹协调，合力推进乡村产业高质量发展；要做优做精农渔业特色产业，拓展农产品加工流通，强化质量标准，助推农业转型升级提质增效；要注重地域特色，进一步完善乡村旅游规划和实施计划，打造旅游精品，推进乡村旅游规范发展；要强化社会化服务，深化农渔业技术支撑，加快改善产业发展良好环境；要完善要素保障，强化对乡村产业振兴的有效支持，促进农业增效、农民增收和农村经济发展。六、会议听取区人民政府王其锋副区长代表区人民政府所作的《关于定海区文旅融合工作情况的报告》和区人大常委会教科文卫与民宗侨工委叶立占所作的《关于定海区文旅融合工作情况的调查报告》。会议认为，近年来，定海坚持“以文促旅、以旅彰文”的原则，不断推进文旅产业发展的转型升级，在文旅资源整合、产品体系开发、特色旅游推介等方面举措频出，为文旅融合打下较为扎实的基础。会议要求，区政府及其职能部门要发挥主导作用，理顺管理体制，积极搭建资源合作共享平台，构筑融合发展新格局；要突出文化特色，聚力标志性文化符号或公共艺术塑造，加大对文旅融合路径、方法、手段的创新，打响定海文旅品牌；要探索协调发展新路径，加快补齐交通道路设施建设短板，出台文旅惠民系列举措，推动文化旅游空间硬件水平和服务软环境的“绿色”发展；要开展深度合作，构建文旅融合新支撑，切实做好文化与旅游产业融合发展文章。

区十七届人大常委会第三十六次会议　10月27日至28日召开。会议由余河通主持。一、会议对区人民法院法官开展履职评议，7名区人民法院员额法官从履行审判职责、提升业务素养、自觉接受监督等方面向常委会报告了履职情况，区人大法制与监察司法委委员俞嫦女代表法官履职评议工作领导小组作《关于开展法官履职评议工作情况的报告》。常委会组成人员对7名被评议法官履职情况进行民主测评，经过认真审议，综合各项评议赋分情况，评定贺丽丽、郑杰法官为优秀等次。二、会议听取和审议区财政局局长何红受区人民政府委托所作的《关于定海区企业国有资产（不含金融企业）管理情况的报告》，听取区人大常委会财经工委石江洋所作的《关于全区企业国有资产管理情况的调查报告》。经过认真审议，会议通过《关于全区企业国有资产（不含金融企业）管理情况的审议意见》。三、会议听取和审议区人民政府常务副区长林剑彪代表区人民政府所作的《关于舟山市定海区第十七届人民代表大会第四次会议代表议案建议办理情况的报告》，听取区人大常委会代表工委王跃芳所作的《关于区十七届人大四次会议代表议案建议办理情况的调查报告》。经过认真审议，会议通过《关于定海区第十七届人民代表大会第四次会议代表议案建议办理情况的审议意见》。四、会议决定人事任免事项。五、会议听取区住建局局长朱兴岳受区人民政府委托所作的《关于城区物业管理工作的报告》和区人大常委会城建环资工委蒋玲军所作的《关于我区城区物业管理工作的调查报告》。会议认为，近年来，区政府高度重视物业管理工作，通过完善制度体系，提升管理水平，使物业管理工作在改善人居环境、提高民生福祉、维护社会稳定、强化基层治理等方面发挥了积极作用。会议要求，区政府及其职能部门要进一步提高思想认识，加强宣传培训力度，强化资金和人才保障，确保物业法规规定落到实处；要因地制宜，精准施策，分类做好物业小区、准物业小区和开放式小区管理工作；要综合运用创城成果，统筹推进老旧小区改造，进一步完善管理机制，不断强化物业小区监管合力；要加强党建引领，发挥业委会作用，探索综合运用行政、法律、市场等手段，破解物业管理各项难题，全面提升全区物业管理水平。

区十七届人大常委会第三十七次会议　12月24日召开。会议由余河通主持。一、会议审议通过《关于召开舟山市定海区第十七届人民代表大会第五次会议的决定》。二、会议审议通过《关于补选舟山市定海区第十七届人民代表大会代表的决定》。三、会议决定人事任免事项。

区十七届人大常委会第三十八次会议　12月30日召开。会议由范纲主持。一、会议听取区司法局局长张伟祥受区人民政府委托所作的《关于定海区第七个五年法治宣传教育规划执行情况的报告》，听取区人大常委会法制与监察司法工委俞嫦女所作的《关于定海区第七个五年法治宣传教育规划实施情况的调查报告》。会议认为，五年来，区政府围绕全区中心工作和法治定海建设重点，开展“七五”普法工作，顺利完成“七五”普法规划确定的总体目标任务，取得明显成效。会议要求，区政府及其职能部门要增强全民法治观念，深入宣传习近平法治思想，重视加强法律法规宣传教育工作；要坚持普法与法治实践相结合，完善普法责任制清单，落实“以案释法”制度，加强法治文化建设，强化普法责任落实；要深入推进法治政府建设，强化公务员学法用法，夯实基层法治工作基础，推进公共法律服务体系建设，提升法治化管理水平；要强化普法工作保障，完善领导机制和工作机制，加强基层法治队伍建设，建立科学的普法责任考核机制。二、会议听取区人民政府常务副区长夏泉代表区人民政府所作的《关于2019年度区本级预算执行和其他财政收支审计查出问题整改情况的报告》，听取区人大常委会财经工委石江洋所作的《关于2019年区本级预算执行和其他财政收支审计查出问题整改情况的调查报告》。会议认为，区政府高度重视审计查出问题的整改落实工作，整改力度不断加大，审计管理基础不断加强，审计报告中揭示和反映的一些突出问题大部分已完成整改，整改落实成效较往年有所提升。会议要求，区政府及其职能部门要提高政治站位，严格按照有关规定加大审计整改力度；要完善整改机制，压实整改责任，建立完善督办督查机制，进一步推进审议整改落实落细；要强化审计整改源头管理，研究分析审计发现问题，研究从源头上探索解决审计查出问题的根本措施；要强化审计结果运用，健全完善审计信息公开制度，并将审计结果和整改情况纳入目标责任考核，进一步提升审计监督实效。三、会议听取和审议区财政局局长何红受区人民政府委托所作的《关于2020年舟山市定海区地方政府债务限额和预算调整方案的报告》。经过认真审议，会议通过《关于批准定海区2020年地方政府债务限额和预算调整的决议》。四、会议听取区人民政府常务副区长夏泉代表区人民政府所作的《关于定海区2020年政府民生实事代表票决项目完成情况的报告》，听取区人大常委会代表工委王跃芳所作的《关于2020年政府民生实事代表票决项目实施情况的督查报告》。会议认为，区政府及责任单位克服疫情带来的困难，加强组织领导，完善机制措施，细化指标任务，推进项目建设，项目进展总体好于往年。会议要求，区政府及相关职能部门要高度重视民生实事项目，完善征集立项机制，探索建立政府领导重点联系民生实事项目机制，增强推动民生实事项目实施的力度；要加快民生实事项目建设进度，建立长效管理机制，发挥民生实事项目的最大效用；要围绕民生需求，筛选出群众关注度高、可行性较强、基本具备实施条件的项目，让实施的政府民生实事项目更加体现民意、惠及民众。会议还对2020年区政府民生实事代表票决项目完成情况进行满意度测评。五、会议听取区人民政府常务副区长夏泉代表区政府所作的《关于进一步促进我区数字经济发展审议意见落实情况的报告》《关于定海区第十七届人民代表大会第四次会议代表议案建议办理情况的审议意见落实情况的报告》《关于全区2020年上半年国民经济和社会发展计划执行情况及财政预算执行情况审议意见落实情况的报告》。会议认为，区政府及职能部门高度重视人大常委会的审议意见，积极抓好贯彻落实，取得了一系列成效。会议还对《关于定海区第十七届人民代表大会第四次会议代表议案建议办理情况的审议意见》的落实情况进行了满意度测评，测评结果为满意。六、会议听取顾林飞、丁珊红、袁孝高等三位市七届人大代表的述职报告，何光等八位市七届人大代表提交书面述职报告。

监督、信访、指导工作

【推动经济社会高质量发展】 常委会践行新发展理念，主动将人大工作融入全区发展大局，充分发挥职能作用，在服务经济社会高质量发展上持续发力、彰显作为。

聚力抗击新冠肺炎疫情 面对突如其来的新冠肺炎疫情，常委会坚决贯彻落实中央和省委、市委、区委决策部署，立即组建防疫应急小分队，抽调人员参加企业复工防疫服务指导组。常委会领导走访重点企业和基层单位，了解并帮助企业、基层解决抗击疫情和复工复产中遇到的困难问题，组织机关党员干部赴结对社区开展志愿服务，自觉扛起了战疫情、促发展的特殊使命。及时发出倡议书，全面动员全区各级人大和人大代表带头落实联防联控各项措施。全区各级人大代表勇担社会责任，积极发挥表率作用，利用各自的专业和资源优势，采取多种方式支援疫情防控，充分展现了代表为民情怀和使命担当。各镇、街道人大全员投入防疫和复工复产工作，在统筹推进疫情防控和经济社会发展中贡献人大力量。

力推经济提质增效 面对疫情对经济的冲击影响，在做好年度国民经济和社会发展计划审查的基础上，加强经济社会运行情况调研，听取和审议上半年经济社会发展情况报告，督促和帮助政府积极破解各类困难，助力经济稳中向好发展。大力推进数字经济发展行动计划，首次听取全区数字经济发展情况报告，要求政府强化顶层设计、选择科学发展路径、加强各项要素保障，推动数字经济成为定海区经济社会发展新引擎。探索建立政府投资项目和重点建设项目常态化监督机制，及时了解项目建设进展情况，并对实际进度相对趋缓的10余个项目开展实地督查，提出狠抓项目建设进度、强化要素保障、完善监管制度等督查意见，推动项目如期完工。认真落实国有资产管理情况向人大常委会报告制度，重点审议全区企业国有资产管理情况报告，就优化产业布局、深化企业改革、完善资产管理体制等提

出意见建议，推动政府健全资产管理制度体系，提升资产使用绩效。强化街道国有资产监督，并将街道集体资产纳入监督范围，在全省率先建立镇、街道本级集体资产管理情况向同级人大报告制度，进行深入调研，推动政府破解街道集体资产管理监督缺失问题。推动海洋电子信息产业基地打造，专题调研定海海洋科学城建设发展情况，着重在完善体制机制、强化产业引导、优化政策举措等方面提出建议，力促形成布局合理、特色明显、管理规范的园区高质量发展新格局。

助力公共财政建设　深化预决算监督，推动财政预算编制到项，严格审查批准年度财政决算、地方政府债务限额和预算调整方案。开展预算绩效管理监督，对居家养老服务照料中心建设专项资金支出使用情况开展绩效评价，提高财政资金的使用效益。进一步深化区级部门预算审查监督工作，继续做好上会部门预算审查扩面工作，安排3个街道预算上区人代会重点审查；严格实施街道预算审查制度，落实街道人大工委预算初审责任，并把街道预算执行情况列入区人大常委会听取和审议全区预算执行情况范围。听取和审议审计工作报告，推进审计查出问题整改工作制度化，专题听取审计发现问题的整改情况报告，推动政府及时改进规范，维护人大监督的权威性和审计监督的严肃性。

精准助推规划编制　“十四五”规划纲要和二〇三五年远景目标是定海经济社会发展的行动纲领。常委会高度重视，专门成立由各专委会及部分代表参加的调研组，通过听取汇报、座谈交流、走访企业等多种形式，对定海国民经济和社会发展第十四个五年规划纲要和二〇三五年远景目标编制情况进行深入调研。发动广大代表为科学编制好“十四五”规划献计献策，形成了内容丰富、针对性强的调查报告，提出了完善规划编制机制、健全规划纲要体系、强化纲要实施要素保障等三个方面意见，大部分内容被政府采纳，在此基础上提出初审意见，为本次人代会审查批准“十四五”规划纲要奠定基础。

【改善民生福祉】　紧盯群众“关键小事”，助力办好民生实事　实施民生实事项目人大代表票决制，是体现人民当家作主、完善人大行使重大事项决定权的具体实践。常委会持续推动票决项目提质扩面，涵盖旧城改造、河道治理、管网提升、养老保障等群众密切关心的“关键小事”。票决项目产生后及时制定监督方案，通过条块结合、上下联动、多头并进等方式，进行动态和全程监督，高质量推动民生实事项目建设。通过政府积极作为、人大有力监督，15项民生实事得到较好完成，常委会会议测评结果均为满意。坚持共享发展理念，开展城乡居民基本养老保险工作监督。结合养老服务体系建设跟踪监督，推动政府持续扩大社会保险覆盖范围，优化社会保障管理服务，提升城乡居民的获得感、安全感和幸福感。

紧扣“三大攻坚战”，助力全面建成小康社会　准确把握助力打好“三大攻坚战”的切入点和落脚点，增强监督针对性和实效性。围绕打好防范化解重大风险攻坚战，专题听取定海区疫情防控专项工作报告，推动政府完善公共卫生应急管理体系，提高应对突发重大公共卫生事件的能力和水平。聚焦打好污染防治攻坚战，听取环境状况和环境保护目标完成情况的报告，实现报告制度区、镇两级全覆盖。常委会紧盯中央和省环保督查问题整改，强化跟踪监督，区政府狠抓落实，重点问题整改取得阶段性进展。聚力打好精准脱贫攻坚战，重点关注乡村产业振兴，要求政府积极破解乡村产业发展中产业链较短、融合层次较浅、要素活力不足等难题；听取农民专业合作社建设情况报告，强调要在加大强农惠农政策力度、规范提升新型农业经营组织、推动深化农村改革等方面精准施策、持续发力。

围绕美丽定海建设，助力城市品质提升　聚焦深化美丽乡村建设新实践，对全区文旅融合工作开展深入调研，就乡村生态、独特人文资源的挖掘和整合提出建议。政府落实，将分散于文化产业发展、农产品加工流通、休闲农业开发、民宿业发展等领域的政策进行梳理，搭建资源合作共享平台，提高全区文旅融合积极性，不断拓宽“两山”转化通道。着眼城市管理常态长效，开展城区物业管理工作情况调研，督促政府完善基础配套功能、美化居住环境、提高物业服务水平，不断推动居民宜居环境改善。持续加强对民生工程的跟踪监督，组织区人大代表对城区实施的防洪排涝工程进行了全面视察督查，尤其高度关注防洪排涝三年行动计划的实施。

【维护社会公平正义】　创新司法监察领域监督　贯彻落实省委、市委、区委人大工作会议精神，加强对被任命干部的任后监督，首次对区法院7名员额法官开展履职评议，通过座谈走访、抽查主办案件、观摩庭审、听取履职报告、常委会组成人员逐项赋分等形式，对被评议法官作出客观公正评价，评选出2名优秀法官、5名称职法官。评议督促司法责任制落实，对推动司法队伍建设将产生积极影响。探索构建人大监督和检察机关法律监督相互支持沟通、优势互补的工作机制。根据司法体制改革后对检察机关工作提出的新要求，作出《关于加强新时代检察机关法律监督工作的决定》，分别对行政机关、监察机关、司法机关提出针对性要求，优化检察机关法律监督履职环境，提升工作质效。持续关注监察工作，监督支持区监察委依法履职。专题听取法检两院半年度工作报告，健全司法权力运行机制。

着力提升治理法治化水平　上下联动开展推动矛盾纠纷调处“最多跑一地”专项监督，推动政府以规范矛调中心实体运作为牵引，在工作机制建设、数据信息联动、资源整合共享、优化服务上下功夫，构建机制贯通的区域治理体系。积极推进普法和依法治区工作，专题审议政府关于第七个五年法治宣传教育规划执行情况，参与“七五”普法检查验收，为制定“八五”普法规划奠定基础。

【选举任免】　坚持党管干部和人大依法任免干部相统一的原则，完善人事选举任免程序。有序推进任用工作的民主监督，对提请任命的审判员、检察员通过人大媒体向社会进行任前公示，提升人事任免的透明度。健全拟任干部法律知识考试、表态发言、任后公告、颁发任命书等制度，严格执行任命干部宪法宣誓相关规定，增强被任命人员的责任感、使命感。2019年以来，依法任免国家机关工作人员83人次，任命人民陪审员100名，接受2名市人大代表辞去代表职务的请求，补选市人大代表5名。

【受理群众来信来访和规范性文件备案审查】　推进来信来访办理工作规范化，加强问题分析研究，加大信访事项交办督办力度，全年受理人民群众来信来访32件。严格执行规范性文件备案审查各项规定，发挥网上平台作用，全年对15件规范性文件进行审查，并提出修改意见。

【参与立法调研工作】　配合上级人大开展《舟山市城市绿化条例》等执法检查，对《浙江省数字经济促进条例》等12部法规草案开展立法调研，及时反映基层意见建议，推动有关法律法规的完善和实施。

【指导基层人大工作】　全面贯彻落实省委、市委、区委人大工作会议精神，细化分解工作任务和责任，去年区委将镇街党（工）委对人大工作的领导支持列入镇街综合考核，全区重视和支持人大工作的氛围更加浓厚。加大对基层人大工作的指导和联动，健全履职制度和运行机制，通过调研视察、经验交流等相互协同、形成合力，整体作用得到进一步发挥。及时总结推广全省街道人大工作试点经验和做法，出台《关于全面加强和规范提升街道人大工作的实施方案》，推进街道民主议事会、民生实事项目票选、街道预算监督等特色工作的深入开展，规范提升街道人大工作。完善常委会听取人大街道工委工作报告制度，作出相关决议，交办常委会重点任务。健全常委会领导联系镇人大工作制度，支持镇人代会形式创新，不断完善镇民生实事项目票决制，推动基层人大精准行权。

代表与议案工作

【代表视察、培训】　推进代表联络站规范化建设　按照“五好六化”建设要求，推进代表联络站标准化建设。拓展联络站（点）外延和功能，运作形式更加丰富，联系群众和选民更加便捷。发挥联络站作为密切联系群众的主平台、主阵地作用，坚持人大代表进联络站常态化制度化，省、市、区领导干部人大代表率先垂范，倾听群众呼声，回应群众关切。去年组织265位各级人大代表进站，接待选民和群众452人次，收集梳理意见建议349条，答复办结率达到86.8%，解决一批群众关注的热点难点问题。

强化代表履职服务保障　坚持以培训促提升，围绕学习《习近平谈治国理政》（第三卷）、《民法典》等主题，对70余名市、区骨干代表开展了专题培训。拓宽代表知情知政渠道，坚持和完善区人大代表列席人大常委会会议和审议发言制度，确保基层人大代表任期内至少列席一次常委会会议。2019年以来，共组织代表参与视察、调研、检查、述职评议等活动420余人次。邀请代表列席常委会会议50余人次，内容涉及水利、交通、环保等政府民生项目和重点工程。坚持与全区中心工作同向同行、合拍同步，谋划开展代表各类履职活动。支持全国文明城市创建，组织开展人大代表集中视察创城工作，探索小组“体验式”监督，对创城工作进行查漏补缺、提出意见建议，发动代表主动参与文明交通劝导、社区服务等创城志愿活动，为决战决胜全国文明城市创建贡献人大力量。相继开展各级人大代表“共谋‘十四五’规划编制 助推‘四大建设’”“助推矛盾纠纷调处化解‘最多跑一地’改革”等各类主题活动，为全区中心工作纵深推进献计献策。

【议案建议办理】 克服疫情带来的不利影响，在疫情防控工作相对稳定后，立即启动议案建议交办工作。健全常委会领导牵头督办、相关委室对口督办以及代表专业小组参与督办等工作机制，召开承办单位、代表共同参加的专题座谈会，开展建议办理“回头看”，持续加大督办力度。区政府实行重点建议领导领办，严格审核把关，加强承办单位与代表的联系沟通，不断改进办理效果。经过各方共同努力，区十七届人大四次会议及闭会期间收到的92件代表议案建议全部办理完毕，其中已解决或基本解决的（A类件）共55件，占总数的59.8%，比上年提升了10个百分点；正在解决或已列入计划解决的（B类件）15件，占16.3%；因受条件限制暂不能解决的（C类件）22件，占23.9%，一批群众关注的热点难点问题得到较好解决。

【评选先进集体和个人】 是年，经各代表小组自荐和相互推荐，区人大常委会会议审定，评选出2个区人大代表活动先进小组和20名区人大代表活动积极分子。金塘镇代表小组、昌国街道代表小组被评为2020年度区人大代表活动先进小组。乐伟国、姚洪波、朱海玲、林纪英、吴迪芬、沈骏、范碧芬、安汉芬、乐科龙、严松国、丁一莉、林翠波、孙魁、周善南、陈珍燕、王娜、陈瑞女、罗幼芬、何富、芮家兆等20名区人大代表被评为区人大代表活动积极分子。

【评出好议案、好建议6件】 是年，评选出2020年度区人大代表好议案、好建议6件，评选出5个承办议案建议先进单位和6名承办代表议案建议先进个人。好议案、好建议如下：乐伟国等10名代表提出的《关于加强对老旧小区改造施工项目安全和质量管理的议案》（第13号）、顾科惠等14名代表提出的《关于依法推进垃圾分类工作的议案》（第32号）、戴瑜等12名代表提出的《关于完善定海区基础教育师资招聘及培养模式的议案》（第34号）、何富等13名代表提出的《关于在规划中增加社区居民户外文化活动场所的议案》（第45号）、陈培植代表提出的《关于进一步完善应急快速反应机制强化专业抢险救援队伍建设的建议》（建第23号）、王娜等10名代表提出的《关于身后事联办申报事宜的议案》（第56号）。区教育局、区住建局、区交通运输局、区综合行政执法局、市自然资源和规划局定海分局被评为承办代表议案建议优秀单位。区政府督考办王波、区教育局董海平、区民政局余舟杰、区住建局龚庆吉、区综合行政执法局章翮、区交警大队董飞波被评为承办代表议案、建议先进个人。

【评选优秀镇（街道）人大代表联络站】 是年，白泉镇人大代表联络站、马岙街道人大代表联络站被评为2020年度优秀镇（街道）人大代表联络站。

自身建设

【思想政治建设】 坚定人大正确政治方向，把学习贯彻习近平总书记最新重要讲话精神、中央和省委、市委、区委重大决策部署作为首要任务，把学习成效转化为推进新时代人大工作高质量发展的实践力量。健全常委会党组及机关党组理论学习制度，提高机关党建工作水平，营造人大良好的政治生态。履行全面从严治党主体责任，落实意识形态工作和党风廉政建设责任制，支持派驻纪检监察组工作。机关党组自觉接受区委巡察，对照巡察组反馈意见认真制定整改措施，打造忠诚干净担当的高素质人大队伍。

【改进工作作风】 坚持在“一线”实践中真抓实干，改进调查研究方式，常委会领导牵头做好22项重点课题调研，提出推动发展、改进工作的对策建议，为科学决策提供参考。常委会领导积极参加“三服务”活动，参与“创城”、村级换届等各项工作，为基层化解难题。健全人大专委会和常委会办事机构工作规则，完善机关内部制度，发挥好新设人大及其常委会工作机构的作用，确保机关运转更加有序高效。首部《舟山市定海区人民代表大会志》于2020年6月正式发行，使人大工作得到传承。聚焦常委会中心工作和民生热点问题，全面加强理论研究，加强新闻宣传组织策划，预算监督、代表建议督办等工作以及人大代表履职风采被上级人大报刊、网络专题宣传推介，街道人大工作创新实践获第二届“浙江人大工作与时俱进”特别奖，街道预算审查监督案例获得了全市人大工作创新优秀奖。

【强化人大整体效能】 全面贯彻落实省委、市委、区委人大工作会议精神，细化分解工作任务和责任，2019年区委将镇街党（工）委对人大工作的领导支持列入镇街综合考核，全区重视和支持人大工作的氛围更加浓厚。加大对基层人大工作的指导和联动，健全履职制度和运行机制，通过调研视察、经验交流等相互协同、形成合力，整体作用得到进一步发挥。及时总结推广全省街道人大工作试点经验和做法，出台《关于全面加强和规范提升街道人大工作的实施方案》，推进街道民主议事会、民生实事项目票选、街道预算监督等特色工作的深入开展，规范提升街道人大工作。完善常委会听取人大街道工委工作报告制度，作出相关决议，交办常委会重点任务。健全常委会领导联系镇人大工作制度，支持镇人代会形式创新，不断完善镇民生实事项目票决制，推动基层人大精准行权。

（撰稿：方　祎）

责任编辑：王英伟

舟山市定海区人民政府

区政府领导

区　　长：侯富光
常务副区长：林剑彪（—2020.12）
　　　　　夏　泉（2020.12—）
副 区 长：徐峻峰（—2020.12）
　　　　　夏　泉（—2020.12）
　　　　　王其锋（2020.8—）
　　　　　杨　健
　　　　　吴红卫（—2020.12）
　　　　　屠定玉
　　　　　董凯龙
　　　　　刘世君
党组书记：侯富光
党组副书记：林剑彪（—2020.12）
　　　　　夏　泉（2020.12—）
党组成员：徐峻峰（—2020.12）
　　　　　夏　泉（—2020.12）
　　　　　丁伟民（2020.12—）
　　　　　王其锋（2020.5—）
　　　　　杨　健
　　　　　吴红卫（—2020.12）
　　　　　董凯龙
　　　　　刘世君
　　　　　夏怡辉

重要会议

【区政府全体会议】　2月20日，区政府召开第四次全体会议。高举习近平新时代中国特色社会主义思想伟大旗帜，贯彻中央和省市重要会议、区党代会、区“两会”精神，总结2020年区政府工作，部署2021年区政府重点工作任务，全面开启花园式国际人文港城建设新征程，当好建设“重要窗口”海岛风景线排头兵。

【区政府常务会议】　2020年，区政府召开常务会议9次。

3月5日，主要讨论、研究事宜包括：听取关于帮扶舟山市坤润旅游用品开发有限公司解决800万元应急周转资金的汇报；听取关于恒康工贸、弘业建设原工业地块土地收储工作的汇报；审议《中共舟山市定海区委 舟山市定海区人民政府关于深化区管企业负责人薪酬制度改革的实施意见》；听取关于新泰公司担保事宜的汇报；听取关于2020年全区老旧住宅小区改造工程招投标事宜的汇报；听取关于旧城改造拆迁政策调整的汇报。

4月28日，主要讨论、研究事宜包括：听取关于东海农场办理不动产登记相关事宜的汇报；听取关于全区党政领导干部食品安全职责清单的汇报；听取关于全区公安机关扫黑除恶专项斗争工作情况的汇报；听取关于白泉瑞金广场项目交付相关问题的汇报；听取关于长岗山、邬家塘、义桥、廷佐小学南侧等四个安置房项目采用工程总承包模式的汇报；审议《白泉镇北蝉（淡水坑）房屋征收补偿安置实施方案》；听取关于兑现2019年度全区工业、科技各类支持政策的汇报；听取关于定海区2020年助力对口地区脱贫攻坚（巩固）年度计划的汇报；审议新一轮区镇土地出让金分配机制。

6月4日，主要讨论、研究事宜包括：审议《关于扶持服务业发展的若干政策》；听取关于国有资产不动产登记情况的汇报；听取关于成立临城街道中湾、马鞍、蕙兰、海悦社区居民委员会的汇报；听取关于给予浙江大洋世家股份有限公司3艘新建大型鱿鱼钓船财政补贴（省统筹部分）的汇报；审议《舟山市定海区人民政府重大行政决策程序规定》；审议《舟山市定海区人民政府法制监督约谈制度（试行）》；审议《定海区基层政策性农业信贷担保服务创新试点实施方案》；审议《舟山市定海区人民政府关于加快推进制造业高质量发展的若干意见》。

7月6日，主要讨论、研究事宜包括：听取关于千岛街道荷花村、合兴村、同胜村撤村并居的汇报；听取关于昌国街道茅岭村撤村并居的汇报；审议《关于推进新时代民政事业高质量发展的实施意见》；听取关于舟山市畅道交通投资集团有限公司债券发行承销费用事宜的汇报；审议《关于进一步加快粮食生猪增产保供的若干意见》；审议《关于加快推进农业领域“机器换人”的实施方案》；听取关于2020年定海区征地区片综合地价调整事宜的汇报；听取关于定海区2020年上半年消防救援工作的汇报；听取关于全区禁毒工作的汇报；审议《关于区属重点国有企业深化改革规范运营的若干意见》；听取关于定海·虹口协同创新中心建设情况的汇报；听取关于定海区青苗经济作物和地上附着物等补偿标准事宜的汇报。

9月3日，主要讨论、研究事宜包括：听取关于定海区乡镇级国土空间总体规划组织编制方案事宜的汇报；听取关于舟山市畅道交通投资集团有限公司债券发行承销费用事宜的汇报；审议《关于进一步推进我区村级集体经济高质量发展的实施意见》；审议《定海区白泉高铁项目房屋征收与补偿安置实施方案》；审议《定海区关于开展固定污染源排污许可规范化管理试点工作的实施方案》；审议《定海区“无废城市”建设工作实施方案》；听取关于第二轮中央生态环境保护督察相关迎检工作的汇报；听取关于册子岛北部生态环境综合整治暨废弃矿山治理工程建设情况的汇报；听取关于全区菜篮子工作的汇报；审议《定海区镇（街道）敬老院改造提升三年行动方案（2020—2022年）》。

11月2日，主要讨论、研究事宜包括：审议《定海区2020年公共租赁房申请通告》；听取关于对拍卖（拍租）后剩余房源处置事宜的汇报；听取关于舟山市畅道交通投资集团有限公司参股定海区浙石油综合能源销售有限公司的汇报；听取关于上海督查局2020年土地例行督查事宜的汇报；审议《定海区农村乱占耕地建房问题专项整治三年行动方案》；听取关于宁波舟山港老塘山港区与园区陆域开发一体化情况汇报；审议《舟山市定海区第二轮安全生产综合治理三年行动计划》；审议《定海区防汛防台指挥工作指南》；审议《定海区防汛防旱防台应急预案》。

12月3日，主要讨论、研究事宜包括：听取定海区2020年度消防救援工作汇报；审议《舟山市定海区房屋征收与补偿实施细则》；审议《学前教育深化改革规范发展实施方案》；听取关于舟山市畅道交通投资集团有限公司参股定海区浙石油综合能源销售有限公司的补充汇报；审议《关于促进航运业健康稳定发展的若干意见》；审议《定海区关于深化企业精准服务实施意见（试行）》；审议《舟山市定海区救灾物资储备管理实施细则》；听取关于定海区食品安全监管工作情况的汇报；听取关于区担保公司2020年度担保风险代偿方案的汇报。

12月21日，主要讨论、研究事宜包括：听取关于2020年舟山市定海区地方政府债务限额和预算调整方案的汇报；审议《舟山市定海区做好被征地农民参加基本养老保险工作实施方案》；听取关于定海区2020年政府民生实事代表票决项目完成情况和2021年政府民生实事代表票决候选项目情况的汇报；审议《舟山市定海区国民经济和社会发展第十四个五年规划和二〇三五年远景目标纲要》。

12月30日，主要讨论、研究事宜包括：审议《政府工作报告》；听取关于2021年区重点建设项目及政府投资项目年度计划建议安排情况的汇报；审议《关于舟山市定海区2020年国民经济和社会发展计划执行情况与2021年国民经济和社会发展计划草案的报告》；听取舟山市定海区2021年预算编制情况说明；审议《关于舟山市定海区2020年财政预算执行情况和2021年财政预算草案的报告》；听取全区公安机关扫黑除恶专项斗争三年工作总结。

【区长办公会议】 2020年，召开区长办公会议6次。主要内容是听取上个月政府各口工作汇报，部署政府月度工作。

【区政府专题会议】 2020年区政府召开专题会议25次。主要议题有：研究舟山国家远洋渔业基地补助相关事宜；研究定海区科创大楼工程造价咨询相关事宜；研究小沙海丰至长白客滚装船更换相关事宜；研究区五山水利工程（五山公园绿道工程）项目相关事宜；研究协调盐仓街道临时作业点设置相关事宜；研究定海区历史遗留违填海案件罚款缴纳相关事宜；研究粮油产业园区磷化铝残渣处置相关事宜；研究定海区教育系统项目建设、资金安排等方面事宜；研究位于定海东门交通综合体西三层和中三层的舟山市汽运公司安置房变更土地属性及规划用途事宜；研究义桥综合大楼规划布局和整体招租有关事宜；研究定海廷佐小学项目一层其中5间房源变更规划性质及土地用途等相关事宜；研究恒昌幼儿园（暂名）建设运营相关事宜；研究区属国有资产登记及土地出让合同约定代建产权移交相关事宜；研究干𥔲镇定海海上运输有限责任公司码头东北侧设立临时作业点相关事宜；研究舟山中天重工有限公司（以下简称“中天重工”）、太平洋海洋工程（舟山）有限公司（以下简称“太平洋海工”）、舟山欧耐汽车配件有限公司（以下简称“欧耐汽车”）地块补办两证及原舟山市定海良港船厂（以下简称“良港船厂”）收储地块出让、舟山市绿源水产养殖有限公司（以下简称“绿源水产”）仓储地块划拨土地转出让的相关事宜；研究定海区城镇D级危房原拆原建解危工作相关事宜；研究岑港街道豪舟物流港区内场地设立临时作业点相关事宜；研究定海区基层渔船管理组织规范化建设相关事宜；研究双桥街道舟山汽车商贸城综合服务中心大楼（以下简称“综合大楼”）不动产权证登记相关事宜；研究定海六中、双桥中心小学、城西小学、岑港中心学校学生上放学交通相关事宜；研究城北小学新建项目相关事宜；研究与新桥公寓南侧改造地块3号楼及盐仓地块相关事宜；研究综合供能服务站推进事宜；研究舟山市垃圾焚烧发电工程三期扩建工程验收事宜；研究落实全省人防系统巡视巡察联动整改事宜。

重要工作和重大决策

【推进疫情防控和经济社会发展】 疫情防控交出高分报表，在全省率先实施铁桶工程，严格落实“源头防控+硬核隔离+精密智控”机制，创新推行重点人员五级管控、船员离船管控、点位长驻点管控等闭环防控措施，3例本地确诊病例37天内全部治愈出院。全民防疫取得过硬成果，第一时间组织宜人制衣、金鹰股份等6家企业生产隔离服、口罩等紧缺物资供应一线，组建部门应急小分队、“星灯守护”志愿服务队和集中隔离点工作团队等“战疫”队伍奔赴前线，构建形成联防联控的全社会防控体系。暖心服务获得群众点赞，首创特殊人群“绿色通行码”，建立居家隔离观察“暖心三色”管理模式，组建外籍人员翻译服务团队，救治外籍船员31人。常态化防控慎终如始，制定多级联动的突发疫情应急处置方案，开展重点人员疫苗接种和定期核酸检测，做到国际船舶、远洋渔船、进口冷链食品和中高风险地区等重点领域全流程防控。“六稳”“六保”措施落地见效，密集出台支持工业、服务业、小微企业等系列帮扶政策，组建36个企业复工防疫服务组，创新开展跨省劳务合作，“两直”资金补助3.5亿元，为企业争取新增贷款77亿元。“争先创优”排名全省前列，月度指标评价连续两月获评优以上等次，告知承诺最简审批模式入选全省“最佳实践”案例，获得省政府资金、土地、能耗指标奖励。

【深化区域合作】 自贸区定海片区实质化运作，成立自贸区定海综合事务中心，完成全省首单船用燃料油出口退税业务，帮助中石化中海船燃等企业开展成品油混兑、保税燃料油加注业务。新奥LNG管道工程通气运营，浙石化配套输油管道工程加快推进。甬舟铁路开工建设，宁波舟山港主通道全线贯通。定海·虹口协同创新中心成立运营，定海创客工厂入选国家备案众创空间名单。国家远洋渔业基地入选国家骨干冷链物流基地，“中国远洋鱿鱼指数”项目获农业农村部立项。进口粮食保税储存中转基地建设、检疫审批制度创新获国务院批复支持，舟山国际粮油产业园区与宁波舟山港达成港口陆域一体化合作。招商局港口滚装物流项目开港运营。

【抓好招商引资“一号工程”】 实际到位市外资金46.9亿元、利用外资7509万美元，总投资50.9亿元的盐田港油气产业链项目签约落地，20亿元中储粮粮食仓储物流项目开工建设，引进亿元以上项目18个，其中10亿元以上项目3个。大洋世家海洋食品加工冷藏物流基地、森森智能化生产基地等省市县长项目陆续开工，三和高性能管桩、山河特种机械等项目顺利落地。三农批发市场二期项目加快建设，圣吉豪精深加工、洋帆远洋捕捞等项目顺利投产。义桥综合体正式开业，祥生商业综合体、富昌大厦开工建设。

【改善人居环境】 全区国土空间规划启动编制。系统制定城市有机更新五年行动计划。小洋岙等区块改造提升步伐加快，城西未来社区开工建设，和馨苑等安置小区顺利交付，420幢老旧住宅改造完成。城区防洪排涝能力提升三年行动全面实施，五山水利工程（五山公园绿道）东山段主体完工，定海湿地公园建成开放，丰产泵、利民闸、盐河泵站开工建设。基本完成西园新村等首批低洼小区综合改造，提标改造道路管网10条7.3千米、阻水桥梁5座。完成首批58个开放式小区1046幢物业覆盖工作。环卫市场化运营全面推行，青岭环卫综合服务中心建成投运，开展生活垃圾分类试点。

【推进乡村振兴】 建成部省共建乡村振兴示范区、全国农村一二三产业融合发展先导区和省级现代农业园区，粮食生产能力达到8.2万吨、生猪存栏量达到4.8万头。定海远洋渔业小镇被命名为省级特色小镇，创建小沙省级特色农业强镇，建成杨梅博览园。举办首届浙江定海美丽乡村周活动，乡村旅游人数突破280万人次、逆势增长27.8%。庙桥、新螺头等风情乡村建设深入推进，新建村获评全国乡村旅游重点村，串联打造乡村风景线4条。入选省级农村综合改革集成示范区建设试点。农村饮用水达标提标三年行动提前完成，实施水库除险加固9座、河道综合治理24千米。

【提升群众幸福感】 完成低收入农渔户三年帮扶救助行动。低保救助金标准提高到810元，建立临时救助备用金制度。城西社会福利中心开工建设，建成5家镇街示范型居家养老服务中心和长白海岛幸福驿家。教育现代化发展各项指标排名全省前列，启用定海六中、檀枫小学、育才小学新校区，博伊双语民办幼儿园主体完工，全域推行学前教育招生“服务区”制度，完成农村小规模初中整合。新建城市书房3家、农村文化礼堂13个，成功举办全国徒步大会、首届中国东海自驾游旅游节等活动。完成区中心医院发热门诊、镇街发热诊室规范化改造，隔离病房、核酸检测能力均达到省定要求。上海瑞金医院舟山分院成立肿瘤诊疗中心和心内科等名医工作室，白泉成功创建国家卫生镇。区社会矛盾调处化解中心高效运行，建立海上“老娘舅”、远洋治安管理员等调解队伍。

【打造自贸试验区重要功能区】 对标自贸区“一中心三基地”建设目标，全力发展油气全产业链。进一步提升西部油品储运基地油储规模，加快推进盐田港外钓岛储运基地项目、中际化工油品储运工程。全力打造石化新材料产业园区，保障定海工业园区东拓区块、金塘北部区块顺利纳入舟山绿色石化基地扩区范围，推动金浦集团绿色纤维产业链等项目顺利落地。积极发展油气贸易服务产业，支持企业申请原油非国营贸易进口、保税燃料油混兑加注等资质牌照，开展低硫燃料油期货仓单直供等业务。

【构筑长三角一体化综合海上枢纽】 树立区域发展共同体理念，积极参与实施“126”行动计划。保障义甬舟开放大通道建设，推动金塘海底隧道、西堠门公铁大桥开工建设，力争宁波舟山港主通道试通车、长白海上互通建成贯通。建设国际一流现代化枢纽港口，推进金塘大浦口10万吨级集装箱泊位等二期工程建设，加快发展老塘山港区“散改集”和多式联运，支持企业开展粮油、建材等江海联运业务。启动建设金塘甬舟一体化先行示范区，建立两地合作开发运营机制，加快港航物流、新材料、高端装备、滨海旅游产业一体化布局发展，招引宁波优质制造企业组团入驻。

【建设国际农产品贸易中心核心区】 发挥进境粮食指定口岸和大型粮油专业港区优势，推进中储粮50万吨粮食仓储物流项目建设，建成省直属粮库三期和良海粮油9万吨仓储项目，引进瑞泰粮食物流园等项目，加快打造进口粮食保税交易中心，争创国家级物流枢纽，力争粮食吞吐量突破900万吨。推动远洋渔业全产业链集聚发展，加快实施中农发明珠工业园项目，开工建设渔人广场商务中心。

【打造一流营商环境】 对标世界银行国际化营商环境评价标准，实施“10+N”便利化行动，营造高效透明的政府服务环境和平等自由的投资贸易环境。强化招商引资政策激励，支持镇街平台全力招商、拓展税源，完善“以商引商”引荐人、落地企业优秀高管等奖励机制，招引一批产业关联度高、税收贡献大、人才吸附力强的大项目好项目。深化“一件事”集成改革，实现危化小微企业上门审批等51个事项全流程“最多跑一次”。深化商事制度改革，推行外商投资“准入前国民待遇+负面清单”管理制度、企业登记“容缺受理+信用承诺”制度。保护民营企业和企业家合法权益，完成国家知识产权强区试点建设。启用定海政务服务中心。

【加快发展先进制造业】 打造传统制造业改造提升

2.0版，巩固壮大实体经济发展根基，实现全区规上工业增加值增长6.5%以上。提高制造业平台能级，整合形成由西北临港、老塘山、金塘三大片区组成的定海工业园区，加快建设中天重工二期、光明智能装备中心等项目。做强船舶修造及临港装备产业，支持长宏国际、太平洋海工等企业研发制造特种船舶、海工装备等高附加值产品，拓展钢材贸易、钢结构制造等业务，打造国际绿色修造船基地。推进塑机螺杆、化纤机械、特种紧固件等特色制造业发展，打造紧固件中小企业产业园和塑机螺杆数字化产业园，开工建设7412工厂三期，力争引进上海金湖机械制造等项目。推动产业数字化网络化智能化，实施优众新材料智能芯片车间等数字化改造项目8个以上，新增工业互联网示范企业4家、数字经济核心企业2家以上，确保数字经济综合评价指数领跑全市。

【发展现代服务业】 培育壮大重点领域新经济、新业态，推动生产性生活性服务业提档升级。强化金融服务供给，引入省农业担保集团开展“政银担”三方合作，探索市场监管动产抵押登记融资新模式。提升港航物流能力，新建6艘江海联运专线运输船，支持航运企业优化结构、提升运力、发展江海直达运输业务。繁荣特色商贸经济，培育新兴消费热点，打造芙蓉街区“云上集市”、滨海“云上夜市”，发展直播带货等流量经济,创建马岙、干𥔲省级商贸特色镇。积极发展全域旅游和康养产业，打造定海海岛公园，谋划实施东海大峡谷温泉度假村等项目，创建省级南洞文旅融合示范区。保持房地产和建筑业健康发展。

【推动战略性新兴产业规模化发展】 瞄准海洋电子信息、海洋生物医药、海洋智能装备、军地融合等重点领域，打造战略性新兴产业高地。打造海洋电子信息产业基地，启动建设定海海洋科学城二期，推动北鲲智能无人船项目顺利投产，支持易航海、星联科技等企业开展海上无人装备、海洋感知装备、海洋大数据等高科技产品研发制造。发展海洋生物医药产业，培育招引海洋功能食品、海洋生物制剂等领域龙头企业。

【优化创新创业环境】 建立完善市场导向和政府引导机制，进一步激发全社会创新创业活力。打造定海城西科创走廊，运营定海工业园区科创培育中心等6个小微园区，引进防破解安全芯片等技术创新和成果产业化项目，引导企业与航天五院等科研院所开展智慧海洋研发合作。实施新一轮科技企业“双倍增”行动，新增高新技术企业12家以上、省级科技型中小企业40家以上，新建2家省级企业研发机构，实现规上工业企业研发费用增长10%以上。打造区域人才高地，引进省部级以上人才10人，落户“舟创未来”海纳计划人才项目6个以上，探索建立宁波人才飞地。实施“凤凰行动”“雏鹰计划”，加快推动大洋世家等企业报会上市，培育一批“隐形冠军”“单打冠军”企业，实现“小升规”6家以上。

【打好稳企助企组合拳】 紧密对接国内大循环和国际国内双循环，帮助企业稳生产拓市场增动能。强化政策支持引导，落实减税降费，发挥工业、服务业、航运业等系列扶持政策导向拉动作用。全力以赴稳外贸，组织进出口企业参加进博会、广交会等国际性展会，争创省级进口贸易促进创新示范区。抢抓国产替代机遇，积极开展长三角、中西部地区企业产品推介，扩大通信光缆、螺杆电机、新型材料等优势产品国内市场份额。提升企业服务水平，加大政策性担保力度，实施困难企业“一企一策”精准帮扶。

【高质量编制城市规划】 以更宽视野、更大格局谋划城市蓝图，编制完成中心城区和乡镇级国土空间总体规划，完成白泉高铁新城规划，推进城市控制性详规全覆盖，完善教育、文化、医疗、养老等公共设施配套。规划建设高品质城市客厅、活力港湾、人文地标和城市经济区，深化定海湾景观带、五山生态旅游带、古城历史文化带等关键区域城市设计。

【提升城市品质形象】 精心塑造定海湾特色风貌，谋划建设竹山门滨海商业综合体，启动建设“蓝色海湾”沿港西路先行段，建成定海体育公园主体工程。全线打造五山公园绿道，精致建设东山入口主题广场、城北涵园等沿线公园广场，系统布局观景平台、服务驿站。整体建设太平弄古城活化利用示范区块。实施城中村（旧城）区块竞争性改造制度，完成老旧住宅改造251幢。建成白虎山路等高品质安置小区6个，新开工东湾等安置项目3个。

【补齐基础设施短板】 全面实施五山水利及中心城区防洪排涝提升工程，启动建设“截流分洪、西调蓄滞、南排入海、中贯提升、增设强排”五大系统工程，推进低洼小区、积水道路、阻水桥闸和城区河道整治改造。全线贯通定马公路、西山路，综合改造环城南路、双拥路等12条城市道路，谋划建设港务广场提升改造工程。

【培育壮大城市产业】 加快城市重点区块商业开发，打造小洋岙商业中心、宝龙新天地，丰富东门车站综合体、西部商业中心业态布局。发展楼宇经济，整合馨港苑综合楼等楼宇商铺资源，加快导入海事服务、法律金融等企业，打造一批创业创新产业园。提升生产生活配套服务，建设恒扬酒店、开元大酒店，打造城西未来社区邻里中心。

【提高城市管理水平】 按照创城标准推进城市精细化管理，巩固深化“门前三包”责任制、马路市场三级联动等长效机制。强化智慧城管平台使用效能，全面推行网上办案、“非现场执法”，提高问题处置和综合执法效率。启动建设城区“智慧停车”系统，推动智慧应用延伸至市政设施最末端。

【推进生态环境治理】 持续打好污染防治攻坚战，清淤整治河道10条7千米，新改建污水管网24千米，建成三江污水处理厂，加快西北污水处理厂提标改造，实现金塘、干. “污水零直排”。争创国家级生态文明建设示范区，启动实施省级“智慧鸟岛”、册子月亮湾生态保护提升项目，新增国土绿化1500亩、彩色健康森林1000亩。全面启动“安澜”工程，提标改造海塘7条8.7千米。严格落实“三线一单”生态环境分区管控，开展企业排污许可规范化管理试点，创建首批省级“无废城市”。全面推行绿色生态殡葬。

【推进现代农业发展】 持续稳定粮食生产、保障生猪供应，打造省级绿色精品特色产业基地和渔业健康养殖示范区，实施传统名果、精品果蔬等5个特色农业项目，新增高标准农田2000亩、蔬菜基地300亩，坚决遏制耕地“非农化”。不断扩大定海山区域公共品牌影响力，推动晚稻杨梅、皋泄香柚、南美白对虾等特色农渔产品与北京、上海等高端消费市场对接。试点开展“续贷通”增量扩面，为农业企业、农业大户提供无还本转贷服务。

【加快美丽乡村建设】 争创省级新时代美丽乡村示范区，建设干礁等3个省级特色美丽城镇，创建后岸村、大鹏村省级历史文化保护村落，打造册子美丽小岛、马岙美丽风景示范带。制定实施新时代洁净乡村十条标准，开展农村乱占耕地建房专项整治行动。健全自治、法治、德治相结合的乡村治理体系，推进马岙省级农村综合改革集成建设项目试点。

【增强乡村造血能力】 制定出台农旅休闲产业扶持政策，推进马岙康养田园综合体、白泉农旅休闲综合体、小沙伍佰岙农耕文化园、“双桥驿站”生态园建设，新增精品民宿3家、农渔家乐5家以上，打造省级电子商务示范村、商贸特色示范村3个。加快实施6个村集体经济发展项目，实现70%的村集体年收入达到60万元、经营性收入达到30万元以上。

【完善就业社保体系】 多措并举稳就业促就业，实现零就业家庭动态清零，新增城镇就业岗位9000人、高技能人才1300人以上。全面实施被征地农民参保新政，持续扩大社保覆盖面，完善最低生活保障制度。整合提升3家区域性敬老院，实现示范型居家养老服务中心镇街全覆盖。创建全国示范型退役军人服务站38家以上。

【提升城市文化软实力】 提升改造舟山鸦片战争遗址公园，加快建设图书馆，实现镇街文化礼堂全覆盖。高质量办好第三届“三毛散文奖”评选颁奖系列活动，加快打造小沙三毛文化村。启动实施全民健身五年计划，举办全国徒步大会、首届城市定向挑战赛等赛事活动。

【推进教育现代化发展】 启用城关二幼、畚斗岙幼儿园，加快推进小洋岙幼儿园建设，确保城北小学、蔡家墩幼儿园顺利开工。争创全国义务教育优质均衡区，实施“初中提质强校”工程，推进学前教育深化改革，加强“两新三后备”教师梯队建设。

【加快健康定海建设】 抓好常态化疫情防控，做好防输入闭环管控工作，落实开放口岸、进口冷链等重点环节防控措施。建立健全公共卫生体系，完善突发疫情精准管控和快速处置闭环机制，有序做好疫苗接种等工作。推进医共体、医联体建设，谋划实施区中心医院改扩建工程，组建跨区域医疗学科联盟。运行城西社区卫生服务中心，加快改造干碗卫生院。开展爱国卫生运动，提高全民防病能力和文明卫生素养。

【加强平安定海建设】 打造现代善治示范区，推进社会矛盾纠纷调处化解中心规范化建设，完善“基层治理四平台”和全科网格运行管理，推进“全域智安”“智慧村社”工程，建立扫黑除恶常态长效机制。健全应急指挥调度体系，加强应急物资保障和调配能力，建立基层组织动员精准防汛机制。实施安全生产专项治理三年行动，开展化学品、船舶修造、海陆交通等11个重点领域整治，遏制较大以上事故发生。

【强化政治建设】 学习贯彻习近平新时代中国特色社会主义思想和党的十九届五中全会精神，树立“四个意识”，坚定“四个自信”，做到“两个维护”，加快构建党建统领的整体智治体系和协同高效运作机制，把中央和省市区委决策部署不折不扣落到实处。

【强化法治建设】 贯彻习近平法治思想和全面依法治国工作要求，加快法治建设从“事”到“制”“治”“智”的转变，创建省级法治建设示范区。深化行政复议体制改革，试点推广基层“一支队伍管执法”综合行政执法模式。自觉接受人大依法监督、政协民主监督和各方面监督，提高人大议案建议、政协提案办理质量。

【强化廉政建设】 履行全面从严治党主体责任，严格落实中央八项规定及其实施细则精神，纠正“四风”。坚持集中财力办大事，建立健全厉行节约长效机制，推进专项资金管理改革，提高财政资金使用效益。坚持廉政风险管控全覆盖，强化小微工程全过程管理，扫除村级非招标项目监管盲区，查处群众身边的腐败问题，营造风清气正的政治生态。

【强化作风建设】 坚持用系统观念谋划推进各项工作，持续深化“三服务”活动载体，创新企业精准服务举措，建立企业轻微问题免责免罚机制。加快政府数字化转型，推进政务服务2.0建设，打造整体智治的现代政府。落实政府工作约谈制度，整治庸政懒政怠政、不作为、慢作为、乱作为现象，提升政府执行力。

（撰稿：俞静雯）

外事工作

【疫情防控】 2020年，区外事办贯彻中央、省、市、区新冠肺炎疫情防控部署要求，切实履行职责，协调做好涉外疫情防控工作，配合卫健等相关部门做好境外返定人员闭环管控。

【加强涉外安全管理】 2020年，区外事办树立统筹“发展和安全”两件大事意识，紧绷国家安全这根弦，发挥好信息汇总、分析研判、提出对策建议、向上对口请示等参谋助手作用，抓好涉外安全管理。

（撰稿：吴琼烨）

政务公开工作

【概况】 2020年，定海区政务公开工作按照《2020年浙江省政务公开工作要点》《国务院办公厅关于全面推进基层政务公开标准化规范化工作的指导意见》等文件要求，对标“努力成为新时代全面展示中国特色社会主义制度优越性的重要窗口”的新目标新定位，推动基层政务公开标准化、规范化等工作全面落地实施。

【优化公开流程】 编制完成区政府直属23个行政机关和11个镇（街道）的政府信息主动公开基本目录，经审核通过，在“中国定海”政府门户网站发布。印发《定海区政府信息公开工作办法（试行）》《定海区政府信息主动公开办法（试行）》等制度，细化工作流程。推动“双随机、一公开”工作常态化，全区累计抽查任务数257项，完成任务数257项，任务完成率100%，跨部门监管率12.45%，随机抽查结果100%公示。完成2020年权责清单无需认领事项梳理工作，梳理完成权利事项1600项，明确无需入库事项共计723项。及时公开各部门法治政府建设工作报告和行政执法统计年报。开展行政规范性文件有效性检查清理，废止（失效）文件56件，继续有效166件，建议修改12件。落实“三统一”规定，发布区政府和部门行政规范性文件44件。

【细化重点领域】 在门户网站首页设置“统筹推进疫情防控和经济社会发展工作”专栏，让公众能在疫情常态化的情况下及时获取相关信息。以图文等生动方式公开《舟山市定海区人民政府关于应对疫情支持小微企业渡过难关的意见》等扶持政策。及时公开疫情防控重点保障企业优惠贷款贴息资金分配情况、定海区稳外贸“两直”资金等信息，助力增强企业信心。利用浙江省“三服务”小管家协同办理平台处理企业问题诉求14条，帮助企业解决生产实际困难。做好企业码建设和应用，全区申领企业码25875家，申领率达到103.6%。完成“重大建设项目”专栏，加大征地拆迁、补偿安置、工程施工、住房保障等信息公开透明度。及时公开《2020年征地区片综合地价调整方案》、重新公布《舟山市定海区个人住宅国有划拨用地补交出让金标准》《定海区2020年义务教育招生工作实施意见》等相关政策，以及政府民生实事代表票决项目进展情况。

【深化政民互动】　印发《舟山市定海区人民政府重大行政决策程序规定》，以目录制在定海区政府信息公开专栏公开各单位2020年重大行政决策。健全政府常务会议信息公开常态化机制，及时准确公开决策事项。对定海城区房屋征收与补偿实施细则、定海区镇（街道）敬老院改造提升三年行动方案等，做好听取公众意见、结果反馈公开。2020年，发布新闻发布会26次。持续做好人大代表议案建议和政协委员提案办理结果公开工作，公开议案提案176件，其中议案建议70件，提案106件。做好12345政务咨询投诉举报平台事项处置，受理群众诉求13863件，按期转交率、告知率、受理率、答复率100%，实现回访率100%、核实率99.94%，信访部门和责任单位满意率分别达到99.9%和99.71%。对《舟山市定海区人民政府关于扶持服务业发展的若干意见》等文件进行解读，全年开展政策解读44 件，所有规范性文件均解读到位。

【强化平台建设】　统一设置政府信息公开专栏，严格把控发布内容和发布格式。设置“政务五公开”专栏，保障全过程公开的落实。全面完成对网站“机构简介”“公告公示”“政策解读”“意见征集”等栏目的改造升级。优化栏目检索功能，方便社会公众快速准确获取所需要的政府信息。按规定使用全省政务新媒体管理平台，出台《定海区政务新媒体管理办法（试行）》，明确主管主办职责，对全区政务新媒体进行清理整合，清理各类政务新媒体9个，严格内容发布前审核把关，加强宣传、网信部门沟通联系，推动定海区政务新媒体健康有序发展。

【完善依申请公开】　出台《定海区政府信息依申请公开办理办法（试行）》并配有依申请公开工作流程图，为公众依法申请获取政府信息提供更加规范、便利的服务。向各部门下发《依申请公开处理参考文本》，规范答复口径。全面对接全省政府信息依申请公开数字化处理平台，健全闭环管理机制。2020年，受理依申请公开32件，均在规定时间内予以答复。因政府信息公开引起的行政复议件3件，无因政府信息公开引起的行政诉讼。

（撰稿：陈思思）

口岸海防和反走私

【推进已建成项目口岸开放】　舟山华丰船业有限公司（原金海船业）10万吨级2号船坞、舟山长宏国际船舶再生利用有限公司3万吨级杂货码头分别于4月23日、10月20日通过口岸开放验收，正式对外启用。舟山市半岛船舶修造有限公司（3万吨、5万吨级）船坞（5万吨级舾装）码头、舟山市定海康道发展有限公司（5万吨级）公用配套码头、舟山实华公司二期（45万吨级）等3个项目，准备口岸开放验收。

【跟踪“十三五”规划首批扩大开放项目】　舟山群岛新区国家远洋渔业基地配套码头项目、舟山金能石化有限公司油品码头项目等4个项目扩大开放报送国务院，争取列入“十三五”规划首批扩大开放项目。对接大洋世家项目，争取列入已开放区域新增项目。

【加强与各口岸查验单位的沟通联系】　继续保持和完善与各口岸查验单位和部队的联系，建立顺畅的沟通渠道。配合协调舟山出入境边防检查站相关工作，推进盐仓地块的边检定海戍边公寓建设工作。

【贯彻落实党政军警民合力强边固防会议精神】　区海防委和海防办先后组织传达学习《中共中央、国务院、中央军委关于新时代加强党政军警民合力强边固防的意见》会议精神。紧紧围绕服务保障全区建设大局，整合各方力量和平台资源，加快打造一体化的边海防管理和防控体系，加快形成党政军警民强边固防合力，为全区建设营造安全稳定的开放环境。

【统筹落实海防年度建设任务】 完成2018年度西岙底等7条海防执勤道路的项目审计结算及资料归档工作。完成2019年度林家湾等9条海防道路的建设及交竣工任务。完成2020年度3条海防执勤道路工程项目设计、预算、施工图审查、招投标工作。

【结合海上疫情防控开展海上打击】 开展海上疫情防控暨“净海”行动，派驻两名副科级领导常驻专班办公，合力开展海上反走私工作。成立内港船舶缉查编队，加大对定海海域在航、锚泊船舶登临检查力度，提高海上见警率和震慑力。累计开展海上联合行动54次，常规巡查291次，出动执法人员1521人次，登临船舶96艘。

【强化陆上重拳堵截】 由区公安分局牵头，组织精干力量开展反走私查缉，查获无合法来源证明进口成品油经营行为案4起，查扣船舶1艘，油罐车6辆，成品油223.066吨，牵涉涉案人员10人。由市市场监管局定海分局牵头，联合区公安分局、区商务局、区农业农村局等部门，依法加强对冻品、油品、野生动物及其产品、防疫物资、烟草制品等流通企业和市场的日常管理与集中整治，累计出动执法人员11958人次，对辖区内的194家农贸市场、大中型超市、批发市场等开展检查1790余次，均未发现涉嫌走私的违法行为。

【强化风险点位动态管控】 成立码头排查编队，进一步开展全区走私线索排摸，实地踏勘。对全区232处码头、滩涂、港岙口、临时作业点，明确责任单位及责任人员，逐个落实“一点一策”管控措施。对所有风险点位开展每日巡查每日一报，对视频监控覆盖点位实行24小时值班制度。

【构建全域反走私防线】 为求达到“横向到边，纵向到底”的宣传效果，启用城际公交车载视频滚动播放形式开展宣传，涉及公交车辆59辆，覆盖岑港、小沙、马岙、干䃪等重点风险区域。利用伏休期间“上船头”、海上执法、入户宣传、设点设摊及到老百姓办事窗口集中开展反走私宣传，累计发放宣传册、宣传品17000余份，开展宣传活动14场，覆盖全区所有镇（街道），引导群众树立诚信守法理念，增强群众反走私意识。

（撰稿：郑海波）

审批服务与公共资源交易管理

【概况】 2020年，区审交办坚持以习近平新时代中国特色社会主义思想为指导，贯彻落实党的十九届五中全会和中央、省、市、区重大会议精神，围绕“最多跑一次”目标任务，深化行政审批制度改革，强化公共资源交易管理，加强政务服务平台建设。是年，各窗口（包括分中心）办结各类行政审批事项1498324件，日均办件6810件。代办企业投资项目21个，总投资335772.36万元，完成11个。收到社会各界送来锦旗36面，表扬（感谢）信127封，为企业群众提供便民服务399次，其中预约服务64次，延时服务301次，上门服务34次，满意率为100%。

2020年，区公共资源交易中心累计成交项目430宗，成交金额348778.65万元。其中工程建设项目314宗，中标金额31亿元，节约1.6亿元，节约率4.86%；政府采购项目27宗，中标金额8730万元，节约金额431万元，节约率4.71%；产权交易项目89宗，中标金额2.4亿元，总溢价金额1.6亿元，总溢价率224.4%。

【做好新冠疫情防控】 落实防控工作举措 成立疫情防控工作领导小组，制定防控工作方案，保障物资储备。每天2次进行消毒，电梯、卫生间等重点区域由保洁员随时消毒，配发消毒免洗洗手液。统一发放工作人员口罩，全程佩戴口罩上班。守牢机关小门，由机关和窗口人员组成管理队伍，前来办事的群众须佩戴口罩，绿码（证）且体温正常才可进入。

做好疫情防控期间群众和企业办事 初期按照“轻重缓急、特事特办”原则，建立窗口办理预约制，受理电话咨询预约，实行错峰办理，最大限度精简疫情防控期间审批手续。开辟“绿色通道”，对复工复产企业非关键性材料进行容缺受理和承诺审批。

分类启动招投标 疫情防控初期暂停开评标，已发布招标公告的项目，由代理机构公告更正，后根据疫情形势逐步有序放开，分类启动，对于省、市重点工程中涉及保障城市运行必需、疫情防控必需、重要国计民生以及企业生产经营急需的项目和重要民生工程，开设“绿色通道”。

【优化行政审批服务】　进一步推进政务服务2.0建设　印发《定海区政务服务 2.0 建设工作实施方案》，推进依申请政务服务事项标准化工作，重点聚焦行政许可、行政确认、行政裁决、行政奖励、行政给付、其他行政权力 6 类依申请政务服务事项,开展2.0培训，对接市级建设进度对接2.0事项清单，完成线上接入工作，接入事项1122项。构建智慧大厅，配置高拍仪、平板电脑等设备，用于窗口人员受理办件和办事群众签字与评价。持续开展浙江政务服务网规范化办事指南、办事易用度、办事事项领用、超期办件等政务服务指标维护。

全面推广掌上办、网上办和人机联办　深化可信身份认证在行政服务中心办事，进一步梳理24小时政务服务自助终端建设需求。自助终端再升级，优化三大板块。政务服务板块，按照2.0事项验收进度逐步完善事项对接和配置。便民服务板块，预计上线医院挂号，看病记录，市民卡查询，公积金查询等便民服务功能。自助缴费功板块，预计上线违章罚款缴费，市民卡充值等功能，后续再新增违章确认，水电煤缴费，教育缴费，银行业务，车船票购买等功能，让政务服务工作更加科学化、智能化、高效化。深化网上办应用，2020年，实现政务服务事项线上受理率93.58%。

宣传推广应用“浙里办”APP　制定宣传计划，与电信、移动等公司合作，通过彩铃、短信等方式，加强宣传推广，完成“浙里办”宣传推广实施方案，印发8万份宣传折页分发至各镇（街道），发动镇（街道）便民服务中心窗口工作人员、村（社区）工作人员和基层网格员，推进“浙里办”宣传推广工作，定海区新增注册人数32046人，占常住人口10%。

加快打造“无证明城市”　结合市级清单进一步精简和优化各类证明，打造“无证明城市”，印发《关于深化“无证明化”改革建立保留证明“定证通”兜底服务机制的实施方案》，以“东海渔嫂”代办队为抓手，建设“定证通”无证明化兜底服务机制，进一步取消证明111项，通过其他方式替代证明194项，保留社区（村）证明10项，部门清单15项。对没有替代方式、确需提交纸质证明材料的事项清单，采用“定证通”兜底服务机制，运用信息化手段和电子印章，对本区域内群众和企业办事所需提交的保留证明，通过与用证部门联动并提供证明，推行方便快捷的“线上跑”，实现三级联动跑，不断提高群众办事满意度和获得感。

【规范公共资源交易】　进一步打造最优营商环境　转发市《建设最优营商环境（公共资源交易）行动方案》，要求住建、交通、水利等部门从严控制招标文件备案审核，抽查招标项目28个，未发现异常情况。继续做好招投标领域专项治理，区人民法院对岑港涉塘渣工程串标案件一名涉案人员进行判决；市市场监督管理局定海分局对岑港涉塘渣工程串标案件的12家涉案企业进行立案调查，进行行政处罚，罚款227.98万元；区住建局对涉案的我区建筑业企业行政处罚信息进行详细采集，对3家涉案企业记入不良信息。

开展老旧住宅小区改造项目“三服务”　上门探讨招投标过程中存在的问题和针对性举措，指派专人负责咨询服务，组建钉钉工作群及时解答问题，项目提交后立即进行备案审批，最快速度启动招标。建立招标文件标准化，提高备案效率，协调交易中心为老旧小区改造项目让路，加班加点保证进场的34个老旧小区改造项目开评标于6月按时完成，成交金额23632.81万元，节约率5.44%。

强化招投标监督管理　严控招标方式改变，召开招投标审核小组专题会议4次，对30个政府投资项目改变招标方式的申请予以审核，涉及金额6267万元，否决1个项目要求改变招标方式的请求。出台公共资源交易月度监管报告制度，动态跟踪、分析、研判区级平台公共资源交易情况。指导服务基层平台招投标工作，出台《定海区村级小微工程非招标项目实施细则》，配合区纪委进行试点。

提升交易项目电子化水平　政府采购集采项目实现全流程电子化交易，交通、水利类项目完成网上评标功能上线运行。5月试运行政府采购集采项目在线发放中标通知书，实现投标人交易全程“零跑腿”，采购人、评标专家只需“跑一次”。完善工程建设项目应急专家抽取、专家抽取过滤功能，升级子账户保证金查询，完善产权交易网上竞价客户现金汇款保证金系统退款功能。

新冠疫情防控期间召开首个项目远程开标准备协调会

（撰稿：王文艳）

机关事务管理

【概况】　2020年，区机关事务管理中心坚持以十九大、十九届三中、五中全会和习近平总书记系列重要讲话精神为指导，围绕区委区政府中心工作，转变服务理念，狠抓精细化管理，不断强化队伍建设，推进各项后勤服务保障工作开展，完成各项目标任务。

【行政中心管理】　8月，区行政中心管理委员会与17家成员单位签订《2020年定海区行政中心治安、消防安全工作责任书》，就行政中心大院内停车问题、即将试行的大院内停车管理方案、会务、食堂、物业、垃圾分类、节能降耗等工作与各成员单位进行进一步的沟通，向各成员单位征询意见和建议。

8月4日，召开行政中心管委会全体会议

【会务服务】　提高会务服务精细化水平，规范会务工作流程，制定出台全年培训计划，聘请专业礼仪老师对会务人员进行业务能力和素养培训，及时更新会议设备设施，确保会务服务稳中有升。会务中心响应禁用一次性用品的要求，所有会议室禁用纸杯，改用瓷杯。完成区党代会、区两会等重要会议的保障服务。全年为各单位提供会议服务781场次，服务与会人员38810人次。

10月24日，开展会务服务礼仪培训

【餐饮服务】　针对食堂菜冷的问题，学习借鉴市机关食堂保温措施，重新改造保温设施，解决菜肴的保温问题。全面推行“公筷公勺”，贯彻落实习近平总书记对制止餐饮浪费行为作出的重要指示精神，通过推出“小份菜”、倡议书、宣传标语、提示牌等创造厉行节约、文明用餐的氛围。开展“海山农汇”本地名特优农产品进机关活动，培养绿色消费、引领精准扶农。是年，组织机关食堂厨师参加定海区厨师技能比赛，获优秀组织奖。

8月起，机关食堂全面开展“光盘行动”，倡导文明用餐

【财会服务】 准确编报6家财务服务单位的2019年度决算和2020年预算，及时完成会计凭证的归档工作，做好相关单位公积金、社保、职级晋升等调整。针对2020年旧账清单勤业服务公司注销事宜，做好与财政部门对接沟通，跟进落实相关工作，完成公司社保和税务注销工作，于年底完成公司注销事宜。全年完成现金、内转、银付托收等5599笔。

【车辆保障】 高质量完成新冠肺炎疫情防控、重要公务活动等车辆保障，针对车队实际保障力量不足的情况，加强统筹调度，盘活保障资源，较好完成服务保障任务。加强公务用车平台规范化建设，规范平台车辆维修装潢等审批程序，完善平台车辆基本信息、维修装潢、油卡保险等档案信息管理，所有驾驶员实行统一着装、佩戴工作牌上岗，是年，中心的车辆调派、出车任务、维修保养、人员管理等方面，总体上正规有序，运行平稳顺利，做到了安全稳定。全年出车6596台次（其中短途6283台次；长途313台次），完成重大活动（会务）3次（党代会，区人大、区政协两会）、抗台保障用车21台次，安全行车总里程491993千米。

11月起，机关公务用车平台实行驾驶员统一着装挂牌上岗

【行政中心安保管理】 是年，做好行政中心门岗人员、车辆出入登记，群访、个访人员来访登记和拒访车辆管理，大中型车辆、会议车辆停放预约，邮件包裹、物资出入管理，电话通知移车服务，监控查询，消防安全检查等，积极劝阻全天候赴定海区行政中心的群访、个访人员，按相关诉求做好到访人员的分流、解释、劝导等稳定疏通工作。落实党政机关重点目标单位的人防、物防和技防措施、制度，重要节点、时段应急处置能力测试、暗访、考核，做好区行政中心公共区域的消防安全检查，维护区行政中心社会安定。加强保安队伍的素质和技能提升，组织参加消防、反恐培训、中级保安员考试、全区保安比武培训等。全年车辆门禁系统保证车辆按规出入，登记来访车辆12302辆，车辆物资出入检查155辆。人员登记系统登记来访人员6865人，处置个访人员235人。做好快递包裹防疫消毒等相关工作，接收快递14865单。大中型车辆预约安排进入停放76辆，电话通知因堵移车3205次，办理车辆门禁102辆，夜间错时停放临时通行证13本，疏导到昌国路23号立体停车库停车961辆。

【基建房产管理】 是年，对办公用房信息进行梳理汇总，指导全区机关单位、乡镇街道进行办公用房信息统计填报，进一步完善全区办公用房基本信息库。做好高新材料中心装修项目开展中的入驻单位和建设单位之间的协调、配合工作，完成对各入驻单位要求的平面布置图收集汇总，并移交给区城乡集团作为设计依据。提早谋划明年区行政中心办公楼外立面改造事宜，完成2套前期设计方案供领导参考。是年，调配办公用房28间，使用面积约700平方米；督查全区办公用房70余家单位，签发检查整改意见书41份；联合区纪委开展办公用房整改落实情况“回头看”检查，发现机关事业单位问题线索56条，社区（村）问题线索42条。

【公共机构节能管理】 推进节约型机关创建工作，启动2020—2022年节约型公共机构示范单位创建。是年，马岙街道完成省级节约型公共机构示范单位创建。节能宣传周期间，在“定海山”微信公众号上开展节能和垃圾分类等知识有奖竞答活动；联合区妇联、团区委在区行政中心开展垃圾分类、节能低碳知识宣传活动；组织机关干部职工在海山公园开展公共机构垃圾分类志愿者捡拾垃圾公益活动；举办全区节能工作推进会，就创建节约型机关、垃圾分类等工作任务进一步部署和落实。夏季联合区能源监察大队对全区党政机关开展夏季办公用能专项监察，督促各单位增强节能意识，规范节能用能行为。

【垃圾分类推进】 指导推进全区机关事业单位垃圾

分类，把垃圾分类工作列入全区共性工作节能考核分，是年，实现垃圾分类工作100%全覆盖目标任务。全区各单位基本做到垃圾收集容器配置齐全、垃圾分类宣传、管理到位，检查中未发现禁用、限用的一次性办公用品和杯具。市分类办对全市开展生活垃圾分类测评，定海公共机构生活垃圾分类测评成绩总体上排名前列。区行政中心积极发挥垃圾分类工作带头作用，完善公共区域垃圾分类设施，完成区行政中心生活垃圾分类集中投放点建设工程。

7月3日，召开“2020年全区公共机构节能暨垃圾分类工作会议”

【行政中心绿化改造】 2020年，中心根据厉行节约原则于5月、10月分二期对区行政中心绿化进行改造，营造一个优美舒适的办公环境，推进文明机关建设。改造后基本形成布局合理、层次分明、错落有致的绿化格局。

【行政中心停车秩序管理】 是年，10月起，中心对处级以上领导、会议人员、中心内工作人员等实行按划分区域停放；同时统筹协调周边停车资源，中心内车辆停放饱和时，按规发放区行政中心临时停车专用卡，停放到大院附近立体停车库；夜间错时停放车辆按规发放区行政中心临时停车证。统筹安排赴区行政中心会议、活动、施工等大中型车辆的通行及停放保障。行政中心停车秩序焕然一新，无位可停现象得到有效解决。

【疫情防控保障】 是年，中心根据防控指挥部工作要求，做好全区60家机关事业单位重点区域重点人群摸排的拟返舟人员情况登记、拟入境摸排等汇总上报工作。公务用车平台实行24小时值班，保障区委区政府领导和公安、疾控等单位物资配送、隔离人员接送以及专项工作组和有关单位防疫工作用车，共保障车辆3273车次。区行政中心、港务大楼加强门岗管控，对进出人员严格落实“体温检测+绿码”要求，做好人员上岗情况汇总统计，落实办公楼、会议室、食堂等场所以及公共用具、餐具等的消毒工作，采取错峰就餐方式，减少人员集中。疫情各项工作开展总体平稳。

【党风廉政建设】 不断强化领导班子及成员的主体责任和“一岗双责”，落实党风廉政建设责任，年初签订《党风廉政建设责任书》，制定年度党风廉政工作要点,压实责任。贯彻执行中央八项规定和省、市、区相关规定，针对后勤工作重点领域、重点工程，尤其是对于项目合同签订、工程招投标等重点环节，开展监督自查；加强对干部职工履行岗位职责情况、上班时间违反工作纪律情况、公款请吃和铺张浪费情况、公务用车使用情况等方面的纪律整顿，主动配合区纪委、派驻纪检组做好公务用车使用情况检查、违规借贷问题自查、问题线索报送等工作。严格按照公务接待有关规定，从严控制和压缩“三公”经费、会议费、培训费等一般性经费支出，努力建设节约型、廉洁型机关。不断加强廉政警示教育，组织党员干部观看廉政警示片、学习违规违纪案例通报、重温入党誓词活动等，进一步加强机关党员干部自警自律意识，筑牢拒腐防变防线。

3月25日，召开学习大会暨2020年度《党风廉政建设责任书》签订会议

【党员队伍建设】 以党支部为龙头，强化凝聚力，

7月1日，组织“不忘初心 重温誓词 喜迎七一 向党献礼”主题党日活动

增强向心力，落实好“三会一课”等各项制度，发挥后勤各个领域党员的先锋模范作用，引导鼓舞全体后勤干部投入到各项工作中。组织全体党员学习习近平总书记考察浙江时讲话精神、习近平总书记和党中央关于疫情防控等相关文件精神。组织赴金塘镇烈士陵园开展“不忘初心 重温誓词 喜迎七一 向党献礼”主题党日活动。组织观看保密教育片《网络密战》，以真实事件为背景改编的爱国主义教育影片《八佰》等，进一步增强党性和纪律性。

【全国文明城市创建】 发挥党员干部示范引领作用。班子成员带头参加路长制，对责任区域（紫竹岗）做好交通文明劝导，对责任区域（海山公园）开展工作巡查、宣传教育，助力全国文明城市创建。在职党员进社区，参加结对社区（港北社区）垃圾清扫、楼道大清洗等志愿服务活动，为身边群众办实事好事。

（撰稿：王凤琼）

（本分目图片由区机关事务管理中心提供）

责任编辑：王英伟

政协舟山市定海区委员会

区政协主席、副主席、秘书长，党组书记、党组成员

主　　席：车志宽（2007.3—2020.1）
　　　　　陆沧波（2020.1—）
副 主 席：方家慧（2012.1—2020.1）
　　　　　柳跃军
　　　　　陈礼松（2020.1—）
　　　　　夏江龙
　　　　　林志刚
　　　　　陆翰恺
秘 书 长：华福耐
党组书记：陆沧波
副 书 记：林世军（2020.12—）
成　　员：柳跃军
　　　　　夏江龙
　　　　　华福耐

综　述

2020年，区政协常委会以习近平新时代中国特色社会主义思想为指引，团结引领政协各参加单位和全体政协委员，夯实思想根基，助推改革发展，用心增进民生福祉，从严加强自身建设，完成区政协六届四次会议确定的目标任务，为推动花园式国际人文港城建设再上新台阶、“十三五”圆满收官做出贡献。

是年，举行全体会议1次，常委会会议6次，主席会议11次、协商会议6次。常委会就“区属国资平台运营管理的对策研究”、“进一步完善定海中心片区排涝提升工程，加快推进五山生态旅游带项目建设”和“定海区十四五规划纲要”，主席会议就“加强社区（村）及小区应急管理”“新官理旧账专项工作的问题对策”等课题开展调研视察，形成调研报告，为党政决策提供参考。聚焦热点反映民意，全年收集报送社情民意60 篇，被市政协录用12 篇，区政协荣获全市政协系统反映社情民意信息工作先进单位。提高政协宣传质量，以《定海政协》杂志、定海政协网站、定海政协微信公众号为主体，刊发《定海政协》杂志4期，发布微信图文信息80篇，其中“学习强国”APP录用1篇，《联谊报》刊登11篇，省政协微信公众号“同心苑”采纳23篇，被评为2020年度全省政协宣传工作先进单位，提升定海政协的社会影响力。

重要会议

【六届四次会议】　1月17日至19日在定海举行。会议通过车志宽代表第六届舟山市定海区委员会常务委员会所作的工作报告和柳跃军代表第六届舟山市定海区委员会常务委员会所作的提案工作情况报告，会议通过区政协六届四次会议议程、日程；表彰区政协六届三次会议以来优秀提案，提案办理工作先进单位、先进个人，2019年度参政议政积极分子和2019年度反映社情民意信息工作先进单位、先进个人；审议通过区政协六届四次会议提案审查情况的报告和区政协六届四次会议决议。其间，与会人员列席区十七届人大四次会议，听取并讨论政府工作报告。会议收到以提案形式提出的意见建议156件，立案143件，委员大会发言材料30份，13名委员作大会发言。区委书记庄继艳在会上作重要讲话。

2020年1月17—19日，区政协六届四次会议现场

【常委会会议】 六届十二次常委会会议 1月2日召开。区政协主席车志宽主持会议，副主席方家慧、柳跃军、夏江龙、陆翰恺，秘书长华福耐出席会议。区委组织部和统战部有关同志对人事有关事项作说明。会议审议通过关于召开区政协六届四次会议的决定（草案）；审议通过区政协六届四次会议各次大会执行主席和主持人名单（草案）；审议通过区政协六届四次会议秘书长、副秘书长名单（草案）；审议通过区政协六届四次会议提案截止时间（草案）；审议通过区政协常委会工作报告（审议稿）和提案工作报告（审议稿）；审议通过区政协常委会工作报告和提案工作报告报告人名单（草案）；会议审议区政协六届四次会议议程（草案）、日程（草案）和区政协六届四次会议选举办法（草案）；会议还审议或审议通过人事有关事项和其他有关事项。

六届十三次常委会会议 1月19日召开。会议听取大会秘书处关于各组讨论情况综合汇报；审议通过政协第六届舟山市定海区委员会主席、副主席和常务委员候选人名单；审议《区政协六届四次会议选举办法（草案）》；审议总监票人、副总监票人、监票人名单（草案），决定总计票人名单；审议《区政协提案委员会关于六届四次会议提案审查情况的报告（草案）》和《区政协六届四次会议决议（草案）》。

六届十四次常委会会议 4月10日召开。区政协主席陆沧波主持会议，副主席柳跃军、陈礼松、林志刚、陆翰恺，秘书长华福耐出席会议。区委组织部副部长苏苹、区卫健局副局长应朋志、区经济和信息化局总经济师张宏辉应邀出席会议。会议传达学习习近平总书记在浙江视察时的重要讲话精神和省、市、区委部署要求。会议介绍区委、区政府、区政协2020年度重大协商工作计划。会议还审议通过《区政协全体会议工作规则》《区政协常务委员会工作规则》《区政协专门委员会通则》和人事有关事项。

六届十五次常委会会议 9月4日召开。区政协举行区政协主席陆沧波主持会议，副主席柳跃军、陈礼松、夏江龙、林志刚、陆翰恺，秘书长华福耐出席会议。区委常委、常务副区长林剑彪应邀出席会议。会议听取讨论区政府关于区政协六届四次会议以来提案办理情况的通报，审议通过《提升全区国有企业运营管理 夯实定海花园式国际人文港城建设经济基础（审议稿）》和《进一步完善定海中心片区排涝提升工程 加快推进五山生态旅游带项目建设（审议稿）》。

六届十六次常委会（扩大）会议 11月24日召开。区政协主席陆沧波主持会议，副主席柳跃军、陈礼松、夏江龙、林志刚、陆翰恺，秘书长华福耐出席会议。市委党校经济教研室主任顾自刚受邀作《“十四五”时期的战略布局与发展思路》专题讲座，对党的十九届五中全会精神进行系统阐释和解读。

区政协举行六届十七次常委会会议 12月29日召开。区政协主席陆沧波主持会议，副主席陈礼松、柳跃军、夏江龙、林志刚、陆翰恺，秘书长华福耐出席会议。会议审议通过《关于召开区政协六届五次会议的决定（草案）》，区政协六届五次会议各次大会执行主席和主持人名单（草案），区政协六届五次会议秘书长、副秘书长名单（草案），区政协六届五次会议提案截止时间（草案），区政协常委会工作报告（审议稿）和提案工作报告（审议稿），区政协常委会工作报告和提案工作报告报告人名单（草案）。会议还审议区政协六届五次会议议程（草案）和日程（草案）。

【常委暑期读书会】 9月2日上午，区政协举行常委暑期读书会。会议听取区委副书记、区长侯富光关于全区上半年经济社会发展和重点工作推进情况通报。会议围绕“提升协商能力，发挥专门协商机构作用”进行专题讨论，来自各界别的部分区政协委员进行交流发言。区政协主席陆沧波，副主席柳跃军、陈礼松、夏江龙、林志刚、陆翰恺，秘书长华福耐参加会议。

9月2日，区政协常委暑期读书会

【主席会议】　六届三十一次主席会议　1月18日召开。会议听取各组召集人关于区政协常委会两个报告，区政府、计划、财政等工作报告，以及候选人名单、选举办法（草案）、监票人推荐名单、六届四次会议决议（草案）的讨论情况汇报；审议政协第六届舟山市定海区委员会主席、副主席和常务委员候选人名单（草案）；审议《区政协六届四次会议选举办法（草案）》，总监票人、副总监票人、监票人名单（草案），提出了总计票人名单（草案）；审议《区政协提案委员会关于六届四次会议提案审查情况的报告（草案）》和《区政协六届四次会议决议（草案）》；决定将上述《草案》提请区政协六届十三次常委会会议审议或审议通过。

六届三十二次主席会议　2月21日召开。会议审议通过主席、副主席和秘书长分工方案。

六届三十三次主席会议　3月3日召开。会议审议通过《政协舟山市定海区委员会关于全面助推疫情防控和经济社会发展工作的意见（草案）》。审议通过区政协2020年度重点提案（草案）。审议通过《中国人民政治协商会议舟山市定海区委员会主席会议工作规则（草案）》等2项制度。会议还审议《2020年度重大协商工作计划（草案）》、《中国人民政治协商会议舟山市定海区委员会全体会议工作规则（草案）》等3项制度和《区政协机关“三重一大”事项集体决策制度（草案）》等13项机关有关工作制度。

六届三十四次主席会议　4月3日召开。会议审议通过《2020年“人文定海·书香政协”学习计划》《区政协委员活动经费管理使用意见（草案）》以及《区政协六届十四次常委会议建议议程（草案）》。会议还审议区政协有关课题的调研方案以及人事有关事项。

六届三十五次主席会议　6月1日召开。会议传达定海区创建全国文明城市决战动员大会精神,并布置相关工作。会议审议《关于落实中央和省、市、区委政协工作会议主要任务分工方案（草案）》。审议通过《关于协同围绕高水平全面建成小康社会补短板开展三级政协联动专项集体民主监督的实施方案（草案）》《联动开展“城乡生活垃圾分类处理”专项集体民主监督的实施方案（草案）》和《“书香政协·品读治理”委员培训班方案（草案）》。会议还通报《区政协主席会议开展“振兴定海老字号，促进经济高质量发展的建议”专题调研方案》。

六届三十六次主席会议　7月9日召开。会议审议《提升全区国有企业运营管理，夯实定海花园式国际人文港城建设经济基础（讨论稿）》，审议通过《加强社区（村）及小区防洪排涝应急管理建设调研报告（审议稿）》《加强住宅小区业委会建设，提升物业小区管理水平（审议稿）》《区政协委员工作室联系制度方案（草案）》和《校园溢香目录（草案）》。会议还通报《区政协主席会议关于“促推‘新官理旧账’攻坚行动”专题调研方案》。会议最后组织全体机关干部观看保密宣传警示教育片。

六届三十七次主席会议　8月19日召开。会议专题学习《习近平谈治国理政》（第三卷），与会人员结合个人自学情况谈了学习体会。会议还传达学习《中共舟山市定海区委关于印发〈重大事项请示报告清单〉的通知》。审议《关于“进一步完善五山水利工程（五山公园绿道）建设”的调研报告（讨论稿）》。审议通过《党领导政协工作考核赋分细则（草案）》《政协提案办理工作考核赋分细则（草案）》、区政协六届十五次常委会议建议议程（草案）。会议听取关于全国文明城市创建专项集体民主监督的情况通报、《关于开展“科学提升基层公共卫生预警与处置能力”的调研方案（草案）》的通报、关于政治巡查相关事项的通报。

六届三十八次主席会议　10月23日召开。会议审议通过《做优做活定海老字号，繁荣海岛历史文化名城（审议稿）》《进一步加强产学研合作，加快我区经济新旧动能转化，协同推进区域产业创新发展（审议稿）》以及《科学提升基层公共卫生预警与处置能力（审议稿）》3个调研报告。会议审议通过《我区企业降税减费成效委员视察纪要（审议稿）》和《“推进老旧小区改造 助力花园式国际人文港城建设”视察纪要（审议稿）》2个视察纪要。会议还审议通过区政协六届十六次常委会议建议议程（草案）。

六届三十九次主席会议　11月24日召开。会议通报区政协主席会议成员分工有关事项。会议传达学习省委十四届八次全体（扩大）会议精神和市政协界别工作会议精神。会议审议通过《“定海区国民经济和社会发展第十四个五年规划”专题协商纪要（审议稿）》和《“助推学前教育优质均衡发展”协商纪要（审议稿）》。会议还审议通过《“百名委员走乡村 拍乡村 绘乡村”评选建议名单（草案）》。

六届四十次主席会议　12月16日召开。会议审议关于召开区政协六届五次会议的建议（草案）、区政协六届五次会议建议议程（草案）和建议日程（草案）。审议通过区政协六届五次会议邀请、列席、旁听人员范围（草案），区政协六届四次会议以来优秀提案（草案）、提案办理先进单位和先进个人名单（草案），区政协2020年度参政议政积极分子名单（草案），区政协2020年度反映社情民意信息工作先进单位和先进个人名单（草案），“书香政协——读好书、写心得”微征文评选结果名单（草案）。会议还审议通过《区政协主席会议“促推‘新官理旧账’攻坚行动”调研报告（审议稿）》《“充分发挥定海宗教团体作用 积极服务全区社会经济建设”视察纪要（审议稿）》和《学苑飘香》书稿。

六届四十一次主席会议　12月25日召开。会议传达学习中央经济工作会议精神，省委十四届八次全体（扩大）会议和市委七届十次全体（扩大）会议精神。会议审议区政协党组2021年工作要点（讨论稿），区政协六界五次会议各次大会执行主席和主持人建议名单（草案），区政协六届五次会议秘书长、副秘书长建议名单（草案），区政协六界五次会议提案截止建议时间（草案），区政协常委会工作报告（讨论稿）和提案工作报告（讨论稿），区政协常委会工作报告和提案工作报告报告人建议名单（草案）。会议审议通过区政协六届五次会议邀请、列席人员名单（草案），区政协六届五次会议委员分组办法和各组召集人名单（草案）、分组名单（草案），区政协六届五次会议主席台有关事项，区政协六届五次会议大会合辑有关事项，区政协六界五次会议大会发言有关事项和区政协六界十七次常委会会议建议议程（草案）。会议还审议通过其他有关事项。

专题协商

【社区（村）及小区防洪排涝应急管理建设专题协商】　6月30日，区政协开展“请你来协商”加强社区（村）及小区防洪排涝应急管理建设专题协商活动。主席陆沧波，副主席陆翰恺，秘书长华福耐，教文委主任副主任参加会议，邀请区委常委、常务副区长林剑彪,区水利局、区农业农村局、区应急管理局、区综合行政执法局、市自然资源和规划局定海分局、区消防大队等有关负责人来到现场与部分委员和界别群众代表进行面对面协商议政，探索推动定海基层防洪排涝应急管理工作。区政协主席陆沧波主持会议。

举行2020年首场“请你来协商”活动 聚焦基层防洪排涝应急管理建设

【“加强住宅小区业委会建设 提升物业小区管理”专题协商】　7月2日，区政协举行“请你来协商”活动，围绕加强住宅小区业委会建设，提升物业小区管理水平主题，邀请区委常委、副区长夏泉，区委编办、区住建局、城东街道、环南街道、昌国街道、盐仓街道等有关负责人来到现场与部分委员和界别群众代表进行面对面协商议政，共同探索推动定海住宅小区业委会建设，提升物业小区管理水平工作。区政协主席陆沧波主持会议，副主席夏江龙，秘书长华福耐参加活动。

【“完善定海中心片区排涝提升工程 加快推进五山生态旅游带项目建设”专题协商】　9月10日，区政协举行“请你来协商”活动，围绕进一步完善定海中心片区排涝提升工程，加快推进五山生态旅游带项目建设主题，开展专题协商活动。邀请区交通运输局、区水利局、区文旅局、区综合行政执法局、区住建局、市自然资源和规划局定海分局、市生态环境局定海分局等有关负责人来到现场与部分委员和界别群众代表进行面对面协商议政，共同探索推动定海完善定海中心片区排涝提升工程，加快推进五山生态旅游带项目建设工作。区政协主席陆沧波主持会议。区长侯富光应邀参加活动并做总结发言。

开展“进一步完善定海中心片区排涝提升工程，加快推进五山生态旅游带项目建设”“请你来协商”专题协商

【“做优做活定海老字号 繁荣海岛历史文化名城”专题协商】 10月11日，区政协举行“请你来协商”活动，围绕做优做活定海老字号 繁荣海岛历史文化名城主题，开展专题协商会，会议邀请区政府副区长刘世君参加。部分区属职能部门、区政协委员和群众代表齐聚一堂，共同协商交流进一步做优做活定海老字号的经验建议。区政协主席陆沧波主持会议，副主席陈礼松，秘书长华福耐参加活动。

“请你来协商”解码定海老字号发展之路

【助推学前教育优质均衡发展专题协商】 11月12日，区政协举行“请你来协商”活动，围绕助推学前教育优质均衡发展主题，邀请区编制办、教育局、财政局、物价局等有关负责人来到现场与部分委员和界别群众代表进行面对面协商议政。副区长屠定玉应邀参加并讲话。区政协主席陆沧波主持会议，副主席陆翰恺参加活动。

举办区政协“助推学前教育优质均衡发展”专题协商活动

【畅聊定海“十四五”主题专题协商】 11月16日，区政协举行“请你来协商”活动，围绕畅聊定海“十四五”主题，开展专题协商会。邀请区委办、区发改局、区经信局、区住建局、区文旅局、市自然资源和规划局定海分局等有关负责人，来到现场与部分委员和界别群众代表进行面对面协商议政。区委书记庄继燕应邀参加并讲话。区政协主席陆沧波主持会议。区政协副主席柳跃军、陈礼松、夏江龙、林志刚、陆翰恺，秘书长华福耐出席活动。

定海区国民经济和社会发展第十四个五年规划专题协商会

人文定海·书香政协

【委员培训】 7月14—17日，区政协在嵊泗县委党校举办“书香政协·品读治理”政协委员专题培训班。区政协主席陆沧波，副主席柳跃军、陈礼松、夏江龙，秘书长华福耐和来自各界别的50多名区政协委员参加培训。

定海区政协2020年度“书香政协·品读治理”专题培训班

【LOGO征集大赛】 9月20日，创新发布“logo征集令”，面向社会公开征集“书香政协”标识，先后收到投稿作品12件，录用作品1件。

【联络联谊】 9月28日，区政协组织“百名委员走乡村、拍乡村、绘乡村”界别联络联谊活动，发动120余名委员就定海美丽乡村建设建言献策，通过摄影作品记录乡村风貌，并以画会友，集体绘制一幅长约16米、涵盖8大镇（街道）美丽乡村点位的巨型画卷，促进委员交流互动，提振委员干事创业的精神气，活动得到省《联谊报》等媒体报道。

区政协“百名委员走乡村　拍乡村　绘乡村”活动启动仪式

【读好书·写心得】 区政协向全体委员发放经典畅销书籍《聚裂:云+AI+5G的新商业逻辑》《百年共和之义》，开展“书香政协——读好书、写心得”微征文活动，广大委员结合定海发展实际和自身履职经历，撰写学习心得文章102篇。活动评选一等奖1名，二等奖3名，三等奖5名，优秀奖9名。

【文史宣传】 做好政协文史工作，编辑出版《学苑飘香》等文史书籍，发挥文史资料存史资政、团结育人的重要社会功能。

职能工作

【政治协商】 结合统筹疫情防控和定海经济社会发展工作，通过政协找题、区委区政府点题，协助区委区政府出台年度重大协商工作计划，完成年度履职工作重点全部13个课题。把“请你来协商”作为发挥政协专门协商机构作用的重要平台，坚持做到“议题常新、地点常新、形式常新、宣传常新”，推动平台建设向基层延伸、向界别延伸。推进政协协商向基层延伸，新成立委员工作室5家，率先在全市范围内实现政协委员工作室镇街全覆盖。

定海区政协环南街道委员工作室第一次全体会议

【建言资政】 针对国有企业运营能力薄弱、管理体制不畅等问题，组织赴先进地区考察学习，召开区政协常委会议进行专题协商，提出推进国资监管职能改革和国企市场化改革、优化项目布局、健全激励考核机制等12条对策建议，区委书记作出批示，要求职能部门吸收借鉴，协商成果得到切实转化落实。围绕企业减税降费成效开展委员集中视察，深入了解惠企政策的知晓率、获得感、满意度，就抓好现有政策落地、新一轮政策谋划等提出针对性意见。围绕“小区业委会建设”“基层公共卫生预警与处置能力提升”“全区教育均衡发展”等事关群众居住、健康、教育等民生热议问题开展对口协商和视察，分解交办意见建议28条。

【民主监督】 坚持寓监督于支持之中，更好地助力区委、区政府解决问题、改进工作。与省、市政协三级联动开展“城乡生活垃圾分类处理”“高水平全面建成小康社会补短板”“最多跑一地”等专项集体民主监督活动，区政协领导班子分别率监督调研小组走一线、听民声、查实情，发动委员100余人次，发现问题30余个（处），提出意见建议40余条，推动相关问题的解决。

【团结联谊】 坚持中国共产党领导的多党合作和政治协商制度，与各民主党派、工商联、人民团体和各界人士共建双向发力的履职平台，鼓励支持以集体名义发声，全年收到各党派团体、工商联提交的提案34件、大会发言材料13篇、社情民意信息40条。

【组织建设】 全面对标“重要窗口”新目标新定位，践行严实要求，夯实履职基础，打造政治过硬、能力过硬、作风过硬的政协委员和机关干部队伍。

推进模范机关创建 坚持以制度建设带动政协履职规范，围绕人事、财务、后勤等工作新增制度13项，修订优化会议工作规则3项，对已有制度进行全面梳理，形成《定海区政协规章制度汇编（2007—2020）》，推动基层政协制度更加成熟定型。按时完成机关党总支以及机关第一、第二支部换届选举，做好机关党员教育管理“六不少”工作，精心开展支部主题党日活动，组织参观登步战斗纪念馆、“舟山解放70周年”主题展览等。

加强两支队伍建设 及时传达学习省、市、区各级会议精神，引导广大政协委员、机关干部切实把加强理论武装作为政协工作的首要政治任务。制订“书香政协”年度学习计划，全年举行8次政协党组理论学习中心组学习会、2次界别分组学习，组织《建好用好协商平台，提升政协协商能力》《“十四五”时期的战略布局与发展思路》专题讲座2期，培训政协委员、机关干部1000余人次，各界别受训覆盖率100%，提高委员履职能力和业务本领。加强党风廉政建设和作风建设,配合做好区委巡察组巡察政协机关党组工作，抓好巡察问题整改，制定具体整改措施29项，政协机关风清气正、勤勉干事的氛围愈加浓厚。

提案工作

【提案办理】 是年，收到提案156件，经审查立案143件，并案22件，因超越定海事权等因素不予立案的13件全部转为社情民意。立案提案中已解决或基本解决的84 件（A 类），占立案总数的68.9%；正在解决或列入计划解决的21件（B 类），占18%；所提建议需待条件成熟后逐步解决的16件（C类），占13.1%。从收到地反馈情况看,委员对办理结果的满意率和基本满意率为100%。

【夯实提案质量基础】 通过在《今日定海》报纸、定海新闻上发布征集公告，在定海山微信、APP上向广大市民群众征集线索，并结合区委区政府工作中心和热点民生问题，及时向广大委员和政协各参加单位编发70多条提案线索，催生《关于大力发展城市夜间经济的建议》等许多符合定海经济发展及群众关心的热点问题提案。组织委员深入基层，深入一线，开展视察调研，确保提案质量。

【强化提案办理实效】 加强办前协商，与区政府办公室深入对接，做好预交办和疑难提案“面对面”交办工作。加强办中协商。继续坚持区领导领办重点提案、区政协领导督办重点提案制度。加强办后协商，及时了解提案人对承办单位办理答复的意见，对答复双方存在异议的问题，通过座谈会、督办会、现场察看等方式，促进提办双方加强协商、增进理解、达成共识，提高提案办理工作的满意度。

【提高提案服务水平】 发挥区政协桥梁纽带作用，积极搭建提案征集、协商交流、信息沟通等平台，为提案人和承办单位加强沟通协商提供服务。持续完善区党政领导领办重点提案、区政协主席会议成员督办提案、提案办理“回头看”督查和提案办理情况通报“四项制度”，推动提案办理有效落实。通过向区政协公众号和定海山微信等相关媒体推送优秀提案，展示办理落实成效。运用政协委员微信群，将相关民生类提案所涉及的意见建议包括现场图片进行展示，以推进提案办理服务水平。

（撰稿：陈燕明）

（本类目图片由区政协提供）

责任编辑：王英伟

民主党派

中国国民党革命委员会
舟山市定海区支部委员会

【概况】　中国国民党革命委员会舟山市委员会定海区总支部（简称民革舟山市定海区总支部）于2020年8月1日下午召开一届三次党员大会，刘勇平辞任民革定海区总支部主委职务，届中补选张松军为总支部主委、何琪玲为总支委员，组建新的总支委班子，顺利完成政治交接。民革定海支部有正式党员33名，其中女党员15名，具有大学及以上学历党员27人。支部党员中有区六届政协委员10人，其中常委4人，七届市政协委员2人，其中常委1人，区人大常委1人，市人大常委1人。是年，发展新党员2名（竺诗雨、王万军）。

【组织建设】　总支部坚持以"五星"、"五好"基层组织建设为主线，凝心聚力、创新发展、强化共识。总支部坚持开展敬老爱老活动，为党员提供好服务，上门看望老年党员，开展重阳节慰问，加强组织与党员、党员与党员之间的联系。总支部非常重视后备干部和骨干党员的培养和推荐，鼓励党员立足岗位、担当作为、积极进取，进一步激发组织活力，扩大民革影响力。党员袁优红，继宣汉土黄镇支教后，第二次赴贵州毕节市纳雍县董地乡中心小学开展教育帮扶活动，与当地师生结下了深厚的情谊，其承建的《神奇的运输》课程被省教育厅教研室录用为省级精品课程；蔡锡顶被聘为市妇幼健康教育讲师团成员，其所作的《儿童性早熟的预防及治疗》视频课程在线上被广泛学习。面对今年突如其来的疫情，总支部发挥人才优势、智力优势、联系广泛优势，号召广大党员投入疫情一线，坚定不移坚守岗位，踊跃捐款捐物，为做好疫情防控工作贡献力量。医生党员郑国庆、沈优红始终坚守在医院疫情防控的一线岗位，为定海中心医院及医本级单位进行防疫培训30多场次；何琪玲、张惠芬、叶天星等党员尽职坚守岗位、勇做基层防疫排头兵。其中，何琪玲被民革浙江省委会评为防疫抗疫先进个人，沈优红被评为舟山市抗击新冠疫情"杰出护理管理者"称号。

【参政议政】　围绕区委区政府中心工作，总支部紧扣大局、牢牢把握大局，通过政治协商、大会发言、撰写提案和社情民意、对口联系等多种途径，为全区和全市经济社会发展建言献策。在2020年的区"两会"上，提交集体提案6件，个人提案14件，个人议案2件。其中集体提案《关于高水平推进老旧小区改造的建议》和陈雪芬个人提案《关于建设教育大数据平台，推动教育现代化的建议》2件提案被评为区政协六届三次会议以来优秀提案，徐国中、储慧被评为区政协2019年度参政议政积极分子，孙剑刚、陈雪芬被评为区政协2019年度反映社情民意信息工作先进个人。在市"两会"上，提交个人提案（议案）5件，另外2件被民革市委会转为市政协集体提案，其中由林洁执笔的《水产品供应链创新与应用体系建设》被列为市政协重点提案，并获何中伟市长、宝音太副市长批示；陈雪芬执笔的《关于抓紧研究放开落户限制，加快提升城市人口吸引力集聚力的建议》被列为市委市政府领导领办件；刘勇平的个人提案《关于加强物业服务企业扶持与监管的建议》和《关于进一步抓好我区全国文明城市创建工作的建议》被评为市政协优秀提案，刘勇平被评为市政协2019年度优秀委员。

总支部全年全体党员撰写社情民信息20余篇，其中张松军撰写的《关于在小区普及安装电动车集中充电桩的建议》被54期的市政协专报录用并得到了毛江平副市长的批示，沈惠军撰写的《关于恢复临城车管所车检业务的建议》获得时任市委副书记华伟批示并督办，何琪玲撰写的《关于规范政府保障性住房交易的建议》获区委常委、副区长夏泉批示，陈雪芬撰写的《关于培育夜间经济 促进消费升级的建议》获区领导批示。

【民主监督】 围绕城市治理、法治建设、社会治理现代化等重点工作，总支部组织开展或参与各类民主监督活动，既“挑刺”又“出招”。7月，组织党员参与民革市委会组织的“随手拍、随时提，助力创城”民主监督活动，踏勘城乡接合部小洋岙社区、鸿毛湾社区、檀东颐景园社区的封闭式、开放式居民小区、王毛山水库等地，用手机拍下多处“不文明”现象，并及时提出整改建议。徐国中、林洁储慧等党员参与区政协组织的“请你来协商”，聚焦基层防洪排涝应急管理建设，围绕政府精细化管理、提升防洪排涝能力等方面建言献策；聚焦老字号发展，围绕丰富老字号业态、引进外地优秀老字号品牌、借力互联网及数字经济、提升品牌影响力等方面提出建议；参加民革市委会举办的“同舟”议政——瀛洲海谈，围绕最多跑一地、基层减负、海岛旅游等热点话题议政建言。另外，总支部有多名党员受聘担任监督员、评论员、审计员等职能，刘勇平担任第一届省网络界人士联谊会常务理事、被聘为市税务局特约监察员，何琪玲被聘为市人民监督员，沈永康被民革市委会聘为监察委员会委员、被市审计局聘为特约审计员，孙剑刚被市审招办聘为特约监察员，张松军被聘为区税务局特邀监察员，推进各地经济社会发展和重大方针政策落实。

【服务联谊】 总支部依靠全体党员，集纳优势资源，打造“博爱·牵手”系列品牌，成立“博爱”志愿服务团队，以服务发展、服务民生、服务公益为主线，发挥律师、教师、医生、护士特长，在各个领域投身社会服务，全年累计开展各类公益服务活动10余次。参与全市“守护海娃 点亮童年”关爱海岛儿童项目，帮助海岛留守、孤困儿童提升抗挫能力和坚强毅力；端午节前夕开展“关爱环卫工人，助力创城”的社会服务活动，向“城市美容师”开展送知识、送爱心、送健康等服务；9月，走进檀枫小学开展“公筷公勺”宣讲进校园活动，助力创建全国文明城市。

（撰稿：汪和芬）

中国民主同盟舟山市定海区支部

【概况】 2020年，民盟定海区支部以习近平新时代中国特色社会主义思想为指导，坚持中国共产党领导的多党合作和政治协商制度。围绕市、区中心工作，坚持打好“五大会战”，建设“四个舟山”的决策部署和定海花园式国际人文港城的建设要求。发挥盟内的人才优势，调动盟员参政议政的积极性，遵循“理论知识扎实、调研调查深入、建议献策到位”的模式开展工作，队伍建设、参政议政、民主监督、服务社会等方面取得进步。

是年，支部被市委统战部评为四星支部；被民盟市委会评为参政议政先进集体；被定海区委统战评为参政议政先进集体等；支部演讲作品《从春天出发》获盟市委主题教育活动二等奖；芮海峰的《阳光照耀下的嵊山礁》获全国小幅水彩画展复评荣誉；林志刚被评为2019年度市政协优秀委员；毛凯被市委统战部评为民主监督积极分子；芮海峰获盟市委优秀盟员称号；钟舟杰获盟市委优秀信息员称号；芮海峰被定海区政协参政议政先进个人；夏亚萍被评为“定海区海岛优秀教师”；俞舟波的学术论文《让水彩在小学美术教学中流动起来》获市劳动技术教学二等奖、区一等奖，教学案例《让艺术之花更盛——从线上美术新课堂引发的思考》或舟山市优秀教学案例。

【组织队伍建设】 2020年，支部有盟员30人，男女盟员各15人，其中在职盟员24人（含非公人士盟员1人），退休盟员6人。平均年龄50岁，分布在教育、医疗、行政、营销等各领域，职业分布和年龄梯队较为合理。现有中级以上职称者21人，其中高级职称者11人，大学本科以上学历者23人，其中研究生学历者4人。

推进年轻盟员发展　坚持“高标准、严要求”，注重吸纳政治素质好、作风正派、学有专长、富有生机的中青年同志入盟，并在发展中听取考察对象所在单位党组织和群众的意见。是年，新吸收盟员杨其润

1名。让近两年加入的年轻盟员参加民盟市委会、区政协、区委统战部的各项培训、会议、活动，全年有60余人次参加此类各项会议（活动）。选送年轻盟员作为各级组织的特约信息员，选送钟舟杰为市政协特约信息员，选送罗官丰和钟舟杰为区政协、民盟市委会的特约信息员。

打造组织平台　为让老盟员感受盟组织的温暖，增强盟组织的凝聚力，支部在春节、生日时候走访慰问6位75周岁以上或卧床休息的老盟员，给他们送去关心和温暖，增强盟员对组织的认同感和归属感。

【班子自身建设】　支部严格按照新时期、新形势对于参政党的要求，加强民主党派基层组织规范化建设，组建领导班子。支委会现有支委4人，其中主委1人，副主委1人，组织委员1人，宣传委员1人，另候选委员1人。

执行班子常态化学习　支委会每季度召开支委会议、并不定期召开支委扩大会议等开展政治理论、党委政府中心工作的学习和研讨，重点工作的讨论布置，不断增强政治把握能力、参政议政能力、组织领导能力、合作共事能力和解决自身问题能力，为支部在做好参政党的工作夯实领导基础。

贯彻民主商议集中制　对于支部的各项工作议程和事项决定，支部班子均是通过民主集中讨论的方法予以确定，在支委会交流讨论机制的基础上，召开2次支委扩大会议进行民主讨论，确保各项制度制定和事项安排能够科学细致。

执行廉政风险防范教育　鉴于支部主委、委员均就职于体制内，且多数与企业有着紧密的联络服务关系，为确保支委纯洁性和稳定性，在支委会议上组织学习典型反面案例警示教育，不断强化支部班子的廉洁建设。

【参政履职】　支部历来重视参政议政、社会服务等方面的工作。

提升参政议政质量　支部坚持围绕市、区中心工作，建言献策。培养盟员具有良好的参政议政责任意识，履行参政议政、民主监督的职责，开展专题调研，提高参政议政质量。是年，定海区两会上交提案15篇，其中5篇集体提案，10篇个人提案。其中集体提案《关于科学推进亩均论英雄改革,助力定海工业经济提质增收的建议》被评为优秀提案。

参与民主监督　盟员中的各级人大代表、政协委员、特邀信息员认真履行职责，利用人大、政协视察、议案提案办理会、大会发言等形式有效开展民主监督，在文明城市创建、文化教育资源利用、五水共治、垃圾分类等方面形成近30篇各类信息、社情民意，并形成《加快融合数字化应用技术打造山海兼胜的历史文化名城旅游高地》《深化“最多跑一地”改革推动区域社会治理现代化》等多篇调研报告，多篇社情民意信息被盟省委、市政协、盟市委、区政协、区委统战部等各级部门录用，其中林志刚撰写的《关于疏解我市化工物流运输难题的几点建议》被许小月副市长批示。

组织参与社会服务　各盟员们奉献社会，多次参与各类社会服务活动，芮海峰、石意志、俞舟波等盟员多次参加学校义教活动；李毅、程迪盟员多次参加各类慰问演出；曹春宇、李艳华、张译元多次参加各种形式的义诊等，取得社会效应。

多形式助力抗疫　新冠疫情爆发之后，支部召集盟员捐款，捐助8800余元及物资。支部被民盟省委会评为“抗击新冠疫情先进单位”，曹春宇、杨其润被民盟省委会评为“抗击新冠疫情先进个人”。盟员以各种方式参与抗疫，贡献自己的一份力。盟员李毅抗疫音乐原创作品《守护生命的使者》被人民音乐出版社收录；芮海峰的《火神山》，俞舟波的篆刻作品《武汉长安》《武汉平安》等多幅画作被各级美协收录、展览；杨其润主动请缨赴金塘卡口，一线支援抗议工作，另去企业指导抗疫措施、复工复产一月有余；包舟立长期在港口一线进行抗疫，检查远洋船舶280余艘，远洋船员5400余人；曹春宇主动请缨去发热门诊，直面抗疫第一线进行病人筛查和治疗；洪俊留、钟舟杰等去隔离小区做志愿者，清点隔离人员等，体现支部盟员的社会担当。

【规章制度建设】　支部重视各项制度的建设，依照“用制度管人、用制度管事”的要求，不断完善各项制度。

坚持常规制度不遗漏　根据先前已有的规章，按照《中国民主同盟章程》及民盟舟山市委会加强基层组织建设的有关精神，根据目前实际，重新梳理，出台《民盟定海区支部工作暂行规定》《民盟定海区支部组织生活有关规定》《民盟定海区支部组织发展程序规定》《民盟定海区支部换届工作有关规定》《民盟定海区支部组织经费管理办法》等制度，涵盖支部工作流程、组织生活、内部管理等各方面。

坚持严格执行不松懈　强化制度保障，有序开展支部工作，做到年初有计划，年底有总结。重要事情支委会议、支委扩大会议集体讨论决策，优秀表彰、财务报告必有公示。落实新盟员及后备干部的培训培养制度，给优秀盟员提供成长的平台。

坚持议政制度完善不固化　建立支委领衔制，优化专长盟员分类参与、选题群策会商和提案提交审查等制度，年初明确三个调研组的调研方向，明确参与人员及执笔人员，确保在两会和平时能够提交更高质量的提案和社情民意。

台账资料工作专人负责　支部建立“大事记”台账资料，专人负责，分门别类做好支部组织、盟员参加的各类活动记录，加强“留痕”。专人负责财务收支账簿记录保管等。做到台账资料清晰可查，不断加强数字化台账管理。

【打造活动品牌】　支部不断打造自身活动品牌，参加由盟市委、区政协、区委统战部等组织的各类活动，取得好成绩。

打响统战部门同心服务品牌　发挥支部教师盟员的教学优势，加强与小沙中学的沟通联系，多次赴学校制定帮教方案，安排专业老师送课，并商讨下步关于学校转型为民工子弟学校后的结对事宜，进一步巩固支部在基础教育领域的界别特色和影响力。

依托盟市委组织的各类活动平台　发挥支部盟员专业技能，做好送医、送画、送戏等各类社会公益服务活动，开展民营经济高质量发展、文明城市创建等专项民主监督活动，送医送教赴海岛及明珠学校等，不断夯实民盟社会影响力和精神风貌。

做精做强芮海峰盟员“网络帮学”特色载体　芮海峰每个月定期开展书画微信免费讲堂，微信群受众人数350余人，适时拓展服务范畴和功能，发挥支部盟员正能量，展示社会公益良好形象。

结合重要时点组织特色活动　在全国“两会”“舟山解放70周年”等各个有意义的时间节点，组织盟员进行理论学习，另与定海美协合作举办画展等富有特色的支部活动，凝聚支部力量，展示盟员风采。

重视对口联系工作　政府部门与民主党派对口联系是统一战线的重要工作内容之一，支部对口联系单位是区公安局、区发改局、区人社局、区教育局，支部非常重视对口联系单位的工作，多次赴区教育局、区发改局等联系单位完善和落实对口联系制度和渠道，双方约定实行重大事项通报协商，相互邀请共同参加社会服务，联合开展调研，互通有无，加强沟通，做好对口联系工作。

加强兄弟党派的合作　各兄弟党派、兄弟支部都有各自的界别优势，资源优势，支部加强与各兄弟党派（支部）的联系，与民盟新城支部赴松阳联合调研农村闲置农房流转问题，与九三学社定海支社联合开展垃圾分类、烟头不落地等节能活动宣传，与民盟直属支部、文艺支部联合开展新春茶话会等，通过联合组织活动，增强支部影响力，提升活动质量。

（撰稿：芮海峰）

中国民主建国会舟山市工委会定海区支部

【概况】　2020年，民建定海支部一边抓抗疫一边深化服务，打好疫情防控阻击战，贯彻落实各项工作部署，全面加强自身建设，谱写建设“重要窗口”海岛风景线的定海新篇章。

【抗疫复工两手抓】　支部第一时间发出倡议，调动力量，发动会员个人、会员企业等捐款捐物近40万元，捐赠口罩近3万只。会员徐海耿作为支部唯一一名医务人员，放弃春节假期，奋战在保障全市母婴安全第一线，被中共浙江省委统战部授予“最美逆行者”称号，被民建浙江省委会授予“民建全省抗击新冠肺炎疫情先进个人”称号。支部做好会员服务，收集反映社情民意，助推会员企业打赢疫情防控和复工复产攻坚战，被民建浙江省委会授予“浙江省先进基层组织”称号。

【强化思想武装】　支部坚持党的领导，组织学习活动6次，学习习总书记重要讲话精神、全国两会精神、十九届五中全会精神、浙江省委十四届七次全会精神及省市区委关于建设“重要窗口”的相关文件精神等内容，增强支部政治意识和政党意识，树立“四个意识”，坚定“四个自信”，提高“五种能力”，进一步筑牢思想政治工作基础。

【队伍建设】 支部准确把握社会主义参政党的基本要求，弘扬优良传统，凝聚思想共识，加强自身建设，注重人才资源的开发和培养，吸收有较强参政议政能力的成员，保证队伍的专业化和全面化。是年，支部完成换届工作，选举产生第二届支部委员会，新增入会积极分子1名。联合新城支部到“中国海岛第一村”定海区马岙街道开展学习考察活动，增进会员间的联络沟通。李志业、叶舟兰、洪溪彪、徐海耿四位会员分别被民建市工委授予“综合工作先进”“参政议政工作先进”“民主监督工作先进”“社会服务工作先进”称号。

【履职尽责】 支部履行参政议政、民主监督职能，3位市人大代表，5位市、区政协委员，聚焦社会发展时事，深入基层调查研究，提出人大建议、政协提案13 件，其中2位市人大代表还被评为积极分子。支部深入基层社区，完成城市社区治理专项调研，探索推进基层党建与社区治理的深度融合；走访民营企业，完成民营企业高质量发展调研，并形成提案，提出相关建议。

【社会服务】 支部发挥人才、资源优势，紧紧围绕服务中心、服务基层、服务群众、服务发展等主题，开展岑港敬老院慰问、丰宁扶贫活动，参与小沙中学困难学生慰问等，并持续做好大沙社区产业发展帮扶工作，继续深化产业园区打造。会员徐海耿带领科室医生在白泉镇柯梅村开展社会公益活动，两次走进育华学校开展健康教育知识讲座，深化“思源品牌”建设。2020年，支部完成浙江省民建企业家协会二届八次会长会议协办，助推舟山经济发展。

（撰稿：朱瑾瑾）

中国民主促进会舟山市委员会定海支部

【概况】 中国民主促进会舟山市委员会定海支部（以下简称民进定海支部）成立于2002年1月，现有会员23名，在职会员19名，支部委员5名。支部男女比例11：12，平均年龄49.3周岁，其中1980年后出生的会员6人。支部具有大专及以上学历的会员22人，占96%；具有高级技术职称的12人，中级职称4人。支部现有市人大代表2名,市政协委员2名；区人大代表1名，区政协委员3名，其中区政协常委1名。会员行业分布：医卫界2名，占9 %；文化、教育界14人，占61%；科技、环保、行政界7人，占30%。

2020年，民进定海支部坚持以习近平新时代中国特色社会主义思想为指导，学习贯彻中共十九大及十九届二中、三中、四中、五中全会精神，围绕打好“五大会战”、建设“四个舟山”的工作主线，主动参与到定海区全面推进花园式国际人文港城建设的各项事业中，参政议政、民主监督、政治协商、社会服务等方面取得新进展。是年，支部被民进省委会评为“2020年度优秀基层组织”，被市委统战部评为“一支部一品牌”创建活动先进支部，被区政协评为“反映社情民意工作先进集体”，被区委统战部评为“综合工作先进集体”。

【抓牢筑实思想基础】 支部把思想理论建设摆在支部建设的首位，组织会员学习习近平总书记在浙江考察时重要讲话精神，及时传达中共十九大五中全会精神，定期通过微信会员群开展线上理论学习，引领会员不断增强“四个意识”，坚定“四个自信”，做到“两个维护”。组织支部会员参加全区党外代表人士培训班、统一战线读书会、暑期读书会、党外代表人士培训班等各类培训学习，不断提高会员尤其新会员的政治把握能力。进一步完善支委民主生活会制度和支部学习制度，严格支委定期会议制度，丰富会员学习载体，促进沟通思想、团结协作、改进工作，确保支部各项建设的正确方向，确保全面把握会员思想动态。

【推进组织建设】 支部高度重视组织发展和后备干部的培养，按照讲数量、求质量，以德为先的原则，全年发展新会员2名，调离4名会员的组织关系，改善支部会员结构合理性。孙和军会员当选市作协副主席兼秘书长，方晓华会员当选为市美术家协会副主席，被认定为全市教育界唯一名C类人才，方晓华、李军伟、柴波和胡凤娜会员的美术作品，张瀚云会员的舞蹈作品在全国和全省的各类评比中多次斩获大奖。支部全面深化班子建设、队伍建设、制度建设、活动创造和作用体现，组织建设工作持续完善和加强，在四星级支部的基础上，率先在民进市委会7个支部当中完成全市民主党派五星级支部创建。组织开展教师节庆祝活动、金塘调研、重阳节敬老慰问等集体活动，凝聚支部的战斗力和向心力。10月24日，支部召开第五次会员大会，听取和审议支部第四届委员会工作报告和财务报告，选举产生新一届的支委班子，为支部下步工作建设打下领导基础。

【履职尽责服务大局】 支部把围绕区委区政府的中心工作和重点工作，围绕人民群众关心关注的热点问题，提供高质量的建言献策作为重头戏来抓。在2020年的“两会”上，支部提出人大建议、政协提案18件，内容涉及到社会发展、经济建设、民生热点等方方面面。其中，大会口头发言一篇，书面发言两篇，重点提案一篇。支部履行民主监督职能，组织开展“全国文明城市创建”专项民主监督活动。毛媛、赵翔、莫金刚等会员参与到区政协“请你来协商”活动中，就“加强社区（村）及小区防洪排涝应急管理建设”“定海区老字号发展”等主题开展协商讨论。高度重视信息工作积极建言献策。2020年向民进各级组织、市区政协和统战部门报送各类调研文章、社情民意、党派信息30余篇，分别被相关部门采用，其中市区《政协专报》《政协信息》《舟山民进》及相关微信公众号编报、推送20余篇，多篇得到市区领导的批示。

【创新创意社会服务】 支部以“同心服务”为抓手发挥民进特色优势。联合九三学社定海支社开展“学校劳动教育与定海农场发展”同心论坛，就加强学生的劳动意识与素养建言献策。持续在小沙中心小学和育才学校定期开展送教支教服务活动，联合定海区图书馆赴小沙中心小学共庆少先队建队节，为少先队们捐赠图书3000多元。以服务重点工作为目标展现民进人文特色。胡爱萍、方晓华、李军伟、柴波、胡凤娜会员用手中画笔描绘全国抗疫工作，展现文艺作品凝心聚力的作用。赵翔会员发挥戏曲和方言方面的特长，多次在学校和社区开展戏曲讲座及舟山方言、非遗文化讲学。孙和军会员深耕本地文史，其《东极之光——“里斯本丸”事件纪实》获浙江省第十四届精神文明建设“五个一工程”图书奖。以服务群众为常态彰显民进担当。安静娜会员跟随第26批中国援非医疗队，远赴非洲马里救死扶伤，完成马里援非工作。金铮、范碧芬和方晓华会员分别被组织选派赴四川宣汉挂职，在人才支持、产业合作、文化教育领域开展东西部扶贫协助工作，助推宣汉县打赢脱贫攻坚战。

（撰稿：莫全刚）

中国农工民主党定海区总支部委员会

【概况】 2020年，中国农工民主党（简称农工党）定海总支有党员41人。其中男党员20名，女党员21名，医卫界19人，文化教育界6人，经济界6人，行政界10人。中级职称22人，高级职称16人。是年新发展周芷伊、沈烈军、陈娜、李韩舟四名党员，其中党员侯海静因工作原因转到农工党舟山医院支部。韩亚玲任主委，俞晓燕、何优芬任副主委，俞晓燕兼任组织委员、郑斌任宣传委员、吴常裕任社会服务委员。党员中有市人大代表1名，市政协常委1名，市政协委员4名，区政协常委1名，区政协委员7名。

【学习教育】 是年，农工党定海总支始终把加强思想建设、增强政治自觉放在各项工作首位。继续深化“不忘合作初心，继续携手前进”主题教育活动，突出政治导向，团结引导全体党员讲政治、重团结，有作为，进一步夯实多党合作共同思想政治基础。总支通过专题学习会、座谈会、印发资料、撰写体会以及微信群学习等多种方式带领全体党员开展思想政治理论大学习、大讨论，激发广大党员的政治责任感和使命感，坚定政治共识。学习贯彻习近平新时代中国特色社会主义思想，紧紧把握新型政党制度内涵，坚定政治立场，强化对全体党员的政治引领。集中学习中共十九届五中全会精神、习近平总书记在全国两会期间和在浙江考察期间重要讲话精神，中央、省、市、区两会议精神、中共浙江省委、舟山市委全会精神等，内化于心，外化于形。组织党员开展了“学党史、履党职、尽党责”学习活动。邀请市委会张永立主任为党员授课，党员们进一步了解中国农工民主党的发展历程，继承和发扬农工党的优良传统。组织党员参加市区两级组织的报告会、读书会、培训班等。是年，3名党员参加市委统战部举办的民主党派基层组织负责人培训班，4名党员参加区委统战部组织的党外代表人士培训班。引导广大党员讲政治、顾大局，坚持中国共产党的领导，坚持中国共产党领导的多党合作和政治协商制度，进一步增强“四个意识”，坚定“四个自信”，坚决做到“两个维护”，不断增进对中国特色社会主义道路的政治认同、思想认同、理论认同、情感认同，对标和践行新时代参政党建设

“四新三好”总要求，画好新时代最大同心圆。

【参政议政】 是年，农工党定海总支发挥党派特色，力求参政参到点子上，议政议到关键处。建立参政议政领导小组，确保参政议政工作有序开展。组建不同年龄层次、以老带新的信息员队伍，并配套建立奖励机制，搭建参政议政微信群、信息沙龙等信息交流研讨平台，促进骨干队伍快速成长。发挥“两会”参政议政平台作用。发挥党员中的人大代表、政协委员、社情民意信息员以及参政议政骨干党员等参政议政力量的作用，针对舟山新区和定海经济社会发展中的突出问题，党委、政府关注的重大问题以及人民群众反映强烈的热点问题，建言献策。是年，农工党定海总支向区政协全体会议提交大会发言材料1件《完善院前医疗急救体系，助力幸福定海建设》；提交集体提案9件，其中列入重点提案1件，领导督办1件，获优秀提案1件，提交市委会集体提案1件《关于加大海洋高技术服务业培育力度，助推我区海洋经济高质量发展的建议》，获市委书记俞东来和市长何中伟批示。政协委员、人大代表个人提交市政协提案6件，市人大建议3件。提交区政协提案7件。上报20余篇社情民意信息，《以智慧化管理守护岛城老人生命安全》《关于支持远洋水产品供应本地市场的建议》等一批社情民意信息列入市、区政协专报获市、区领导批示。疫情期间《关于初中“停课不停学”实施的几点建议》获市领导批示并报送省委会。总支获农工党市委会参政议政先进单位。

【民主监督】 履行民主监督职责，通过政协委员调研视察，办理提案议案，建言专题协商等活动，以问题为导向，就群众反映强烈和社会普遍关注的突出问题，开展有针对性的民主监督活动。重点全国文明城市创建、城乡生活垃圾分类、区域治理现代化、母婴室建设等专项民主监督工作。分别到双桥街道、定海中心医院、定海妇女儿童医院、定海港务码头、百悦生活广场、定海凯虹广场、区水利局、区综合行政执法局等单位进行实地走访调研，收集问题建议20多条，形成《关于巩固文明城市创建成果的建议》《关于提高定海城区防洪能力的建议》等3篇调研报告。党员中的4名市、区属部门特约人员，主动履职，参与各项监督活动，明察暗访，并提出意见建议。

【社会服务】 发挥党派界别优势，不断拓宽社会服务内容，做实做专社会服务品牌，以“同心服务”品牌建设为抓手，做好小沙街道社区卫生服务中心“同心服务”长期社会服务基地工作，建立长效服务机制，经常性开展服务活动。定期重点开展人员带教培训、医疗业务咨询、培训讲座等多种形式的帮扶活动，使基层医疗水平和服务管理能力得到大幅提升。为改善小沙街道社区卫生服务中心就诊环境，捐赠价值8000余元的输液椅。组织党员医疗专家到小沙、纺织协会企业等开展义诊活动。定海总支参与农工党市委会健康服务基地“同心助康”专家义诊工作，总支多名党员参加彩虹堂特殊儿童健康体检和关爱活动。开展“同心·助学”活动，向市委会“同心前进慈善基金”争取6000元，资助小沙街道2名品学兼优的贫困学生。围绕创建全国文明城市工作，党员参与文明交通劝导员，参与所在社区、结对社区的环境整治，参与创城啄木鸟行动等，发挥农工党员的绵薄之力,助力文明城市创建工作。

【爱岗敬业】 总支党员立足本职、爱岗敬业、勇于创新，塑造农工党员的良好形象。2020年，总支党员主持开展了2项科研项目，有5篇论文在学术期刊上发表。抗击疫情战斗期间，许多党员放弃春节假期，投身防疫工作。其中党员吴常裕临危受命远赴武汉参加援鄂行动，在武汉方舱医院奋战49天，完成各项救援救治任务。留在市内的医务人员，冲在抗疫一线，和其他各条战线上的党员一起，为打赢抗击新冠肺炎疫情攻坚战贡献农工党的力量。姚政成作为区属单位防疫应急小分队的一员，坚守舟山跨海大桥金塘服务区的防疫检查站。韩亚玲、何优芬、郑斌等党员奔赴一线，为企业复工复产支招助力。多名党员活动在各条防疫战线，参与抗疫志愿活动，多名党员奉献爱心，开展捐款捐物，扶贫消费，捐款计9400元，党员孙世军所在企业向扶贫结对地区消费扶贫0.7万元，展现出新时代农工党员的良好形象。吴常裕分别被农工党中央授予“农工党抗击新冠肺炎疫情先进个人”，被省委、省政府表彰为“浙江省抗击新冠肺炎疫情先进个人”、被省政协表彰为“最美政协人”，被湖北省委会、省政府表彰为“最美逆行者”，获省医学会抗击新冠肺炎疫情先进奖，获市科协“科技追梦人”称号。鲍红璐、何优芬被市政协表彰为优秀市政协委员，韩亚玲被省委会评为2020年度参政议政工作先进个人，吴常裕、姚政成被农工党市委会表彰为参政议政先进个人，吴常裕、朱治琼被农工党市委会表彰为优秀党员，竹晓岚、姜立波、陈华被农工党市委会表彰为社会服务先进个人。周芷伊在省中小学生艺术节中获省级优秀指导教师，陈娜被省红十字表彰为突出贡献红十字志愿者，被市卫健委表彰为创建全国文明城市工作先进个人，获评定海区百名最美战疫志愿者。

（撰稿：吴常裕）

九三学社定海支社

【概况】 九三学社定海支社有社员27人（已退休5人），其中女社员11人，平均年龄50岁。本科及以上学历24人，高级职称9人（其中正高1人），中级职称14人，中高级职称占比85.2%。副科级及以上领导干部6人。市人大代表2名，市政协委员2名，区人大代表2名，区政协委员5名（其中区人大常委、区政协常委各1名）。社员分别来自农林、经济金融、医卫、司法、环保及民营企业等多个行业、部门。

【加强政治理论学习】 以巩固思想政治共识为抓手，把学习作为支委会、支社例会和其他社务工作会议的重要内容，组织社员深入学习党的十九届五中全会精神、习近平新时代中国特色社会主义思想和“十四五”规划，学习贯彻习近平总书记考察浙江重要讲话精神、九三学社中央和社省委常委会等一系列会议精神，结合社务工作，做到理论联系实际，思想转化为行动，社员的理论素养、政治觉悟和履职能力得到进一步提升。

【提升参政议政水平】 新冠肺炎疫情来袭，支社第一时间号召全体社员提高政治站位，坚守工作岗位，全力支持配合做好疫情防控工作。高度重视参政议政和民主监督工作，紧紧围绕党委、政府的中心工作和人民群众普遍关心、迫切需要解决的热点、难点问题，深入基层开展高质量专题调研，联合民进定海支社举办《学校劳动教育和定海农场发展》的同心论坛交流会，在市区“两会”上，共提交大会发言1件，集体提案9件（含供稿），委员个人提案6件，议案建议5件，报送各类社情民意等13条，形成《加强全市重点区块防洪排涝应急管理建设》《关于进一步加强社工在基层社会治理中作用发挥的建议》等调研报告3篇，其中支社撰写的《关于深入推进审批服务“颗粒化”的建议》被区政协评为优秀提案。

【强化组织自身建设】 高标准做好第五次社员大会筹备工作，全面总结五年来取得的成就，科学谋划下阶段工作任务，实现大会胜利闭幕。将支社委员会换届作为干部队伍建设的契机，开展换届工作调研，听取主管部门和社员意见建议，着眼有利于工作、有利于社员培养的需要，完成新一届支社换届，选举产生由陆翰恺、朱燕华、邱立军、梅娜和王隆勇组成的新一届的九三学社定海支社第五届委员会，领导班子结构和社员结构得到进一步优化。

【持续开展特色活动】 开展以支农惠农为特色的社会服务工作，继续以小沙街道“同心服务基地”结对单位绿盛果蔬合作社为依托，及时解答和落实合作社存在的问题和困难，从种植园内的种植新品种引进及种植实验、防灾减灾、农产品产销宣传等方面为合作社提供精准化服务。组织社员参加市区统战部门、市委会组织的“舟山群岛新区科技活动周活动”“百名专家下海岛”等特色服务。

【立足岗位建功立业】 江静获浙江省住建厅表彰2019年度垃圾分类工作先进个人；梅娜被评为2020年全省药品检查工作成绩突出个人、2019年度舟山市优秀药品检查组长、2019年市级不良反应工作先进个人、2019年度区政协提案办理先进个人；邱立军被舟山市人大常委会办公室评为2019年度代表活动积极分子；刘洁琪参与的课题被省农业农村厅评为“2019年度浙江省农业丰收奖三等奖”。

（撰稿：朱燕华）

责任编辑：王英伟

群众团体

定海区总工会

【概况】　2020年，区总工会，以习近平新时代中国特色社会主义思想为指导，学习贯彻党的十九大和十九届二中、三中、四中和五中全会精神，学习习近平总书记考察浙江时重要讲话精神，对标对表“重要窗口”建设的新目标新定位，聚焦主责主业，引领全区职工取得各种成绩。

至年底，全区有镇（街道）总工会11个，区属工会工委8个，行业工会2个，基层工会1004个（其中独立工会827家，联合工会177个）,覆盖单位4483家，职工100343人，会员97239人。区总工会机关内设办公室、财务部、基层工作部、权益保障部、经济保护部5个职能科室，下辖舟山市定海区工人文化宫、舟山市定海区职工服务中心2家事业单位,机关干部职工24人。

【助力疫情防控】　发挥工会职能优势，助力“两手硬”“两战赢”。提出落实疫情期间稳定职工队伍五条措施，助力企业和职工做好疫情防控工作。抽调各级工会骨干力量参加全区疫情防控，区总工会机关出动干部职工近400人次。落实抗疫资金64余万元慰问疫情防控一线干部职工。推出助力企业复工“暖心十一条”，助力企业复工复产；深入企业开展“三服务进企业，助力复工复产”“红五月”等主题活动10多场。每月1次深入企业开展工会抗疫先进典型和维权普法流动宣传服务，惠及职工近万人。支出专项经费1300多万元，安排7000多名职工在定海区域内疗休养，拉动服务业全面重启；发动75家单位工会参与定向采购定海区农副产品，支出工会福利经费160多万元。

【强化政治引领】坚持工会工作正确政治方向，引领职工凝聚思想共识。组织广大职工学习习近平新时代中国特色社会主义思想，区总工会机关集中组织理论学习近40次，深入企业宣传习近平总书记重要讲话精神12批次，收集各级工会干部和职工学习心得100余篇。

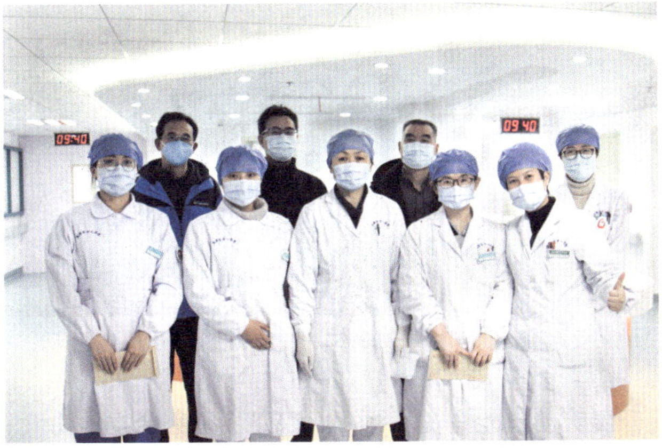

区总工会主席邵启明慰问定海中心医院抗疫一线医护人员

“一把手”上廉政党课

【全委扩大会议】 5月19日，区总工会召开以“凝心聚力促服务，逆势飞扬创新篇，决战决胜高水平全面建成小康社会贡献力量”为主题的第十二届五次全委（扩大）会议。全体委员、经审委员及镇（街道）、直属单位工会负责人52人参加会议。会议替补区总工会十二届委员；表彰2019年度各类先进；总结2019年全区工会工作和工会经费审查工作，并对2020年工会工作进行全面部署。

舟山市定海区总工会第十二届委员会第五次全体（扩大）会议

【职工文化活动】 持续推进“创文明厂区 做文明职工”主题活动，浙江虹达特种橡胶制品有限公司等9家企业通过2020年度市级文明厂区验收，表彰2020年度区级文明厂区7家，区级文明职工标兵20人。落实“红五月”八个一系列活动，开展“中国梦·劳动美——决胜小康 奋斗有我”主题宣讲、“寻找职工达人”活动、“小城故事多”职工精神文化风貌视频音频拍摄征集活动和棋类、球类比赛。

举办第三届职工趣味运动会

【深化拓展“三服务”活动】 依据《舟山市总工会服务民营企业创业创新小额贷款贴息补助暂行办法》，为50家符合条件的小微民营企业做好贴息补助申报工作，发放补助贴息资金近110万元。落实企业减负降本要求，缓减企业拨缴工会经费300余万元；全额退回小微企业工会经费200余万元，助力企业减负降本共计500余万元。各级工会举办再就业培训班10余场，培训转岗再就业农民工近600人。组织劳模工匠技术服务队深入企业开展技术服务10余次。

舟山“职工达人”艺术团送文化进企业暨宣传十九届五中全会精神巡回展

【创建劳模（技能人才）工作室】 2020年新增舟山久益达机械有限公司周海军、舟山市定海解放未来电器维修部夏志祥2家市级劳模（高技能人才）创新工作室。新创建区级劳模（技能人才）创新工作室4家，其中“周海军创新工作室”被评为省级高技能人才创新工作室。

劳模（技能人才）创新工作室开展现场教学活动

【开展劳动技能竞赛】 开展以岗位练兵、技术比武、班组建设等为载体的“工人先锋号”创建活动，命名中海石油舟山石化有限公司生产技术部调度组等27个集体为定海区2018—2020年度“工人先锋号”。联合相关职能部门举办了焊工、数控车工和智能楼宇管理员等20个比赛项目，各行各业有近千名职工参加。其中7412工厂组织13名职工参加浙江省职工机修钳工技能竞赛和舟山市定海区技能大比武，其中8名职工获得优异成绩。

开展装车台鹤位泄漏着火应急演习

【做好帮扶解困工作】　严格按照困难职工家庭认定标准和建档要求，建档困难职工家庭36户，中途动态退档3户，至年底在档困难职工家庭33户。全年帮扶困难职工家庭36户235户次，帮扶总额30.73万元。2020年，接受全总、省总对定海困难职工解困脱困工作成效第三方评估检查，总体评价较好。全区职工医疗互助233家单位18703人参保，参保金额65余万元，报销3977人次，报销金额102.6万元。深入企业开展流动服务10场，开展单身青年职工婚恋交友活动3场。

区总工会慰问困难职工

【财务经审工作】　2020年，区总工会被中华全国总工会通报表扬为2019年工会财务工作成绩突出单位。接受省总对定海区总工会财务会计规范化检查和2016—2019年度困难帮扶、送温暖资金专项审计自查工作。经审委员会对9个总工会、1家区属工会工委和1家直属基层工会进行工会经费收支情况实务审计，延伸审计30余家基层工会。

【夯实工会基层基础】　设立舟山市定海区财政局工会工作委员会和定海工业园区总工会。按照工会改革要求，城东、盐仓等8个镇（街道）总工会主席、副主席配备均采用“专挂兼”形式，吸收辖区劳模、企业工会干部充实到镇（街道）总工会领导班子，按期完成工会换届。做好定海工会年报统计工作，录入实名制组织数804个，会员数近7万人。组织4批次近300人次工会干部业务培训。

舟山市7412工厂第三次职工代表大会

【区总工会机关建设】　落实党建主体责任，全年4次专题研究全面从严治党工作。落实党组理论学习中心组学习13次。支部每月开展1次主题党日活动，其中

召开定海区总工会“不忘初心、牢记使命”主题教育总结大会

"当一周工人 体工会初心"主题党日在区直机关工委主题党日活动评比中获得一等奖。落实政治生态状况评估报告制度，开展2次政治生态自查评估。组织全体干部职工深入浙江盛发电器有限公司，开展"当一周工人、体工会初心"活动。

（撰稿：陈宪甫）

（本分目图片由区总工会提供）

共青团定海区委

【概况】　2020年，全区有14～28周岁青年29972人，其中共青团员6149人。团区委下辖团（工）委24个，其中镇（街道）11个、区属（机关）企事业单位12个、网络青年自组织1个，有团（总）支部391个。非公企业团组织98家。平均年龄28.3岁，均为本科以上学历。

是年，团区委围绕区委、区政府中心工作和上级团组织的部署，以学习宣传贯彻习近平新时代中国特色社会主义思想和党的十九大精神为主线，全面贯彻团的十八大精神，做到思想引领有效、青春建功有力、服务青年有为、自身建设有方，不断发出好声音，各项工作取得较好发展。

【建强"团"字号宣传队伍】　筑牢青年人才思想基石，组建"青声说理"宣讲团。深化"青年习新学院"升级工程，优选基层干部、年轻教师、创业代表、媒体记者等"80、90"群体35人，通过名师带徒、命题试讲等方式强化素养，集中备课。筹备各类主题课程30余节，线下开展"最喜爱习总书记的一句话""十九届五中全会精神宣讲"等集中活动3次，线上推出微视频、快闪等故事化宣讲，覆盖人群超万人，扩大新时代中国特色社会主义思想宣讲受众面，进一步提升定海青年不忘初心、牢记使命、服务大局的能力和水平。成立区级业余团校，选聘一批思政教师、优秀党团员以及先进青年代表加入讲师队伍，制定团校教学大纲，以团的思想基础、政治教育为基本内容，以教育培训、实践活动为基本形式，设计"理论+实践"课程体系，结合定海特色，推出古城历史"文化之旅"、现代乡村"生态之旅"等研学线路4条，全面提升学生团员思想政治教育。推出"青年思享荟"沙龙。通过挖掘各行业青年精英，以网络直播与线下课堂相结合的形式与团员青年交流，累计开展4期，参与人数近万名。

【深化青年突击队行动引领青年人才】　助推全国文明城市创建　销号式做好全区294个学雷锋志愿服务站点规范化建设工作，完成创城志愿服务专项组各项任务。在全市率先成立"饿了么""中通快递"等新兴领域志愿服务团队。组建市民"啄木鸟找茬团"，升级城市啄木鸟小程序，进一步激发全民参与志愿服务的热情。全区有注册志愿者43069人，25小时以上志愿者人数为27359人，志愿氛围日益浓厚。

投身疫情防控阻击战　成立全市首个疫情防控临时团支部，多支青年突击队投身疫情防控、复工复产等重点领域和急难险重任务；招募"星灯守护"志愿者500余名，组织青年志愿者开展入户调查、排摸走访、防疫宣传、卫生检查等志愿服务850余场次。连续30天，为一线人员送上1200份夜宵，并提供理发、子女课业辅导等暖心服务；动员青联委员、青企协会员及社会组织等参与捐赠，通过发起岛城守夜人项目、少儿绘画线上义卖等活动，累计筹措物资价值18万余元，为一线提供保障。

深化志愿服务品牌建设　以"六团、五站、四大主活动、三培训、两评定、一公示"以及四项制度建设为抓手，深化"古城定海 志愿有你"志愿服务品牌。打造公益主题月计划，有序开展环保、未成年人关爱、党员志愿服务等主题月活动，开展各类主题志愿服务活动350余场，吸引志愿者13000余人次，志愿服务活动数位列2020年浙江省各区县第一名。

完成青年志愿者服务社区专项行动省级试点工作　建立以"大学生社区主任助理"为纽带的校地合作体系，探索引导青年大学生参与社会基层治理。创新建立"1+5"青春契约共建体系，发动社会组织、区属中小学、机关、高校二级学院等辖区内服务资源与社区签订"青春契约"，结合社区需求推出"小小蓝海守护侠""朝阳伴夕阳""护童心·爱同行"等一批特色项目，实现团的力量和服务双下沉。

【打造"青"字号新媒体团建】　"青代言"推介美丽乡村　打造"古城定海青年派"抖音号，推出"青代言"版块，推介定海美丽乡村，吸引青年向乡村集聚，游览乡村、回馈乡村，推送干䃰南洞、金塘柳行、小沙长白后岸、定海古城等11期，浏览量达15万，多篇作品登上"学习强国"。

“青带货”宣传本地农企品牌 设计制作“青带货”栏目6期，基层团干部深入田间地头推介辖区农产品，体验式录制为产品拓宽销路，带动消费8万余元。邀请本地青年网红主播为本地晚稻杨梅、远洋龙头企业等进行“定海青年当主播，青情为你来带货”活动，助力本地农渔企业及商户产品的品牌拓展，累计直播带货12场，观看人数达1.8万，销售金额近10万。

“青探店”拉动消费内需 围绕复工复产，策划“青探店”栏目——用青年视角展现定海可看、可玩、可逛的新网红打卡点，推送“100元吃遍定海”等系列20期。

【实施“新青年制造”人才项目】 建立人才信息库 结合三服务主题活动，实施“吸引青年、服务青年、留住青年”系列举措，排摸现有青联委员、青企协会员及新农人等青年人才资源，建立青年人才信息库，有针对性地梳理现有优惠政策，强化青年人才情感联络。

用活青创阵地 发挥青年众创空间、白泉青年人才驿站、皋泄青创筑梦空间等青创阵地的辐射效力，开展青年沙龙、青年联谊、创业孵化等活动。

网罗在外学子引凤回巢 成立定海区在外大学生联合会，搭建全市首个“定海在外大学生联合会会员管理系统”平台，通过开展“家燕归巢”暑期岗位实践、调研走访等团建活动，进一步增强定海在外学子对家乡的归属感、认同感，助力定海青年回归。吸纳会员600余位，累计开展活动10余场，并设立京津冀、上海、杭州、宁波4个联络分站。

满足青年人才需求 针对机关青年，开展“重走总书记考察之路”青春定向活动；面向青联委员，开展迎新登高活动；聚焦青年婚恋交友需求，组织开展“亲青恋”活动4期，线上平台注册人数达千人；针对本地高校学生培养，开展与浙海大东科学院的校地共建工作，引导大学生参与社会实践；结合全区军转干部、选调生及新舟山青年的需求，举办舟山方言培训班16场。

探索“推优入党”机制 梯队培养青年人才库优秀青年，以村级换届工作为契机，推荐其成为入党发展对象、村“两委”后备力量，为基层党组织输送人才、储备人才。

（撰稿：徐涵妮）

定海区妇女联合会

【概况】 2020年，全区有妇女19万余人，镇（街道）妇联11个，村（社区）妇联122个，机关事业单位妇委会（妇工委）9个，社会组织妇联9个，专兼职妇联队伍人数达1047人。区妇联机关内设办公室、权益儿少部,下辖一个事业单位——定海区家庭和儿童工作中心。实有机关干部职工9人，其中主席1人，副主席2人，四级调研员1人，事业编制1人，编外职工2人。另有挂职副主席2人，兼职副主席2人。

是年，区妇联落实疫情防控政策，助力复工复产，彰显新时代妇联人的责任与担当。3月，唐宏燕、陈雪霞、戴琪达、邱艳艳、丁丽娜5位同志获得舟山市三八红旗手称号；定海区檀枫小学教育集团檀枫校区 、定海区金塘镇妇联、定海区昌国街道香园社区、定海区道路运输管理局妇委会、定海区金塘镇中心卫生院5家单位获得舟山市三八红旗集体荣誉称号。9月，区妇联联合区农业农村局表彰定海区“最美庭院”精品户20户、“最美庭院”示范户80户。11月，昌国街道虎山社区曹杏娣家庭获得第二届全国文明家庭称号。11月，浙江全洁物业管理有限公司侯玉秀、舟山市万邦家政服务有限公司古兰玉、定海区金平居家养老服务中心黄丽晓、舟山市宜家家政有限公司程小贺4名家政服务人员获评浙江省“最美家政人”。11月,区家庭教育研究专业委员会成立，工作机构设在区妇联，第一届会员大会选举产生第一届常务理事8人，常务理事单位11家，何革明同志当选为会长。12月，马岙街道邬晓玲家庭被评为2020年第三季度浙江“最美家庭”；岑港街道董永芬家庭被评为省级绿色家庭。12月，定海区25户家庭获得全市“最美庭院”称号、25户家庭获得全市“美丽庭院示范户”，昌国街道城北村获得全市“美丽庭院示范区域”称号。区妇联主席乌燕华在2020年度科级领导干部年度考核中为优秀等级；唐宏燕同志在2020年度暖促工作中被区农业农村局考核为优秀；是年，王佳佳、夏敏、李冬梅、邬晓玲四人获浙江省最美巾帼新农人。

【设立区家庭和儿童工作中心】 7月设立，为区妇联管理的公益一类事业单位，财政全额补助，机构规格相当于正股级，核定事业编制2名、股级职数1名。主要职责：开展家庭文化建设、精神文明建设等工作，做好文明家庭等系列创建工作；做好儿童少年工作，宣传普及家庭教育科学知识等。

【区妇联工会会员大会】　7月30日上午召开大会应到会员8名，实到8名，大会进行差额选举，选举产生新一届工会委员会委员3名，孙李琼当选新一届妇联工会主席、陈南琴任女职工委员、徐晓飞任经费审查委员。11月，经公开招聘，何玲玲到区家庭和儿童工作中心工作。

【抓党建强引领】　党建赋能打造红色阵地　是年，区妇联探索“党建”+“妇建”+“社会组织”融合发展模式，在区曲艺说唱爱好者协会、万帮物业公司成立妇联。新增7家妇女微家，实现妇联组织联系妇女全覆盖、服务妇女零距离。城东街道成立全市首家“东海渔嫂”工作站，盐仓街道建成全市首个外来居民“东海渔嫂”工作站，环南街道着眼便民服务成立“东海渔嫂”海上的士护航队。

典型人物诠释红色内涵　是年，全区各级妇联、妇工委、妇委会和妇联执委、“东海渔嫂”志愿者主动作为，尽心履职。是年，4个巾帼文明岗、1个巾帼建功标兵、1个巾帼建功先进集体获得省级表彰；区美之声演唱团妇联被评为省级示范新领域妇联组织；心灵之约妇女微家被评为省级示范妇女微家。区妇联还开展“战‘疫’你最美”宣传评比活动，对在疫情期间表现突出的13支团队、12户家庭和15名个人进行了表彰和宣传。

多元宣传唱响红色之声　是年，区妇联以“定海微女性”平台为牵引，线上线下，多载体、多视角宣传定海妇女儿童工作成效，形成集群化的新媒体矩阵。网格+网络、微群+微信“双网双微”模式，将妇联组织的服务和活动延伸至妇女群众生活的末梢。线上线下开展“百千万巾帼大宣讲”150余场，参与人数达3万余人。在区级以上媒体发声50余篇次，“定海微女性”推送公众号150余条。小沙毛峙村渔嫂“廉当家”登上《中国妇女报》。

【抓特色强融合】　以“基层社治”增添群众幸福感　是年，区妇联根据市委、区委关于“东海渔嫂”参与基层社会治理工作的新要求，进一步激活“东海渔嫂”新引擎，提升妇女参与社会治理新能级，整合提升“东海渔嫂”社会组织322个，成立“东海渔嫂”禁毒、监督、宣传、反诈、助老、调解、渔安、洁美、代办、城管十大员队伍106支，拓展成立护童员、双拥员队伍2支。是年，区妇联运用项目化、社会化的管理方式引导“东海渔嫂”团队申领公益服务项目，延伸妇联工作“臂膀”。全年为8个“东海渔嫂”公益服务项目提供资金17万元，全面助力基层社会治理。在疫情防控、复工复产战役以及全国文明城市创建中，“东海渔嫂”当好宣传员、战斗员、服务员，共建幸福定海最美家。

以“家园共建”做好惠民大文章　是年，区妇联深化“幸福定海·最美家”家庭综合平台建设，发挥家庭在基层社会治理中的作用。全年打造最美庭院20户，美丽庭院示范户80户。“东海渔嫂”参与定海区美丽乡村周活动和舟山远洋渔市节，“妈妈的味道”、“她创”集市凝聚起助力妇女创业就业的正能量，为美丽乡村增添靓丽的风景。继续开展“家庭成长加油站”项目，全年线上线下开展亲子课堂24场，家庭成长讲堂25场，科学教子理念传递至3000余户家庭。

以“文明共创”引领社会新风尚　是年，区妇联开展“主妇当家·垃圾分家”、21天养成垃圾分类习惯打卡活动，培养广大家庭垃圾分类从我做起的意识。开展“公筷公勺进家庭”宣传、进行“争当文明公筷代言人”微视频展播，在广大家庭中倡导使用公筷公勺，守好舌尖上的健康。开展制止餐饮浪费行动，崇尚勤俭节约传统美德。打造“东海渔嫂”家庭文化节，深挖“最美家庭”内涵，评选“文明家庭”和“最美家庭”100户。

干䃎镇看见幸福“阅”出梦想　家庭亲子课堂

【抓创新强标准】　创业创新助力女性发展　是年，

区妇联搭建平台，开展“岛居舟山·女主人成长”提升项目，举办创业女性新媒体培训课程。加大对家政从业人员的就业扶持和培训力度，侯玉秀在省家政教学技能大赛中获得铜奖。在全省“最美”系列寻找中，4人获评最美家政人、4人获评最美新农人。倡导一线建功，是年新认定省级巾帼文明岗4家，市级巾帼文明岗3家，区级巾帼文明岗10家。通过“帮扶+互助”形式，加强对女性创业者的服务管理，在疫情期间，帮助女性企业家和创业者对接有关部门、线上线下销售平台，指导进行直播带货，搭建起全新立体销售网络；引导“巾帼红促进会”“金塘老板娘协会”等组织内的爱心女企业家积极捐款捐物。4月17日，区妇联在双桥街道茶人谷者里民宿举行“岛居舟山.女主人成长”分享会，小沙街道鑫韵民宿、岑港街道喜度山庄、东位山庄、双桥街道者里民宿、纳里民宿、干䃎镇心宿民宿，白泉镇万锦湖渔庄等多家民宿对如何打造适应海岛休闲旅游的民宿纷纷发言，相互分享各自的创业经验。5月23—29日，区妇联在干䃎镇新建社区举办定海美丽乡村周活动，开展的“她创”集市，为创业妇女提供了展示自己家农副特色产品的平台，受到创业妇女和游客的欢迎。

关心关爱彰显娘家温度　是年，区妇联继续开展城乡妇女“两癌”免费检查项目和低保妇女“康乃馨”两癌公益保险，为贫困妇女提供保障。开展“你赴‘疫’线，我表心意”活动，做好与9名赴武汉一线医护人员家庭及家住定海的50余户市属医院医护人员家庭结对帮扶工作、120户一线医护人员“一人一帮扶”工作，为他们提供后方保障。是年，区妇联利用“三八”节、“母亲节”等契机，联合区慈善总会开展退职困难村妇代会主任和贫困母亲慰问，集中走访慰问136人，慰问金额达13.9万元，让她们感受党和政府的关怀和妇联组织的温暖。“六一”节，区四套班子领导走访慰问6所小学、8所幼儿园，慰问金额8.9万；区妇联为100名贫困儿童送去价值3万元的学习用品和生活用品。5月30日，区妇联联合区慈善总会、昌国街道在香园社区共同组织开展“放飞梦想.点亮童心”庆6·1主题活动。区妇联主席乌燕华，区慈善总会常务副会长曾莉群等领导出席活动，与孩子们一起共度“六一”。通过点亮微心愿、垃圾分类模拟、包粽子比赛等特色活动，发挥妇联、家庭、社会作用，为留守、流动和贫困儿童圆梦。加强对全区城乡贫困“两癌”妇女的救助，是年，2人获市妇联救助，12人获区妇联救助，救助金额2.8万元。推进留守儿童关爱工作，金塘镇儿童之家被评为省级儿童之家示范点。开展“两岸巾帼一家亲、同心共织中国结”定台姐妹联谊活动，推动两岸民间交流。8月22—25日，区妇联与舟山晚报联合在定海公园开展“姻为有你、缘聚七夕”公益相亲活动和“姻为有你、缘聚中秋”交友联谊活动，有600余人参与，牵线100余对。

8月22—25日，区妇联与《舟山晚报》联合在定海公园开展“姻为有你、缘聚七夕”公益相亲活动和“姻为有你、缘聚中秋”交友联谊活动

普法宣传筑牢维权防线　是年，区妇联建立“咨询—答疑—援助”全程化综合维权服务机制，吸收“巾帼律师”“巾帼心理咨询师”“婚姻咨询师”等专业团队力量，参与妇女儿童维权工作。对于特殊人群，提供法律援助上门“零次跑”服务。区婚调中心入驻区社会矛盾纠纷调处化解中心，接待来访38件次，接待67人次，结案率99%；法律援助7件，结案率100%；入驻区民政婚姻登记处，接待离婚咨询辅导222件，现场调解70对，调解成功33对。构建多元参与的一体化联动联防机制，联合检察院建立未成年人家事案件工作协作机制，全年介入案件3件，“东海渔嫂”护童员首次对被不起诉人家长进行家庭教育指导；联合公安建立反家暴机制，“东海渔嫂”调解员对出具过家暴告诫书的家庭进行后续回访。健全网格化源头预警机制，实行“蓝黄橙红”四色分级管理，力求消除家庭安全隐患。6月9日，区妇联召开项目化推进“东海渔嫂”十大员建设座谈会。社会组织代表和各镇、街道妇联主席参加会议。会上举行2020年阿拉娘家人妇女儿童公益服务项目签约仪式，现场与7

个妇女儿童家庭公益服务项目的社会组织负责人签订协议，并举行社会组织名师带徒结对仪式。11月24日，区妇联联合多部门在干𬒔镇党群服务中心开展东海渔嫂·社会治理时间周活动暨“11·25”国际反家暴日宣传活动，通过法律知识竞猜、反家暴宣传、义工服务、文艺表演等形式，为当地村民带去一堂法治文化教育课。

“抵制毒品　参与禁毒”禁毒宣传活动

【抓组织强基础】　走亲入户“四必访”　是年，区妇联深化妇联执委走亲“四必访”措施，落实执委履职制度，通过入户连心，不断提升业务水平，做好联系和服务妇女群众工作。各级妇联干部和执委走访家庭5000余户，建立异常家庭档案39户，并落实一对一跟踪服务。

服务能力“再提升”　经过调查研究，统一部署、及时指导，在全市四个县区中率先完成村级妇联组织换届，绽放全新“她力量”。9月27—28日，区妇联在城东街道党群服务中心举办全区妇联执委暨妇联干部培训班，各镇（街道）妇联主席、区直机关妇工委主任、区属有关单位妇委会（妇联）主任（主席）、区妇联执委、机关干部40余人参加培训，培训内容有专家授课、业务实操和学院交流等，提升全区妇女干部业务水平，增强妇女干部创新创业能力。是年，区妇联还组织基层妇联干部参加省市举办的素质提升课程。发挥美之声演唱团妇联“东海渔嫂”的“领头雁”作用，设立执委曹杏娣工作室，将服务联系妇女的关口下移。

区妇联在城东街道党群服务中心举办全区妇联执委暨妇联干部培训班

组织网络“广覆盖”　是年，区妇联协助区委政法委建立区、镇（街）两级指导中心、部门禁毒、监督、宣传、反诈、助老、调解、渔安、洁美、代办、城管十大员联盟，构建起纵向到底、横向到边的“东海渔嫂”工作网络，将工作触角延伸至每一个社区（村）、每一个网格，打造33个“东海渔嫂微家”，建立244个东海渔嫂网上议事群，集聚线上线下力量，扩大作用辐射范围。

（撰稿：费淑波）

（本分目图片由区妇联提供）

定海区工商业联合会

【概况】　2020年，区工商联围绕区委、区政府中心工作和省市工商联、区委统战部工作要求，把握“两个健康”工作主题，发挥优势，履行职能，完成各项任务。

【打好新型冠状病毒攻艰战】　靠前组织　成立抗疫领导小组，对全区125家执委企业进行全面排摸；赴纺织协会商讨抗疫物资生产情况，并与区融媒体中心、区总工会、区妇联协调对接；多次赴金塘卡口值班；成立“助企抗疫情、联企复生产”3个工作专班，实地走访复工企业；出现口罩荒时，及时在微信群发动，倡议企业捐赠并提供5条购买途径。

贴心服务　针对复产抗疫物资，跟市对接解决2000余瓶消毒药水、25支额温枪、口罩等防疫物资；针对用工荒，与乾安县工商联对接，建立工作群，通过区相关部门及时发布用工信息；针对法律难题，与浙江六合（舟山）律师事务所联合编写《疫情期间企业生产经营法律问题手册》，与区司法局对接探讨

《如何加强公共法律服务保障支持小微企业》并转发相关文件，与区检察院协商，编印下发《企业复工复产法律风险提示单》。

发动主要会员踊跃捐款 与区光促会联合发文《致商协会会员倡议书》，得到企业的积极响应。是年，收到125家爱心企业认捐400余万元，体现民营企业家的政治自觉和责任担当，彰显“致富思源、富而思进、扶危济困、共同富裕、义利兼顾、以义为先、发展企业、回馈社会”的光彩精神。

【抓好商协会思想政治教育】 *开展教育引导持续*推进以“不忘创业初心、接力改革伟业”为主题的理想信念教育实践活动，学习贯彻中央、省委市委区经济工作会议及《中共中央国务院关于营造更好发展环境支持民营企业改革发展的意见》《浙江省民营企业发展促进条例》精神，开展劳动关系和谐企业创建活动，促进企业劳动关系和谐稳定，不断探索民营经济企业家教育培训工作的经常化和实效性，组织民营企业家参加统一战线读书会、各类情况通报会、座谈会、培训会等。受疫情影响，民营企业面临困局，援企稳岗、减税降费、降低生产成本、加强金融支持等救急、暖心、解渴的政策措施相继出台，及时传达学习习近平总书记在全国“两会”期间的重要讲话，把学习好、宣传好、贯彻好全国“两会”精神作为工商联系统的一项重要政治任务。

推进基层商会党建 基层商协会开展形式多样的党建活动，引导企业家更加重视支持企业党建工作，做好会员素质提升工作。5月15日盐仓商会党群服务中心启用，商会党委英才工作站同步成立，为企业人才提供一站式贴身服务，成为党组织连接人才、服务人才、凝聚人才的桥梁。10月13—16日，组织4名基层商协会党务工作者参加全市商（协）会党务工作培训班。聆听《党建领航，汇聚两新组织发展正能量》《中华人民共和国民法典》培训课程，并赴嘉兴学习重温“红船精神”，实地参观一大会址，步鑫生纪念馆、乌镇的国际互联网会展中心，考察学习嘉兴温州商会、嘉兴台州商会的创业事迹，听取党建规范化管理上的成功做法，并与他们进行交流。

响应慈善公益 全区各基层商协会均组织慰问困难户和孤寡老人等活动；实施结对帮扶四川宣汉三年行动，蒋养忠、张伟舟等爱心人士继续在“爱满宣汉”公益活动中资助15户贫困家庭学生到高中毕业，资助金额达约20万元。9月22日，组织中海洗舱公司赴吉林参加吉浙百家企业“手拉手”活动并与松原1家企业结对签约。疫情期间引导84家商协会（光彩分会）、爱心企业及企业家通过区光彩事业促进会捐款433.8万元，捐赠口罩15.95万只，动员新生代企业家助力湖北企业，认筹捐款19000元。

【做好民企“三服务”工作】 *助力复工复产* 在深化“三服务”活动中，配合省市工商联等部门联合开展的“助企抗疫情，联企复生产”专项行动、“百地千名行长助企业复工”专项行动，协调解决企业面临的困难问题。1月15日，走访慰问金达电机、畚金制衣厂、7412工厂等重点企业，了解企业存在的问题和困难，惠企政策的落地、租金减免及金融扶持、企业用工困难并及时同相关部门联系，做到推动疫情防控和企业复工复产两手抓；发挥商、协会作用，组织企业提前主动与所有员工联系，及时发布疫情信息和企业家关心的交通、市场等服务信息，助力企业有序恢复生产。

助力银企对接 5月26日，联合舟山市邮政储蓄银行举办“强合作、谋发展”银企对接会，推出助企惠企举措，现场授信签约，新生代企业家联谊会总授信5亿元，富航船务、白云水产、汇邦建材、晟运船务、和海集团预授信9700万元；8月14日，由邮储银行舟山分行与区税务局联合举办银税互动签约仪式，打通金融活水流向小微企业“最后一公里”。邮储银行与定海区多家小微企业签订银企意向书。

助力政企恳谈 5月26日由区发改局、区工商联共同举办的“强信心、保增长”为主题的“亲清直通车·政企恳谈会”召开，听取政府相关部门应对疫情影响出台的惠企助企政策落实情况，了解民营企业在新冠疫情期间遇到的困难和问题，对企业下一步发展计划和需求等问题展开讨论。加大政策扶持和“三服务”工作力度，深化最优营商环境建设，聚焦企业反映集中的痛点、堵点、难点，把疏通制度瓶颈和解决体制机制问题作为营商环境改革的重点。

助力精英培育 6月15日至19日，组织8名企业家参加全市非公有制企业新生代企业家培训示范班，赴宁波、杭州等地考察参观；7月23日，组织各镇、街道商会分管领导，基层商（协）会长、秘书长等120余人参加侵犯知识产权犯罪讲座和中外贸易纠纷法律解读；7月30—31日，组织商会调解员参加视情

设分会场活动，以手机亿联、直播链接以及飞书客户端形式参训；6月至10月，多次组织会员参加以“互联网+新媒体（直播）平台和运营”等各类主题的“商会大讲堂”系列培训班，以“减税降费进民企”为主题的培训活动在金塘专举办专场，近100人参加培训；10月21—23日，组织全区35名新生代企业家赴甬台进行“企业家创新能力提升”培训，对宁波、台州两市知名企业、创新载体进行参观考察，推动企业家自身管理水平及企业科技创新规划能力的提升，建设当地科技创新体系。

助力参政议政　4月10日，对符合条件的华业、森森、金鹰、弘业4家企业开展2019年度上规模民营企业进行调研；组织新生代企业家完成浙商青蓝接力工程调查问卷；4月15日，省工商联张必来副主席赴西峰水产开展劳动关系调研；6月16日，市工商联张军华书记前往盐仓商会调研，并就创建省联“百家示范商会”工作进行座谈；7月29日，省工商联副主席林建良赴盐仓商会开展调研工作，了解当前民营企业生产经营情况、面临主要困难问题和有关意见建议；9月22日，杭州市工商联副主席吴隆同志为组长的省联第一活动组专程来到定海开展互学互促交流活动。

【做好招才引智和招商引资工作】　招才引智　依托宁波定海商会平台，设立“定海·宁波人才驿家”。3月17日，赴宁波开展“国千”人才的招才引智工作，实地考察参观浙江泰莱环保科技公司。通过商会桥梁纽带，多次走访该企业，帮助企业在定海落户，注册独立的法人企业，与区委组织部一起主动上门筛选4314项目，针对企业在舟碰到的各类问题，帮助对接市区相关部门，签约国千人才1名，引进5313项目1个。

招商引资　深化与国内工商社团、企业界的交流合作，多次参与各种联谊会、恳谈会、项目推介会，引导企业家发挥好各自的资源优势，开展“以商引商、精准招商”，并先后组团赴北京、天津、上海等地开展招商推介。5月23日，宁波定海商会会长钟利达一行40余名商会企业家赴定海参加“乡约定海·在甬定商家乡行”活动，实地考察定海投资环境和投资项目；7月10日，“以商助农、用爱助力、走出海岛、踏上云端”直播专场活动走进金塘李子苑，区工商联、金塘镇和承办这次直播活动的宁波定海商会等相关负责人纷纷化身“直播达人”，吸引3000多人观看，15000箱金塘李销售一空。2个达成意向的投资项目正在洽谈中，部分会员企业厂址即将搬迁至金塘，落实定商回归工程。

深化合作　6月19日，参与举办全市异地商会第一届商务合作联谊会，在舟各异地商会会长等60余人参加此次联谊会；6月24日，组织13名商协会会长赴岱山考察鱼山绿色石化基地、岱东上船跳、秀山乡等新渔农村建设；7月23日，镇海区工商联组织30余名创二代企业家赴定海科学城、定海工业园区、舟山自贸区、集聚区进行实地走访交流座谈，鼓励、引导、支持创二代企业家投身甬舟一体化建设；10月23日，达州市考察团赴金塘塑机螺杆检测中心，华业、森森、长宏公司考察调研，围绕东西部扶贫协作、产业发展、劳务合作、人才交流进行座谈，搭建合作，促进双方企业平台对接；10月28日，推荐3家企业参加第二届舟山市异地商会商务合作联谊会活动。

【加强商协会自身建设】　指导引荐商协会　指导区工商联直属商会、双桥、昌国、盐仓商会召开理事会；指导定海北京商会、定海天津商会、定海上海商会举办年会；指导新生代联谊会、环南分会、马岙商会、岑港商会顺利换届；引荐金塘商会、纺织服装协会参与创建全国、省“四好”商会活动。

深化商会改革　根据《全国工商联深化改革总体方案》《浙江省工商业联合会深化改革实施方案》《舟山市工商业联合会深化改革实施方案》及省委办、省府办《关于促进工商联所属商会改革和发展的指导意见》等要求，结合定海区工商联实际，出台区工商联改革实施方案。7月23日召开四届五次执委会议，听取和审议区工商联四届五次执委（理事）会工作报告；审议通过有关人事事项，增补钟利达等8名同志为常委，增补周苗夫等10名同志为副会长，免去卢继光同志执委、常委、副会长职务；表彰在抗击新冠肺炎疫情工作中表现突出的区光促会、金塘镇商会、纺织服装协会、金塘螺杆协会、市台州商会5家先进基层商协会。调整完善民营经济企业家综合评价工作领导小组，对民营经济企业家开展综合评价。

参与工商联“新时代工商联的新样子大讨论”活动　撰写“新时代工商联的新样子笔谈6篇，其中工商联机关3篇，企业家3篇；夏增富、章绍宽、虞海舟等企业家作为区工商联主席访谈“新时代工商联的新样子”微视频。

（撰稿：陈雅芬）

定海区残疾人联合会

【概况】 2020年，定海区有持证残疾人11825人。定海区残疾人联合会（以下简称区残联）设办公室、康复部、教就部、维权部4个科室，工作人员17名，下辖事业单位舟山市定海区残疾人服务中心。2020年，区残联围绕扶残助残重点工作，凝心聚力，担当作为，残疾人共建共享高水平全面小康社会取得显著成效。

是年，区残疾人陈艳萍获得全省“最美残疾人”和“最美志愿者”称号，定海被省残联列入助残服务“最多跑一次改革”和信息化建设示范点，助残服务“最多跑一次”改革工作的相关做法被省竞跑者刊物录用。

【残疾人民生实事项目】 是年，残疾人家庭无障碍改造和残疾人精准康复服务分别列入省、市民生实事项目。针对困难残疾人家庭情况，区残联通过开展个性化服务，全年完成72户家庭无障碍改造和验收工作，超额完成省政府实事项目确定的60户任务数。是年，为439名残疾人提供助听助明助行服务，40名儿童获得康复训练补助。残疾人满意率100%。

【残疾人社会保障工作扎实推进】 残疾人两项补贴发放 继续做好残疾人生活补贴和护理补贴发放工作，确保应补尽补、不重不漏。是年，全区有8758人次残疾人获得补助，落实补助资金2597万元。其中享受困难残疾人生活补贴 2128 人，发放补助金608 万元；享受重度残疾人护理补贴 6788人，发放补助金1989 万元。

“残疾人之家”规范化建设 对照全省“残疾人之家”“八个有”规范化建设要求，通过提升硬件设施和完善内部制度等手段，完成马岙街道“森惠残疾人之家”星级提升改造。是年，全区11家“残疾人之家”落实运行补助经费96.97万元。

困难残疾人救助 做好特困残疾人动态管理工作，全区现有特困人员137户207人。定期开展困难残疾人慰问救助，全年慰问困难残疾人338人，发放慰问金43.14万元。

【残疾人教育就业工作】 做好残疾人教育培训 开展残疾学生及贫困残疾人家庭子女助学工作，是年，向13名残疾学生发放补助金5.45万元；严格落实免除残疾人大学生学费住宿费的相关规定，8名符合条件的残疾大学生减免学费和住宿费6.926万元。

促进残疾人就业创业 向5名应届毕业残疾大学生开展就业指导，做好工作岗位推荐等就业服务，并全部实现就业或升学。向2家用人单位发放超比例安置残疾人就业奖励金0.48万元。及时发放就业创业补助。向4名残疾人发放自主创业补助2万元，向1069名自谋职业或灵活就业残疾人发放养老保险和医疗保险补贴282.52万元，4家农村助残基地得到补助1.9万元。做好残疾人按比例就业审核工作。开展企业按比例安排残疾人就业情况审核工作，全年审核用人单位294家，核定按比例安置残疾人就业550人。

区残联举办残疾人中式面点培训班，提升残疾人就业、创业能力

【残疾人康复服务】 规范残疾人证核发管理 做好残疾人证核发工作，是年，新做证（含等级变更）899人，注销527人，残疾人证十年到期对象换发486本。做好残疾人证入户评定、抽查复评、举报复评、异地评定工作，为114名重度肢体残疾人实施上门残疾评定服务，为长期居住定海区的非定海籍残疾人提供异地评定8次。

开展精神残防治工作 落实精神残集中康复和免费服药政策，做到“应治尽治、应助尽助”。是年，集中康复治疗审批86人，发放服药救助卡1138张。在全区开展精神残疾人回访义诊活动，有180多名精神残疾人得到服务。

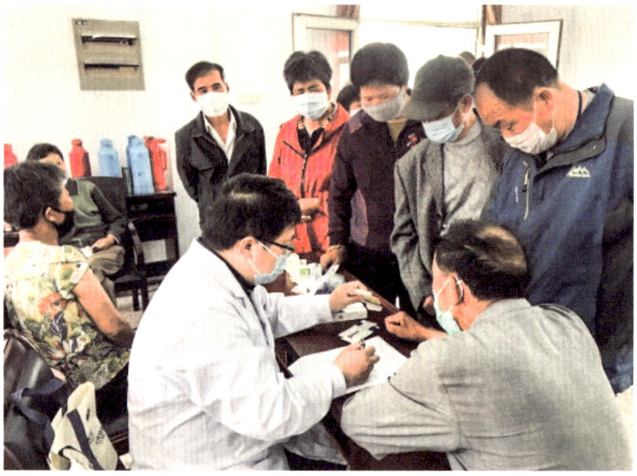

组织医生到社区开展精神残疾人服药义诊活动

优化成人机构和社区康复体系　与医疗机构合作，在区康复中心及运动康复部开展机构康复救助，重点对脑梗塞后遗症康复、脑出血后遗症康复等对象开展补助，全年审批救助32人。创新残疾人家庭康复工作，在马岙街道试点推出5张家庭病床。开展残疾人家庭医生签约服务工作，全年残疾人家庭医生签约9280人，重点人群签约3126人，签约率分别为92.06%和98.86%。

【残疾人公共服务】　文体宣传　创建区残联本级微信公众号，全年发布助残信息和工作动态161条。定海区残疾人创作的7篇抗疫书画在省残联微信公众号展出。开展全区残疾人飞镖、旱地冰壶和乒乓球比赛。创建残疾人社区体育健身示范点1个。体育进家庭活动惠及有需求残疾人56名。深入海岛、托养机构、社区等开展文艺演出，组织开展书刊赠送、帮助智力残疾人游览公园等活动，向残疾人发放免费电影卡200张。

端午节开展“迎端午　特殊艺术进山潭文化礼堂巡演”

权益维护　及时妥善处理来电来访，维护残疾人的合法权益。信访工作做到不迟报、不漏报、不瞒报，所有来信来访案件答复率达到100%。妥善处理马岙街道马怡芬信访问题。

活动开展　开展全国助残日系列活动，邀请人大代表、政协委员集中体验城市无障碍出行。环南街道海滨社区成功创建省级无障碍社区。收集残疾人“微心愿”35个，联系爱心人士为他们送去关怀和温暖。打造“助残志愿者在行动”活动品牌，403名助残志愿者上海岛、入社区、进福利院，完成助残爱心服务活动50余次，受益残疾人1200人次。

邀请残疾人代表和有关单位工作人员共同体验城市无障碍出行带来的便捷

【残联改革和自身建设】　推进残联改革　组织开展“基层组织建设年”活动，健全区、镇（街道）、社区（村）组织网络，加强专职委员管理培训，提高镇（街道）残疾人专职委员待遇。

助残服务“最多跑一次”改革　是年，助残服务

组织举办残疾人基本服务状况和需求信息数据动态更新工作培训班

一件事“最多跑一次”改革列入省残联改革试点，相关做法被省竞跑者刊物录用。残疾人证办理、“两项补贴”申领等8个助残服务事项实现“网上办、掌上办”。启用“数字残联”平台集成办理助残服务事项1570件。

党建引领推进“清廉残联”建设　抓好党建工作和党风廉政建设工作。根据《党委（党组）落实全面从严治党主体责任规定》，打造“清廉残联”。深入开展“走转改、三服务”工作。进一步加强党的建设，创新党建工作品牌，重点打造“党建+引领”模式，在“残疾人之家”开展党建阵地建设，促进党建工作和助残工作的深度融合发展。

【新冠肺炎疫情防控工作】　做好疫情防控，结合“三服务”工作的开展，以支部党员助残先锋服务队为依托，开展“两问、两送”活动。到残疾人扶贫基地、残疾人家庭开展调研、慰问，及时送去口罩、耳温枪等防疫物资。指导各残疾人机构有序恢复运行，向11家盲人按摩机构发放疫情补贴10.37万元。

区残联党员干部参加疫情防控工作

（撰稿：刘佳）
（本分目图片由区残联提供）

定海区文学艺术界联合会

【概况】　2020年，区文联按照年度工作计划和上级部署任务开展各项活动，为建设舟山群岛新区提供精神动力和文化支持。是年，文联下辖作家、书法、美术、摄影、戏剧曲艺、音乐、舞蹈和民间文艺家8个协会，有会员520名，其中全国协会会员17人，省协会会员79人，市协会会员160人，各类文艺团队10余支。文联与各协会全年举办（承办、协办）各类文艺活动50余次，影响较大的有承办第三届三毛散文奖等活动。会员全国、省级以上获奖、出版、入选、演出、展出、发表作品200余件。其中，出版作品9部，各类文艺作品获市级奖项50余件，省级以上70余件。4月，召开三届七次全委会会议。

舞蹈作品《初·海》获省级银奖

【文艺服务中心工作】　开展送文艺下乡活动　区文联组织文艺工作者和文艺家送文艺下乡街道、社区开展丰富多彩的主题服务活动。书法家协会王忠军等多人参加下乡活动，为广大群众免费书写春联。

助力创建全国文明城市活动　区文联响应全市文明城市创建号召，组织区美术协会、书法协会、摄影协会、戏曲协会等，创作文艺作品，助力创建全国文明城市。

联合举办文艺作品展览活动　联合举办“讴歌抗疫——定海区美术协会第四届春季作品展”“永葆初心 共克时艰”书法作品展、“走进西域——喀什”定海区摄影协会赴喀什创作采风摄影展等展览。文艺作品展览活动线下线上同时进行，新举措得到各方好评。

文艺志愿服务活动　组织文艺家参与抗疫志愿服务。陈莺等多位摄影家以文艺志愿者身份拍下很多抗疫画面，留下抗疫记忆。

开展文艺下乡活动

【文艺助力抗疫】　区文联组织文艺家创作作品，文艺助力抗击疫情。文艺家创作一系列疫情防控相关文艺作品。创作文艺作品150多件，包括文学、音乐、美术、摄影、戏曲、书法、民间文艺等各类防疫相关文艺作品。其中书画作品60件，民间文艺8件，歌曲5件。举办《疫・痕》陈莺抗疫专题摄影展；结集出版《定海区抗疫文学作品选》。歌曲《我们在一起》《都要好起来》《平安为你守候》，诗朗诵《这就是中国》、三句半《病毒一定会除光》、中国画《最美痕迹》、书法《逆行无畏、大爱无疆》、诗歌《一千个点赞》等，通过微信公众号进行发布，这些作品通过宣传，收到良好效果，部分作品在人民网、《舟山日报》、《舟山晚报》等发表。

“讴歌抗疫——定海区美术协会第四届春季作品展”

【承办“三毛散文奖”】　“三毛散文奖”通过打造华语散文品牌、搭建学术交流平台、推出粉丝互动载体、构筑人文风景线、做大主题宣传声势，培育壮大定海“三毛”文化品牌全球影响力，成为定海的文化金名片。4月20日下午，第三届“三毛散文奖”新闻发布会在定海新闻发布厅举行，征集、评选工作随之启动。区文联作为承办单位，做好参评作品征集和组织初评委审读各项工作。第三届“三毛散文奖”由中共舟山市定海区委员会、舟山市定海区人民政府、舟山市文联主办，浙江省作家协会学术指导，浙江省散文学会、舟山市作家协会、定海区文联承办，舟山群岛新区金塘管委会协办。自2020年4月20日启动征集至10月底截止，收到607件参评作品。其中散文集216部，单篇散文391篇。参评作者有来自中国大陆及台湾地区、澳门特别行政区，还有来自美国、加拿大、德国、马来西亚、澳大利亚、瑞士等地华语作家的作品，从参评作者情况看，足以见证“三毛散文奖”的吸引力、广泛性和国际影响力。

第三届“三毛散文奖”新闻发布会

【开展各种文艺活动】　作家协会　组织会员参与《品读定海》人文历史挖掘和采风创作，参与三毛散文奖系列活动。

戏曲协会　开展为基层培训、辅导、排练服务各项活动。其中，沈洁为电视台排练小品《路好、车好、文明好》等六七次；陆舟敏组织“越剧艺术中心”，排练戏曲大联唱《梨园新韵》等；参加“九九重阳节，浓浓敬老情”越剧专场送戏下乡，分别赴双桥街道、紫微村等文化礼堂演出。洪国壮全年参与国、省、市、区各类公益性演出15场。

音乐协会　参与组织“2020唱响定海·网罗新声歌唱大赛”活动，活动采用线上线下相结合的组织方式，举办活动16场，16场异彩纷呈赛事均在无限舟山APP和FM91官方抖音号进行线上直播，吸引十余万观众在线收看。组织美之声演唱团、海韵合唱团、“舟山风”渔歌号子队、知青合唱团等4支骨干团队开展公共文化服务，美之声演唱团全年参与市淘文化演出十余场，深入东岠岛岛等地，为当地百姓送去文化服务。强化培训辅导工作。 是年，选送会员参与浙江省文化馆业务骨干音乐组高级研修班、浙江省合唱指挥高级研修班等高等级培训，进一步加强会员专业素质；陆冠瑜获全国优秀指导教师奖。

舞蹈协会　2月份起组织抗击疫情主题创作，创作出《健康动起来》《正能量》等简单易学的居家舞蹈，每周推出两期进行线上教学，深受居家群众的喜爱。张颖颖、曹影、王梦雨、王家旺等协会优秀的骨干不断下基层进行结对帮扶，为基层团队辅导编排《乡图情》《亲亲小岛》《拿起城市的画笔》等许多精彩的舞蹈节目，全年累计下基层近百次。

书法协会　元旦春节期间，积极参与“三下乡”及各类写春联活动，为基层百姓共计书写10多场，春联近1000余对。搞好青年沙龙活动(骨干研修班)，培养书法爱好者。全年开展活动3次，发展和夯实书法骨干队伍。重视书法普及工作，开展各类公益培训。王忠军、张静峰、胡炳华等老师热心公益教学，全年配合各级单位办好各类书法培训4期。组织会员开展进军营、进机关、进社区等公益活动20余次。坚持引领广大书法爱好者在微信群开展“楷书年”打卡活动。举办重大展览7次（其中网上2次）；研修班骨干活动3次。微信群“楷书年”常年活动。承办“意与古会”定海书协五人展，“一山一宁暨宋元昌国高僧墨迹文献图片展”等展览活动。

美术协会　举办中国画培训班、渔民画培训活动。12月，组织骨干参观“斫浪——殷翔云从艺六十年版画作品展”。4月，《临·创》定海区美术协会国画义工培训班首次作品展在定海区文化馆展出。同日，方晓华、芮海峰、王晨溯及国画培训班成员举行定海区国画研讨会。6月，定海区美协与定海区图书馆联合举行《快乐一家人》儿童画作品大赛。11月19日，组织举办定海区“我们有画说”学生综合材料作品展。

摄影协会　举办定海区2019年度优秀摄影作品展、“坝上甘孜”定海区摄影协会会员创作采风摄影展、2020年度“唱响定海”群众摄影作品展、“光影港城·大美定海”摄影作品展、“海那边”摄影展等展览活动。承办“光影港城·大美定海”摄影作品征集大赛，收到57位参与者投送的参赛作品1160件，评出150件获奖作品。做好摄影服务，协会组织拍摄人员从地面、空中全方位、多角度为2020“神行定海山”全国徒步大会暨浙江省登山健身步道挑战赛（定海站）活动拍摄图片资料。组织会员为定海区文化和广电旅游体育局拍摄优秀海洋文化、民间技艺、人文故事等全区各镇（街道）一艺一景一故事相关“品读定海”图片。

民间文艺协会　组团参与市、区各类非遗活动。1月18日，中大街举行传统婚礼大型活动，民协组织各类艺人44名参加抬花轿、迎亲队伍、乐队等活动。组织跳灶舞、马灯舞、舟山锣鼓、木偶戏、走书等团队，参与“文化和自然遗产日”活动。5月份以来，民协组织艺人到文化礼堂、社区、学校、景区等地“送戏下乡”活动，送木偶戏67场、送翁洲走书80场。6月，组织30多名会员到大沙老年活动室等慰问演出组织翁洲走书团队、侯家木偶戏班赴台州路桥、象山开展文化走亲活动。

【突出文艺精品新成果】　是年，文艺作品发表、入展、表演、获奖硕果累累。出版的图书有《第二届三毛散文奖获奖作品选》《城南里》《定海民间文艺普及读本》等9部。文艺家获各级展出、展演、获奖120多人次。

《定海民间文艺普及读本》《橄榄树下的集结——第二届三毛散文奖获奖作品选》《同心抗（疫）》

文学方面　会员各级发表300多篇（首）、获奖20多人次，出版作品集有白马的评论集《灵山在哪里》、小卫的《海岛纪行》、李强网络小说《碧海兵峰》。马园园长篇小说《“完”美婚姻》被“喜马拉雅”制作成有声小说。

《海岛纪行——一个广播主持人的走访笔记》《城南里》《灵山在哪里》书影

戏曲方面　沈洁创作的小品《妈妈的微笑》获浙江省第三十一届戏剧小品邀请赛银奖、获2020舟山市文艺精品展演创作金奖、表演银奖，袁健露创作的小品《渔民的儿子》获2020舟山市文艺精品展演创作银奖、表演金奖。徐霞女自编自导的课本剧《锦鸡啼梦》获舟山市第20届小学生艺术节戏剧类一等奖，蒋海儿获得第二季“越剧好声音”总决赛冠军、杭州市民营剧团戏剧汇演银奖，洪国壮编创的作品获得第四十六届中华文艺交流大赛第一名。

音乐协会　表演唱《农庄小娘》入选中国音乐家协会、中国文艺网“讲述小康故事 传递幸福声音”全国优秀原创歌曲展播；表演唱《数幸福》入选中国文学艺术界联合会、中国音乐家协会主办的“小康之歌”大型主题音乐会，登上国家大剧院的舞台。组唱《为了春天而来》获得浙江省第十九届新作演唱演奏大赛“三地一窗口”专场金奖，流行歌曲《后浪》获得首届长三角原创流行歌曲大赛银奖，词作《海蓝蓝，梦蓝蓝》获浙江省2020年“歌颂新时代”歌词大赛银奖。

舞蹈方面　男子群舞《初·海》以全新的面貌搬上舞台，获得浙江省舞台舞蹈大赛银奖，并于11月中下旬受邀参加2020年浙江省群众文艺精品展演。由乐凯凯、张颖颖创作编排的舞蹈《幸福花儿开》获得舟山市文艺作品展演铜奖。七彩舞蹈协会创作编排的舞蹈《我的祖国》《在希望的田野上》、快板《城乡处处唱赞歌》，靓姨舞蹈队创作编排的舞蹈《海岛走书》成为群众喜爱的优秀作品。

书法方面　有26人次入展入选国家级及省级相关展览。毛寒春入展“全国第五届正体书法作品展”（中国书协）。王维芳获“浙江省基层会员书法篆刻展”优秀作品奖 (浙江省书协) 。王忠军、傅世风、陈迦勒、孙幼旭、刘德钦入展“浙江省基层会员书法篆刻展”(浙江省书协)。孙幼旭、傅世风入展“浙江省公职人员书法篆刻大展”。王忠军、胡炳华、王维芳、毛寒春入展浙江省“三团三社”成果展示（浙江省文化和旅游厅）。王忠军、胡炳华入展浙江省2020年度群众文艺精品展演（浙江省文化和旅游厅）。王忠军、胡炳华、王维芳入展浙江省首届行草书大展（浙江省文化和旅游厅）。

美术方面　区美术作者获国家级美术作品获奖和入展资格，为历年来国家级入展人数最多的一年。俞舟波、李莉水彩作品入选浙江省女水彩画家作品展。李莉水彩画《暨》入选第二届深圳国际水彩画双年展，柴波初选入围（国家级）。赵海龙油画入选“振兴乡村、和美奉化”浙江省美术作品展。方晓华、李莉、包凤佴、张艇作品初评入围全国十二届水彩粉画作品展，李莉、张艇作品最终入选（国家级）。赵海龙、芮海峰、宋存国、郭峰油画作品入选大成之境浙江省油画大展。芮海峰的水彩画作品《阳光照耀下的嵊山礁》、包凤佴《冬至》入选全国第三届小幅作品展（国家级）。赵海龙的油画《须弥山系列》入选第九届大丰全国中青年油画展。在“决胜全面小康”第二届全国农民画作品展中，朱国安作品《船坞》获入会资格，包凤佴作品《围网》、朱松祥作品《嗨起大网奔小康》、周雪琴作品《网》、朱松伟作品《大潮汛》、俞松祥作品《鱼满仓》、胡凤娜作品《渔嫂乐》入选（国家级）。

摄影方面　曾其龙《带鱼深加工》获浙江省第十八届摄影艺术展创意和商业类金奖。刘引华《“畅游”海底世界》在“追梦在路上——庆祝珠海经济特区建立四十周年摄影展”入展，在《国际范》“水韵宛山·写意羊尖”全国摄影大展入展。李海宁《海面礁石》获“大美中国——2020第二届全国旅游摄影大赛创意航拍”铜奖，《霞》获“2020泰国CHRYSALIS国际摄影沙龙巡回赛”入选奖，《渔民》获“2020泰国CHRYSALIS国际摄影沙龙巡回赛”金牌奖。张信宝《大地板画》获“第22届中国艺术摄影大赛”风光类铜奖。邵明军在《中国摄影报》发表《夏日沙滩》

等5幅作品。

民间文艺方面　朱良成编写《众志成城抗病毒》用贺郎调演唱录制成视频，侯亚飞用木偶戏表演录制成视频，黄素芬用翁洲走书演唱录制成视频，均被“浙江非遗”“浙江民间文艺”“舟山群岛旅游”等微信公众号录用。朱良成完成“定海非遗一分钟视频”制作。2020年3月份开始，朱良成着手整理省文联下达的民间文学三大系（小戏、故事、俗语）搜集整理编纂工作。朱良成创作定海儿歌《我是垃圾分类小主人》，获舟山市“优秀童谣”二等奖。

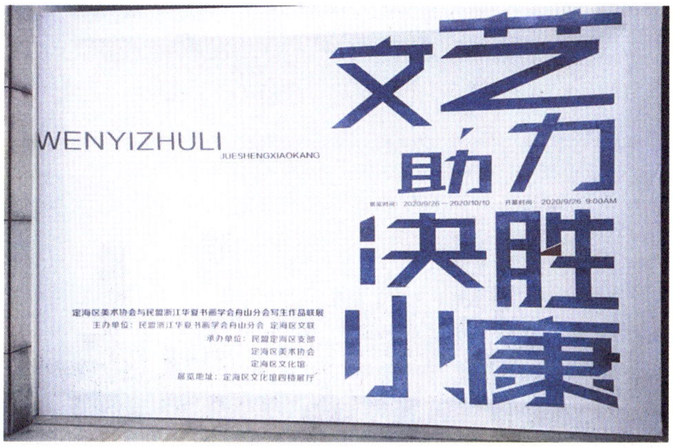

文艺助力决胜小康作品展

【办好文艺园地】　是年，出刊《望潮》4期，40多万字，推出“抗疫文艺作品”特辑2次，得到读者好评。12月，在浙江省文化系统组织的2020年度全省群众文化期刊评比中，《望潮》文艺杂志获全省群众文化期刊评比“兰花铜奖”。

《望潮》2020年第3·4期

（撰稿：白　马）

（本分目照片由区文联提供）

定海区慈善总会

【概况】　2020年，区慈善总会贯彻落实党的十九届四中、五中全会精神，践行慈善宗旨，奋楫笃行、臻于至善，为全面推进新时代定海慈善事业发展做出新贡献。是年，慈善总会募集款额和物品价值2315.89万元，同比增长17.68%，完成年初计划1200万元筹资目标的193%。

【善款募捐】　助力疫情防控　1月28日，部署启动“抗击疫情专项社会募捐工作”，开通慈善抗疫专项捐赠通道。是年4月底，全区累计收到抗击新冠肺炎疫情捐款741.92万元，累计支出721.15万元，为打赢全区疫情防控阻击战和支援武汉抗疫贡献慈善力量。

3月初，开展“战疫情 慈爱一线行”集中慰问活动

做实“慈善一日捐”　7月10日，“两办”专门联合下发《关于开展2020年“慈善一日捐、济困献爱心”活动的通知》，区四套班子领导带头捐献爱心，全区党政机关、企事业单位干部职工踊跃参与活动。是年，全区有114家单位、8113人次干部职工参加活动，捐赠善款225.57万元。

发挥分会募集优势　19个慈善分会面对疫情影响，在募捐整体环境不太乐观的情况下，克服各种困难，发挥区域和行业优势，采取多种方法开展募集工作。小沙分会深挖区域募捐潜力，劝募到善款300万元，为期两年。马岙、金塘等镇（街道）分会募集力度都比上年有大幅度提高。是年，全区慈善分会募集资金1410.8万元。

拓宽多元募捐渠道　利用微信公众号和网站推出

慈善公益捐赠项目，争取更多的善款来源。是年，在第五个“中华慈善日”到来之际，推出“蓝天至爱”爱心扫码捐款活动。联合社会公益组织“爱心联盟”在大舟山网上开展“慈心黄手环 善行回家路”“小候鸟游定海 宅家闹元宵”等募捐活动。举办慈善拍卖会。9月25日，联合区民政局开展“善行天下 爱满金秋”慈善拍卖活动，全区社会组织爱心人士参与，活动筹得的善款全部用于慈善爱心助困。

7月，携手“海基金”开展送清凉活动

【扶贫济困】 围绕“十九大”精准扶贫总方略，恪守扶贫济困宗旨，精心实施慈善项目。是年，累计救助支出2180.52万元，占上年总收入的111%，受益困难群众达到24552人次。

巩固做大优质项目 元旦、春节期间，开展“情暖万家 慈善活动月”慰问活动，发放助困救助金131万元，惠及全区各镇（街道）困难人群1506人。1月8日，联合定海区综合行政执法局、怡东凯丽大酒店等为200名一线环卫工举办“冬日送温暖 慰问城市美容师”慈善年夜饭。

1月8日，区慈善总会举办“冬日送温暖 慰问城市美容师”慈善年夜饭活动

加大慈善助困助残 联合中化兴中石油转运（舟山）有限公司实施“兴中红色捐赠”项目，慰问老党员和困难党员20名，发放慰问金4万元。开展“八一送关爱”活动，向全区28名家庭困难现役军人家属发放慰问金2.8万元。实施“点亮心愿”项目，为50余名农渔村困难老妇女干部、困难残疾人发放慰问金6万余元。参与全市慈善助残危房改造项目，为定海区6户困难残疾户提供9.73万元危房改造资金。

推进慈善助医 实施“森森爱心”大病医疗救助项目，向23名来自全区各镇(街道)的大病患者发放20万元救助金。举行“舟山市伟兴慈善基金会救助定海区困难家庭尿毒症患者项目”捐助发放仪式，为全区各镇（街道）92名尿毒症患者发放救助金38万元。

5月26日，定海区慈善总会举行“森森爱心”救助金发放仪式

开展助幼助老 儿童节前夕，开展“共享阳光圆梦行动”，为定海海润学校、育才学校双桥校区困难学生送去书包、食品，赠送乒乓球、篮球等物资；联合区妇联开展“放飞梦想 点亮童心”活动，为留守儿童、贫困儿童和新居民儿童送上微心愿礼物。“九九重阳节”期间，开展“情暖重阳 慈善助老”活

8月14日，开展“千里送衣情 爱心连两地”活动

动，向全区439位困难老人发放救助慰问金35万余元。实施“爱眼光明行”复明工程项目，全区有151名家庭困难老人得到免费诊疗，恢复光明。开展“金秋助学”项目，为全区103名困难学生提供助学金43.7万元。开展“衣循环·爱循环”项目，委托慈善拥军服务队开展送衣活动，全年坚持为新居民较为集中的船厂、盐仓菜场等地困难群众送去爱心衣物近万件。

完善“慈善精准扶贫保险”项目　在第一年项目运作实施基础上进行再调查研究，完善保险条款，2020年将赔偿比例由原来的50%提高到60%。是年，出资101.97万元为全区3090名低保低边对象购买精准扶贫医疗救助责任保险，发挥“慈善+保险”对特殊困难群体精准救助和保障作用。

打造新的特色救助品牌　启动“慈心善行惠万家”项目，围绕不同的主题开展帮扶困难弱势群体的救助活动，全年开展系列活动12次，救助金额达272.83万元，惠及人数达2307人次。搭建慈善关爱青少年的新平台，联合区关工委新成立“定海区青少年慈善关爱工作站”，在“六一”、春节期间,对因各种原因导致生活困难的青少年开展困难救助。推出“乐享银龄”长者关爱项目，为香园70后服务社老人提供就餐、送餐、家政上门等服务。实施“冬日暖阳”项目，联合浙江海港国际能源有限公司开展“童享阳光”和“福您一把”2个项目，资助金额30万余元，为5所新居民子弟学校配置6套多媒体教学设备，为贫困学生购买391套冬衣及围巾，为来自全区各镇（街道）300户困难家庭送上爱心棉被与围巾。启动“爱与梦想”系列慈善助困活动，携手舟山一百“百爱基金”开展“衣循环·爱循环”、爱心义卖、爱心看望、爱心直播、爱心纸鹤等活动。

11月30日，举行“童享阳光”浙江海港国际能源有限公司助学捐赠仪式

【加强义工服务管理】　强培训重服务　是年年初，组织召开义工工作座谈会，就义工规范化发展内容进行专门授课培训。10月中旬，组织开展“金秋义卖 爱心有你”巡回义卖活动，开展义卖活动6次，筹集善款近2万元。11月，开展“送温暖 看变化 助力扶贫帮困”活动，组织20多名慈善义工走访慰问马岙、干䃎等镇（街道）的部分困难户，详细了解困难户家庭生活情况，并送去棉被等生活用品。期间又组织慈善义工参观定海远洋渔业基地和马岙新农村建设，进一步激发义工们的爱岛爱乡之情。

强队伍传爱心　创建全国文明城市期间，自觉融入其中，开展各类志愿服务活动，街头巷尾闪耀着红马甲的身影。各大节日，如爱心联盟社团、慈善拥军服务队、“郭奶奶爱心工作室”等义工团队坚持面向困难户、敬老院老人、环卫工人等开展慈善公益活动。

12月15日，定海区慈善总会&浙江海港能源有限公司举行“福您一把”项目实物发放仪式

抗疫情绽风采　疫情期间，义工志愿者发挥各自优势，主动投身疫情防控志愿服务，活跃在抗击疫情的最前线。吴发喜、沈雄海等奋战在抗疫一线，被省慈善联合总会评为“战疫群英”优秀个人，浙江金鹰股份公司《捐资百万、研制口罩、复工复产“三驾马车”助战疫》被省慈善联合总会评为“战疫典型”优秀案例。在舟山市第二届祥生杯慈善公益先进人物抗疫先锋评选中，有12人获得舟山市“抗疫先锋”称号。

【弘扬慈善文化】　坚持向善文化，创新慈善宣传方式和途径，使全民慈善的社会氛围更加浓厚。开展“中华慈善日”主题宣传活动。抓住第五个“9·5中华慈善日”契机，向社会各界发出“中华慈善日”捐款倡议书，开展《慈善法》宣传板报巡回展，策划《舟山晚报》专版宣传报道，联合定海区融媒体中心在“定海山”客户端发起“纪念中华慈善日 学习慈善法”网络知识有奖答题活动，第一天就有1700余人次参与线上答题，整期活动参与人数达4000余人次。加强与各类媒体的合作。多形式、多角度宣传慈善文化，讲好抗疫防疫中的感人慈善故事，对爱心企业、爱心人士及义工团队中的好人好事进行大力宣传，弘扬真善美。全年被各类媒体报道的慈善信息稿件达100多篇。爱心人士周海霞、释印忠2人荣获舟山市“慈善爱心奖”，并在全市民政会议暨慈善事业发展大会上受到表彰。在全区民政会议暨慈善事业发展大会上，和海建设科技集团有限公司等5家企业和郭玲娣等10人获定海区“慈善爱心奖”。

8月18日，全区民政会议暨慈善事业发展大会

【注重提升组织形象】　提升队伍素质　把优化队伍建设作为慈善组织立身之本，锤炼工作本领，筑牢发展之基。落实学习制度，坚持每月一次政治学习，一月一主题、月月有特色。年初，专门邀请原人大副主任、区委讲师团理论宣讲名师郝理金作了区委党代会会议精神专题辅导，用理论武装头脑。定期加强《慈善法》及《浙江省实施〈中华人民共和国慈善法〉办法》的学习，提升慈善工作者的政治觉悟和履职尽责的本领。

提升组织活力　发挥党支部“排头兵”作用，注重活动方式的创新，开展每月一次的主题党日活动，围绕“学习习近平总书记在考察浙江时的重要讲话精神”撰写心得体会进行交流；围绕党员如何在慈善事业中发挥先锋模范作用设计活动载体开展探讨；围绕廉政风险教育，以身说法，敲响警钟。因地制宜开展红色教育体验活动，新农村建设现场观摩，扶危助困圆心愿，组织观看爱国主义教育影片等专题活动，引导党员“工作在单位、活动在社区、奉献双岗位”，不断提升组织活力。

提升组织公信力　新编印《工作手册》，对区慈善总会各项规章制度进行系统全面的梳理修订。5月，通过区审计局对总会进行的疫情专项工作审计；9月，邀请新华会计师事务所对定海慈善工作进行全面审计，针对问题和不足及时给予整改，做到慈善工作更加科学、规范。坚持每月定期主动做好慈善款物收支公示，提升组织透明度。

（撰稿：江园园）

（本分目照片由区慈善总会提供）

定海区老年人体育协会

【概况】　2020年，定海区老年体育工作稳中求进，壮大健身团队，拓宽宣传平台，展示交流活动，为建设“重要窗口”海岛风景线贡献力量。区老年体协、昌国街道众乐回春健身站等6个团队分别获五星级、四星级“体育星级示范团队”，环南街道靓姨舞蹈队、海之星健身舞队等7个团队分别获四星级、三星级“文化星级示范团队”，王亚珠、林斌等14人获得“第十一届定海区优秀文化（体育）带头人”，邵丽丽等2人获“定海区优秀文艺轻骑兵”。

【召开各类会议】　老体骨干迎新春茶话会　1月3日，区老年人体育协会在金塘镇举行“定海区老体骨干迎新春茶话会”，来自定海城区的各健身站老体骨干50余人参加该次会议。茶话会由区老体协常务副主席叶英军主持，区老体协副主席王素青作“科学健身强体质　展示交流显风采——2019年城区健身站工作总结”；何敏总结了2019年区直老体志愿服务分队工作；城区各老体健身站长进行座谈和交流发言。区老年体协常务副主席叶英军代表区老年体协向各位老体骨干和家人送上祝福。

五届五次全体会议　5月19日上午，定海区老年人体育协会五届五次全体会议在区政府1号会议室举行。区五届体协全体委员出席会议，各镇、街道和区属有关部门老年体协分管领导及老年体协工作人员，部分示范村（社区）老年体协主席，区老年体协项目带头人，老体骨干和受表彰的各类先进集体、个人代表115人参加会议。会议由区老年体协副主席王素青主持。会议通报表彰2019年度老体工作各级各类先进集体和先进个人；听取区老年体协常务副主席叶英军所作《创新工作机制，抓牢特色品牌，努力推进老体事业的新发展》常委会工作报告；金塘镇、马岙街道三星村老年体协和优秀老体志愿者、城东街道晨练健身站站长王亚珠在会上作交流发言；区老年体协主席孙忠定对做好新时代老体工作提出希望和要求。

5月19日，定海区老年体协第五届五次会议

【开展老年体育活动】 2020年全区各级老年体协举办各类老体活动314次，参与24586 人次。区级层面组织比赛展示8次，有99支队伍1541名运动员参赛，参加活动人数1995人。

2020年区老体骨干迎新春趣味活动　1月3日下午，区老年人体育协会在金塘螺杆工业园区党群服务中心举行“定海区老体骨干迎新春茶会话暨趣味运动比赛”，来自定海城区健身站的50余位老体骨干参加活动。趣味运动比赛活动设置4个比赛项目，将参赛人员按抽签分为“纸牌挂上墙，夹球扔过盆，红旗与花朵，毽子踢进环”两个组合四个项目进行。比赛结果为：洪苏女、张少萍、邱桂英分获第一名，其中洪苏女一人夺得两项第一。

1月3日，2020年定海老体骨干迎新春茶会话暨趣味运动比赛

老年人钓鱼竞赛交流活动　5月28日上午，全区中老年人钓鱼比赛在盐仓街道老林鱼塘举行。来自全区各镇街、区直属单位的近60名运动员、裁判员、工作人员参加该项活动。经过角逐，白泉镇余国年以24尾的优良成绩夺得个人冠军，白泉镇何国成、区教退邵志军、盐仓街道姜小宽分别获得第二、三、四名。白泉镇、区教退、盐仓街道获团体第一、二、三名。

5月28日上午，全区中老年人钓鱼竞赛交流活动在盐仓街道老林鱼塘举行

“8·8全民健身日”健身项目展示活动　8月5日上午，定海区老年体协在定海城北健身馆举行第十二个“8·8”全民健身日展示交流活动。定海城区健身站的十六支团队180多人参加这次活动。活动设置集体展示和自选项目交流两项内容。由170余人参与的广场排舞《大田后生仔》地集体展示，场面壮观热烈，深深地震撼了所有在场的人们，展示中老年人绚丽的夕阳风采。接着依次由歌舞爱好者健身站、东海健身站、晨练健身站、西山姐妹花健身站进行自选项目地展示。

“8·8全民健身日”健身项目展示活动

第五届农渔村中老年人门球交流活动　9月25日，定海区第五届农渔村中老年人门球交流活动在马岙三星门球场举行。全区镇街道农渔村代表队近百名运动

员、教练员、裁判员参加这次活动。经过角逐，马岙代表队摘得桂冠，岑港、盐仓、干礅代表队分别获得二、三、四名，其余均获并列第五名。

2020年“活力定海”庆重阳中老年广场排舞交流展示活动　10月21日上午，由舟山市定海区文化和广电旅游体育局、舟山市定海区卫生健康局、舟山市定海区体育总会主办、舟山市定海区老年人体育协会承办的2020年“活力定海——庆重阳中老年广场排舞交流展示活动”在定海海滨公园隆重举行，来自全区各镇、街道和区直单位的43支老体团队、近500人参加交流展示活动。市老年体协、区民政局、区文旅局、区卫生健康局的分管领导、区老年体协的主席副主席以及部分镇、街道、区属单位老年体协主席出席活动现场。定海区老年体协主席孙忠定在开幕式上致词。有300余名中老年人齐跳共舞的广场排舞《千岛之城》集体展示拉开了“庆重阳”活动的序幕。自选节目交流中，15支代表队分别交流广场舞、排舞、新疆舞、伞舞等多姿多彩的健身节目。环南街道木兰健身站和海之星健身站分别为大家表演健身球操《闪闪红星》、广场排舞《千岛之城》助阵节目。经评委现场打分，小沙、干礅、盐仓分别为农村片第一、二、三名；环南街道港务广场、昌国街道西山姐妹花、城东街道晨练健身站分别获得城区片第一、二、三名，其余团队均获优秀奖。

10月21日上午，“活力定海”2020年定海区庆重阳中老年广场排舞交流展示活动

区直属机关单位老年人趣味项目比赛活动　12月4日上午，定海区老年体协在定海港务大楼退休教师活动中心举行举行区直机关老年人趣味项目交流活动。60多名机关退休老同志参加趣味项目“皮球投篮、平衡滚球、毽子投篮、打保龄球”交流活动。每个老同志都完成由抽签决定的交流项目。活动根据得分多少，评出优胜奖和优秀奖，分别发给奖品予以鼓励。

12月4日上午，区直属机关单位老年人趣味项目比赛活动

【参加省市比赛】　是年，参加市级以上及市外比赛10次，组建21支代表队，参加193人次。各项比赛一如既往地取得良好成绩。获团体一等奖5个，二等奖4个，三等奖6个。在浙江省健身气功站点联赛上，东海太极队获得马王堆导引术一等奖和易筋经三等奖的好成绩，茅岭健身站获得八段锦二等奖和引导养生功三等奖的好成绩。海之星健身站参加“2020浙江省广场舞排舞锦标赛”获得特等奖和一等奖。区老年体协还组织门球精兵强将代表舟山市参加省老年体协在金华举行的“迎亚运、奔小康——2020年浙江省老年人门球交流”活动，取得团体第一名。

2020年浙江省健身气功站点联赛（东部赛区）

【参加社会公益活动】　1月14—15日，央视CCTV4-中文国际频道连续两天在晚八点黄金时段先后播出大

型纪录片《记住乡愁》“定海篇”上、下两集。东海气功站站长范伟君和队友们在央视银屏闪亮登场，进行舟山船拳展示，宣传家乡定海。6月13日，范伟君和她的队友章萍，参加由定海区文化和广电旅游体育局主办的“非遗传承，健康生活；文物赋彩，全面小康”非遗项目展演展示活动。9月29日晚，西山姐妹花健身站等七支老体团队120多人参加在普陀东港杉杉广场举行的“2020年广场舞展演”活动。2020年新春佳节，城东晨练健身站志愿服务进社区进军营为驻军官兵为居民送去欢乐和新春祝福。

【加强文体交流】 1月5日下午，定海东海气功健身站与港务广场健身站90人在东方明珠大酒店举行迎新春联谊活动。分别表演健身气功、健身舞等本团队的优秀节目。长岗山和谐站与干䃎健身气功站队员在风景秀丽的南洞水库交流联谊。区老体团队长岗山和谐站、众乐站、东海站、茅岭站、律动站、干䃎站、金塘站等健身站150人，参加5月24日在普陀东港莲花洋广场举行的2020年全国百城千村健身气功交流展示活动（舟山大会），与来自全市各地500多名气功爱好者共同演示“易筋经”“六字诀”“八段锦”“五禽戏”等九套健身气功。十二锦、十二法等自选项目也依次得到展示。举行岑港街道门球邀请赛，金塘一队、二队、马岙等队参加交流。

【健康惠老】 2020年，全年区、乡镇街道级层面进行健康讲座28次，1220余人接受健康知识传播与学习，配合区红十字会，到有关社区、敬老院组织义诊12次，有2587多名老年人受益。

“健康惠老”行动启动仪式 区老年体协在总结前几年科学健身指导服务经验的基础上，进一步拓展服务内涵，利用资源优势，推出以“健康惠老”为平台，“延年益寿大讲堂”运动与健康讲座、义诊服务为载体的工作举措，制订《定海区老年体协“健康惠老”行动方案》。8月20日下午，在定海广华医院举行定海区老年体协“健康惠老”行动方案启动仪式暨联络员培训班。区红十字会、广华医院负责人以及该院“健康惠老”讲师团代表，全区各镇、街道、区属单位老年体协秘书长和城区健身站长近60人参加这次活动。

定海区老年体育科学健身与健康生活讲座 2020年，区老年体协分别到干䃎镇、区教退、城区健身站举办四期“运动与健康讲座”；6月17日下午，区政府1号会议室举办“定海区老年体育科学健身与健康生活”讲座。区属机关退休老年人及城区健身站的老年人近150人参加听课。 江西中医药大学客座教授、硕士生导师、定海广华医院李展振院长和江西中医药大学客座讲师、定海广华医院手足外科周朝主任，分别就老年人健身过程中要注意的问题和关爱老年人足部健康进行专题讲座。其间还为50多位老年人免费测试骨密度，为30人免费做冲击波治疗。11月17日上午承办的舟山市老年体协科研委“运动与健康”讲座在定海区政府2号会议室举行，定海城区健身站的近100名老年人参与听课。

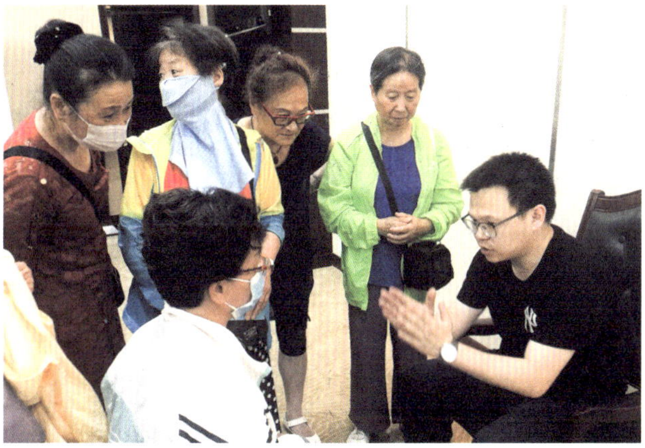

开展健康惠老活动

【组织培训】 2020年，全区举办培训班46期，受训人数达3571人次。选派老体骨干参加浙江省老年人快乐舞步健身操裁判员教练员培训和全国柔力球（套路）教练员、裁判员网络培训班。输送40余名健身骨干参加市老年体协举办的可乐球骨干培训班、健身气功培训班、柔力球（竞技、套路）骨干培训班、台球骨干培训班、体育舞蹈骨干培训班、急救员线下培训班等。11月下旬，和谐、众乐、茅岭等健身站的50多名太极爱好者参加，接受太极大师系统辅导。6日16—17日，在城北健身馆举办为期2天的中老年广场排舞教练员培训班，来自全区各镇、街道及城区健身站的近百名具有广场排舞基础的健身骨干参加培训。12月16日，联合区社会体育指导员协会在定海城北健身馆举办“2020年浙江省第一套快乐舞步健身操教练员培训班”。 各镇街道、区直单位老年体协健身站有关骨干150多人参加培训。12月25日，举办2020年定海区中老年人健身项目“健身秧歌”教练员（指导员）

培训班。来自定海城区各老体健身站和部分农渔村老体健身站、健身点的教练员（指导员）近130人参加培训。开展镇街道健身骨干培训，双桥街道开展为期3天的公益课堂——鬼步舞培训和5天的舞龙培训。金塘镇、小沙街道等单位举办越剧、舞蹈等培训班。马岙街道、盐仓街道、干𬒗镇等单位分别举办中老年广场舞、排舞、二十四式太极拳、木兰双扇、门球等培训班。

2020年定海区中老年人健身项目“健身秧歌”教练员（指导员）培训班

【志愿服务活动】　2020年，开展志愿服务达1839次，受益群众达30204人次，服务时间达9396 小时。老体志愿服务由以往的服务老体工作向如今的新冠疫情防控、文明城市创建和敬老助老惠老等领域延伸。在抗击新冠疫情中，老体志愿者争做参与者，乐当宣传员、放哨员、守护员。在抗疫期间，戴上口罩，穿着红马甲，分班分批执勤值守，在小区门口，检查进出人员、车辆、测体温、做记录、发资料，尽心尽力，

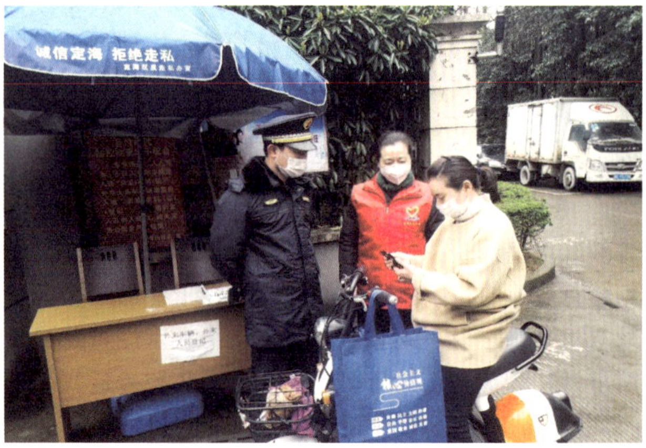

区老年人体育协会志愿者在小区门口检查进出人员，助力抗击新冠疫情

无怨无悔，战斗在防疫第一线，为全区抗疫保障社区居民健康安全做出贡献。志愿者们还指导老年人开展居家健身运动，进行自我保护，共克时艰。针对广大老年人健身锻炼需求，运用QQ、微信平台，推荐在家锻炼简单且易学的健身项目。广场舞带头人郝俐平自编自演并录制几套广场舞视频分享在微信群，动员大家一起跳起来、舞起来。西园健身站陈莲红，在网上找来健身操、拍手操，颈椎操发在站内微信群里，供队员在家健身。还有的健身骨干发送老年人喜爱的踩点操，引导老年人开展居家科学健身活动，增强体质。

【文体惠老】　是年，文体惠老继续开展。9月28日下午，区老年体协赴广华颐养院定海区老年体协组织老体志愿者开展“文体惠老”慰问演出活动，给广华颐养院的老人们送去文化大餐，送去节日的慰问。演出新疆舞、藏舞《逛新城》、小品《猪八戒背新娘》、越剧联唱、男声女声独唱等节目。这次慰问演出活动由老体健身团队丝露雨新疆舞健身站和心暖心乐队三十余名老体志愿者联合参加。在第八个法定老人节“重阳节”来临之际，多个老体团队深入乡村、小岛开展敬老惠老活动。10月24日，城东晨练健身站的志愿者到干𬒗 镇敬老院为老人们带去丰富多彩的文艺节目。是日，昌国街道心暖心团队的志愿者们到东蟹峙岛为岛上的老人们送上慰问演出，还为老人开展理发和洗脚、剪指甲等服务活动。2020年，全区各团队分别到敬老院、进社区为老年人慰问演出达30余次。

9月28日下午，定海区老年体协“文体惠老”慰问演出

【体育旅游】　2020年，在新冠疫情防控常态化后，欣欣健身站、茅岭健身站、西山姐妹花、东山、木

兰、教退、律动、中华木兰、港务广场、竹山米林、海浪花等团队，组织队员到省内外旅游。是年，全区组织老体旅游167批次，8532人次加入旅游队伍。

【规范化建设】 是年，建章立制求完善，推动自身建设正常化、规范化和制度化。

明确职责分工，确保任务落实 区老年体协在年初对驻会工作人员重新作合理分工，明确职责任务，下发“定老体1号文件”，以相互协作、相互监督、相互促进，确保各项任务地完成。区老体协持之以恒地加强自身建设，促进协会工作规范、管理规范、服务规范。

加强队伍建设，提供优质服务 由区老年体协牵头，组建由广华医院和红十字会医务人员组成的健康惠老讲师团，组建由镇街区属单位老年体协秘书长和城区健身站长组成的健康惠老联络员队伍，为健康惠老在全区广泛开展奠定强大的讲师力量和周密的联络保障。

增进相互联系，促进工作开展 建立镇街及区属单位老年体协秘书长“QQ群”和“微信群”，“定老体工作微信群”。加强日常维护，联系联络有序顺畅，促进老年体育工作的顺利开展。镇街老年体协做到工作有计划、有部署、有检查、有总结。2020年，镇街道年度工作总结和统计报表的上报率达100%。加强老体工作的资料积累。多数乡镇街道都能按要求抓好“老年体育工作记载册”的记载，及时更新相关资料。大多数镇街道建立电子档案，做到老体各项活动有记录、资料齐全。

【创建省老年体育活动中心（俱乐部）】 2020年，协会继续加强对创建活动的指导。是年，小沙街道大沙村、双桥街道紫微村、金塘镇山潭村等被省体育局授予“浙江省老年体育活动中心（俱乐部）”。至年末，全区有21个社区获此命名。

【宣传报道工作】 是年，采用全方位、多视角加大宣传力度，扩大老体工作的知名度和影响力。

及时更新网站内容，提前完成《定海老年体育》简报地发行，继续及时更新老年体协网站的内容，按时地编印《定海老年体育》简报，扩大发送面，使之成为宣传老体工作、推广老体健身项目、展示老体风采、储存老体资料的主要阵地。

争取媒体参与 老年体协每次举办和开展活动，主动邀请新闻媒体参与。“定海山”短视频，《今日定海即时报》《今日定海》《无限舟山》《舟山日报》、舟山电台都对老体举办的活动进行过宣传报道，扩大其社会影响力。

新建微信公众号 坚持与时俱进，挖掘新媒体宣传载体，拓宽宣传渠道，6月份新建微信公众号。发布8条有关交流、展示、培训、讲座等方面的信息，收到良好的宣传效果。

（撰稿：王素青）

（本分目照片由区老年体协提供）

责任编辑：王英伟

定海渔业习俗之“木龙”与造新船

定海渔民称渔船为木龙，一是喻示龙降水族万物，可保年年有鱼（余），岁岁丰收；二是假蛟龙所向无敌之意，寄托渔民驾龙闹海，乘风破浪，避邪祛恶，消灾除祸，永保平安的愿望。打造新船必定择吉日开工。开工前必用“三牲”（牛、羊、猪）祭天地神灵，向造船的大木师傅敬酒，并送上“红包”。当船的骨架（俗称“龙骨”）搭成后，在淡水舱合拢处，要用银钉或铜钉把银圆或铜钿钉合，即为“船魂灵”。因古时铜钿或银圆大多铸有龙的图案及帝王年号，将它作为船魂灵的象征置于船腹，木龙便成了活龙、真龙，再者民间又都认为金银铜铁能镇邪避灾，此船当能平安、丰收。新船打造成后，还必在船首两侧安装“船眼睛”，同时“定彩”。即在新船造成后，择吉日用五色彩带（示“五行”）随同充当船眼珠的园背铁一起钉上船头。随后又用红布蒙上“封眼”，到新船下水时，先揭开蒙眼红布“启眼”，再挑选父母双全的青年推船下水，也即为“赴水”（谐音“富庶”）。此时船主站在船头向四周抛馒头，习俗就叫“木龙赴水抛馒头”。二十世纪八、九十年代起，渔场外移，铁壳大船和新型渔轮逐渐替代了旧式渔船，这些习俗也就逐渐淡化、舍弃。

法　治

政法委工作及综治

【概况】　2020年，政法战线以习近平新时代中国特色社会主义思想为指导，贯彻落实党的十九届四中全会和各级政法工作会议精神，围绕推进区域社会治理和平安标杆区建设的重要任务，以法治思维为引领，以系统思维谋全局，以创新思维解难题，以底线思维防风险，为定海“花园式国际人文港城”建设再上新台阶做贡献。是年，政法战线动员全区力量开展风险集中排摸，化解涉疫情矛盾纠纷，依法打击影响疫情防控的违法犯罪行为，疫情防控取得阶段性胜利，全区未发生影响较大的安全责任事故和群体性事件，连续第15年被省委省政府授予为平安区称号，获得全省首批的“一星平安金鼎”。

【源头防范管控】　探索创新重大决策全过程风险管理机制，以重大项目和重大政策12类事项作为全过程监管目录，在原先工作体系的基础上，依托信息报备、风险预警、随机抽检、再评估等手段形成完整评估链条。开发重大决策社会风险全过程监管信息平台，以合法性、合规性、合理性、可行性、可控性5个方面43个量化指标及地方治理能力等自选指标，构建“5+X”评价体系，接入“四个平台”事件信息，对监管项目社会风险进行智能化筛选、分析，明确智能评判风险等级，智能推荐评估程序，智能提示风险预警三大功能，实现风险评估从人工主观评判到应用大数据进行智能运算、智能评判的跨越，实现决策实施与有效稳控同步推进。

【做好疫情防控】　委机关承接稳控观察组，重点抓好数据管控、隔离人员稳控及社会面稳定相关工作，在全省率先实施铁桶工程，落实“源头防控+硬核隔离+精密智控”机制，研究制定3大类15项工作机制，创新推行重点人员五级管控、船员离船管控、点位长驻点管控等闭环防控措施，规范落实全区医学观察、涉稳保障及善后处置。自转入常态化防控阶段后，持续派员常驻，强化境内外人员落地跟进、源头纳管、点位日巡查等制度，慎终如始落实精密智控措施，防控工作取得成效。制定下发社会稳定工作方案，关注疫情受损群体动态，排查调处矛盾隐患1295件，其中涉疫情隐患40余件，均落实化解稳控责任，社会面总体平稳。

【预防各类风险】　深化“智能防控”战略，推进“雪亮工程”二期建设，在安防重点部位、国计民生领域以及休闲娱乐场所等建成人脸识别设备510套，覆盖率70%。牵头推进“集群智安”样板工程，打造干礅“智安南洞”、六中“智安校园”、西堠“智安园区”、东管庙“智安商圈”及大皇山“全市民爆行业

举办远洋船员安全培训班

全流程智管示范点”等，持续引领全市智慧防控体系建设。开展公共安全问题专项治理，围绕危险化学品、船舶修造、水上交通、道路交通等七大重点领域牵头开展“安全生产专项攻坚行动”，推动落实基础要素管控“八项实名制”，加强网约房等新兴业态领域安全监管。

【攻坚扫黑除恶】　以扫黑除恶十大专项行动为抓手，推进“六清”行动，同步推进“打伞破网”和“打财断血”，坚决打赢扫黑除恶收官之战。至年末，摧毁恶势力集团3个37人，恶势力团伙6个46人，查处涉黑涉恶腐败问题和“保护伞”12人。发挥政法机关和纪检监察机关“三书一函”监管作用，对前期下发的6份监管建议函开展“回头看”行动，持续跟进整改情况。建立健全长效工作机制，及时将行业整治过程中的优秀经验做法固化为一系列完备的制度规范，从源头上堵塞行业漏洞。

召开“全区扫黑除恶专项斗争工作推进会”

【完善平安创建体系】　定期召开平安建设工作会议、平安形势分析会、平安工作例会等，研究部署平安建设各项工作。完善平安指数分析和预警机制，细化构建8大块123项子指标构成的指标体系，结合每月平安暗访发现问题和全省平安指数发布结果，开展事件分析和数据对比，找准影响平安建设的问题和症结，并根据问题等级，对有关镇街道及部门实行分类预警。出台平安建设“固安除患”专项行动方案，压实牵头部门和参与部门职责任务，提高打击整治实效。完善平安成员单位和平安村社考核评定机制，对社会治安、安全生产、消防、食品药品安全等群众反响强烈以及事关平安建设的重点领域，持续开展“明察暗访”，强化发现问题的整改责任，提高群众安全感满意率。

全区半年度平安形势分析会召开

【召开区委政法工作会议暨全区信访工作会议】　该会议于3月31日召开。区四套班子分管联系领导，法检两长，区属有关单位、市以上垂直管理单位在定派设机构主要负责人，区委政法委、区政法各部门、区信访局班子成员，各镇（街道）党委（党工委）分管副书记等80余人参加。会议通报表扬2019年度全区综治维稳信访各类先进集体和个人。区委副书记、政法委书记顾飞舟作重要讲话。

3月31日，“区委政法工作会议暨全区信访工作会议”召开

【召开全区建设平安定海暨推进区域社会治理现代化工作会议】　该会议于6月5日召开。区委建设平安定海领导小组组长、副组长、成员，区人大、政协主要领导，法、检两长；区属有关单位、市以上垂直管理单位在定派设机构主要负责人；各镇、街道党政主要负责人以及2019年度先进集体、先进个人代表近余80人参加主会场，镇（街道）政府（办事处）主要负责人、分管副书记、综治办专职副主任、各村社区党组织主要负责人约40余人参加分会场。会议命名城东街道檀树社区等120个村社区为2019年度平安村社区，授予环南街道东山社区等66个村社区一星平安金鼎，昌国街道合源社区等11个村社区平安金鼎。区人力社保局、岑港街道、石礁村就平安建设工作进行交

流发言。区委书记、区委建设平安定海领导小组组长庄继艳作重要讲话。

6月5日，全区建设平安定海暨推进区域社会治理现代化工作会议召开

【制定区域社会治理现代化工作三年计划】 成立区委书记、区长为组长的区域社会治理现代化工作领导小组，由区委区政府统一领导、政法委发挥牵头抓总、统筹协调作用，建立起党委主导、部门主责、基层主抓的领导工作格局。在深入调研的基础上，结合定海区情，制定出台《定海区推进区域社会治理现代化工作三年行动计划（2020—2022年）》，明确共性工作任务40个99条，区域特色工作任务8个26条，确定工作总体框架。

省政协副主席孙景淼赴定海开展社会治理领域“只进一扇门，最多跑一地”改革专项集体民主监督

【搭建矛盾化解全平台】 推动区级矛调中心建设，科学构建1+5核心功能模块，制定完善中心工作规程等全流程闭环管理，探索“矛调指数”量化考核，建立实施即接即办、会商研判、公开监督及评价等8项运行机制。中心进驻18个部门、64名工作人员，推出法律咨询、法律援助、心理咨询、公证服务等8项特色公共服务产品，搭起“组团式”服务窗口。全面深化镇街、村社两级中心试点建设，构建以区级中心为龙头、镇街中心为支撑、村社中心为第一道防线的矛盾纠纷调处化解三级体系，城东街道和金塘镇已率先试点打造完成。构建“对接关口前移、多方联动调解、分类专业调处、调解贯穿全程”的诉源治理工作体系，打造交调“五字诀”、姚心放工作法等“多元化解、联合调处”“原汁原味、百花齐放”的定海模式。是年，全区调处各类矛盾纠纷3056件，调解成功率99.97%，社会矛盾纠纷化解“只进一扇门”“最多跑一地”初见成效。

区委书记庄继艳（中间）调研区社会矛盾纠纷调处化解中心

【拓宽全民善治覆盖面】 完善群众制度化参与基层治理的渠道，以马岙“善治学堂”为试点，打造现代善治示范区。会同区委宣传部等部门，编撰全区社会治理小故事典型案例，制作社会治理现代化建设综合性宣传视频和系列宣传片，通过“定海山”微信公众号、平安定海等新媒体进行宣传，积极营造“共治善治”的良好氛围。推进“东海渔嫂”建设，注重骨干队伍、特色队伍的挖掘、培育和打造，建成“东海渔

召开定海区“东海渔嫂”工作推进会

嫂”社会组织322个、十大员队伍104支，拓展成立护童员、双拥员队伍2支。以网格+网络、微群+微信“双网双微”模式，打造27个“东海渔嫂微家”，建立244个东海渔嫂网上议事群。推出一镇一品，重点打造好城东街道美之声、环南街道“海上的士”护航团队等市级示范点建设。持续推进全科网格建设，2名网格员获得全省优秀网格员称号。

【推进政法一体化建设】 落实全省推进一体化工作意见精神，全区配备移送阅卷设备37台、曲面屏39台，通过单轨制办理审查逮捕案件61件、审查起诉案件92件，整体推进情况良好。协助打好“122”机制协同战，先后召开3次专项组工作会议，研究政法各单位在工作中存在的问题和困难，制定下发《办理跨境赌博刑事案件法律政策汇编》，及时统一各单位办案思想和法律统一适用情形，推进全区打击工作形势。

【加强政法队伍建设】 围绕贯彻落实《中国共产党政法工作条例》及浙江省五个配套规定，统筹制定全区政法系统政治轮训指导意见、年度轮训计划，严格执行重大事项报告、政法队伍协管等制度。完善规范政法单位中层干部任免意见征求审核流程，把好中层政法干警培养源头关。紧抓理论武装，提高党委（党组）理论中心组学习质量，组织学习习近平考察浙江重要讲话精神、党的十九届五中全会精神等，把学深悟透中央精神转化为做好政法工作的思路举措。搭建学习平台，开展政法干警政治轮训和政法综治培训暨社会治理培训班，不断增强政法队伍整体素质。强化典型引领，印发《关于号召全区政法干警向刘军、林剑同志学习的决定》，号召全体干警切实当好“重要窗口”海岛风景线的建设者、维护者、展示者。组织发动广大干警积极投身抗击疫情、文明城市创建、兼合式党支部等活动中，发挥党员的先锋模范带头作用。

举办定海区政法综治干部培训暨社会治理培训

【开展执法司法规范化水平提升年活动】 活动时间从2020年3月至2021年1月，围绕全区政法各单位“执法司法理念是否正确、执法司法行为是否规范、相互配合是否到位、制约监督是否有力、执法司法作风是否文明”等内容，组建工作专班，制定任务清单，落实责任部门，实现执法司法规范化建设可量化、可考评、可验收。全区政法各单位对照任务清单要求，通过个人自查、部门自查、执法质量评查、来信来访审查、召开座谈会、走访征求意见等多种形式进行问题排查，梳理汇总干部理论学习教育、思想政治教育形式较为单一，法律文书质量瑕疵、案卡填录错漏，在工作中重实体轻程序、重质量轻效率等各类问题70余项，并对排查出的问题深刻剖析原因，明确整改措施，建立整改方案。同时配合活动组织开展全区政法各单位“百案回访评公正”专项活动，针对2017年以来办结的各类案件，尤其是涉黑涉恶案件、涉法涉诉信访案件和群众反映强烈的案件，采用“走出去、请进来”等多种方式，深入群众听取意见。是年，全区政法各单位回访案件54件。

区委政法委执法司法规范化水平提升年活动部署动员会

（撰稿：王羽莹）
（本分目图片由区委政法委提供）

公 安

【概况】 2020年，区公安分局学习贯彻习近平总书记重要训词和考察浙江重要讲话精神，聚焦新冠肺炎疫情防控和经济社会发展大局，突出“数字、护航、改革、清廉”四条主线，战疫情、保安全、护稳定，补短板、强优势、提成效，探索现代警务模式，提升基层社会治理能力，争当“重要窗口”海岛风景线忠诚守护者和奋力建设者，护航定海“花园式国际人文港城”建设，诠释对党忠诚，展现公安担当，获2020年度县区公安机关综合考评第一、全区综合考评第一。是年，分局设职能科室（大队）24个、监管场所2个，下辖治安派出所11个、专业派出所2个，有公安民警495人、职工5人、事业编制 31人、辅警740人。是年，分局立刑事案件1194起，同比下降36.8%，侦破479起，其中侦破现行案件404起，抓获犯罪嫌疑人621人；侵财案件、盗窃案件同比分别下降42.6%、76.1%；破命案5起，五类案件2起，命案及五类案件破案率100%，命案连续18年无积案；侦办包括全市首起网络套路贷团伙案件在内的涉网黑恶案件8起，摧毁团伙4个，打处涉案人员35人，打击质量及指标完成率居全市第一；侦破经济案件27起，抓获犯罪嫌疑人52人；侦破毒品犯罪案件12起，抓获犯罪嫌疑人26名，查处吸毒人员93人次；破获电信网络诈骗案件56起，抓获犯罪嫌疑人100名；受理治安案件2233起，查处2232起，查处违法人员1872人，其中行政拘留697人次。年内，分局被评为2019年度全省扫黑除恶专项斗争成绩突出集体、2020年度全省公安机关执法质量考评优秀单位；有50个集体、187人次受到各级表彰，其中，分局党委委员、副局长刘军被评为全国抗击新冠肺炎疫情先进个人、浙江省优秀共产党员，副区长、分局党委书记、局长杨健被省委省政府评为平安护航新中国成立70周年工作成绩突出个人，岑港派出所所长林剑被公安部授予全国公安系统二级英雄模范，双桥派出所副所长陈彦博被评为全省抗击新冠肺炎疫情先进个人，另有1个集体、2名个人立二等功，9个集体、24名个人立三等功。

9月8日，舟山市公安局定海区分局党委委员、副局长刘军获评“全国抗击新冠肺炎疫情先进个人”

【机构设置】　2月20日，区编委办批复，将原保留的“烟墩派出所”更名为“马岙派出所”，人员编制及股级职数由内部调剂解决，“马岙派出所”主要负责马岙街道辖区的治安管理工作。6月18日，区编委办批复，将原保留的“沥港派出所”更名为“舟山国家远洋渔业基地派出所”，人员编制及股级职数由分局内部调剂解决，“舟山国家远洋渔业基地派出所”主要负责舟山国家远洋渔业基地辖区的治安管理工作；撤销原保留未实体化运作的城道派出所。7月17日，根据区编委办批复，分局“国内安全保卫大队”更名为“政治安全保卫大队”。“海防大队”更名为“海防缉私大队”，增加“防范和打击沿海地区偷渡、走私等违法犯罪活动”等工作职能。10月19日，按区编委办批复，分局内设机构“情指联勤中心”更名为“情报指挥中心”，职能不作调整。“情报指挥中心”不再挂“指挥中心”牌子，原“指挥中心”职能整合到“情报指挥中心”。11月4日，根据区编委《关于同意设立区公安分局内设机构森林警察大队的批复》，同意增设内设机构森林警察大队，核增政法专项编制5名，股级职数3名，其中正股2名，副股1名，不再保留区森林公安局建制。至年底，分局设职能科室（大队）24个，监管场所2个，派出机构13个。

舟山市公安局定海区分局领导班子成员名录

表5

职　务	姓　名	警衔	附注
副区长、局党委书记、局长、督察长	杨　健	三级警监	2019年1月任职
党委副书记、政委	林全反	一级警督	2019年3月任职
党委副书记、副局长	钟　波	一级警督	2011年10月任副局长 2019年3月任党委副书记
党委委员、副局长	张　伟	一级警督	2016年5月任党委委员 2020年1月任副局长
党委委员、副局长	刘　军	一级警督	2017年11月任党委委员 2019年3月任副局长

续表

职　务	姓　名	警衔	附注
党委委员、副局长	陈俊宇	一级警司	2019年4月任职
党委委员、纪委书记	陈　锡	二级警督	2020年5月任职
党委委员、纪委书记	叶明福	二级警督	2020年5月免职
党委委员、海防大队大队长	杨赫奇	三级警督	2017年12月任职
党委委员、交警大队大队长	周峥军	一级警督	2019年4月任职
党委委员、政治处主任	徐　明	二级警督	2020年1月任职
党委委员、金塘派出所所长	韩增平	一级警督	2020年1月任职

【政治安全保卫】　防范打击邪教组织非法活动　分局破获ZS0509“全能神”专案，1名犯罪嫌疑人被批捕。落实“心灵法门”防范、处置工作。

高校安全保卫　开展东海科技学院疫情调查和防控工作，及时了解师生动态和高校舆情，完善高校敏感时期应急预案；围绕二级学院转设过程中可能涉及的维稳风险，开展排摸分析研判。

加强基础工作　搜集编报情报信息2895条，开展基础调查200余（人、船）次，梳理邪教信息在册人员125名，配合推进基督教私设聚会点整治工作。派出所政保基层基础工作机制确立并不断完善，其中2家派出所被评为全市政保基层基础工作样板派出所，派出所政保5+X工作法被全市推广。

【经济犯罪侦查】　严打各类经济犯罪　分局开展经济犯罪打击工作，“6·18”虚开增值税专用发票案，被公安部确定为涉税会战2020-6号战役第一波次收网案件，抓获犯罪嫌疑人19名，涉及4省11家公司，价税合计约20亿元，填补发起涉税集群的空白短板，系全市唯一一起发起会战号的涉税案件。在蓝剑2020专项行动中，分局强化与工商、税务、金融、烟草等部门联合协作，整合数据资源，扩大专业行动战果，办理“3·5”非法经营案，通过与烟草部门的情报信息互通和资金研判，在三省二市捣毁生产、销售加热不燃烧烟弹窝点6个，刑事拘留9人，取保候审1人，该犯罪团伙组织架构被彻底粉碎。分局经侦大队成为全市第一个全部完成经侦打击涉税犯罪“百城会战”“歼20”打击地下钱庄专项、“云端”主战专项等专项工作的业务大队。

1月7日，分局经侦部门在双桥农贸市场开展打击非法集资宣传

护航自贸区建设　主动对标护航自贸区进行建设，防范化解金融风险。依托定海区打击经济犯罪联席会议制度，对投资理财类金融企业再次开展全面排查梳理和走访，巩固定海原89家实体投资理财公司全部关门清零工作。主动与海洋产业集聚区（综保区）对接注册企业风险防范工作，与行政部门联合对虚拟注册企业开展风险联审工作，杜绝空壳公司实施各类经济犯罪。依托警税协作机制及情报导侦平台，分类精准打击。是年，破获涉税案件11起，成功发起公安部涉税集群战役6起，抓获犯罪嫌疑人21名，涉案资金50余亿元，挽回经济损失1000余万元。

服务民营企业　开展组团式走访，走访重点民营企业60家次，座谈交流，听取诉求，解决实际困难。定人定点逐一落实警企联系常态化运行机制，探索建立企业运行风险等级评估预测体系，在发布犯罪预

7月23日，分局开办“侵犯知识产权犯罪”讲座

警、组织宣传活动、举办法治讲座、快速受理涉企案件等方面推出全套保障，为企业提供“一对一”“定制化”“精准化”服务。发挥经侦职能，构建护商、亲商环境，先后2次为100余家企业开展法治宣传和防范教育，年内立案查处6起企业侵权案件，抓获违法犯罪嫌疑人5名。

【刑事犯罪侦查】　打击刑事犯罪　围绕全市公安工作“四大警务”和全区公安工作“四条主线”，主动适应犯罪形势新变化，加快构建打击犯罪新机制，发挥刑侦部门主力军作用，压发案、强打击、促稳定。是年，全区公安机关立刑事案件1194起，同比下降36.8%，抓获采取刑事强制措施犯罪嫌疑人679名，同比下降9.59%，其中侵财犯罪嫌疑人186名，同比下降18.06%；移送起诉各类犯罪嫌疑人528名，同比下降19.88%。刑侦部门根据公安部“云剑—2020”专项行动部署，依托快速反应、合成作战机制，坚持快侦细查，严打严重刑事犯罪。全区发破命案5起、强奸案件2起、抢劫案件1起，命案及七类案件破案率100%；破获本区命案积案1起，协助江苏盐城警方破获1起命案积案，实现连续18年无命案积案。

打击治理电信网络新型犯罪　刑侦部门适应电信网络新型犯罪形势新变化，深化“情报导侦”理念，建强反诈打击专班，落实案件初侦初查，坚持研侦合一、队所联动，按照“云剑2020”总体部署，坚持端窝点、断链条、摧网络，推进打击治理电信网络新型违法犯罪、涉网黑灰产业“百日会战”、“断卡”等专项行动。是年，抓获采取刑事强制措施的各类电信网络诈骗等新型犯罪嫌疑人100名，移送起诉诈骗等新型犯罪案件387起，破获公安部督办案件3起、涉疫案件3起、市局挂牌案件10起。

6月3日，全区电信网络新型违法犯罪专项治理工作会议在区行政中心召开

小案大破　坚持小案大破，紧盯多发性侵财违法犯罪案件，落实逢案必查，运行“类案集中研判、适时集中打击”模式，扎实推进“破小案”专项行动，累计抓获侵财违法犯罪嫌疑人392人，其中采取刑事强制措施111人，治安拘留281人，从中破获各类侵财案件414起。

加强专业警种建设　分局以“专业的事由专业警种来承担”的理念为指导，全面整合力量，组建两个城区和一个农村责任区刑侦中队，抽调精干警力组成打击通讯网络诈骗七人专班，由刑侦大队统一调配开展刑事侦查工作，提升刑事打击质效。反诈专班构建“1+1”常态打击模式，以1名专班民警和1名侦查民警为作战单元，实行对新型犯罪非重大团伙案件快侦快破。

刑事技术　分局刑事科学技术工作贯彻落实全时空全要素动态勘查要求，转变传统勘查思路，将现场涉案视频、WiFi、基站信息采集纳入现场勘采内容，加强“勘查、检验、比对、落地”相互衔接，推行电信网络新型案件全息勘查和网络流分析研判，刑事科学工作逐步实现由传统侦查模式向新型勘查模式转型。是年，刑事技术部门勘查各类案（事）件现场536起，传统案（事）件现场勘查提取痕迹物证181起，认定各类嫌疑人57人，其中刑事拘留20人，直接认定案件64起。7—12月，勘查电信网络诈骗案件被害人手机143起，形成完整勘查报告52份。

刑事执法办案　全局刑事拘留犯罪嫌疑人514人，取保候审301人，监视居住29人，提请批准逮捕271人，移送起诉395起532人，申请国家赔偿案件2起2人。

【监所管理】　收押收拘　定海区看守所以监所安全文明为目标，从强化队伍管理、健全落实各项规章制度着手，注重监管工作的精细化、规范化，各项工作受到上级业务部门肯定。实现监所26年安全无事故，获2020年度全市公安监管场所考核第一名。

监所疫情防控　看守所（拘留所）按照“监所防疫标准高于社会面”的防控总要求，监所1月27日起封闭执勤，至9月10日恢复正常勤务。其间，分局抽调40名警力投入监所疫情防控。监所成立工作专班，制定新型冠状病毒感染肺炎防控应急预案，与居家备勤警力签订“居家隔离承诺书”。

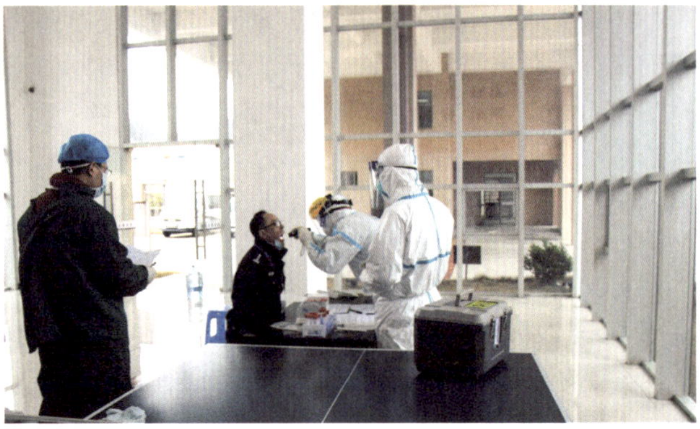

看守所定期开展核酸检测

监所监管品牌建设 看守所创建“舟善木兰”女子管教工作室，对女性被监管人员进行善文化洗礼、法治理念教育、日常行为矫正养成、心理辅助引导、身体健康养护等全方位教育熏陶，从中提炼出“三化塑行”“三式攻心”“三法养性”“三措育人”的四三工作法及“摸、评、调、访”矛盾化解四字法。打造“灯塔引航”党建品牌，积极争创区级巾帼文明岗。11月，女子监区“灯塔引航”党建品牌被市局评为“优秀党建品牌”。12月11日，看守所女子监管队被授予定海区“巾帼文明岗”称号，民警王瑜被授予定海区“巾帼建功标兵”。

【网络安全管理】 网络侦查 网安大队以“净网2020”专项行动为载体，依托网安大数据资源高地优势，紧扣“追源头、抓团伙、斩链条、摧平台”工作目标，不断扩大案源，提高打击精度、广度、深度，推进网络犯罪和“黑灰产”治理。全区侦破涉网刑事案件54起，同比上升390.9%，其中省督案件2起，完成率（指标数2）100%；采取刑事强制措施135人，同比上升95.7%，公诉128人，完成率（指标数60）213.3%。紧盯传统犯罪触网现状，牢固树立“网安+”思维，全面提升网侦工作层次和服务大局能力。网侦工作为“云剑”“净边”“扫黑除恶”“打击跨境赌博”等专项攻坚提供技术、数据、线索支撑，协破案件161起，同比上升106.4%，配侦抓获采取刑事强制措施犯罪嫌疑人270人，同比上升136.8%。

网络基础管理 网安大队加强网络安全领域警企协作，实体化运作中国电信舟山分公司网安警务室。建立“网信、公安、文化执法、市场监管”等为主体的“4+N”互联网联合执法工作联席会议制度，联合对属地政务、教育、企业类近200个网站进行远程安全扫描。开展互联网企业涉个人信息数据安全、移动互联网应用、政务网站非法控制及勒索病毒调查等专项整治工作，辖区备案网站340个，实际运营APP25个，其中具有个人数据搜集功能3个，涉公民个人数据企业7家，总数据量达24万条；对未履行网络安全技术措施和网站备案的27家企业予以行政处罚，其中“一案双查”4起，开具检查通知书10份，整改通知书5份。检查经营性上网场所180次，严格落实二代证实名登记制度，处罚未落实安全监管责任网吧17家。完成13套进办案区人员移动终端数据采集设备建设。

网警检查瑞金医院进行网络安全工作

【禁毒工作】 打击毒品犯罪 全区公安机关以禁毒“春季攻势”“净边”“云战4号”“2020猎毒”等专项行动为抓手，实施多警种合成作战，强化所队联动，加强监所挖隐工作，进一步提升打处协作效能。是年，全区侦破毒品犯罪案件12起（其中贩卖毒品案件8起，容留他人4起），同比下降36.8%；采取刑事措施26名，同比下降35%；移送起诉25名，同比下降49%；侦破公安部毒品目标案件1起；侦破一案6人犯罪团伙案件1起。

查处吸毒人员 2020年，全区公安机关查处吸毒人员93人次，同比下降69.5%；强制隔离戒毒18名，同比下降75%；责令社区戒毒39人，同比下降67.2%。其中男性77名、女性16名，分别占82.8%、17.2%；外地籍66名、定海籍27名，分别占71%、29%；吸食合成毒品冰毒92名，吸食K粉、摇头丸1名；18～25岁以下3名，占3.2%，26～35岁31名，占33.4%，36～45岁32名，占33.4%，45岁以上27名，占29%。查获的吸毒人员中，有15名同时伴有其他刑事犯罪（如贩毒、开设赌场），占查获吸毒人员总数的16.1%。

毒情分析　全区毒品违法犯罪总体呈现下降趋势。由于新冠疫情的影响，毒品主要输入地湖北等地封控，毒品流通渠道处于停工或封闭状态，每克毒品价格高达3000～4000元，底层吸毒人员群体萎缩，缉毒各项打处数据下降。对城市生活污水进行检测，每季度取样污水毒品检测值分别为14.76毫克/天·千人、3.46毫克/天·千人、3.56毫克/天·千人、1.9毫克/天·千人，毒品含量指标大幅度下降，毒情形势总体向好。至12月31日，全区在册吸毒人员1337名，增幅为1%，其中死亡24名，出国境1名，服刑84名，看守所羁押21名，强制隔离戒毒21名，执行社区戒毒106名，社区康复116名。

吸毒人员管控　分局结合疫情防控、“两会”、国庆等重点时期安保工作，会同镇（街道）、卫健等部门，对涉毒病残人员、涉毒精神障碍患者、涉京等重点吸毒人员，进行起底式排查，排查出重点吸毒人员20名，落实突击尿检、毛发检测，严防肇事肇祸。加强吸毒人员动态化管控，深化吸毒人员分级分类、异地管控、网络化管控等措施，开展社区戒毒康复人员尿检、帮教谈心1507人次，采集毛发469人次，采集率100%，查获复吸人员8名。

“毒驾”治理　8—9月，禁毒部门开展“毒驾”治理工作，对长途客货运车、公交车、校车、工程车等特定行业驾驶员进行毛发毒品检测，采集毛发1834份，未发现吸毒嫌疑。10月，启用危化品运输车辆驾驶员“毛发毒品检测证明”，开展危化车驾驶员发检工作，年内开具“毛发毒品检测证明”1555份。11月1日起，进出舟山执法卡点全面启动危化驾驶员持证通行检查，共检查出入舟山危化车1768辆，对无证驾驶员开展现场发检97名，全面消除“毒驾”风险隐患。

卡点执法民警对进出舟山的危化驾驶员所持“毛发毒品检测证明”进行检查

易制毒化学品管控　按照“最多跑一次”要求，分局规范落实网上行政审批行为，办理第二类、第三类易制毒化学品购买备案证明733份，第三类易制毒化学品运输备案证明41份。围绕易制毒化学品企业“清隐除患”专项整治行动，落实企业等级评定工作，强化日常实地检查，“双随机一公开”抽查工作及运输路面检查工作。全区易制毒企业93家，被评定为甲级单位2家，乙级单位73家。开展实地检查93家226次，落实“双随机”检查10家，道路检查4次。建立异地双向核查机制，强化事中事后监管，向上游、下游单位所在公安机关发协查函216份，掌控易制毒化学品流向，未发现异常情况。

深化“902”专项行动　分局贯彻国家、省禁毒办深化“902”专项行动视频会议精神，开展禁毒监控物品排查管控，排查工业园区9个，发现涉化学品合成研发1家，采集研发人员信息，签订禁毒责任状；排查出化工企业有反应釜74台，离心机21台，制冷压缩机2台，压片机1台，掌握企业实际生产、经营情况，严防流入制毒渠道。联合邮政、海关等部门，开展出境邮包联合抽查，组织对舟山甬舟集装箱有限公司、各快递邮政公司抽查10次，严防涉毒化学品非法出境。会同卫健、市场等部门，开展精麻药品隐患排查工作，排查出涉精麻药品经营企业1家，医疗机构16家，检查销售、采购、储存、调配、使用等各个环节，签订禁毒安全管理责任状。

禁毒宣传　禁毒部门发挥各成员单位优势，整合全区力量和资源，组织策划非接触式线上宣传，开展禁毒标语、禁毒公益广告进市场、医院、车站、广场、学校等场所，滚动播放公益广告，营造浓厚宣传氛围。年内组建“东海渔嫂”禁毒员队伍11支，招募队员147名，开展禁毒防毒宣传、吸毒人员管控

6月23日，CCTV13新闻频道报道分局禁毒宣传上渔船工作

帮扶等活动83场次。6月24日，区禁毒办联合区检察院、区民政、区妇联、昌国街道等单位，在定海区海山公园开展“健康人生 无毒家园”“6·26”禁毒日主题活动，开展全区“东海渔嫂”禁毒员联盟活动，组织骨干“东海渔嫂”禁毒员20余名参观市禁毒教育基地。

完成全省禁毒预警提醒地区整改工作　5月22日，在省禁毒委集中听取禁毒重点整治、预警提醒地区整改情况汇报会上，常务副区长、禁毒委主任林剑彪出席会议汇报整改落实情况，得到省禁毒委肯定，定海区成功解除省级预警提醒。7月3日，定海区被评为2019年度全市禁毒综合考评优秀单位。年内，禁毒部门以省平安考核工作要求为指导，全力推进整治突出毒品问题行动，在全市禁毒过程性考核和年终考核排名赋分中，均位列第一名。

比武与表彰　7月6—23日，分局禁毒大队民警戴龙龙作为舟山唯一代表，参加公安部在云南组织的全国“红蓝对抗2020”毒品查缉技能大比武，助力浙江战队斩获比武成绩和破案数列保山主战场红队第一名、云南五大战场第三名以及除云南队外所有参战队伍第一名。12月18日，在省禁毒委主办的“廿年初心路 禁毒砥砺行”——浙江省禁毒工作先进集体和个人表彰暨第六届“最美禁毒人”揭晓仪式上，定海区城东街道办事处专职禁毒社工许峰被评为2018—2019年度全省禁毒工作先进个人，舟山市香园社工中心竺珊燕被评为全省第六届“最美禁毒人”。

【特警工作】　设卡盘查　巡特警大队围绕“平安定海”建设，结合分局开展的“扫黑除恶”“夏安行动”及系列重大安保任务，强化出城卡点和临时卡点管理，落实高密度盘问检查，提升卡点打击成效。是年，采集虚拟旅馆信息29542条，设卡检查车辆23841辆，累计查获各类嫌疑人员72人次，其中刑事拘留5人次，治安拘留13人次，法院协控5人次，酒驾及无证驾驶49人次，教育释放3人。

警务服务站工作　巡特警大队加强“警务站2.0版”建设，以文化广场为中心区域，结合武装巡逻、设卡盘查等基础工作，进一步完善巡特警“动中备勤，精准防控，有警出警，无警巡逻”的工作机制，提升公安机关驾驭街面治安防控的能力和水平。会同解放所、城东所对文化广场中心区域及周边开展打击黄赌毒、扫黑除恶等专项行动,累计接处警89起，开展城区巡逻检查6500余人次，临时卡点设置200余次。协助交警部门纠正车辆违章停车4000余起，开具违停告知单1350余张，处理交通事故394起，交通违法临检投入警力300余人次。开展安全防范宣传和便民为民服务，累计发放各类防诈骗、防拐卖、交通安全、疫情防控等宣传手册2000余册，更新LED宣传显示屏内容300余条，开展各类展板宣传200余次，接受群众求助50余起，受理群众咨询180余起，接收失物70余件，归还失主40余件。

巡特警大队武装徒步巡逻

警营开放日　12月21日，巡特警大队结合庆祝首个“中国人民警察节”，举办以“激越的情怀、卓越的能力、超越的状态”为主题的“警营开放日”活动，展示公安特警形象。其间，特警展示常用武器、警械装备、警用特种车辆等，参与市民听取“135”分钟治安防范控制圈、警务服务站功能及人身基本防卫术介绍，进行现场交流互动。

维稳安保　巡特警累计出动警力8506人次，完成各级“两会”、国庆等假期及东西快速路通车仪式、甬舟高铁开工仪式、西码头开渔节、省委巡视组驻点等60余次安保任务。投入警力1008人次，处置西门加油站交通肇事、小沙船厂职工讨薪、东西快速路维稳、城北水库维稳等各类群体性事件56起。

处置突发暴力事件　5月24日21时40分，巡特警大队武装巡逻二组在撤回单位途中，途经定海东门车站发现路边有人争吵，一涉事男子手持一把水果尖刀当街挥舞。带班民警第一时间上前阻止，并报告分局指挥中心寻求支援。其间，带班民警指挥队员按防暴队形控制现场，初步了解系涉及三方的感情纠纷后，一面开导持刀男子，另一面要求另两名涉事人员勿以言语刺激持刀男子。经工作，持刀男子最终放下手中尖刀，民警及巡逻队员迅速将其控制，避免一起可能发生的严重暴力事件。此案例被省厅巡特警总队评为“2020年度‘千案竞赛’”优秀典型案例。

警犬管理 根据市局警犬调用规范、警犬训练工作考评细则，巡特警大队细化每月、每周、每日训练计划，对警犬开展搜毒、扑咬、障碍、命令服从等技能训练，对重点科目进行强化性、针对性、实战性、科学性训练，警犬实战技能不断提高。至年底，分局警犬基地有警犬12条，警犬训导员9名，警犬参加武装巡逻和设卡500头次。

【反恐怖工作】 健全完善反恐防范体系 分局固化反恐办实体运行与干部抽调轮换机制，强化反恐办及成员单位工作职能，完成反恐怖成员单位调整。加强督导检查，严格执行《中华人民共和国反恐怖主义法》《浙江省实施〈中华人民共和国反恐怖主义法〉办法》，年内先后开展专项督导检查13轮90余家次，发现问题37处，现场整改14处，发放整改工单22张，下发《反恐怖工作通报》3期，开具反恐罚单4张。

优化“四联三防”建设 分局在巩固去年建设成果基础上，进一步优化人员密集场所反恐怖“四联三防”建设，新增舟山技师学院“四联三防”建设点，被省反恐办评为省级“四联三防”建设示范点，定海文化广场被评为“省级反恐防恐行业标杆”。

调整优化第一响应力量建设 分局以提高反恐怖应急处置能力为目标，根据工作需要，进一步调整、优化反恐怖现场处置第一响应力量部署。至年底，有10类16个区级第一响应力量，涉及11个区级单位，完成点验1次，应急演练1次。

6月8日，分局开展“舟山市自来水有限公司反恐怖应急演练”

推进反恐怖“五进”宣传 分局以《浙江省实施〈中华人民共和国反恐怖主义法〉办法》实施一周年为契机，在定海文化广场建成全市首个“反恐宣传角”。开展反恐宣传册发放、宣传片播放、学生反恐征文、LED屏播放等“五进”宣传工作，年内累计开展宣传20余场次，发放宣传资料近3000册，LED屏播放90余处，反恐宣传受众人数4000余人。通过微博、微信公众号等新媒体发布反恐网络宣传推文及微博3期，发布宣传短信3700余条，受众订阅粉丝累计15368名。

【治安管理】 维稳中心工作 分局维稳中心强化履行涉稳重点人员和重大涉稳不安定因素排查稳控、预警调度、提请报送、督查指导、联络协调等职能。年内，维稳中心搜集研判各类情报信息600余条，获取预警信息77条，排查各类矛盾纠纷400余起，均得到妥善化解。结合全国各级“两会”等安保及重要节点，实现重大矛盾纠纷“不升级、不蔓延、不转移、不输出”及“零非访、零聚集、零出事、零遗漏”目标。

建立智治中心 12月，分局建立智治中心并运作，履行全区数据核查、情报研判、视频巡查、业务指导等职能。按照“日研判、周分析、月总结”的工作要求，摸清各类警情发案规律，研判掌握警情高发区域、高发时段，从“警情”中挖掘“民情”。依托前端感知系统及多维感知应用平台，通过智能比对、数据分析，提升人员信息采集率和登记率，实现对重点人员的精准管控。智治中心运行近两个月，收集重要情报100余条，排查各类矛盾纠纷70余起。核查疑似未登记流动人口信息572条，推送232条，落地登记179条，研判重点人员情况信息389条。

警保工作 分局坚持以安全为核心，紧扣“无缝对接”和“零差错率”要求，立足严格警卫要素管理，做强基层基础，强化安全管控，完成警卫任务4批次，其中二级警卫任务1批次，三级警卫任务1批次。

涉黄涉赌整治及食药环打击 分局围绕涉黄涉赌突出治安问题，按照系统治理、依法治理、综合治理、源头治理的原则，开展“主动打击、主动防范、主动整治”。全区破获黄赌刑事案件38起，采取刑事强制措施105人，移送起诉100人；查处黄赌行政案件213起，行政处罚 1076人。接报黄赌警情1439起，同比下降6.47%；其中涉赌警情1202起，同比下降

5.13%；涉黄警情237起，同比下降10.6%。年内，破获食药环刑事案件9起，采取刑事强制措施25人，移送起诉13人。

深化“项目警务定制”　分局进一步健全完善“以项目警务定制和警务站（室）为基础，以6+X专业组为支撑”的工作平台，落实重大项目风险评估、分级关注等稳控措施，推行“连队化、网格化、科技化”管理模式，主动对接S321省道定海至盐仓段改建工程（茅岭段）、岑港大皇山矿区综合开发利用项目等重大工程项目和定海区老旧小区改造项目等社会影响大的群体性事件，保障推进重大建设项目。全年对全区90项省市区重点建设项目，逐一落实“项目警务定制”工作机制，建立各类警务室（点）25个，成立内部自治组织50个，处置各类事件30余起，累计出动警力1000余人次。

打击整治枪爆违法犯罪　根据上级公安机关部署，分局采取牵头建立专项行动领导小组、召开联席会议、制订实施方案、明确各单位分工责任等措施，开展枪爆违法犯罪打击整治。相继召开爆破作业行业安全隐患集中排查整治工作部署会等会议，定领导、定民警、定任务、定责任，对行动进行再动员、再部署、再落实。全年累计出动警力400余人次，排查涉爆涉危单位400余家次，消除安全隐患60余处，发放各类宣传资料1400余份，处理爆破从业单位1家（罚款6万元），约谈单位1家，处理易制爆危险化学品单位6家，责令限期整改并警告2家。收缴仿真枪53把、其他枪支5把、子弹6826发、炸药96公斤、雷管16251枚、导爆管2100米、导爆索3330米、炮弹13枚、船用信号弹7枚、管制刀具213把。统一销毁各类枪支17支（其中报废枪支4支、民用枪支13支）、仿真枪1支。

民爆、易制爆、剧毒化学品等危险物品管理　分局按“属地管理”原则，将民爆、剧毒、易制爆和构成重大危险源的危险化学品从业单位纳入治安保卫重点单位，整治人防、物防、技防和制度建设等方面存在的安全隐患。检查涉危涉爆单位300余家次，发现隐患40余处，均全部整改。对全区61家易制爆危险化学品从业单位和5家剧毒化学品从业单位以查台帐、查流向、查备案、查安全等方式开展“抄底式”检查。9月24日，全市民爆物品“智能管控”试点工作现场会在分局召开，总结推介定海大皇山矿民爆物品全流程“智能管控”模式试点工作的经验。

9月24日，全市民爆物品“智能管控”试点工作现场会在分局召开

寄递行业联查联控机制　分局贯彻落实《全省寄运违禁物品违法犯罪线索联动核查处置工作办法》，根据全市寄递行业联查联控方案，会同邮政部门，加强寄递企业软硬件建设以及从业人员知晓《办法》的宣传教育。通过联勤检查常态化、线索移交集约化、监督处罚规范化，落实实名登记、信息采集、主体责任、教育处罚等各项工作措施，开展多角度、多层次的安全大检查。年内，全区公安机关共开展专项治安检查和专项整治8次，督促寄递行业严格执行3个“100%”规定，实地检查寄递企业门店及网点218家次，视频巡查78家次，发现并整改隐患52处，移交处罚线索15条。邮政管理部门处理寄递企业13家，其中处罚1家，发放责令整改通知书12家。

打造内保“智安单位”　分局对标《“智安单位”认定标准》，推进重点单位培育建设工作，发挥示范带动作用，以点带面提升单位内部安全防范智能化、信息化水平，将定海第六中学率先建成具有可学、可看、可复制的高质量“智安学校”，并于3月28日召开“智安”校园现场推进会学习推广。会同行业主管部门，对辖区内治安保卫重点单位进行安全防范量化评估，对评估中发现可能存在人防、物防、技防等措施落实不到位、规章制度不健全等问题的单位，通过约谈、挂牌督办、问题抄告等方式，督促落实整改；对存在治安隐患的单位，责令限期整改。年内建成“智安单位”149个，其中县级以上治安保卫重点单位建成“智安单位”118个，超指标完成市局下达的工作目标。

打造“智安校园”　分局继续以“护校安园”“智安校园”创建活动为载体，结合“雪亮工程”建设，运用科技信息化手段，整合公安大数据和社会大数据，对相关信息进行比对碰撞，建立预警模型，及时发现、推送预警信息，有效防范、处置个人极端行为和单位内部案事件发生。根据治安规律特点和复杂重要程度，建立93个智安校园防控圈预警布控可疑人员，对7名精神病人实施预警15次，均按照流程进行现场处置。

智安小区建设　分局按照市局“四大警务”建设总体部署，持续深化“智能防控”战略，围绕共建共治共享，全面推进“智安小区”建设。积极争取党委政府支持，将“智安小区”建设纳入当年政府民生实事项目，落实建设资金500万元，新建人脸识别、车辆卡口、视频监控等智能感知设备224套，物联网设备39套，10X设备44套，智慧门禁42套，系统接入率100%。完成年初规划的25个“智安小区”建设任务，新建“智安小区”刑事发案率下降35.6%，其中零发案小区15个。

“枫桥式公安派出所”创建　分局推广以“一个目标、三项重点、新五小工程”为基本内涵的枫桥警务模式，实现“矛盾不上交、平安不出事、服务不缺位”和“党政认可、群众满意、民警幸福”的工作目标。按照3年为期、全面提升的总体要求，看齐对标全国全省先进典型，持续推进派出所“示范提升”工程。突出“一所一品牌”，由局领导落实结对培育和专项帮扶，不断在整体推进、制度建设、硬件升级、能力提升上下功夫，带动全区派出所工作整体提升，相继推出城东街道芙蓉洲路联勤警务、干䃥镇新建社区南洞旅游警务、盐仓街道智安乡村等特色警务品牌。培育“东海渔嫂”“军警民”“蓝天救援”等群众工作品牌。深耕“海上枫桥经验”，成立远洋渔业基地派出所，争取基地、企业等建设资金50万元，打造“智安港区”“智安园区”“智安渔船”海陆一体智能安防体系，完善陆海一体联动联管机制。在10月召开的全市枫桥派出所创建暨联勤警务工作现场会上，分局做法得到上级肯定。

10月20日，全市公安机关深化“枫桥式公安派出所”创建推进会暨联勤警务站建设现场会在分局召开，图为领导听取芙蓉洲路联勤警务站建设成绩

社区警务工作　4月，分局制订加强新时代城乡社区警务建设的工作意见，部署开展社区警务工作。按照基层社会治理现代化的总体要求，全区公安机关深入实施新时代城乡社区警务，做实社区民警专职化工作，社区民警占派出所警力不低于40%，城区“一区一警两辅警”、农村“一村一辅警”，流动人口协管员按800∶1比例配备到位。建立社区民警下沉社区工作机制，每周在社区工作不少于3天。以中心警务室为依托，建立社区民警联勤机制，整合警力资源，实现优势互补，确保社区民警有足够时间和精力从事基层基础工作。坚持“智慧+”警务模式，履行管理实有人口、掌握社情民意、开展群众工作、组织安全防范、维护治安秩序等职责。实施“破小案、办小事、解小忧、帮小忙、惠小利”新五小工程，扎实推进“百万警进千万家”活动，提升民警和社区（村）群众双向熟悉度及群众的安全感满意度。以“办事不出岛”为目标，深化公安“最多跑一次”改革，优化“1+X”基层服务模式。健全新时代城乡社区警务责任体系，推动矛盾纠纷多元预防化解机制建设，强化社区警务室分类分层建设，深化智能化、信息化建设，推进新时代民生警务纵深建设。推行社区民警兼任社区（村）副书记或进社区（村）班子，全区89.7%社区民警进警务室所在村（居）班子。

社会保安联勤联防机制　分局坚持警企合作、双向推进、边建边试、全面铺开，继续将社会保安作为警力延伸，全部纳入联防联勤统一管理体系。打破传统联通障碍，实施正规化管理，将保安队伍建设成预防和减少基层各类违法犯罪、安全事故以及矛盾隐患的坚实屏障。8月，分局在舟山职业技术学校举办定海区第六届保安员比武，提高保安队伍整体素质。

“最多跑一次”改革　分局根据省公安厅进驻政务服务2.0受理平台目录要求，梳理本地办事事项145项，分两批次计90项进驻政务服务2.0受理平台，其中治安户籍类67项，交管类14项，出入境类9项。至12月底通过2.0平台受理6440件，占比97.89%，权利事项库对标省数管中心最新标准全部调整到位，政务服务网完成同步更新。实现权利事项全流程“网上办”占比达100%，实现权利事项“掌上办”事项占比90%，实现权利事项“零跑腿”事项占比96%，实现权利事项“即办件”事项占比70%，实现权利事项“承诺期限压缩比”75%。完成一座无人警务超市建设。办理“告知承诺”22项。

出海船舶人员管理　9月起，出海船舶人员管理由海防大队移交治安大队。根据上级部署，持续推广出海船舶人员报备系统。针对基层派出所和企业对系统操作不熟悉、不规范等情况，协调相关部门组织上门帮扶指导10余次，收集意见建议、解决问题难点。是年，全区进出港船舶报备145次，893艘出海船舶的5069名渔船民被录入报备系统。

无人岛屿管控　分局根据海域管辖范围重新划分实际，健全无人岛屿基础排查机制。全力扫除无人海岛监管盲区，协调各涉海职能部门，建立海上管理联动机制；利用海上联合执法等时机，开展无人岛屿登岛踏查和瞭望察看；借助海上群防群治力量，织密无人岛域管控网。全年，开展无人岛屿联合巡查15次，巡查无人岛屿50余个。掌握岛上地形地貌、驻岛条件及周边海域治安动态，完成对无人岛屿的“实名认证”，建立一岛一档。挖掘社会资源，组建完善“无人岛屿义务巡逻队”6个、“警民联系船”10艘，对重点管控岛屿和重点港岙口、码头锚地进行联防管控。

户籍管理　分局以第七次全国人口普查为契机，开展户籍身份证管理、户口清理整顿工作。落实当年民政火化常口未注销、失踪寻回业务核查、死亡注销业务核查、公安部下发照片相似度人员核查等工作。5月1日起，实行《浙江省常住户口登记管理规定》。10月，实行舟山—宁波户籍业务“跨市通办”、《长三角一站式迁移》。全年办理出生申报户口2368人，死亡注销户口2992人，变更姓名、出生日期165项，户口迁移业务16051项，省内本籍身份证10250项，省内异地身份证2799项，省外异地身份证3936项，军人身份证 1028项，指纹身份证离线采集上门服务42条，临时身份证2589项，办理边境通行证业务39项。

见义勇为工作　是年，全区有见义勇为人员35人，其中省级9人，市级14人，区级12人。新确认见义勇为行为2人，其中袁柏年、钟耿平获市级二等功，钟耿平获省级一等功。尚在确认者3名，分别为李海康、赵佳明、王文华。年内，分局见义勇为主管部门落实常态化的见义勇为人员走访慰问，及时开展见义勇为英模子女助学申请，解决见义勇为人员及家庭的实际困难。11月22日，“浙江省见义勇为宣传日”其间，分局以钟耿平为学习楷模，组织开展见义勇为宣传活动，动员群众投身见义勇为事业。

【出入境管理】　临时入境人员和常住境外人员　分局出入境管理部门登记管理临时来定外国人和“四种人”（华侨、港同胞、澳同胞、台同胞）4230人次。其中，外国人3608人次，华侨15人次，港澳同胞199人次，台湾同胞408人次。至12月31日，全区实有常住境外人员384人，其中外国人135人，港澳同胞49人，台湾同胞192人，华侨8人。

公民因私出国（境）受理　分局出入境管理部门共受理公民因私出国（境）申请3552人次，其中出国2994人次，因私赴台97人次（探亲57人次、团队旅游23人次、其他1人次、仅办证无签注16人次），赴港澳461人次（旅游398人次、商务4人次、探亲20人次、逗留10人次、仅办证无签注29人次)。受理跨区域申请2598人次（其中市内跨县区183人次、省内跨地市103人次、省外2312人次)。

签证签发管控　分局出入境管理部门继续强化两个“报备库”建设，采集不准出境人员报备数据377条，撤销130条。新增国家工作人员报备数据665条，撤销404条。年审企业商务备案1家。

涉外案事件查处　分局出入境管理部门发现、查处涉外案事件12起，其中“三非”案件3起，行政处罚3人，外国人死亡事件7起7人次，其他（未报住宿登记）2起2人次；完成遣送出境、驱逐出境外国人4人次。

港澳居民来往内地通行证受理　10月10日起，根据国家移民管理局部署，分局出入境管理部门开展港澳居民来往内地通行证换发补发工作，至12月31日，换发港澳居民来往内地通行证4人次。

推动浙江政务服务平台2.0应用　分局出入境管理部门在浙江政务服务平台2.0平台上线护照加注、港澳逗留签注、港澳探亲签注、港澳其他签注、应邀赴台签注、赴台商务签注、赴台学习签注、赴台探亲签注、赴台其他签注9个出入境事项，引导群众通过浙江政务服务网2.0平台办理事项，推动由“线下办”为主向“线上办”为主转变，优化办事流程，提升群众线上办事获得感。是年，在浙江政务服务2.0平台受理申请3人次。

【道路交通管理】 事故防控与违法查处 交警大队接处交通事故18709起，发生道路交通事故167起，死亡26人，受伤159人，直接经济损失610362元，未发生死亡3人以上道路交通事故，道路交通死亡事故上升21%，死亡人数上升23.81%，死亡人数控制在省定指标内。查处各类道路交通违法行为176268起，其中现场查处67736起，酒后驾驶607起，非机动车违法22632起。

重点车辆企业管控 交警大队深化工程车“标准化+连队化”管理模式，建立、健全工程运输车辆积分制度、工程运输车星级评定制度、单位内部自查制度、违规责任捆绑连带制度等相关制度，严格落实“一车出事，全面停运”制度，对有安全设施不齐全、超载超速、随意变道等违法行为的工程车一律过磅并停止其办理城区通行证，对多次记分的车队进行停业整顿。是年，对19家工程车企业负责人进行约谈。对辖区755辆工程车安装4G监管系统，通过平台实现科技管控，通过“桌面+路面”勤务模式，精准打击重点车辆违法。至年底，“两客一危”车辆检验率、报废率、违法处理率均达到100%，重型货车检验率、报废率、违法处理率达到省定指标。

全国文明城市创建 交警大队开展“疾风行动”，对快递、外卖行业实施积分制管理，查处骑手违法行为255起；深化路口长责任制，对违法率较高的重点路口，通过“1+1”帮扶模式，由排名靠前路口长进行实地指导管理；加强保安、志愿者力量培训，规范现场劝导，明确各点位职责分工；对东门菜场区块、五岔路口、宋都区域、昌东新村区块、背街小巷，通过合理设置护栏、优化标志标线等措施提升道路通行能力。会同市政部门对城区8个重点路口进行改造提升，与全市主流媒体深度合作，依托“报、台、网、端”传播矩阵和交警微信等平台，对300余辆次不礼让斑马线的违法车辆、驾驶人进行曝光；主动协调区文明办，完成全区行政事业单位、国企车辆公车和私家车更新建库，完善违法抄告机制，对768辆不礼让斑马线、闯红灯、违法停车的车辆第一时间抄告相关单位。

道路交通安全综合治理攻坚行动 推进“党委政府主导、部门协作、社会联动、群众参与”的交通安全综合治理格局，深化交通事故领导干部到现场制、交通事故“红黄蓝”预警制，对辖区道路隐患实行滚动排查、反复排查，制定后续隐患治理方案，分步逐点开展治理。对辖区桥梁、隧道、临水临崖、施工路段等重点区域进行“抄底式”排查，排查出的150余处隐患已整改120余处，完成市、区二级的隐患整改。强化重点车辆源头管理，盯紧“两客一危一重”逾期未检验、未报废、3次以上违法未处理等源头隐患，联合交通运输、安监等部门，定期对重点企业GPS动态监管、内部考核奖惩等进行检查，实行滚动排查、挂图销号，每周列出清单、落实专人进行催告。

交通安全宣传 交警大队组织警力深入辖区重点车辆企业、施工工地，组织开展交通安全宣传；以“心防、人防、物防、技防”四防为总目标，确立定海区新世界工地为试点，打造定海区交通安全样板工地；专门针对“外卖小哥”群体、工程车驾驶人群体、农村中老年群体、学生群体等开展不同内容的针对性宣传活动，累计进社区、学校、企业开展交通安全专题讲座80余场次，制作、分发交通安全宣传资料3000余份；通过重点车辆微信群、“双微”平台、网格化短信等方式，向驾驶人与企业负责人发送检查通报、安全提醒等内容，开展驾驶人群体“预防性驾驶”心防宣传活动；持续开展电动车“亮灯戴盔”劝导提醒，以电动车警示点抄写、现场“说理点”设置、媒体案例宣传等方式，提升电动车头盔佩戴率。

12月2日，定海交警大队在白泉缤纷广场开展122主题交通安全宣传活动

“创文明交通，治秩序乱象”系列行动 根据省厅“创文明交通、治秩序乱象”行动的部署要求，始终保持对重点交通违法行为的常态严管势态。定期分析研判酒驾毒驾规律特点，在强化日常检查的基础上，采取接力整治、错时勤务、机动巡查等方式，强化精准打击，严查酒驾毒驾、失“格”驾驶、超速等

交通违法行为，突出酒驾查处，共查获酒驾607起(含醉驾135起)。强化对“两客一危”、重型货车、农村面包车“三个率”的动态清零，至年底，辖区“两客一危”车辆报废率、检验率、违法处理率均达到100%；重型货车报废率、检验率、违法处理率均达到99%以上；农村面包车报废率、检验率均达到99%以上。

优化交警铁骑警务模式　交警大队围绕“警种发起、指挥合成、区块实施”的工作要求，制订交警铁骑平时、战时警务模式运行方案。全面推广“多位一体”巡管模式，推行三铁联动联勤机制，加强对小区、商圈、学校等周边停车秩序管理，对早晚高峰、秩序乱点实行优先勤务安排，形成长效管理机制。将定海区昌东新村选为试点小区，打造交警铁骑“入驻式”样板化小区管理模式，建立联动服务热线，协助小区强化周边支线道路交通管理，开展“警民共治”。

“枫桥式”交警中队创建　交警大队推动各辖区中队软硬件建设提档升级，确定白泉中队为重点培育中队，打造“枫桥式”交警中队；依托数字勤务，确保辖区所有的交通信号灯、电子警察、卡口系统、抓拍设备发挥“最大效能”；对接辖区各乡镇党委政府，依托社会力量加入道路交通安全协同共治；对各路面民警进行日统计、周分析、月考核，以考核成绩数字化、具体化评价民警工作量。

【海防管理】　海上疫情防控　分局以“净港1号”专项行动为抓手，加强疫情期间沿海岸线、港岙口、码头及出海船舶（船民）治安管控，严防新冠肺炎疫情从海上输入。全年走访排查港岙口、码头207家，签订责任状207家。检查船舶修造企业37家，冷链企业等涉冻品企业场所125家，现场整改隐患11处。走访宣传企业260家，船舶518艘，渔船民1650人，发放公开信3000余份。协助卫健部门落实远洋渔船船员下船前的集中隔离、核酸检测等工作；出动警力200余人次，检查码头142个，开展海上联合防控执法5次，查处“三无”船舶1艘。

打击走私犯罪　分局以“人力+科技”理念深入开展打私工作，以“海岸卫士”工程建设为契机，大力推进打私科技化建设。年内，完成79个反走私码头监控接入分局数字视频系统，新排摸确定码头前端感知设备建设点位21个，监控点位23个，列入明年工作计划。强化卡点封堵，在双桥、舟山西、册子、金塘、沥港5个高速口设立卡点，对进入舟山的集装箱车、平板车、吊车、油罐车等易涉走私车辆进行登记检查，对驾驶员开展反走私法制教育。全年，查获无合法来源证明进口成品油经营行为案4起，查获成品油223吨，涉案车辆11辆，涉案船舶1艘。

【警务督察和维权工作】　重大警务活动督察　警务督察部门围绕疫情防控、系列重大活动安保及敏感时间节点、重要节假日安保、扫黑除恶专项行动等，会同业务部门组织开展现场督察任务165次，出动督察警力407人次，检查基层单位682个次，发现纠正各类问题337个，提出督察建议339条。

执法督察　开展信访投诉件、上级通报、检察院纠违件等倒查，执法办案场所现场监督，对13名个人和4个部门予以分局一级督察扣分。

警风警纪督察　分局围绕“三项纪律”、值班备勤、内务管理、机关效能等重点，加强队伍正规化建设督察，共开展内部管理现场督察45次，检查基层单位316个次，发现纠正问题439个。围绕“枪车酒赌密网”重点，强化制度执行情况监督，检查公务用枪418支次，机动车78辆次。组织开展饮酒报备专项督察3次，抽查民警59人次，未发现违规饮酒。开展违规进入娱乐场所问题专项检查，检查棋牌室11家、酒店5家、卡拉OK厅19家，未发现民警存在违规情形。

开展节日期间违规进入娱乐场所专项督查

投诉案件处理　警务督察部门共受理“12389”、阳光热线和群众直接来电、来人投诉287起，同比下降5%；其中“12389”投诉36起，同比上升100%，全部予以回复。

民警维权　分局调整“维护人民警察正当执法权

益工作委员会”委员，贯彻落实分局《维护民警执法权威工作实施办法》，加大对侵害民警执法权益案（事）件的核查处置、跟踪督办力度，开展慰问救济，维护公安机关执法权威。全年办理维权案件12起，处理违法犯罪嫌疑人11人，其中行政处罚10人，追究刑事责任1人；开展局领导上门慰问民警9人，发放慰问金11500元。

【警务保障】 疫情防控保障 分局警务保障部门围绕疫情防控，重点对防疫物资采购、登记发放、物资配送、卡点送餐、内部防疫、食堂消毒、门岗安全等环节落实专人（AB岗）全天候保障。实行防疫物资“一日一汇总，一日一会商”，主动对接上级警保部门、区卫健局和其他职能部门，充分依靠社会力量，通过划拨、社会捐赠、多途径采购等方式确保一线防护装备充足保障。共配发口罩12万余个、护目镜500副、防护服1150套、一次性手套5万余副、体温枪51把、消毒液（酒精）600公斤。加大对各执勤点、隔离点物资保障力度，第一时间调集帐篷、喊话器、警戒带、反光背心、强光手电等的配送。指导对接物业公司落实专人对办公区域进行每日2次以上集中消毒，强化电梯、洗手间、食堂等重点部位的每日定时消杀，落实废旧口罩回收处理，确保“无死角、无隐患、无遗漏”。严格门卫管理，限制非工作人员进入机关大楼，落实进入人员的测温亮码。出台防疫期间食堂管理规定，实行错时就餐。

车辆管理 分局警务保障室加强警车安全检查，及时落实车辆维护；定期走访修理厂家，对维修成本、维修质量提出合理化建议和要求；6月，制订《分局机关驾驶员管理暂行办法》，加强对驾驶员的思想教育和安全教育，细化管理措施。全年更新警用车辆7辆。

装备管理 9月，根据省厅有关警用装备智能管理工作部署要求，分局启动警用装备智能化管理建设，落实建设规范和技术标准。至12月，相继完成分局和金塘派出所的先行建设。11个未建所队建设资金列入次年度区财政预算并予以统一建设。全年分局用于防暴、通讯、刑侦等专用设备购置资金966余万元。

分局中心枪库枪弹管理 9月，警务保障室履行原由治安大队承担的分局中心枪库枪弹保管职能后，以“落实责任、消除隐患、保障应用、确保安全”为工作目标，严格执行枪支弹药集中保管制度、枪支领用审批制度、领取交还登记制度、日常保养检查制度等。坚持双人双锁不能少，安全检查不能漏，动态管理不放松，出入库手续不能缺，登记统计不出错，确保枪支弹药的绝对安全。其间，对分局中心枪库及配枪单位枪支弹药进行全面排查，逐枪、逐弹、逐证进行清点核对，彻底查清枪支弹药品种、数量和管理状态。至12月，累计完成分局11个派出所及巡特警大队的枪库改造及验收工作，累计发放、调配枪弹21次，保障实弹射击训练9次。

基建管理 5—10月，分局投资320余万元，相继改造完成执法办案中心及马岙派出所业务用房；12月，对白泉派出所业务用房进行改造，项目由加固、装修、食堂用房及室外附属等组成，改造面积约1600平方米，总价258万元；7月，实施海防大队用房室外附属及装修项目，至年底完成工程总量的60%；11—12月，完成分局技术用房零星修缮项目，工程造价26万余元。分局先后启动巡特警警务实战训练基地、新港派出所改造、执法办案中心候问区扩建等项目，年内完成设计、规划许可办理、控制价编制等前期工作。

完成改造的白泉派出所

无人驾驶航空器管理 警务保障室遵循科学筹划、合理配置，统一管理、规范使用，贴近实战、高效安全的原则，制订《警用无人驾驶航空器管理暂行规定》，建立健全无人驾驶航空器使用管理制度，进一步明确警务保障部门和使用单位的职责分工。年内，分局新增无人驾驶航空器2架。至12月，分局有无人驾驶航空器5架，其中金塘派出所配置2架；政治处、科技信息化科、巡特警大队各配置1架。

【科技信息化管理】 全息感知网络建设 分局深化

“雪亮工程”二期建设，投入专项经费180万元，新增视频监控64路、人脸识别126路、高空鹰眼3路，同步整合接入政府部门、中小学、企业、个体商户等社会面视频监控资源，累计接入视频监控5040余路。推进社会化“人像感知”建设。以宾馆、酒吧、歌舞娱乐场所、浴场等为重点，签约重点行业单位430余家，完成安装588路，全部接入市局多维数据融合应用平台。

提升实战系统平台效能　出台警务通使用管理规定，提升警务通使用率和用户活跃度，确保警务通上线率达到100%；按照全市APP推广工作，对“K档案”进行升级；主动对接各县区管理员指导使用，推动全市涉稳重点人员信息录入。

全警信息化应用能力提升　分局通过调整各单位信息化应用分管领导、开展信息化应用培训、送教下所等方式，深化信息化应用能力提升。8月、11月，分别开展信息化应用能力基本级及中级考试，参加民警达450余人次，年内开展各类学习培训10余次。

开展信息化应用培训

数据“三治”工程　分局持续开展运维工作，处理视频共享平台相关设备软硬件故障、视频专网网络故障、指挥中心大屏系统等故障60余次；新增上线视频专网流媒体服务器2台，增加视频专网流媒体服务器3台，处理视频监控等各类前端及传输设备故障2800余起，纠正完善点位经纬度信息100余个，处理点位树枝遮挡问题40余处，维护及整修点位机箱、立杆、标识等存在问题110余个，确保省厅视频图像全量考核全年在线率达99.67%。

助力打造科技智慧品牌　分局科技信息化科助力打造“远洋渔业警务”品牌，在惠群码头主通道及周边安装人脸识别设备9套，在远洋渔业基地主要出入口安装车辆卡口2套，在基地大楼顶层安装高空鹰眼1个，构建立体化“智安港区”。助力打造“智安南洞”品牌，根据景区旅游发展需求，在南洞核心景点区域新建安装完成3套车辆卡口系统、2套人脸识别系统、2套人流统计摄像机、4个高清视频监控以及1套高空鹰眼设备。助力推进“智安校园”建设，在定海六中校门口重要部位加密布建感知设备，实行进校车辆自动识别。在校内宿舍楼2个出入口安装人脸识别门禁。以校园围墙为物理界线，环校安装38个摄像头，建设校园周界红外预警系统，外防入侵、内防翻墙。

【指挥情报联勤】　接处警工作　分局整体、系统推进“110”接处警改革，推进接处警工作联动升级，坚持秒级响应和“1、3、5”分钟控制圈，固化建设、管理和运行保障；以“降警情、控发案、提效能”为总体目标，坚持问题导向、目标导向、效果导向，推进资源系统集成、警力精准投放、警情快速处置；按照“任务项目化、项目清单化”的方法，探索警情分流、联动工作机制，发挥社会矛盾纠纷调处化解中心、基层治理“四平台”、全科网格等作用，搭建与消防、城管、综治、社区、街道等群众求助较为集中的职能部门的信息传输通道，做实做强“保安联勤、警校联管、警企联防、军警融合”等工作机制，压实单位主体责任，积极推进相关单位非警务类警情“优先自处”。是年，全区报警同比下降11.24%，联动警情1834条。接处警57071起，跟踪检查全区接处警警情26352起，发布各类通报478次、分析研判291篇。

情指行一体化建设　分局在省厅、市局“情指行”一体化体系建设框架下，依托情报指挥中心建立“情指行”合成作战体系,按照“1+3+X”的模式搭建分局情指行合成作战中心。在情指行合成作战中心框架下分别设立智治中心、情报中心、督察（民意感知）中心、侦查中心（与市局合建），打造立体化、多维度的全区公安机关“情指行”合成作战体系。“情指行”一体化体系业务范围覆盖本局主要业务工作，服务支撑警种、部门各类实战，形成平行衔接的全网格局。同时，抓好情报、指挥“两大职能”，打造实战警务“后台支撑”，突出数字融合、合成联动、预警预测“三个手段”，引领智慧警务“风向标杆”，围绕强化维稳安保、强化打击破案、强化防控指导、强化应急处突“四个目标”，引领打防管控“全面落地”。全区公安机关依托“情指行”一体化机制改革，落实新冠肺炎紧急应对、封闭管控、精密智控，完成各级“两会”、国庆安保各类维稳安保工作。

社会应急联动　分局结合实际，对应急联动预案库进行梳理调整，适时组织应急演练、专题点评；深化“1、3、5”控制圈建设，完善快速反应指挥体系和流程；发挥乡镇、街道、村（居）委在“隐患排查、信息报告和先期处置”中的作用，提升联动处置实效。全年指令应急联动3027条，办结3027条。其中一级联动单位2423条，二级联动单位604条；指令类型涉及城乡建设（道路、市政工程）655条，工商执法类408条，环境保护类138条，其他类1826条（主要是涉疫类）。

【行政秘书】　信息调研工作　分局办公室发挥参谋助手作用，深入挖掘各项特色亮点工作，制订重点调研课题，为领导决策提供理论支撑和信息参考。开展全区公安机关综合写作竞赛，选拔优秀年轻民警纳入写作人才培养梯队。年内，信息调研工作考核全区第一，全市公安机关第二，全年被市局录用一周警务信息24篇、工作简报10篇、调研专刊3篇，被省厅录用简报4篇、工作动态6篇，另有2篇调研文章在省厅“平安浙江”论坛征文中获得二、三等奖；2篇中标市、区社会科学研究课题；1篇在定海区优秀调研成果评比中获得三等奖。

机要密码工作　分局办公室牵头开展全局“拉网式防泄密排查和保密教育”专项行动，完成对全局23台涉密机、101台互联网、825台公安网计算机及输出设备的保密检查。落实各项保密机要规章制度及机要文件收传批阅工作，加快推进保密、机要基础设施建设，完成“机要密码全周期综合业务管理”系统安装调试、公安计算机保密技术防范系统及配套设备安装。

政府信息公开　分局按期办结行政许可事项48项6061件，作出行政处罚决定1324项2058件，办理行政事业性收费12项，政府集中采购239件19114762.57元；收到政府信息公开申请7件，按期办结7件，未发生政府信息公开行政复议、行政诉讼；通过网站、微信、微博等渠道发布各类信息5100多条次，妥善处置各类涉警负面舆情58起。

档案数字化工作　2020年，完成2019年度全局文书档案、专业档案的归档工作以及档案数字化工作；指导培训派出所档案管理工作，先后2次开展集中检查，通报问题不足，指导落实整改。3月，分局档案室通过省级“示范数字档案室”验收。

提案议案　加强与市局、区属职能部门的沟通联系，规范办理督办批办件32件、议案提案3件，及时交办催办、按时办结反馈，实现办结率、答复率、满意率100%。

“三服务”活动　开展“深化拓展三服务、凝心聚力十四五”“为企服务提升月”等活动，全面打造“三服务”2.0版，推动工作更实、更细、更精准，全年累计解决企业、群众、基层问题370个，数量位居全区前列。

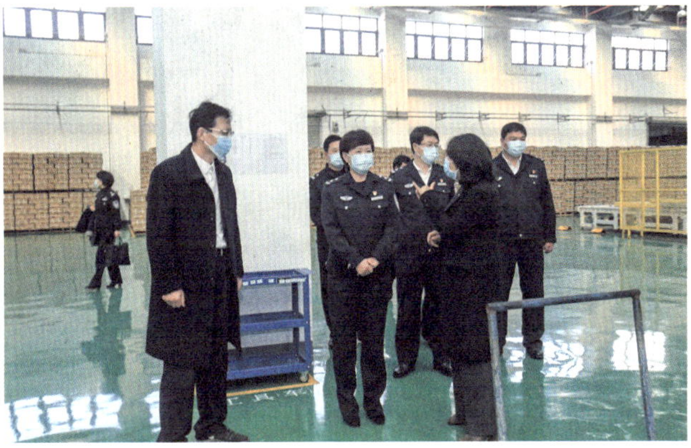

2月21日，省厅党委委员、副厅长刘静（前排左二）到定海开展“深化拓展三服务、凝心聚力十四五”走访调研活动

精文简会　按照上级精文减会要求，严格规范办文办会，实行会议报备制度，统筹全局会务工作和公文处理工作。发文148件，同比下降11.3%，办会479场，同比下降18.8%。

【公安法制】　执法办案管理中心建设　8月，分局在全市率先建立执法办案管理中心，于9月运行，按照“集约化办案、全流程管控、一站式服务、专业化保障”总体目标，执法办案管理中心面积1100平米左右（全市第一），总投入200余万元，设有讯（询）问室11间、等候室4间、证人询问室3间，配套远程提审、语音转写、一体化数字签名屏等智能化设备，配备签字捺印板50套、34英寸曲面屏显示器12台，安装远程提审系统5套。按“3+X”架构设计（“3”即案件受理区、执法办案区及案件管理区三大主要功能区，“X”即协同服务区、执法巡查区、指挥研判区、案件会商室、法治办案区、休闲区等6个业务服务支撑功能区），开展案件受理接待、办案区看管、信息采集、协助押送、执法监督巡查、数据统计等日常事务管理，实现中心在全局执法活动中的监督服务枢纽作用。是年，办理案件86起，进入办案区嫌疑人员221名，发布运行通报两期。

9月30日，副市长、市局党委书记、局长赵骏（左二）到执法办案管理中心调研

执法规范化建设　分局全面推进“执法规范化水平提升年”及“教科书式执法”创新实践活动，开展自我检查、交叉评查、执法考评等方式，找出最普遍、最突出、最典型问题286个；针对执法短板弱项，建立“项目化”解决机制，对执法共性、个性问题，摄制执法教学视频和精品“微课堂”，以场景还原、音像触发的生动形式，向民警呈现执法“示范标准”，拍摄教科书式执法短视频19部，制作示范卷宗8个，执法指引汇编10项，典型案例剖析6篇；利用“钉钉直播”创新线上教学模式，集合线下教学，全方位、多维度建立执法标准体系，规范民警执法行为。以“百案回访评公正”为契机，对2017年以来办结的案件进行排摸回访，坚持“有错必改、有责必纠”；强化个案评查，落实执法过错追责，发放执法监督通知书19份，督察通报5篇。

提升执法办案质效　分局强化行政案件审核复核，从实体卷宗审核转变到网上网下一致性审核，及时发现存在的问题，审核复核行政案件2000余起；推进取保候审专项清理，严格控制取保在办案件的办理期限，定期通报晾晒办案进度，对办案不力的单位以催办单的形式进行督促，取保平均办案时间由第一季度的全市第四位上升到第四季度的全市第二位。

执法队伍专业化建设　分局以大练兵为契机，树立实战练兵导向，完善季度法律素质测试、每月法制“沙龙”、每周夜学习等制度，推行“学、考、练、战”一体化培训模式；建立党委中心组带头学法、中层领导应诉旁听、全警日常学用合一的常态长效机制；结合“全警能力素质提升三年行动”，采取跟班培训、专家授课、实地指导等形式，加大对工作未满三年的年轻民警及边防转隶民警培训力度，鼓励全警参加高级执法资格考试和司法考试；按照“培养一个、拉动一片”的工作思路，强化各警种岗位练兵，培养“五能”执法办案人才。

公安信访规范化建设　4月26日，分局信访室成建制进驻区级社会矛盾调处化解中心。全年接待来访群众339人次，受理化解信访诉求85起。与矛调中心律师服务窗口、心理咨询窗口联合接访化解信访件2件。制订定海公安信访“最多跑一地”运行机制，建立健全“中心”窗口与公安机关内部信访工作长效机制，明确 “一个窗口受理、一个部门主办、一个口子答复”的公安内部纵向受办流程。加强与区属职能部门间的横向联勤联动，努力实现“一站式”管理、“一条龙”处理。通过远程视频接访、“云上漂流瓶”收集、结合“海上网格+海陆联调”拓宽信访诉求收集渠道，深化矛盾纠纷多元调处。建立“代办帮办”队伍137人，开启“代办帮办”模式，信访件线上收集，线下办理流程全委托，让数据多跑腿，让群众少跑腿。至年底，“代办帮办”信访件19件，其中穆某波信访件为国家信访局督办件。

4月20日，远洋派出所民警为远洋船上的“远洋老娘舅”和“治安船管家”上航前第一课

行政复议与诉讼　分局行政复议13起，维持6起，终止5起，未结2起；行政诉讼9起，驳回诉讼请求7起，未结2起。二审3起，驳回上诉、维持原判3起。

【纪检监察】　落实从严治党主体责任　分局成立全面从严管党治警领导小组，制订年度党风廉政建设和反腐败工作要点、全区公安机关党风廉政建设和反腐败工作责任分工及“四责协同”任务清单，加强领导，明确要求，完善措施，落实从严管党治警。强化“两个责任”在线管理平台应用，按规定上报履责情况。5月，出台全面从严管党治警工作考核办法，细化考核事项，8月、12月两次由局党委成员带班进行专项考核。是年，分局党委17次专题研究党风廉政建设工作，对履行监督、管理责任不力的12名部门主管及时进行约谈，对因工作不到位的15名责任领导予以分局一级督察扣分。

持续推进正风肃纪　分局部署开展贯穿全年的全区公安机关“亮剑凝心，勇担使命”作风建设五项主题式督察行动，开展一季一次的常态化排查治理，对问题人员全部落实“三色”管理；以“坚持政治建警全面从严治警”教育整顿为契机，推进队伍管理“大监督、大整治”，开展8次专项排查，对排查出的56个共性问题、20个个性问题，逐一跟踪督促整改；落实每季一次的内部“四风”问题自查，严防“四风”反弹，规范廉政账户管理和礼品礼金登记上交；开展“烟票”背后“四风”问题专项整治、办公用房清理整治、厉行勤俭节约反对铺张浪费等专项活动；严控“三公”经费支出，严格落实公务接待支出“一餐一结”等公务接待规定。

风险防控和权力监督　分局落实个人重大事项报告制度，区管干部向区委组织部报告个人重大事项45人次，中层干部和民警向分局党委报告个人重大事项72人次。落实分局中层干部选拔任用纪实等制度，全年书面反馈327名晋衔（级）人员、198个立功受奖部门和个人的廉政情况。出台执法状况评估办法，突出执法问责，追究17人次执法过错责任。制订《关于构建新时代定海公安特色“大监督”格局实施细则》，成立分局“6+X”大监督中心，配套建立每月例会、四方联谈、闭环管控等八项工作机制，推动形成责任联动、风险联控、常态联管监督工作格局。组建“啄木鸟式巡诊”帮扶监督队伍，“全面体检”公安业务和队伍建设现状。全年开展问题联谈13人次、线索联查12条、廉政联审522人次，及时发现帮扶整改苗头性问题62个。开展队伍问题月排查、季分析、年汇总，落实基层所队队伍分色管理、风险隐患排查帮扶等日常监督管理，常态化开展队伍风险隐患“排雷”“治雷”行动，全年二级督察扣分508人次，黄色预警5人次。

廉政文化建设　5月、9月，分局两次部署开展警示教育月活动，组织全警观看警示教育片，召开新提任干部廉政教育会议，制作警示专题片《警戒》，编发身边违纪违法反面典型警示教育材料，组织政治理论和党纪法规测试，增强队伍遵纪守法、廉洁自律意识。以全警实战大练兵活动为载体，固化谈心谈话、学习测试、走访帮扶、廉政短信提醒等常态化学习教育机制，营造“清廉警队”氛围。运用监督执纪“四种形态”中的“第一种形态”开展诫勉谈话2人，批评教育3人。

审计工作　2020年，制订《定海区公安分局信息化项目审计实施办法》，先后开展“智安小区”建设工程、执法办案管理中心改造、“警务通”“流管通”采购、手机数据采集分析系统等4个项目审计工作；落实常态化审计监督，对法治大队、城东派出所2名“一把手”开展任中经济责任审计，对22名离任干部开展经济事项交接监督工作，从源头上防止经济腐败。

分局组织开展中层干部任中经济责任审计工作

执纪问责　分局核查上级交办、内部传递和群众举报线索60条，自查自办民警违纪案件5起，党纪政务轻处分3人，重处分2人。全年通过日常督察、网上巡察，对27个部门、24名直接责任人员、15名责任领导予以分局一级督察扣分。

督考工作　分局制定《2020年度“四大警务”建设任务推进计划》《2020年全区公安机关综合考评办法》等，在常态开展“规定动作”基础上，重点推行“实时约谈、精准帮扶、即知即改”三项制度，及时解决问题，提升工作质效。每月开展重点工作完成情况督导，对考评结果上墙晾晒并发通报，全年发督考通报9期，提出督考建议27条，进一步强化对公安工作的统筹部署、督促指导和综合考评，突出对重点工作的督促推进。

【干部（辅警）管理】 干部管理 分局新提拔股级干部25名，其中正股18名、副股7名，41名中层干部进行岗位调整交流。至12月31日，实有中层干部131名，其中正股62名，副股69名。年内新招录民警17名，均为公安院校毕业生。安置军转干部2名，退休10人，公务员转入3人、转出13人，辞职2人，有1名事业工作人员辞职考录进市级机关单位。年内办理警衔首授26人、警衔晋升103人，降低警衔1人。新警转正定级27人。根据《中共中央政法委〈关于公安现役部队集体转制到公安机关人员身份转改工作的意见〉》《中共中央组织部、人力资源社会保障部、公安部、国家公务员局关于印发〈公安机关执法勤务警员职务序列改革方案（试行）〉和〈公安机关警务技术职务序列改革方案（试行）〉的通知》，分局72名边防转改干部全部进行职级套改。全年，新晋升警员职务144名，其中晋升三级高级警长10名，警务技术三级主任1名，四级高级警长10名，一级警长以下123名。

辅警管理 分局加强辅警教育培训工作，辅警岗前培训8批次162人，辅警骨干集训4批次126人，对新招录的142名辅警落实核酸和血清检测。关心、关爱抗疫辅警，对辅警开展抚恤慰问10人次，通报表扬30人次，根据金塘卡口、看守所等抗疫一线岗位特点，适当增加抗疫补贴，累计发放33万余元。加强辅警荣誉感教育，分局陶文华、汤方军、乐丹维、谢东飞获评全区“最美战疫志愿者”称号，乐丹维入选浙江省千名“战疫群英”，丁海江集邮作品获全国公安系统“践行新使命、忠诚保大庆”主题书画作品展集邮展二等奖。持续开展辅警层级管理工作，晋升辅警层级282人、定级102人。至12月31日，分局实有辅警队员739人，新招录辅警162名、辞退2名、自动离职109名。

暖警工程 分局以“枫桥式公安派出所”创建为抓手，深化强基工程，进一步改善基层所队办公、训练、休息等警务用房，更新替换警务装备。建立完善应急作战、异地作战保障体系，后勤保障、紧急动员能力得到明显提升。对接相关部门、企业，推动12项社会公共服务领域“三优工程”惠警措施落地，与6家宾馆、7家汽车4S店、2家汽修店、3家医院、1个装修公司等39家单位和经营方签订优惠、优先、优待协议。实施异地分居民警“团圆计划”，为派出所6名边防转改民警办理调转手续。开展民警走访慰问，慰问生病住院民警21人、结婚生育民警6人、直系亲属亡故民警6人，开展疫情期间战时慰问12批次。

【公安宣传教育】 教育训练 分局结合《全警能力素质大提升三年行动实施方案》，立足警种岗位需求，制订《全区公安机关全警实战大练兵实施方案》，按照“弱什么，补什么”的要求，持续围绕法律政策运用、防控风险、群众工作、科技运用、舆情引导五大能力开展教育训练。通过开展综合写作竞赛，政治理论、法律知识、信息化应用能力测试，举办新警及专兼职法制员培训，常态化射击及警体技能训练提高全警能力素质。民警陈彦博被公安部评为全警实战大练兵第一批部级“标兵个人”。年内，组织11名民警参加市局优秀课程评审，2人以第一、二名成绩入选警体实战技能类优秀课程，2人以第一、三名成绩入选综合类优秀课程；制作完成《如何开展队伍正规化督察》《接处警现场强制措施适用规范》、“远程提审”执法规范片、教科书式执法等多部练兵视频和微课视频。以各类比武为促进，深化专业训练，看守所3名民警代表市局参加全省看守所业务实战大练兵比武获得团体第二名；2名民警获全市网络攻防比武个人第一名、第五名。11月，13名派出所所长（主持工作的教导员、副所长）参加全市公安派出所所长练兵比武，取得团体第一名，4人进入个人前八名。

特色精品宣传 分局围绕重点中心工作，先后在新冠疫情防控，五大工作品牌、五大工作特色等方面形成宣传规模。外宣考核位列全市公安系统县区第二，刊发对外宣传报道400余篇，其中中央级媒体刊发稿件51篇、省级84篇，同比去年增加20%，多篇稿件被各级主流网络媒体录用、转载1000余次，首次在《人民日报》纸媒刊发稿件，完成历史性突破。全年官方微博发布2400余条，官方微信发布650条，定海政务公开网发布220条。是年，分局抗疫题材摄影作品荣获第五届平安中国“三微”大赛最佳摄影作品奖、第二届平安浙江“三微”大赛优秀作品奖，微博信息《90后夫妻一周一会》位列全国“十佳战疫日记”第二名，是全省公安唯一入围作品。《刘军：25天的“守门”记忆》《我们只是做了该做的事情，这份殊荣属于全体舟山人》等相关报道在《央视新闻联播》、《平安时报》微信号、《浙江法制报》、"浙江新闻"客户端等平台刊发，《全国公安二级英雄模范"烈火中的硬汉"——林剑重返工作岗位》等相关报道在《浙江日报》头版、中国警察网、"学习强国"、《派出所工作杂志》微信号、《人民公安报》微信号、《平安时报》头版刊发。

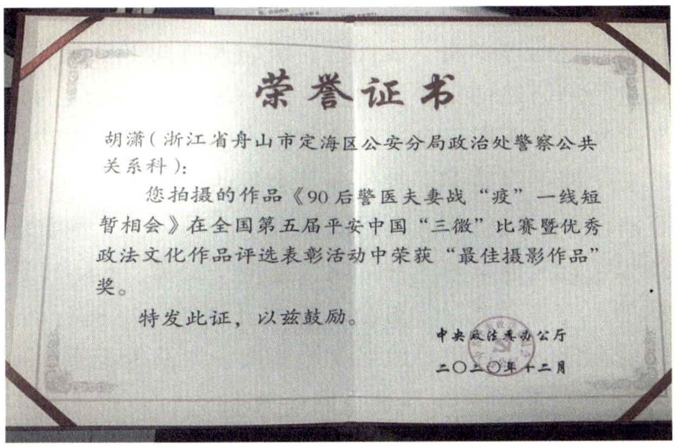
荣誉证书

胡潇（浙江省舟山市定海区公安分局政治处警察公共关系科）：

您拍摄的作品《90后警医夫妻战"疫"一线短暂相会》在全国第五届平安中国"三微"比赛暨优秀政法文化作品评选表彰活动中荣获"最佳摄影作品"奖。

特发此证，以兹鼓励。

中央政法委办公厅

二〇二〇年十二月

《90后警医夫妻战"疫" 一线短暂相会》在全国第五届平安中国"三微"比赛暨优秀政法文化作品评选表彰活动中荣获"最佳摄影作品"奖

先进典型选树　分局政治处围绕中心、精心策划，通过定海微信公众号、微博、传统媒体等形式，将宣传全国抗击新冠肺炎疫情先进个人刘军、全国公安系统二级英雄模范林剑的先进事迹由"墙内"延伸至"墙外"，不断提升定海公安形象。坚持纵向抓警种、横向抓层面，把镜头、话筒、笔头更多地对准基层一线民警，结合"派出所好民警·好故事""最美身边人""党员群像·定美风景"等活动，深入挖掘、全力推介一批具有鲜明时代特色、有深厚群众基础、能充分发挥引领示范作用的先进典型，扩大社会影响力，年内已对38名民警、辅警进行宣传报道。举牌女辅警、吃"闭门羹"民警、90后警医夫妻等多个抗疫典型成为网络红人。

【党团工作】　公安党建　分局党委认真落实"第一议题"制度，组织开展"学习习近平总书记在浙考察重要讲话精神""学深悟透'两会'精神 争当海岛风景线最美守护者"等4个专题学习活动。推进"双建"工作，严格落实"三会一课"、民主生活会、组织生活会、民主评议、谈心谈话等制度。强化政治理论助推公安研讨，荣获全区改革攻坚创新发展"双学双比"活动第一名，党建调研文章获区委直属机关党工委调研一等奖。创建"一带两翼"红色党建格局，坚持"特色化"+"品牌化"发展模式，打造铁警护航、红盾锦沙、田园党建、深海红盾等8个党建品牌。推动38名社区党员民警兼任社区（村）副书记，表彰第一批"最强党支部"，落实离退休老干部支部书记每月300元岗位补贴发放。疫情防控期间，分局党委委员、副局长刘军担任舟山金塘公安检查站副指挥长，固守岛城门户，为保障疫情不蔓延不扩散作出积极贡献，被评为全国抗击新冠肺炎疫情先进个人及全省优秀共产党员。民警陈彦博获"浙江省抗击新冠肺炎疫情先进个人"荣誉称号，金塘检查站公安专班及3名党员获省、市两级表彰。

团工委　分局团工委紧紧围绕分局重点中心工作，坚持党团共建、服务全局、创先争优，引领公安青年建功立业。组织青年民警奔赴抗疫一线，防输入、保稳定、促发展。民警陈彦博获评全省抗击新冠肺炎疫情先进个人，分局团工委获评全市先进团组织，民警杨晨华获评全市防疫一线优秀团员，辅警乐丹维获全省公安机关最美辅警荣誉称号。组织青年民警参加执法、司法考试及业务竞赛提高自身素质；依托"百警进万家"活动，开展安防宣传，上门服务群众；鼓励青年民警积极投身"创城"活动，分局米壮壮获"舟山市志愿服务优秀工作者"。团工委认真筹备"红船杯"党团知识竞赛，荣获全省三等奖、全市二等奖、全区二等奖。

典型案例

【4·26潘某辉等人诈骗案】　2020年4月26日，分局接到颜某某报警通过微信结识陈某确定恋爱关系后被其从银行卡中盗取3万元现金。分局刑侦大队组织成立专案组，经侦查发现该案为一交友诈骗团伙所为。专案组从案件流、资金流、通讯流、信息流着手开展精细研判和实地侦查，经过一个多月经营，确定团伙5名成员身份，串并案件7起，并赴慈溪、嵊州、广东等地抓获潘某辉等五名嫌疑人，捣毁以交友名义实施盗窃、诈骗团伙1个，涉案金额12万余元。

【"7·18"专案】　2020年7月18日上午，舟山市定海区西园新村22幢606室发生一起两人被杀案件。市区两级公安机关随即启动命案侦破机制，抽调精干警力组成专案组，开展现场勘查、信息研判、视频侦查、调查访问等工作，迅速查明犯罪嫌疑人孙某慧

（河北籍、男），并锁定孙某慧逃亡至普陀区桃花岛，专案组抽调全市200余名警力在桃花岛开展半个月的地毯式搜捕。8月3日，在桃花寨弹指峰崖底海域处找到一具男尸，经DNA检验认定系犯罪嫌疑人孙某慧，案件顺利告破。

"7·18"专案组抽调警力在桃花岛开展地毯式搜捕

【李某涛等人涉嫌帮助信息网络犯罪活动案】 2020年6月23日至7月2日，邵某某通过社交软件结识一网友，被对方以平台投资为由骗走现金22.1万余元。分局组成专案组开展侦查，于8月13日在云南普洱、四川成都等地抓获李某涛、廖某敏、卢某林等7名犯罪嫌疑人，并循线追查于8月20日在河南郑州抓获河南易佳互联网络技术有限公司相关涉案人员周某、张某豪等14人。经审理查明，李某涛等犯罪嫌疑人明知介绍、制作的投资平台APP用于违法犯罪，涉嫌帮助信息网络犯罪活动犯罪。2021年1月21日，定海区人民法院一审判决，以诈骗罪、帮助信息网络犯罪活动罪，判处李某涛等6人有期徒刑一年六个月至七个月不等。

【侦破鲍某辉等人开设赌场案】 2020年5月，分局网安大队接群众举报称：定海某小区一住宅内有人组织进行网络赌博活动。接报后，网安大队抽调精干警力成立专案组展开侦查。经对举报线索分析核查，查明鲍某辉（男，38岁，舟山人）、岑某（女，47岁，舟山人）以非法牟利为目的，联系获取"亚星""欧博""欧亚国际""天时娱乐"等4个境外赌博网站的代理资格，再通过发展下级代理、组织人员线下投注等方式进行网络赌博犯罪活动。为进一步查明该团伙的犯罪事实，专案组综合运用各种技术侦查措施，成功获取三个赌博网站多层级代理及会员的账号密码，同时查清四个层级的代理商组织体系、人员分工、利益链条和赌资流通渠道，并固定大量电子证据。6月18日下午，专案组组织100余名警力开展统一抓捕行动，先后在定海、普陀等地抓获鲍某辉、岑某等犯罪嫌疑人30名，其中采取刑事强制措施13人，行政处罚参赌人员16人；捣毁赌博窝点2个，现场缴获笔记本电脑、手机等电子设备50余部，查扣涉案赌资10万余元，涉案资金4000余万元。2020年8月13日，本案被浙江省公安厅"净网2020"专项行动领导小组办公室列为第四批挂牌督办案件。11月5日，该案由定海区人民检察院提起公诉。

【侦破网络群组赌博系列案】 2020年2月，由分局网安大队牵头，抽调各警种优势力量，组建侦破专案组，开展网络赌博聊天群组破案会战。在"闲聊""默往"等新型社交软件排摸数据20万组，梳理出涉网络赌博聊天群组57个，挖掘成案线索90余条，查明各群主通过组织群成员在"边锋舟山棋牌"等手机APP进行赌博活动，向赌客收取"房费"抽头渔利的犯罪事实证据，全面查清各群组内部组织架构、获利渠道，并固定大量电子证据。先后侦破舟山市定海区林某雷等人涉嫌开设赌场案、李某月涉嫌开设赌场案、"11·03"开设赌场案等系列案34起，抓获违法犯罪嫌疑人60名，其中采取刑事强制措施50人，移送起诉43人，扣押赌资80余万元，涉案资金700余万元。

【侦破"2020—45"部毒品目标案件】 2019年5月，定海禁毒大队在工作中发现陈某（男，40岁，舟山人）有重大贩毒嫌疑。2019年7月12日，定海分局立案侦查，发现以陈某斌（男，30岁，舟山人）、沈某谕（男，30岁，舟山人）为主，从四川到舟山的贩毒渠道，涉案人员60余名。2020年4月3日，该案被公安部确立为“2020—45”部毒品目标案件。4月20日晚，在省禁毒总队的统一指挥、四川警方的大力配合和市局领导直接指挥下，专案组在舟山普陀、定海、新城和四川德阳、绵阳等地同步开展集群收网，先后将陈某斌夫妻、沈某谕等60余名涉案对象悉数抓获。该案在定海共抓获犯罪嫌疑人17名，查处吸毒人员46名，全案缴获冰毒3.3公斤、制毒前体物质麻黄碱1公斤，扣押作案用车2辆。7月10日，沈某谕等17名犯罪嫌疑人被移送起诉。2021年1月28日，该案17名犯罪嫌疑人被判处7年以上有期徒刑3人、刑期3年至7年9人、刑期3年以下5人。

（撰稿：钱舟海）

（本分目图片由区公安分局提供）

检 察

【概况】 2020年，区检察院高举习近平新时代中国特色社会主义思想伟大旗帜，贯彻党的十九大及历次全会精神，以奋力当好建设“重要窗口”海岛风景线排头兵的责任感和使命感，履行“四大检察”职能，持续推进检察铁军建设，各项工作取得新进展。

【依法惩治各类刑事犯罪】 树立“大平安”理念，发挥批捕起诉职能，维护社会安全稳定，批准逮捕288人，提起公诉562人。保持扫黑除恶高压态势，打好专项斗争收官战，依法起诉涉黑恶案件3件8人，坚决铲除涉黑涉恶滋生土壤。高度重视涉疫犯罪案件办理，就一起货值近千万元的销售伪劣口罩案件，在从严从快打击，启动专项监督，促成全区开展问题医疗器材专项整治。依法严惩网络赌博犯罪，起诉“122”跨境赌博案、“舟山麻将”网络赌博案等案件22件61人，公诉阶段累计追回赃款1400余万元。推进反腐败工作，与监委、法院完善办案衔接机制，起诉职务犯罪案件4件5人。

7月22日，区检察院对一起6人恶势力团伙犯罪案件派员出庭支持公诉

【助力打好三大攻坚战】 聚焦防范化解重大风险攻坚战，妥善办理非法吸收公众存款、P2P违法网贷等涉众型经济犯罪案件9件17人，注重依法办案与释法说理、法治宣传同步推进，惩防并举化解风险隐患。聚焦污染防治攻坚战，开展守护“碧海银滩”专项工作，办理破坏环境资源类案件2件4人，依托公益诉讼推动定海、新城两地多个港口码头扬尘问题有效解决，与港航部门共创“行业监管+综合监管”的长效治理模式。聚焦脱贫攻坚战，加强司法救助，为4名因案致贫案件当事人申请救助金5.1万元，首次对“事实孤儿”启动司法救助程序，为涉案儿童解决落户、就学问题，被评为全省检察机关控告申诉精品案例。

6月11日，区检察院召开事实孤儿司法救助案件公开听证会

【多措并举支持企业发展】 派员入驻区指导企业复工复产活动小组，定期走访企业听取诉求，帮助解决实际困难。以“3·4”主题日、检察开放日等活动为契机，邀请民营企业家走进检察机关，共商“亲清”检企关系构建。起草《企业复工复产法律风险提示单》，通过派驻区工商联工作站、微信号公众号等渠道向民营企业送达，为企业防范刑事涉罪风险筑牢“防火墙”。就企业家关心关注的刑事合规问题，组织职务犯罪预防讲座2场次，制定发放法律风险提示单1000余份，发出刑事风险防控检察建议书2份，以企业家看得见的方式落实保护政策。

4月30日，区检察院对3名涉案民营企业人士宣告不起诉

【刑事检察注重提质增效】 以检察官办公室实体化运作、政法一体化单轨制协同办案推进、捕诉一体机制落实为抓手，健全检警协作机制，源头抓好办案质量，共立案监督7人、撤案监督2人、纠正漏捕4人，发出纠正违法通知书4份，全部得到整改回复，“大控方”格局日臻完善。加强刑事审判监督，坚持实体与程序并重，落实好判决书审查、庭审同步监督等机制，切实保障审判公正。强化刑罚执行监督，深入开展疫情期间监管场所专项检察、剥夺政治权利执行监督、强制医疗执行监督，发出书面纠违和检察建议10份，均得到采纳落实。

【民事行政检察持续做强做实】 履行民事诉讼监督职能，与公安、法院建立“套路贷”犯罪线索衔接机制，强化虚假诉讼打击合力，办理民事生效裁判监督案件15件，其中虚假诉讼监督案件获法院立案再审6件，改判3件。发挥司法主观能动性，在做实行政检察上下功夫，开展行政审判、非诉执行监督案件线索大排查，对111件案件线索深入调查核实，督促问题整改14件，有效推进依法行政。探索开展行政争议实质性化解工作，通过依法调处促进案结事了，实现定纷止争。

4月27日，区检察院检察长乐志盛（右）列席区法院审判委员会

【公益诉讼检察重点突出】 依托“小专项”监督整体推进公益诉讼工作，全年办理公益诉讼案件72件。与区农业农村局、市自然资源和规划局定海分局、市港航局定海分局等部门联合打造“三护平台”升级版，创建海岸带公益诉讼检察创新实践基地。针对自动售卖机出售“三无”食品、网络餐饮平台运营不规范问题，督促相关部门加强监管。针对加油站扫码支付、消防设施配备、特种设备检修等方面存在的问题发出建议4件，杜绝安全生产风险隐患。组织“公益卫士”颁奖活动，提升公益诉讼社会影响力。建成公益诉讼快速检测实验室，为检察官履职提供科技支持。

10月27日，区检察院副检察长乐红兵到白泉镇调研“三护平台”工作

【持续深化检察环节诉源治理】 践行新时代“枫桥经验”，推进涉法涉诉信访“最多跑一地”，做好12309检察服务中心入驻区矛调中心工作，建章立制畅通群众诉求反映渠道，所有信访件均做到七日内程序性回复、三个月内实体性答复。秉持“少捕慎诉”理念，一体推进认罪认罚从宽制度与速裁程序，建立“三集中”办案模式，刑事案件办理“两提高、一降低”目标基本实现。对一起当事人双方积怨十余年的民事执行案件，以监督纠正错误执行行为，组织调解促成双方签订书面和解协议，化解社会矛盾，获评全省检察机关民事检察十大优秀案例。

7月10日，区检察院检察长乐志盛（右一）在区社会矛盾纠纷调处化解中心接待信访人

【强化未成年人司法保护】 持续落实好“一号检察建议”，与15家部门联合组建“诚·爱”未成年人保护联盟。促动各职能部门齐抓共管，携手开展校外托管培训机构违规经营问题专项整治、密切接触未成年人行业入职查询等活动，未成年人成长环境持续向好。对侵害未成年人犯罪坚持“零容忍”打击，对涉罪未成年人坚持严而有度、宽而不纵，通过观护帮教帮助未成年人回归社会。深化“法治进校园”活动，“法治副校长”首次通过“云课堂”为中小学生上法治教育网课。

【不断优化检察公共产品供给】 对接辖区基层综治体系，聘请社区干部、律师等14人担任“东海渔嫂监督员”，借力融智助推市域治理现代化。深化律师权益保障，监督纠正妨碍律师依法执业案件，推出辩护

9月15日，区检察院第六检察部邀请东海渔嫂监督员就司法救助案件开展调查

与代理工作“跑零次”服务，为律师依法执业营造良好环境。出台办案评估机制，做好案件后半篇文章，就前科人员混入交通秩序协管员队伍引发犯罪问题，及时形成专题情况反映，引起市委主要领导批示关注。加强检察官普法工作，13项工作经验被新华社、《人民日报》、《浙江日报》等国家级、省级媒体刊载，阅读总量破百万，1名干警获评“全国检察机关宣传先进个人”。

【政治立检不动摇】 把政治建设摆在首位，深入学思践悟习近平法治思想，开展总书记考察浙江精神、十九届四中、五中全会精神等专题学习，引导干警切实增强“两个维护”的政治定力和政治能力。加强机关党建，全院干警以党支部为单元深入镇（街道）、村（社区），全力参与“创城”、抗疫等重点工作，被最高检官微点赞。两部门分获市级、区级巾帼文明岗荣誉称号。配合做好市检察院政治巡察工作，开展针对性整改落实，修订完善管理机制20余项，做到解决一个问题、完善一套制度、堵塞一批漏洞。

12月4日，区检察院举行宪法宣誓仪式

【人才兴检出实招】 以导师制强化传承、以绩效考核强化督导，通过各种形式的大练兵、大比武，实打实地锤炼检察业务素能，有7名干警在全省、全市各项业务竞赛中获表彰。加强干部横向纵向交流，促进人才多岗位锻炼，育才选才氛围进一步盘活。做好理论研究工作，实行课题项目化论证，完成立项课题15项，13篇检察理论研究成果获省级以上表彰或入选文库，被评为全市检察机关理论研究先进集体。

【从严治检不放松】 推进“建设清廉机关、创建模范机关”活动，依托双向约谈、廉政档案等内控机制，把纪律作风建设融入日常、抓在经常。以案为鉴加强警示教育，围绕身边案、身边事，开展专题民主生活会和“七个一”系列活动，传导廉洁从检意识，筑牢干警思想防线。狠抓过问或干预、插手检察办案等重大事项记录报告制度、“三个规定”填报和违法案件“一案双查”等机制落实，出台办案随身册制度，加快构建司法办案廉政风险防控体系。

4月8日，定海区人民检察院举行2020年党风廉政建设大会

（撰稿：陈炳境）
（本分目图片由区检察院提供）

法 院

【概况】 2020年，区人民法院以习近平法治思想为指引，学习贯彻习近平总书记考察浙江重要讲话精神，围绕司法为民、公正司法工作主线，深入开展“三个建设年”活动，全面深化“四项建设”，勇当新时代司法排头兵，各项工作取得新成效。全年受理各类案件8357件，办结8772件，同比分别下降5.1%和0.7%；法官人均结案174.2件，同期结案率105%，实现收案数量下降、工作质量提升、人民群众司法获得感增强的效果。

1月20日，定海区十七届人民代表大会第四次会议第三次全体会议选举徐文斌为区法院院长

【打赢疫情防控阻击战】 新冠肺炎疫情发生后，坚决贯彻习近平总书记重要指示精神，坚决执行区委的决策部署，根据疫情防控需要，组建6支应急队伍，支援跨海大桥金塘检测点，守住疫情防控的“大门”；抽调干警支援结对社区防疫工作，守好疫情防控的每一扇“小门”。全院累计出动干警900余人次，全体干警站在疫情防控第一线，为打赢疫情防控人民战争、总体战、阻击战贡献法院力量，执行局获评全省法院抗击新冠肺炎疫情工作先进集体。

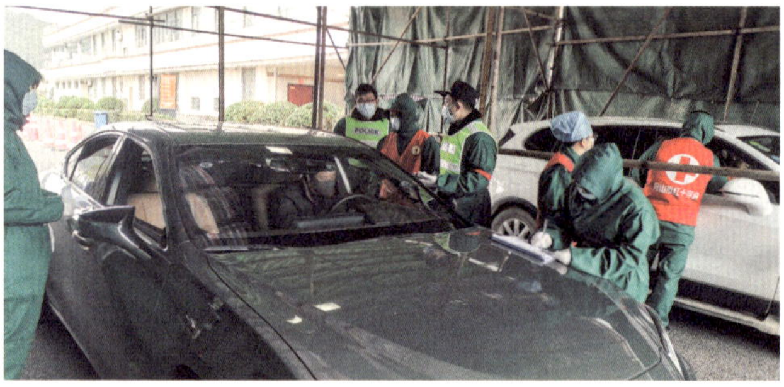

区法院干警春节前“四返”高峰期参与金塘大桥卡点防疫工作

【依法化解涉疫情纠纷】 针对疫情带来的诉讼不便难题，运用智慧法院建设成果办理案件、化解纠纷，引导当事人通过移动微法院、ODR平台等进行网上立案、联系法官、提交材料、开庭或调解，运用VR全景看房的拍品展示方式进行司法网拍，实现“审判执行不停摆、公平正义不止步”。开通涉疫情案件“绿色通道”，建立涉疫情情况专报机制，审结涉口罩机、额温枪等防疫物资买卖合同纠纷、涉疫情旅游合同纠纷等案件25件，妥善化解涉及200余住户因疫情导致逾期交房的群体性纠纷，依法严惩售卖假口罩刑事犯罪案件2件，促进生产生活秩序加快恢复。针对部分企业生产的作为口罩生产原材料设备的核心零部件熔喷布机筒螺杆存有质量隐患，及时形成调研报告，为党委政府科学决策、精准应对提供重要参考。

区法院在全市率先启用“VR全景”看房功能，实现司法网拍线上看样。图为法院干警在现场拍摄VR素材

【司法助力复工复产化危为机】 常态化开展“三服务”活动，院庭长联系对接辖区企业，选派干警参加政府复工指导组，走访企业105家，帮助解决实际困难29个，金塘法庭借助驻中国螺杆小镇巡回法庭，主动送法入企，为塑机螺杆企业平稳发展提供精准司法服务的举措入选“全省‘三服务’活动月度十个好典型”。开展发挥执行职能、做好“六稳”工作落实“六保”任务专项执行行动，执结涉企案件395件，促成325件执行和解，依法为37家企业予以信用修复，为企业快复工、全复产尽责添力、赋能增效。

金塘法庭走访螺杆企业，助企业平稳渡过疫情难关

【助力优化法治化营商环境】 开展优化营商环境专项行动，审结涉企纠纷675件，依法平等保护各类市场主体权益。健全破产审判工作机制，会同中国人民银行舟山市中心支行签署《关于深化合作共同推进企业破产（重整）工作若干问题的纪要》，释放破产重整在市场资源配置中的程序价值。新收破产案件14件，其中移送“执转破”案件10件，化解执行案件76件。审结11件，化解金融不良债权14.2亿元，盘活土地447.5亩、海域资源26.4公顷，厂房8.3万平方米，促进企业优化重组、资源要素快速流转。上年度审结的豪舟公司破产重整案入选浙江省高级人民法院《案例指导》并获评浙江法院破产审判十大典型案例。加强金融审判工作，推进金融纠纷多元化解机制建设，高效审结各类金融纠纷案件730件，标的40.8亿元，护航新区经济稳步发展。

推动召开院银联席会议，组织开展“推进银行、法院企业破产（重整）工作座谈会”

【助力基层社会治理建设】 融入“信访打头、调解为主、诉讼断后”的区矛调中心建设，增配入驻团队力量2名，加强指导调解力度，助推“最多跑一地”改革。推进信访积案化解，对每一起信访老案逐案分析研判、提出对策、开展化解，1起案件信访终结，1起案件息诉罢访，并依法追究1名违法信访人员刑事责任。实施审判资源、工作重心“双下沉”工程，以全院员额法官为核心组建40个审判服务团队，结对联系辖区158个社区村，发放《讼案解析》2500册，借助钉钉、微信与社区村干部、人民调解员等建立全天候调解交流平台，排查化解矛盾纠纷13起。民（商）事案件收案4039件，在2019年下降12.9 %的基础上再下降9.9%，更多矛盾纠纷解决在萌芽状态。做好村（社区）组织换届选举工作中的候选人资格联审，累计审核39批次3601人，为选出基层治理“带头人”共同把好关。

区法院首次采用协同办公通讯软件钉钉形式召开债权人会议，深化“最多跑一次”改革

【助力法治政府建设】 监督行政机关依法行政，审结行政案件58件，判决案件中行政机关败诉率10.3%①。引导当事人规范行使诉权，依法裁定不予立案6件。持续推进行政争议调解中心实质化运作，将行政争议更多化解在基层、化解在诉前，协调撤诉率20.7%。落实最高法院《关于行政机关负责人出庭应诉若干问题的规定》，会同区司法局建立定期通报制度，机关负责人出庭应诉率90.9%②。支持行政机关依法行政，审查行政非诉执行案件101件，准执率91.2%，其中审结涉城建、拆迁案件57件，环保部门申请强制执行污染环境案件5件，助力花园式国际人文港城建设。

8月19日，省高院院长李占国（右二）到定海考察区社会矛盾纠纷调处化解中心建设工作

【对接群众司法需求】 推进一站式多元解纷机制、一站式诉讼服务中心建设，完善“现代+传统”“线上+线下”的司法供给方式。全面推进无纸化办案办公工作，深化司法领域“最多跑一次”改革，实现无纸化立案率、送达率100%，方便当事人和律师参加诉讼活动。拓展司法公开广度深度，在中国裁判文书网公开文书6500篇，直播庭审162场，满足人民群众知情权、参与权。加大司法救助力度，为当事人缓、减、免交诉讼费100.7万元，发放司法救助金15.4万元。巩固“一庭一品”人民法庭建设成效，四个人民法庭办结各类案件2134件，开展巡回审判、法治宣传210余次，把司法服务送到群众家门口。

8月27日，区法院执行干警现场清退涉案房产物品

【加强民事权益保护】 审结民（商）事案件4058件，解决争议标的金额66亿元。深入推进家事审判方式改

10月25日，区法院邀请3名人大代表、政协委员以及多家媒体监督见证专项执行行动“重阳暴”

①定海区级行政机关（不含新城）败诉率9.1%。
②定海区级行政机关（不含新城）负责人出庭应诉率85%。

革，审结抚养、赡养、婚姻等家事案件386件，调撤率74%，促进新时代家庭文明建设，让家庭成为人民美好生活的港湾。畅通劳动者维权绿色通道，审结就业、工伤等劳动纠纷案件166件，保障劳动者合法权益。贯彻房地产调控和住房保障政策，审结涉房地产开发、房屋买卖、房屋拆迁合同纠纷案件73件，物业服务合同纠纷案件65件，保障老百姓住有所居、居有所安。推进道路交通事故损害赔偿纠纷“网上数据一体化处理”，审结道交案件266件，实现一网办理、一键理赔。

【构建执行长效机制】　区全面依法治区委员会出台《关于加强综合治理从源头切实解决执行难问题的实施意见》，推动源头治理执行难。健全“自动履行为主、强制执行为辅”的执行长效机制，加强立审执破兼顾，督促更多案件自动履行，当事人自动履行率57%，执行收案3197件，同比下降3.2%。善用执行措施，查控冻结2630案所涉银行账户及其他各类账户，查封房产、车辆660件，网拍变现5.3亿元，为当事人节省佣金1521.2万元。加大失信惩戒力度，将1303人列入失信被执行人名单，限制高消费1774人、罚款898人、拘留2人，以拒执罪追究刑事责任1人。执结案件3619件，执行到位7.9亿元，有财产可供执行案件法定期限内实际执结率99.8%，人民群众对执行工作满意度不断提升。

【决战决胜扫黑除恶专项斗争】　强化斗争韧性，努力克服疫情防控态势下的开庭障碍，通过“远程视频+现场开庭”方式推进多人案件庭审，进入审理阶段的涉黑涉恶案件全部审结。三年来，共审结涉黑涉恶案件11件91人，其中判处五年以上有期徒刑22人，依法严惩打击黑恶势力的嚣张气焰。坚决执行上级“不拔高、不降低”精神，对2起案件依法不予认定为恶势力犯罪集团。攻坚“黑财清底”，开展黑恶案件涉财产部分执行专项行动，运用涉案财物司法网拍平台进行“一元起拍，一次拍定”的资产处置方式，最大限度追赃挽损，涉黑涉恶案件财产刑执行到位率100%，到位金额597.8万元。针对“套路贷”犯罪问题，深化民间借贷协同治理，全面落实对职业放贷人征收税费的规定，审结民间借贷纠纷910件，同比下降28.4%，非法借贷案件明显减少。

7月22日，公开开庭审理被告人王某等6人“恶势力”犯罪团伙涉嫌寻衅滋事、聚众斗殴、诈骗一案

【依法严惩各类犯罪】　以扫黑除恶专项斗争为牵引，依法严惩、精准打击各类犯罪，审结刑事案件358件，判处罪犯557人，维护国家安全、社会安定、人民安宁。审结聚众斗殴、寻衅滋事、抢劫、强奸等严重危害社会治安案件30件，盗窃案件71件，保障人民群众生命财产安全；审结电信网络诈骗、P2P集资诈骗、非法吸收公众存款等涉众型经济犯罪案件13件，推动社会经济持续健康发展；审结“黄赌毒”犯罪案件62件，依法严惩一批网上招嫖、网上赌场等新型犯罪案件，营造良好社会风尚。审结贪污贿赂等职务犯罪案件5件，保持惩治腐败高压态势。

11月3日，区法院公开开庭审理一起涉毒刑事案件

【加强人权司法保障】　推进认罪认罚从宽制度①，审

①认罪认罚从宽制度：犯罪嫌疑人、被告人自愿如实供述自己的罪行，对指控的犯罪事实没有异议，同意量刑建议，签署具结书的，可以依法从宽处理。该项制度是2018年《刑事诉讼法》修改后规定的一项重要制度，是全面贯彻宽严相济刑事政策的重要举措。

结认罪认罚案件308件，占同期审结刑事案件的86%，平均审理天数24.3天。坚持宽严相济刑事政策，对173名具有从轻情节的罪犯依法判处缓刑、管制或拘役。加强未成年人权益保护，审结校园欺凌等犯罪案件4件，审结未成年人犯罪案件1件，落实未成年人犯罪回访考察和帮教制度，全面推行犯罪记录封存制度，用法治呵护未成年人健康成长。推进律师辩护全覆盖，通知法律援助中心为134名未聘请律师的被告人提供律师辩护，保障被告人诉讼权利。

区法院少年法庭负责人（右一）“六一”前夕到定海六中开展青少年普法宣传活动

【深化思想建设年活动】 开展政治大学习、理论大培训、思想大讲堂、认识大讨论系列活动，完善理论学习制度，建立持续学、跟进学的长效机制，不断增强“四个意识”、坚定“四个自信”、做到“两个维护”。推进基层党组织设置调整优化，将党支部数量由7个优化整合为5个，配齐配强支部书记，提升基层党组织的组织力。组织干警参加政治轮训，分层分级谈心谈话，举办宪法宣誓、主题党日等活动，发动广大干警投身文明城市创建，发挥党员的先锋模范带头作用。2个集体5名个人获得市级以上表彰，涌现出全国法院办案标兵邱依君等先进典型。

12月4日，区法院举行员额法官宪法宣誓仪式

【深化质量建设年活动】 按照司法规范化水平提升年活动部署，压实院庭长审判监督管理职责，对疑难复杂等“四类案件”①全流程在线监管74件，提升办案的规范化水平。发挥专业法官会议、审判委员会工作机制作用，召开会议26次研究案件58件，提升办案质量、促进裁判尺度统一。开展清理长期未结案专项行动，实现超12个月以上案件同比下降40%、超18个月以上案件全部清零。常态化开展司法质量监督大检查，发现办案瑕疵25项，运用扣发绩效考核奖金、批评教育、诫勉谈话等方式问责4人，倒逼办案质量提升。

5月27日，区法院开庭审理被告人薛某涉嫌贩卖、运输毒品罪一案

【深化作风建设年活动】 开展“五查五看”，找准查实问题，深挖问题根源，建立起法院、部门（支部）、干警三个层次的问题清单、责任清单、整改清单。健全内部管理机制，配齐配强督察员。强化制度执行力，完成内部制度的立改废工作，对63件具有本院特色、可操作性强且常用的制度汇编成册，印发全院干警学习执行。立足抓早抓小，运用“四种形态”对16

① “四类案件”：是指（1）涉及群体性纠纷，可能影响社会稳定的案件；（2）疑难、复杂且在社会上有重大影响的案件；（3）与本院或者上级法院的类案判决可能发生冲突的案件；（4）有关单位或者个人反映法官有违法审判行为的案件。对该“四类案件”，院庭长应当及时听取案件进展和评议结果，可以决定将案件提交专业法官会议或审判委员会进行讨论。

名干警予以提醒谈话。狠抓廉政教育和问题整改，推进“清廉法院”建设。

区法院深入开展“五查五看”，召开会议研讨“司法规范化水平提升年活动暨执行不力问题专项治理任务清单”

【自觉接受各方监督】 树立“监督就是支持”理念，把接受人大及社会各界的监督作为加强和改进法院工作的动力。开展定向联络人大代表工作，配合区人大常委会完成对7名法官履职评议工作，运用好履职评议结果推进后续整改。主动接受政协民主监督，协办政协委员提案1件。主动配合检察机关依法履行法律监督职责，办理检察建议，邀请检察长列席审判委员会会议。贯彻落实人民陪审员法，协助选任人民陪审员100名，一审陪审率99.1%，发扬司法民主。

区人大常委会对区人民法院法官履职评议动员大会

（撰稿：周 洁）

（本分目图片由区人民法院提供）

司法行政

【概况】 2020年，区司法局以习近平新时代中国特色社会主义思想及浙江考察时的重要指示精神为指引，全面贯彻中央、省市区各项会议精神，围绕建设“重要窗口”美丽海岛风景线打造“定海样板”目标，立足职能、主动作为、整体推进，司法行政系统呈现出良好的态势。是年，浙江合飞律师事务所被司法部评为“全国法律援助工作先进集体”；区交通事故纠纷人民调解委员会被司法部评为“全国模范人民调解委员会”；定海区建设法制政府（依法行政）工作领导小组的构筑依法行政监督制约“四大”体系被浙江省人民政府办公厅评为“浙江省县乡法治政府建设‘最佳实践’项目”；区司法局荣获浙江省普法办颁发的“浙江省党内法规知识网络竞赛优秀组织奖”、“浙江省‘七五’普法成果展优秀组织奖”；区人民调解委员会驻定海法院调解工作室被浙江省人民调解协会评为“省级金牌人民调解工作室”。

【完善公共法律服务】 推进区社会矛盾纠纷调处化解中心建设，成立定海区公共法律服务体系建设工作领导小组，建立健全一次性告知等内部管理制度，深化“最多跑一次”改革在公共法律服务领域延伸扩面。明确职责定位，确保中心功能完备，完善“3+X”建设模式，在法律咨询、法律援助、人民调解、公证等常规服务基础上，引入行政复议、专业调解等其他服务事项。抢抓改革机遇，发挥司法行政职能作用，建立健全与其他入驻部门、窗口单位之间信息共享、力量联合、工作联动，形成预防服务在前、调解优先、复议仲裁分流、诉讼断后、法援保障的工作流程。是年，公共法律服务三级平台提供法律咨询811次，开展法治体检305次，参与村规民约审查15次，调解矛盾纠纷54次。组织公共法律服务团队“送法入企”，加大民营企业法律顾问聘请力度。全区公共法律服务志愿团共担任民营企业法律顾问244家，提供“法治体检”民营企业412家（含法雨春风和民营企业法治体检活动）。

推进区公共法律服务中心整体入驻区矛调中心

【完善法律援助制度】　配合公、检、法等部门进行以审判为中心的刑事诉讼制度改革，加强和完善法律援助值班律师制度。推行和完善政法一体化法援协同办公系统，实现网上案件的流转，使刑事案件的指派办理实行无缝对接。联合区检察院，对需要法律帮助的犯罪嫌疑人实行视频办案，网上见证，落实看守所在押犯的远程视频办案流程，解决疫情期间到看守所办案难的问题。是年，办理各类法律援助案件221件，法律帮助618件，接待来电来访2146批次，为当事人挽回经济损失820万余元。

图为舟山市定海区人民检察院视频接访室，值班律师通过检察院的视频会见系统给看守所在押人员提供法律帮助

【推进普法依法治理工作】　贯彻落实“谁执法谁普法”责任制，发布《舟山市定海区2020年普法依法治理工作要点》等文件，进一步明确区属各单位普法责任，实现国家机关普法责任全覆盖。依托“七五”普法讲师团、定海宣讲大联盟法律讲师团等公益普法联盟，优化普法订单，常态化开展“订单式普法”。建立实施区政府党组会议“政论一刻钟”和常务会议“学法30分钟”制度。深化“法律十进”活动，开展“把法带回家　温暖回家路”“防控疫情　法治同行”“法雨春风法律服务月”“《社区矫正法》宣传月”“创城专题普法”“民法典宣传月”等活动。召开“七五”普法总结验收工作动员会议，全面部署“七五”普法总结验收及迎检工作。通过省市考核组验收，获浙江省“七五”普法成果展优秀组织奖。完善自治、法治、德治相结合的乡村治理体系，深化民主法治村（社区）建设三年行动计划，推进法治乡村建设，培育基层法治带头人79个、法律明白人82个、学法用法示范户3个，实现全区行政村法治带头人、法律明白人全覆盖。是年，全区成功创建1个国家级、2个省级 、6个市级、4个区级民主法治村（社区）和15个省级“善治”示范村，区级以上民主法治村（社区）创建达标率100%。

召开定海区守法普法协调小组第二次全体（扩大）会议暨全区“七五”普法工作总结验收动员会

开展“扫黑除恶　提升人民群众安全感——‘4·15’全民国家安全教育日”专题法治宣传活动

【压实特殊人群管教】　以学习贯彻《社区矫正法》

通过远程视频“云见面”平台，实现罪犯与家属远程亲情视频会见

为抓手，进一步建立完善社区矫正机制，探索建立“精细化、人性化”社区矫正新举措。推进远程视频会见帮教中心建设，协调省内各监狱狱政支队、戒毒所，持续优化远程视频会见流程，打造防疫新形势下“云会见”平台，实现亲情帮教工作新突破。是年，全区完成与全省21家监狱、2家戒毒所的187名罪犯与433名家属远程亲情视频会见。协助市、区政法单位远程视频提审、开庭等事项10余次。

【助推区级矛调中心建设】　推动交通事故纠纷、医疗纠纷、婚姻家庭纠纷等行业性专业性调委会和首席调解室等调解品牌项目统一进驻中心，实施常驻与非常驻工作模式，处置区级重特大矛盾纠纷。是年，完成5个调解组织引入进驻。根据中心运作实际需求，优化配置配齐配强专业性调解人才，实有配置人民调解员16人，其中专职调解员13人。设立人民调解综合窗口，配备专职坐堂人员，实行前台一口受理，后台分口流转，形成矛盾纠纷受理、流转、调处、督办、反馈“一揽子、链条式”的办事流程，搭建高效便民窗口服务平台。是年，中心受理各类矛盾纠纷1268起，调解成功1244件，调解成功率98.1%，涉及金额4004.98万元，诉调对接118起。

调解组织入驻区级矛盾调解中心

【完善大调解布局】　贯彻落实省厅《关于加强人民调解员队伍建设的实施意见》，按时完成镇（街道）调委会和行业性专业性调委会专职调解员的配备工作，探索海岛特色的司法行政参与化社会治理的新模式，组建11支127名“东海渔嫂”调解员队伍，以舟山市定海区远洋渔业协会为依托设立定海区首个渔业行业性调委会，新增金融协会人民调解委员会，人民调解力量得到充实。紧跟“互联网+”新思路，构建线下线上相结合的矛盾纠纷化解体系，实现线上“联动”、线下“互动”，优化“发现问题、反馈问题、处置问题”机制，疫情期间启动线上调解模式构建“非接触”矛盾纠纷化解机制。

“东海渔嫂”调解员队伍参加市局培训

【提升司法所规范化建设】　以白泉司法所为“枫桥式”司法所创建示范点，进一步狠抓人员队伍、内部管理、机制建设，凸显林杰个人工作室品牌效应，发挥司法行政职能作用，迎接省司法厅考核验收。挑选环南、金塘两个基础扎实、业务能力突出司法所，以司法所整体搬迁为契机，重新布局外观，提升业务用房条件，筹备创建工作。按照“应建尽建”原则，指导岑港司法所、小沙司法所成功创建市级“文明规范公正”司法所，城东司法所、干䃭司法所成功创建区级“文明规范公正”司法所，实现全区规范化司法所全覆盖。

定海区司法局环南司法所筹备创建“文明规范公正”司法所

法律服务

【概况】　截至年底，全区有律师事务所15家和法律服务所3家，分别是浙江泽大（舟山）律师事务所、浙江京衡（浙江自贸区）律师事务所、浙江乾勇律师事务所、上海瀛泰（舟山）律师事务所、浙江兰羽律师事务所、浙江恒禾律师事务所、浙江合飞律师事务所、浙江海务律师事务所、浙江政科维律师事务所、浙江五奎律师事务所、浙江丰良律师事务所、浙江普俊律师事务所、上海汇业（浙江自贸区）律师事务所、浙江舟杰律师事务所、浙江壹和壹律师事务所，舟山市定海区恒平法律服务所、舟山市定海区秉拯法律服务所、舟山市定海区海山法律服务所。专职律师90人，兼职律师4人，法律服务工作者21人。业务领域涉及涉外、金融、破产、证券、公司改制、房地产、破产管理、债券发行等。是年，实现业务收入5689.96万元，办理诉讼业务2722件，非诉讼业务279件，仲裁业务173件。

【规范法律服务市场】　落实省司法厅《关于在全省律师行业开展教育整顿活动的通知》精神，结合执法司法规范化提升年活动，制定任务清单，严格落实、层层压实工作责任，组织开展一次学习教育、一次问题排查、一次为期两个月的专项检查的“三个一”律师行业教育整顿活动，进一步加强律师队伍管理，监督引导律师队伍依法、诚信、规范执业。根据分步实施、突出重点、查改结合的原则，应用掌上执法开展2020年全市律师行业规范执业专项检查，向市中院、宁波中院等法院调取全区律所近三年案件清单，重点针对有投诉的律所、律师进行逐案评析、逐案反馈，集中就律师收案收费情况现场电话回访当事人，并对违法违规现象及时查处。是年，实地走访检查法律服务机构10家，约谈涉嫌违规违法人员6名，发现收案审批不规范、发票不齐全、私自收案、私自收费问题3处。

开展全区“律师行业教育整顿活动动员大会”

【服务经济社会发展】　聚焦需求，提升企业发展法律环境。组织法律服务团进企业，开展现场讲座咨询，重点讲解《民法典》《浙江省民营企业发展促进条例》等法律法规，为企业经营者梳理法律问题和法律风险，增强企业依法诚信经营意识和社会责任意识。围绕市区重大项目、重点工程、重大平台等提供法律服务，引导律师参与政府及相关部门组织的重大项目联席会议和专题协调会议，为项目投资前期、建设管理提供专业化法律服务。建立“局领导+职能科室+司法所+法律服务团”工作模式，依据三服务、“法雨春风”、民营企业“法治体检”活动任务清单，全面摸排企业劳动生产、企业合同签订、应收账款回收等方面隐患，提出专业处置意见，推动企业合法有序复工复产。推进市场主体法律顾问全覆盖工作，在村（社区）法律顾问全覆盖的基础上，结合社会综合治理网格化管理模式，新增全区5个园区、2个小镇的入驻企业配备法律顾问，形成129个网格单位，搭建好网格化法律顾问服务全覆盖试点平台。是年，全区律师事务所承办企业破产案件19件，为重点项目提供各类法律服务1480次，涉及标的13.91亿元。

“法雨春风”法律服务进企业，图为服务团进入舟山金色海洋船舶洗舱有限公司

法治建设

【概况】　2020年，定海区各级行政机关贯彻落实省市委关于法治浙江、法治舟山建设的系列决策部署，以当好建设“重要窗口”海岛风景线排头兵的责任感和使命感，持续推进法治政府建设，各项工作取得新进展。

【全面强化法治建设】　召开区委全面依法治区委员会第二次会议，公布《2020年法治定海建设工作要点》。强化法治建设第一责任人职责落实，出台《定海区党政主要负责人履行推进法治建设第一责任人职责情况列入年终述职内容试点工作实施方案》，组织开展党政主要负责人履行推进法治建设第一责任人职责情况列入年终述职内容试点工作。召开全区法治建设考评部署推进会，彻底整改19项上年考评扣分点，深化完善15项工作机制。对接区纪委区监委，结合定海区实际制定法治建设巡察清单，印发《中共舟山市定海区委全面依法治区委员会办公室关于将法治建设纳入区委巡察工作的通知》，实现法治巡察全覆盖。强化法治建设实体化运行。设立中共舟山市定海区委全面依法治区委员会办公室秘书科。在“两代表一委员”、人民监督员、执法监督员、新闻记者等队伍中聘任32人组成首批法治监督员队伍，制定《舟山市定海区法治建设监督员工作规则（试行）》规则，对法治建设的各环节进行监督，建言献策。以“最佳实践”“示范创建”为抓手，深挖县乡法治政府建设特色亮点，是年，定海区“构筑依法行政监督制约四大体系”被评为全省县乡法治政府建设“最佳实践”项目。

【完善依法行政制度体系】　出台《舟山市定海区重大行政决策程序规定》，对决策的范围、目录管理、履行程序等作出明确规定，保证决策工作有“制”可依。推动重大行政决策目录化管理区、部门、镇（街道）全覆盖，18个部门公布决策事项28项，区政府实施决策项目4项，全部上网公开。推进镇（街道）合法性审查全覆盖工作，下发《中共舟山市定海区委依法治区委员会办公室关于推进镇（街道）合法性审查全覆盖工作的通知》，是年，11个镇（街道）全部建立合法性审查工作机构、工作制度及审查事项目录清单，配备合法性审查工作人员6名至12名，部分街道吸收法律顾问作为审查力量。执行《浙江省行政规范性文件管理办法》，严把合法性审核关口。累计审核《关于扶持服务业发展的若干意见》等文件30余件，向市政府、区人大备案15件。部署开展全区行政规范性文件清理工作，对区政府及区府办发布的234件行政规范性文件纳入清理范围，经清理废止（失效）文件56件，继续有效166件，建议修改12件。开展17件2018年以来新颁布的省、市人大法规及规章配套制度的自查工作，其中7件新颁布的法规、规章完成配套制度的制定。

定海区推进重大行政决策目录化管理暨镇（街道）合法性审查全覆盖工作会议

【行政执法监督】　完成全区行政执法机关2019年度行政执法统计年报编制和公示工作。制定《舟山市定海区行政执法监督“正法直度”专项行动暨2020年行政执法监督工作计划》《舟山市定海区行政执法监督规范化建设创新实践方案》等文件。开展新冠肺炎疫情防控期间行政执法专项监督检查、文明城市创建执法监督、2020年度专项行政执法检查、法治巡查等各类检查活动4次，检查16家执法单位87卷执法案卷，发现问题366处，发送反馈意见书16份、行政执法监督通知书3份，并对行政处罚结果信息公示满5年应撤信息进行检查。9月，开展各镇（街道）、区属各行政执法单位行政执法“三项制度”落实情况“回头看”工作，其中8家执法部门制定本单位的制度文本，13家部门执行省市制度。加强行政执法争议协调，再次就区综合行政执法局与区自规局就韩友存违建行为进行执法协调，下发处置意见，要求区综合行政执法局进行立案查处。加强行政执法机关和执法人员资格管理，配合市局组织2020年度拟上岗执法人员综合法律知识考试，累计审核证件382人次，下发证件203本。开展全省行政处罚办案系统推广运行工作，对全区行政执法单位进行了培训，于11月起正式上线运行。

开展疫情期间行政执法专项检查活动

【行政复议规范化建设】 推进行政复议规范化建设各项工作。细化完善《办理行政案件工作规定》等10项复议配套制度，全面实施相对集中行政复议职权，优化府院良性互动机制，常态化开展专项法律问题和个案会商工作。加大公开听证审理力度，推行以听证方式审查行政复议案件，除老信访户、职业打假人等特殊人群为申请人的行政复议案件外，一律进行听证程序，确保复议听证从书面审查逐步过渡到全面审查。设置接待室、调解室、听证室、阅卷室等功能性用房，新增高速扫描、录音摄像等办案设施设备，为规范化建设顺利运行提供硬件保障。是年7月，定海区成功通过全省首批市县行政复议规范化建设评估。

【行政复议案件办理】 以服务大局、严格把控为基准，复议应诉"三率"实现"两提一降"。畅通受理渠道，推动行政复议"最多跑一地"，实现行政复议受理窗口进驻区社会矛盾纠纷调处化解中心，规范复议窗口的运行管理。坚持以"定纷止争""案结事了"为目标，建立健全调解先行机制，完善"复调对接"机制，努力将行政纠纷化解在基层、调处在行政机关内部，做到"定纷止争、案结事了"，提升复议调撤率。是年，受理前调解成功案件5 件，调撤率从2019年的33.33%上升到38.5 %。通过点名通报和约谈未出庭单位方式，完善行政机关负责人从"要我出庭"到"我要出庭"的转变，提升出庭应诉率。是年，出庭率从2019年的84.4%提升到87.5%。加大监督纠错力度，建立健全"政府工作约谈办法"，对行政复议应诉案件多发单位的主要负责人实施提醒、质询、告诫性约谈，提高行政执法水平，降低行政诉讼败诉率。是年，全年发生行政诉讼案件（一审）42件，审结27件，败诉2件，败诉率从2019年的13.16%降至7.4%。

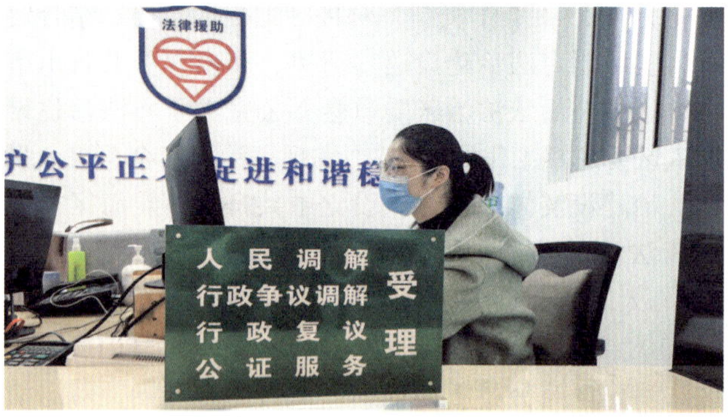

行政复议受理窗口进驻区社会矛盾纠纷调处化解中心，受理人民调解、行政争议调解、行政复议、公证服务

（撰稿人：林 波）

（以上分目图片由区司法局提供）

责任编辑：王英伟

农业　农村

综　述

2020年，全区农渔业总产值达到22.78亿元，同比增长20.84%；农渔村常住居民人均可支配收入3.92万元，同比增长6.5%。粮食总播种面积31.4平方千米，比上年的31.27平方千米增加0.43%；粮食总产量1.84万吨。蔬菜基地提升0.45平方千米，蔬菜基地提升0.45平方千米，蔬菜播种面积33.78平方千米，比上年33.93平方千米减少0.5%。全区生猪饲养量5.14万头、家禽饲养量22.57万羽。茶叶种植面积1.73平方千米（采摘面积0.67平方千米）。

种植业

【概况】　是年，全区农作物播种总面积80.4平方千米，比上年的84.07平方千米减少4.4%，粮食总播种面积31.4平方千米，比上年的31.27平方千米增加0.43%；粮食总产量1.84万吨。晚稻16.73平方千米，比上年18.8平方千米减少10.99%；小麦0.24平方千米，产量105.9吨，比上年0.21平方千米增加15.8%；油菜4.01平方千米，产量873吨，比上年4.26平方千米减少5.87%；豆类3.54平方千米，较上年5.4平方千米减少34.34%。蔬菜播种面积33.78平方千米，比上年33.93平方千米减少0.5%。

小沙青岙水稻丰收

【农业水环境治理】　示范推广商品有机肥、病虫绿色防控技术和作物水肥一体化灌溉技术，减少化肥农药使用量，保护农业生态环境。是年，全区推广测土配方施肥技术面积75平方千米，减少不合理施用化肥量10.1吨，推广应用农作物绿色防控技术面积14平方千米、减少农药使用量2.1吨，农药废弃包装物回收率92%。

【“菜篮子”基地提升】　是年，改造蔬菜基地3个，精品蔬菜基地2个，面积0.45平方千米，分别为：新螺头村蔬菜基地改建项目0.27平方千米，和盛果蔬精品蔬菜基地建设0.05平方千米，龙荫精品蔬菜基地建设0.13平方千米。

【实施农业三项补贴】　是年，完成耕地地力保护补贴，涉及农户3.68万户，受益面积34.88平方千米，发放补贴资金308.99万元。规模种粮大户64户，面积8.04平方千米，发放补贴资金144.74万元。社会化服务作业7.63平方千米，补贴金额29.76万元。

【无公害蔬菜瓜果病虫害综合防治】　强化“菜篮子”基地蔬菜瓜果用药指导和监管，规范产品上市前的检测。应用杀虫灯、色板、性诱剂和无公害生物农药等绿色防控技术防治病虫害，减少农药使用量，保护农业生态环境。

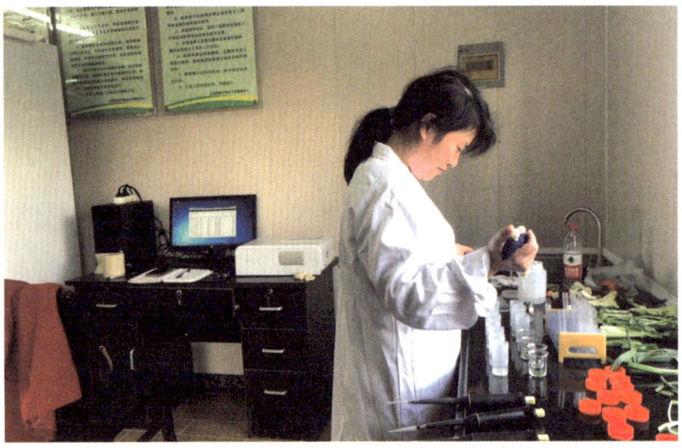

乡镇检测室农残检测

【优良品种、高效栽培模式推广】 引进推广浙樱粉1号番茄、越心草莓、甬甜7号甜瓜、浙蒲9号瓠瓜、杭茄2010、嘉丰优2号水稻等新颖优质良种。推广应用水稻两壮两高栽培技术、水稻全程机械化、水稻绿色综合防控技术、蔬菜病虫害绿色防控技术、水肥一体化技术等。

【开展农产品质量安全“智慧监管”】 深化农产品质量安全“智慧监管APP”网格化体系，明确村（社区）协管员工作职责、管理目标、考核机制，打造全区农产品质量安全管控一张网。开展全区智慧监管协管员绩效考核，全年开展巡查6301次，对生产基地进行安全监管工作，确保农产品质量安全。

【实施农产品合格证追溯管理工作】 深化全区农产品生产主体追溯建设工作，新建设追溯主体1家，建追溯主体103家，做到制度上墙，产品可追溯。

【农产品质量安全监管】 加强抽样检测工作，制定《2020年度监测计划》，针对定海区重点农产品、上市农产品开展检测。全区开展快速检测10051批次，合格率99.9%；定量检测53批次，合格率9.15%。

定量检测现场抽样

【开展农技推广】 完成3个省级高品质绿色科技示范基地建设。开展全区—镇街道2级61名农技人员集中知识更新培训，为农服务和宣传活动。深化“三服务”，开展“三联三送三落实”、科技周宣传、远教专家基层行等活动，推广农业主导品种和主推技术、农产品质量安全、农业政策法律等。科技下乡和专题宣传8次，参加农技人员和领导60余人次，赠送科技书册资料900余份，赠送种子农资1000包。

农技人员查看水稻病虫害发生情况

【农产品出岛行动】 2020浙江农博会百个名优畅销产品有小沙卫丰农产品专业合作社的大米申报，农业展会参展企业定海3个展位由舟山市定海祥农农产品专业合作社环城东路店负责。农民信箱发布“每日一助”销售信息，助农销售60万元。

【打造美丽农业】 向各镇街道发放油菜、紫云英等

小沙青岙夏季稻田创意景观

冬绿肥种子补助和产业化政策性补助，发动农户种植油菜、紫云英等观光与效益相结合的农作物，引进彩色油菜品种，打造大田农业景观点。鼓励有能力的规模生产主体，改善基础服务设施，以特色水果种植、现代设施栽培、农耕文化展示等为主，发展休闲采摘、农事体验、农业观光等项目，拓展产业功能，提升农业效益，增加农民收入。

【农业标技术推广】 开展科技创新和技术指导，提升农业生产效益。做好“三品一标”（三品：绿色、无公害、有机农产品；一标：农产品地理标志。）认定工作。新认证绿色食品1个、面积0.09平方千米，绿色食品续展3个；新认证有机产品2个。

【农业产业发展】 建设省级“一区一镇”（一区：现代园区；一镇：特色农业强镇。）开展省级定海区现代农业园区建设，树立“一村一带两基地”规划目标，完成建设任务的90%。建成小沙省级特色农业强镇，通过省级验收。完成马岙、小沙市级重点农业乡镇建设，建成马岙、小沙市级重点农业乡镇。推进市级农业龙头企业监测工作。

省级农业强镇——小沙

省级现代农业园区

【农业特色产业建设】 是年，新发展果园0.05平方千米，定海主导特色林果晚稻杨梅、金塘李、皋泄香柚种植面积稳中有降，产量和产值随着水果大小年变化发展。定海山农产品区域公用品牌管理，宣传品的制做等工作，开展传统名果品质提升，定海山线下体验店布局工作。召开定海山公用品牌会议，实施定海山区域公用品牌战略，打造代表定海山品牌的特色农产品系列，提升定海山品牌管理水平和产品形象。

【现代生态循环农业】 开展绿色先行区建设，建成市级绿色先行区3个。

2020年茶叶和水果生产情况表

表6

指标名称	计量单位	数量	指标名称	计量单位	数量
一、茶叶生产			8.猕猴桃园	公顷	13
(一)茶园总面积	公顷	173	9.其他果园	公顷	300
本年新增面积	公顷	0	(二)水果总产量	吨	38280
本年采摘面积	公顷	66.7	1.柑桔	吨	11090
(二)茶叶总产量	吨	5	柑	吨	450
1.春 茶	吨	5	桔	吨	8440
2.夏 茶	吨	0	橙	吨	0
3.秋 茶	吨	0	柚	吨	2200
二、水果生产			2.梨	吨	500
(一)果园面积合计	公顷	4586	3.桃子	吨	700
1.柑桔园	公顷	920	4.杨梅	吨	16000
2.梨 园	公顷	51	5.枇杷	吨	320
3.桃 园	公顷	76	6.柿子	吨	400
4.杨梅园	公顷	3005	7.葡萄	吨	1820
5.枇杷园	公顷	45	8.猕猴桃	吨	50
6.柿子园	公顷	50	9.果用瓜	吨	4400
7.葡萄园	公顷	126	10.其他水果	吨	3000

【定海优质水果全省获奖】 定海双桥丕杰家庭农场

选送的“浙樱粉1号”樱桃番茄获2020浙江精品番茄评选金奖。

【开展高标准农田建设工作】 是年，根据《浙江省农业农村厅浙江省自然资源厅关于下达2020年农田建设任务的通知》（浙农田发〔2020〕1号）文件，2020年度全区计划实施五个高标田建设项目，涉及白泉镇等5个镇、街道，建成高标田面积3.38平方千米，总投资1462.04万元。

畜牧业

【概况】 推进畜牧业转型升级。是年，全区畜牧业总产值1.94亿元，同比上升62.06%,生猪存栏4.77万头、出栏3.43万头；羊存栏0.20万头，兔存栏0.21万只，牛存栏272头。家禽存栏11.50万羽，出栏15.12万羽。全区生猪养殖户10户，存栏规模1000头以上的8户；禽类养殖户384户，规模以上（鸡、鸭存栏2000羽，鹅存栏500羽）养殖户4户，占总户数的1.04%。肉类、禽蛋产量分别达到3443.7吨和798.1吨，畜牧综合生产能力稳中有升。

华晟牧场建成全景

2020年畜牧业生产情况表

表7

指标名称	计量单位	数量	指标名称	计量单位	数量
一、生猪			(3)鹅	万羽	1.79
1.生猪年末存栏头数（含未断奶小猪）	万头	4.77	五、兔		
繁殖的母猪	万头	0.44	1.兔年末存栏只数	万只	0.21
其他生猪	万头	4.33	(1)皮肉兼用兔	万只	0.01
2.年内肥猪出栏头数	万头	3.43	(2)长毛兔	万只	0.20
3.猪全年饲养量	万头	8.20	2.兔年内出栏只数	万只	0.015
二、牛			六、养蜂年末箱数	箱	0
1.牛年末存栏头数	头	272	七、畜禽产品产量		
良种及改良种乳牛	头		1.肉类产量	吨	3443.7
2.年内牛出栏头数	头	82	(1)猪肉	吨	3083.9
三、羊			(2)牛肉	吨	16.3
1.羊年末存栏只数	万只	0.20	(3)羊肉	吨	32.7
2.年内羊出栏只数	万只	0.22	(4)兔肉	吨	0.2
四、家禽			(5)禽肉	吨	268.6
1.家禽年末存栏只数	万羽	11.50	(6)其它	吨	42
肉禽	万羽	6.18	2.禽蛋产量	吨	798.1
蛋禽	万羽	5.32	3.蜂蜜产量	吨	0
2.家禽年内出栏只数	万羽	15.12	4.蜂皇浆产量	公斤	0
鸡	万羽	9.57	5.牛奶产量	吨	00
鸭	万羽	3.76	6.兔毛产量	吨	1.6

【释放生猪产能】　是年，定海华晟牧场完成场区内新建工程，集成应用智能环控系统、数字化精准饲喂管理系统和无害化粪污处理系统，提升生猪养殖智能化和管理数字化水平，实现存栏生猪4.77万头，出栏商品猪3.43万头。

【动物疫病防控】　是年，全区推广政府购买动物防疫服务，形成政府组织、部门监督指导、社会力量具体承接落实动物防疫公共服务的工作模式，健全基层动物防疫工作长效机制，促进基层动物防疫力量的稳定。开展重大动物疫病日常免疫和春秋两季集中免疫。做好禽流感免疫14.84万羽，口蹄疫11.66万头次，规模养殖场的免疫密度、牲畜二维码佩戴率、免疫档案建档率均达到100%。开展重大动物疫病监测，应对H7N9亚型流感病毒，抽检禽类血样300份，牲畜血样626份，抗体检测合格率均在70%以上。

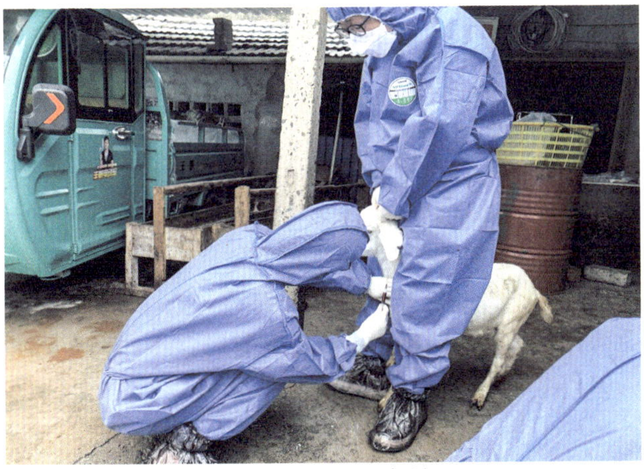

动物疫病监测采样

【非洲猪瘟防控】　是年，利用“宣传培训、措施落实、强化监测”等方面开展非洲猪瘟防控。落实规模生猪养殖场封闭饲养、场区消毒、出入人员管理、禁止泔水饲喂行为等措施。开展省外调运监管，利用在双桥的调入动物产品报验点，负责省外调入辖区内的动物产品的查验工作，开展省外调入生猪非洲猪瘟检测，累计采集猪肉样品210批次，采集样品4726份。

违规调运联合检查图为设立的临时检查点

【违法违规调运专项打击行动】　是年，联合公安、交通运输部门，开展违法违规调运生猪百日专项打击行动。高速公路大桥双桥出口设置检查站，查验进入（途径）定海区的生猪运输车辆的产地检疫证明、备案单等资料，控制非洲猪瘟进入辖区。出动110人次，检查生猪调运车辆23辆，涉及生猪1239头。

【畜产品安全监管】　是年，全区实施规模养殖生态畜牧业发展、动物疫病防控、畜产品质量安全监管的“三元合一”管理模式，加强瘦肉精等违禁药物检测，提升辖区内畜牧产业发展后劲。加大生猪尿液“瘦肉精”检测抽检力度，抽检养殖环节盐酸克伦特罗、莱克多巴胺、沙丁胺醇470份，检测结果均为阴性，合格率100%。开展多项畜牧业投入品及肉品专项检查，加大对饲料、兽药生产经营单位、养殖场、肉品交易市场和屠宰企业的检查力度，检查兽药经营店和养殖场149家次，出动执法人员348人次，未发现违规行为。加强动物流通监管与检疫管理，调入备案和调入地报验制度。实施家畜产地检疫3.46万头，家禽产地检疫13.84万羽。签发《浙江省调入动物和动物产品备案单》744份。实施猪肉产品跨县分销检疫制度，年内实施动物产品检疫571批次，检查360.72吨冷鲜猪肉及猪副产品。

农业机械装备

【概况】　是年，全区机械总动力95583千瓦，柴油机78195千瓦，汽油机3266千瓦，电动机14122千瓦。拥有耕作机械801台，7831千瓦；种植机械96台，836千瓦，水稻插秧机79台；收获机械104台，5089千瓦，联合收割机104台，5089千瓦；农产品初加工机械345台，2969千瓦；植保机械331台,850千瓦；排灌机械1990台，7700千瓦；其他机械307台，3910千瓦。全区水稻生产综合机械化水平达到85.7%，农业机械化程度提升。

【农业领域“机器换人”】 是年，获评省级农业主导产业“机器换人”示范县，为舟山市首个“机器换人”示范县。

马岙街道水稻种植实现机械化

【农机购置补贴政策】 是年，部署农机各项补贴宣传活动，依托浙江农机补贴APP，方便购机者办理补贴手续，农机补贴政策实施顺利。全区购置补贴机具188台，享受各级财政补贴资金152.81万元，中央补贴资金115.01万元，省级补贴资金25.62万元，县级补贴资金10.98万元，报废补贴1.2万元。

【农机安全专项整治】 是年，清退上道路拖拉机105台，实现全区拖拉机2020年11月底前退出全市货运市场的目标。

农业经营管理

【强化农渔村集体“三资”监管】 是年，全区按照“三年一轮审”目标和村级换届要求，开展村级财务审计和财务清查工作，审计村干部任期内集体财务收支、资产资源的管理和使用、项目工程建设发包、债权债务、收益分配等情况。全区79个行政村开展审计村数77个、完成财务清理村数2个，审计资金总额9.91亿元。全区试点推行集体三资智慧监管系统，实施村级集体资金支付网上审批和阳光村务卡制度,12个村先行试点实施资金支付网上审批。加强农渔村集体“三资”管理，推动农村集体资产年度清查工作，上报至全国农村集体资产清产核资管理系统；根据定海区清廉村居“四清指数”考评标准，全区打造10个市级清廉村居示范点。

【发展农渔村集体经济】 是年，全区农渔村集体经济发展，全区村级集体经济总收入1.67亿元，较2019年增加1590.92万元，增幅10.5%。经营性收入8104.23万元。全区79个行政村均实现年收入30万元以上且年经营性收入15万元以上目标。

【开展土地集中连片长期流转工作】 是年，开展农村土地集中连片长期流转工作，引导农村土地流转向10年以上期限、0.01平方千米以上规模经营户方向发展。马岙、小沙、双桥、岑港、环南等5个街道完成土地集中连片长期流转面积1.41平方千米。

【农村土地承包经营权确权登记颁证工作】 是年，完善农村土地承包经营权确权登记颁证工作，推进土地承包资料收集档案整理扫尾、权证下发工作，健全农村土地承包信息数据库、档案管理软件建设应用。开展来人来访土地承包经营权纠纷调解政策解答等信访工作，应诉杭州市江干区法院行政诉讼案件1件。

【培育扶持农村新型经营主体】 是年，提升农民专业合作社的运行质量，培育扶持新型农业经营主体建设，结合“三联三送三落实”服务，开展农业经营主体服务、指导，创建省级示范性家庭农场3家、市级示范性农民专业合作社、家庭农场4家、提升农民专业合作社7家，创建区级规范性农民合作社、家庭农场3家。

培育新型农业主体

【加强农民负担监督管理职责】 是年，推进农民负担监管常态化管理，检查社改并村后的公费报刊订阅超额情况和以慈善、捐助为名的资金筹集情况等。参照一事一议筹资筹劳办法，与财政联合开展一事一议专项工作，踏勘项目31个，验收完工项目25个。

【开展宅基地“三权分置”改革及闲置农房盘活】 是年，开展宅基地“三权分置”改革及闲置农房盘活工作，对全区各镇（街道）、农渔村闲置农房开展初步摸排，统计全区闲置宅基地2526宗，掌握480套农房的全要素信息，包括户主信息，宗地面积、房屋状况、地理坐标、盘活意愿等，全年盘活农房180套。干礁镇新建村通过市级验收，创建全市闲置农房盘活利用示范区。

闲置农房盘活利用示范区——新建村

【推进宅基地管理与改革相关工作】 是年，全区审批宅基地1145宗。年初完成农村村民住宅建设需求调查及复核工作，推进农民建房“一件事”审批系统的落地，配合解决各类宅基地信访、纠纷、仲裁等案件类型。

农业行政执法

【农资信用体系建设】 是年，规范农资市场秩序，保障农业生产安全，维护农民合法权益，促进农业和农村经济持续健康发展，根据《定海区农资信用体系建设实施意见》和《定海区农资信用体系等级评价办法》，联合舟山市市场监督管理局定海分局、定海区供销联社组成区农资信用体系等级考评小组对全区32家农资企业进行信用等级评定,评出A级诚信农资企业6家，B级守信农资企业18家，C级警示农资企业8家；深化农资监管信息化建设，实现全区农资经营“信息数据化、购销实名化、监管实时化、服务网络化”。改造单机版浙江省农资购销软件，全区农药经营企业使用网页版，推进农资溯源管理建设，保障质量安全。

【“绿剑3+X”系列执法行动】 是年1—2月，围绕元旦、春节期间农产品供应安全，开展“绿剑”冬季集中执法行动；3—5月，以种子、种苗、农药、肥料为检查重点开展“绿剑”春季集中执法行动；6—9月，开展以农药产品（包括卫生杀虫剂）为检查重点的“绿剑”夏季集中执法行动；9—10月，开展以保障“中秋”“国庆”两节农产品质量安全的“绿剑”保安全专项行动；10—11月，开展以兽药、饲料及饲料添加剂产品、种畜禽以及农产品种养殖基地为检查重点的“绿剑”秋季集中执法行动。开展茶叶、杨梅等专项执法检查行动。全年出动执法人员325人次，检查农资经营单位221家次、种养殖基地80家次、种苗市场8家次，监督抽检农业投入品40批次，种子7批次、兽药3批次、饲料及饲料添加剂5批次、肥料6批次、农药19批次，合格率达92.5%；监督抽样农产品96批次，合格率达100%，立案查处农业案件10起，农药类违法案件8起，农产品质量安全类1起，饲料类1起，罚没款金额3.47万元。

“绿剑”执法行动

农资打假联合执法行动

【农资打假联合执法行动】 是年,参加由舟山市农林执法支队联合市公安局、市市场监管局组成的农资打假联合执法组，突击检查定海辖区5家农资经营企业。保障春耕生产和农产品质量安全。查处销售过期、失效、变质和标签不全、未达到有关要求及国家禁用农资产品以及销售掺杂使假、以次充好等假冒伪劣农资产品的违法违规行为，确保广大消费者放心购买和使用农资产品。

【农药实名制购买】 是年，加强农药实名制购买，完善农资溯源管理。保障农产品质量安全，实现农药经营、使用环节可追溯，落实省厅部署，加强农药实名制购买工作。加强农业执法巡查、监督管理，日常执法中向经营业主讲解农药管理经营的法律法规、农资监管与服务信息化平台操作等内容，推广农资监管与服务信息化平台，对农资进货、实名制销售和商品库存实行规范化管理，提升信息化系统操作水平，推进落实全区农药实名制购买工作，开展辖区30家农药经营店的农药实名制工作，整体情况良好。

【加拿大一枝黄花防除成效显著】 是年，根据省、市重大农业疫情防控指挥部文件的精神，围剿一枝黄花工作。2020年度定海区“加拿大一枝黄花”春秋两季发生面积3.19平方千米（轻发生为2.6平方千米，中发生为0.46平方千米，重发生为0.13平方千米），喷药除治面积1.75平方千米，其他方法除治1.44平方千米，除治率为100%。各镇街道使用农旺757除草剂1.34吨，投入人工4133工。至11月底，辖区内的一枝黄花防除任务结束。

农林科研

【农(渔)家乐创建】 是年，新增农家乐经营户6家，认定二星级农家乐经营户1家，完成5家精品民宿创建。完成海岛特色民宿集聚区建设，完成资金投入2800万，完成黄沙市级渔农家民宿特色村提升建设项目和新建村省级休闲乡村创建项目建设。至年底，全区有农家乐83家，床位数728个，餐位数6130个。

【乡村振兴工作】 是年，完成《2020年定海区乡村振兴任务清单》中的90项重点任务。完成部省共建乡村振兴示范县建设工作，投入资金9.21亿元。完成定海区一、二、三产融合先导区建设，完成21个重点项目打造，投入资金9.86亿元。

【美丽乡村建设】 是年，根据《定海区深化美丽乡村建设三年行动方案（2018—2020）》，投入约2310万元，创建金塘镇柳行村、小沙街道庙桥村、盐仓街道新螺头村等3个省级美丽乡村精品村，昌国街道城北村、岑港街道司前村、马岙街道团结村、白泉镇金山村、白泉镇洪家村等5个市级美丽乡村精品村，创建美丽庭院500户。根据《浙江省新时代美丽乡村认定办法（试行）》，认定新时代美丽乡村达标村19个，新时代美丽乡村精品村7个。完成马岙街道马岙村、团结村和小沙街道东风村等3个“一米菜园”试点村建设。

【推进农渔村环境综合整治】 是年，推进农渔村人居环境提升工作，开展“高标准推进整洁村庄”“露天粪缸清零”“清洁田园”等专项行动，开展农渔村创城工作。整治露天粪缸万余座，清理陈年垃圾20000余吨，整治乱堆乱放8000余处，清理乱贴乱画4500余处，新增垃圾箱1600余套，更换垃圾箱2800余套，累计投入资金约3000万元。推进渔农村“洁美杯”竞赛和行政村、城乡接合部风貌整治PK赛，举办渔农村“洁美杯”竞赛2次，开展11期城乡接合部风貌整治PK赛和4期行政村风貌整治PK赛，评审打分后向全区通报比分排名，要求整改相关问题。通过评比，消除乡村脏乱差，提升村容村貌。

洁净乡村——新建村

【推进渔农村垃圾分类】 是年，深化农村生活垃圾分类处理工作，结合“创城”“洁净乡村”工作不定期对镇街开展检查指导，整治垃圾收集容器设置污损、不规范等现象，提高“减量化、无害化、资源化”处置水平。白泉镇洪家村、干𥔲镇新建村申报省级农村生活垃圾分类高标准示范村创建。

白泉镇洪家村垃圾分类宣传栏

【落实渔农村公共厕所管理】　是年，新建农渔村公共厕所2座：白泉镇洪家村文化礼堂公厕、金塘镇柳行村李子基地公厕。根据省市相关文件精神，制定出台《定海区全面推进农渔村公共厕所服务大提升行动方案》，推动农渔村公厕提档升级，建立农渔村公厕“一厕一档”；建立区、镇街、村三级公厕管理“所长制”制度；评选创建省级星级公厕15座，示范公厕3座。

金塘镇柳行村新建公厕

【开展指导员工作】　是年，农渔村指导员70名，市派17名，区派53名，分别派驻到64个村（园区）。建立9个工作小组，实行属地管理，各镇（街道）分管领导任小组长，副小组长由指导员担任；指导2020年度农渔村工作指导员围绕创城、乡村振兴等重点开展日常工作，加强信息报送管理，指导员在驻村期间，累计走访农渔户3327户，调处矛盾纠纷324次，落实基础、公共服务、经济项目75项，争取各类项目资金547.5万元，落实扶贫资金47.8万元，捐赠物资10.49

召开农村工作指导员工作会议

万元，参与新冠肺炎疫情防控工作684人次，指导党组织生活143次。

【推进扶贫开发工作】　实施低收入农渔户与低边认定标准“两线合一”，将因病致贫、因残致贫的低收入农渔户纳入社会救助体系。建立“一户一策一干部”机制，为每户低收入农户安排一名镇（街道）帮扶干部，实施帮扶干部一月一走访机制。保障基本医疗，为全区3090位低收入户购买政策性医疗保险，实现医疗双保险。开展扶贫领域“三清零”工作，落实“两不愁三保障”突出问题清零、年家庭人均收入8000元以下情况清零和集体经济薄弱村清零。实现定海区低收入农户人均可支配收入10.2%的增幅，全面打赢脱贫攻坚之战。是年，全区慰问走访结对户1310户，发放慰问金213.08万余元。申报低收入农渔户新入学子女1人，医疗救助11人，救助资金8.59万元。完成扶贫项目申报工作，全年申报扶贫基地9家，吸

举办2020年定海区扶贫干部政策业务提升培训班

纳低收入农户40人，加大设置公益性岗位，帮扶低收入农户146人，补助资金79.7万元。全区获得扶贫系统省级先进集体（干礁镇）荣誉1个，市级先进集体（农业农村局、盐仓街道）荣誉2个，市级先进个人荣誉3个。

【就业培训】 是年，定海区各镇、街道根据各自地域特色以及辖区农渔民的不同年龄、不同需求举办各类培训班，如农家乐培训班、扶贫业务提升培训班、水产养殖知识更新培训班等合计11期培训班，培训农渔民实用人才416人，完成率达到118.9%，实现培训评价率90%以上。

【农渔村历史文化保护】 是年，第五批省级历史文化村落保护利用重点村柳行村成功通过省级验收并获评优秀。启动第八批省级历史文化保护和利用重点村后岸村的创建工作，完成规划编制和文本申报；第七批一般村大鹏岛完成古建筑修复2幢，总面积1564平方米，完成古渡公园大闸管理房和息影亭建设。

（撰稿：裘晶晶）

（本类目照片由区农业农村局提供）

责任编辑：袁豪臻

海洋渔业

综　述

2020年，全区水产品总产量19.16万吨，总产值24.89亿元，分别比上年增加18.53%和16.01%。近海/国内捕捞总产量2.61万吨，总产值2.68亿元，比上年减少8.47%和增长5.25%。；远洋捕捞总产量16.20万吨，总产值20.97亿元，分别比上年增加24.86%和17.78%；水产养殖3481吨，较上年持平。

海洋捕捞

【概况】　至年底，全区有机动渔船484艘，比上年末增加66艘，总功率30.65万千瓦，总吨位19.55万吨。捕捞总产量19.16万吨，比上年增加18.53%，总产值24.89亿元，比上年增长16.01%。国内捕捞渔船247艘，以拖网为主，占国内捕捞总产量的37.24%。捕捞作业类型有拖网（包括双拖、单拖和拖虾）、张网（包括张网和帆张网）、围网、刺网和蟹笼等，分布全区7个镇、街道。国内捕捞总产量2.61万吨，总产值2.68亿元，比上年减少8.47%和增长4.39%。远洋捕捞渔船227艘，比上年末增加61艘，以鱿钓作业为主，总产量16.20万吨，总产值20.97亿元，分别比上年增加24.86%和18.78%。

【油价补贴发放】　落实国家成品油价格补贴政策，发放远洋捕捞资源开发利用补助资金1.77亿元，172艘渔船受益。

【传统海洋捕捞渔民养老保障】　是年，定海区认定传统海洋捕捞渔民数4091人，认定传统海洋捕捞渔民遗孀总数872人。7月，完成传统海洋捕捞渔民个人参保缴费补助工作，补助人数有1369人，发放资金138.62万元。

水产养殖

【概况】　是年，全区有水产养殖面积3.53平方千米，水产养殖产量3375吨，实现产值1.17亿元。海水养殖面积3.33平方千米，产量3250吨，产值1.13亿元；淡水面积0.18平方千米，产量131吨，产值353万元。

【虾、蟹养殖】　是年，南美白对虾高位池精养面积2.53平方千米，大棚养殖面积47万余平方米，有20家单位从事南美白对虾高位池精养，有17家单位从事钢质塑料大棚工厂化养殖。全年放南美白对虾苗2.8亿余尾，产量3165吨，产值1.16亿元。南美白对虾大棚设施精养年均亩产达2500千克，亩效益7.5万元；高位池精养亩产1000千克左右，亩效益3万元；三疣梭子蟹底增氧高产精养亩产 50千克，亩效益达6000元，较一般养殖户亩增产25千克，亩效益增收3000元。水产养殖经济效益和社会效益提升。

【推广绿色生态养殖】　推广海水生态养殖模式，开展梭子蟹配合饲料替代行动，发放配合饲料5.7吨，完成0.33平方千米梭子蟹养殖为配合饲料推广示范点任务。

【健康养殖示范场创建】　是年，完成舟山市定海区捷丰水产养殖场、舟山市西蟹峙兴隆水产养殖场和舟山市富田海洋生态科技发展有限公司等3家养殖场省级水产健康养殖示范场创建，省农业农村厅授予“浙江省水产健康养殖场示范场（第二批）”称号。

【养殖尾水治理试点】　是年，开展养殖尾水治理工作。委托浙江省海洋水产研究所对养殖场的进水、排水水质监测。

【渔业科技示范基地】　是年，完成渔业科技示范基地2家，舟山市应博水产科技有限公司完成卌子鮸鱼病害防控养殖试验，舟山冈谷水产养殖有限公司完成配合饲料替代冰鲜饲料喂养试验。

【水产养殖生态化改造】　是年，开展水产养殖尾水治理工作，完成水产养殖塘尾水改造2平方千米。开展渔业水质和底质常规监测25批次。

【标准化养殖】　是年，推广标准化养殖模式，全区省级标准化示范养殖面积达到3.66平方千米。通过认证的无公害产地11家、产品11个，面积241.59公顷。新换证无公害产地3家。

【开展病害测报】　是年，继续区水产养殖病害测报工作，开展渔药店零售监测、南美白对虾流行病学调查和苗种病害检疫工作。设立15个水产病害监测点，南美白对虾11个，三疣梭子蟹2个，监测面积1平方千米，监测品种2个。

【水产品质量安全】　是年，开展初级水产品质量安全抽样175批次，初级水产品质量安全宣传培训11场次，有400人次，发放宣传资料1200余份，媒体宣传5次。

【公益性增殖放流】　是年，继续公益性增殖放流活动。区农业农村投入资金50万元，6666.7万尾海蜇幼苗,38万尾黑鮸鱼放流到灰鳖洋海域上。

渔港建设

【舟山市定海区西码头中心渔港疏浚工程】　改善西码头中心渔港水深条件，疏通航道提高渔船通航及锚泊安全，增加有效避风水域面积，完善渔港功能，保障中心渔港可持续发展该工程疏浚港池1#锚地、2#锚地及渔业码头区域，疏浚面积30.34万平方米，疏浚工程量71.16万立方米。

【推进渔港环保设施建设工作】　落实定海区渔港环保设施工作任务。是年，西码头中心渔港、长白二级渔港、沥港二级渔港设置油污水收集桶和分类垃圾桶。

渔业安全

【概况】　是年，定海区渔业安全生产形势总体平稳，未发生等级以上事故，无人员死亡（失踪）。

【落实安全责任】　落实各镇（街道）渔业安全责任，要求各镇（街道）按照属地管理和船籍港管理原则，对各自辖区内渔船、船员以及各项制度落实情况进行自查。组织全区基层渔船管理组织进行年度考核评比，对照考核评分标准，完善基层组织工作机制、落实制度措施。

白泉镇渔业安全生产工作会议

【推进复工复产】　加强组织领导，成立疫情防控领导小组，宣传疫情防控知识，提高渔民重视程度，督促产业主体履行好主体责任。筑牢海上战“疫”防线，发挥人防和信息化手段，防止疫情从海上输入，落实各镇（街道）的属地管理责任和船东船长的主体责任，加强监督巡查各类渔业码头的执法。严控境外输入风险，召开部署会议明确职责分工，开展信息预报核查工作，加强渔船管控合理调度。结合“进渔村、进渔企、进渔船”三进活动，帮助产业主体解决生产布局，产销对接等问题，推动“渔业”领域产业复工复产。指导水产养殖恢复生产，推动渔业捕捞管理工作，加强码头船舶监查管控。

【落实应急值班】　召开全区冬汛渔业安全生产工作会议，分析渔业安全生产形势，总结渔业安全生产工作开展情况和存在问题，传达省、市秋冬汛渔业安全会议精神。按照市政府关于加强冬汛渔业安全生产工作的紧急通知要求，落实区、镇、基层渔船管理组织24小时应急值班，抽查各地值班值守情况，督查各地落实渔业安全生产监督管理职能。

【开展宣传教育】 利用伏季休渔时机，开展渔民安全教育，伏休期间定海区对高危渔船、异地挂靠渔船、渔油船船东（船长）进行安全培训教育，对帆张网渔船进行《舟山市渔船安全点验规定》等6项管制制度和整治措施的学习，要求渔船船长船东签订承诺书。开展普通渔业船员培训，普通船员培训3期87人次，完成职务船员培训考试。

定海区重点渔船船长船东安全教育培训

【开展渔船隐患大排查】 开展港口和海上安全执法检查，摸清渔船底数，开展高危渔船以及救生、消防、通导设备和机器的安全隐患排查，系统判定高危渔船21艘，存在安全隐患整改12艘，落实整改措施，不予开捕的4艘，3艘市外挂靠渔船，1艘海警扣押。

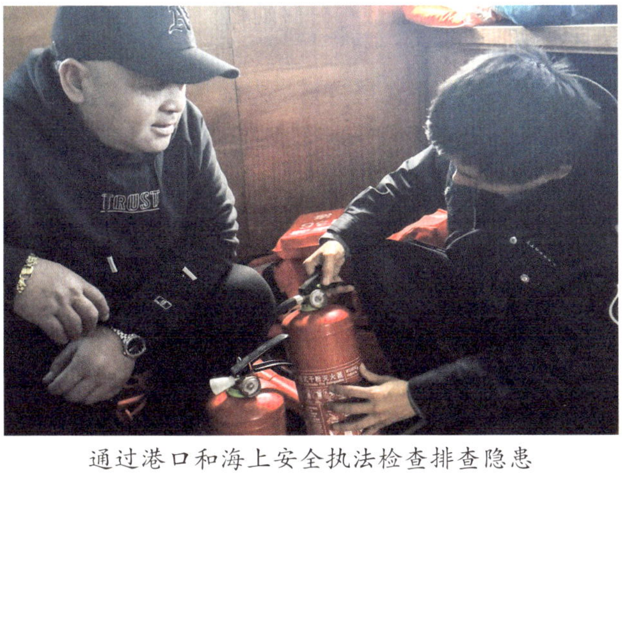

通过港口和海上安全执法检查排查隐患

【落实各项渔业安全生产和管理制度】 按照渔业安全管理要求落实各项规章制度，运用安全救助平台对全区渔船进行监控，根据要求进行点验，应急响应期间重点监控落单渔船、高危渔船等重点渔船，推动编组落实、动态干预，确保渔船信息准确和安全。督促渔船落实航行要求和值班要求，着重黑色5小时期间、大轮习惯航线等危险时段和区域，落实抽查核实船长值班情况，确保船长值班到位，确保渔船安全。

【推进基层渔管组织规范化建设】 根据舟山市加强基层渔船管理组织规范化建设的指导意见，推进基层渔管组织整合，西码头渔业安全管理中心建设为试点，探索跨乡镇基层渔船管理组织整合提升新模式，把原来分散在全区8个涉渔镇、街道的15个基层渔船管理组织，整合成5个。6个镇街道实现两两配对跨乡镇整合，跨乡镇整合率达3/4，基层渔管组织减少2/3。办公场所重新装修，人员、设备配足配强，实现实体化运作，增强基层管理条件和管理力量，为渔业管理夯实组织基础。

【做好海事调处】 规范渔船海事调处工作程序，加强与其他县区海事调处部门的沟通协调，加大海事渔事纠纷调处力度，按照“四不放过”原则处理每起渔业海上交通事故，分析事故原因。是年，调处海事纠纷7起，结案率100%。

【开展渔船更新改造补助】 对2018年、2019年度更新改造申请补助渔船29艘，完成资格审查、造价评估、渔船勘验，发放补助资金。

【推进渔船安全救助信息系统建设】 是年底，渔船安装同博固定式北斗船舶示位仪示103套；安装AIS防碰终端159艘；安装普适北斗卫星终端126套，北斗星通卫星终端2套。

【督促渔船通信终端设备正常开机】 落实信息系统工作月度上报、离线渔船核查、终端设备年检等工作。检查平台渔船在线情况并台账记录，查清离线渔船、脱离编组渔船原因，跟踪设备故障渔船，督促到港后维修。核实省信息系统工作管理平台中离线渔船的信息，至设备故障处理完成。

【加强各类信息系统运行维护管理】 落实新建、转让、更新、报废渔船的终端设备入网、变更或注销手续，办理214艘渔船注销、入网；开展24小时应急值班工作，全年通过信息系统短信平台、单边带电台、海上Wi-Fi、加强手机发布宣传、警示、扫黑除恶以及气象等各类短信135240条，安全救助信息系统平台接收渔船各类报警500起；接受“12345”原“967201”海洋与渔业违法行为举报电话的接听受理5次；加强舟山渔船动态点平台管理，督促各镇（街道）完成渔船点验工作。

【完成渔船受理检验发证工作】 是年，检验渔船376艘。登船检验，落实“程序到位、检验规范、档案完整”的工作要求。检验新建渔船，结合省局新的渔船建造企业评价管理办法，加强渔船建造企业管理，杜绝渔船建造是否存在“未批先建”行为；检验营运渔船，落实省局、市处开展的各种专项整治活动。

【完成渔船专项整治工作】 是年，落实省局、市处开展的各种专项整治活动，主要是对“稳性资料”“号灯设备”和“防污染设备”的专项整治。

【船舶稳性资料核查】 按市渔船检验处《关于开展渔船稳性安全整治专项行动的通知》要求，对受理检验的渔船逐船核查渔业船舶的稳性计算书等稳性资料存档情况。无稳性计算资料，或稳性计算书未经审查批准的，补充相关试验并进行校核计算或重新审查。达不到规范要求，落实整改工作。

对船舶进行稳性资料核查

【防污染设备整治】 根据省局《浙江省国内渔业船舶防污染整治工作意见》的要求，推进定海区渔业船舶防污染防治工作，对剩余部分渔船进行防污染设备整治：完成35米＞船长≥24米国内海洋渔业船舶的油污水分离器的配备，118艘；完成24米＞船长≥12米国内海洋渔业船舶的污油水柜的配备，28艘；完成船长＜12米国内海洋渔业船舶的污油水收集桶的配备，66艘。

【号灯设备整治】 按照《舟山市渔船号灯设备专项整治工作方案》规定，整治上年度渔船号灯设备专项整治不到位的渔船。排查受检渔船号灯安装不规范、缺失、损坏、老化、照距不足、线路不通等现象，规范渔船号灯的规范安装和正常使用，确保号灯在渔船航行作业中发挥应有的作用，消除渔船碰撞事故隐患，保障海上渔业安全生产形势的好转。

整治号灯设备

渔业、海洋执法管理

【概况】 开展“三战”——幼鱼资源保卫战、伏休成果保卫战、禁用渔具剿灭战。推进“一打三整治”工作，促进渔业资源可持续利用，开展辖区海洋行政执法工作。开展渔业执法检查496次，出动执法人员2778人次，执法车419车次，行程21177公里，执法船只285航次，航时895.2小时，航程9447海里。检查渔船972艘次，办案渔业案件74宗，罚没款人民币110.68万元，查扣并拆解三无渔船22艘，清理禁用渔具1306顶。开展海洋执法检查48次，派出执法人员141人次，出动船艇39航次，航程1200余海里，检查用海单位及用海项目等162个，检查海岛178个次，立案查处各类海洋违法案件7起，办结7起，收缴罚款34.672334万元。是年，渔政33110船被市局荣立集体三等功一次。

【营造“三战”氛围】 是年，制定《定海区2020年度违禁渔获物执法检查工作方案》。明确洋渔业、市场监督、公安交警、城市管理等各部门职责，建立常态化执法巡查和联合执法巡查机制，覆盖全面伏休期间违禁渔获物流通各个环节，打击全面伏休期间捕捞销售违禁渔获物行为。实现“沿岸不见绝户网、海上不见应休船、市场不见违禁鱼”的目标。联合市场、综合行政执法等单位对全区各大农贸市场、夜排档、宾馆饭店发放相关宣传资料5979份。营造良好的“三战”氛围。

伏季休渔

【核查渔船休渔和开捕关】 是年，成立定海区伏休渔工作领导小组，内设办公室并落实管理人员。逐级签订“伏休责任状”。伏休期间设置岸上管理组和海上检查组，建立渔政船艇日常巡航机制，落实涉渔乡镇、街道开展对应休渔船的梳理工作。对应休渔船进行“三重确认”，即镇（街道）自查确认、渔船动态监控系统确认以及渔业执法部门现场排查确认。按照“船进港、人上岸、网入库、证集中”的目标落实伏休管理四项集中。伏休前期间，全区208艘应休渔船全部按时休渔。全区有2艘渔船申请异地休渔（1艘市内，1艘省内），全部发出委托管理函落实异地管理，按规定登记在册。各伏休开捕节点，尚未开捕的部分渔船再次核查确认，核查提前开捕或擅自改变作业开捕行为，确保海上不见定海区应休渔船。

【严查非休渔渔船】 全区有休闲渔船3艘。1艘未在运行，1艘从事大桥警界任务，1艘在定海南部海域从事休闲观光。伏休期间信息中心进行24小时船位监控，核查是否有未经申报的异动船舶，确保监管到位。参与各类护航、警界的船舶（定海区有各类警界护航船10艘）落实监管责任，确保按申报备案时间、区域开展任务，要求镇街道落实这类船舶的伏休监管，禁止携带渔具、网具入船及违规作业。落实港口、码头日常巡查，核查各类伏休违法违规，确保伏休渔船管理监督到位。

【落实8月1日、9月16日等节点的开捕工作】 运用浙江海渔通APP平台，通过乡镇自查、渔政渔监和执法抽查等形式，组织对开捕渔船开展安全设备和渔具大检查，排查并整改渔船存在信号弹、灭火器缺失等问题。安排4艘执法艇在金塘、长白、西码头、盐仓、册子等渔业码头海域定点巡查、紧盯渔船提前出海，严防出现“抢跑道”现象。执法人员加强宣传教育，要求渔船在航行生产期间加强值班瞭望，确保航行和生产安全。检查渔船205艘，发现灭火器配备不足、消防通道堵塞、救生筏捆绑等各类安全隐患12起，全部整改完毕。

【开展海上疫情防控工作】 定海区海洋行政执法中队加强自身安全防范工作筑牢海上战“疫”防线，落实属地管理和联防联控责任，确保疫情防控和渔业复产复工的执法检查、服务保障工作“两不误”。全年全区未发现渔民感染疫情情况。采用执法人员现场执法监督的形式加强渔区疫情防控宣传，叮嘱渔民在工作场所戴好口罩。船主船东落实好本地船员和外地船员特别是外省来舟人员的登记、监测、隔离、工作及

海上防疫检查

主体责任，发现问题要第一时间上报。落实正月十七日前所有渔船不得开航的指令。督查辖区内涉渔码头落实责任人员和管控人员，落实不到位的，通报有关乡镇街道予以整改落实。复工复产后对卸货渔船的船员动态、体温情况开展抽查，确保疫情不发生船岸交互扩散和在海上蔓延。落实渔政船和执法人员的自身防控工作。制定《渔政船艇（船员）防控新型冠状病毒工作方案》；保障外出执法人员口罩和消毒药水供应和体温监测。根据四月中旬以来远洋鱿钓渔船集中返港，存在境外疫情经水路输入的风险情况，派遣渔政船和执法人员开展每日巡查，防止渔船未经许可擅自靠帮、过驳、载客。其间查处一艘渔运船违法载运远洋渔船船员案件。执法人员依法予以从重处罚2万元整。疫情缓解后，继续派遣渔政船和执法人员进行日常疫情防控巡查，加强海上疫情防控工作。

【开展铁拳行动】 是年4月，开展“铁拳整治”专项执法行动。整治本市所有渔业船舶，查处各类违反安全生产法律法规行为。“渔政33110”检查渔船38艘，现场整改安全隐患4艘，查处违规渔船14艘。被市海洋渔业局荣立集体三等功。

【开展禁用渔具整治】 近岸缴网，确保沿岸不见违禁网具。落实滩长制，确保专人对辖区内沿岸地笼网、滩涂串网等进行分片包干清理。根据制定的渔政船巡查计划，对全区海域进行每日巡查，取缔滩涂串网、地笼网，“三战”以来，全区组织次清理行动15次，清理滩涂地笼网、串网1306顶，督促渔民自行清理，确保实现沿岸滩涂不见“绝户网”。

清理地笼等违禁网具

【严查市场违禁鱼】 根据市协调办关于违禁渔获物执法检查工作方案的要求，制定定海区违禁渔获物执法检查工作方案，明确各成员单位的职责和分工。明确海上捕捞环节以海洋渔业为牵头负责；市场经营厂点以市场监督牵头负责；马路流动摊贩以综合执法牵头负责。成立三个联合执法组，联合执法组由公安、市场监督、综合执法、经信、运管、高速交警和渔业组成，确保各个环节对违禁渔获物的全面查处。加大宣传力度，通过电视、微信公众号、报纸、印发宣传资料、张贴公告等形式进行宣传，加强舆论造势。5月7日，对各类市场、渔港码头开展巡查，检查市场农贸市路边摊364家次，饭店21家次，查扣违禁渔获物1883.42千克。海洋与渔业执法组开展高速路口检查2次，查扣违禁渔获物1500千克（第二次渔获物交市局处置）。综合执法部门结合全区创城工作切实开展针对性监管，全区未见贩卖违禁渔获物的流动摊点。市场监督部门对区内大型市场实行驻场监管加联合执法组每日巡查的模式，落实渔获物索证索票制度，没收无法证明合法来源的渔获物。

联合市场管理局开展市场违禁渔获物检查

【开展海上执法工作】 “伏休”后保持对涉渔“三无”船舶高压打击态势，根据定海区渔业工作实际和《定海区清理取缔“三无”小型渔船工作方案》要求，确立以打击“三无”渔船为主线，建立长效常态化管理机制为重点的打击取缔工作目标。5月1日，开展每日巡查，要求各镇街落实责任人，关注辖区港口码头岙口，上报发现“三无”渔船。“三战”期间，根据前期信息摸排情况，采取常规巡查、蹲点执法，措时执法等方法，提升执法行动效率。是年7月20日海蜇专项捕捞后，加大对小型“三无”渔船的打击取缔，没收拆解发现的“三无”渔船。查处并拆解涉渔“三无”船舶22艘。

【强化初级水产品安全监管】 重常态，严把初级水产品质量安全执法防线。加强水产养殖场（苗种场）的检查，检查是否储存、使用国家禁用药物，包括药房、饲料仓库、容器、池壁、遗弃物和记录中的可疑迹象；是否使用或存储有人用药、原料药；三项记录（特别是养殖用药记录）是否真实完整。是年，检查水产养殖单位24家次，未发违规用药等行为。利用手机钉钉软件加强掌上执法模块，确保检查、监管落实到位。

【开展海上安全执法检查】 开展渔船隐患大排查和安全执法大检查行动，制定行动方案，检查帆张网等10人以上高危渔船、以及救生、消防、通导设备和机器的安全隐患大排查，聚焦“五超行为”（超员、超载、超高、超航区、超抗风力航行生产）的处罚力度，防范渔船“带病”出海生产，对隐患排查和执法检查中发现主体责任落实不到位的渔船，实施“五个不准”、坚决执行“五个一律”。排查安全隐患12次。

【开展抢险救灾】 是年，根据省局春雾季和秋冬季定点值班任务的要求，渔政33110开展值班8航次。“渔政33110”、“渔政33116”和“海监7016”开展抢险救灾13次，成功救助人员5人。

【打击海上黑恶势力】 是年，加强宣传，渔港和渔船开展扫黑除恶宣传20余次，张贴宣传栏、海报20份。搜集涉黑线索，未发现违法违规行为。

【落实环保督察“回头看”工作】 根据国家环保督察组的整改要求，防止非法围填海问题“死灰复燃”，建立违法围填海监管执法长效机制，开展“回头看”行动和围填海大排查行动，贯彻落实《浙江省岸线分段包干定期巡查制度》，辖区内海岸线每月组织巡查一次，查处污染海洋环境、非法围海填海等违法行为。

【完成围填海历史遗留问题的处置工作】 根据国家海洋督察舟山市整改工作协调小组关于“要求加快围填海历史遗留问题处置工作的通知”要求，加快定海区围填海历史遗留问题处理，全区12个尚未确权成陆的围填海项目开展调查，立案查处9个项目，下发《处罚决定书》。另外3个项目由于违法面积较小，责令业主自行整改，恢复海域原状。

【开展“海盾2020”专项执法工作】 加强区域用海规划实施情况的监督检查。对定海区金塘北部区域建设用海规划实施情况，查清审批情况和实施现状，加强监管，检查未取得海域使用权证进行的围填海行为，防止发生违法用海情况。加强区域岸线巡查。配合中央环保督察和国家海洋督察反馈问题整改工作，大队以每周一次的频率对区域海岸线进行巡查，加强对用海企业宣传教育，确保无新增非法围填海情况发生。

海岸线巡查

检查用海企业

【开展“碧海2020”专项执法行动】 加强海洋工程建设项目监管。跟踪检查辖区内的海洋工程建设和运行情况，现场监察交通码头等新建的用海项目，掌握工程进度，要求用海企业按环评要求做好废弃物和污水处理。加强海洋倾废管理。对定海港一带海岸线开展海洋生态环境巡查，对定海南部海域临时倾倒区开展多次海上巡查管控，打击船舶海上倾废等违法行为，全年开展检查10次，发现倾废案件一起，罚款人民币8万元。加强海洋保护区检查。每月一次安排执法船只对省级自然保护区五峙山列岛开展专项巡航，防止未经批准违法用海、未经允许登岛、非法采集鸟蛋等破坏海洋生态环境的违法行为发生，建立专项执法台账。

检查新建项目环评情况

检查运泥船

【开展“护岛2020”专项执法行动】 定海区有岛屿140.5座，无居民岛屿101座，有居民岛屿39.5座。根据“护岛2020”方案的要求，联合自规局，对全区的海岛按季度、分区域开展巡查。是年，检查岛屿90个，拍摄照片320余张。对团鸡山等四个省第一批可开发利用的无居民岛屿及五峙山鸟岛自然保护区、定海南部诸岛、金塘北部岛群等岛进行环岛巡查，做到“用岛心中有数，违法及时查处”，对五峙山鸟岛自然保护区等岛屿开展登岛检查，未发现违法用岛行为。

海岛巡查

【渔业科技服务】 开展渔业科技服务，发布推介定海区渔业主导品种2个，主推技术4种。进场入户开展养殖技术服务，做好进水消毒、用药、换水、饲料投喂及病害防治等方面技术指导，全年开展服务250余人次，发放技术资料1000余份，确保技术服务覆盖全区养殖基地。

（撰稿：裘晶晶）

（本类目照片由区海洋与渔业局提供）

责任编辑：袁豪臻

工业经济和信息化

综　述

2020年，区经信局（区科技局）贯彻落实党的十九届五中全会精神，坚持以新发展理念为引领，推进疫情防控和复工复产，开展“争先创优”行动，工业经济呈现平稳向好势头，经信科技工作取得成绩。

是年，全区规上工业产值同比增长4%，其中区本级规上工业产值同比下降1.6%，增速居全市各县区第二位；全区规上工业增加值同比增长8.3%；区本级全年完成工业总投资21.7亿元，同比下降24.15%；完成工业技改投资14.75亿元，同比增长24.64%。是年，定海区信息化指数为98.6，两化融合总指数为70.95，数字经济综合评价指数为75.3，科技创新指数118.6，均居全市四县区第一位，全省中等水平。

工业经济

【重点项目建设】　全区投资2000万元以上项目50余项，神华国华舟山电厂、森森集团新厂房、舟山—鱼山第三回220千伏线路工程、和海集团、大洋世家产业园、中天重工二期等项目开工建设。完成技术改造项目备案（核准）77项，其中零土地技改备案76项。35个项目列入省重点技改项目监管数据库名单，40余个项目列入市百项智能化技改项目，18个项目完成省级新产品（新技术）备案，金鹰塑机、7412工厂、大洋兴和等7个项目完成鉴定，大洋兴和智能工厂（车间）项目完成市级验收工作，1个项目列入浙江制造精品项目。累计下达省、市级技改及相关补助资金近4000万元。

低效企业整治提升　加强“一企一策”精准帮扶，实施税收提升、关停淘汰、兼并重组、土地收储四大专项行动形成“组合拳”，升级强化倒逼力度，加快低效企业整治提升。全年完成整治提升227家工业低效企业，完成1个集中连片重点工业区域拆除整治，拆除面积11539平方米，在2020年度全市低效企业整治提升工作中考核优秀。

2020年定海区重点项目建设情况表

表8　　单位：万元

项目名称	计划总投资额	是年累计投资额
年产1500万吨建筑用石料矿项目	384561	21312
浙石化炼油一体化项目配套马目原油库工程项目	300000	9805
大洋世家海洋食品制造产业园项目	120000	0
4000万吨/年炼化一体化项目原油储运系统（一期）马目油库—鱼山输油管道工程	77000	3325
年产2000万吨建筑混合砂绿色环保生产基地项目	50000	18491
舟山—鱼山第三回220千伏线路工程	42470	43122
中天重工海工装备及配套设备项目	40000	7031
中国农发明珠工业园项目	35900	10843
年产130万台智能泵及年产5万套水族箱柜项目	13370	8185
长宏船舶修造添置（更新）设备设施技术改造项目	11600	10352

“亩均论英雄”综合评价　完成2019年度规上和用地面积3亩以上规下工业企业综合评价，除去公益类以及新上规、新投产企业等不参与分档，评出规上A档（包含A+）35家，规下A档（包含A+）56家，规上D类3家，规下D类企业74家。在用能、用水、土地、排污等方面执行资源要素差别化配置政策，2020年全区针对A、B档企业财政资金奖励2400余万元，新增排污指标41吨，新增供地16亩，对末档企业削减用能指标3000吨标准煤，征收差别化电价226万元，最大程度地发挥改革的叠加效应。

落后产能淘汰　全年完成淘汰落后和过剩产能涉及企业7家，完成整治提升“低散乱”涉及企业（作坊）20家。

【安全生产】　制定民爆行业安全生产责任书，将责任层层分解落实到基层（企业）。督促企业建立健全生产责任制，完善安全生产规章和操作规程，完善安全生产条件。是年，开展各类安全检查（民爆企业安全生产大检查、消防安全生产大检查、无动力船舶防台风专项检查等检查）80余次，检查工业企业100余家。

【无动力修造船舶防台风工作】　修订《关于修订2020年定海区经济无动力修造船舶防台风工作应急预案》的通知。更新完善无动力修造船舶防台风安全管理网络，督促企业做好对无动力船舶防台应急预案。台风来临期间，多次赴重点船舶企业开展现场检查，加强对大桥沿线船舶企业检查指导。

是年，参与舟山市无动力修造船舶监控信息平台演练。根据市经信局演练指挥部指示，演练模拟防台各个阶段的工作流程，模拟处置无动力修造船舶各类险情的发生。

2020年定海区规上工业产值分镇（街道）情况表

表9　　单位：万元

镇（街道）名称	规上产值完成情况	
	累计产值	累计同比（±%）
合　计	3871304	4.0
区本级	3269649	-1.6
金　塘	283229	24.2
小　沙	485627	21.9
岑　港	290037	42.1
双　桥	489254	1.0
白　泉	283758	-0.3
干　䃎	190039	-31.0
马　岙	897305	-18.3
盐　仓	193947	0.6
环　南	156454	0.9
昌　国		
城　东		
临　城	601654	50.0

2020年定海区工业分行业产值情况表

表10　　单位：万元

行业分类	累计产值	产值累计同比±%
机械制造业	513362	14.6
其中：塑机螺杆	300372	36.1
水产品加工业	237775	-27.1
船舶工业	736174	30.5
纺织服装业	48962	-44.4
化工业	660202	-25.6
建材业	189638	0.1
电子电机业	36583	-13.1
电力生产供应业	619918	33.4
粮油加工业	447054	-1.5

2020年定海区产业大平台建设情况表（部分无法提供）

表11　　　　单位：万元

园区	工业总产值	规上工业产值		工业性投入		基础设施投入		入驻企业（家）	
	是年累计±%	是年累计	±%	是年累计	±%	是年累计	±%	是年累计	历年累计
浙江定海工业园区		1020262	-10.5	38482	-48.8				
金塘西堠工业园区		198564	31.3						
舟山国际粮油产业园区		458276	-0.3	6209	-83.2				
舟山国际水产品产业园区		190039	-31.0	3972	-77.9				

7月17日，台风来临前对大桥沿线重点船舶企业防台检查

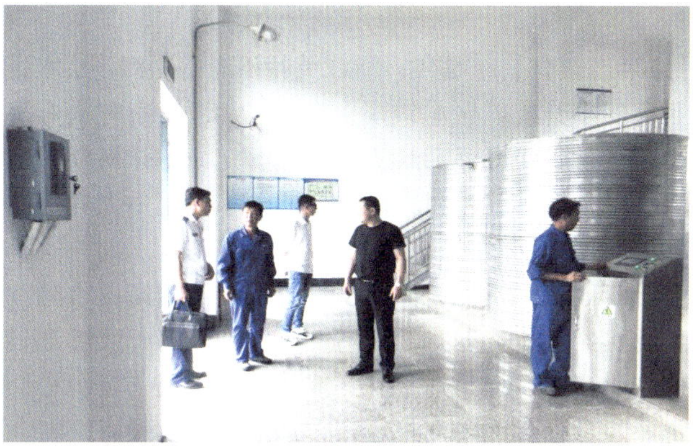

6月29日，市区经信部门、消防部门对浙江顺源化工有限公司开展安全生产检查

【民爆行业安全管理】　加强对民爆行业安全管理和监督、落实企业主体责任，多次对浙江顺源化工等重点企业进行安全隐患大排查。2020年，累计开展民爆行业各类安全检查11次。完善应急救援预案，与消防等相关部门构建应急救援机制，开展应急预案演练。未发生因应急救援不及时或处置不当导致事故次生灾害扩大的情况。是年，组织开展“安全生产月”活动，开展安全生产法律法规宣讲学习、安全生产知识竞赛活动，使安全生产红线意识和法制观念深入企业员工心中。

【“打非治违”专项行动】　印发民爆行业“打非治违”工作方案，对民爆行业重点进行“四超”和“三违”行为检查。

信息化建设

【数字经济发展】　参照《定海区数字经济发展行动计划（2019—2022年）》，制定数字经济工作年度目标任务考核办法，首次对镇（街道）、产业平台分解下达年度数字经济发展考核指标任务。

政策支持　在现行工业政策的基础上，牵头梳理发布《定海区推进数字经济发展2020年工作要点》，切块支持加快数字经济发展。

宣传培训　组织全区领导干部、企业家等参加数字经济专题讲座、数字经济培训班、企业首席信息官培训等各类数字经济领域学习活动6场，累计参与近200人次。

2020年全区中小企业工业互联网及智能制造转型地图和转型路径培训专题讲座

【数字产业化】　是年，浙江英特讯、舟山海图2家企业实现小升规，区本级规上企业17家，6家首次升规的数字企业获得每家10万元奖励。定海海洋科学城新引进海洋信息服务和应用企业超13家，其中大数据技术研发与服务类企业1家，落户“5313”人才项目4个，落地北鲲智能无人船项目、法仕洁超高压水除漆除锈机器人生产基地建设等7个项目。定海区海洋科技创业园和西堠工业集聚区成功获评市级三星级小微企业园。强化人才支撑，在上海虹口区建设海洋特色产业“人才飞地”，正式开园启动运营。是年，全区重点领域重点事项已基本实现移动支付全覆盖。

【产业数字化】　16个市级工业互联网示范、数字技术应用示范项目累计完成投资7000万元。塑机螺杆行业工业互联网平台试点建设基本完成，德玛吉、精注、通达、华业4家试点企业项目一期已交付，“华业塑机螺杆制造工业互联网平台”列入2020年度省级工业互联网平台拟创建名单，签订金塘5G战略合作协议。全区完成工业设备（工业产品）联网6001台，工业互联网平台服务企业405家；开发集成工业APP83个。

两化融合　推动2家企业开展两化融合管理体系贯标，“7412工厂”新通过认证，中海粮油进入认证评定公示阶段。

企业上云　继续实施“企业上云”行动计划，全区新增上云企业754家。

数字海岛　长白岛构建管理应用平台、完善信息网络设施、增强临港产业动力、健全便民服务体系等4大建设基本完成。支撑平台和微信小程序基本开发完毕并上线，完成4G通信网络完善和重点区域Wi-Fi覆盖；基本实现数字交通、数字旅游、数字医疗、移动支付等数字化民生服务功能。

5G建设　全年全区改造5G基站619个，新建5G基站16个，实现定海主城区5G信号连续覆盖，建设进度和规模居全市各县区第一位，5G用户超万人。

生产服务

【示范企业培育】　是年，“7412工厂”、中海粮油获2家国家级两化融合贯标企业、实施市级数字技术应用示范项目10个、市级智能化技改项目32项，创建良海粮油、华业塑机等6家市级工业互联网示范企业，华业塑机螺杆制造工业互联网平台列入2020年度省级工业互联网平台拟创建名单。

【服务企业】　制定《定海区深化企业精准服务实施意见（试行）》，建立企业容错机制，主动帮助企业发现问题、解决问题，减少行政处罚。今年以来向上争取资金5300万元，惠及企业110家次；主动当好企业的“店小二”，解决企业问题诉求118个。协调人民银行为24家工业、科技企业解决融资贷款近1.5亿元。不断完善定海区中小企业服务平台，上载67条各类涉企政策信息。推广注册浙政钉“企业码”8357家。

（撰稿：陈代杰）

（以上分目图片由区经信科技局提供）

电力工业

【概况】　2020年，定海供电分公司营业区域内总用户数为29.33万户，完成售电量23.43亿千瓦时，同比增长8.9%，应收电费15.63亿元，电费回收率100%。2020年完成配网投资1.16亿元，资金完成率99.18%。完成配网转资1.21亿元，转资率90.63%。可控费用完成率100%。综合能源方面完成合同项目金额1.46亿元，全年综合能源营业收入1.29亿元，达到指标的287.93%。

是年，定海供电分公司贯彻落实省市公司各项工作要求，各项工作取得明显成效。完成全年配网投资建设，提升电力营商环境，开展涉电公共安全隐患排查，助力舟山全国文明城市创建。

【加强电网建设】　定海供电分公司加快全年配网投资建设，助力人文港城打造。新放10千伏线路30.85千米，其中电缆线路22.05千米。完成62台公变增容及调换，新增容量4.438万千伏安。新设及调换环网单元61座、配电室23座，柱上开关418台。完成舟山定海10千伏桔园南区开关站进线电缆割接工程，舟山定海长白岛10千伏龙湾A760线与长春A759线联络工程，舟山定海110千伏海院变至中远、城管环网室联络工程，舟山定海新港变10千伏港区线等线路改造工程。开展千岛路洞岙线、环城东路城中线和海滨线落地工程，完成前期的7个环网单元安装、11.3公里电缆敷设。开展架空线路跌落式熔断器专项排查，梳理投运10年及以上的、发生过故障的或设备状态明显不良的跌落式熔断器499处，确定41台换新、7台更换为智能开关，结合停电计划和带电作业计划完成更换。对接甬舟高铁项目部，配合电力线路迁改工作，确保高铁建设稳步推进。

金塘智能开关安装工程

【优化营商环境】　创新发布全国首个“力调电费码”，斩获浙江自贸区制度创新成果奖。落实电价九五折优惠政策，惠及用户22.69万户，优惠电费6992万元。会同启明集团、设计院、设备公司、电建公司召开两次提高营商环境会议。完成转供电费码有效数据推广2678户，受惠终端用户885户。808家企业参与电力直接交易，降低企业电费支出2287.0583万元。配合政府开展水电气网“一件事”改革，完成6户企业的联合审批工作。推行客户办电“最多跑一次”，开展“网上国网”APP推广工作，宣传线上办电渠道，“网上国网”APP的注册率和应用率显著提升，线上办电率达到98%。完成13项保供电工作。

为企业讲解力调电费码查询方法

【排查公共隐患】　完成2019年19座受淹变配电房、5个环网单元整改工作，投入资金2285.9万元。完成辖区所有农排线路排查，包括接带农排线路公变116台，架空线路194千米，电杆3940基。对需拆除农排线路12处、需整改52处完成施工。完成37户高危及重要客户以及816个专变用户开展供用电安全专项隐患排查工作，确保专变用户用电安全。成立定海电力综合行政执法办公室，组织政府职能部门及责任街道开展座谈会，理顺安全隐患的管理思路及流程，处理

电力综合行政执法办公室联合执法

各类创城期间老旧小区翻建的安全隐患。开展防汛防台隐患大排查，完成线路易滑坡塌方杆塔、易遭水淹台区、台风补强项目等76处隐患的整改，提高配网的防汛能力。

【创建文明城市】 创城以来拔除800余基电杆，整改792处公共安全隐患，整修更换表箱3.2万余个，更换清理安全警示牌3200余块，动态实施420幢旧城改造小区安全巡视。制订“党员进社区进小区”实施方案与计划，明确工作职责、服务界面、前后台交接流程，建立健全覆盖辖区5个街道、83个社区和村的服务网络。做好“千灯万户”公益活动上门统计普查工作，排查297户，其中26户符合条件，改造项目提前竣工。

夜间拔除环城东路电杆

（撰稿：张谦）

（本分目照片由市电力局定海供电分公司提供）

定海工业园区

【概况】 2020年，定海工业园区围绕制造业高质量发展和高能级产业平台打造，推进园区“高新化、智能化、绿色化”，围绕双招双引、项目推进、配套服务、创新发展等重点工作，加快实施产业转型升级、园区提档升级，打造定海发展企业和服务企业的重要窗口形象。

是年，完成固定资产投资5.22亿元，其中工业投资3.85亿元，技改投入2.73亿元。实现工业总产值107亿元，其中规上工业产值102.03亿元。实现规上工业增加值31.97亿元。实现总税收7900万元，其中地方性税收收入5579万元。实现外贸出口额23.3亿元，同比增幅20.56%。实际到位市外资金7.55亿元。落地1亿元以上项目3个。

【创新动能增强】 聚焦力量高标准打造“两园一中心”。

园区科技创新培育中心（5313特色产业园） 中心整体工程完成竣工验收，中心综合楼展示中心完成装修。是年6月与绿丞实业（上海）股份有限公司形成战略合作，签订运维合作协议。是年，中心通过浙江省小微企业园认定，入驻浙江优众新材料科技有限公司，与两个“5313”项目（胡春义、郑兴伟）签订入驻协议。

园区科技创新培育中心投入使用

中小企业产业园 重点招引方向以先进实体制造业为主，招引符合园区产业规划和招商方向的土地需求量小、技术含量高、亩均税收可观的小而精项目。产业园完成初步规划，待上报区政府审批。

海洋通信新材料产业园（绿色石化拓区） 目前，产业发展研究规划召开部门意见征求会，正进一步完善修改中。绿色石化拓区方案省里主要相关部门意见征求完毕，等待批复，进入总体规划阶段。

【聚焦“双招双引”】 园区坚持把“双招双引”作为推动工业高质量发展的重要抓手，树立全员招商意识，围绕产业链条、以企引企、以商招商、园区招商等，多渠道、多形式、全方位加大双招双引力度。推进双马集团生物基可降解高分子材料及制品研发项目、浙交工与中铁九桥钢结构合作项目、宁波航通预制构件工程有限公司项目、上海立源生态工程有限公司海洋环保平台项目、中扬能源年产20万吨聚苯乙烯项目等重点招商项目。申报千人计划、万人计划、领军型创新团队2个（优众段小霞、优众李宁），引进省部级以上人才2个（金迈科技赵宇光、科鑫常可可）。完成5313项目申报8个。

【推进项目建设】 加快推进重点在建项目，招商局港口（舟山）滚装物流项目2020计划完成投资9000万元，完成6230万元，码头部分开港运营。森森集团智能化生产基地项目一期项目完成总工程量的95%，完成年度投资7000万元。浙交工舟山建筑工业化分公司预制基地项目完成用地规划许可证和审图，工程规划许可公示中。

【发行公司债券】 园区联合定海区交通局共同申请12亿元非公开发行公司债券发行工作，5月19日获得上海证券交易所批复，9月末正式公开发行。

【加快绿色安全发展】 采取“政府+公司”管理模式，全面开展“环保管家”工作。对园区违章违建开展全面排查并落实整改，拆除违章约5000平方米。完成“护航复工复产安全生产攻坚行动”。推进小微企业安全生产专项整治行动和消防安全工作。

【提升园区承载能力】 开展低效资源整治专项行动，加大闲置厂房、土地、低效企业整治力度，扩增量挖存量，提升土地利用集约化水平，推动资源向优势企业、优势区域集中。是年，园区涉及工业低效企业18家，低效服务业4家，完成低效工业企业整治提升13

园区汽车滚装码头开港

家，完成低效服务企业整治提升2家。促成中浪仓储闲置厂房出租、金澳部分厂房出租给蓝焰燃气，推动优石、蓝洋、优众公司股权重组项目。

【持续深化“三服务”活动】 制定出台《定海工业园区关于开展“三服务”活动的实施方案》，建立园区委领导及中层干部分包联系服务企业责任制，实行“周入企、月调度、季汇报、年考评”工作机制，一企一策针对性地研究和落实帮扶措施，把服务企业、服务项目的各项工作落到实处。协调长宏国际帮扶园区企业（增洲）。开展“三服务”活动，在疫情防控、项目推进、招商注册等方面帮助企业解决大小问题100余件。

【强化要素保障】 持续推进各项基础工程建设进度，不断提高园区硬件设施配套水平。推进园区19#、14#、13#道路工程建设，其中19#道路工程基本完工。完成创园大道路灯改造工程。启动园区污水处理厂工程升级改造工程，联合园区排污企业安装污水排放监管系统，进一步改善水资源环境。

（撰稿：张静琼）

（本分目图片由定海工业园区提供）

定海海洋科学城

【概况】 2020年，区海洋科技产业园管理中心围绕区委区政府中心工作，以建设“一城三园”为目标，落实《中国（舟山）海洋科学城定海园区建设实施方案》《中共舟山市定海区委办公室关于开展“服务企业服务群众服务基层”活动的实施意见》等文件要求，立足资源优势，各项工作取得成效。

1—10月，园区引进企业52家，其中：海洋电子信息类企业18家、军地融合类企业5家、文化创意类企业10家，合计企业注册资本金47.8亿元，实现主营业务收入2.2亿元，实际缴纳税收1764万元，同比增长178%，实际利用市外资金1.4亿元，合同利用外资3000万美元，实际利用外资500万美元。新增浙江省科技型中小企业5家，新引进博士2人、教授级高工1人、高级工程师8人、中级工程师11人、大学生80人。获评舟山市小微企业园绩效评价A级、浙江省小微企业园星级评定三星级园区，巨洋科技“定海创客工厂”获评国家级众创空间（全市唯一）。

【疫情防控】 把学习习近平新时代中国特色社会主义思想、习近平总书记在浙江考察时重要讲话精神、《企业疫情防控工作指导组操作手册》《关于加强企业复产复工用工保障的通知》《中共舟山市定海区委办公室关于开展"服务企业服务群众服务基层"活动的实施意见》等内容作为学习任务常抓不懈。坚持"两学一做"常态化教育，通过集中学习、个人自学、专题讨论、撰写心得等学习形式，精准把握学习内涵。疫情期间，组织管理中心党员捐款750元；园区联合党支部、易航海党支部捐款20836元；捐赠一次性口罩20000余只；捐赠温度计6个。截至10月底，园区企业复工率100%。根据《舟山市人民政府关于应对疫情支持小微企业渡过难关的意见》(舟政发〔2020〕2号）文件要求，为符合条件的中小微企业给予2—4个月的房租减免政策扶持，合计为企业减免房租84.9万元，帮助企业增强信心，共渡疫情难关。严控入园人员健康监测和登记工作，并积极筹集防疫物资，累计筹集一次性口罩5万只、额温枪10余个、消毒液60公斤、酒精2桶，陆续分批发放给企业，为企业复产复工保驾护航。

【组织建设】 落实党风廉政建设责任制，明确"一把手"负总责、班子成员各司其责的分工格局，制订《党风廉政建设主体责任清单》，落实"一岗双责"，逐级签订《党风廉政建设责任书》，落实党风廉政建设工作职责，确保党风廉政建设和作风建设工作落到实处。设立园区廉政亲商工作室，聘任10名园区企业代表为特邀监督员，签署《廉政亲商双向承诺书》，打通监督执纪"最后一公里"，将监督的触角延伸到最基层。有效开展区委巡察工作。11月初，区委第三巡察组进驻园区开展十三届区委第十三轮巡察工作。通过巡察提升政治站位，提高班子履职能力，增强党风廉政建设，进一步使制度上更加完善，管理上更加规范。

【项目招引】 *"产业提质"* 突出重点产业集聚，提升招商引资工作实效。围绕海洋电子信息、军地融合和文化创意三大主导产业，突出园区特色。明确实施主体并成立工作专班，出台产业基地建设实施方案，制定详细任务清单，打造海洋电子信息产业基地。1—10月，累计申报"5313"人才项目5个，落地法仕洁超高压水除漆除锈机器人生产基地建设等"5313"项目8个，航天五院智慧海洋研究院项目等11个在谈项目稳步推进落地工作。引进舟山市臻璨文化传媒有限公司、舟山观印文化科技有限公司、浙江船博文化传媒有限公司等文创类企业10家，海洋文创产业园招商入驻率超65%。10月，海洋文创产业园列入省级众创空间。其中，舟山馋文化公司获622万美元境外风投，为全市首例。探索随军家属就业工作新突破，打造舟山市军地融合式管理新模式和新亮点，在定海海洋科学城设立"舟山市定海区军嫂创业园"，推进军属创业，有舟山煜景园林有限公司、舟山创新教育科技有限公司、舟山博裕船舶服务有限公司等10家企业入驻，产业涉及文化创意、智能制造、生物科技等多个领域，实现产值1500余万元，带动30余名军嫂及退役军人创业、就业。

"人才提优" 全面升级人才服务，人才飞地开园。按照市园区型人才发展平台建设要求，加快推进"5313"特色产业园建设完善人才公共服务平台、人才驿家等配套设施。定海区首个"人才飞地""定海·虹口协同创新中心"9月正式开园，有趣莘网络科技等12家企业，以及中法国际技术创新中心等5个公共服务平台签约，涉及海洋电子信息、智能制造、新材料等多个领域，国家"引才计划"专家游龙等6位大咖人才，被聘为中心首批创业导师。

【配套服务】 排摸统计受疫情影响较大易航海等9家企业，其亟需资金1630万元。对接金融机构，主动为企业牵线搭桥，组织海洋农商银行、民泰银行、中国银行、农业银行、工商银行等银企对接会10余次；达成融资意向1500余万元，为企业发放贷款1100余万元。组织引导企业码申领工作，申领率达到100%。按照市小微企业和个体商户"两直"资金补助方案，共计补助31家，补助金额52.6万元。与上海汇业（浙江自贸区）事务所签订合作协议，定期为园区为企业提供法律咨询服务，与区人力资源社保局共同成立企业人力资源共享服务站，累计为园区企业提供服务100多项。协助英特讯获得2020市级科技计划项目立项，协助巨洋、北鲲、易航海申报区级科技计划项目、海慧申报定海区专利示范企业、润达检测等10家企业列入"专精特新"企业。创客中国浙江好项目2020年中小微企业创新创业大赛中，亨通获二等奖，易航海获三等奖；溶汏在首届"建行杯"退役军人创业创新大赛中荣获三等奖。主动对接区房管中心，为园区符合申请人才公寓条件的企业人员申请人才公寓121套，其中惠舟新村111套，金达公寓10套。每季度开展上门核查工作，结合疫情防控、文明城市创建、消防等工作，上门分发《人才公寓安全防疫温馨提示》等宣传资料。

【设施建设】 根据2020年区政府重点工作要求和部署，对接4805集团、颐高产城科技发展股份有限公司、金华（温州）商会、宁波商会、台州正达、中航国际科技成果转化基地（蚌埠）有限公司、宏易资本集团、省侨联侨商等10余家企业对接商讨核心区块开发建设方案。成立科技大楼工程结算专班小组，配合财政局编审中心、省工程咨询公司、经信局、城乡集团等各有关单位，对科创大楼土建、装修、智能化、绿化工程结算召开4次协调会议，结算审核已完。对海洋文创园8个小庭院改造工程、海洋文创园办公装修工程、科技大楼窗帘工程、园区形象工程、LED发光字体等现场工程量确认算、签证核实等结算相关工作。做好每个项目财政预、结算流程工作并归档入案。

（撰稿：陈天柯）

舟山国际粮油产业园区

【概况】 2020年，舟山国际粮油产业园区围绕建设“重要窗口”总目标，深入贯彻落实省、市、区重大决策部署，以“招商引资”一号工程为抓手，开展“三服务”活动，加快推进重大项目和重点工程建设，提升公共配套水平，发挥党建引领作用。

是年，完成规上工业企业产值45.83亿元，固定资产投资约1.81亿元。粮油加工量198.2万吨，吞吐量901.66万吨，同比分别增长91.09%、18.52%。实现国内贸易额53.21亿元，同比增长99.59%，实现税收4259.25万元，同比增长48.07%。

【项目推进】 总投资20亿元的中储粮集团浙江粮食仓储物流项目于12月份正式开工，获中央补助资金11535万元。中海粮油、良海粮油等重点粮油生产企业充分发挥民营企业机制优势，开展供应链合作、代加工等多种灵活经营模式，各加工大豆113.39万吨（代加工85.58万吨）和84.81万吨，同比增长161.75%和40.41%。良海粮油9万吨粮食仓储设施项目完成项目工程量的85%，省直属粮库三期15万吨仓储项目完成土建工程量90%。

中储粮集团浙江粮食仓储物流项目正式开工

【招商引资】 借力长三角一体化等国家战略，以及进博会等国际化商业交流平台，定向招引，新引进10家企业注册入园，注册资金2.09亿元。在谈5亿级项目2个，10亿级项目1个，粮油精深加工项目1个。对接瑞泰物流园、老塘山洞库式粮食仓储物流、舟山冷链基地及中央厨房项目等7个亿元以上项目，实际到位市外资金投资额3.5亿元，同比增长21%。与省供销集团控股的浙江农合物联有限公司签署投资合作框架协议。

【企业服务】 是年，园区累计开展“三服务”活动50余次，为企业解决实际困难和问题24个。公共配套企业华和热电供汽量同比增长90.6%。良海粮油在列入省疫情防控重点保障物资生产企业名单后获得2200万银行信用贷款支持。落实税收支持政策，累计返还企业税收2096万元。帮助小微企业争取补助资金5.7万元。企业排污许可证实现应办尽办，磷化铝残渣处置常态化，园区形象环境整理成效明显。

【疫情防控】 疫情突发初期，园区第一时间开展摸底排查，对园内30余家企业、1100余名人员开展地毯式排查和入企宣传工作。在企业复工复产过程中，加强一线工作指导，做好返舟人员闭环管控，并按本地员工、外来企业员工及劳务外包工实施“三色牌”管理，在全区率先完成企业、项目开复工审批。确保物流运输绿色通道通畅，防控期间企业累计发送产品约7万吨。全年累计开展对港口从业人员集中核酸检测采样278人次；海上疫情防控累计一对一联系国际船只175艘，涉及中国籍船员2812人、外籍船员382人；船员换班船只24艘次，涉及船员165人；船员临时就医船只8艘次，涉及船员19人。累计出动451人次开展码头日常巡查工作。

【基础配套设施建设】 园区配套道路二期工程Ⅰ标段通过交工验收。园区配套道路二期绿化工程完成竣工验收。省市粮库配套道路桥梁项目完成工程质监验收。中储粮配套道路工程完成沥青混凝土摊铺。中储粮配套桥梁项目形成初步可行方案。完成畈潮新河北河段改道工程并通过验收。园区景观标志点排水改造工程完成结算审定。园区开闭所工程完成土建施工图设计及工可编制，概算编制等项目前期工作同步进行。

【市政设施管理维护】 完成机电园区停车位规划，增设大小停车位27个，禁停区域1个，彻底解决机电园区车辆停放不规范的顽疾。完成园区部分区块垃圾桶采购及安装，畈潮路采购安装不锈钢垃圾桶12个，机电工业园区块增设移动垃圾桶分类装置14个。提升园区人防技防管理水平，园区新增监控6台，园区监控15个点位，基本覆盖园区南片区。增设6处广告LED灯箱，完善园区路网标识标牌。为全面摸排企业用地情况，利用无人机对园区地理信息进行采集并建立数据库。

【开拓创新】 陆港一体化工作取得突破，根据市政府与省海港集团关于深化合作的会谈纪要，与宁波舟山港舟山港务有限公司及下属公司签署相关合作协议及备忘录，解决陆域和港口“两张皮”问题，为园区下一步发展打下坚实基础。谋划进口粮食交易中心建设，组建工作专班，拟定工作方案，完成《舟山发展国际粮油交易中心试点战略研究》。进口粮食保税储存中转基地及检疫审批制度改革获国务院批复支持。

【党建引领】 加强园区“党建联盟”特色党建品牌建设，引导企事业党组织、骨干党员作用发挥，全年累计开展“重走红色之路”“防疫有我、爱卫同行”“民法典暨法制教育”“学习党史、争当先锋”主题党日活动、“我最喜爱的习总书记一句话微宣讲”“粮油杯足球邀请赛”“企业战略规划与管理培训”等形式多样、内容丰富的各类党建共促活动17次，企事业党员职工累计参与1000余人次，营造共建交流氛围，提升干部职工凝聚力。

【聚智引才】 强化党管人才工作，与浙江工商大学开展食品科技人才共育共享中心合作，良海粮油与浙商大食品与生物工程学院合作建立教授工作站并签订产学研项目合作协议，柔性引进国家级实验室的专家为园区粮油检验检疫提供智力支撑。全年引进省部级以上（C类）领军人才1人；协调杭州海关相关专业人才（省“百人计划”）1名赴园区挂职，开展园区“慧集四海、共促粮油”人才合作平台项目，为园区粮油产业高质量发展提供智力支持。

举行舟山国际粮油产业园区校企共建教授工作站签约仪式

【各级领导调研园区】 5月22日，舟山海关关长冯仲良一行到园区调研并召开座谈会。

5月27日，省委常委、常务副省长冯飞一行到园区调研。

7月8日，舟山市副市长、浙江舟山群岛新区管委会副主任韩峻一行到园区调研。

7月24日，市人大副主任李善忠一行到园区调研。

10月21日，海关总署动植司副司长李艺娟一行到园区调研。

【接待参观考察洽谈】 5月19日，中储粮浙江分公司总经理卢波一行赴园区考察。

6月3日，杭州网营物联控股集团有限公司投资总监何浩一行到园区考察。

6月13日，宜昌市发改委及宜昌粮食集团一行到园区考察。

7月28日，迪科恩威（浙江自贸区）能源有限公司董事长一行到园区考察。

8月12日，省农发集团董事长吴高平一行到园区考察。

9月16日，广西粮食局局长吴宇雄一行到园区考察。

10月13日，中储粮集团公司党组副书记、总经理迟京涛一行到园区考察。

10月29日，国家粮科院所长、教授级高工郑沫利一行到园区考察。

11月2日，省侨联副主席周送一一行到园区考察。

11月3日，国家发改委经贸司寇明副司长一行到园区考察。

11月12日，河南工业大学设计研究院院长李昭一行到园区考察。

11月18日，国家发改委宏观经济研究院毕吉耀副院长一行到园区考察。

12月7日，松原市粮食局局长一行到园区考察。

（撰稿：陆梦婷）

（本分目图片由舟山国际粮油产业园区管理中心提供）

舟山国际水产品产业园区

【概况】 2020年，舟山国际水产品产业园区围绕基地全产业发展、重点项目建设、基地产业培育、精准招商等方面，坚持稳中求进总基调，坚持新发展理念，统筹做好疫情防控和经济社会发展工作，推进舟山国家远洋渔业基地和定海远洋渔业小镇建设。全年完成区块内总投资12.16亿元，同比下降34.11%，规上工业总产值19亿元，同比下降26.41%。

【落实疫情防控部署】 落实上级疫情防控工作部署，统筹做好疫情防控和远洋渔业经济发展工作。出台相关政策资金支持企业复工复产，提供7000万元金融扶持基地核心区内相关企业。履行码头业主单位责任，完成惠群港区人脸识别系统建设，实行人员进出“黑白名单”管理制度，以“人防、物防、技防”三防结合方式，提高基地境外疫情防输入管控能力。成立防疫工作专班，由班子领导带班、全员参与做好港区24小时值班监督，落实基地惠群港区远洋渔船专用码头闭环管理及境外人员临时观察隔离点管控工作，配合属地政府与相关部门切实做好远洋渔船及冷藏运输船海上入境到港人员转运的重要任务，确保远洋船员无一人感染新冠肺炎病毒。全年基地惠群码头3号泊位停靠远洋渔船360艘，转运远洋船员7429人，其中定海接进远洋渔船110艘，接进、管控远洋船员1804人，其中外籍船员315人。

【加强突破创新】 发挥远洋渔业特色产业和政策叠加优势，精准把握国家产业政策，精心谋划各类项目，向上争取政策、资金支持。是年，新增、立项国家级园区试点2项，省级平台3项；作为浙江省唯一，被国家发改委列入2020年国家骨干冷链物流基地建设名单；农业农村部对“中国远洋鱿鱼指数”项目正式立项，增强中国远洋渔业定价权话语权；基地被省商务厅等 9 部门列入浙江省进口供应链平台；定海远洋渔业小镇被省政府正式命名为第四批省级特色小镇。

【选强选优招商引资】 基地成立项目攻坚领导小组，紧盯年初确定的35个重点项目，倒排时间工序，抢抓在建项目进度，重点推进大洋世家海洋食品制造集聚区、中农发明珠工业园重大精品支撑性项目，建成圣吉豪精深加工等亿元以上重点项目并投产争效，推进供电、供水、供热、道路、废弃矿山生态治理、土地征用拆迁安置等保障大洋世家项目配套基础工程。全年基地核心区完成投资12.16亿元，其中产业投资8.04亿元，基础设施投资4.12亿元。按照“建设一批、投产一批、储备一批”要求，基地克服核心区规划土地利用空间不足困难，推进招商引资“一号工程”，完成水产品产业园项目规划初步方案，启动小微企业示范园、精深加工园招商工作，对接中农发、宁波方兴、上海奔腾、盛达海洋等央企、行业龙头企业及上市公司，完成签约水产品精深加工、冷链物流、海洋生物制品（胶原蛋白）、船用北斗3.0推广应用等重大项目4个，其中亿元以上项目3个，同时在谈项目10余个，超前完成市级“引进2个1亿元以上水产品精深加工产业项目”年度任务，实际引进市外资金3.27亿元，其中固定资产投资1.23亿元，市外注册资金到位2.04亿元。

【产业链条协同发展】 持续完善远洋捕捞、码头装卸、仓储物流、加工贸易等环节，深度融合一、二、三产业发展体系，显现产业集群集聚效应新优势。远洋捕捞方面。融入“一带一路”建设，稳步运行海上流动服务基地，海外生产基地建设上取得实质性进展。推进远洋渔船视频探头设备安装试点工作，完成10艘远洋渔船实施更新改造，争取中央补助资金3520万元，申请完成欧盟卫生注册渔船8艘，其中3艘鱿鱼冷藏运输船通过欧盟卫生注册，在国内该领域实现零突破。冷链加工方面。优化整合存量冷链物流设施，推广应用先进冷链技术装备，培育壮大骨干冷链物流企业，推进舟山国家骨干冷链物流基地建设，更新升级远洋渔业专用码头，全年远洋自捕鱼报关产量48.63万吨，同比增加35.72%。注重产业层次提升，深化“5G+智慧水产”、大洋兴和智能化工厂建设，推动水产品精深加工领域智能化、信息化、标准化建设上求突破。开展省级远洋渔业企业研究院筹建工作，对接科研机构、高校和企业，推进校企合作，为研究院认定打好基础。完成培育三家高新技术企业认定工作，进一步加速产业升级步伐。交易贸易方面，持续发布鱿鱼价格指数，积极开展线上远洋水产品交易贸易。不断拓宽基地交易中心平台交易品种，获市政府批准同意承接浙江国际农产品贸易中心大宗农产品交易平台。推进浙江国际农产品贸易中心建设，加强远洋水产品“走出去”策略，拓宽远洋水产品销路，创新开展“外贸外车”网络销售平台推介，全年组织开展参加上海进博会、浙江国际农产品经贸对接会、达州秦巴交易会等参展、设展及推介活动10余次，帮助企业签订产销协议成交总金额约8亿元。

【做好做优要素保障】 争取出台《舟山市远洋渔业发展若干政策》《新一轮舟山国家远洋渔业基地发展扶持政策》。加快推进基地控制性规划修编工作，完成《远洋渔业基地扩区研究方案》，调整土地利用规划，实现基地扩区增量。基本搭建完成远洋渔需物资补给平台体系，开设集配送补给功能为一体的港区渔需物资经营部，为港口船只提供优质口岸服务。通过基地产业联盟了解产业行情走向、企业生产动态和需求，强化远洋渔业上下游产业间利益联结，促进企业间良性互动和协同发展，形成优势互补、资源调配良性循环。开发“远洋渔业融资租赁管理系统”，结合金融领域与远洋渔业产业特点，合纵连横数据、业务，拓展海洋金融数据视野，创新金融项目方式，保障实现远洋渔业的持续健康发展。

【创建文旅小镇】 基地按照“乡村振兴”总要求，以文化旅游为发展机遇，发展小镇旅游细分市场。挖掘自驾游市场，突出海洋海岛旅游亮点，举办中国东海自驾游及后备箱工程研讨会并被授予“最佳自驾游目的地”称号。拓展渔市游市场，打出“远洋”牌，探索“渔市”味，打造集干货区、冻品区及品牌产品在内的一站式远洋海鲜购物商超，在舟山市渔市经济发展中突出特色、抢占先机。创新研学游市场，搭建专业教学平台，通过点面融合形成完整互动体验分级教学体系。以东海开捕为契机，成功举办东海开渔节暨远洋渔市节等10场系列活动，吸引游客 2.5 万人，融合线下零售、水产企业、线上商城、直播带货等多维度渠道组成开渔节销售矩阵，成交额破千万元，媒体及信息平台点击量破亿，形成小镇“看得到远洋产业，吃不尽远洋鱼味，带得走远洋鱼货”的特色渔市旅游产业发展格局。

【各级领导调研】 1月，浙江省委常委、组织部部长黄建发赴基地调研，实地察看基地远洋渔业专用码头，并召开座谈。

是月，市人大常委会主任钟达赴基地开展“服务企业 服务群众 服务基层”活动，实地察看中农发明珠工业园项目一期冷库工程建设进展情况，深入了解基地及定海远洋渔业小镇发展过程中亟待解决的问题，力促“三服务”活动成果化。

2月，省公安厅副厅长刘静一行赴基地调研外籍用工需求，探讨用工途径及外籍员工的管理事宜。

4月，省农业农村厅厅长王通林赴舟调研指导工作，期间走访了舟山国家远洋渔业基地，对舟山市渔业安全生产和海上渔船境外疫情输入防控以及美丽乡村建设等工作提出要求。

10月，舟山远洋渔业政协委员会客厅在基地揭牌，省政协副主席陈小平，舟山市政协常委、舟山国家远洋渔业基地建设指挥部副总指挥林志刚为委员会客厅揭牌。将致力于协同探索远洋渔业产业发展新模式，促进渔业经济三次产业之间的紧密衔接，助力舟山远洋渔业高质量发展。

（撰稿：朱建栋）

责任编辑：王英伟

商　务

综　述

2020年，全区完成合同利用外资5.5亿美元，是年度任务的2.4倍；完成实际利用外资7509万美元，完成全年目标任务。完成进出口总量747.3亿元，同比增长66.3%，是年度目标任务的1.2倍。出口99.7亿元，同比增长11.5%；进口632.27亿元，同比增长82.58%，总量和增速位居全省前列区完成社会消费品零售总额224.3亿元，同比增长-6.8%。

商贸经济

【市场保供】　开展疫情防控工作　制定《商场超市防疫八条》《秋冬季商场超市疫情常态化防控管理办法》等规范，建立约谈督查机制，把关进口冷链食品销售环节安全性，联合市场监管、卫健等部门开展专项检查30余次。

保障菜价稳定　布局“菜篮子”惠民店5家，“鱼篮子”销售店2家，投入资金766.3万元平价供应蔬菜、肉、海产品等相关菜品近2500吨，稳定节假日及伏休期市场。疫情期间保障重要民生物资运输畅通，审核发放通行证27份，协调临时通行车辆740辆。

维护市场平稳　帮扶民生商厦，加快资产处置，转变管理模式，转型后的宜家好鲜生生活超市和永盛易购超市重新开业。处理单用途商业预付卡消费者纠纷投诉件600余件，推动太平洋消费卡处理走上法律途径。

【招商引资】　加强招引　是年，把招商引资工作作为全局的头号工程、中心工作，招引馋文化电子商务、中石化中海船燃、顺马科技、泰成商业、乐星超市等7家企业，引进市外资金8605万元，完成区里下达年度目标任务的172%。对接市商务局、市自贸办，推动定海白泉区块纳入全市自贸区板块，牵头中石化中海（舟山）船舶燃料供应有限公司在该区块注册，破解危化企业招引路径，定海自贸区块有6家企业入驻，中石化中海船燃成为定海首家保税燃料油加注企业，进一步完善定海区油品产业链条。推动森森集团在外电商平台回迁定海，拉动全区年网上销售数据1.6亿元。义桥综合体、乐星超市建成开业，成为定海区新的消费增长点。

做强服务　对外资项目从前期洽谈到手续办理到落地实施，跟踪服务,协调相关部门实施容缺受理，推动馋文化境外风投资金、普邦盛海、海洋租赁等外资项目顺利落地到资，对接盐田港集团收购光汇、新加坡丰树集团、日本AEON集团开发青龙山康养项目等，为之后的外资招引奠定基础。

【外贸发展】　稳定出口　落实“线上展会”工作，组织企业参加浙江出口网上交易会、网上广交会等230多场“云展会”，达成意向订单近1000万美元。支持医疗物资出口，浙江泓昌生物科技有限公司成为全市首家获批商务部防疫物资出口“白名单”的企业。

扩大进口　组织31家企业参加进口博览会，签订采购合同1.8亿元。进口平台建设取得突破，大洋世家获评首批省重点进口平台。

推动出口转内销　搭建平台，组织佰爱家等10家重点外贸水产企业与国内27家知名电商平台、大型商超、供应链企业开展资源对接。拓宽渠道，组织兴业集团等13家企业入驻政采云平台，参与政府采购。

【消费经济】　促消费活动　采用发放消费券，举办后备箱集市、金塘车展、直播展示等活动，实施汽车购车补贴等多种促消费形式，覆盖200多家企业（商家），吸引30万人次参与，拉动消费1.8亿元。

培育消费新热点　发展夜间经济，培育滨海夜市、西部夜市2条夜市街，25家店铺被评为市级夜间经济示范店铺。培育疫情期间兴起的“云消费”“新零售”等数字消费新模式，培育数字生活新服务企业13家，森森集团被评为2020年度省级新零售示范企业，兴业集团、城城联电子商务等8家企业被列入市级新零售企业名单，白泉镇被列入省级“淘宝镇”名单，为申报省级电子商务示范村奠定基础。

商贸业提振升级　开展老字号调研，排摸定海老字号发展现状，建立定海老字号培育库，举办舟山（定海）老字号文化展览，营造老字号发展氛围。推动传统商贸业转型，中化兴中等3家企业成功申报中央农商互联农产品供应链试点项目，一百等6家企业申报为2020年度省级批发零售业改造提升试点项目，白泉万金湖社区获评省级商贸示范村。

【深化服务】　开展“星期三我在企业”三服务活动，帮助企业解决港口货物滞留、出口信保参保、不可抗力证明开具等问题诉求46个，解决口罩、体温计、消毒液等防疫应急物资40万余件，完善订单+清单、微信群等双向沟通渠道，推送各类政策宣传、企业帮扶信息、有关国家（地区）管制措施等信息累计达200多条。协调人民银行为7家商贸企业解决融资贷款近5400万元。开展境外商务人员来华“快捷通道”申报20批过审322人，解决船舶企业境外人员邀请需求较大的情况。扩大出口信保覆盖面，降低企业出口风险，新增参保企业15家。加快各级资金审核拨付，首次发放区级外贸专项资金117.3万元，惠及企业45家，完成中央稳外贸“两直”项目审核拨付，涉及资金1620万元，惠及企业90家。完成省市各级商务促进资金拨付1000余万元，惠及企业150余家。

【开展创城工作】　开展常态化巡查，建立“巡查上报、梳理汇总、分类处理、集中整改、反馈销号”五步走点位精细化管理模式，彰显定海区商超文明新形象。

【夯实工作基础】　巩固“不忘初心、牢记使命”主题教育成果。坚持周五学习制度，完善科学理论武装、理想信念教育和党风党纪教育。开展“与书籍相守，和真理相伴”“触摸时代巨变，追忆奋斗年华”“学习先进典型，促进商贸振兴”等主题党日活动，采取党组书记上党课、党员分享心得等方式，激发党组织活力。完善机关干部日常考核、信息考核、绩效工资分配方案等内部管理制度，建立局长办公会议制度，加强干部队伍建设，为商务工作开展打下基础。

菜篮子工程建设

【保障“菜篮子”本地供应】　建设放心菜园　改造蔬菜基地1个，打造市级精品蔬菜基地2个，总建设放心菜园面积680亩。新冠肺炎疫情发生以来，组织叶类蔬菜和速生蔬菜生产，提高淡季蔬菜供应能力。是年，蔬菜播种面积达33.53平方千米以上，保障蔬菜的本地供应。

加快华晟牧场建设保障生猪生产　华晟牧场项目建设完成，有存栏母猪2607头，生猪30397头，出栏2.01万头；加快产能释放，可出栏4万头。生猪年出栏量可提供猪肉5200余吨，缓解本地市场猪肉供应紧张局势，促进猪肉价格波动平稳。

【保障“菜篮子”保供稳价】　加大基地直采，拉低菜价　加强与市内外蔬菜基地开展产销对接。是年，三农批发市场新增加合作直采基地 3个，实行蔬菜基地采购，减少蔬菜流通环节，降低蔬菜价格。三农批发市场市外蔬菜经营户22家，7家以基地直采为主。完成市外基地直采蔬菜7100吨，占总交易量的25%以上，拉低蔬菜价格。

推动自产自销服务工作　全区有农贸市场均设有不同数量的自产自销摊，部分摊位还有闲余。三农批发市场免费提供3000平方米场地用于地产蔬果交易，设有自产自销摊位200余个，为散种农户提供销售通道。是年3月，经与商贸集团定海分公司对接，将原义桥菜场改建遗留的11户自采自销农户安置到北门菜场，为农民进城自产自销提供便捷。

落实滞销蔬菜的产销对接　为受疫情影响滞销的农产品打通销路。通过大舟山网、微信群多方发布货源信息，向三农批发市场、大型超市、餐饮企业和单位食堂推销滞销蔬菜，对接滞销农产品6批次，销售4万余公斤，惠及农业合作社2家、种养殖户20多家。疫情期间，首次将本地滞销蔬菜配送到正斌超市省内30多家连锁门店，为本地农业合作社与外地生鲜超市搭建新的采销通道。

【保障“菜篮子”稳价主责】 加大政策扶持和资金补助 发挥资金调控作用，强化“菜篮子”资金对“菜篮子”价格调控力度。安排专项资金200万元，50万元用于猪肉、蔬菜调控专项补助，用于平抑菜价。出台《定海区“菜篮子”惠民店建设管理考核实施方案》，对新开设区级“菜篮子”惠民店明确建设要求和补助标准，助推区级“菜篮子”供应店提档升级。对疫情期间农产品生产销售问题，由区农业农村局出台《新冠肺炎疫情期间速生叶菜生产补助》办法，补助蔬菜种植基地249亩，落实区补助资金14.94万元。

加大平价供应助推稳价调控 做好春节市场、重大节假日和生产淡季期间的保供稳价工作。举办2020年“菜篮子”年货供应会，提供摊位180多个，平价供应猪肉和蔬菜各100多吨、水果30多吨。开展春节、国庆节假日期间和伏休期平价供应，平价供应7个品种蔬菜90.5吨、4个种猪肉48.9吨、5种水产品50.6吨，保障特殊时期“菜篮子”价格和供应。

健全“菜篮子”采价和信息发布制度 加强价格采集力度，监督市场价格，4个调控的农贸市场和惠民店的大众品种菜价与宁波菜场均价、三农批发价进行比对。根据比对信息，落实菜价跟踪调控。每月在《今日定海》专栏刊出定海盐仓菜场、机场路菜场、金叶菜场、畚金菜场等4个农贸市场采价信息。从价格监测来看，列入调控的40多个品种的大众菜品的价格大多不高于宁波市场。

【完善“菜篮子”流通体系】 合理布点“菜篮子”供应店 考虑区域覆盖和服务半径，新建成“菜篮子”惠民店5家开业运营，文化路新建2家，东海路、东河路及白泉商贸城各新建1家。实现市区“菜篮子”供应店无缝覆盖，以“菜篮子”的绝对价格优势，撬动菜价走势。

加快推进“鱼篮子”建设 加大“鱼篮子”建设步伐，完成新建成“鱼篮子”销售点1家、改扩建2家，辖区内有市区两级“鱼篮子”销售点共5家。协助水产协会在东海路和白泉新开设市级“鱼篮子”销售店2家，扩大新鲜海水产品惠民范围。

【助推“数字菜篮子”建设】 加快三农电子结算系统建设 三农批发市场采购批发数字化建设完成，市场内部的电子结算系统完成几次运营试运行，做设备最后调试。电子结算系统端口连接和数据处理等问题多次对接，有望实现市“数字菜篮子”平台数据共享。

加快线上配送销售体系建设 新注册成立舟山三农电子商务有限公司，C2C配送体系运行顺利，计划将B端配送纳入体系。定海城城联电子商务有限公司和舟山晨民蔬菜配送有限公司的线上配送销售体系趋向成熟，两家公司实现数字“菜篮子”平台数据表格导入。市菜篮子服务公司和海然水产合作社在定海各门店开展线上接单配送。

定海区主要外贸市场进出口统计表

表12　　单位：万美元、%

项目名称	累计出口（万美元）	比上年同期（%）	比重（%）	项目名称	累计进口（万美元）	比上年同期（%）	比重（%）
合计	186266.94	10.67	100.0	合计	1051682.56	79.87	100.0
亚洲	60547.13	-2.16	42.2	亚洲	785989.43	112.11	84.1
东盟	23349.54	-4.98	16.3	东盟	100501.34	23.52	10.8
非洲	12081.6	-13.94	8.4	非洲	4051.15	-70.31	0.4
欧洲	22348.05	-0.69	15.6	欧洲	54843.82	41.17	5.9
欧盟	19335.97	4.74	13.5	欧盟	16589.79	7.64	1.8
拉丁美洲	30251.08	138.22	21.1	拉丁美洲	33594.15	-63.22	3.6
北美洲	2563.71	-38.12	1.8	北美洲	54960.39	1116.21	5.9
大洋洲	15789.86	9.11	11.0	大洋洲	1152.49	67.43	0.1

定海区主要贸易国家（地区）进出口统计表

表13　　单位：万美元、%

项目名称	累计出口（万美元）	比上年同期（%）	比重（%）	项目名称	累计进口（万美元）	比上年同期（%）	比重（%）
主要国别（地区）合计	104043.54	10.67	100.0	主要国别（地区）合计	8139733	79.87	100.0
巴拿马	26023.09	206.81	18.1	沙特阿拉伯	313288.94	167.87	33.5
新加坡	15299.3	247.23	10.7	阿联酋	144401.55	984.76	15.5
马绍尔群岛	14788.41	24.29	10.3	科威特	76367.15	450.39	8.2
日本	11654.58	−20.38	8.1	马来西亚	68853.05	83.19	7.4
香港	10975.78	32.41	7.6	阿曼	58031.53	325.22	6.2
利比里亚	8142.27	−1.87	5.7	美国	54386.02	1133.81	5.8
韩国	5155.9	−13.52	3.6	韩国	35505.61	30.78	3.8
马耳他	4875.77	81.71	3.4	俄罗斯	22879.32	3.14	2.4
台湾	4107.6	10.88	2.9	伊拉克	21875.91	−31.68	2.3
马来西亚	3020.84	−4.46	2.1	巴西	18384.22	−70.71	2.0

（撰稿：陈群武）

招商引资

【概况】 是年，完成实际到位市外资金46.86亿元，完成年度任务（45亿元)的104.1%；合同使用外资5.5141亿美元，完成年度任务（2.25亿美元）的245.1%；实际使用外资7509万美元，完成年度任务（7500万美元）100.1%；完成税收2.699亿元，完成年度任务（2亿元）的135%。

【项目推进】 重大产业项目招引任务18个（20亿~50亿元重大产业项目1个、10亿~20亿元先进制造业项目2个、1亿元以上产业项目15个），完成全年指标任务。其中，高性能管桩制造（10.12亿元）、北鲲智能无人船（1亿元）、舟山三农农产品批发市场（二期）建设（2亿元）、远洋捕捞（1.5亿元）等7个项目已开工，盐田港油气产业链投资（60亿元）、大型海洋潮流能（20.52亿元）等11个项目加速推进。

【招商引资】 完善中心班子成员领衔推进全区重点招商引资项目工作机制，印发《定海区投资促进中心2020年度“三服务”工作任务分解表》，梳理18个重大产业项目，成立专组专班，明确项目到人，班子成员带队赴北京、上海、深圳、江苏、杭州、宁波等地开展上门对接，拜访中国航天科工、中国中车时代有

赴苏州开展招商工作

限公司、江苏迈恩信息科技有限公司、苏州安越智能科技有限公司等企业百余家。印发《2020年定海区招商引资绩效考核实施细则》，按月推进“实绩亮相”活动任务，晾晒招商指标进度，引导各单位加大招商引资工作力度，推动招商工作提质增效。

召开定海区招商引资工作例会

【招商渠道】 发挥北京中企会、北京江苏企业商会、深圳市台州商会、虹口北部功能区园区等平台资源优势，获取内部产业转移和企业外迁信息。参与中国（浙江）自贸试验区“云招商”对接会、舟山群岛新区（上海）产业对接会、舟山（深圳）先进制造业专题推介会、舟山（杭州）海洋经济产业专题对接会等活动，签约迈恩信息科技软件研发舟山三农农产品批发市场（二期）建设、大商安越（苏州）智能科技有限公司、浙江钧正科技有限公司等项目10余个，总投资额达5亿元以上。招商微信公众号发布最新招商信息，与意向企业建立微信工作群，做到“一企一群”，“隔空对话”“隔屏交流”，拓展招商渠道。是年，运用网络招商对接企业40余家，有6个项目落地注册。

副区长王其锋作定海招商推介

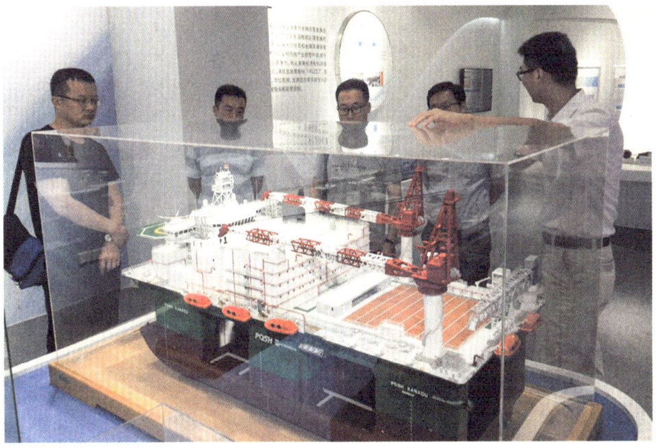

浙江河北商会副会长一行来定考察交流

【项目谋划】 海岛旅游、特色小镇、商贸服务、存量招商等5个产业板块19个项目包装入库，包括竹山门商贸中心、白泉大健康产业等项目，调整投资指南、招商地图、推介PPT等资料。会同发改、商务等部门商讨招商引资扶持政策，参与制定《关于扶持服务业发展的若干政策》，更新汇总定海区区产业（招商）发展扶持政策、外商投资股权投资企业政策。加强与发改、经信科技、科学城等部门的工作对接，谋划石化上下游产业、航天科工相关产业项目以及重点招商区域。

中传华夏云宿旅居（深圳）有限公司考察

【营商环境】 对接来定客商，优化接待方案，全年接待浙江省建筑信息模型（BIM）服务中心、江苏亨通集团有限公司、浙江长庚农业发展有限公司、龙元明城投资管理（上海）有限公司等客商百余批次。加强与区属相关部门联动，召开项目推进联席工作会议，实现项目一包到底、全程服务。深化“三服务”，走访帮扶企业20余家，结合企业实际情况，建立问题清单、责任清单、帮扶清单，分类指导，帮助企业解决个性化需求。对接区教育局、区财政局、区税务局等部门，安排企业高管和技术人员子女就学事宜，为项目高管定制个税扶持政策，提升人才和企业的获得感。

对接航天科技成果转化（舟山）基地项目

召开航天科技成果转化基地项目研讨交流会

【党建引领】 制定《2020年定海区投资促进中心党组理论学习中心组学习计划》《定海区投资促进中心2020年党建工作计划》。制定出台《定海区投资促进中心岗位责任制考核办法》，廉政建设、效能建设、集中学习、工作纪律、业务工作、中心工作等方面开展考核，加强对干部职工的监管。完善干部考勤请假、外出报告、公车管理、招商引资接待、财务管理等内部管理各项规章制度，完善建立个人有关事项报告制度，执行民主集中制度，落实廉政谈话制度。开设“招商干部讲堂”，开展培训学习，提升定海区招商引资干部队伍的专业素质和业务能力。

（撰稿：顾春佳）

（本分目照片由区投资促进中心提供）

市场服务

【概况】 是年，舟山商贸集团有限公司定海分公司（以下简称为定海公司）内设3个科室，基层设直属市场18个，按行业划分：农贸市场16个，日用品市场2个；按区域划分：城区10个，农村8个。

至年底，公司有事业编制职工27名，合同制员工55名，劳务派遣员工49个，退休职工23名，各类勤杂人员100名。

【菜篮子工程】 定海公司基层总摊位3419个，为全区80%左右的居民提供日常生活保障，为近3000名城乡居民搭建就业平台，社会效益和经济效益良好。全年市场交易额约为16.7亿元。响应市委市政府、国资委和集团公司关于疫情期间支持小微企业共渡难关及国有企业减免房租等相关文件精神，减免2038户市场经营户三个月租赁费1156.29万元。推进家禽“杀白上市”工作和加强对“一证两标”的检测，确保市民放心吃上禽肉；配合渔政和市场监督部门做好禁渔期宣传和检查工作，建立冰冻鱼凭证索取制度并纳入台账管理。450余户水产经营户签订承诺书，发放宣传资料500余份，张贴宣传画30余张。东门、北门、南珍、桔园菜场根据政府指导价4月中旬下调猪肉价格，对所属市场菜价高于宁波白沙市场的情况，加强价格采集的真实性和科学性。采用AB岗形式，确保采价员业务熟练，跟进相关工作，确保不漏报、不瞒报；各市场召开经营户会议，引导价格较高的零售行业经营户降低零售价格，鼓励其薄利多销；对市场个别行业落实标价内容真实明确，推进价格监督管理机制。

市场菜价采集工作会议

【疫情防控保障】 落实疫情防控任务和要求 坚持“外防输入、内防反弹”防控策略，建立防控台账，对场内经营户和工作人员开展体温健康检查并存档登记；跟踪排查登记重点地区返舟外来经营户；每日消毒；安排公司机关员工到各市场协助疫情防控管理，落实小门管控；建立“新冠肺炎防控工作群”，采用微信公众号、报刊、市场电子屏、广播和海报等多形式加强防疫知识宣传，发动广大经营户行业委员、骨干、党员共同参与；加强市场各类商品供应情况和价格的监测；加强口罩、护目镜、手套等防护物资的采购和保障。

强化进口冷链食品监管 召开防疫期间进口冷链食品专题会议及台账培训会议，传达相关会议和文件精神，落实防控工作，加强疫情期间索证索票、检测等食品安全工作，登记进货台账，包括生鲜、冷冻肉禽、进口鱼类（水产品）、肉类等。

强化农贸市场溯源管理 流入市场的冷链食品必须配备省内“浙冷链”二维码、海关报关单、检验检疫证明、外包装核酸检测证明和外部消毒证明，消毒冷链食品的内包装，消毒液比例为1∶100，实时消毒登记。查询冷链食品来源，来源不明或相关证明不齐全的冷链食品不准进入市场。

【创建全国文明城市】 健全市场长效管理机制 创新市场管理督查模式，引入“110巡查天网”，专职市场监控员实时巡查各市场，预警责任单位落实整改和反馈，将每日监控发现的问题纳入各市场月度考核扣分项目，促进市场全方位全时段管理。每月不定期对所辖市场进行现场走访考核，纠正发现的问题，巩固市场长效管理成果。

推进人员分工、职责到位 采用“定人、定岗、定责”的要求推进人员分工，督促市场中的每一个摊位、每一处卫生都有专人负责，做到职责到位，促进各类考核制度的实施与问题的追责。根据公司出台的员工岗位考核办法和经营户12分制信用考核制度进行相应扣罚，在原12分制考评办法的基础上，建立经营户信用管理，全年处理经营户454人次，奖励经营户875人次。分派保安到各市场，参与市场管理与秩序维护，加强管理力量。

完善市场网格化管理 依托市场网格化管理，打造“红色进市场”，创特色党建品牌，成立场长（行业委员协助）—副场长—市场管理人员—行业组长—经营户党员的网格化管理架构，创新建立“圈长”制，明确市场管理员和经营户的日常工作职责。257名经营户担任网格员，有24名为经营户党员。

组织“市场监督员” 发挥由街道部门专业的巡查人员和市民巡访团成员组成的“市场监督员”，根据市文明办检查组暗访、文明县区复评邀请第三方测评和市场监督员督查等反馈结果，查找问题根源，督促下辖各市场有效整改，加强市场长效管理，推进各项创建工作。

优化考核机制 结合“创城”工作和星级经营户评选，优选“星级经营户”和“创城标兵”，鼓励经营户党员、行业委员、骨干参与其中。

聆听市场管理服务意见 开展“经理接待日”活动，接待经营户和消费者，听取对市场管理服务的意见和建议。组织召开行业组长、行业委员座谈会，通过多渠道、多形式聆听。

加强除虫除臭工作力度 解决市场异味重、水沟脏、虫多等问题。7月初，联合物业清扫人员处理市场内的烂菜叶等垃圾，制成环保酵素，在南珍菜场率先试用，推广至各市场使用。

是年，桔园菜场在2020年国测中以“零扣分”通过检查。

【安全生产工作】 落实安全生产目标责任机制 着重安全生产工作；召开安全生产专题例会，整改安全隐患和难点；组织学习安全生产事故应急预案；观看火灾案例警示（国有企业、大型连锁企业）、企业安全生产主体责任缺失警示录等警示片；举办消防安全知识专家授课和实操演练；订制《市场施工注意事项》，规范外来施工方的安全生产工作，要求施工方

消防培训演练

在施工过程中严格规范执行；规范市场仓库内的物品摆放；更换市场内局部供电线路；完善各场消防设施（消火栓箱改造5处、灭火器换新90只、灭火器箱换新28只、水龙带换新18条）；排查市场顶部结构安全情况，吊顶加固约500平方米、更换锈蚀彩钢板顶和顶部补漏约800平方米，签订《2020年度消防安全工作和食品安全工作责任书》。全年开展安全生产会议12余次，“大排查、大整治”专项行动20余次，安全生产培训5次。

确保食品安全　组织食品安全“你点我检”快检开放日宣传活动，提供消费者免费检测服务，提供消费者10余次免费检测服务，发放宣传资料和环保袋500余份；加强食品安全监管及疫情期间食品安全管理工作，展开食品安全专项检查，突出熟食防尘、防蝇、“三戴”的监督；严控“三无”产品、假冒伪劣和过期霉变食品的把关；加大对光禽“一证二标”的查验力度，防止禽流感；加强非洲猪瘟防控工作，确保上市猪肉产品的安全性；推进食品检测工作，检查是否存在农药残留、添加剂，公布检测数据和结果。全年所属市场抽样定性检测上市食品146184批次，检测出不合格食品12批次，总合格率为99.99%，检测出29.19千克不合格商品，监督经营户自行销毁。规范市场内进货台账，增强冷链食品的监督和管理。9月，利用展板、广播、LED显示屏和微信公众号等载体，开展食品安全宣传周系列活动，分发宣传海报90份，宣传手册1800余份。

落实扫黑除恶　响应政府扫黑除恶工作，营造扫黑除恶氛围。广播宣传500次，挂横幅32条、贴海报100余张、15块电子显示屏固定或滚动播放标语，专项自查各市场所辖区域安装的电子显示屏及电子秤，落实专人管理。

【各类创建、整治工作】　摸底各场物业，创建省级放心市场、小城镇环境整治工作，推进硬件提升工作。上报南珍菜场水产品交易区地坪和排水沟改造工程、白泉菜场自产自销区域改造工程、西园菜场信息公示系统设置工程等。3月，改造升级南珍水产区供水设备和南半场地坪，全面覆盖IC水表，铲除原先高低不平的地坪后填平并铺设火烧板；加固市场北半场的吊顶提升市场硬件设施。6月，改造白泉农贸市场自产自销摊位，为期23天，改善该区域脏乱差现象。增加自产自销摊位，整合市场摊位资源，满足渔农民的销售需求，城区农贸市场零星自产自销摊位实行零收费，为农业增效、农民增收创造条件。桔园、西园、东门和白泉菜场通过省级放心市场创建（复评）；桔园（4星级）、西园（3星级）、东门（3星级）、北门（3星级）、昌东（3星级）和南珍（2星级）星级市场延续评审工作。

【“五化”农贸市场提升改造】　响应“移动支付之城”建设，市场安装林鲲智慧农贸管理系统，该系统包含放心农贸触摸查询系统和经营户信用公示系统，经营户摊位号、信用等级、菜价公示和二维码支付等信息透明化。完成智慧市场创建的有桔园、东门、北门、昌东、西园、畚金等市场，推进其他市场。根据浙江出台的《农贸市场和专业市场“五化”提升行动方案》，桔园菜场完成第一批农贸市场和专业市场“便利化、智慧化、人性化、特色化、规范化”改造任务，11月25日通过验收。新增大数据分析展示屏、政务一体机、AED自动体外除颤仪和共享雨伞等各项服务设施设备，以及一处特色农产品体验专区，用于对接网购平台开展直播销售活动，完善菜场功能设施30余处。

【惠民服务】　公布食品价格信息，接收市民监督；接受市民的投诉，做到有诉必回；城区各市场每月推出自产自销摊位，保证在850个以上。利用服务台功能，提供经营户消费者针线包、小药品及各类咨询服务。推广使用菜篮子、布袋子和可降解塑料袋，推进农贸市场“限塑”工作。每个市场入口处放置两块KT板宣传海报，向消费者发放《农贸市场限塑倡议书》

开展的垃圾分类宣传活动

及布袋子，关注“舟山市城镇垃圾分类”公众号免费获得菜篮子，引导广大经营户、消费者参与垃圾分类。宣传活动为期3天，发放倡议书1000份、菜篮子200个和环保袋1000个。定海公司所属农贸市场均配备适量菜篮子，消费者需交付20元押金便可租用，保证“限塑”工作的长效性；实行塑料袋有偿使用并将价格公示至电子屏，塑料袋由市市场监督管理局邀请第三方检测人员不定期抽检。12月，与“云袋物联”合作，在南珍、北门、桔园菜场安装自助环保袋发放机，每日可免费领取两个可降解塑料袋。无接触式领取保障市民疫情期间的安全。

【社会公益活动】　慰问困难职工、贫困户等；结对残疾家庭，开展“助残脱贫，决胜小康”助残日慰问活动；“八一”开展拥军爱警；重阳节开展“巾帼敬老 情暖重阳”慰问敬老院活动；开展“慈善一日捐”，募得善款27046元；13人参与无偿献血献爱心活动，献血4400毫升；为六横公司生病员工捐款，募得善款4330元；开展垃圾分类宣传；分发下夏令防疫用品；高温慰问一线员工；开展“党团同心·周末公益”志愿服务活动，如小门管控、卫生死角清理、烟头不落地、车辆摆放等大规模集中清理活动，全年组织志愿服务活动32次，参与人数1208人次。

“党团同心·周末公益”志愿服务活动

【队伍建设】　员工聘用和调配　开展中层岗位竞聘和员工双向聘用工作，为期2个月，120余名员工参加。选拔中层干部人选，新提拔中层正职3名，中层副职6名。科学调配26名员工，聘用新员工22名，降低员工长期在岗的廉政风险。

兼和经营户党员　运用“兼合式”思维，组织个协、社区11个市场的44名经营户流动党员，成立市场经营户党支部（兼合式），开展经营户党员的集体亮相。成立市场志愿服务队，发动经营户自觉参与市场大扫除、文明劝导等常态化志愿服务活动，劝阻不文明行为，发挥经营户党员先锋模范作用。

组织活动和培训　组织退休职工开展健康体检、走访慰问等活动。组织交通劝导志愿服务培训、新冠肺炎疫情防控知识培训、市场监控培训、市场管理台账培训、消防安全培训、信息报道实务技能、防汛防台应急演练等各类培训会10次，参加331余人次。

参加评选活动　倡导经营户参与以“包诚信、包秩序、包安全、创文明星级经营户”（简称“三包一创”）的评选活动，采用《舟山市农贸市场创城规范》、《舟山创城农贸市场经营户日常管理考核办法及细则》和《集团公司市场季度考核标准》为依据，公司评选三星级经营户34户、二星级经营户39户、一星级经营户113户；开展创城标兵评选7次，表彰经营户686户。

【企业文化建设】　开展“书香润商贸，阅读益人生”世界读书日主题活动、“青春战疫，逆势飞扬”为主题的“五四”青年节团建活动、《民法典》知识测试活动、走进普陀区展茅红色教育基地开展“走进革命老区，探寻红色足迹”为主题的“七一”爱国主义教育活动、食品检测员培训暨技术竞赛（三名员工荣获三等奖）、商贸杯”文体比赛等活动。

【荣誉】　桔园菜场获多个荣誉称号。3月，获“舟山市三八红旗集体”荣誉称号；5月，获“浙江省巾帼

桔园菜场通过“五化”改造

文明岗”称号；11月，通过市场“五化”改造验收；12月，获抗击新冠肺炎疫情浙江省三八红旗集体荣誉称号；12月，参加舟山市妇联举办的全国巾帼文明岗创建工作汇报交流会。南珍菜场经营户郑养法被评为“最美诚信浙江人”；西园菜场孙峰被评为第六届舟山市定海区诚实守信道德模范；定海商城李海康荣获“见义勇为”称号。公司获“定海区文明单位”荣誉称号；公司党支部获舟山国资系统“四红”党组织荣誉称号；南珍菜场获舟山市创城先进集体荣誉称号。

（撰稿：林家宇）

（本分目照片由舟山商贸集团有限公司定海分公司提供）

供销合作

【概况】　是年，全区供销社系统有法人机构23个，干部职工124人。全区供销社系统实现总经营收入42564万元，同比增0.22%；年末，全系统资产总额10808万元，所有者权益8451万元。

2020年定海区供销社系统机构、人员情况表

表14　　单位：人、个

项目		合计	区公司	基层社	区联社机关
经营网点总数（个）		121	69	52	—
其中	批发网点	7	7	—	—
	零售网点	93	48	45	—
	批零兼营网点	10	7	3	—
	废旧物资收购	11	7	4	—
干部、职工总数（人）		124	85	27	12
其中	行政	10	—	—	10
	合同制	62	40	22	
	离单位留劳动关系职工	50	45	5	—
	编外用工	2	—	—	2
离退休、退职人员总数（人）		545	316	209	20
其中	离休	2	1	—	1
	退休	543	315	209	19

2020年定海区供销社系统主要经济指标完成情况表

表15　　单位：万元、个

指标	合计	区公司	基层社	农民专业合作社
总经营收入	42564	15556	17563	9445
总购进额	35554	13349	14121	8084
利税总额	－34	7	－41	—
其中：利润	－74	－10	－64	—
亏损企业个数	9	4	5	—
亏损企业亏损额	156	42	114	—
固定资产总额	6192	1242	4950	—

【疫情防控工作】　推进生活物资保障兜底工作　下发《定海区供销合作联社应对新型冠状病毒肺炎疫情防控生活物资保障应急预案》及《定海区供销合作社联合社（区农合联执委会）关于做好应对新型冠状病毒肺炎疫情防控有关工作的通知》，建立应急工作机制，推进应急响应和协同配合工作。与市供销社对接，促进金叶蔬菜公司蔬菜等农产品调拨供给，与农合联会员对接，引导农合联会员专业合作社、种植大户积极生产，保障本地市场蔬菜供应。

推进出租房屋管理租金减免工作　下发《定海区供销合作社联合社关于做好全区供销社系统出租房（门店）返岗返工人员防控保障等工作的通知》，逐户排查全系统190户出租房，建立一户一表制度，加强出租房屋人员管控。克服全区供销社系统企业经济总体处于亏损的困难，承租社有房产且受疫情影响严重的市场经营主体给予减免1.5个月房租费，减免租金70余万元。

【农合联改革】　提升为农服务能力　是年，7家农业生产服务中心提供农技咨询及庄稼医生服务26961人次、小额存取款及转账等服务6418人次、蔬菜等农产品农残检测1200余批次、农信担保及农民资金互助贷款148万元，举办冬种粮油作物绿色高效生产技术培训班1期。开展“放心农资下乡”、“农技下乡”等多种形式的服务活动。推进马岙街道农村综合改革集成示范区建设相关工作，完成定海马岙现代农业综合服

务中心、定海马岙三星现代农业综合服务中心组建挂牌，完成区、镇（街道）、村三级现代农业综合服务中心布局建设任务。

探索开发乡村新消费产业　推进“稻鸭共作”及“稻田认养”休闲农业新模式。认养期间，委托专业合作社及家庭农场全程托管，认养人参与田间管理，体验播种、生长、收获等农耕乐趣。配套推出“自酿酒”及加工年糕的延伸增值服务，满足认养人个性化消费需求。是年，完成0.04平方千米基地的众筹认养及50户认养人稻米的烘干、配送等工作，配送大米14500千克、麻鸭144只，加工年糕50千克、加工自做酒400千克。

推进产业农合联建设　支持大沙粮食产业农合联及农机服务中心工作，为小沙、金塘、马岙、岑港等地的种粮大户提供田地耕作、育（插）秧、机割机收、粮食烘干、碾米加工等系列化服务。是年，提供育插秧服务1平方千米，机收机耕服务0.67平方千米，谷物烘干服务1500吨，碾米服务300余吨。组织定海区粮食专业合作社联合社8个成员及定海区生猪养殖龙头企业、经营主体共同组建成立定海区畜牧—粮食产业农合联，组织会员在晚稻收割后播种大麦、小麦等作物，并由定海华晟牧场有限公司及定海区生猪养殖经营主体收购，作为生猪养殖的配套饲料，推动农牧结合、种养结合循环农业的发展。

开展农产品产销对接服务及东西部消费扶贫　是年，完善“海山农汇”微信商城页面及上架商品，在微信商城中增加当季水果、时令蔬菜等本地生鲜产品，丰富产品种类，提高消费者选择面。开发微信小程序，完善政采云网上商城的产品类目，加强与美团等平台的合作，扩大线上销售渠道。举办舟山市暨对口扶贫（协作）地区农产品进机关展示展销活动4次。推动对口扶贫（协作）地区农副产品直供直销和进机关、进学校、进企业。根据舟山市农产品区域公用品牌建设工作方案，与市供销社共同推进“舟叁鲜”农产品区域公用品牌的运营管理，相应成立舟山市舟叁鲜农业开发有限公司，牵头组织参加省农博会，扩大“舟叁鲜”品牌知名度和影响力。

【乡村振兴工作】　推进农资供应服务及庄稼医院建设　是年，依托市、区农资公司及基层供销社所辖农资连锁网点，推进农资采购、供应和储备。全年农资供应总额1518万元，同比减少11.96%，其中供应化肥3926吨、农药249吨、农用薄膜69吨，未发生一起损农、坑农事件及农资商品断档脱销现象。是年，新建庄稼医院1家。全区供销社系统建成规范化庄稼医院16家。强化农资技物结合的一体化服务模式，依托市、区两级农资企业技术服务力量、农资连锁门店、庄稼医院等服务主体，为农户提供新肥新药试用、农作物病虫害专业化防治等专业化和个性化服务。

推进基层政策性农业信贷担保服务创新试点　是年，根据《定海区基层政策性农业信贷担保服务创新试点实施方案》，在区农合联设立省农担公司定海办事处，设立定海区政策性农业信贷担保风险池，首期投入400万元，专项用于对政银担合作业务的风险补偿；建立由区财政局、区农业农村局、区供销联社及合作银行等部门参与的定海区政策性农业信贷担保业务会商机制，制订分级审核审批流程，推动业务规范有序开展。为40户新型农业经营主体3440万元贷款提供担保，对象涉及粮食、果蔬、苗木种植，水产品收购加工及农产品物流等多个领域，支持农业企业及农户发展生产。

开展废弃农药包装物及废旧农地膜回收　是年，配合开展省级生态文明建设示范区创建，回收废旧农地膜87.568吨，处置87.568吨；回收废弃农药包装物2026068个，处置22.47吨，回收率90%以上，回收量占全市总回收量的60%以上。

打造“干䃎老供销体验中心”　体验中心位于定海区干䃎镇龙潭街33号，共两层，总面积约600平方米。一层分区分类实景还原干䃎老供销风貌。游客可购买传统干货等，参与提子打酒、包“斧头包”、包“三角包”、传统工具称重、老式缝纫机操作等体验活动，感受老供销氛围。二层集中展陈20世纪50年代以来体现供销社历史沿革的图片、实物、文献等资料，反映1950年供销社成立以来各年代的商品经营、物资保障、生产生活等内容。

【确保社有经济稳定】　加强边小散等低效、闲散、“亏损资产”的处置与利用，做好社有资产公开拍租工作，保住经济底线，稳住供销社发展的基本盘。对近年来对所属企业年度工作目标责任制考核中存在的问题，调研摸底全区供销社系统各单位收支情况，制订《定海区供销合作联社所属企业2020年工作目标责任制考核办法》，提高反映质量和效益的指标权重，鼓励社有企业强化经营和社有资产运营。

【全面从严治党】 是年，组织党委理论中心组学习13次，组织党员干部职工集中学习18次，贯彻落实中央、省市区重要文件、重要会议及习近平总书记重要讲话精神。根据《纪委巡察整改督办单》指出的问题，整改民主集中制原则执行不到位、党组织生活制度落实不正常、财务管理不规范等问题。

加强社有企业监管 开展下属基层供销社及直属公司的年度财务检查内审，规范下属企业财务审批、资金管理等事项，对资产处置、房屋维修、大额资金使用、业务接待费开支等把关审核。新制订《定海区供销合作社联合社基层企业社有资产监督管理办法（试行）》等4个制度，形成以制度管人、按规矩办事的长效工作机制。

化解信访矛盾 化解供销社系统因转制遗留问题、资产拆迁引发的各种信访矛盾。完成定海供销商贸有限公司11名职工离岗退养安置工作；指导有关集体商业企业完成资产被法院拍卖后的职工安置及企业登记注销等方面工作；解决基层供销社个别退休职工社保工龄问题信访件的处理。是年，未出现因信访问题处理不及时或不妥当而影响社会稳定的事件。

（撰稿：邵晶磊）

责任编辑：袁豪臻

旅 游

综 述

2020年，区旅游总人次1032.21万人次，同比减少30.4%；实现旅游收入105.7亿元，同比减少49.89%。

是年，定海区入选全国市辖区旅游综合实力百强区、获评“华东六省一市”自驾游示范城市，干䃥镇新建村获评全国乡村旅游重点村，“海上古城”IP入选浙江省首批示范级文化和旅游IP名单。

项目开发与宣传促销

【项目建设】 启动定海海岛公园建设，开展海岛公园建设总体规划和三年行动计划编制，明确规划范围、主题定位、样板区。推进海岛公园重点建设项目10个，南洞艺谷文旅融合区项目纳入省重大文旅项目，“南洞·大乐之野”精品民宿群一期竣工投入运营；定海五山生态带完成整体文化创意及景观设计、东山段步道建成贯通；马岙海岛古村落建设项目完成马岙博物馆提升工程、建成“村回”民宿群；盐仓秘境观海民宿度假村项目完成度假村入口道路及形象建设，完成1号楼、2号楼建设装修，新引进非岛文创社群项目。浙江省重大文旅项目集中开工仪式舟山分会场在南洞艺谷景区举行。

浙江省文化和旅游重大项目集中开工舟山分会场
南洞艺谷文旅融合示范项目现场

【文旅消费】 推出“春暖古城·乐享定海”消费季活动，发放“定海嗨购券”300万元。参与“舟游列岛·GOU GOU GOU”、《百城局长带你游浙江》、非遗购物节等直播带货、网上文旅促进消费活动，以新媒体传播方式展示形象、推介产品。贯彻“六稳”“六保”工作要求，退还旅行社质保金300余万元，统筹纾困奖补资金200余万元，出台《2020年定海区旅行社、旅游饭店行业发展促进奖励办法》，游客入住、游客参团、旅游线路开发等内容予以奖励。

东岠岛露营基地

【营销推广】 在上海虹口首次举办“海上古城”文

旅专题推介会，发布针对性优惠政策，深化两地旅游客源互通、市场共拓。构建立体式宣传矩阵，与马蜂窝等新媒体平台合作打造“定海故事”线上互动体验专题，长三角客源地城市曝光50万+；组织记者、旅游达人团队赴定采风打卡，撰写原创攻略、软文同步在新媒体账号、纸媒、广播平台推广；采用微信、微博、抖音、视频号等流量平台宣传推介。参与2020海峡旅游博览会、2020中国义乌文旅博会等会展活动，向外展示风采、展销产品，螺钿作品《开国典礼》获2020中国义乌文旅博会工艺美术金奖。

行业建设与规范化管理

【抓行业安全】　响应疫情防控要求，“人治+智治”形式进行闭环式疫情防控管理，实现旅游市场未发生一起“输入性病例”。组织2020年安全生产工作会议、游泳场所安全开放工作暨救生员培训班等会议，采用日常监管、重要时段监管等形式开展全行业安全检查、安全预防联动检查，坚守安全生产底线。全年出动956人次对450余家行业单位开展安全检查，完成旅行社安全生产集中整治、冬春火灾防控整治。

【抓行业监管】　构建局系统行业监管点、线、面管理机制，处置1起非法挂牌旅行社门市业务经营场所，协助查处侵害游客权益吊销旅行社许可证案，旅游投诉办结率100%。加强旅游行业管理，指导完成2020年旅行社监管平台全年数据补报任务，强化非专职导游人员归属管理，推进跨境赌博专项整治工作，依托“E查通”微信小程序等数字平台推进行业智慧化管理。建立行业通报分析制度，行业群内部重点通报性质严重的违法案例和安全事故、发布经营注意事项等服务内容、表扬行业优秀做法。

【抓行业服务】　举办2020年市区两级旅游行业技能大比武大练兵，采用提高物质奖励额度和精神鼓励层次模式吸引企业参与，有7人次获得市级大比武奖牌，新增5名技师及28个中烹、西点项目高级工。加强行业标准规范化服务，指导行业做好四星级品质旅行社、市级最美民宿等复评复核工作。完成旅游数据统计、行业数据资源普查、乡村旅游数据统计等各类统计工作。开展“不主动提供一次性消费用品”行动，倡导绿色消费。

西点比赛

景点拓展与重大节庆活动

【全域提升旅游发展品质】　推进国家级景区提质升级，加速镇、村景区化，南洞艺谷景区跃升国家AAAA级旅游景区，马岙街道创建省级风情旅游小镇，全年新增A级旅游厕所5座，新增提升A级景区村庄39个，全区A级景区村庄46个。加强行业品质提升，指导南洞艺谷景区通过国家级服务业标准化试点验收，马岙“村回·未见海”休闲度假民宿获评市级精品民宿。打造“诗画浙江·百县千碗——定海米道”IP，高佳庄大酒店、钻石楼大酒店分获“诗画浙江 百县千碗”旗舰店、示范店称号，马岙村回民宿群、钻石楼大酒店、高佳庄大酒店分获定海米道特色体验店称号。

“诗画浙江·百县千碗——定海米道”品鉴会

【丰富优质产品供给】　推进数字化改革，完成文旅体智慧项目1期建设，建成定海非遗民俗馆、古越昌国史跡馆、舟山名人馆、蓝理纪念馆等数字展馆，提供“虚拟游”体验。深化文旅融合，以“品读定海”活动为载体，全面实施文化基因解码工程，梳理出重点文化元素17个；提升景区文化体验性，开设古城书场，开展非遗进景区活动116场。加强市场拓展，创新设计短途游、一日游“定海微旅行”全域旅游精品线路10条，联合旅行社开发长白岛拾趣、大猫岛骑行、马岙采摘体验式组团产品，联动“华东六省一市”自驾游协会打造自驾游精品线路，并发布自驾游计划，举办“迷城定海——探索古城秘密”活动。

大猫岛环岛游

【提升城市人气】　开展节庆赛事活动提高定海旅游吸引力，举办“诗画浙江·百县千碗——定海米道”“2020乡约定海·东海晚风市集”“首届东海自驾游旅游节”等活动，带动2万余游客在定海旅游消费。发挥体育赛事乘数效应，领略群岛风光和探寻文化，开展“神行定海山”全国徒步大会、“约定海那边”等系列体验型赛事活动，汇聚人气商气。

“2020乡约定海·东海晚风市集”活动

（撰稿：方优维）

（本类目照片由区文化和广电旅游体育局提供）

责任编辑：袁豪臻

定海渔业习俗之船神龛与圣堂菩萨

旧时渔船的后舱，都设有神龛、神舱，以专供奉圣堂菩萨。神舱之门额和两侧，有用红绸或黄绸制成的直联与横额，书写或绣上“风轻浪平”“顺风得利”等吉祥祈语。圣堂菩萨神像多以历史上三国时期忠勇、刚烈、仁义代表人物关羽为原型雕塑，也有以宋朝寇承女或天妃娘娘（妈祖）为原型雕塑。圣堂菩萨两侧还置有一对木雕助渔小神，左称“顺风耳”，右为“千里眼”以求平风息浪，鱼虾丰收。新船赴水、每汛出海均要把圣堂菩萨请到船神舱，用三牲福礼供奉“祝福”，渔汛结束也要供三牲以“谢洋”。供毕，由老大从猪鼻割下肉一块抛入海中，然后大家分食。近洋张网渔民，则于每年立夏、端午、重阳节到张网桁地供神祝福。

城区管理与城乡建设

综　述

区住房和城乡建设局（简称区住建局）设办公室（法规科、信访室）、建筑业管理科（建筑工程招投标管理办公室）、城市与村镇建设科、行政许可服务科、住房保障和房产市场管理科、人防科；辖区住房保障和房产管理中心、区建筑工程管理中心、区城建档案馆、区建设工程消防设计审查验收中心。行政在职在编17人，事业在职在编64人，编外用工41人。

是年，打好疫情防控攻坚战，监督指导建筑企业、房地产企业、物业企业做好疫情防控和复工复产工作；持续强化市场监管，优化营商环境，建筑行业市场秩序持续良好，工程质量安全态势平稳；持续完善住房保障体系建设，强化全装修管理，房地产业平稳健康发展。完成提案议案办理和信访工作，解决各类与城乡建设有关群众诉求。加强对住建系统干部职工培训教育，完善机关各项制度。

建筑业管理

【概况】　2020年，经过建筑业资质换证，全区有建筑企业85家，包括53家建筑施工总承包企业，32家专业承包和劳务分包企业。全区具有一级资质的建筑施工总承包企业 7家。

全区县有一级资质的建筑施工总承包企业表

表16

序号	企业名称
1	浙江舟山广宇建设有限公司
2	舟山市大沙建筑工程有限公司
3	浙江博宇建筑有限公司
4	弘业建设集团有限公司
5	隆图建设集团有限公司
6	浙江广盛环境建设集团有限公司
7	浙江和海建设科技集团有限公司

是年，建筑业保持平稳发展，受疫情影响，全年总产值105.5亿元，同比增长-17.7%；完成竣工产值68.7亿元，同比增长-28.3%；签订合同额 204.9亿元，同比增长-3.8%。

【建筑市场监管】　招投标管理　加强对定海区重点工程建设项目的管理，严格“三价”公开报送制度。2020年，招投标实际开标216个，总控制价29.6412亿元；办理施工许可证46份、竣工备案15项。

安全宣传　结合专项整治工作开展以施工现场为主的安全宣传工作，安排相关防火应急演练，根据工作实际制订相应的实施方案，发放宣传画500张、宣传资料200份。组织开展“科技宣传周”“全国安全生产月”等活动。

人员培训　组织开展初级技术人员培训班1期，培训人数154人，申报并评审通过中级工程师116人，高级工程师22个。加强浙江省建设市场监管和诚信系统建设，完善建筑企业信息库，审核入库企业114家（包括咨询企业），注册建造师2212人。

定海区“无欠薪”工作　进一步加强全区房屋建筑和市政基础设施工程项目监管，开展定海住建领域的“无欠薪”创建工作，推进农民工实名制和工资支付分账制建设，督促在建工程的建设、施工、监理单位全面落实施工现场作业人员实名制管理、农民工工资和工程款分账管理、按月结算农民工工资、按月足额支付工资、银行代发工资、施工现场维权信息公开等6项制度。

扫黑除恶专项斗争工作　将建筑市场检查、工程质量安全监管及调查研究工作与线索排摸深度融合，建立健全长效机制。开展招投标领域专项整治，对招标投标违法行为深度处理。2020年，全区3家建筑业企业因渣土运输购买回填招标和拍卖过程中有串通行为被舟山市市场监督管理局定海分局行政处罚，区住建局对该行政处罚信息进行详细采集，根据具体信息进行认真评判认定，依据《舟山市住房和城乡建设局关于转发〈浙江省建筑市场公共信用信息管理办法〉》（舟建发〔2019〕130号）相关规定，对涉案企业记入不良信息。开展全区在建工程合同履约评价工作，重点对合同签订情况、主要管理人员到岗履职、工程进度及工程款支付、工程变更和现场签证、工期管理、工程保证金、安全文明施工费支付及使用、疫情期间管理及工期延误补充协议、施工合同管理等内部管理制度等情况进行检查，强化招投标活动标后监管。全区上报在建项目 62个，随机抽取在建项目17个（建筑面积104.65万平方米，工程造价30.3亿元，涉及建设单位8家、施工单位14家），检查情况总体较好，各方责任主体建筑市场行为较为规范。

【质量安全生产大检查】　完善安全生产责任制度，与62家建筑企业签订安全生产责任书，把安全责任贯彻落实到各企业负责人、各项目部负责人。推进工程质量安全治理提升三年行动、安全隐患大排查快整治严执法行动和全区建筑施工安全生产大检查工作，

11月11日，绿城沁园项目开展消防应急疏散演练

2020年，有在建工程91个（房建项目78个，总建筑面积295.92万平方米，造价约85.83亿元；市政附属项目13个，工程造价为0.81亿元），检查在建工程24个，下发限期整改通知单9份，整体质量安全处于受控状态。贯彻落实相关技术标准，开展工程质量大检查大整治活动，消除质量隐患，治理质量通病。落实五方主体项目负责人质量终身责任制，打击建筑施工转包违法分包行为，健全工程质量监督机制。抓好基础设施、公共工程和住宅工程，保障性住房施工质量安全监管工作。

【建筑行业协会工作】　发挥协会技术优势，开展建筑新工艺观摩培训。指导区属建筑业企业开展各项安全教育活动。鼓励建筑企业建设优质工程，开展全区标准化工地评审工作。

2020年定海区建筑工程安全文明施工标准化工地名录

表17

序号	项目名称	施工单位	项目经理
1	舟山艾格地块项目（暂名）南区	中天建设集团有限公司	金铁军
2	定海工业园区中小企业科技孵化基地建设项目	浙江昌鼎建设有限公司	潘镇舟
3	白泉金山移民安置小区二期（村民联建）	弘业建设集团有限公司	柯建光
4	虹桥小船岙农民公寓房项目	弘业建设集团有限公司	王军波
5	定海义桥综合大楼项目	浙江舟山广宇建设有限公司	卢伟平
6	和平路安置小区东侧地块和南侧地块（I标段）工程	舟山市大沙建筑工程有限公司	庄岳平
7	舟山市华日物资再生利用有限公司年折解6000辆报废汽车项目	浙江凯隆建设有限公司	郭志勇
8	和平路安置地块附属管线工程	浙江昌鼎建设有限公司	郑俊汉

住房保障和房地产业管理

【概况】 2020年，区房管中心为副科级全额拨款事业单位，隶属区住建局管理，负责全区住房保障和房产管理工作，下辖7个职能科室，1个基层房管所。是年，在职在编职工28人，退休职工1人，编外用工25人。

【房地产市场】 销售新建商品房2907套，面积26.36万平方米，销售金额40.36亿元；其中销售新建商品住宅2181套，面积22.91万平方米，销售金额36.31亿元。二手商品房交易3558套，面积37.87万平方米，成交金额36.01亿元。落实全装修样板房引领制度，全年检查样板房16次，发放整改通知11份。审核透明售房网预售项目公示信息，16个项目。持续完善退房公示制度，完成71次套房源公示，对2人以上报名的房源再销售直接监管，全年合计3批次。举办第五期新房产经纪人培训，23家房产经纪机构参与培训，15名房产经纪人通过测试取得网签资格。

6月9日，开展第五期房产经纪人培训

【保障房管理】 新开工城镇保障性安居工程住房1862套，面积17.95万平方米。分配公共租赁住房，完成308人次的入住、分配、管理工作，办理退房274人次，未出现投诉现象；承担廉租住房补贴发放工作，新增354户，享受廉租租金补贴共1095户，全年发放约697.98万元；维修公租房171处，完成白泉新泉华府30套公租房的装修。对疫情期间身处一线的特殊人群实施房租减免，完成77户医护、公交、环卫、物业一线职工公共租赁住房租金减免工作，减免租金约5.89万元；对小微企业实施疫情期间房租减免，完成37户小微企业及个体工商户租金减免工作，减免租金约31万元。分两次协助区农房中心做好东林尚苑农民公寓房的电视网络直播电脑摇号，累计分配552套。

【住房补贴发放】 审核因职务提升享受面积补差人数65人，总补贴金额58.99万元；审核享受20%住房公积金补贴人数332人。协助区人才办办理人才购房补贴及人才公共租赁房117人次，查询房改证明2608份。

【物业市场监管】 疫情期间对30家物业企业开展排摸，总计外省员工305人，其中湖北籍9人，留舟9人；协助街道、社区做好物业小区防疫工作，累计分发宣传单750份，发送温馨提示1120条，张贴横幅70条，对公共区域累计消杀5259次，累计发现7例疑似病例，居家观察2070例。排查全区有地下车库的玉兰花园、城市新境等物业小区41个，并录入至浙江省城镇房屋安全信息系统；完成全区物业企业码申请，累计83家物业企业，其中74家列入被检清单，完成申请74家，未申请9家，其中区内分公司3家无法申请，僵尸企业6家，完成率100%。

【城市小区物业管理水平提升】 制定《定海区居民小区物业管理全覆盖工作实施方案》，涉及居民住宅1528幢，占全市总量的50.97%，2020年实际完成1046幢，完成率122.05%。举办2020年定海区智能楼宇技能大比武；组织社区人员开展业委会换届流程培训，合计83人次。

8月21—25日，举办2020年定海区第二届智能楼宇大比武笔试

【老旧住宅小区改造】 对30个小区420幢住宅开展老旧住宅小区改造，改造户数8476户，建筑面积约62万平方米，总投资约4.2亿元。改造以综合整治为主，实施一般类和示范类两种模式的房屋本体改造，结合

小区实际开展市政、交通、景观、人文等改造提升建设。是年，新增机动车停车位200个，建设口袋公园5个，补种绿化面积3.2万平方米，维修道路面积3.3万平方米，敷设雨水管8200余米、污水管9200余米，安装休闲运动设施10套、公共座椅107套、照明路灯84套。

改造后的东港浦新村

【城乡危房改造】 是年，继续委托专业检测机构对城区C级危房实施专业化监测，全年上报监测数据报告29399份；完成城乡公共房屋大排查，排摸房屋1710幢，鉴定危房29幢；完成城区3幢危旧房维修加固，涉及住户74人；完成桔园南区12幢危旧房改造项目竣工验收，累计拨款约8000万元。

6月13日，检查旧城改造工地

【物业资金管理】 归集专项维修资金3734.32万元，保修金3331.94万元。已修缮完工验收核准拨付项目218个，涉及用户17807户，建筑面积212.87万平方米，拨付维修资金608.01万元。

【白蚁防治】 全年签定《新建房屋白蚁防治公共服务受理单》27份，面积约53万平方米，完成预防施工面积约16万平方米；中国传统村落——金塘镇大鹏村白蚁综合治理方案获评浙江省省级示范项目。

城建档案管理

【概况】 区城建档案馆负责定海区城市建设档案的收集、整理、归档、保管和利用工作，为全额拨款股级事业单位，在职在编4人，编外用工2人。是年，完善城建档案服务查询系统作用，实现馆藏档案数字化、新增档案电子化；完善梳理建设项目竣工档案移交内容，实现建设项目竣工档案联合验收审批制度改革目标；开展城建档案接收、利用、咨询和信息服务，为城建档案工作的开展和完善奠定基础。

【优化服务】 配合做好全区建筑工程项目联合竣工验收，通过信息平台提交城建档案认可意见书，精简环节，加快工程档案预验收进程。

【档案室建设】 根据市城建档案工作统一部署，从队伍建设、档案收集、信息化建设、库房建设、档案数字化、省级管理目标、声像档案、编研科研及查询利用等方面完成省2020年度城建档案工作考核。

【档案管理】 强化工作人员业务培训，破解城建档案专业人才尤其是高层次、创新型人才不足等问题。巩固数字化城建档案馆，强化各类城建档案接收，不断丰富馆藏；推进建设工程纸质档案、电子文档、声像档案三位一体接收工作；加快档案信息化建设，提高档案服务利用水平；加强业务建设，推进城建档案的规范化管理，按照浙江省示范数字档案室标准，不断进行整改完善。是年，38个备案工程全部接收进馆；入库工程档案2175卷，照片1495张，数字化率100%；数字化扫描业务档案完成业务档案102卷，博通挂接46卷，条目挂接495条，原文挂接30卷。利用数字化成果，发挥档案服务效能，工程档案对外利用27人次，540卷，为企业群众查档利用提供便利，发挥档案资料的社会效能。

人民防空

【概况】 区人防办（民防局）是主管全区人民防空工作的政府工作部门，是区国防动员委员会的办事机构，在区住建局内设人防科，保留区人民防空办公室、区民防局牌子，科室有在职在编及编外用工若干人。是年，人防工作坚持以“战时防空、平时服务、应急支援”为导向，探索人民防空建设与经济社会民生融合发展的新路径。

【人防防护体系建设】 全区有新建续建人防结建项目。完成平时关键人防质量监督检查80余次。开展全区人防系统安全大检查专项行动，抽查竣工投入使用的人防工程，落实部门监管责任，人防安全形势平稳。全面开展防化设备网上查证工作，对未通过防化系统查证的项目均不予备案；开展防化设备专项排查，核对检查项目的过滤吸收器。严格执行易地建设费征收标准，全年收取人防易地建设费733万元。

【人防指挥体系建设】 修订完善人民防空指挥部机构编成人员及编组分工；完成人防重点镇（乡）变动情况调查；抓好区人防地面指挥所安全工作，完成区人防地面指挥中心保安监控和防盗警报系统维护检修工作，实现对指挥所实时监控。进一步加强指挥部常态化运行、制度化管理、实战化建设，提升组织指挥手段智能化、信息化、数字化水平。完成街道的民防应急指挥中心建设项目；完成民防应急指挥中心升级改造项目。抓好人防指挥通信信息化建设，完成全区警报器检修，新装防空警报器；完成年度警报试鸣演习工作、信息保障队伍训练计划。抓好训练演练工作，重点做好人防专业队伍编组与训练，加强队伍应急反应能力建设，实现管理规范化、训练常态化；组织“浙江金盾-20”（舟山·定海）演习，并完成指定演习任务。结合全国防灾减灾日和全市警报试鸣日，开展应急救援训练和防空防灾综合演练。

【人防宣传教育建设】 加强人防宣传教育“五进”工作，完成年度全区中小学普及人防知识教育的任务目标，切实加强对中小学民防教师培训工作。结合“3·1国际民防日”“5·12防灾减灾日”等重要节点，组织法制宣传，发放防空防灾宣传手册200余册。联合舟山广电集团通过FM97、无限舟山APP开展人防知识宣传、竞赛，发放奖品人防应急包80多份，普及广播听友约30万人次。

（撰稿：邵佳盈）

（以上分目图片由区住建局提供）

综合行政执法

【概况】 2020年，定海区综合行政执法局在编职工88名，其中行政11名，参公44名，全额事业31名。编外用工人员21名，新招录事业1名。有执法证人员80人，持证率90.3%。内设办公室（挂人事教育科牌子）、政策法规科（挂行政许可服务科牌子）、综合协调科、督查信访科、公用事业管理科等职能科室5个。设城区执法一中队、城区执法二中队和定海工业园区执法中队3个直属股级派出机构。设派出机构10个，除白泉分局为副科级派出机构外，城东、昌国、环南、盐仓、马岙、小沙、双桥、岑港、干礁均为股级派出机构。设下属事业单位定海区智慧城管指挥中心、定海区环境卫生管理中心、定海区市政园林管理中心。

是年，区综合行政执法工作围绕市、区两级工作重点，贯彻市、区党委全会精神，冲刺全国文明城市创建，狠抓疫情防控和复工复产，市容市貌常态有序，各项管理机制不断完善，综合执法能力稳步提升，全区城市管理工作呈现稳步发展态势。是年，区综合行政执法局获得2020年度全区综治维稳工作成绩突出贡献集体、2020年度机关党建创新项目、2020年度区政协提案办理工作先进单位、2020年度承办区人大代表议案建议先进单位等荣誉。

【文明城市创建】 开展点位长常态化巡查工作 建立“巡查上报、梳理汇总、分类处理、集中整改、反馈销号”闭环管理机制，坚持每日点位巡查，结合自查自纠和市、区多次模拟演练，查漏补缺，全面掌握点位情况，以最高标准迎接创城检查，开展点位巡查工作1400余人次，发现各类问题8180余个，反馈销号7300余问题。

开展专项整治行动 联合卫健、交警等职能部门紧盯公园广场、菜场车站、民工和老年人集聚点等重点区域，向乱丢烟蒂、车窗抛物等不文明行为“亮剑”，累计组织150余次联合执法行动，处罚乱丢烟蒂2106起，查处车窗抛物18起。集中力量对水库、山塘、景观河道内非法钓鱼开展专项整治行动，落实日常巡查和突击检查相结合，排查点位901处，联合行动65次，立案查处89起，收缴物品413件，罚款7950元。

完善快速处理机制　依托“智慧城管”平台，建立应急联动机制，及时处理市容管理问题，全年接收案件24509件，完成率95.6%，应急联动案件接收261件，处置率100%。创建市政、环卫、执法中队即时联动的工作微信群，落实微群快速处置机制，实行1分钟内责任人领办、分管领导督办的模式，在群里实时公开处理进度与结果，各部门加强联动，强化城市管理工作中的协调性、有效性，一大批市容顽疾得到快速治理。

【城乡环境综合整治】　制定《定海区2020年城乡环境综合整治大会战实施方案》及“八项行动”具体实施方案，以任务清单形式，明确各责任单位的职责，完成八大整治项目年度计划，落实常态化管理。

提升道路街巷环境颜值　完成东瀛路、东河南路2条精品师范街建设改造；提升改造新河北路、甬东路、西溪岭路3条列入重点整治的背街小巷；对标创城标准，规范治理城区73条背街小巷。查纠跨门占道经营5759起、机动车设摊87起，拆除广告招牌348块、违章搭建483处，处罚沿街店铺乱丢烟蒂1659起。

开展城区油烟、快递、外卖规范整治　完成40家餐饮店油烟整治任务，52家快递经营网点规范整改和11家企业885辆车680名骑手外卖服务经营秩序的规范整治，查处违法违规行为615起，立案44起。

整治违规乱堆乱建行为　完成枫桥苑、宋都蓝郡国际、上白虎山新村、凉子墩新村、金鹰公寓5个住宅小区的违建整治，拆除21个违建点位，完成18个建筑垃圾非法倾倒点位的整改治理。

定海区综合行政执法局处罚乱丢烟蒂行为

【排水 供气】　加快推进排水许可办理工作　完成现场踏勘发放284家，排水证累计发放656家（数据统计截至11月30日）；委托第三方水质检测单位对发证排水户进行排水采样检测，作为批后监管的依据，完成186家排水户采样检测工作。

开展燃气行业安全管理　联合区市场、消防等部门，督促10家供应站点落实主体责任，与4家燃气企业签订安全生产责任书，累计开展燃气安全检查行动20余次，检查燃气企业和用户515家次，排查并整改相关问题164项。

燃气安全检查

【队伍建设】　始终将抓执法队伍作风建设摆在首要位置，推动广大党员在本职岗位建功立业。组织“三

“永葆忠诚本色　强化窗口担当”——定海区综合行政执法局直属机关党委纪念建党99周年主题党日活动

新人员”（新提拔、新入党、新录用）政治理论和党纪法规知识测试，开展以“忠诚”为主题的党日活动和专题党课，举办“我最喜爱的习近平一句话”微演讲比赛等系列活动，不断提高广大干部职工的能力素质。疫情防控期间，成立党员先锋队驰援金塘卡口和社区防控一线，对花鸟市场、公园广场等重点领域严密管控，安排“废弃口罩专运车”“隔离户垃圾专运线”专线收运，对公共外环境进行不间断全方位消毒，展现定海城管党员先锋形象，涌现出最美战役志愿者和战役先锋基层党支部；以基层中队“三化”建设为契机，按照软硬件配套、同步推进的原则，以“规范制度、强化管理、完善设施、提升素质”为基本思路，打造“政治坚定、作风优良、纪律严明、廉洁务实”的执法铁军队伍，有6个中队完成创建任务。

【依法行政】　以推进执法规范建设为抓手，提升执法素质为目标，“推进非现场执法”推进年活动，开展法规业务培训，逐步推进执法规范化建设工作。

开展“非现场执法”推进年活动　依托智慧城管平台，加强视频证据应用，累计查阅视频监控664次，固定证据75个，推动“非现场执法”为执法常态化模式，“非现场执法”全年办案数量稳步提升，累计办理一般程序和简易程序案件2031件。

推行“城管巡回法庭”二位一体联动机制　定期举行“城管+法院”联席会议、疑难问题研讨会议，与定海区人民法院行政庭法官对新型案件、疑难案件的法律适用和程序规范等法律问题加强沟通交流，提升行政执法水平，规范行政执法办案模式，通过定海区“城管巡回法庭”，申请非诉行政执行案件15件，全部执行完毕。

强化法规业务培训和案件研讨审查　参与省、市两级业务培训班和执法疑难问题研讨班3次，推行并参与区级重大案件讨论9次，组织局机关全体干部职工及执法中队学习《民法典》《舟山市养犬管理条例》等法律法规，提升行政执法能力。

【议案、提案办理】　2020年，收到人大议案11件、建议4件，政协提案33件，其中主办35件，协办13件。针对办理工作任务重、要求高、时间紧的特点，全局坚持做到思想重视，态度主动，行动有效，程序规范，时间上及早安排，把办理工作作为全局重点工作，确保办理工作的质量。48件议案、提案均按时办结。

【办理群众投诉】　2020年，受理各类信访投诉1015件，全部办结。做好领导接访工作，党组成员每月1次协调处理信访问题，每半年1次接待来访群众，主要领导全年参与接访25起；根据投诉信访办理现状，参与现场调解。落实信访问题处置公开化，全年录入省信访网案件786件。

【公共自行车】　至年底，全区有86个站点，投入2400余辆自行车，年租车总量38.6万余次。

市政园林管理

【概况】　舟山市定海区市政园林管理中心为副科级全额拨款事业单位，隶属于区综合行政执法局管理，主要负责城区市政、园林绿化、公园广场建设管理、城区河道管理和全区园林绿化管理工作的业务指导工作，下设办公室、市政设施管理科（河道管理科）、公园广场管理科（城市照明管理科）、园林绿化管理科4个职能科室。是年，舟山市定海区市政园林管理中心在职员工32人。

【城市建设（地下管线铺设）】　提升城区防洪排涝能力，完成甬东路道路提升改造、畚金区块配套道路项目等2条道路管网改造工程；完成蓬莱河（新河交界—蓬莱桥）、城东河(新港桥—开源新村)、洋岙河（东瀛桥—颐景园路）、解放河（海山桥—寿星桥）、环南河（新河交界—丰产碶）等5条河道清淤整治工程，累计清理河道淤泥2.84万立方米；完成港南社区阻水桥拆除、盛家塘内河阻水桥及节制闸改造工程；启动丰产泵站建设工程，至年底完成工程量的60%；

环南丰产泵站施工

东山路积水点施工

完成对城区海天大道、环城东路、环城南路等主次干道、背街小巷及30余个开放式小区共300余公里排水管网清淤疏通；完成城区2公里暗渠清淤疏浚工程，清淤量约6300平方米；完成新桥路、东山路、环城北路、人民北路、西溪岭路、机场路14号等6处低洼路段改造。为加快城区配套设施建设，完成城区36个公交候车亭改造项目。

【市政养护管理】 修复混凝土路面、沥青路面、人行道路面总计约39350平方米，新增及修复各类型护栏约5320米，安装及修复警示桩及挡车杆2150余根。零星调换（升高、降低）窨井座盖1407套。修复路灯1175盏，更换城区老旧电缆2000余米。

【市政园林绿化与景观带建设】 开展各条道路、各个公园广场的补种，补种绿化约15000平方米，在城区主次干道绿化带，增加安装温馨提示牌50个，推进创建国家文明城市。在春节前对海滨公园、海山公园、文化广场的入口进行花卉布景，使用草花约3.5万盆；在国庆节前在海山公园和文化广场进行草花布置，各使用草花5000盆。完成定海城区主要公园广场约530棵树木铭牌挂牌工作；完成文化路高架桥下和青垒头路达6000平方米路面复绿工作，完成在和平路周边区域种植行道树总计50株；完成环城南路、甬东路、沿港东路等5条主次干道节点绿化提升改造工作。配合创建国家园林城市相关要求，完成创建省级园林式居住区、单位各1个，完成上报并获得评定市级园林式居住区10个，园林式单位5个。

文化广场春节焕新颜

【申报受理公益性活动】 公园广场管理科受理申报公益性活动活动31次，100人以下公益性活动10次，100人以上500人以下公益性活动21次。

【信访投诉与网络问政】 办理信访、网络问政等案件911件，其中涉及市政类537件，公园广场类264件，园林绿化类110件。

环境卫生管理

【概况】 是年，根据《舟山市定海区环境卫生管理中心主要职责、内设机构和人员编制规定》定编〔2020〕34号，舟山市定海区环境卫生管理中心由差额事业单位转为全额事业单位，内设7个科室，分别为办公室、财务科、业务管理科、分类指导科、基建科、处置科和考评科。10月、11月，区环卫中心开展中层干部竞聘、一般干部双向选择工作，进一步加强干部队伍建设，优化干部资源配置。至年底，区环卫中心在职在编职工47人，退休职工84人。

【道路公厕保洁管理】 纳入道路清扫保洁面积147.55万平方米，绿化带保洁面积31.87万平方米，实现城区65%道路保洁18小时以上。现有管理、保洁公厕95座，专人管理69座，非专人管理26座，其中17座公厕配置第三卫生间，公厕均实行24小时开放，保证非管理公厕一日三清，并按人流量提高保洁频率。粪便及污水清运1.62万吨，粪便厂无害化处理率达100%。

【各类垃圾清运】 生活垃圾经压缩后跨海运输量14.84万吨。完成1.06万个垃圾筒（箱）和906个果壳箱的清洗清运。垃圾清运机械化率达76%，公共区域以机械清运为主。

【垃圾分类工作持续推进】 创建完成“撤桶并点”行动试点小区21个，试点小区均设置生活垃圾集中投放点和可回收点，依次逐步撤除原有楼道口（楼层）的垃圾桶，在投放点上岗精准分类指导员进行分类检查、指导，让居民做“定时定点”精准分类投放。其间，配套推进的6个小区省级高标准生活垃圾分类示范小区创建完成。落实“撤桶进店”定时定点上门收集体系，完善定海城区26条主次干道沿街商铺、商业街区垃圾收集模式，根据沿街商户经营性质，落实餐饮单位实行易腐垃圾专项收集，其他垃圾和商户无缝对接按时进行上门收集，指导商户对可回收物自行分拣处理或交给收集人员分拣回收，引导沿街商户从源头垃圾分类、减量，逐步养成垃圾分类习惯。

小区生活垃圾集中投放点

【公厕服务提升】 落实完成昌国桥公厕、海山公园公厕、烈士陵园公厕、陆家桥公厕和海滨公园公厕5座公共厕所服务大提升，这5座改造后的公厕均配置有第三卫生间、免费Wi-Fi和手机充电设备，洗手池提供24小时热水，公厕管理人员全天候强化管理保洁，做到“一客一洗”，向公共厕所服务便利化、智慧化、规范化要求靠拢。完成双拥广场公厕、金家后门公厕、竺家弄公厕、老三中公厕、开源后门公厕、昌国街道边公厕、鸭蛋山大转盘7座公厕维修改造。

【青岭环卫综合服务中心工程启动】 该项目位于定海区盐仓街道虹桥社区青岭，2015年启动筹建，2017年进场施工，2020年9月完成建设启动运行。项目总投资8500万元，总用地面积27773.1平方米，涵盖一座日压缩中转生活垃圾300吨、日处理垃圾渗滤液100吨的中型垃圾转运站、车辆机修车间和辅助用房，集垃圾中转、污水处理、停车洗车、车辆修理、垃圾暂存、集中食宿、综合办公、环卫宣教等功能于一体。

【市场化作业稳步推行】 自2018年启动环卫作业市场化项目，历时3年，通过整体方案上会审核、资产评估、风险评估、多次网上征求意见等方式，在2020年1月16日完成定海城区环卫市场化服务项目招标工作。4月1日起，定海城区的主要道路保洁、社区道路清扫、生活垃圾分类收运、公厕管理、四害防制等工作全面由福建龙马公司承接，各项工作落实平稳顺畅。

【配合落实疫情防控】 启动城区外环境消杀工作；建立预约制口罩清运专线；启动居家隔离的生活垃圾收集、转运、处置工作；定期对工作人员进行排查，加强人员安全防护，派发口罩、定期消毒，保障城区保洁工作。

舟山环卫提供口罩专用收运车消杀

（撰稿：王裕芬）

（以上个分目图片由区综合行政执法局提供）

住房公积金管理

【概况】 2020年，舟山市住房公积金管理中心定海区分中心坚持习近平新时代中国特色社会主义思想，学习两会精神和十九届五中全会精神，做好防疫抗疫工作，推动“三服务”活动常态化。

【住房公积金归集和提取】 2020年，归集住房公积金4.77亿元，比上年同期增加2823万元，增长6.29%，完成年度计划103.73 %。累计归集余额10.34亿元。截至12月底，定海区正常缴存单位585家，缴存职工17750人。其中新增单位79家，新增缴存人数1177人，比2019年缴存人数净增1177人，缴存人数增长7.10%。全年职工提取住房公积金3.93亿元，比上年同期增加6993万元，增长21.68%，提取额占同期归集额82.39%，完成年度计划109.04%。从提取公积金构成分类看，全年购房提取10511万元，偿还贷款提取21504万元（其中为职工按月冲抵公积金及商业按揭贷款14097万元），离退休提取3271万元，支付房租提取912万元，户口迁出或出境定居提取369万元，其他提取2686万元。

【住房公积金贷款发放和收回】 2020年，为344户家庭发放个人住房贷款12875万元，比上年同期增加3233万元，增长33.53%，完成年度计划128.75%。全年收回贷款10858万元，比上年同期减少280万元，下降2.51%，完成年度计划98.71%。是年，贷款余额7.81亿元，贷款余额占归集余额的75.58%，贷款逾期率为零。至年末，累计向5428户职工家庭发放个人住房公积金贷款16.45亿元。

2020年定海区住房公积金归集和支取情况表

表18

项　　目	完成情况	项　　目	完成情况
缴存单位数（家）	585	支取金额（万元）	39253
正常缴存人数（人）	17750	其中：购建翻建大修自住住房	10511
新增单位数（家）	79	偿还购房贷款本息	21504
新增缴存人数（人）	1177	离休、退休	3271
归集额（万元）	47718	户口迁出或出境定居	369
累计归集余额（万元）	103380	支付房租	912
缴存比例（%）	12	其他支取	2686
比年度计划增长（%）	3.73	比年度计划增长（%）	9.04
比上年增长（%）	6.29	比上年同期增长（%）	21.68

2020年定海区住房公积金贷款使用情况表

表19

项　　目	完成情况	项　　目	完成情况
贷款发放数（户）	344	贷款回收额（万元）	10858
贷款发放金额（万元）	12875	比年度计划增长（%）	−2.51
比上年同期增加（万元）	3233	贴息贷款发放数（户）	31
比年度计划增长（%）	28.75	贴息贷款发放金额（万元）	1112
比上年同期增长（%）	33.53	年末贷款余额（万元）	78130
历年发放贷款数（户）	5428	年末存贷款占比（%）	75.58
累计发放贷款金额（万元）	164526	年末贷款逾期率（%）	0

【加强思想政治建设】 抓好政治学习 组织全体职工召开相关会议，传达并学习两会精神、十九届三中全会精神以及习近平总书记各大会议重要讲话精神和习近平总书记赴浙江考察重要讲话精神，贯彻落实“以人为本，不断改善民生，提高民生水平”，开展“三服务”活动。讨论学习《习近平谈治国理政》（第三卷），增强“四个意识”，坚定“四个自信”，做到“两个维护”。追求民生福祉达到新水平，将民生福祉问题放在关键地位。

加强作风建设 加强党建作用，发挥党支部功能，坚持以党建为中心，发挥党员的带头作用，树立廉洁作风，推动党建工作顺利进行，推动公积金工作不断改善。党员干部同志将党建工作与公积金工作结合起来，开展主题党日活动,促进“三服务”见实效。通过不定期开展“烟蒂不落地”等志愿服务活动，向乱丢烟蒂、乱扔垃圾、随地吐痰等不文明行为宣战，助力创建文明城市。

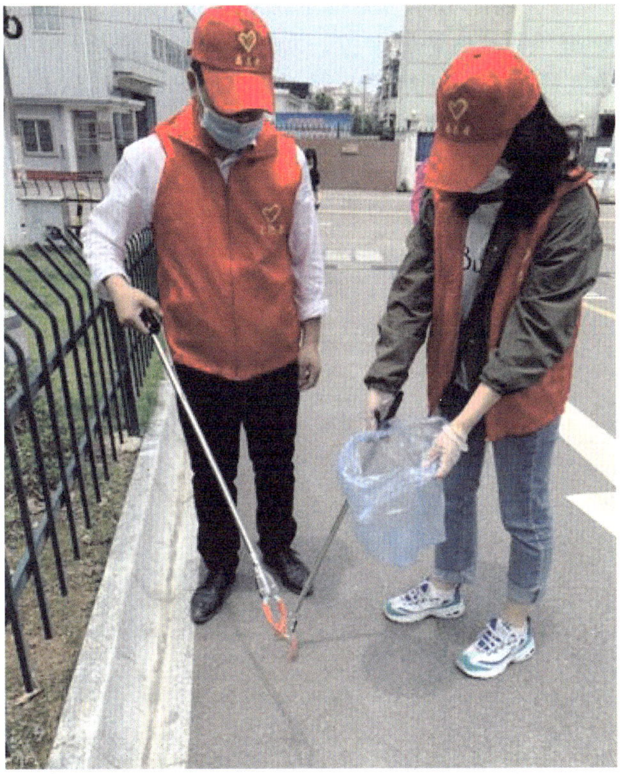

开展“烟蒂不落地”志愿服务活动

丰富党员生活 分中心党支部联合退休党支部赴蚂蚁岛开展主题党日活动，传承红色精神；分中心党员骨干参加市中心与建行共同联办的党建知识竞赛暨微党课分享活动，各比赛环节获得成绩；张梦帆代表分中心参加市中心与邮储银行联合开展的“不忘初心使命 共话职业担当”主题演讲比赛，获得三等奖；组织全体党员观看《我和我的家乡》《八佰》等爱国主义影片，激发党员同志们的爱国主义热情。

分中心党员骨干参加市中心与建行联办的党建知识竞赛暨微党课分享活动

加强政银合作 分中心与各银行加强联系，联合党建，资源共享，优势互补，践行政府机构、国有银行的国家责任和政治担当，将党建工作建立在政银合作项目上，包括：分中心党支部与定海农行党委“党建共建”结对，赴岱山开展共建活动，开展党性教育；与建行党支部赴南洞艺谷回顾党的光辉历程，缅怀党的历史，践行以人民为中心的初心宗旨。通过与银行党建联学共建，实现党的建设与服务民生良性互动，激励党员发挥先锋作用，推动党建工作取长补短、共建共融。

分中心党支部与定海农行党委赴岱山开展共建活动

【深化“最多跑一次”改革】 2020年，分中心贯彻落实政府“最多跑一次”改革要求，优化窗口服务模式，简化办理材料，延伸服务网点，让办事时间再压缩、办事效率再提高，服务体验再升级、服务距离再缩短，推进“最多跑一次”改革。5月中旬，分中心利用双休日抽调业务骨干对海洋农商银行及其延伸网点的公积金经办人员进行公积金系统实操培训，进一步推进全市范围内公积金业务通办，增强相关人员的服务意识和服务能力。提高网点服务质量，为“最多跑一次”打下基础。配合劳动局、社保局加快推进全区公务员职业生涯全周期管理“一件事”平台建设，推行政务网2.0平台全面实施。

对海洋农商银行及其延伸网点的公积金经办人员进行公积金系统实操培训

【做好疫情防控工作】 应对新冠肺炎的严峻形势，开展一系列举措严格防控，筹备物资、进行严格消毒、加强员工思想教育、保障员工生命健康安全。协助区审批办证服务中心做好复工后的“迎客”工作，严格按照有关文件规定对前来办事的客户进行测体温、查绿码等一系列防疫防控检查。疫情期间实行轮休上班制，提供预约办理服务及审核网厅业务。推行“网上办”，减少人口流动，深入基层各大网点进行推广，提高办事效率的同时保障人民生命健康安全。

【深化“三服务”活动】 用心践行“三服务” 新年伊始，分中心走进定海海洋农商银行服务网点，助推“开门红”；11月，深入金塘镇新丰社区开展“三服务”主题党日活动，加强宣传力度，听取建议不断改进工作，进一步打入企业内部，推动“三服务”活动常态化。

分中心党员深入金塘镇新丰社区开展“三服务”

帮助指导企业复工复产 按照市公积金中心《关于全力开展“三服务”帮助企业复工复产的工作方案》的要求，分中心负责人带领各科室长，对舟山苏宁易购销售有限公司、宁波浙国美电器舟山分公司、中基汽车销售中心和定海宝龙天地房产销售中心四家企业开展实地调研走访，询问企业在疫情期间面临的实际困难，了解企业复工复产情况，走访后对公积金工作进行相关调整、改善，允许企业阶断段性缓缴住房公积金，帮助企业减轻压力，让企业职工在公积金服务中得到更多的认同感、归属感和幸福感。7月和11月，中心领导两次带领职工走进上海瑞金医院舟山分院进行调研，了解医院运行情况，帮助医院因疫情影响导致无法正常办理公积金贷款的部分职工，做好其安抚及解释工作。

分中心领导带领职工走进上海瑞金医院舟山分院进行“三服务”调研活动

【加强诚信宣传和扫黑除恶】 上街开展“普法教育你我他 法治建设靠大家”的普法宣传活动，向广大群众普及宪法知识，弘扬法治精神。开展“六进”诚信宣传活动，进入医院、社区、企业等基层场所进行诚信宣传，向基层群众宣扬诚信的重要性，引导市民诚信自律。

上街开展“普法教育你我他 法治建设靠大家”普法宣传活动

（撰稿：章　崇）

（本分目图片由区住房公积金管理中心提供）

旧城改造

【概况】 2020年，区旧城中心围绕“花园式国际人文港城”的建设目标，推进定海区城中村（旧城）区块改造，完成各项年度既定目标任务。

【加快推进安置房建设与交付】 推进竹山门、原西门车站、工农路等17个安置项目建设，总建筑面积约130万平方米，按计划完成投资20.7亿元。完成和馨苑、畚馨苑等2个项目交付安置，涉及总套数1452套，总建筑面积13万平方米。

和馨苑航拍图

【科学谋划区块改造】 合理编制完成《2021年至2025年定海区城市更新规划》（初稿），完善拆迁补偿政策。

【“最后一平米”清零】 完成小洋岙、太平弄、念亩墩等区块拆迁清零。按时完成“未来社区”政策处理工作。

【盘活闲置资产】 完成销售住宅11套，商业（办公用房）16间，完成出租17间，合计回笼资金10637万元。

【拓宽融资渠道】 多种方式完成融资57.6亿元，到位资金44.6亿元。

（撰稿：陈博闻）

（本分目图片由区旧城改造中心提供）

农渔村住房建设管理

【概况】 2020年，定海区农房集聚建设工作继续围绕“人口集中、农房集聚、土地集约、服务集成”的工作目标，坚持规划引领，完善政策体系，加快项目建设，做好后续物业管理，不断提升农民公寓房项目品质，改善农渔村群众的居住环境，提高城镇化建设水平。

2020年，全区通过实施农房改造建设，累计完成农渔村住房改造建设831户，完成全年计划建设任务800户的104%，完成改造建设面积17.3万平方米，改善农渔村居住条件。

新泉华府农民公寓房儿童设施

【推进农房集聚项目化建设】 2020年，全区启动实施农房集聚建设项目11个，开工建设项目9个，其中岑港农民公寓房六期项目、盐仓盐经三路拆迁安置工程、定海城区小洋岙区块三期项目和四期项目为今年新开工项目，累计完成项目总投资约6.1亿元（年初以来完成投资额约1.8亿元）。至年底，有大陆引水三期拆迁安置小区——陈家地块和峙岙塘地块2个项目完工，建成住房265套，持续推进定海农房城市化、居住现代化进程。

【加快推进新建项目建设进程】 2020年，区农房管理中心新开工建设定海城区小洋岙区块三期和定海城区小洋岙区块四期农民公寓房项目2个，计划建设周期为2019—2022年，计划总投资4.4亿元，总建筑面积5.5万平方米，建设10幢小高层住宅，建设住宅360套。截至年底，完成方案设计、可行性研究报告、环评、办理土地预审、定界报告、打桩和地下室顶板砼浇捣等，完成总建设工程量的20%。

定海城区小洋岙区块四期项目鸟瞰图

【成立农居小区业主委员会】 2020年，"社区+业委会+物业"三方协同治理模式正被推广到全区条件成熟的农居小区（农居小区通过招投标程序，引入专业物业公司，提供设备运行、养护管理、公共环境卫生等管理服务，物业费标准由物价部门确定、物业费由物业公司收取，政府在实施农房项目时提前规划配比商业用房，为社区或物业增强自身"造血"功能），甬东公寓现入住率85%，物业费收取率99%，成立业主委员会并做好物业移交工作；东林尚苑农民公寓房实行前期物业介入，把建设中设施设备及物业管理问题解决在萌芽状态，逐步实现全区农居小区后续管理的良性循环，使农居小区综合管理水平和生态宜居环境逐步向商品房小区看齐。

【开展农房项目融资工作】 发挥区农村住房建设投资开发有限公司和区新农房建设开发有限公司这两个农房项目建设融资平台的作用，主动对接各金融机构，保障重点农房集聚项目的建设资金需要。2020年，对接农发行舟山市分行，定海城区小洋岙区块四期项目签订了授信总额为15000万元的借款合同，年底累计到位该项银行放贷资金1500万元。该项目实际投入资金1953.46万元，其中，2020年投入1850.28万元；对接杭州银行舟山定海支行，定海城区小洋岙区块三期项目签订了授信总额为12000万元的借款合同，年底累计到位该项银行放贷资金1524万元。该项目实际投入资金2128.92万元，其中，2020年投入2022.88万元。

东林尚苑农民公寓房儿童设施

【完善农房改造政策体系】 根据《定海区新型集聚小区公寓房申购管理办法》（定党政办发〔2016〕179号）和《定海区新型集聚小区公寓房申购价格管理暂行办法》（定党政办发〔2016〕180号），完成《舟山市定海区东林尚苑农民公寓房剩余房源申购办法》。申请办法考虑房源情况和实际需求，在确定申请对象与条件、申请面积与价格等方面作出调整，进一步明确申请程序与要求。

【加强农房分配管理】 推进农民公寓房分配工作，确保住房分配公平、公正，严格按照相关规定，及时公开农民公寓房申购条件、房源情况等相关信息，方便群众及时了解真实情况；把好农民公寓房准入关，对申购户及其三代直系血亲的住宅情况进行二级审核，最终审定资格；对符合申购条件的户内可计人数、标准申购面积等信息再次通过主流媒体、公共网络平台以及村（社区）公告栏等进行公示，全程接受社会监督；加强分配现场监管，4月29日，根据就近原则的购房政策及电脑随机摇号的方式，东林尚苑首次通过“无限舟山”APP网络平台开展住房摇号分配工作，现场邀请区住建局、区纪委监委驻政法委纪检检查组、区房管中心、区农房管理中心、城东街道、环南街道、昌国街道、村民代表和申购户代表进行督察；10月21日，完成东林尚苑剩余房源的摇号分配工作。累计完成住房分配574套。

定海区东林尚苑剩余农民公寓房摇号电视网络直播

（撰稿：余姣姣）

（本分目图片由区农房管理中心提供）

责任编辑：王英伟

定海渔业习俗之祭神

旧俗对船出海，网船置渔网于船头，撒糖，并以一只尚未生蛋的母鸡祭“网神”。首次下网时放鞭炮3响，烧“纸马”抛入海中，起网后再挑2条大鱼祭“网神”。渔船每汛出海前也要在船上祭告神祇，烧化“疏牒”，船老大还要捧酒一杯泼入海中，并抛少许肉块入海，以酬游魂，俗称“祭老三”。冬至为一年四季渔汛转汛之时，渔民更为重视。除在家做“冬至羹饭”祭祖祭神外，还要在海滩、港湾举行祭海神仪式，以猪、羊、牛三牲供之，燃放爆竹，举香烛跪拜，有的还请僧侣诵经，肃穆庄重。渔船海上遇见大鲨鱼时，旧俗称其是“赴龙宫赶考，浮出海面问路”，必须撒米并抛小三角旗入海，“撒米施食，抛旗引路”以免掀浪翻船。

水利水务

水　利

【概况】　2020年，定海区水利局全年完成水利投资5.7亿元，为省厅下达年度任务的1.5倍。

是年，水利工作综合考核排名列县区级第十五名，连续第七年获得全省“优秀”等次；在浙江省第二十二届水利“大禹杯”竞赛活动中，获得铜杯奖（三年全省县区综合排名第八名）。获评全省农村饮用水达标提标行动成绩突出县（区）、全省农业水价综合改革工作绩效评价优秀县（区）等。

【水利工程建设】　城区防洪排涝项目　是年，城区防洪排涝项目实施开工43个工程项目，26个工程完工。完成投资3.02亿元，占年度计划的108%。中心片区排涝提升工程（五山生态旅游带建设项目）是投资规模最大的综合性工程。至年末，完成项目建议书、可行性研究、初步设计、水保方案以及环评报告批复，完成分洪隧洞爆破分析报告及爆破施工方案报告；完成东山段截洪沟建设；完成卫海泵站、5个截洪沟标段、3个监理标段、施工图审查标段招投标工作。卫海泵站标段实施开工建设。完成投资5050万元，提前完成年度投资任务。

水旱灾害防御应急演练

海塘“安澜”工程　是年，海塘“安澜”工程“一县一策”方案获批复；建设海塘加固兼生态修复项目，包括完工建设小舟黄岩涂塘，开工建设岐下海塘、和建海塘、胜利海塘和灌门海塘等4条海塘，完成投资1亿元。完成年度计划投资；“一县一策”方案初稿完成；海塘加固兼生态修复项目5条海塘均开工建设，小舟黄岩涂塘完工。

“百项千亿”定海强排　是年，新建盐河大塘配套加固工程、丰产泵站、峙中岙水库清库扩容治理工程、方岭下水库清库扩容治理工程、南洞水库清库扩容治理工程等5个项目，续建胜利海塘配套加固工程和西大塘配套加固工程二期，完成投资5315万元。完成年度计划投资，马岙胜利泵站、岑港高平岗闸泵站、白泉方岭下水库清库扩容治理工程完工。

白泉主河

河湖水系连通治理项目　是年，实施中小流域综合治理工程2项，治理河长23.99千米，完成省投资4096万元。岑港烟墩片河库连通综合治理工程，年度完成投资2198万元，治理河长12.93千米。大沙片河库连通综合治理工程，年度完成投资1898万元，治理河长11.06千米。

水库除险加固项目　是年，实施东岙弄水库、涨茨水库、黄高岭水库、小卫平水库等9座水库除险加固工程，完成投资4564万元。东岙弄水库、涨茨水库、长坑水库、淡水坑水库完工。

渔农村饮用水达标提标工程　是年，新建和改造管道20公里，新建泵站3个，提升人口2.5万人，完成投资627万元。渔农村饮用水达标提标三年行动计划（2018—2020年）实际完成投资5653万元，受益人口9.8万人（受益人口完成率160%），实现全区渔农村供水工程供水保证率99%以上。岛北水厂入选“全国首批农村供水规范化水厂”。

山塘综合整治　是年，实施鹅鼻岭山塘、永丰山塘综合整治工程，完成投资314万元。

盐仓流域水生态综合治理技术推广应用项目　该项目列入省水利科技推广项目示范点之一，本年度完成投资700万元，完成整体项目建设。

“美丽河湖”建设　是年，打造白泉河库水系和岑港河库水系2条省级“美丽河湖”，完成投资1000万元。白泉河库水系完成河段提升12.66千米，岑港河库水系完成河段提升10.71 千米。两条水系均获评省级“美丽河湖”。

岑港水库

其他工程　是年，实施计划外项目包括虹桥水库水质提升综合治理工程、金塘水系及周边综合整治工程——沥港观前山洪沟程，年度总投资2.10亿元。除金塘大柳主干河水系沟通改造工程和金塘北部东片区（东3区、东4区）基础建设工程正在施工外，其余2个工程完工。

【水资源管理】　省级县域水资源强监管试点工作　是年，完成全区20家取水户取水口标准化建设改造提升，完成水资源管理总体规划和区域水量监控方案编制和验收工作。

农业水价综合改革工作　是年，推进农业水价综合改革示范村“八个一”建设，维护部分农灌设施，落实节水奖励和精准补贴52万元。

水利行业节水机关建设　是年，完成局机关大楼水平衡测试、节水器具改造、雨水回收及节水浇灌系统安装、机关用水系统平台、节水文化长廊等项目建设。通过水利行业节水机关建设验收。

节水标杆创建　是年，创建5家节水标杆小区、1家节水标杆酒店、1家节水标杆企业，分别为桂花城小区、祥生御江湾小区、新新家园小区、合源新村小区、玉兰花园小区、舟山新华侨饭店和中海石油有限公司，入围省级名录。

节水宣传教育基地建设　是年，开展省级节水宣传教育基地建设，包括VR体验，多媒体互动等现代化节水展示内容建设，完成投资120万元。

用水统计调查及取水核查登记工作　是年，梳理典型灌区、重点用水企业的用水情况，完成重点用水企业四个季度的用水量录入。开展取用水管理专项整治行动，完成全区小二型以上水库、规模化养殖场、典型灌区、部分工业企业的取水情况核查登记。

水政监察工作　是年，开展水政日常巡查64次，发出书面通知单46份，责停通知书4份、书面巡查单29份、涉水许可项目书面监督检查单14份。完成专项巡查区属20个饮用水水源地。开展涉河涉堤许可项目专项检查，三个园区涉水项目创新采用“天地一体化”。全区13条县级以上“无违建河道”开展回头看工作，落实整改非法取水、堆积物等违法行为。

水土保持工作　是年，审批水土保持项目30个，报告书9个；完成水土保持项目验收19个；征收水土保持设施补偿费228.33万元。开展生产建设项目水土保持监督执法专项行动和市区联合监督检查行动，区域内的矿山项目、交通、房地产开展专项检查，发出水土保持书面监督检查单28份。

【水利工程运行管理】　水旱灾害防御　是年，部署水利防汛工作，成立水旱灾害防御工作领导小组及水利防汛防台应急专项组，制定《舟山市定海区水利局水旱灾害防御应急工作预案》《舟山市定海区水利局水旱灾害防御工作规则（试行）》。推进水文设施“补短板”建设，维护全区现有101个水文站点，保养全区206座水闸、33个强排，建设水文设施19个。完成山洪灾害防治提升项目。

水利工程安全鉴定　是年，根据省厅海塘安全鉴定一年清零和水库安全鉴定两年清零的工作要求，理清辖区内超期未鉴定水利工程底数，开展水利工程安全鉴定35项，水库13座，“安澜千亿”项目海塘20条，水闸2座。

水利工程标准化创建　是年，制定下达水利工程标准化创建17项，水库1座、山塘6座、海塘2条、中型水闸1座、中型泵站7座。

河湖管理工作　是年，完成水域调查工作及全区县级以下河道划界工作。开展河湖标准化管理示范县工作，完成省级评估。落实河（湖）长制巡河、保洁等常规工作，出台《定海区镇村级河湖长履职评价考核办法》《定海区镇级“河湖长”履职积分及考评标准》《定海区村级“河湖长”履职评价考核细则》等。

数字化平台建设　是年，开展定海区水管理平台（水管家）试点工作，完成核心业务梳理、舟山及定海水管家统一门户、水利数据仓建设等年度任务。开展水利工程“三化”管理改革示范县工作，推行水利工程管理产权化、物业化和数字化。

质量与安全监督工作　是年，受理质量监督申请25项，3个月/次的监督检查频率检查各个工地，在台风前、后，节前、后等重要时间节点，确保工程质量与安全，质量监督活动70余次。省稽查抽查岑港涨茨水库除险加固工程，省安全巡查抽查马岙胜利海塘配套加固工程和白泉镇老碶头闸，面上质量抽查检查岑港涨茨水库除险加固工程和小沙东岙弄水库除险加固工程，根据检查结果落实整改。

“强监管”工作　是年，加大在建工程和运行工程的监管力度，采用“互联网+监管”系统，开展检查544户次，专项检查108户次，双随机抽查12户次，日常检查424户次，监管事项覆盖率100%，抽查事项覆盖率100%，任务完成率100%，应用信用规则率100%，跨部门联合监管1次，联合监管率25%。开展安全生产集中整治督查、水利工程日常管理监督检查、涉水项目建设检查等11次专项检查工作，参与检查963人次，发现问题503处，均完成整改。

水行政审批“最多跑一次”改革　是年，最多跑一次事项（末端办理事项）116项，行政许可事项23项（含投资管理条线），行政确定事项2项，其他行政许可事项26项（含投资管理条线），公共服务事项65项，达成“最多跑一次”事项100%全覆盖、跑零次实现率100%。受理水利审批事项74件。推进区域水影响评价改革，完善园区入驻企业备案流程，定海工业园区完成4个项目涉水备案、舟山国际粮油产业园区完成2个项目涉水备案。

【党的建设】　落实党风廉政建设　制定《2020年党风廉政建设年度工作要点》《区水利局深入推进廉政风险防控机制建设工作实施方案》等。加强对重点领域、重点环节和重要岗位人员的监督检查，注意水利系统中有重大风险隐患的工程建设领域、招标投标、资金分配使用、物资采购等主要风险点。是年，连续第三年开展水利资金专项检查工作，首次将检查对象延伸至村社区，解决水利项目资金管理“最后一公里”问题，该资金监管模式被省纪委网站作为优秀案例刊载。

推进意识形态宣传工作　组织全区首场防洪排涝能力提升“双学双比”活动；联合区委宣传部召开城区防洪排涝提升工程建设情况新闻发布会等。完成市局、省厅的年度信息考核任务，在各县区水利部门中信息排名分数靠前，定海水利好声音多次在省级及以上媒体展现，《“标准地”制度下，涉水审批承诺制改革或影响区域防汛能力》被省府办《浙江政务信息（每日要情）》录用，获省长郑栅洁批示；《舟山市定海区强化水资源全过程监管》刊载于《中国水利报》。

阅读山水邂逅港城——水利大课堂公益研学开营

优化党组织架构　升格建立局机关党总支，创建“幸福引领·善水惠民”党建品牌，开展具有水利特色的主题党日活动，举办由水资源管理科牵头的“3·22”水法宣传护河行动、规划审批科牵头的服务窗口“党员坐班日”活动。创新标准地涉水监管服务的案例入选“2020年度省级水利改革项目”。

（撰稿：洪琦妮）

（本分目照片由区水利局提供）

水务管理

【城区制供水】 全区市属水库4个，安排实地检查，确保供水安全。全年供原水9035万立方米（大陆引水3750万立方米，本地供水5285万立方米，分别占总量的24%、76%），同比增加135万立方米。全年自来水供水量3264万吨，售水量2862万吨，管网水综合合格率100%，保障城乡用水需求。

2020年全区市属水库供水情况表

表20　　单位：万立方米

库　名	正常库容	年底总水量	年底可供水量	年供水量
虹桥水库	1015	441	301	1781
黄金湾水库	851	362	262	4448
岑港水库	627	188	138	621
城北水库	111	52	32	254

【大陆引水二期工程】 概算总投资14.63亿元，调整概算17.25亿元。是年，完成工程财务竣工决算报告编制工作，完成黄金湾水库工程竣工阶段建设征地移民安置验收。

黄金湾水库市级库长、市委常委、公安局长魏明（前排左二）调研黄金湾水库

【大陆引水三期工程】 “一库八线” “一库”指大沙调蓄水库，“八线”指宁波至舟山本岛引水三期工程、输配水工程、金塘岛引水工程、岱山引水二期工程、衢山岛引水工程、秀山岛引水工程、六横岛引水工程和普陀山引水工程。建设内容包括宁波至黄金湾水库引水三期工程、舟山本岛输配水工程、岛际引水工程、大沙调蓄水库工程以及水务调度信息化管理系统。

三期工程建成后的大沙水库

水务调度信息中心

舟山大陆引水三期工程所有分项工程 完工项目：镇海至马目跨海输水管道工程实施锚损管道修复；大沙调蓄水库工程完成下闸蓄水阶段移民安置验收，开展水库下闸蓄水验收和工程调概工作。在建项目：宁波陆上段工程总体进度为30%，主要完成岚山泵站设备设施拆除、基础桩施工，管道完成2273米，沉井12座；岱山段引水工程总体进度为99%；金塘岛引水工程总体进度为27.2%；水务调度信息化管理系统总体进度为85%，完成主要硬件设备安装与调试工作，完成业务系统内部开发测试与云

中心部署。

各项工程进展情况　镇海至马目段跨海输水管道工程：开展锚损管道修复工作；大沙调蓄水库工程：是年4月完成合同工程验收，6月完成水库下闸蓄水阶段移民安置验收，11月12日召开水库下闸蓄水验收会；宁波陆上段工程：宁波陆上段工程由泵站工程和管道工程两部分组成。管道工程是年3月开工，完成沉井16座，完成42%，管道敷设4185米，完成25.8%；泵站工程是年4月开工，完成岚山泵站总体形象进度的60%；岛际引水工程（岱山段，金塘岛），金塘岛引水工程由跨海管道和陆上管道组成。跨海段输水管道（全长20.97千米）还未开工。陆上段（全长11.798千米）累计管道敷设9318米，完成82.9%，金塘岛陆上段（3118米）完成，宁波段部分敷设6640米，完成率76.5%。岱山县引水工程分泵站工程和管道工程两部分，管道工程（全长66.98千米），是年10月完成岱山至衢山海底管道敷设（全长1.65千米），管道工程部分建设任务完成。泵站工程建设内容包括3座泵站，是年3月马岙加压泵站完成改造调试，是年12月岱北加压泵站建设完成。水务调度信息化系统：宁波李溪度和岚山泵站实施改造，普陀山合兴水库和三甲塘开展除险加固无法进行设备安装，其余硬件设备完成安装，业务系统完成开发工作。

投资及资金情况　是年10月底，实际到位资金24.47亿元。国家拨款0.12亿元；省级拨款2.76亿元；市、县拨款1.88亿元；国开基金3.05亿元；国开行项目贷款12.1亿元；政府债券置换2.4亿元（只承担利息）；三期工程专项债2.15亿元。12月底，完成投资2.33亿元，年投资完成率155%。工程完成投资2.32亿元。

【引供水安全管理】　抓好水库管理运行工作　是年，完成7座中小型水库控制运用计划编制及批复。落实市级库长制，落实管理工作，完成库长制季报4期，专报2期，总结一期落实标准化管理，规范相关管理和台账记录，是年10月28日通过省级“回头看”考核，合兴和天竺2个新创标水库11月6日通过市级考核。落实人员培训和经费管理，组织水库管理人员参加水库安全培训，落实水库监控、遥测等设备维修养护经费，完成设备定期养护。

做好泵站管理工作　停机维修养护大陆引水及重要供水泵站分阶段，设备改造安装任务28次，保养维修任务91次，完成大陆引水李溪渡泵站2号机新增变频柜启动改造安装、马目预处理厂取水泵房2台250千瓦立式斜流泵安装调试、展茅塔岭下临时应急泵房拆除等各项任务。

落实管线管理工作　完成供水管道应急抢修60余次，管道改道7次，流量计更换20次，管线排污16次，开展原水管线巡查工作，巡查40余次。

继续保护水源环境　是年4月8日下发《关于做好省生态环保督察迎检工作的通知》，通过4月中下旬省级环保督查和年底中央环保督查复查。水源巡查队劝阻、驱离垂钓、放生、野餐及游泳人员1962余人次，清理移交执法部门渔网具198套，与城管、环保等执法部门联合执法18次，同比下降近22.2%。完成《水源地巡查简报》3期，做好水源保护相关宣传工作。各管理处根据自身情况落实放养鱼苗生物净水、周边绿化环境改造、垃圾打捞清运等各项措施，保护饮用水水源地环境。

【城市节水】　开展节水宣传　推进节水载体建设和器具改造，加快城市节水信息化管理系统建设。印发《2020年舟山市城市节约用水宣传周活动方案》，开展多媒体线上宣传、节水宣传进社区、节水宣传进校园、开设节水教育大讲堂等活动，介绍辖区内水资源状况、节水的重要性及生活中节水小窍门；发放《居民家庭生活节水手册》、节水器具预约改造登记等服务。加深节约用水重要性认识，提高节水意识。

运用城市节水信息化管理系统　完成系统开发，进入调试阶段，辖区内城市节水工作提供信息化管理平台和科技管理手段。

推进节水载体建设和节水器具改造工作　完成节水型企业创建5家，节水型小区6家，节水型公共机构10家。扩大节水器具普及面，节水器改造范围扩大到嵊泗、岱山、金塘等海岛，完成节水型水嘴和卫生洁具改造3500余套，岱山秀山1000余套，嵊泗黄龙1000余套，定海盐仓1500套。

定额修编和节水服务　开展定额修编，完成前期调研和摸排工作。开展专项节水服务40余次，包括查漏、咨询、统计、节水工程验收等。

【提高城区污水处理水平】　全年定海区3座污水厂（定海污水处理厂、岛北污水处理厂、西北污水处理厂）处理污水总量2428万吨；COD（化学需氧量）污染物削减量5127吨，氨氮削减量550吨；污泥处理量2.04万吨，再生水回用量982万吨；各污水厂负荷率、达标率达到污染减排计划和指标要求。

【污水处理厂配套主管网工程】 该工程概算总投资5.49亿元，新建一座20万立方米/日临城污水总泵站，新建一条长约14.6千米的污水管网。是年4月开工建设，年底完成隧洞主洞口2.6千米，支洞口5.2千米；完成管线压力管3.9千米，重力管1.5千米，累计完成5.4千米，超额完成年度5千米目标，完成投资1.5亿元，超出计划的150%。

（撰稿：童飞凤）

（本分目照片由市水务集团提供）

责任编辑：袁豪臻

环境保护

综　述

2020年，全区空气质量优良率为96%，优良天数333天；PM2.5平均浓度18微克/立方米，同比下降18.2%，为历史最低；水环境质量改善，县级以上饮用水水源地水质达标率100%。环境安全形势保持平稳，全年未发生环境安全事件和重大涉环群体性事件。

是年，舟山市生态环境机构监测监察执法垂直管理制度改革推进。4月，舟山市定海区环境监测站、舟山市定海区基层环境保护所、舟山市定海区环境信息管理中心整合组建舟山市定海生态环境监测站。撤销舟山市定海区环境执法稽查大队，成立舟山市定海生态环境保护综合行政执法队，为市执法队在定派驻机构。7月，完成编制划转事项。

是年，强化美丽定海建设总体协调，成立创建工作专班，建立工作调度、评估通报、督查督办等机制。10月，定海区获省政府第四批生态文明建设示范区命名。生态文明建设年度评价在全省89个县（区、市）中名列第四位。生态环境公众满意度连续五年提升，总得分创历史新高。

是年，完成第二轮中央生态环境保护督察迎检工作，统筹开展风险防控、资料调阅、信访办理等各项工作，督察期间28件（含省直件1件）信访交办件，按时办结，零问责、无高度关注问题、无典型案例。28个信访问题全部制定整改措施，19件完成整改。中央第一轮环保督察反馈的10项具体问题，6个完成整改销号，其余4个均按照时序推进。省级督察反馈的24项具体问题，完成10项整改。深化区域突出环境问题“挂账销号”行动，制定52个问题整改责任清单，销号问题36个。

是年，响应全区新冠肺炎疫情防控部署，加强全区医疗机构及设施监管、医疗废物、医疗废水收集转运监管，确保医疗废物日产日清、全闭环、无害化收集处置，医疗废水达标排放。开展助力企业复工复产帮扶专项行动，出台《关于深入开展“三服务”活动支持企业复工复产的意见》，建立企业环保指导员制度，领导联片、干部联企，累计指导、服务企业复工复产830家次。深化“星期三生态环境咨询服务日”制度，累计开展咨询服务活动32场，服务企业80次家，解决问题68个。推进“环保管家”服务，定海工业园区引入“区域环保管家”，20家重点企业引入企业环保管家。构建“一体化”环境监管体系，推动排污许可规范化管理试点建设，开展定海区排污企业环境综合整治提升和企业环保规范化建设工作，促进全区排污企业规范运营。

环境状况

【水环境】　全区10个市控以上地表水Ⅰ至Ⅲ水质比例为90%，与上年持平；100%全面达到水环境功能区目标水质要求；县级以上饮用水源达标率持续保持100%。

【海洋生态环境】　实施监测面积3204平方千米，水质较上年提升，三类海水占比33.3%。

【大气环境】　环境空气质量保持优良，城区日空气质量优良率为96%，城区二氧化硫、二氧化氮和一氧化碳、和细颗粒物（PM2.5）日均浓度平均值达到一级标准，可吸入颗粒物（PM10）日均浓度达到二级标准，臭氧日最大8小时滑动平均浓度达标率为97.2%。

降水样品中酸性水样（pH<5.6）占总样品数的95.4%。

【声环境】 声环境质量总体较好，全区环境噪声平均等效声级51dB(A)，交通噪声平均等效声级66.4dB(A)，达到国家控制标准。

环境污染整治

【大气污染治理】 深化“VOC（易挥发性有机化合物）”污染治理，督促4家VOC重点企业制定管控方案并落实治理，完成家具企业VOC源头替代，完成3家涂装及印刷企业VOC收集治理项目。推进锅炉废气治理，启动燃气锅炉低氮改造，完成辖区12家企业6台涉天然气锅炉低氮改造，浙江舟恒海洋生物有限公司2台35蒸吨/小时燃煤锅炉超低排放改造，淘汰3台92蒸吨/小时燃煤锅炉，启动31家企业生物质锅炉废气治理。开展柴油车废气路检执法和非道路移动机械尾气检测，完成老旧车淘汰任务，完成淘汰548辆（含金塘、综保区）。完成12家规上（主营业务收入2000万元以上）修船企业绿色除锈工艺改造。

【水污染治理】 开展11条品质河道和2个美丽河湖创建。深化“污水零直排区”创建，开展2个镇（街道）和10个生活小区污水零直排区建设，完成定海工业园区“污水零直排区”创建复核。印发《关于开展定海区“千吨万人”饮用水水源地环境保护自查行动的通知》和《定海区“千吨万人”饮用水水源地整治工作方案》，落实“千吨万人”治水行动，12个“千吨万人”饮用水水源地完成整治。开展入海排污口整治提升，完成入海排污口深度排查，完成规范化整治提升排口38个，削减16个，标准排口22个，安装在线监控设施并与环保部门联网，公开排污数据，接受社会监督。

【土壤污染防治】 完成52家重点企业工业用地信息筛查和工业用地土壤布点采样监测工作，完成金星螺杆、东方环保和华业公司等企业老场地疑似污染排查，启动受污染耕地污染源解析。推进危废处置项目建设，纳海固废6万吨/年含油废物处置技改项目完成主体工程，危险废物填埋场（岑港）完工，同舟油泥包处置项目启动技改。开展禽畜养殖规范化管理，完成修编《定海区畜禽养殖禁养区划定调整方案》。启动定海区“无废城市”建设，印发《定海区“无废城市”建设工作实施方案》，完成工作任务分解部署。

【强化行业污染治理】 开展电镀、畜禽养殖、修船、铸造、水产等重点行业污染整治。按照全市统一的船舶行业环保整治标准，12家规上修船企业实施作业场地硬化、含油废水污水收集处理、固体废物规范化整治，推行密闭喷涂和水砂除锈等工艺，减少对海洋生态环境等外环境的影响。除森森集团和宏海机械计划搬迁或重建外，其余铸造行业企业完成整治。启动全区水产行业整治，完成整治24家，实现污染物排放稳定达标，企业装备技术、污染防治、清洁生产水平显著提升。推进电镀、印染行业入园工程，年底电镀、印染行业全部入园，鸿亿电镀、东方印染有限公司投产。

【刷卡排污及排污权制度】 建成污染源刷卡排污系统28套。落实新、改、扩建项目排污权有偿使用分期缴纳制度，13家企业涉24项主要污染物排污权指标，缴纳排污权有偿使用费186.24万元。根据《舟山市储备排污权出让和竞价管理规定》，涉总量项目除符合竞价豁免情况外，政府储备排污权出让均通过全省统一的浙江省排污权交易网进行电子竞价形式公开拍卖。

环境基础能力建设

【队伍能力建设】 推进党建各项工作，打造“天蓝地净映初心 绿水青山党旗红”党建品牌，实施学习、服务、攻坚、勤廉四个先锋工程，建设“重要窗口”海岛风景线。运用“机关+系统”“线下+线上”等学习平台，落实理论中心组学习、“干部论坛”、调查研究、党课教育等学习教育活动，开展“追寻革命踪迹 争当环保铁军”“党旗下立下守护绿水青山誓言”“献良策、亮实绩、抒情怀——凝聚党旗下 我来展风采”等特色主题党日活动。实行重点工作挂图作战，突出环境问题党员干部包案，展现新时代生态环保铁军形象。

【环境质量监测监控】 开展环境质量监测工作，掌握环境质量状况及发展趋势。加强污染源监督监测，定海区重点排污单位监测结果公布率100%，达标率100%。推进数字环保工作，重点排污单位自动监控系统安装率100%，强化在线监控企业超标异常跟踪监管力度，处理异常情况。完成在线设备数字化传输、监控门禁系统建设、网络传输安全升级等维护管理与改造，确保稳定运行。完成综合采关留样反控系统试点建设。

【环境信息全面公开】 完善生态环境领域信息常态化公开机制，维护公众获取生态环境信息权益。维护“中国定海”分局门户网站，督促重点企业在信息公开平台及时公布并更新环境信息。全年公开环境信息数量1575条。

【环境应急管理能力建设】 制定《2020年度定海区重点风险源企业》24家，开展风险源企业巡查，加强源头防控，排查环境应急预案编制及管理制度执行情况、安全隐患防控、安全应急设施、应急救援物资储备、污染物排放自动监控情况等重点内容，现场检查危化物暂存库堆放、违法转移等情况，督促整改发现的隐患问题及时。建立完善应急预案体系，开展全区环境风险企业应急预案编制、评审和备案。参与制定《舟山绿色石化基地危化品应急通行大桥生态环境应急保障工作方案》。

环境监管与执法

【深化环境执法监管】 创设“双联双提三精准”执法新机制（“内部联动+外部联动”“提能力+提技术”，提升精准发现环境违法行为、精准打击环境违法行为、精准化解环境违法问题的能力）。强化行政执法与刑事司法对接，保持环境执法高压态势。出具责令改正违法行为决定书38份，行政处罚30件，处罚金额79.705万元，向公安机关移送涉环境污染犯罪刑事案件2件，因环境污染犯罪判刑2人，行政拘留案件移交1件，行政拘留1人。

【把控环境准入】 强化环境功能区约束，把关重点行业环境准入条件，执行空间准入、总量准入、项目准入“三位一体”的环境准入制度和专家评价、公众评价“两评结合”的环境决策咨询机制，落实项目环评与规划环评、现有项目环境管理、区域环境质量“三挂钩”机制和《建设项目环境保护管理条例》“五个不批”原则，把关环境准入关。

【环境信访调处】 是年，调处各类环境信访案件79件（其中重点信访34件），同比下降10.2%。信访处理率为100%，反馈率为100%，结案率100%，满意率85%以上。

【政务服务建设】 坚持重大项目环评跟踪服务联系机制，服务全区10个重点项目环保审批。推行环评豁免制目录，171个小类轻微污染项目实行环评审批豁免。落实环评审批正面清单，开展环评告知承诺制审批项目2个。推进第三方市场信用管理，建立健全第三方专业服务机构指导名录，督促环评中介机构承担起“中介跑”代替“企业跑”职责。实施“零土地”技改项目环境影响评价文件承诺备案、“区域环评+环境标准”降级登记表备案等服务举措。

生态建设和环保宣传

【生态建设】 深入“美丽定海”建设行动，制定区级相关单位及11个镇（街道）《2020年度年美丽定海建设工作（生态文明示范创建行动计划）考核评价指标及实施细则》及任务书，推进美丽定海建设各项目标任务开展。开展污染防治、生态损害赔偿、美丽定海考评体系建设等工作，提升绿色发展水平。创建省级生态文明建设示范区，启动国家生态建设示范区创建。争取2020—2022年绿色转化财政专项激励资金1亿元。

【环保宣传】 依托定海区新时代文明实践中心，将生态文明宣传教育纳入新时代文明实践内容，实现全区生态文明宣传教育引领、平台载体统筹利用、人员队伍融合。推进5个生态文明实践点建设，开展“古城定海 志愿有你——美丽定海我是行动者”系列主题活动，开展生态环保志愿服务活动67次，32支志愿团队参与。抓住“两山”理念提出15周年的重要契机，开展“同心同行两山路”定海区深化生态文明示范创建暨美丽舟山绿色人物颁奖仪式，展示定海生态文明建设成就。

2020年舟山市重点排污单位名录

表21

一、水重点排污单位名录

企业名称	街道（镇）
浙江金鹰股份有限公司	小沙
舟山东方印染有限公司	白泉
舟山国家远洋渔业基地基础设施建设开发有限公司	干硪
舟山市定海区东港电镀厂（普通合伙）	盐仓
舟山市定海区康平电镀厂	盐仓
舟山市肉联加工有限公司	白泉

二、大气重点排污单位名录

企业名称	街道（镇）
神华国华（舟山）发电有限责任公司	白泉
浙江华和热电有限公司	双桥
中海石油舟山石化有限公司	马岙
舟山旺能环保能源有限公司	环南

三、土壤重点排污单位名录

企业名称	街道（镇）
中海石油舟山石化有限公司	马岙
舟山市纳海固体废物集中处置有限公司	岑港
舟山旺能环保能源有限公司	环南
舟山市公用事业管理中心	环南

四、其他重点排污单位名录

企业名称	街道（镇）
浙江天禄能源有限公司	岑港
中国石化集团石油商业储备有限公司舟山分公司	岑港

（撰稿：王　婧）

责任编辑：袁豪臻

交通运输

综　述

2020年，经定海区委机构编制委员会批准，4月2日成立舟山市定海区公路与运输管理中心，6月18日撤销舟山市定海区公路管理局。舟山市区公路与运输管理中心事业编制25名。设主任1名，副主任3名；股级职数13名（含副主任3名），正股10名、副股3名；6月18日成立舟山市定海交通运输行政执法队，6月18日撤销舟山市定海区道路运输管理局。舟山市定海交通运输行政执法队事业编制36名。设队长1名，副队长3名；股级职数14名（含副队长3名），正股10名、副股4名。

是年，定海五山水利工程（五山公园绿道）东山段建设工程、嵊泗至定海公路马岙至定海疏港公路工程、S321(72省道)定海至盐仓段（K3+514～K4+801）改建工程项目、定海陆岛客运码头建设工程等重点工程完工。推进"四好农村路"建设、危化品运输安全整治、老旧营运车辆淘汰，提升道路交通安全。建立定海交通"最多一小时"应急工作机制，成立应急指挥中心，探索综合交通快速处置体系。

交通基础设施建设

【嵊泗至定海公路马岙至定海疏港公路工程】　该项目起点位于马岙港区规划园区道路与马北线交叉处，终点位于文化路与昌洲大道相交处，途经马岙、盐仓、昌国三个街道，全线长约11千米。该公路按双向四车道的一级公路标准设计，设计时速80千米/小时(部分路段60千米/小时)，路基宽度由12米拓宽至24.5米～29.5米，该项目概算总投资约6.7亿元。该项目第一段（定海文化路至虹桥互通段）叉河岭老隧道改造10月完成，12月30日该标段建成通车；第二段（虹桥互通至长春岭水库段）6月开工，12月底完成该标段形象进度的51%，完成投资2.5亿元。

【S321省道定海至盐仓段（K3+514～K4+801）工程】　该项目为旧路改建工程，对原项目重新调整。路段西起茅岭墩，桩号K3+514，沿现状道路向北展线，至茅岭线与S321（72省道）交叉口处继续向北，沿茅叉线连接至原329国道，终点桩号为K4+801.808，工程全长约1.288千米，该工程按双向四车道采用一级公路兼顾城市道路功能标准，设计时速60千米/小时。该工程概算总投资约2.8亿元。该项目6月正式开工建设，年底完成工程量85%，道路主体工程完成，年度完成投资3500万元。

【五山生态旅游带（五山公园绿道）东山段建设工程】　该项目设计起点为东山庆丰，终点为葆山公园，项目建设一条生态景观道路，包括绿道游径、服务系统、重要节点、基础设施、标识系统，全长约4.12千米，总投资约0.98亿元。该项目2月开工建设，年底完成主体道路工程，年度完成投资4000万元。

【岑港钓山交通码头扩建工程】　该项目位于舟山市定海区岑港街道，在岑港和钓山侧各新建一座300总吨级客运码头泊位及相应的配套设施，设计年通过能力为7.44万人次。另配建一个候船室，建筑面积约为80平方米，项目用海面积3851平方米，使用港口岸线96米，用地面积231平方米。趸船长48米，宽9米，2艘，趸船通过钢引桥、桥台墩、栈桥连接至后方陆域。项目工程概算约为1871万元，该项目于2019年

12月开工，2020年9月完成码头主体工程，年底完成工程投入使用，年度完成投资1371万元。

【大猫合兴交通码头工程】 该项目在大猫岛北部原合兴车渡码头处，新建500总吨级客运码头一座（1个500总吨级客运泊位）及相应的陆域配套设施。拆除原交通码头，在原交通码头外侧新建一座60米×12米的靠泊平台，新建一座15.5米×8米的栈桥和一座总面积580平方米的架空平台与后方陆域链接，项目工程概算为1571万元，该项目5月正式开工建设，12月完工投入使用，年度完成投资1071万元。

【册子交通码头】 该项目在册子岛南岸，现货运码头外侧新建500总吨级交通码头1座及相应的陆域配套设施。码头通过能力11.7万人次/年。项目总用海面积0.3858公顷，使用岸线60米。项目拟对码头进行改造后前沿新建一座码头靠泊平台，改造后的栈桥长22.1米、宽8米，码头平台改造后长47.6米、宽10米，新建靠泊平台尺寸长60米、宽10米，工程概算约为1517万元。该项目5月开工建设，12月完成主体工程，年度完成投资1517万元。

【通村联网公路】 定海区通村联网公路工程，涉及6个镇（街道），10条村道，建设里程7.7千米，总投资723万元。项目实施由各镇（街道）落实，区交通运输局负责项目计划申报，工程质量监督和行业技术指导、项目验收、资金补助等工作。该工程5月初实施，10月底全部建成，完成投资723万元。

【新城农村公路路面大中修工程】 该工程5月31日正式开工，8月31日全部完工。该工程包含2条公路，路线分别是：长岙线K3+300～K7+687、三官堂至大干农村公路（简称三大线）K10+867～K11+541。长岙线起点位于长峙岛新城大桥南接线，沿西北方向穿过长峙岛，左弯至外丁家北到达海塘，靠海塘内侧沿西南方向到达郑家马鞍，终点至于岙山，全长4.387千米。三大线位于舟山市中部，自定海区三官堂起，经城东、临城、勾山等街道社区，终于普陀区大干，全长0.674千米。工程内容包括挖除原沥青混凝土路面及水泥混凝土路面，回填水泥稳定碎石基层、中粒式沥青混凝土和细粒式沥青混凝土；土路肩压顶，水沟修复以及交通安全设施施工等。该工程对其土路肩进行硬化、局部破损挡墙进行修复、排水不畅路段增设边沟、局部路段绿化补种。

长岙线

【农村公路大中修工程】 该工程7月20日开工，9月19日完工，时长62天。该工程包含8条公路，路线分别是：东汪线K0+000～K1+300、碇下线K0+350～K2+900、三华线K15+185～K17+866、马黄线K4+890～K5+690、华海线K0+000～K1+300、三大线K0+193～K1+160、卫蛟线K0+000～K3+062、东河线K1+378～K5+232，有25.751千米。工程内容分别为东汪线、碇下线、三华线、马黄线、华海线、三大线都为铣刨原沥青路面后加铺4厘米AC～13C，卫蛟线为对水泥路面病害处治并更换破碎板，东河线为病害处理。

【环南街道摘箬山海岛整治修复工程（西岙至北岙）路面工程】 该工程2019年12月15日开工，2020年1月20日完工，路线长1.596千米，工程内容为水泥稳定碎石层及沥青砼路面加铺。路基采用四级公路技术标准，速度20千米/小时，路基标准段宽4.5米，弯道处加宽。

【G329杭朱线坝桥至东皋岭隧道西段K252+300～K253+670（海天大道市政段）沥青路面修复工程】 该工程5月19日开工，5月24日完工。该路面修复范围为左右两幅车行道，总长1370米，宽度约16米，修复方案为铣刨4厘米原沥青路面，加铺4厘米厚S米A～13沥青玛蹄脂碎石面层。该路段面层采用S米A～13沥青玛蹄脂碎石，具有抗滑、抗高温、抗车辙、减少低温开裂等特点。

【定北线白泉新河元朗桥改建工程】 该工程8月15

日开工，11月13日完工。工作内容：桥身浇筑、搭板及耳墙浇筑、钢筋绑扎、A级防撞护栏安装、河道挖方、老桥拆除、打松木桩等。

改建施工现场安全防护措施

交通工程质量监控

【概况】　是年，区交通工程管理中心主管监督新建项目10项（交通局5项，金塘2项，公路局1项，远洋渔业基地1项，粮油园区1项），新增新建公路工程4项，大中修项目21项，水运工程2项。工程总投资约5.28亿元，未发生一起重大质量、安全责任事故。

【公路水运工程监督】　开展质量、安全、合同、监理、检测等监督检查，全区公路水运工程检查60余次，实现工程监督覆盖率100%。完成全区公路水运工程交（竣）工检测29项，交（竣）工检测机构及方案备案27份；公路工程交竣工质量评定备案4项；水运工程交竣工质量评定备案1项；大中修竣工质量评定备案24项，合格率100%。

【质量安全监督活动组织】　3月，开展汛前安全生产检查，包括金塘沥港茶叶山至沙塘公路工程、定海岑港钓山交通码头扩建工程等受监项目，检查各工程项目防汛防台应急预案编制、防汛防台措施落实到位、防汛防台物资准备情况、安全教育开展情况等，反馈检查中发现的问题并督促整改。6月，开展安全生产月有奖知识竞赛活动、安全宣传咨询活动等，悬挂横幅20条、张贴标语和宣传画20份，发放安全生产宣传手册300余册，为高温下作业的民工兄弟送去防暑药品。11月，开展安全专项检查，包括辖区内定海册子交通码头工程、定海大猫合兴交通码头工程等多个受监项目开展特种设备使用和施工便道。检查安全管理制度建立落实情况；专项施工方案编制、论证和审批情况；特种设备使用登记情况；施工便道、运输车辆现场安全管理情况等。开展辖区内在建公路水运工程监理合同履行情况的专项检查，包括监理办建设、监理人员合同履约、监理工作开展情况等方面，通报检查结果，整改各监理办对检查中发现的问题。

【加强原材料及工程实体监督抽检】　开展全区在建项目质量监督抽检专项行动，包括工程实体质量、原材料的监督抽检，强化工程质量源头控制。原材料及常用产品监督抽检45批次，合格45批次。路面面层平整度检测2千米20点，合格20点。路面面层厚度检测4点，合格4点。路面面层压实度检测4点，合格4点。路面弯沉检测40处80点，合格40处80点。隧道衬砌锚杆拉拔力检测3组9根，合格3组9根。交通安全设施抽检20个指标，合格20个指标。水运混凝土构件超声—回弹综合法强度检测29个构件，合格25个构件，经过取芯法检测混凝土构件4个构件，合格4个构件。水运混凝土构件钢筋保护层厚度检测22个构件31个测区310测点，合格22个构件31个测区277测点。

交通运输管理与规范

【运输服务保障】　全区营运车辆拥有量为5361辆，营运货车4677辆（牵引车1431辆），客运出租车582辆，客运车辆102辆。出租车公司7家，普通货运业户678家，危险品运输企业17家（危货车辆309辆，危险品罐车203辆，仓栅式货车2辆，集装箱挂车15辆，厢式32辆，普通危运车54辆，特殊结构车3辆），集装箱运输企业121家（集装箱挂车995辆，牵引车1001辆）。辖区内注册驾校2家，舟山市汽车职业学校和舟山市圣岛驾校；辖区监管场地4个，分别为舟山市汽车职业学校和圣岛驾校的3个分场地。市汽有教练员31人，教练车27辆；圣岛定海分校有教练员76人，教练车76辆。全区112家机动车维修企业，一类维修企业5家，二类维修企业35家，三类维修企业55家，摩托车修理1家，快修16家。汽车4S店16家（一类3家，二类13家）。

【运输市场行业监管】　助力企业复工复产　推进辖

区内道路运输企业返岗返工人员信息登记、返岗返工人员监控状况排查、工作人员日常管理和相关信息报送、道路运输企业疫情防控指导等遏制疫情蔓延的工作，排查运输企业700余家。从1000余名维修工人中排查录入拟返工人员271人，动态更新每日返工人员数，配合街镇做好居家观察和医学观察工作，上报返舟人员四联单；返舟复工出租车驾驶员建立一人一档，登记健康信息，跟踪复查返舟出租车驾驶员355名。督查驾驶员凭绿码上岗情况，车内张贴提醒标贴，要求乘客凭绿码带口罩乘车；实地检查，指导复工防疫。走访检查辖区内7家货运企业、4家货运代理点、7家危运企业、6家出租车企业、41家维修厂和各驾培机构，指正企业存在的防控不足问题。向企业发放《企业复工复产和疫情防控金融帮扶手册》《定海区应对疫情惠企政策解释汇编》等资料140余本。督促驾培机构采购测温仪、消毒液、口罩等防疫物资做好办公室、教室、教练车消毒，开展防疫宣传，落实防控档案，确保培训和考试复工安全；开辟物资运输、人员返工“绿色通道”。联系企业做好应急物资和生活必备物资运输工作，简化办理流程，实现提前在线审批，开具“新型冠状病毒肺炎的疫情防控应急物资及人员运输车辆通行证”119张，定海籍货运车辆入舟快速通行“货运物资通行证”147张；开通客运包车“绿色通道”，与企业明确客运包车流程，收集用工企业客运包车信息，接洽用工企业与客运企业的包车业务，督促企业落实返工人员对接、比对核查、体温检测、健康码及健康证明核对等工作，协助定海区“三返工作组”组织客运包车71辆，从省市外接送29家企业1302名员工返舟复工；加大“三服务”力度。协调企业与镇、街相关复工复产工作，解决企业在复工复产中遇到的困难与问题，推动企业复工复产，实现疫情防控与复工生产“两手抓、两不误”。向15家集装箱、危运企业捐赠口罩620只，向出租车驾驶员捐赠口罩1000只，解决集装箱企业、危运企业和出租车企业在复工复产过程中防疫物品（特别是口罩）短缺问题。协调出租车协会落实减免巡游出租汽承包费政策，每一辆出租车减少成本6000余元，减免出租车承包费300余万元。协助市监督管理局定海分局落实“两直”纾困补助工作排查、核实受疫情影响的道路运输个体户信息，分5批为400多户个体户发放补助款，缓解经营、生活困难；倡导维修企业为全市援鄂医护人员及本地抗疫一线医护人员奉献爱心，18家维修企业提供免费洗车、购车及维修保养优惠等服务助力抗疫。

推进老旧营运车辆淘汰工作 推进提前淘汰更新工作，加快淘汰采用稀薄燃烧技术和“油改气”的老旧燃气车辆，对接联系各相关单位。根据任务清单，辖区内淘汰国三及以下排放标准营运柴油货车370辆，完成全年任务（321辆）115%，提前超额完成淘汰任务。

开展道路运输行业反恐怖防范工作 联合区反恐办及治安大队检查辖区内货运代理点，落实货运实名制登记，对无证经营进行备案登记。40家货运代理点备案，传达企业相关反恐和货运实名制信息，各货运代理点对零担货物实行货物受理环节的安全检查制度，防止禁运、限运、凭证运输货物藏匿、夹带在普通货物中的运输。加强定海区机动车租赁行业的源头管控工作，建设社会治安防控体系，建立全区机动车租赁行业联查联控工作机制。3月，联合定海区治安大队和反恐办对辖区内20家汽车租赁行业进行大排查工作，查验承租人身份，落实机动车实名租赁和承租人身份查验制度，减少利用租赁机动车实施违法犯罪行为。

应用“互联网+安全监管” 利用综合监管平台加强道路运输企业安全监管。强化危险货物道路运输和道路旅客运输的源头管控及动态监控，提升危险品运输企业和客运企业的安全生产主体责任，掌握企业车辆动态及货物运送情况，发现联网联控线索1708条，综合监管平台发现异常272条处理完成。派发监管工单12条，危运企业8条，客运企业2条，普货企业2条。通过工单处罚违法违规案件10起，处罚款14500元；开展浙江省“互联网+”监管平台及掌上执法应用工作。设置双随机任务抽查10项32条次。设置专项执法检查任务9条，完成检查，录入9条。运用掌上执法开展日常巡查31条次，完成事件核查13条。利用掌上执法“交通厅运管”模块试行现场稽查案件掌上预登记7起；完成道路运输企业违规经营工单处置工作。调查、核实企业处理工单涉及的疲劳驾驶、超速行驶情况等，整改未按规定落实动态监管责任、未按规定上传车辆动态信息等违规行为，达到行政处罚标准的按相关法规对企业进行处罚。处理异常信息工单11条，转行政处罚9起；推进处罚系统和审批电子档案应用。通过浙江省交通运输行政执法管理与服务平台完成执法人员信息维护、处罚程序流程设置等基础保障工作，7月开展新处罚系统应用，在新系统登记办理处罚案件42起。行政审批线上线下总办件量5483件办完成电子归档4628件。

部署开展“安全生产月”活动　开展“安全生产月”和“安全生产万里行”活动，传播安全知识，压实安全生产责任，遏制安全生产重特大事故，促进安全生产形势向好。组建交通执法人员代表队参加“安全生产月”启动仪式并派代表上台宣誓，在客运中心内张贴安全画报，宣传新《安全生产法》《道路交通安全法》等法律法规，向旅客发放安全资料100余份，张贴画报10余份。

推进“四好农村路建设”　计划三年内在全区建设53个农村物流网点（2018年11个，2019年27个，2020年15个），实际完成55个，比计划多完成2个。利用邮政村邮站、物流公司、快递公司现有场所，“先建设、后评定、再考核”的方式落实推进工作，完成17个农村物流网点建设，实现全区县级农村物流服务网点的全面覆盖目标。提升“四好农村路”站场基础设施服务保障水平，白泉运输服务站建设完工，年度完成投资10万元，公开招募一家物流企业入驻白泉乡镇运输服务站。

开展扫黑除恶行动　宣传扫黑除恶应知应会知识，开展扫黑除恶专项斗争相关宣传活动，企业每月报送扫黑除恶相关线索，跟进去年上报的两条线索。

【汽车维修行业管理】　*布局汽车维修应急救援网络*　确定东、南、西三个方位14家汽车维修企业承担区内车辆应急救援任务，各企业应急抢修小组维修及时，春节疫情期间抢修车辆63辆次。

推动汽车维修电子数据上传工作　推动互联网与汽车维修行业融合、创新和发展，提升机动车维修行业信息服务能力，加强监管维修电子数据上传工作，与第三方技术部门密切配合，监控各企业上传数据质量。全区38家一、二类汽车维修企业的汽车维修电子数据上传率达到100%。

维护市场秩序、日常监管　加强巡逻城区及各乡镇，打击机动车维修非法经营行为，与双桥街道和岑港街道联合执法，取缔未备案汽车修理店。发出责令改正通知书30余份，查获未备案擅自经营机动车维修业务的修理店12家。

落实机动车排放维护制度　加强机动车排气污染防治，审核申请企业的资质、人员、设备、制度等方面，认定9家企业为定海区机动车排放维护单位米站。

筹办汽车维修工技能大比武　全区20余家汽车维修企业30名汽车钣金工参加，赛前邀请学院汽修专家召开为期两天的钣金操作培训，实操模拟练习熟悉比赛流程，比赛设备和比赛工艺要求，胜出选手在后续省级比武中获得团体二等奖。

【规范汽车驾培业】　因疫情耽搁导致出租车驾驶员考试扎堆现象，增加两场出租汽车驾驶员从业资格考试，开展各项考务工作。驾校招生人数计955人次，培训结业人数811人次。参加道路运输从业资格证继续教育、换取证书有656名驾驶员；客运从业资格证215人，货运312人，危运129人。新增道路运输从业资格人员计794人；客运从业资格证36人，货运144人，危运74人（包括驾驶员、押运员、装卸员），客运出租车（包含网约车、巡游车）驾驶员540人。

【出租车行业管理】　*开展网约车车辆运输证许可前期审核工作*　完成审核311辆符合网约车准入的自备车。完成辖区主要客运站场,网约车临时接驳点的选址，协调工作。

推进辖区出租车行业稳定工作　协调、处理海上大众出租汽车公司因经营不善所导致的后续各类咨询，反映和投诉问题，处理涉及辖区出租车行业的信访、投诉、咨询、反映等来电来访，（32起）完成率100%,满意率100%。

确保辖区主要站场、码头出租车经营规范化管理工作　管理人员驻点管理，杜绝以往出租车在客运站场强行拉客、挑客、拼载等违规现象，保证打表计价，依次排队侯客，确保出租车经营规范化。

推进日常走访、指导监督工作　收集行业信息，掌握行业动态，出租车企业践行“安全出行、文明营运”要求，提供驾驶员安全教育，督促企业有序开展自律检查，落实违规驾驶员教育整改，对辖区6家出租车企业开展安全隐患全面自查工作，责令整改11起安全隐患。

开展综合考核工作　重新授予考核合格的出租汽车5年期营运权。

开展出租车创城迎检工作　深入一线客运站场、码头，协调联系定海区出租车协会开展文明经营宣传，出动检查人员62人次，检查出租车900辆次，现场整改问题43起。

【行政执法工作】 打击三江码头非法营运“黑车”开展突击行动，查获非法营运车辆10辆次，处罚款15万元；联动执法，建立长效机制。与属地派出所加强执法联动，打击扰乱客运市场的非法客运从业者、拉客“黄牛”等违法人员。建立非法营运车辆黑名单制度，执法部门查获的车辆被记入黑名单，由门禁系统自动识别，不得进入三江码头区域内；宣传引导，提升“反黑”意识。宣传非法营运“黑车”存在的安全隐患，提高乘客安全出行意识。优化三江码头旅客出站通道设置，布局乘车指示牌，加强对旅客的出行引导，压缩非法营运生存空间。

开展道路危险货物运输安全“雷霆行动”专项整治 成立局道路危险货物运输专项整治工作专班，实行“双网格长”责任机制，区交通运输局领导班子任“监管责任网格长”，企业法定代表和实际控制人任“主体责任网格长”，明确监管责任网格员、企业主体责任网格员、保险业务网格员和镇街属地安全监管网格员。通过“浙江省重点营运车辆联网联控”系统，开展道路危险货物运输车辆24小时全覆盖全过程监控，干预发现的问题，排查整改各类隐患218条，一家被责令停产停业整顿的企业经审核后已恢复运营；加强资质检查，确保按规经营。开展从业人员资质排查整治，合规性复核辖区17家危运企业所属驾驶员、押运员、安全员从业资格证，检查车辆478辆，驾驶员340名，押运员349名，安全员22名，清退1名不合规押运员，督促46名驾驶员补足继续教育培训学时，整改完成27条问题。排查挂靠和两证不符车辆，联合税务、人社等部门排查挂靠车辆，经市局专家复核，排查出企业挂靠14辆，个人挂靠38辆。52辆涉嫌挂靠的车辆完成清零工作。对历史遗留的“两证”不符（行驶证为普通货运，道路运输证为危运）的22辆车，鼓励所涉7家企业对车辆提前淘汰，或将车辆营运性质由“危货运输”降为“普货运输”，属于国三车辆的按目前淘汰补贴政策办理，给予企业更新危货车辆的指标，购置符合国标的危运车辆投入运营；加大执法力度，维护安全秩序。联合公安、交警等部门开展高密度巡查，开展打击道路危运“黑车”等违法违规经营专项整治，打击无证从事道路危险货物运输“黑车”、道路危运企业违法违规经营行为。与海峡轮渡公司建立过渡危运车辆信息互通机制，全覆盖检查通过鸭蛋山码头的危运车辆。出动执法人员405人次，检查车辆数475辆次，查获无证从事道路危险货物运输经营“黑车”案件6起，道路危运企业违规经营案件9起，处罚款152000元；实施动态评价，落实监督检查。开展危运企业“五统一”达标和资质复核工作。依托信息化平台反馈及日常检查情况，动态评价辖区17家企业6次，约谈训诫排名靠后的和有过行政处罚的企业。9月底，组织运安、许可、执法等科室工作人员，对辖区17家危运企业开展“五统一”达标和许可资质复核工作。

是年，运管部门转办各类信访、投诉举报件88件。办结各类行政处罚案件87起，一般程序案件56起，简易程序案件31起，处罚款936100元。

公路养护与管理

【概况】 2020年，全区公路管养里程为800.106千米，国道103.497千米、省道29.281千米、县道250.473千米、乡道119.54千米、专用公路13.391千米；桥梁210座计51572.42延米；隧道72道计60770.26延米。

是年，完成人工清扫路面1.2万千米、机械清扫1.62万千米、人工绿化除草28.49万平方米、绿化修枝4.64万株、绿化补植43.2万株、绿化修剪17.34万平方米、绿化保洁324万平方米、绿化除虫28.8万平方米、修补坑洞1.69万平方米、路面灌缝14.9千米，清理边沟81.92千米，清理堆积物6790立方米、清理路肩6.23万平方米、排水24.4千米、化学除草1383千米、疏通桥梁泄水孔1300个、清理桥梁伸缩缝7850米，隧道清扫397.5万平方米、护栏警示桩补全1616根、油漆护栏警示桩1080根、桥栏刷白1200平方米。新装及修复钢制护栏917米，新装及修复机非隔离栏7291米，安装示警桩670根，安装矫正标志标牌144套，划制热熔标线9536.58平方米。

【G329杭朱线定海段2020年养护大中修工程】 G329实施桩号K248+000～K248+977段右幅原路面病害处治后加铺4c米AC～13C细粒式沥青混凝土；K248+977～K250+254左幅原路面铣刨3c米后加铺4c米AC～13C细粒式沥青混凝土；K257+400～K259+854右幅原路面病害处治后加铺4c米AC～13C细粒式沥青混凝土；K259+550～K259+840左幅原路面病害处治后加铺4c米AC～13C细粒式沥青混凝土；K257+166～K258+440左幅及K257+400～K259+854以病害

修复为主，总计5.73千米。总计投资484.98万元。

【S201（原鸭东线）定海段2020年养护大中修工程】 S201实施桩号K5+120～K7+957段全幅原路面病害处治后加铺4c米S米A～13沥青混合料；K14+500～K18+590段全幅原路面铣刨4c米后加铺4S米A～13沥青混合料。K33+200～K35+090段左幅原路面铣刨4c米后加铺4c米AC～13C细粒式沥青混凝土；K35+900～K36+690段左幅原路面铣刨4c米后加铺4c米AC～13C细粒式沥青混凝土；K37+200～K38+612段左幅原路面铣刨4c米后加铺4c米AC～13C细粒式沥青混凝土。总计17.95千米。总投资2786.97万元。

【S231定西线2020年养护大中修工程】 S231实施桩号K5+476～K6+694 段全幅原路面病害处治后，加铺4c米S米A～13沥青混合料。总计1.22千米。总投资304.08万元。

【G329舟鲁线毛湾大桥维修加固工程】 该工程对G329舟鲁线舟山市定海区毛湾大桥实施维修加固工程，包含空心板底板粘贴钢板进行加固补强，取台后注浆加固桥台，修复护栏基座混凝土破损等。总投资30万元。

【文化路立交声屏障提升改造工程】 该工程对文化路立交声屏障进行提升改造，包含对整座立交桥钢筋混凝土护栏采用喷常温固化柔性纯瓷涂料涂装6489平方米；声屏障更换拆除1370米；声屏障H钢柱及护栏扶手采用氟碳涂料涂装1234.8平方米；更换伸缩缝23米。总投资35.86万元。

【隧道亮化提升工程】 该工程对大平岗隧道、小沙岭隧道、大山岗隧道、羊山隧道、东夹岙隧道（蓬沙岭隧道）、尖峰岗隧道（双洞）等7座隧道洞内照明、洞内装饰、消防设施、洞口过渡段护栏等提升改造。总投资777.84万元。

【农村公路大中修工程】 该工程主要内容为：东汪线K0+000～K1+300全幅铣刨4c米沥青面层后加铺4c米AC～13沥青混凝土；碇下线K0+350～K2+900全幅铣刨4c米沥青面层后加铺4c米AC～13沥青混凝土；碇下线K2+900～K3+250进行病害修复为主的中修；三华线K15+000～K17+866全幅铣刨4c米沥青面层后加铺4c米AC～13沥青混凝土；三华线K14+669～K15+000进行病害修复为主的中修；马黄线K4+890～K5+690全幅铣刨4c米沥青面层后加铺4c米AC～13沥青混凝土；马黄线K1+642～K4+890、K5+690～K7+922进行病害修复为主的中修；华海线K0+000～K1+300全幅铣刨4c米沥青面层后加铺4c米AC～13沥青混凝土；华海线K1+300～K4+001进行病害修复为主的中修；东河线K1+378～K5+232进行病害修复为主的中修；卫蛟线K0+000～K3+062水泥混凝土板块破损修补为主的中修；三大线K0+179～K1+336全幅铣刨4c米沥青面层后加铺4c米AC～13沥青混凝土等。本工程全长25.75千米。总投资1009.61万元。

【道路隐患治理（信号灯增设及路口改造）工程】 该工程为道路隐患治理（信号灯增设及路口改造）工程包含舟鲁线、双东线上交叉口6 处，舟鲁线上交叉口4 处，分别为螺头岭交叉口、双联交叉口、三农市场西交叉口和汽车城交叉口；双东线上交叉口2 处，为三农市场北交叉口和青岭路交叉口。总投资760.99万元。

【干马线K2+700～K8+800段照明提升工程】 该工程为照明工程，主要对干马线K2+700～K8+800路段增设照明，全长6.1千米。总投资259.59万元。

【农村公路安全生命防护工程（三华线）】 该工程为安全生命防护工程，主要实施内容为：X118三华线K0+000～K17+866全线，包括部分路段路面修复、边坡处治、挡墙修复、水沟修复、交通安全设施改造等。K10+650～K10+706右侧、K10+850～K10+875右侧、K11+300～K11+360右侧等3处削坡改善视线；K11+875～K12+710左侧增加人行道，铺设改性环氧树脂抗滑面层；全线部分路段砌筑护面墙、护肩墙；对全线护栏、标志、减速带进行改造等。本工程全长17.89千米。总投资686.90万元。

【超限管理】 区公路路政管理大队联合交警部门在鸭东线马岙公路超限检测点设卡治超80余次，出动执法人员692人次，交警336人次，检测车辆378辆，查处车辆40辆，路政卸载693.16吨，扣分和罚款均由交警处理。处理62件非现场处罚案，罚款11.8万元。

【保护路产路权】 是年赔（补）案件均为车祸损路产，106件案件，收取公路路产赔（补）偿费23万元。对相关的抛洒滴漏实施行政处罚3起，保证公路通行整洁、安全。

【规范完善标志标线设置】 重点对隧道段、交叉路口的标线进行检查，对鸭东线、东河线、临北线、小岑线标线重新漆划，在定海区公路主干线路口增设减速标线及彩色防滑标线。

【提高路灯的亮化率及完好率】 排查全线管辖路灯，更换及修复损坏的灯杆配件。是年，新更换杆件9套，校正与加固77处路灯杆，路灯亮灯率从95%提高至98%以上。检修526国道三江口至定海六中段路灯，修复路灯85处，更换4处电缆近150米。

交通战备保障

【民兵整组】 推进后备力量建设调整改革，根据定海区民兵整组工作实施方案，区交通运输局人武部通过摸底，落实整组要求，组建定海区民兵公路运输队伍1支和应急分队1支，人防交通运输专业队1支。

【国防潜力数据】 根据定动〔2020〕2号《关于做好2020年定海区国防动员潜力统计调查工作实施方案》文件要求，辖区内开展年度国防动员潜力统计调查，完善机构人员、公路、桥梁、隧道等情况。

（撰稿：王乙栋）

（本类目照片由区交通运输局提供）

责任编辑：袁豪臻

港航

综述

2020年，市港航事业发展中心定海分中心紧扣市局中心任务，完成各项港航工作。辖区内有运输船舶625艘，运力268.43万载重吨，较2019年底，船舶减少9艘，运力增加7.33万载重吨。万吨级以上船舶76艘，运力157.58万载重吨；特种运输船舶占总艘数、总运力的26.24%、26.65%，万吨以上船舶占总艘数、总运力的12.16%、58.71%。水路运输总周转量增长－15.29%。

是年，完成货物吞吐量12429.5万吨，同比增长15%。其中外贸货物吞吐量完成6079.97万吨，同比增长45.49%；油品吞吐量完成0.56亿吨，同比增长55.78%。累计完成投资9.53亿元，其中，水运建设投资完成4.1亿元，航运业固定资产投资完成5.43亿元。查处港航行政处罚案件6件，其中运政案件4件，港政案件2件，处罚没款8.24万元。

港口建设

【港口项目建设】　是年，一批重点建设项目和关键性配套工程建设进一步推进。新奥舟山LNG接收站二期、舟山中际化工储运基地项目等重大项目有序推进，大洋世家产业园码头、富申电缆前期申报加速，光汇油品项目、正和造船收购重组进展顺利，舟山港外钓岛油品应急储运项目开港达产、长航滚装物流汽车滚装工程码头顺利开港，为辖区港口吞吐量持续增长奠定基础。

【港口转型升级】　是年，分中心按照“岸线效益论英雄”改革要求开展低效港口整治提升，强化监管倒闭和有效开展企业“三服务”，综合施策，提升企业经营质量，促进港口企业单产税收年度达标，港口组在全市范围内完成整治任务。采取招商引资股权优化、扩大产能改造升级等方式进行港口企业重组提升，辖区多家企业实现转型升级或复产达产。

【江海联运服务中心建设】　着力航运业结构调整，引导有条件的海运企业拓展直达运输市场，做好海进江，江出海运输组织。是年，舟山东晟船务在小干岛注册了舟山瑞发船务有限公司，两艘2000载重吨海进江特殊船型船舶开工建造，专门用于江海专线运输。

【践行“绿色港航”发展理念】　推进辖区长江经济带船舶和港口污染突出问题整治行动。采取调研走访、组织协调、联合检查、分类管理等方式，完成涉港砂石堆场和老旧码头环保手续的验收标准起草、设施落地、污染物排放等工作。引导航运船舶开展环保设施达标改造工程，完成既定改造任务。实现全市首艘生活污水接收船舶改建投运和第一个岸上接收设施

市局领导调研海峡轮渡公司

的完工。基本完成辖区货运码头环保验收手续补办工作。中央环保工作组督查期间，未接到一起行业内被举报和信访事件。

【招商引资】 是年，分中心招商引资工作取得实效，新招引海事服务企业3家。船舶修造落后产能引进港口战略重组成绩斐然。

港口管理

【港航安全管理】 是年，推进安全生产专项整治三年行动，突出水路货运、港口危货等重点领域安全治理。根据市局制定的一系列长效管理机制和政策法规的调整变化，编制辖区隐患的排查治理、应急管理、港口作业、信用管理等各项事中事后的监管制度。以运政监管平台、港口综合信息监管与服务系统等平台为载体，通过实践探索，完善事中事后监管体系。深化分级分类监管工作机制，推行《定海辖区航运企业营运船舶管理办法》，巩固光租船舶整治成果。全年港航安全形势总体平稳。

副市长江平（前排左二）督查定海港口危化安全生产工作

【深化港航经营资质管理】 加强水路运输经营资质年度核查工作，累计核查航运企业96家，辅助企业64家，营运船舶617艘，结合疫情防控对辖区内涉港航代理企业进行疏理，补齐行业管理短板。开展水路运输企业整改清理工作，督促8家企业完成运力整改；1家企业主动注销水路运输经营许可；2家企业被依法撤销经营许可。加强港口经营企业资质日常监管，发放各类预先告知书1份，完成港口经营许可证新增、延续、变更、设施备案等事项4家，完成港口危货安全评价备案5家，应急预案备案19家，完成港口服务企业年度经营资质检查56家。

行业安全管理

【深入开展专项整治活动】 是年，先后开展复工复产、安全生产责任保险、第三方体检、铁拳整治、海务机务专职管理人员、港内小型港口服务船舶及重要时节段等专项检查。完成长江经济带船舶和港口防污染整治及中央环保问题督查整治工作。加强海上安全整治，巩固水路货运整治成效。针对年度工作重点，做好政府定点临时装卸作业点管控工作，优化临时作业点的设置程序和监管要求。强化陆海联动联合执法，保持联合执法高压态势，确保全年砂石船舶区域风险可控。

【推进安全生产风险管控体系建设】 是年，将辖区26家试点企业的风险管控体系建设工作纳入分中心年度重点工作清单。明确工作任务、时间节点和责任人，通过多种形式开展宣传发动工作，定期走访跟踪企业情况，督促基础相对较差的4家普货企业积极与第三方有资质的编写企业进行沟通联系。要求试点企业严格落实市局出台的《舟山市港口经营企业安全生产风险管控体系建设实施指南（试行）》，对每个岗位、每个场所的风险进行全方位辨识、评估，制定相应的管控措施,按岗位或场所编制风险管控手册,形成可持续改进的安全生产风险管理长效机制。辖区26家试点进展顺利，形成试点成果材料。

【深化危货企业安全生产标准化建设】 结合市局的《全市港航危险货物安全“铁拳整治”集中治理行动方案》，督促港口危险货物经营企业按照《企业安全生产标准化基本规范》（GB / T33000-2016）和行业专业标准化评定标准规范相关的要求，建立与企业日常安全管理相适应、以安全生产标准化为重点的企业自主安全生产管理体系，制定危货企业安全生产标准化实施工作计划表，确保标准化建设有计划、有步骤地开展。对海上运输、益民废物、百达石化等自身暂没有能力编制的企业，分中心推荐相关的咨询单位，促进上述企业抱团与咨询单位联系，共同编制安全生产标准化达标考评文件。

【疫情防控】 响应上级决策部署，助力定海区建立完善海上疫情防控响应体系，主动履行区海上防控领导小组办公室日常工作职责，派专人赴卫健部门集中开展专班运作。落实行业船港界面疫情风险管控，为辖区海上疫情防控战役取得阶段性胜利作出突出贡献，单位和个人受到上级表彰嘉奖。开展船员换班审核和国际人道主义救援工作，在海上疫情防控战中体现港航担当精神。自疫情防控以来，累计开展人道主义救治8次、救助国际船员21人。核查到港作业船舶22857艘次，审核到港重点疫区船舶760艘次，审批国际航行船舶船员换班、临时下船“四联单”633艘次，更换国际航行船舶船员8800多人次。临时就医242人。

市长何中伟（前排左三）督查老塘山疫情防控

【信息化支撑港航各项工作】 提升信息指挥分中心在日常监管中的作用，利用非现场视频监控手段，对重点区域、码头、船舶实施持续跟踪。细化视频监控内容，强化非现场执法力度，提高执法监管覆盖面和效率，逐步完善现场巡查与视频监管相结合的前端、后端联动监管模式，实现发现问题、查处问题、协作联动的全过程统一监管。是年，开展电子巡查98612次，危货电子监管65026次，启动恶劣天气二级以上响应149天，抗台9天，巡查发现问题8起，完成市指挥中心下发问题处置工单6单。

水运市场管理

【运力规模】 是年，辖区内有运输船舶625艘（比上年底净增—9艘），运力268.43万载重吨（比上年底净增7.33万载重吨）。辖区有油船139艘，580524载重吨（比上年年底净增—5艘，净增—8839载重吨）；化学品船20艘，78744载重吨（比上年年底净增—4艘，运力净增—5315载重吨）；集装箱船5艘，4502箱位，56030载重吨（比上年年底净增—3艘，净增—1583箱位，净增—29599载重吨）；拖轮35艘，117206千瓦（比上年年底净增—1艘，净增—4280千瓦）。辖区万吨以上船舶有76艘（比上年底净增4艘），有157.58万载重吨（比上年年底净增5.48万载重吨），特种船舶比去年年底净增—43753载重吨。

【骨干航运企业持续发展】 开展重点航运企业培育和帮扶工作，组织申报、推荐各类重点企业。是年，11家企业被评为2020年度市级航运重点骨干企业，获得财政奖励资金472.9万元；配合做好舟山市航运业临时周转资金的使用工作，全年安排航运企业转贷 7次，7家航运企业受益，使用资金规模达1.36亿元。

【水路货运安全综合治理】 联合海事、公安、镇、街道等有关单位开展每月不少于2次的海上安全执法活动，加大对货物装卸源头、临时作业点及运输船舶检查频率。是年，对15家企业（作业点）进行安全警示约谈，责令停产停业整顿5 家，取缔非法装卸作业点 1 家。协助定海区海上疫情防控专办做好开放企业点位长、临时作业点和港内小船疫情防控工作。执行水路货运市场退出机制，加大危货运输领域“僵尸企业”处置力度。是年，通过发放企业经营资质限期整改通知书、主要负责人谈话、上门指导服务等多项措施，清除“僵尸企业”4家（均为普货运输企业）。上报清理危货运输企业5家，等待原许可机关批复。开展扫黑除恶专项斗争、反走私、打击涉枪涉爆、禁毒及防控非洲猪瘟等社会综治工作。

【海务机务管理人员专项整治】 继续执行《定海辖区水路运输企业海务机务管理人员管理办法》。是年，劝换65周岁以上不能正常履职的海务机务人员32人，涉及小型船舶企业17家，改善该类岸基管理人员的履职能力，提高航运企业管理水平。

【经营资质联合勘查】 联合行政审批科开展航运企业许可事前检查，严把航运企业准入关。是年，检查航运企业和船舶管理企业11家，退回与实际情况不符和欠缺管理材料的企业5家，把好事前关。依托航运监管信息平台加强事中事后监管力度。实施各类检查活动10余次，发现一般隐患112项并落实整改。启动经营资质预警7家（3红3黄1绿），督促企业及时落实整改措施。

【“三服务”工作】 通过“三服务”工作机制，与企业交流沟通，鼓励引导航运企业参与舟山江海联运服务中心建设、国际海事服务基地建设等工作。培育壮大新一海海运、促成舟山东晟船务深度参与国家战略服务。深入企业调研走访18家次，收到、发现问题20余个，形成调研文章3篇。

服务国际船舶船员接受锦旗

行政监管执法

【强化执法综合治理】 执行行政执法案件内部移送制度，完善港航行政处罚信息通报机制，巩固联合执法成果，与海事、安监、街道等部门的互联互通的协同合作机制成为工作常态。是年，出动执法人员537人次，执法艇55艘次，执法车94辆次。组织开展“净海行动、护航复工复产攻坚行动、港口企业船舶污染防治、海上打击非法采沙运沙联合行动”等专项行动6起，海上联合执法行动24次，执法检查港航企业合计464家次，检查船舶114艘次，查处违法违规船舶6艘次。是年，查处案件6件，结案6件，其中港政2件、运政4件，罚没款8.24万元；约谈企业15家，发放责令停产停业通知书5份。

徐局长在培源物流开展企业复工复产检查

【“跑改”工作取得成果】 是年，辖区“跑改”工作达标。完成受理事项699件，其中窗口办理船舶营运证配发、注销327件，水路运输经营许可3件，船舶管理经营许可12件，水路运输辅助变更备案145件，港口经营与安全生产备案6件，港口经营许可37件。审批提速率超过80%,提前办结率达到100%。是年，窗口全部事项在网上开通，审批事项均达到四星，其中7项备案项目达到五星。审批服务在实现“最多跑一次”覆盖率100%的基础上完成3个100%，即网上申报率100%，电子印章使用率100%，对外公示率100%，所有办理的事项均为零差评。

省三服务活动重点跟踪项目

（撰稿：徐 颖）

（本类目照片由舟山市港航事业发展中心定海分中心提供）

责任编辑：袁豪臻

海　事

综　述

2020年，辖区进出港船舶19.3万艘次，危险品船舶21602艘次（不含集装箱船）；货物吞吐量15490.2万吨（包含外贸3954.5万吨），危险货物5952.24万吨。集装箱货物吞吐量136.1万TEU（标准箱），旅客吞吐量149万人次。受理危险货物进出口申报审批21602艘次（包装危险品审批11886艘次，散装危险品审批9716艘次），涉污作业报告9037艘次（油污水/残油接收作业报告912艘次，垃圾接收报告6517艘次，供油作业报告1608艘次）。综合执法系统发送任务8508项，出勤7266人次，开展执法巡航758次，巡航时间2163.86小时，巡航里程19517海里。开展船舶现场监督检查4795艘次，水工检查450次，发现问题1074项，恶劣天气监管1151次，完成并反馈上级指令163项，视频关联率95.1%，现场综合执法任务大队长派发率74%。实施行政处罚立案990起，结案1009起，罚款558.18万元。实施船舶安检351艘次，平均缺陷7.19项/艘，滞留23艘，滞留率6.6%。油污基金收入8.915万元，港建费直收收入2161.14万元。

多部门联合开展小型油污水接收渔船整治工作

安全监管

【打造海事治理现代化样板区】　落实疫情“防”控工作　采用码头申报、网络报告等途径，排查国内外重点疫区到港船舶1418艘次，处置“布农荣耀”“探险家”等船舶新型冠状病毒肺炎防疫、安全监管工作。督促辖区供油船、清舱船等按地方政府要求落实涉及外轮供油、清舱作业的疫情管控措施。

舟山市副市长毛江平（前排左三）一行赴定海港区码头检查指导、海上疫情防控工作

“简”化业务办理　疫情期间，船员任解职远程非接触办理1731人次，发现因疫情影响无法按期换发船舶、船员等相关证书26起，不予行政处罚，告知延期办理。

开展保供给保“畅”通工作　推行重点物资进出港船舶“绿色通道”制度，保障5410.13万吨油品、液化天然气、煤等民生重要物资进出港。落实港内交通船开航管控，保障锚地船舶人员物资供给。

推动航运企业“复”工复产　宣贯浙江海事复工复产十大举措，帮助指导辖区126家航运企业复工复产。采用开展LNG滚装船舶溢油演习、航线风险评估等方法，推动老塘山至西堠新开LNG专渡运行，保障安全出运LNG超35万吨。采用码头防污染设备配备、码头系泊设备现场验证，作业人员安全培训等方式，保障建桥油库停止运营6年多后重新开港运行（2020年3月20日靠第一艘船）。码头靠泊船舶207艘次,货物吞吐量153.7万吨。

保障疫情期间大浦口集装箱码头二期码头水工建设项目顺利复工

【推动客运安全监管】　落实重要时段管控　把控客船的首次、末次航班，客运高峰，恶劣天气三个时间段，全年客船远程动态跟踪4500余艘次。落实高峰期、大风恶劣天气现场“站高峰”机制，把好客船开航关，现场制止冒险开航、客危混装等违规行为16起。

深入开展客运安全隐患排查工作　发现“盘峙渡1”尾轴轴封严重漏水、“五洲渡1”船检证书无东山头至小盘峙航线违规代班营运等重大隐患2项，督促公司消除隐患。发现建桥能源、外钓未经审批设置渡口隐患，向2家公司发放安全管理建议书落实整改。

铁腕整治安全隐患

加强客运现场监管　落实客渡运船舶差异化分类分级监管要求，加大客运安全监督力度，查处鱼龙山至大鹏山非客船载客违法行为，督促整改金塘北部围垦项目相关单位。全年滞留客船（含交通自备船）2艘次，客船行政处罚3起。落实客船“1+1”安检工作法，向客运企业发放安全管理建议书38份，落实整改措施，推进辖区4家客运企业完成建立5+X制度。

推进辖区各项水上安全监管工作

推动环南鑫岛挂牌督办项目整改进度　对环南鑫岛公司客船配员不足等问题开展专题约谈指导企业纠正缺陷，专题向定海区政府汇报，推动区主要领导牵头召开会议制定整改方案。

加大定海港内交通艇监管力度　推动港内交通艇驾机合一检验，联合政务中心开辟“绿色通道”受理配员证书换发工作，完成79艘港内小船换证工作。加强与地方政府、港航等相关职能部门联动，借助小型船舶专项整治、“清港行动”查处5艘违法港内小船并上排留滞，推动11艘未批先建港内小船拆解纳入区政府整治工作范畴。

危险品、防污管理

【提高涉危涉污作业安全监管能力】　加大对危险品污染打击力度　吸取港口浦前沿水域重载油轮搁浅险情教训，突出对港口浦液货码头监管，督促码头开展通航安全专题论证，落实5000载重吨以上重载船舶落实拖轮辅助靠离泊制度。强化源头管理，走访检查辖区16个供油企业，发现13项问题，督促企业落实整改。安全生产月期间组织开展外钓码头油品溢油应急演习、2020年LNG槽罐车泄漏船岸应急演习等，提高辖区溢油应急处置能力。为落实中央环保督查组检查工作，对辖区24家码头开展防污染设施检查，发现各类涉污违法行为15起。参加港航、海警等多部门开展为期1个月海上24小时联合执法，加大对危险品污染打击力度。

强化船舶涉危涉污作业监管　检查液货船舶878艘次，查获各类涉危涉污违法行为159起，不按规定排放船舶污染物17起，危险货物谎报瞒报16起。加强船载易流态货物监管，现场检查与易流态含水率检测报告核实相结合，雨天装卸责令停止作业3次。

指导辖区液货船开展应急演习

落实船舶污染排放控制专项行动　净化“碧海蓝天”，实施船舶排放控制区检查209艘次，燃油抽检209艘次，发现燃油超标2起，立案处罚2起。

深化海关、海事合作机制　落实联合开箱、动静态核查等举措。加大对甬舟集装箱危险货物谎报瞒报打击力度，实施开箱查验7箱次，发现缺陷箱数7箱次，瞒报匿报危险品箱7箱次，立案处理6箱次，强化集装箱VGM检查，首次发现集装箱超重违法行为6起。

“铁路版港珠澳大桥”甬舟铁路正式开工建设

紧抓舟山国际海事服务基地建设　便利保税油申报审批程序，辖区保税燃料油加注作业累计335次，有14.3万吨。保障外钓油品码头向鱼山绿色石化基地输送原油2238万吨，助力舟山打造油气全产业链条。

处置1起满载28万吨原油VLCC轮主机故障险情

服务船员，获赠锦旗

【推进专项活动】　推进“入沪”、水上交通安全专项检查月、供油专项、危化品专项、水上无线电秩序管理等专项活动，确保辖区水上安全。开展入沪船舶专项船舶、船员信息报送162艘次，安检11艘次，发现纠正缺陷。开展水上交通安全专项检查月活动，落实3个100%要求，开展航运公司走访检查118家次，检查发现问题178项；航运公司开展自查712艘次，自查发现问题735项；靠港时间超过18小时的到港中国籍国内航行船舶实施现场检查247艘次，安检40艘次，执法力度加强。落实危化品专项工作，开展危险品船舶现场检查665艘次，发现问题缺陷86艘次，立案查处50艘次。开展危险品船舶安检48艘，滞留4艘次。深化“两船”专项整治活动，通过联合执法、错时执法、夜间突击检查等加大砂石船检查力度，查处砂石船146艘次，强制卸载超载行为26起，留滞砂石船舶15艘次。

开展供油船安全与防污染专项整治

【加强季节性安全监管和风险隐患排查治理】　落实水上安全预防预控机制　围绕浓雾季、节假日、高温台风季、冬季寒潮大风等“四季七节”重点时段，明确不同时段监管要点，强化重点船舶点验。全年发布安全预警信息131次，有60743条，停止大风等恶劣天气危险品作业10次，强化预警效果的抽查与跟踪核实。落实防抗台工作，对往年大型船舶撤离不及时等问题对接落实，按桥区水域船厂、航运公司和重点码头分类召开防台会议，首次联合南洋之星船厂等重点船厂、企业开展2020年辖区大型船舶防台桌面推演，保障全年防台工作安全稳定。

船厂无动力船舶防台应急桌面演习

强化隐患排查治理　开展客、危、桥、渔、“两船”等隐患排查治理，召开推进会、对接船检部门，解决小型干货船未持有稳定计算资料违规装载散装谷物的长期历史遗留问题。全年排查安全隐患5项，重大安全隐患2项，整改完毕3项。

海事创新

【推行“五环”自律标准】　对辖区砂石宕口众多（有21处）、分布点散、船舶状况和船员素质参差不齐、存在较大安全隐患等问题，建立砂石宕口“五环”自律标准准度（船舶准入制度、作业信息通报制度、船岸安全检查表制度、码头作业巡查制度、恶劣天气下作业管控制度），根据宕口规模、业主性质等细化出“X”项（诚信监管制度、联合惩戒制度等）有辖区特点的工作方式，推广砂石宕口“五环”监管制度。册子大皇山、老塘山黄沙装卸码头、豪舟码头等多家大型砂石宕口码头建立“五环”制度。是年，砂石宕口现场检查未发现内河船舶、“三无”船等船舶在辖区砂石码头作业，砂石出运本质安全得到提升。

【推进“一团三制”工作】　搭建团队　安检团队成员由持证安检员12名和新考B证以及新进人员6名组成，制定团队运行机制和管理制度，组织理论学习、业务交流和特色化安检研究8次。

提升课题研究能力　开展课题研究，成立关键性设备研究小组，确定焚烧炉、蒸汽系统两项关键性设备研究项目，固定式探火与失火报警系统检查视频获舟山海事局优秀教学视频第二名。

“头雁”引领带“雏雁”　利用处内3名获舟山海事局安检比武第一名和多名远洋船长、轮机长等人力资源优势，开展　“一带多”安检带教，个性化定制培养方案，分阶段、分模块开展教学。“舟电”轮驾驶员和轮机员未持有高速船船员特殊培训合格证案例获舟山海事局船旗国检查优秀案例，2名安检员代表舟山海事局参加浙江海事局安检比武并获团体三等奖，打造基层安检精兵队伍成效显著。

【推进保障LNG“南北两线”运输】　强化隐患排查　召开老塘山—西堠航线安全评估会、跟船检查等排查航线隐患2项，整改落实，推进通航环境治理。

开展“老塘山—西堠”新航线LNG专渡首航跟船检查

强化现场监管　出动现场执法人员2030人次，开展LNG现场检查957次，发现违章16起，开展2020年LNG槽罐车泄露应急演习，落实应急预案，推进安全规范管理。

强化自查约谈　汇总运营船舶存在的问题，对海峡轮渡公司开展约谈，通报典型案例和通航安全问题，推进主体责任落实。

强化联动共享　将LNG车辆平台接入处监控值班室，实现槽罐车动态实时掌控。联合港航等部门联合巡航游弋51次，针对大风浓雾等恶劣天气发布预警信息131次，严禁冒风、冒雾开航，推进预警预控到位。通过“四强化四推进”保障LNG安全出运7533航次，有90.2万吨，同比分别增长89%，116%。LNG出运形成“鸭白线”和老塘山至西堠“两线速运”局面。

鸭白线LNG运输现场监管

【打造交通强国海事建设示范窗口】　保障辖区重大项目、重大产业建设　发挥海事专业优势，在水工许可办理、安全保障和通航环境维护等方面进行指导工作。运用安全约谈、通报整改、安全预警等形式消除各类安全隐患，保障册子水道百亩暗礁海域嵌入式AIS预警系统投入运行，甬舟海底高铁隧道海上钻探工程、甬舟集装箱码头二期工程顺利推进。全年开展水工作业现场检查683次，查处违法违规行为4起。

保障陆岛“蓝色通道”　是年，舟山跨海大桥开启新一轮十年监管，围绕“一流大桥、一流监管、一流服务”理念，深化桥区监管联席会议制度、桥区联合隐患排查机制、定线制水域常态化巡航机制和船舶碰撞应急处置实战演习等举措，开展桥区附近水域巡航巡查265次，查处AIS关闭、高频未值守等各类违法违章行为16起，构筑监管网络。跨海大桥运营以来连续九年荣获共创共建“平安大桥”先进单位称号。深化“鸭白线”安全文明畅通航线创建，开展船员海事法律、法规宣传教育和技能培训，提升船员队伍整体素质。开展客运航巡电子巡航4485次，查处客运航线违规抛锚、碍航违法行为为135起，确保“鸭白线”安全畅通。

“舟山跨海大桥2020年运营管理暨春运工作会议”中，舟山定海海事处连续十年荣获共创共建“平安大桥”先进单位称号

打造舟山西部国际化油品储运基地液货码头集群品牌　舟山西部区域有册子、外钓4座超30万吨大型码头和烟墩区域4家小型油码头，液货码头集群。2020年油品吞吐量5410.13万吨，同比增长52%。深化“控、稳、专、预、合”五字诀，打造舟山西部国际化油品储运基地液货码头集群品牌。发布恶劣天气预警预控信息、召开多方安全评估会，严控靠泊管控机制。推广册子实华码头开发的船岸一体化管控系统

应用以及船舶稳泊检查保障狭水道大型船舶稳泊安全深化供油、危化品专项活动，组织专业执法力量重点查处防污染类违法行为，查处不按规定排放船舶污染物17起。助推成立舟山市岑港海上溢油协会，完成外钓溢油应急设备库的建设，推动外钓浮油回收船开工建造。深化老塘山“安全、畅通、文明”港区创建活动，加强协作共管局面。

行政执法

【深化基层党建】 深化“五好班子”建设 发挥“头雁”引领示范作用。以理论中心组学习和党组织生活为主导，结合网上党校及“学习强国”平台，深入学习贯彻习近平新时代中国特色社会主义思想、十九届五中全会精神。强化落实班子成员双重组织生活、“三重一大”等制度执行，全年开展理论中心组学习7次，提升领导班子整体理论水平。

落实 “三会一课”“党日活动”“双联系双服务”等制度 开展观看《八佰》爱国影片、学习全国抗疫先进个人孙玉国事迹等党内活动，提高党内组织生活成效。全年开展主题党日活动13次，党小组会36次，党课3次。深化从严治党，落实巡察发现问题整改工作，提高基层党支部和党员的战斗力。

依托“海莲花”全国巾帼文明岗和“海鹰”青年服务队两大载体 开展“疫情防控志愿者”、水上安全知识进校园、创城志愿服务等系列活动，“海莲花”巾帼文明岗品牌入选第二届交通运输系统优秀文化品牌展，彰显海事形象。运用微信推送、主流媒体跟踪报道等形式，开展内外宣传报道，播发海事好声音。政务信息宣传和信息马拉松竞赛获海事处第一名。

“海莲花”巾帼文明岗慰问社区结对贫困户

实施“模块化”安全监管能力提升工程 划定集装箱、散货等5个模块，固定人员。深化青年培养举措快速提升青年业务能力。落实青年工作生活“双重”传帮带结对机制，搭建“海事入门第一课”“安检讲堂”等学习平台，青年骨干牵头开展集装箱船单船手册、船岸界面作业标准化检查手册等课题研究，营造比学赶超氛围，打造海事“蓝色铁军”队伍。

发挥工会桥梁纽带作用 开展职工乒乓球、摄影、登山等文体活动。对接提供制服洗送、定点理发等服务，提升工会服务水平。

【规范行政管理】 开展“行政执法质量提升月”活动 规范海事行政执法行为。以综合管理体系改版升级为抓手提高内部规范性。通过领导干部“带头学”、各部门“集中学”、执法人员“自主学”等方式，掌握体系文件最新内容及要求，落实执行体系文件，全年开展各类体系文件学习培训20余次。开展综合管理体系模拟“内审”工作，形成内审报告，发现问题69项，及时落实整改。

完善综合督察制度 成立由处领导、法制员及兼职督察员组成的督察小组，核查各项工作完成情况，确保年度工作目标任务推进。落实常态化综合管理体系运行自查机制，实现“日清”“周清”和工作任务闭环化管理，提升基层海事精细化管理水平。

做好疫情防控内部管理工作 落实食堂分餐制、门岗值班制、每日消毒制等举措。发动职工参加新冠疫苗接种22人次，定期采购口罩、护目镜、防护服等确保疫情防控物资配备充足。

筑牢民生物资“供应链”

【打造清廉海事】 强化领导干部党风廉政作风建设

借助理论中心组平台开展4次廉政主题内容学习教育，学习《中国共产党问责条例》《中国共产党纪律处分条例》，交通运输部、浙江海事局、舟山海事局党风廉政建设工作会议精神等，强化领导干部的思想认识，明确党风廉政工作的重点及廉政作风纪律的具体要求。

传导压实廉政监督责任　对违规吃喝违纪问题召开反思违纪案件教训专题民主生活会和组织生活会。履行“一岗双责”，签订廉政责任书及廉洁自律承诺书，开展廉政监督工作。落实从严治党工作责任组织开展党风廉政建设工作会议，对全年工作做部署、监督。落实八小时内工作监管及职工“八小时外”分类分级监督管理，开展廉政工作与中心工作，开展“八小时外”动态“点验”24人次。

开展违规吃喝、“吃拿卡要”问题专项整治工作　对照“五查一改”工作要求开展自查，全体职工撰写廉政学习心得38篇，支部书记、副书记上廉政党课2次，支委会召开廉政专题分析会2次。强化谈心谈话，开展覆盖全体执法人员的廉政谈心谈话136人次，对不良苗头性问题做好提醒。结合海事执法模式改革修改完善海事廉政风险防控手册。

落实防范外部“不诚信行为”工作　通过周（月）度会议、干部大会、节前廉政提醒等多途径督促职工做好“两登记”工作。全年上交登记1次/1人次，合计人民币600元；拒收登记69次/137人次，合计价值约23080元。

开展政风大走访工作　全年走访公司48家，船舶68艘，领导干部带队走访68次，收集到意见建议1条，完成整改工作。强化廉政监督检查，采用安检廉政回访、兼职纪检员现场廉政监督检查、执法音视频廉政抽查等方式加强廉政监督。建立现场执法信息通报微信群，发布违法行为，提高执法透明度。

水上交通事故选介

【概况】　2020年，定海辖区发生水上交通事故8起，较大事故2起、一般事故4起、小事故2起，死亡18人，沉船5艘，直接经济损失约人民币2620万元。未发生有直接海事监管责任的水上交通事故及船舶污染事故。发生事故险情11次，遇险人数99人，获救人数81人，人命救助成功率81.8%。

【事故选介】　2020年3月15日10时26分左右，温州籍干货船“鸿达186”轮由上海装载970吨钢材驶往温州，航经舟山定海大猫山以北水域时(概位：29°58′.44N/122°02′.42E）与由上海空载驶往定海宏洲船舶修造有限公司修理的芜湖籍散货船“信天海2”轮发生碰撞。事故造成“鸿达186”轮沉没，随船货物灭失，3人失踪，经济损失约500万元，构成较大等级水上交通事故。

开展“鸿达186”轮碰撞事故人员搜救工作

2020年3月23日7时37分左右，长航货运有限公司所属的“长丰海”轮装载铁矿石9539吨由宁波穿山中宅码头计划驶往芜湖马鞍山途中，航经定海大菜花山东北侧约1.4海里处水域时（概位30°08′.25N/121°52′.65E），与由金塘沥港原渔业码头开往马目的一无名小船发生碰撞，事故造成无名小船沉没，船上2名人员全部失踪，直接经济损失约50万元，构成一般等级水上交通事故。

开展“长丰海”轮碰撞事故人员搜救工作

2020年4月9日8时29分左右，上海缘升海运有限公司所属的“明东166”轮，装载6217吨汽油，由辽宁鲅鱼圈驶往浙江舟山定海中石化港口浦油库码头2号泊位，航行至港口浦左手礁附近水域时触礁（概位29°59′.3N/122°07′.6E），事故造成“明东166”轮左舷船中第三舱附近局部凹陷、舭龙骨局部撕裂下垂。直接经济损失约35万元，构成水上交通小事故。

2020年8月25日19时38分左右，舟山籍多用途船“晟运1”轮由宁波中宅码头开航，在驶往西蟹峙东侧水域锚泊避风过程中，与锚泊的舟山籍干货船“浩祥7”轮发生碰撞（概位：29°58′.95N/122°03′.46E）。事故造成“晟运1”轮沉没，随船货物灭失，船上13名船员中2人死亡；“浩祥7”轮球鼻首局部凹陷破损等，构成一般等级水上交通事故。

开展“晟运1”轮碰撞事故人员搜救工作

2020年9月8日6时29分左右，常州市奥海航运有限公司所属的“奥海08”轮从张家港港机码头装载门机驶往广州南沙港务有限公司码头，途经桃夭门大桥时（概位30°06′N/121°57.6′E）船舶甲板装载的门机上部总成（门吊）与桃夭门大桥发生触碰，造成桃夭门大桥钢箱梁局部受损、20-21根斜拉索之间风嘴外侧钢板受损、桥面部分栏杆损坏、一套斜拉索阻尼器损坏、电缆损坏；船上所载的门机上部总成（门吊）变形，直接经济损失约250万元，构成一般等级水上交通事故。

2020年10月12日20时57分左右，舟山籍干货船“建扬78”载运约1217吨泥饼从定海册子大皇山临时出运点驶往六横途中，在桃夭门大桥南侧约0.13海里处（概位：30°05′.90N/121°57′.53E）与渔业船舶“苏滨渔12601”轮发生碰撞，导致“苏滨渔12601”沉没，船上2人全部死亡，直接经济损失约50万元，构成一般等级水上交通事故。

2020年12月12日19时21分左右，舟山宏富能化海运有限公司所属的“国宏7”轮，在舟山富生船舶修造有限公司修理完毕后，在码头离泊过程中，触寡妇礁（概位29°59′.8N/122°02′.9E），事故造成“国宏7”轮右舷4号舱双层底舱外板局部破损洞穿，右舷舭龙骨局部变形。构成水上交通小事故。

（撰稿：王　琦）

（本类目照片由定海海事处提供）

责任编辑：袁豪臻

邮政 电信

邮 政

【概况】 中国邮政集团有限公司舟山市分公司（简称邮政舟山市分公司）下辖一区二县（普陀区、岱山县、嵊泗县）邮政分公司。设有各类邮政网点90个，邮政营业所 55 个，邮储网点 35个；位于城区的各类网点13个，农村网点77个。

2020年，舟山邮政有从业人员 933人，男性员工 448人，女性员工485人，含管理类人员28人，技术类人员19人。

全市完成业务总收入18158.27万元，完成省分公司下达年预算目标的93.12%，高于全省平均水平8.71个百分点，列全省地市分公司第4位；收入同比增长2.59%，高于全省平均7.78个百分点，增长率列全省地市分公司第5位，较上年进位4位，为全省4个完成利润目标的地市公司之一。

中国邮政集团有限公司舟山市分公司换牌仪式

【业务发展】 代理金融 金融收入完成9675.92万元，同比增长3.42%，完成省公司年计划的96.87%。全市余额年增7.2亿，同比多增4.2亿，列全省第六位，规模迈上68亿新台阶。白泉网点余额年增8800万元，排名全省网点第8位。利差收入累计增幅5.59%，扭转利差连续三年负增颓势。

农村电商 分销业务收入完成1007.87万元，同比增长36.81%，完成省公司计划的107.91%。全市线上自营批销规模完成814万元，完成省公司年度目标的113.21%。支局同心圆生态圈，完成序时数字化优质站点217个，完成率108.5%；绑定绿卡站点数444个，完成率277.50%；掌柜会员数32947个，完成率205.92%；开通便民服务点数 553 个，完成率345.63%。完成邮乐小店月均分享699人次，完成月均目标108.20%。市公司获取舟山定海区域百事区域代理项目，普陀分公司与普陀区税务局合作“税邮”项目，上线10个代征点15个代征窗口，创新“离岛办税”新模式，丰富海岛普服网点服务功能。

惠农项目 惠农项目生态圈销售自营农品436.80万元，完成率138.67%；基地农品52.22万元，完成率130.55%；省内精品农品5.48万元，完成月均目标109.60%。工业品下乡生态圈完成全市自营批销额814.44万元，完成率113.27%；助力脱贫攻坚方面，市分公司借助“919”电商节活动，电商金融协同开展万单扶贫项目，销售扶贫产品（红薯粉丝）万余单近十万元。岱山分公司通过线上线下团购活动，帮助农户销售滞销大白菜约4万斤，减少农户经济损失。

快递业务 寄递收入完成3481.06万元，同比增长9.95%，完成省公司年计划的92.34%。完成快递包裹收入1201.28万元，同比增长21.55%，完成标准快递收入1180.94万元，同比增长18.23%，完成国际收入418.24万元，同比下降23.61%，完成快递包裹收入1201.28万元，同比增长21.55%。

商企业务　与移动公司达成战略合作协议，与顺丰竞争取得方正证券公司及市工行多项寄递业务，全市对账单回收率持续稳定至94%，提升近10个百分点。同城特投项目实现快速递增，2020年完成同城收入586.19万元，同城业务规模有所提升。

舟山报业、舟山邮政战略协议签约仪式

极速鲜类　极速鲜（海鲜配）项目实施，对标顺丰快递，生鲜梭子蟹配送杭宁朝发夕至，上海线实行次日递。全市完成量收8.89万件和176.9万元，同比增长208.68%和166.98%，完成省公司收入目标的245.69%，在全省"极速鲜"项目增长率和完成率均位列第一位。

物流业务　烟草配送项目，苏宁易购、橙心优选等配送项目先后引入，成功竞标"7412工厂"物流运输项目。物流业务收入完成638.38万元，同比增长5.52%，增长率和省公司计划完成率均为全省第一位。

集邮传媒　集邮业务得益于生肖贺岁季业务的发展，创新"佛"文化理念，成功开发"越来越好——上上签"和"朝圣之路"旅游护照项目，实现业务收入逾200万元。

报刊图书　报刊业务收入完成1159万元，同比增长19.55%，完成省公司计划117.8%。全市销售《习近平在正定》2716册，完成计划目标129.3%，销售"七进图书"党建套餐12套。

数媒业务　打造新建设区南洞艺谷等18个社区有声图书项目，全年完成数媒45.2万元，完成省公司计划102.6%。

绿色邮政　落实《绿色邮政建设行动实施方案》各项工作目标和要求，使用绿色新型包装箱和45毫米窄胶带，电子面单使用率、电商快件不再二次包装率均达标，包装废弃物回收装置布放网点24个，超出网点总数30%的目标要求；省内可循环邮袋使用率98.6%；全市新增、更新揽投车辆100%使用新能源车。

【经营改革】　管理架构　根据寄递业务项目制运和标快投递网建设方案，调整寄递经营机构及相关人员，在条件成熟的全市8家揽投部和3家专业经营部推进众创众享经营机制，释放一线经营活力。优化市本级支局管理架构及职能，组建定海扩权支局和新城扩权支局。

全市邮政半年度工作座谈会

基础设施　定海东园支局新建"邮乐优鲜"农品、集邮、3C业务和政务服务（警医邮、邮税）功能区块，提升网点的服务能力和经营效益。

普遍服务　实施《提升普遍服务特殊服务水平，拓展便民公益服务三年行动计划（2020）》，提升海岛邮政普遍服务水平。开展"压降平信丢失率"专项活动，规范普服邮件各生产环节作业。开展普服邮件时限质量提升活动。加强客户服务体系建设，开展寄递和金融的竞品服务体验，针对服务短板和薄弱环节开展补差、补缺工作。

服务质量　全市邮政营业投递、邮件丢失、行政监管等各项普遍服务关键指标持续向好发展。机要邮件保持全年无失密、无丢损传统，为全省机要通信"二十七连冠"做出贡献。

人力资源　调整6位四级领导干部的工作岗位，提任2名四级副领导干部，1名为90后年轻干部，引进1名80后年轻干部担任金融业务部副经理。出台《舟山邮政校招大学生引进和培养工作指导意见》和《舟山市分公司管理及经营骨干交流工作管理办法》，3名年轻骨干交流至县区分公司工作，4位年青员工走上见习支行长岗位。

财务管理　加强预算执行情况预警分析，将预警分析深入县（区）分公司，提升市管县力度。深化寄递业务损益核算体系和金融网点损益核算，强化业财融合，企业提质增效。强化资金管控，开展邮政企业用户欠费拼户串户核销及公款私存专项整治，账期外欠费清理工作，强化欠费资金发布匹配管理、长账龄欠费发函询证、日常监控和通报考核，严肃经营纪律和财经纪律，规范户欠费核销及营收缴款工作。

金融风控　化解重大风险方面，金融风险管理体系建设和安全生产专项整治工作开展，全年实现金融风险无案件、安全生产无事故，平安邮政建设成效明显。市分公司获评2020年度市级平安单位，石荣新获评市级综治工作二等奖。

寄递改革　制定寄递业务降本增效实施方案，聚焦五大环节关键管控要素指标，推进舟山寄递业务全面降本增效。投递、处理及管理支撑环节单价成本较上年有所改善。

【文明建设】　文明创建　结合舟山市创建全国文明城市工作，弘扬社会主义核心价值观，组织广大党员和团员青年组织志愿服务队，深入社区、渔农村开展志愿服务活动。在预防新冠肺炎病毒中，党员组成突击队，参与学生图书配送、邮件封发处理、进口包裹投递、在居民净菜配送及结对社区疫情防控。

岗位技能　完成管理人员继续教育学习工作，合格率达100%；4位领导干部参加2020年全省邮政县（市）分公司领导干部研修班；1位领导干部参加中国共产党中国邮政集团有限公司党校2020年秋季学期培训班；7位新任支局（网点）负责人参加《支局长岗位资格远程培训班》，5人参加新任支局（网点）负责人集中培训；4位安检人员参加2020年度国家邮政业安全中心第22期邮政、快递企业安检人员培训；2位揽投负责人及2位揽投骨干参加全省快递包裹专业揽投部揽投骨干能力提升培训。

互助保障　全市801人参加全省邮政职工医疗互助保障会，743人参加地方工会组织的职工住院医疗互助保障会。

工会组织　开展金秋助学、重大节假日、“双11”、“双12”走访慰问，金融跨赛等业务旺季“暖心家访”等活动。组织邮政职工138人7个批次进行疗休养；送培52人次参加全省“降压增效特训营”活动。设立“驾驶员休息室”、职工小家“最美庭院”和“妈咪暖心小屋”建设；关注小家建设薄弱环节，解决部分基层投递职工吃饭难等问题。

（撰稿：胡建军）

（本分目照片由中国邮政集团有限公司舟山市分公司提供）

中国电信股份有限公司舟山市定海区分公司

【彰显央企担当】　是年，电信定海分公司配合政府开展疫情防控工作，组织5批党员25人次参与金塘大桥高速路口疫情检测工作，守牢疫情防控的“第一道关卡”；紧急采购3批帐篷（累计65顶）提供各乡镇街道重点路口的疫情布控；助力全国文明城市创建，完成定海区旧改小区430幢，整治架空线路和各类光皮线900余户，组织86名党团员和骨干员工开展交通文明劝导活动，为打造文明定海提供电信力量。

党员志愿者配合区疫情防疫指挥部奔赴金塘大桥防疫监控点

【开展党建和党风廉政建设】　邀请市委党校教授上党课，弘扬爱国主义精神；落实“一岗双责”，开展四个专项治理工作（针对领导人员及其亲属围绕企业经商治理、针对“小金库”专项治理、针对选人用人专项治理、采购业务合作领域专项治理），组织完成关键岗位人员廉洁从业情况自评和检查。警钟长鸣，每逢节假日提前做好廉政短信提醒，推动党风廉政工作建设。

"七一"活动重温入党誓词

【加快5G网络建设】 发挥技术优势，坚持5G SA方向，创新引领行业发展。加快网络建设进度，打造5G精品网络。实现全区主城区、县城、重要乡镇、重点景区等区域5G室外覆盖，实现重要热点区域室分覆盖。

【加快"数字化"建设】 承建雪亮工程、天翼看家监控点，推进"美丽乡村""平安乡村"建设，配合中各乡镇街道重点打造基层综合治理三级联防平台；打造智能抄表、智慧消防、智慧养老，开启万物智联时代。实施数据(定位)支撑"健康码"平稳运作，为老百性出行和企业复工复产提拱支撑；安装疫情监控500余个点位，提升疫情防控工作的成效。拓展企业上云、智云护航，打造海上融合通信管理平台。

【推进服务工作】 实施客户领先三年计划，建立"客户说了算"服务评价体系，践行"卓越服务"五项承诺。强化客户感知为核心，举办"VIP内购会""感恩母亲节""星级客户健步走"等俱乐部活动，提高客户服务满意度，促进公司服务形象提升。宽带业务围绕受理、装维、使用、投诉等关键环节夯实基础服务能力。提升装维快装快修服务，借力微信客户端推广服务，得到客户认可。

【打造"建家3.0"团队文化建设】 实施"为民服务解难题十件实事"，改善美丽家园设施，实施暖人心工程，营造一家人氛围。深入"四小品牌"建设，把党建融入到"一家人"建设中。从团队、目标利益、管理、渠道、文化融合五个方面，推进"一家人"文化建设，促进"一家人"文化渗透到实际工作中，推动文化引领和运营机制的落地，发挥市场化推进对提升企业内生动力，加快转型发展，实现规模突破。

（撰稿：李　晶）

（本分目照片由电信定海分公司提供）

中国联合网络通信有限公司舟山市定海区分公司

【概况】 是年，中国联合网络通信有限公司定海区分公司（下称"定海联通"）围绕集团总部"五新"联通建设（新治理、新基因、新新运营、新动能、新生态）和省公司"1+4+4"重点战略任务目标（1：坚持党建统领，守初心担使命，实现高质量党建引领高质量发展；4+4：加快互联网化运营转型，聚焦2I2C、2H2C产品创新与触点建设，实现公众业务质效规模增长；加快全量用户经营转型，打造互联网化的存量和服务体系，实现客户价值与感知体验双提升；加快政企2B2C协同发展转型，深化政企BG改革夯实自主能力，实现政企业务增收创利能力双提升；加快县域全面振兴转型，强化支撑减负与赋能穿透，实现县域竞争力与价值贡献快速提升；加快中台运营赋能升级，建设集约化、智能化的中台体系，助力互联网营销模式转型；加快价值经营能力升级，全领域增强价值经营意识、强化资源精效配置，实现公司利润增长大跨越；加快网络运营保障升级，深化共建共享与网络重构，实现网络效能与客户感知双提升；加快企业治理能力升级，完善企业治理体系，实现企业治理现代化、高效化），坚持数字化转型，践行新发展理念，完成既定的各项工作目标，完成主营业务收入5503万元，全年手机出账用户数近4万户，5G用户累计达到1万户，宽带出账用户近1万户。

【党建统领】 推进三大攻坚战、网络强国战略、提速降费、携号转网等重点工作落实到位。树立"党建是生产力，党建是企业品牌"的思维理念，提高公司党员以及普通职工的思想认识，探索党建工作与经营工作融合的新模式，构建以党建为统领、统筹推进各项工作的新模式，推进基层党建科学化运转体系的形成。

【文明单位创建】　开展市级文明单位创建工作。开展志愿服务活动，全员参加志愿者交通协管工作。与社区结对，在疫情期间帮扶畚金社区开展路口卡点检查，小区喊话宣传，楼道消毒检查等工作。在定海汽车站开展长期志愿者活动，对进站用户开展绿码检查登记工作。配合区文明办做好窗口各项工作的落实和布置，完成5家营业厅、6家渠道的创城布置，推动宣传内容及台账的更新。开展老旧小区整改及主干道光缆落地工作，完成13个小区、500多幢楼房线路整改，15条主干道光缆落地，更换600余个壁挂式箱体、250多个破损窨井盖，完成200个楼道多媒体箱刷漆工作。

“新时代文明实践系列活动”之结对村志愿者

【5G引领】　是年，百万以上项目突破2个，合同金额334万元。智慧教育领域，突破考试院项目、舟山职业技术学校沃云等项目；智慧文旅医疗领域，突破定海中心医院机房IDC托管项目（互联网数据中心主机托管项目）；智慧城市领域，远洋小镇智慧港口等一系列重大项目落地。

【客户感知】　聚焦客户感知，构建全触点满意度实时评价体系，网络体验、业务产品体验、渠道触点体验提升，客户感知实时评测。防范化解服务问题，携号转网、傲慢服务专项申诉有效压降。提升VIP客户服务满意度，聚焦星级用户推出星享计划，实施VIP尊享化、差异化服务。每月开展“联通有你客户日”活动，为联通用户提供VIP个性化服务，提升服务水平，拓宽社会监督渠道。疫情期间，开展网上直播活动，实现客户足不出户体验通信服务。网络新建接入突破。是年，完成19个新建小区资源验收及录入，完成接入工单86单。

【职工小家】　明确家文化体系建设、文化阵地建设等工作重点。组织爬山、羽毛球、观影、春游、野餐、读书等活动，放松员工情绪，提升精神状态。

分公司开展秋游活动

（撰稿：傅玲玲）

（本分目照片由中国联通定海分公司提供）

责任编辑：王燕迪

中国移动通信集团浙江有限公司定海分公司

【概况】　中国移动通信集团浙江有限公司定海分公司（以下简称公司）下设综合部、市场经营部、政企客户部和网络部四个部门，设新城、白泉、金塘、盐仓、昌国、环城、马沙7个网格及16家营业厅。

是年，公司及下属班组先后被评为浙江省文明单位、舟山市健康示范单位、市级“四红”党组织；省公司级EAP职业幸福感最佳建设班组、市公司级“六好”党支部、市公司级优秀团队、市公司级先进分工会等荣誉称号。

【区两会服务保障工作】　1月16—20日，舟山市定海区第十七届人民代表大会第四次会议、中国人民政治协商会议第六届舟山市定海区委员会第四次会议相继召开。定海移动在会议服务点为来自定海各个乡镇的两会代表及工作人员提供会议通知短信群发、业务咨询、业务办理、手机贴膜等个性化服务；展示智能家居等信息化业务。

【助力区公安分局金塘高速站口疫情防控】　2月1日晚，定海移动接到公安局定海分局来电，节后客流返程高峰期，针对返舟人员身份核查，分局需要增加金塘高速服务区防疫卡口警务通设备。疫情期间定海移动响应速度快，明确上门服务流程及疫情防护要求，安排落实客户经理、营业开户、代维等相关部门人员，2月2日现场实施设备调试及号码开户，落实免停等后续服务保障。

警务通设备调试现场

【抢修舟山菜篮子网络设备】 2月2日晚上9点，菜篮子信息部大楼内部线路故障停电，汇聚网络设备离线，将直接影响各个菜篮子直供店常规运行，影响居民居家防疫。定海移动网络部接到指令，组织维护人员，对大楼网络设备应急发电，当晚10点30分起设备运行恢复正常。

【助力社区疫情防控】 2月3日，多个社区开展居家医学隔离用户视频监控业务推荐，协助社区密切关注隔离住户外出情况，助力全区疫情防控。2月9日13时，根据市纪委及舟山市新型冠状病毒肺炎疫情防控工作领导小组办公室要求，定海移动响应新城管委会号召，在公安城管维护秩序稳定、医护人员助力做好防护的前提下，10日凌晨2时完成新城隔离中心应急监控勘探及安装工作。

【助力流动人口动态监测】 防疫期间重视返舟人员排查。2月26日，定海移动与定海区流动人口服务中心相关负责人就流动人口动态监测平台项目进行沟通并达成合作意向。该平台以定海地图显示为基础，依托移动数据系统和流动人口信息平台，与雪亮工程做数据对接，形成流动人口数据库。开展疫情排查，实时统计定海各区域流动人口的数据监测，呈现各区域动态数据指标，为综治指挥提供重要时机的处置判断依据。3月2日，定海移动与定海区流动人口服务中心成功签署战略合作协议，为全区流动人口提供移动服务，推进双方合作共赢。

流动人口动态监测平台沟通现场

定海区流动人口服务中心与中国移动通信集团浙江有限公司定海分公司战略合作框架协议签约仪式

【疫情防控志愿服务】 推进企业复工复产，履行企业社会责任，与金塘高速站点、客运中心等关键点位对接落实支援服务。

【党建和创】 发挥基层党组织“党建和创”纽带作用，落实高质量党建引领和促进公司高质量发展，助力公司实现“防疫生产两战赢”，定海移动党支部积极与区经信局机关总支部对接，“党建和创”嵌入防疫互助与业务互补，推广公司5G业务、提升企业社会形象。

【打造“5G+智慧油库”项目】 定海移动与中化兴中石油转运（舟山）有限公司开展“5G+智慧库区”应

用建设，完成码头5G安全帽智慧预警、新建库区5G智慧工地建设、5G智慧引航系统建设等项目，设置一台5G巡检机器人。该项目被《人民日报》等多家中央媒体报道。

【打造“5G+智能公园”项目】 定海移动携手定海湿地公园打造“5G+智能公园”：该项目包括安防监控系统、无线覆盖系统、背景音乐系统、舟山首创智慧充电、跑道系统。打造集手机无线充电、手机USB充电等功能为一体的智慧便民充电设施、智慧跑道系统等一系列5G应用场景，提升公园智慧化管理和服务水平。

【打造“5G+智慧路灯充电桩”项目】 定海移动与国网联合打造集智慧照明、5G通信、汽车充电、视频监控、信息交互为一体的“5G+智慧路灯充电桩”。被新华社、《人民邮电》报、浙江在线报道。

【打造“5G+智能制造”项目】 定海移动与金塘管委会等签订5G战略合作协议，在智能制造、智慧园区管理、工业互联网平台建设、智慧物流等方面达成合作意向。

【助力定海美丽乡村周宣传】 5月22日，启动浙江定海美丽乡村周评选活动，定海移动配合马岙街道在青青世界的评选会场展示公司5G+VR、最新款5G智能终端等各类物联网应用产品。5月25日，浙江定海美丽乡村周启动仪式在新建村南洞艺谷盛大举行，定海移动全程开展和商务直播，为活动提供多维度的媒体宣传。

【推进“5G+智慧旅游”项目】 6月18日，定海移动与舟山市定海旅游发展集团有限公司签署5G+智慧旅游战略合作协议，探讨现代旅游业与传统旅游业的区别及定海旅游发展方向，民宿建设、南洞景区展示等方面达成信息化合作意向。

【助力定海区流动人口管理】 定海移动纳入定海流动人口义工队管理组织。与定海流动人口服务中心合作，定海移动9个主厅开放流动人口量化受理窗口，打造“新居民娘家人”口碑。

【助力社区反诈骗宣传】 6月16日，定海移动协同金塘派出所及金塘港城大妈反诈志愿队，在甬舟集装箱码头有限公司开展防范电信网络诈骗宣传。现场反诈知识宣传到位，获得金塘派出所认可，当天下午在定海山新闻和无线舟山新闻进行报道。

【完成金塘大桥5G建设】 6月2日，启动舟山金塘大桥5G信号覆盖工程。按照既定计划推进施工，截至6月30日，金塘大桥7个5G基站完成安装和开通。网优测试结果显示，基站各项指标正常，5G信号覆盖情况良好。

【推进企业上云】 定海移动与区经信局机关党总支开展“党建和创”，深入双方党业合作。支部党员牵头，带领团队对接协助做好任务攻坚。

【圆满完成甬舟铁路开工仪式通信保障】 12月22日，甬舟铁路开工仪式在定海区册子岛小晒网村举行。定海移动与主办单位衔接，获取开工仪式准备进度，保障开工仪式网络顺畅。落实疫情防护工作，开通应急通信车，开通双路由确保传输安全。现场4G网络数据流量达5GB，保障区域内通话无拥塞，视频直播无卡顿。

【助力“品质舟山”建设】 助力“品质舟山”建设，

管线施工现场

深化“党业融合”工作，推动综合管线工程实施，定海移动配合市政建设，就新城千岛路提升改造工程中涉及的通信基站移位，组织基站临时闭站拆除，启动应急通信保障预案，完成通信保障方案及应急仓开通。

【慈善一日捐】 8月20日，定海移动组织“慈善一日捐”活动。定海移动党支部历年来重视此项活动。收集善款5730元，款项交给区慈善总工会。

（撰稿：乐玲玲）

（本分目照片由中国移动定海分公司提供）

责任编辑：袁豪臻

财政　税务

财　政

【概况】　2020年，定海区实现地区生产总值569.56亿元，按可比价计算，增长2.5%。按户籍人口计算，人均地区生产总值142328元，增长2.0%。分产业看，第一、二、三产业增加值分别为12.77亿元、202.85亿元、353.94亿元，分别增长14.8%、0.9%、3.1%。三次产业结构比为2.2∶35.6∶62.2。社会消费品零售总额增速下降6.8%，全区居民人均可支配收入为60668元，增长4.3%，其中城镇常住居民和渔农村常住居民人均可支配收入分别为69857元和39227元，分别增长3.7%和6.5%。全区财政总收入52.60亿元，增长0.4%，一般公共预算收入32.02亿元，下降1.5%，一般公共预算支出43.51亿元，下降10.2%。通过争取上级补助等方式，实现全年收支平衡。

【统筹疫情防控和经济发展】　做好新冠疫情防控　建立疫情防控工作机制，累计投入4029万元用于医疗救治、人员补助、物资采购等。开通政府采购“绿色通道”，以简流程、提效率保障涉疫物资采购。落实专人参加政策、工业、消费、出口等专班。

加大小微企业帮扶　贯彻《关于应对疫情支持小微企业渡过难关的意见》等新政，加快政策兑现，累计兑现疫情期间惠企财政政策补助资金7408万元，惠及企业和个体户6155家。实施“五减”专项行动，累计减税降费12.00亿元。

抓好两直资金落地　争取到中央、省直达资金3.48亿元，制定分配方案，加快资金下达速度，2020年直达资金支付率达100.0%，为保就业、保民生、保市场主体提供支撑。发挥抗疫特别国债补短板作用，支持基层卫生服务提升建设、城乡医疗救助等。

4月17日，区财政局领导班子赴定海工业园区宣传疫情期间出台的系列惠企政策

【组织财政收入】　抓好收入分解目标落实　2020年，一般公共预算收入占财政总收入的比重为60.9%，地方税收收入24.44亿元，下降3.9%，占一般公共预算收入的比重为76.3%，一般公共预算收入占GDP的比重为5.6%。规范非税征管，提升收缴效率。全年完成非税收入14.24亿元，其中纳入一般公共预算管理的非税收入7.58亿元，增长7.1%。

加快建设地方财源　出台新一轮镇街（园区）财政体制，完善区与镇街（园区）财力分配关系，超收财力向基层倾斜，提升引资引税合力。

积极向上争取资金　紧跟专项债券资金投向领域，争取到地方政府新增专项债券8.25亿元和到当年到期需还本的再融资债券8.90亿元，补充全区财力。

培育经济发展动能　发挥财政资金引导作用，激发市场主体活力。安排各类产业政策扶持资金2.12亿元，加快传统工业、建筑业、内外贸产业转型升级。坚持创新驱动，全年科技支出1.16亿元。

【保障民生需求】 全年民生支出30.28亿元，占一般公共预算支出的比重达69.6%。社会保障支出3.39亿元，增长24.3%。发放困难群众、重点群体等补助资金7050万元，提高民生支出标准。打造长白海岛幸福驿家等5家居家养老服务中心。医疗卫生和计划生育支出2.69亿元。保障城乡居民基本医疗保险，实施困难群体医疗救助，支持基层卫生医疗机构建设，推进补偿机制改革。支持教育事业发展。教育事业支出6.33亿元。支持学前教育、民办教育发展，提升基础教育办学条件。启用定海六中、檀枫小学等新校区，支持定海城关二幼、小洋岙幼儿园建设。推进乡村振兴战略。农林水事务支出8.76亿元。支持现代农业发展，加快农业转型升级。推进美丽乡村建设，完成一事一议财政奖补项目立项26个。马岙街道农村综合改革集成示范区建设项目入选省级试点项目。公共安全支出3.04亿元，支持平安定海建设。文化旅游体育与传媒支出7579万元，推动文旅融合发展，提升全区文化软实力。支持老旧小区改造和文明城市创建工作，优化城市品质。

6月1日，定海区财政局创建全国文明城市决战动员大会

【做强国资国企】 深化国企市场化改革,在前期市场化改革试点推进的基础上，继续深化国有企业改革。出台企业负责人薪酬改革、企业职工薪酬总额预算管理等制度，建立与市场化进度相适应的管理制度体系，规范国有企业运营。加强国有资产监管,梳理、盘活账外闲置资产、市级划拨置换资产、行政事业性资产等，做大做强国有资产。完成对全区61家国企资产管理情况专项检查。完善国有资产管理情况向人大报告制度，依法加强人大国资监督职能。推进国企退休人员社会化管理。顺利接收国企退休人员4843名。加强国企融资和债务管理。将国有企业融资规模纳入预算管理，规范地方政府债务的举借和国企融资行为。创新资本市场融资方式，加强直接融资工作。全区国企累计发行各类债券等62.00亿元，保障全区重点项目建设。

【强化财政监管】 强化预算绩效评价 参与起草《关于全面落实预算绩效管理的实施意见》，印发《定海区全面落实预算绩效管理行动方案》，出台事前绩效评估、绩效监控、项目支出评价、成果应用等4个管理办法，构建全过程预算绩效管理制度体系。推进部门整体绩效预算改革试点，提高全区整体绩效水平。

履行财政监管职责 实施“双随机”财政票据检查。加强内部控制建设，引导全区142家行政事业单位完善内控体系。加强资金和项目监督检查力度，做好水利、扶贫等资金和基层财政管理专项检查。针对检查中发现的各类问题，查找制度漏洞，完善管理机制。推进财政专项资金分配政策、执行过程和实施结果的全过程信息公开。

加快数字财政建设 推进机关内“最多跑一次”改革，全年完成线上办件3554件，数量领跑全区。依托“政采云”平台推进政府采购数字化，2020年交易规模达3.38亿元。推进财政电子票据改革，全区163家用票单位均开通电子票据。政府投资项目网上申报系统全线贯通，完成审定项目1126个，审定金额70.86亿元，核减率6.3%。

【聚焦风险化解】 防范财政收支风险 牢固树立过紧日子理念，强化财政支出管理，坚持“以收定支”，保障党委、政府重点工作和民生支出需要。优化支出结构，累计压减一般性支出4800万元，盘活财政存量资金6.52亿元，对结余、沉淀资金做到应收尽收、应统尽统。

防范政府债务风险 坚持“防风险与促发展并举、开前门与堵后门并重”的原则，争取并用足用好政府专项债券，满足全区建设、发展的资金需求；另落实隐性债务化解专项行动，压缩政府债务率，强化政府投资项目管理，科学评估财政承受能力及债务风险，落实“三个不得立项”要求，合理安排政府投资预算。

防范社保基金风险 做好被征地农民等群体养老

保险提额、补缴、接续等工作。预测社保基金收支缺口，做好国有资本充实社保基金工作。

【推进从严治党】　加强党风廉政建设，制订党风廉政建设工作要点及责任清单，落实“一岗双责”。排摸廉政风险点27个并抓好整改。加强基层党组织建设,筹备成立定海国资公司、定海旅游集团公司二级党委，建立健全党建责任体系及工作机构，不断提升国企党建水平。打造“五型财政党旗红”品牌，建设“红色驿站”党建活动室。加强政治素养和干部队伍建设,开展党委理论中心组集中学习5次，学习党的主要会议和习近平总书记考察浙江重要讲话精神，推动理论学习与财政工作深度融合、同步提升。组织开展2020年度财政干部能力素质提升班和党员教育轮训，新提拔中层4名，另安排4名中层轮岗。搭建党、工、青、妇等组织平台，提升财政干部综合素质和履职能力。

6月24日，区财政局党员干部重温入党誓词

2020年全区财政收入情况统计表

表22　　单位：万元

项目	2020年	2019年	2020年为2019年%
财政总收入	525960	523753	100.42
一、一般公共预算收入总计	320252	325120	98.50
1. 增值税	103205	90784	113.68
2. 企业所得税	31147	39876	78.11
3. 个人所得税	11554	11907	97.04
4. 城市维护建设税	18223	16732	108.91
5. 资源税	8914	12239	72.83
6. 城镇土地使用税	20807	21372	97.36
7. 契税	16783	17885	93.84
8. 其他地方各税	33772	43632	77.40
9. 行政事业性收费收入	7696	1031	746.46
10. 专项收入	17235	15937	108.14
11. 其他收入	50916	53725	104.60
二、上划中央四税收入	205708	198633	103.56
1. 消费税	38452	30175	127.43
2. 增值税	103205	90784	113.68
3. 企业所得税	46720	59814	78.11
4. 个人所得税	17331	17860	97.04

2020年全区财政支出情况统计表

表23　　　　单位：万元

科目	2020年	2019年	2020年为2019年%
一般公共预算支出合计	435109	484502	89.81%
1. 一般公共服务支出	43324	42866	101.07%
2. 国防支出	329	430	76.51%
3. 公共安全支出	30418	28960	105.03%
4. 教育支出	63268	62986	100.45%
5. 科学技术支出	11601	11486	101.00%
6. 文化旅游体育与传媒支出	7579	7328	103.43%
7. 社会保障和就业支出	33939	27306	124.29%
8. 卫生健康支出	26948	27698	97.29%
9. 节能环保支出	9128	3671	248.65%
10. 城乡社区支出	32343	64206	50.37%
11. 农林水支出	87572	87253	100.37%
12. 交通运输支出	20583	28014	73.47%
13. 资源勘探信息等支出	9736	8784	110.84%
14. 商业服务业等支出	3204	3103	103.25%
15. 金融支出	137	50	274.00%
16. 自然资源海洋气象等支出	3929	3200	122.78%
17. 住房保障支出	25787	42546	60.61%
18. 其他支出	25284	34615	73.04%

（撰稿：王哲烨）

（本分目图片由区财政局提供）

税　务

【概况】　2020年，国家税务总局舟山市定海区税务局以习近平新时代中国特色社会主义思想为指导，落实党中央、国务院的决策部署和定海区委、定海区政府的工作要求，服务“六稳”“六保”大局，统筹推进疫情防控和地方经济社会发展，持续推进税收现代化，完成定海税收事业“十三五”任务，为全面开启定海区“花园式国际人文港城”建设做出贡献。

是年，定海区税务局第一税务所获评“省级青年文明号”“市级巾帼建功先进集体”称号；孙铁军获首届浙江省“最美税务人”称号，陈乾获“舟山好人”荣誉称号，赵秋艳获市级“优秀志愿者”称号。

【收入情况】　2020年，定海区税务局组织各项收入75.24亿元，减幅0.61%；其中税收收入46.63亿元，减幅4.84%，完成全年目标任务的100.00%；社保基金收入26.95亿元，增幅7.91%；两项教育费附加收入1.37亿元，增幅8.79%；残疾人就业保障金收入2843万元，减幅32.25%。完成县区级地方税收24.44亿元，减幅3.94%。税费收入呈现三大特点：一是非即期税收占比较大。2020年入库非即期税收6.62亿元（县区级4.13亿元），同比增加11.29%，占全部税收的14.19%。二是减税降费成效显著。2020年减免税费12亿元，其中落实“五减”政策减免税费1.86亿元，落实“降本减负”政策减免税费10.14亿元。三是企业所得税降费明显。主要原因在于疫情影响企业利润以及往期房地产项目已基本售罄。

【深化全面从严治党】　把学习习近平总书记最新重要讲话和重要指示批示精神作为党委会的“第一议题”、党委理论学习中心组学习的“第一主题”和干部教育培训的必设课程。2020年列入党委会“第一议题”学习17次、干部教育培训必设课程4批次，组织党委理论学习中心组学习会12次。以“双争双强一创建”活动为抓手，全面建立支部书记抓基层党建责任清单、领办基层党建项目制度，形成支部书记亲自抓、专职副书记和组织委员具体抓、支部党员配合抓、“双责党员”协助抓的工作机制，实行党员干部“亮身份 作表率”。持续加强党内监督和“两权”监督，将原有的8个党支部重新划分成18个党支部，升级优化基层分局（所）党的建设规范。在浙江省税务系统内率先建立“党建长”队伍，实施“一岗双职”型党建新模式。

7月17日，定海区税务局“党建长”团队面向党旗庄重宣誓

【推进疫情联防联控】　落实“优惠政策落实要给力、非接触式办税要添力、数据服务大局要加力、疫情防控工作要尽力”的“四力”要求。梳理测算各类疫情期间税费减免政策，采取开辟绿色通道、容缺审核、云端办理等举措，实现优惠政策的快兑现、稳落实。启用全省首个云端税务机器人“税宝”，构建“智慧云”办税厅。依托浙江省税收大数据平台，多维度分析增值税发票流向，帮扶7家企业对接供需，实现销售额1414.31万元，加快复工复产步伐。动员党员干部全力支援社区助力疫情防控第一线，累计出动3162人次参与疫情防控活动，人均志愿服务达39.9小时。孙铁军同志获“疫情防控和复工复产一线表现突出的基层党员”荣誉称号。

3月6日，定海区税务局党员先锋队深入服务社区一线疫情防控

【落实减税降费政策】　全面落实“减免降抵退缓”六个到位要求，落实支持疫情防控和减税降费各项政策，支持“六稳”“六保”工作。2020年，落实疫情防控期间税费优惠政策减免12亿元，其中政策性减、

8月7日，定海区税务局赴企业开展实地政策宣传辅导

免、缓地方税收收入3.96亿元。在全国率先实现国际航行船舶加注燃料油出口退税政策落地，率先完成全国首票享受出口退税的船用低硫燃料油出口业务办理，为中海石油舟山石化有限公司办理退税191.67万元。

【抓实改革创新】 打造"定海山智税联盟"，形成"云税厅""云服务""云端口"的三位一体新格局，打破时间和空间的限制，为离岛纳税人搭建"云端之桥"，输送智能办税新体验。在"智慧云"办税厅的基础上，持续强化离岛办税社会化自助办税服务点的建设，增设12台自助办税设备以及6台自助终端。深化税收征纳沟通平台建设，开展云端授课、云视频宣传15次。组建"税收数智分析团队"，打造供应链、技术链、营销链资源共享云平台，发掘钢材供应企业70多家，签订采购合同1500多单。

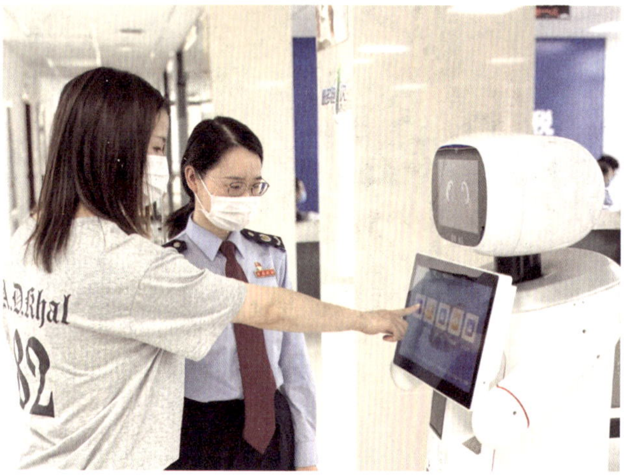

5月12日，定海区税务局上线全省首台税务云端机器人"税宝"

【完善税收征管举措】 强化信息运维保障和信息数据分析，挖掘第三方信息数据，分级分类加强对涉税犯罪的风险防控。成立"税警联络工作室"，深化"税务+法院"合作；加强与自然资源和规划部门、财政等部门的配合协作，形成数据共享、协同共治工作格局。全面推进增值税普通发票电子化，稳步开展增值税专用发票电子化试点，2020年普通发票电子化率85%。开展房产税、城镇土地使用税税源普查，完成各类应（可）清算房地产项目7个，清算补缴土地增值税867万元。落实定海区社保费征收职能费划转工作，全年平均缴费登记率100%，申报率99.86%，入库率99.99%，零申报率2.77%，四项指标均居全市第一。开展电力类非税收入明细申报管理试点，引进舟山市首台社保自助终端ARM机，形成在线缴费—自助签约—申请退费—开具完税的"一条龙"式服务链。

【优化税收营商环境】 动态更新14类199项"最多跑一次"事项清单和办税指南，保持税务事项"最多跑一次"100%全覆盖。建成覆盖全渠道、全业务、全流程的税务系统政务服务"好差评"制度体系，完善"差评回访"整改监督机制。建立立体化网格，分层级、分区域、分类别组建三级网格化管理的税企交流群和专项服务群，通过"征纳沟通平台"，精准定向推送纳税人1921户，各类优惠政策2146条。创新培训方式，组建"定海山直播间"，采取网上直播及录播的形式，进一步扩大政策培训受众面。2020年，组织开展2次直播培训，观看人数逾2000人次。完善纳税信用体系，进一步扩大"银税"合作范围，在原有4家合作银行的基础上，新增2家合作银行；对信用等级为A级、B级、M级的企业提供无抵押贷款，缓解疫情期间企业融资难、成本高的问题。是年，"银税互动"银行授权贷款2041户次，提供授信贷款28237万元。

5月28日，定海区税务局召开税企座谈会

【打造法治税务阵地】 构建全面覆盖、全链防控、全员有责的内部风险防控体系。全面推行行政执法公示制度、执法全过程记录制度、重大执法决定法制审核制度。落地长三角申报发票类税务违法行为行政处罚裁量基准和税务轻微违法行为"首违不罚"清单。启动增值税发票风险全链条防控全环节试点，完善增值税发票风险快速反应机制。参与扫黑除恶专项斗争，在"打财断血""打伞破网"方面持续发挥作用，打好扫黑除恶专项斗争收官战。完善风险导向下的“双随机、一公开”监管，推进打击虚开骗税两年专项行动，打击“假企业”“假出口”“假申报”及骗取涉疫优惠等涉税违法犯罪行为。

12月4日，定海区税务局开展宪法宣传周活动

【推进“作风建设年”活动】　把握新时代加强作风建设的新任务、新要求，紧盯节庆假日、婚丧喜庆等重要节点和公务接待、公车使用等高风险环节，开展教育提醒、通报警示395人次。紧盯“四风”问题反弹，综合运用广泛走访纳税人了解情况、专项检查、明察暗访、“八小时”外突击检查等手段开展专题监督，开展廉政谈话，督促责任主体落实纪律检查。2020年，发送节日廉政提醒短信1700余条。

【强化队伍建设】　提高选人用人科学化水平，配强基层分局及税务所的领导班子，推进中层领导干部交流任职，组织完成7名正股领导干部（含平职重用2人）、4名副股领导干部的任职考察，2名副股领导干部的试用期转正任职考核。把握正向激励导向，推进职务职级并行制度。是年，开展职级晋升4次，涉及晋升人数70人次。实施文化兴税工程，打造“百家税坛”教学模式，实施“一线赛场”考学模式。统筹规划好分级分类培训，建立健全培训效果反馈机制和培训资源共享机制，累计组织和参与培训45场，920人次。在舟山市税务系统进出口业务比赛中，税源管理股获团体第一名。

（撰稿：赵旻雯）

（本分目图片由区税务局提供）

责任编辑：王英伟

定海渔业习俗之忌讳

旧时渔家在生产和日常生活中有着许多忌讳与戒律，直接反映了渔民的心理和朴素愿望。每汛首次出海，要避开农历初五、十四、廿三，因为有“初五、十四、二十三，神仙钓鱼掣空篮”之说。在船上，切忌双脚悬于舷外，以防“水鬼拖脚”；忌头搁膝盖，手棒双脚，姿势象哭，太不吉利；忌吹口哨“招风引浪”；忌拍手，以免“两手空空，无鱼可捉”；切忌说话中有“碰石岩”、“做乱梦”等语，因“梦”与“网”谐音，网乱自然捕不到鱼；渔船靠岸切忌高喊“到了”，因“到”、“倒”谐音，极不吉利。尤其忌讳妇女上渔船、跨渔网，以免“冲犯船神、网神”；不能七男一女同船，“八仙闹海”必激怒龙王而翻船。如果正好同船者七男一女时，则应大声说：“今天船上有九人（另一人指船上的圣堂菩萨），以解“八仙过海有去无来”之忌。船上还要“忌红白”，即拒家中有红、白事（红为产房，白为丧葬）的人上船。海上如遇恶浪，称为“肮脏浪”，系是“海开口，鬼讨食”，应向海中撒米。遇大风船只抛锚时，则橹前（左舷）烧白纸马，橹后（右舷）烧黄纸马。用餐时，吃鱼不能翻转鱼身，盆、碗、盅不许覆置，（忌讳翻船）。筷子不可搁在碗上，（影射搁浅）。此外日常生活中还有许多语言忌讳，如“猪”与“输”谐音，猪头要叫做“利市头”，猪耳朵就叫“顺风耳”；“石”、“舌”、与“蚀”谐音，石浦就叫做“赚浦”，舌头叫做“赚头”，食罩称为“赚罩”等。上述习俗除少数因袭至今，大都消失。

银行　保险

定海海洋农村商业银行股份有限公司

【概况】　2020年，定海海洋农商银行围绕“做业务最实、与民企最亲、离百姓最近”市场定位，开展“狠抓落实年”和“强化基础 优化机制”主题活动，应对疫情影响和复杂的经济金融形势，服务“六稳六保”、融资畅通工程、乡村振兴战略等大事要事，加快数字化转型和大零售转型步伐，持续推动全行各项业务平稳健康发展。至年末，全行各项存款余额191.98亿元，各项贷款余额152.65亿元，五级不良贷款余额占比1.16%。

【坚持党建引领】　全面加强党的建设，履行党建工作主体责任，落实巡察反馈问题的整改，持续巩固联社党委巡察成果，实现党建、业务“两手抓、两手硬”；完善“党建+金融”服务模式。持续深化党建联盟成效，对接区委组织部（两新工委），加快推动与两新组织“红色互助”，联合推出“红色互动贷”，进一步增强服务地方党建和经济社会发展能力。至年末，与33个两新企业党组织建立党建联盟，发放“红帆贷”等相关贷款130万元。

【护航复工复产】　强化货币政策工具应用　运用3000亿疫情防控专项再贷款资金，与杭州联合银行协同放贷，直接投放给辖内6家疫情防控省级重点名单企业；向舟山中支争取5000亿专项再贷款规模8000万元，配合推出“复工贷”，保障企业复工复产金融需求。通过上述政策，累计发放小微企业贷款157户，贷款金额超过3.3亿元。7—9月争取1万亿专项再贷款规模2.2亿元，累计支持企业117户，贷款金额2.3亿元。持续推进普惠小微企业“延期还本付息”和“信用贷款支持”两大政策落地，结合“首贷户”拓展、“三张清单”公示和“订单+清单”企业对接活动，并通过续贷通2.0、年审制、延展期方式，实现到期贷款“应延尽延”、信用贷款“能放尽放”。截至年底，累计办理延期还本付息贷款本金17.1亿元、发放普惠小微信用贷款10.5亿元。

确保复工复产信贷资金足额、便捷、便宜　通过单列复工复产信贷规模10亿元、设立2亿元“战‘疫’免息”信贷保障资金，配套出台“走千访万”一个考核、“金融保障”两大政策、“战疫稳产”八项措施，累计惠及小微企业7860户，通过免息、减息、续贷等措施直接降低小微企业财务成本3600多万元。全面推行防疫贷款“三个一”服务政策，即“第一时间受理、办结、到账”；引导企业通过省金综平台开展“线上化对接”，完成线上授信296笔7.2亿元、不动产线上抵押登记2268笔。

【支持乡村振兴】　推动实施乡村振兴样板村镇工程，重点打造金塘螺杆产业、新建村乡村旅游业、西码头水产加工业等三大产业振兴亮点工程，持续加大乡村振兴信贷投入，进一步巩固乡村振兴主办银行地位，至年末，涉农贷款余额78.42万元，比年初增加5.58万元。率先启动三资智慧监管平台省级试点工作，助力舟山清廉村居建设，进一步满足农村集体经济数字管理需求，获得省市区相关领导的高度肯定。截至年底，村集体经济组织通过新版三资系统办理各类在线审批支付1559笔。全面推广小额普惠贷，实现农户授信和行政村金融服务覆盖“双百”目标；推进“政银担”业务试点工作，自业务开办以来，累计发放贷款3300万元。

【推进数字化转型】　完善数字管理体系　运用省联社提供的34个项目和52个案例的综合化应用，持续推动以数据驱动为核心的管理模式优化升级，对接舟山市大数据及下属数字运营公司，开展存量数据比对及完善，提高全行现有数据的准确性和完整性，完善内部数据仓库建设，提升数据处理效率，全面夯实数据治理基础。

丰富数字产品体系　基于公积金、社保、志愿汇三款纯线上“数据驱动”型产品，以及“白名单”普惠通手机实时导入的“准线上化”模式，持续完善浙里贷线上小额信用贷款产品；上线应用“小微易贷”，结合“小微速贷”“闪贷”，提升小微企业办贷体验。

探索数字营销模式　综合运用微信小程序、数字营销系统等多个项目，开展为期2个月的“浙里贷”专项营销活动；利用省联社科技支撑，定制精准营销流程，对未发生信贷业务的ETC（信用卡）客户进行存量挖潜。至年末，累计新增签约浙里贷客户13575户，增幅165%；贷款户数增加7277户，增幅88%。

【构建大零售格局】　加快推进金融社区云试点　在盐仓街道塔山社区试点“社区金融云”，探索构建社区金融服务生态，参与社区综合治理，帮助社区解决管理痛点。完成下辖13个小区的住户信息导入，逐步推进小区居民的注册认证。

加强养老转轨金融保障　自“批量转轨政策”启动以来，支持失地农民养老转轨，强化养老金一次性补缴的金融保障，全年累计发放“养老贷”926户、金额5812万元，协助6700余户农户完成资金补缴汇划4亿余元。

做广服务场景建设　全年有序推进普济医院“银医通”、自助购药项目，海丰、三江、长峙、汽运公司停车场实行ETC通行改造，舟师技校校园云项目，东门商业综合体乐星超市智慧收银项目。持续丰富丰收互联功能应用，启动了自游宝、惠众网鲜生等应用嵌入丰收互联项目。

【把握风险底线】　加强疫情期间信用风险防控，开展对旅游、住宿餐饮、外贸等受疫情影响较大行业的风险排查，掌控风险底数。严格控制大额贷款占比，坚持“控大放小”的经营理念，落实新增大额贷款限额管控政策，开展1000万元以上大额贷款风险排查。至年末，1000万元以上大额贷款占比27.95%，比年初下降4.42个百分点，大额贷款规模得到有效控制。建立多元化不良贷款处置机制，依托“清收、盘活、核销”三大举措，全年通过法院、政府协调转让和财产拍卖方式顺利收回小研新融、霹雳马厨卫贷款本息4660万元，完成舟山市定海华泰鞋厂924万元盘活工作。

【强化合规建设】　加强专项整治　结合当前内控合规及员工行为管理现状，全年组织开展乱象整治“回头看”、案件风险专项排查、金融支持复工复产自查、股权和关联交易专项整治“回头看”等工作，深入推进自查自纠，对全行管理体制、业务活动、风险防控、员工行为等事项进行合规评估，持续强化重点领域整治，巩固乱象治理成果，促进全行合规文化建设。

加强审计检查及应用　全年完成离任离岗审计、内控审计评价等审计项目34个，发现审计问题208个、审计建议26条、风险点8个、发出整改通知书22份、审计告知单3份和审计专报3份。同时以审计专报、后续审计、案例汇编、审计讲堂等形式，促进审计成果深化运用。

加强反洗钱管理工作　成立反洗钱中心，开展存量客户风险评级，加强客户身份信息治理，开展反洗钱业务培训，提升全行反洗钱工作水平，增加员工洗钱风险意识。

（撰稿：刘承南）

中国工商银行股份有限公司舟山定海支行

【概况】　2020年，定海支行以建设“标杆支行”为出发点，坚持以党建为引领，落实疫情防控和经营发

舟山定海支行举办“亲近大自然　山地徒步行”员工户外徒步行活动

展共推进，全体员工在支行班子带领下不忘初心、攻坚克难，实现经营管理稳健提升，被评为分行党建工作先进单位，连续16年获得“定海区先进集体”称号、连续13年被评为省级“文明单位”称号。

【发展业务指标】　经营效益　截至年末，实现拨备前利润31226万元，与上年同期相比多增2826万元；净利润24472万元，比上年同期减少128万元；实现中收7107.19万元。

负债业务　截至年末，本外币各项存款（不含同业）时点余额124.48亿元，较年初增加13.82亿元。其中储蓄存款时点余额、增量连续三年保持同区域占比第一位。

资产业务　截至年末，本外币各项贷款余额93.09亿元，较年初增加19.09亿元。全年累计新审批项目7个，审批金额18.8亿元，新发放项目贷款18亿元。

资产质量　截至年末，不良贷款余额0.51亿元，不良率0.55%，分别较年初增加0.34亿元，不良率较年初提高0.33个百分点。

【夯实客户基础】　对公客户方面　全年新开对公账户1119户，新开有效对公结算账户765户，新开有效对公基本结算账户624户，三项对公拓户指标均完成市分行下达的任务且增量全市第一、同区域占比第一；对公有效客户新增423户，对公中高端新增168户。全年通过招商平台新增国际业务资本金2956万美元，较去年增加2800万美元，其中馋文化增资业务为全市首笔境外资金溢价收购境内股权的业务；针对有贷户拓展，以e抵快贷及项目贷款为抓手，净增有贷户18户，扭转有贷户逐年下降的局面。教育专项工作有所突破，2020年与浙江海洋大洋签订全面合作协议，并上线工银E政务25户、应急物资管理系统1户、宗教云平台3户、党费云平台2户、停管家1户、退役军人信息管理系统1户，营销校园防疫登记系统87户，实现定海区教育局辖内学校100%全覆盖。

个人客户方面　对于私银客户，持续采用“123工作法”抓客群管理，持续推进“高层营销高端”专项活动。以三张清单责任制为抓手，聚焦他行优质客户“拔旗”，实行公私捆绑联动，共同做好客户拓展和维护。12月末私银时点客户数比年初净增6户，日均私银客户数净增9.2户，增量全市第一位。锁定高端客户及实现资产存款的可持续增长。对于中高端客户，通过持续深化PB营销、强化厅堂联动、邀约网点沙龙等方式，实现部分生客的有效熟化和客户黏性的有效提升。12月末，日均100万元以上净增147户，日均5万元以上净增888户，增量全市占比50%以上，中高端客户基础得到夯实。

【存款基础进一步夯实】　储蓄存款方面　强化考核引领，先后出台《关于明确定海支行各旬时点储蓄存款考核指标的通知》等多个考核办法，实现旬与绩效挂钩、旬与年度考评挂钩，实现以旬保月、以月保季的日均化存款模式，营造“争先进位”的良性竞争氛围。落实重点工作，把存款作为全年工作的重中之重，落实代发工资留存、私银交叉客户挖潜、日常流量资金管理等作为日常工作的抓手，推进面点工作的持续有效开展。深化通报机制，明确不同岗位职责，按日做好存款通报，实施缺口管理。加大对辖内网点的跟踪督导力度。网点负责人每日总结存款完成情况，改进工作方法和措施。

机构存款方面　部队家底资金上收3.6亿元，完成年末存款任务。重点账户存款提升有突破，通过顶层营销，紧抓核心市场，从舟山出入境边防检查站他行账户转入8000余万元存款；定海区消防救援大队账户落地支行，转入1000万元存款；营销城区建设专项债资金14500万元，推动机构存款的快速增长。关注核心客户做实日均存款，贯彻每个时点就是日均的揽存理念，秉持能留一天是一天的理念，拉长过路资金停留期，实现日均存款的增长。资金流量管理有成效，分析机构客户资金划转周期性规律，加强存款数据分析，对大额资金流向落实跟踪管控，实现资金闭环管理目标，截流区财政资金25000万元，国土资金32000万元，卫健局资金2000万元，海医医院建设费1000万元。

公司存款方面　在上年末冲高回落的困难局面下，通过各种手段成功实现存款翻蓝，全年实际增存达5.6亿元。紧抓客户源头，关注辖内企业发债信息做好营销工作；抓牢招商、发改、工业园区、海洋科学城这几个拓户平台，争取重大招商引资项目账户落地，落地金方能源1573万美元注册资金、馋文化1384万美元增资款。通过信贷业务介入，新增存款1.62亿元（良海粮油1.22亿元、房地产预售资金0.4亿元）；通过按揭贷款联动，新增房地产客户存款0.35亿元；对接跟踪政府发债资金成功落地定海老旧小区专项债1.50

亿元；通过维护定海国资，带动存款0.3亿元。组建无贷户团队，抓好日均100万元以上无贷户的全覆盖，强化综合化营销，细化无贷户管理，强化客户维护服务，通过存款产品及招投标落地巽能科技0.5亿元、舟山金投0.4亿元、定海国资0.3亿元、良海粮油0.5亿元。持之以恒做好流量资金客户管理工作，特别是中乙舟化等自贸区注册企业，加强沟通留存提升日均效益。

【信贷建设进一步推进】　公司贷款方面　成立项目专项营销组，持续推进项目营销。2020年，上报19笔项目贷款、重点流贷，金额合计60.7亿元，其中获批9个，金额合计21.4亿元，全年累计新审批项目7个，审批金额18.8亿元，新发放项目贷款18亿元，均为三行合并后的最高点。其中马岙全域土地整治、城西蔡家墩未来社区均为全市首笔新批业务，明程房地产颂柳园项目更为舟山分行近5年首笔获批的房地产项目开发贷款。推进成熟可申报的项目，尽快完成审批落地，特别是定海文教中心、工业园区污水项目、南洞收费权支持融资。

个人贷款方面　总结2020年各项目的受理情况，全年发放个人住房贷款10亿元。把日常维护作为个贷工作的重点，结合支行"高层维护高端"的活动，从财务总、项目总，再到销售总、内勤主管，了解各项目阶段性的销售计划、开盘计划、工程进度、结顶节点、按揭总量需求、回款指标。以便第一时间掌握市场动态，做好服务准备。2020年，定海支行在绿城、宋都、旭辉、宝龙的市场份额均排名首位。摸排全市在建项目作为支行团队日常的工作，及时了解各房开集团拿地规划、建设投资计划、财务需求，寻求一切合作契机，储备按揭资源。针对留白项目主动对接，谋求合作。加速准入申报，前置合作环节，专人对接、员工培训、销售维护、案场设摊等方式建立合作默契。合作项目覆盖所有在建楼盘。

【普惠金融进一步发展】　2020年，继续将普惠金融业务的发展提高至全员营销战略，年末普惠银监口径贷款余额6.04亿元（占全行35.27%），比年初增加1.9亿元（占31.39%），完成考核任务数的120.36%，其中小微企业贷款余额1.67亿元，比年初增加0.50亿元（54.64%），个体工商户贷款余额4.36亿元，比年初增加1.40亿元（27.24%），各项贷款余额及增量均为全市第一名，其中个人版e抵快贷余额3.58亿元（较年初增加1.09亿），户数272户（较年初增加91户）；法人版e抵快贷均为2020年新办理，年末余额0.25亿元，户数17户。继续发挥拳头产品优势以点带面，以e抵快贷为核心，推动全网点信贷资质落地营销工作，以熟客、网格化营销等形式，挖掘客户资源，全年新增办理企业版及个人版共1.34亿元，户数108户；加强日常督导，做好三张表工作（到期贷款周转、受理推进客户、已批未提客户提款），强化推进进度；做好公私联动，以客户为核心推进普惠贷款业务。

【分期业务进一步做大】　2020年，将分期业务作为创收工作的重心。开展各类分期竞赛。强化网点、部门的考核，形成分期营销的热潮，部门牵头做好不同群体的分期推介。按揭客户的车位分期、代发客户的幸福分期、到店客户的账单分期。眼睛向外，开拓域外市场。从5月起，定海支行有序发放汽车专项分期业务，至年底合计发放超9000万元，实现重新拾起汽车分期业务。通过与经销商不断的业务磨合，边学边做边完善，组建分期业务队伍，确保业务快速增效。

【化解风险贷款】　针对民生商厦不良贷款，联动资产收购方，全额现金清收该笔不良贷款850万元；针对围海关联体及东睿资产债项，联动省市分行与宁波分行，做好相应风险化解措施，由于围海股份本身资金困难，围海文化并购贷款出现了大额逾期贷款，多次和企业谈判，全年现金清收逾期本金及欠息620万元。至年末，公司潜在风险贷款余额5811万元，较年初减少7223万元，主要为新增调入潜在风险客户1户——舟山威普食品有限公司，融资余额579万元，新增原因为企业经营下滑明显；调入不良客户1户，为围海（舟山）文化产业投资合伙企业（有限合伙），年初金额4160万元，其他存量客户压降3642万元，均为现金压降减少。

【强化党的建设】　严格执纪深化作风建设　落实主体责任，推进全面从严治党，做好疫情防控相关工作、落实分行工作会议要求、落实分行行长到支行调研时提出的相关工作要求、落实网点与各岗位绩效合约的解读与签订工作、落实代发工资业务专项督导等；落实"转作风、强责任、善作为"作风建设深化年活动，制定《2020年定海支行本级部门服务基层作风建设考核细则》和《定海支行作风建设深化年活动通知》，本级部门检视"强担当、敢作为""为网点实际减负"问题2个，并落实责任人与整改期限，落实

《舟山分行“抓作风、强担当、促发展”作风建设专项整治方案》及《进一步落实作风建设专项整治工作的通知》要求，针对重点工作目标对照检视问题5个，逐一落实牵头行领导、责任部门、具体联系人。

党建为基融合业务　深度融合业务发展，发挥纪检的监督作用，加强重点工作执行落实的全过程管理，制定《定海支行党建工作与业务发展深度融合实施细则》《定海支行党建工作述职评议考核方案》等，以党建引领各项业务发展，落实分行党委在存款、提升信贷基础管理等方面的决策部署。落实分行行长在定海支行调研时提出的“党建为魂、做好二重唱”要求，巩固主题教育成果，找差距、抓落实，全行上下营造“比”氛围，推理党建与业务工作做好融合。加强各网点党建工作监督，利用分行“基层党组织执行选举制度”专项检查机会，对党总支下6个党支部、联合党支部党建工作做好全面自查工作。

舟山市慈善总会同心互联网分会组织党员参加“古城定海 志愿你我”活动

加强廉洁从业教育　制定《定海支行廉洁从业警示教育活动实施方案》，组织各支部参与廉洁文化宣传活动，党总支组织基层党组织联建，开展廉洁党日活动，利用基层党组织将促廉工作触角向纵深发展。

组织观看“坚守初心与廉同行”廉洁专题警示教育片

4月组织党员开展“廉洁清风伴我行”徒步登山活动，7—9月组织“廉洁从业书画展”，10月制作“廉洁之舟”小视频，宣传行廉洁之舟。一系列活动为支行营造廉洁氛围添上重要砝码。

【深化合规建设】　深化合规文化理念渗透　树立“全员有责”的理念，通过论坛切磋、竞技比拼、标兵评选等活动，营造全员参与内控管理的浓厚氛围；重视内控评价工作，对照考评实施细则内容做好项目工作，筑牢风险防线，补齐发展短板，提高合规文化管理水平，做到发展与合规同心、同向、同行。

举行“合规护航 党员先行”论坛活动

发挥“联系点”带动作用　以合规标兵网点负责人为“合规有实招”优秀网点负责人典型，总结提炼出标杆合规管理法，突出“先进示范”，实现“同发展、共提升”的工作目标。

抓好监督检查　“聚焦重点”，根据上年度内部检查发现的薄弱环节制订出年度检查计划，以负面清单为抓手突出重点风险日常核查监督，精准定位“屡查屡犯”现象，有针对性加强治理，逐步规范操作过程，减少操作风险的发生；加强问责，对在监督检查中履职不到位、弄虚作假的人员，依照员工违规行为处理规定进行严肃处理，进一步夯实内控管理基础。

落实整改“清零”　开展“回头看”，建立《定海支行问题整改台账》，对前期开展的内外检查存在的问题全面梳理、分类研究，逐条明确整改责任部门、整改措施和整改时限。对整改情况及时进行后续跟踪和监督，督导各部门和网点履行整改职责，确保整改事事有着落、件件有回音；开展帮扶，对于重点关注网点及员工设立帮促小组，查找薄弱原因，制订整改方案，明确整改目标，落实责任措施，齐心协力使其内控管理及案防工作得到提升。

强化员工行为管理　借助多手段，采取“由小到大、层层递进”的排查方式，推行“谁排查，谁负责”的排查制度，严格把关。依托多系统，对全体在编不在编员工进行查询，对发现的异常情况限时整改；通过员工如实填写《家庭资产负债表》，使其清楚地认识自己家庭的财务状况，更好地进行财务规划，对负债明显异常的员工进行“亮灯—帮教—灭灯”的闭环管理，开展帮扶教育。把各类排查作为抓早抓小、提前发现和有效化解案件风险的重要手段来推进，坚持将员工管理与日常检查、专项排查、飞行检查相结合。

开展“认识洗钱风险 不踩制度红线”反洗钱培训

（撰稿：韩　杰）

（本分目图片由工行定海支行提供）

中国农业银行股份有限公司舟山定海支行

【概况】　2020年，定海支行落实上级行工作会议精神和各项决策部署，统筹推进疫情防控和经济社会发展工作部署，精准支持民营、小微企业复工复产和健康发展，经营管理稳健有序。企业文化建设持续推进，连续33年没有发生经济案件，全年无重大违规事项、无重大经营风险和无重大负面舆情。推进国家文明城市建设，完善行业规范，提升客户服务标准，强化客户服务意识，继续保持“省级文明单位”称号，内控评价继续保持一类行。

【机构改革】　2020年，定海支行为进一步优化经营布局，促进全行数字化转型战略，实施机构改革，内设机构由5个整合为4个，调整后分2个前台部门，公司业务部和个人金融部；2个中后台部门，综合管理部和风险管理部，纪委办公室与综合管理部合署办公。营业机构根据区域管理现状由8个调整为7个，其中舟山新城支行划归浙江自贸区支行管理。截至年底，在编员工135人。

【深化党建融合】　围绕党建和经营深度融合要求，贯彻习近平新时代中国特色社会主义思想，支行党委班子认真履行全面从严治党和党风廉政主体责任，始终将加强党的政治建设放在首位，理论学习中心组集中学习12次，把从严治党贯穿到思想建设、队伍建设、业务经营等各方面，制定《中国农业银行舟山定海支行2020年党建工作要点》《中国农业银行舟山定海支行党委落实全面从严治党主体责任清单》，层层压实“两个责任”，把党建工作与业务工作同谋划、同部署、同推进、同考核，强化意识形态教育，树立底线思维，执行保密制度，执行支持抗疫、脱贫攻坚、复工复产、乡村振兴等上级行党委交办重要任务。支持纪委工作，做好“四风”问题回头看，抓好反腐倡廉，构建清廉文化体系，全年对各类监管发现问题进行研究，处理相关责任人23人次，其中纪律处分1人次，经济处理23人次。整改巡视“回头看”、主题教育检视、五怨五忧等发现的56个问题并转化为成果。抓实基层党建量化建设，开展“基层党建质量提升年”和党员示范岗、责任区挂牌、创先争优活动，与区公积金中心、白泉潮面村开展党建结对打造新的党建品牌，把“两个责任”、三会一课、主题党日、与“三线一网格”管理有机结合并贯彻落实到业务经营中。

【支持复工复产】　统筹推进疫情防控和经济社会发展工作部署，契机开展基础民生项目、优秀民营和小微企业信贷精准营销。

支持民营和小微复工复产　根据“融资畅通工程”和支持民营企业发展“十项行动”要求，开展线上线下统一营销，精准支持受疫情影响企业，新增法人信贷客户48户，比上年度翻一番，严格落实减费让利政策，帮助企业稳预期、降成本，支持民营和小微企业复工复产和健康发展，全年累计发放疫情相关小微企业贷款2.25亿元。

优化个人信贷市场　以专营商户、加盟连锁客户为目标推进经营类贷款营销，重点支持受疫情影响的个体经营户；与优质房产商和大中型房产中介机构对接，结合汽车家装分期、乐分易等重点产品配套拓展个人消费贷款。

【扩大普惠金融覆盖面】 重点支持民生项目 对接营销舟山市定海区水利投资开发有限公司的饮用水水源河库综合治理工程项目、舟山市定海城区建设开发有限公司的“未来社区”项目、舟山富都投资开发有限公司白泉镇农民安置房项目、舟山市金财殡仪服务有限公司公墓修建项目等，运用水利建设、城镇化等贷款产品介入乡镇基础设施、城镇化等政府主导工程。

进一步优化小微企业贷款结构 加大小微企业信用贷款和普惠小微无还本续贷的投放力度，强化政府增信机制应用，深化与政策性担保公司合作，支持一批农副产品生产销售小微企业，累计发放普惠贷款8097亿元，进一步落实“双保”应急融资支持。

服务好乡村振兴 将惠农e贷、富村贷、美丽乡村贷、美丽城镇贷等优势产品作为拓展农村市场、服务乡村振兴的重要抓手，推进农户信息整村建档，发挥乡镇挂职干部在驻村帮扶、乡村治理、招商引资、对接金融供需、普惠宣传、助力农民致富等方面的作用，实现经济效益和社会效益的良性循环，巩固脱贫攻坚成效，年末“惠农e贷”余额1.046亿元，比年初增加6355万元，增幅155%，村民累计建档1050户；派遣2个网点负责人挂职金塘、白泉两个乡镇；完成年度消费扶贫任务，落实金融服务支持脱贫攻工作等要求。

【加强信贷精细化管理】 树立信贷质量立行理念，践行新时代优秀信贷文化。

严把客户准入关口 站在发展的高度，精准研判贷款需求是否合理，是否符合产业政策，第一还款来源是否充足，第二还款来源是否有保障；落实贷后管理责任，密切注意企业现金流，监测好风险动态；管好贷款用途，不按约使用的提前收回；落实“三道红线”管理要求，做到贷款资金专款专用、销售款资金闭环管理，严防被挪用。

完善风险排查机制 执行信贷主责任人制度，加强尽职监督和贷后工作检查，对制度执行不到位、跟踪不及时、贷后管理流于形式，并造成严重后果的，采取纳入负面清单，给予通报、取消评先进资格，乃至调离信贷队伍等处理方式。2020年不良贷款率0.2%，无法人不良记录，完成不良贷款余额管控指标146%，完成不良贷款率控制目标的250%；通过动态调整，完成关注类贷款管控指标599%。制定一户一策不良贷款处置预案，全年完成清收指标的114%，巩固净表增效成效。

【深植大内控管理】 发挥好“三道防线”的作用，开展“制度管理提升年”活动，加快数据专项治理，完善制度库、优化人才库，强化“三化三铁”创建，抓好反洗钱工作，对制裁合规风险“零容忍”，保障消费者权益，全年治理客户1.7万余户，全年95599联动投诉无有责投诉，业务办理客户满意度99.95%。抓好疫情防控和治安、信访、消防、保密、普法、交通等工作，坚持把防范化解安全风险摆在更加突出的位置，营造“全员参与，齐抓共管，内外兼治，主动合规”的良好氛围，构筑好安全经营的“铜墙铁壁”，守住合规经营底线，持续保持内控评价一类行。

【发挥“三线一网格”管理功能】 突出“三线一网格”案防风控功能，在“三线一网格”举报、核查指引基础上，引导员工认真履行监督职责、实事求是反映问题，确保风险早发现、早处置，进一步促进预警与案防联动。严格执行“两个责任倒查”机制，加大考核挂钩力度，对应反映未反映、应报告未报告的，严肃追究格主管理责任和格员监督责任。依托“三线一网格”系统，整合行内外渠道的相关员工行为信息，对员工情况全面扫描，形成员工行为评价体系。重点加强对网点负责人、内勤副行长、客户经理、大堂经理、重点关注人员等关键岗位或人员账户交易、资金借贷、经商办企业、涉及诉讼和社会关系往来等情况的监测排查，做到关口前移，超前防范，确保人员管理可控、在控、能控，守住不发生案件的底线。

【加快青年员工培养】 坚持党管干部、党管人才的原则，以“三个力”为执行标准，着力选拔一批政治强、懂业务、善管理、敢担当、作风正的中层干部，重点加强后备年轻干部培养使用，建立30岁以下的网点负责人后备梯队、专职内勤副职后备库和客户（大堂）经理人才库。加强对青年员工职业生涯的规划和引导，通过“师徒制”、谈心谈话、家访、团建活动等加大农行新时代企业文化理念的思想渗透力，畅通“双通道发展”路径，完善管理类、专业类交叉晋升机制。围绕轮岗培训、内部竞聘、业务竞赛、青年论坛、金融理论研究等多渠道为青年员工搭建学习成长和才华施展的平台。

【坚持以人为本发展理念】 开展企业文化建设，组织学习员工行为守则、银行从业人员职业操守和行为准则；完成支行本级、乡镇网点的食堂环境改造；工会组织开展体检、岗位练兵、职业培训、健康课堂和团建活动累计参加人数350多人次，慰问员工病、孕、婚、丧、困难等50人次。疫情防控中建立应急处理机制和青年突击队，保障员工、客户安全健康。

（撰稿：王其舟）

中国建设银行股份有限公司舟山定海支行

【概况】 2020年，定海支行坚持以加强党的政治建设统领全局，贯彻落实习近平新时代中国特色社会主义思想，围绕“三个能力”建设和落实“三大战略”，立足价值创造，聚焦难点、痛点寻求发展破题，深入转型工作，推动各项业务稳健发展。

【强化党建引领】 坚持党建引领，学习贯彻习近平新时代中国特色社会主义思想和党的十九届五中全会精神，不断巩固深化“不忘初心、牢记使命”主题教育成果，全年开展支部书记上讲堂2次，党总支部中心组学习12次，党总支集中学习19次。持续强化学习强国APP应用，年初制订党员学习积分计划3600分，实际收效良好。

【压实主体责任】 支行领导班子贯彻中央和上级行党委各项战略决策和部署，落实上级行部署和决议，全年召开支委会31次，行务扩大会议44次，中层干部会议7次。研究党风廉政建设等重要党建事项，履行党风廉政建设“两个责任”，签订《全面从严治党责任书》，做到责任明确。班子成员履行“一岗双责”，严格执行领导干部个人有关事项报告制度，提升干部自我管理监督意识和组织监督管理水平，全年召开2次研究全面从严治党工作的专题会议，支行主要负责人开展1次相关基层调研工作。

【夯实发展基础】 普惠金融 截至12月31日，支行小微快贷客户193户，比年初新增53户，贷款余额11323万元，比年初新增3504万元。个人普惠贷款余额4407万元，余额规模暂列支行层面第二名。个体工商户抵押贷款授信余额1051.92万元，消费经营快贷授信余额6227万元。

住房租赁 截至12月31日，支行住房租赁在线支付笔数计81笔，支付金额共计33.49万元，注册用户数620户。是年7月，支行为舟山市定海区住建资产经营有限公司上线“房租云”系统，为公司名下一百多套人才公寓的房租支付提供金融服务。

金融科技 2020年，支行实现舟山市口腔医院账户落地，实现医疗系统零的突破，与舟山群岛新区水产品交易中心对接完成“现货电子交易平台”。至12月底，企业撮合平台活跃户数140户，计划完成率118.33%，系统内排名第二名。

【场景建设】 支行新增铺设分行首家商业体乐星超市支付结算系统，推进惠点单平台获客；11月，在个金部支持下，与定海农业农村局合作推出舟山种粮大户乐丰大米的惠点单线上商城活动，驻点农业农村局推广一元购活动；推动东门综合体停车场、南洞1号、2号停车场支付系统的使用；支行制定手机银行专项推进方案，以促进活跃客户占比，截至12月31日，支行移动金融全渠道替代率98.33%，手机银行活跃客户18892户，计划完成率106.73%，个人网上银行活跃客户累计新增1764户，计划完成率78.05%，微信活跃客户新增4540户，短信客户新增2989户。持续对微信群内的客户进行维护和产品推荐，与定海区发改局合作，将定海区扶贫结对县四川宣汉县的扶贫商户引入善融商城平台，进一步助力乡村精准扶贫工作开展，至年底善融平台有效买家2404户，完成率236.85%，善融扶贫实绩68.09万元，计划完成率128.47%。

【从严治党治行】 根据市分行工作要求，结合支行开展的合规文化建设活动、屡查屡犯问题整改等活动，不断夯实管理基础，强化风险防范。支行纪检委员严格开展纪检相关工作，在行务扩大会议中选1~2个案例进行学习通报，剖析案件形成的原因，并定期参与部门、网点晨会或夕会，为基层员工进行案例通报学习工作，在干部员工中形成不敢腐、不能腐、不想腐的氛围。全年开展纪检委员上讲堂4次，合规官上讲堂2次，员工覆盖率达100%。抓好政治纪律和组织纪律，带动廉洁纪律、群众纪律、工作纪律、生活纪律形成更严氛围，做好巡察整改和巡察“回头看”工作，对前期巡察反馈的3个方面12个具体问题，全部完成整改，再次逐条梳理，自觉接受巡察监督，做好省分行巡察组开展巡察整改“回头看”的各项协调、配合工作。

【推进品牌建设】 按照“围绕业务抓党建、抓好党建促发展”的工作思路，支行开展结对共建工作，与中心工作融合，打造“党建+”品牌，持续推进“高铁时速、复兴之路”党建品牌建设，坚持以“复兴号”高铁列车为精神载体，党建领航跑出高铁时速，初心引领实现复兴之路。是年，支行与3家单位签订党建共建协议；支部与16家合作单位党委或党支部签订党建共建协议，全年开展共建活动7次，累计开展活动16次。持续深化党建“+军民共建”“+文明共建”“+扶贫结对”“项目拓展”等特色品牌。

8月14日，与舟山市住房公积金管理中心定海区分中心支部联合开展《习近平谈治国理政》第三卷读书会

【激发队伍活力】 坚持以“有激情、有担当、有能力”作为干部选任的标准，2020年提拔任用领导干部3名。不断加强对青年员工的培训与教育工作，创新开展“团建+”系列学习活动2次。配合舟山创建全国文明卫生城市，结合3·15消费者权益保护、金融知识万里行等专题宣传活动，持续推进落实公益志愿活动，开展张富清党员突击队与金融服务队有关活动12次，平均每人参加志愿汇活动时长不少于25个小时，进一步激发队伍活力，营造全员参与的良好氛围。其中1名党员同志被评选为全国文明城市创建工作先进个人，是市建行系统内唯一一名获得此项荣誉的优秀工作者。

2020年团员大会暨“团建+按揭”培训

【助力疫情防控】 支行疫情期间与党建共建单位组建志愿者团队，在社区开展志愿者服务活动，携手共建单位共同筑牢疫情防控墙，助力广大市民共度疫情寒冬。响应上级行号召，助力企业复工复产。迅速开辟绿色通道，快速为2家防疫重点企业发放贷款。截至12月底，支行小微企业贷款授信59户，新发放普惠贷款金额5504万元，累计投放项目贷款10.19亿元，为出现临时性的资金紧张的存量贷款企业提供包括期限延长、利息减免、付息频率调整等服务，为16家受疫情影响严重的制造业、住宿餐饮业等客户减免贷款利息22.6万元，应减费让利政策，退还贷款利息487万元。

疫情期间联合社区开展志愿者服务活动

【强化合规管理】 支行成立领导工作小组，领导小组由吴敏敏行长任组长，金允其副行长、徐其惠副行长任副组长，支行各部门、网点主要负责人为小组成员、支行风险经理为联系人，层层落实一把手负责制。按照监管要求，对照分行实施方案工作要点，确保市场乱象整治“回头看”工作有序推进。根据市分行《舟山分行集中开展泄露客户信息案件风险专项整治工作实施方案》要求，结合近年来银行从业人员泄露和出售客户个人信息严重违规典型案例等警示教育素材，速组织开展专项整治工作，结合前期开展的案件风险排查自查自纠，开展专项整治工作。重视网格化管理的推广实施，重点抓好分级构建管理网格，分类制定任务清单，全面落实事前、事中、事后规定动作，建立用好合规档案等工作，以网格为抓手落实员工行为管理主体责任，将合规教育、制度执行、违规发现、违规处置、问题整改等工作融入网格管理，促进机构管理与网格管理的有机结合。

（撰稿：何优芳）

（本分目图片由建行定海支行提供）

中国银行股份有限公司舟山定海支行

【推进党建及党风廉政建设】 将党建放在突出重要的位置，把中央方针政策和省行、市行党委决策部署贯彻到经营管理工作的方方面面，把准政治方向，站稳政治立场，保持政治定力。支行增强“四个意识”，坚定“四个自信”，做到“两个维护”，以党的政治建设为统领，全面推进党的建设的各项工作，以全面从严治党引领全面从严治行，推进全面从严治党向基层延伸。

落实“两个责任” 支行持续聚焦从严治党和党风廉政建设，强化“两个责任”的落实，与业务发展同谋划、同部署、同落实、同考核，2020年支行没有发现重大违反八项规定和严重的“四风”问题。严守纪律底线，保持惩治腐败和违规行为的高压态势。在各单位开展“一把手讲合规、讲案例”活动，对违规违纪问题，从严问责。

严肃党内政治生活 组织开好民主生活会、组织生活会，落实“三会一课”制度，严格落实班子成员讲党课和参加双重组织生活制度、支部书记谈心谈话制度。

落实中央八项规定精神 支行狠抓作风建设，加强对制度执行的监督，加强对关键岗位、重要人员特别是主要负责人的监督，突出“三重一大”决策等重点环节的监督，严肃查处违规违纪问题。

支行召开民主生活会

【开拓资本市场业务】 2020年，定海支行转型求变，向产品要存款，开拓资本市场业务，主动对接财政、国资等政府相关部门，支行个人存款稳步增长，首超沈家门支行。支行提早运筹，对每家机构重点宣导存款争揽及时间进度安排。在注重日均增长的同时支行也重点关注存款市场份额，决不放松每一重要节点的存款争揽。除了抓好存款这个指标，支行在非存指标方面也是毫不松懈。挖掘原有客户与潜在客户，优化资产配置，增加客户的黏性和客户忠诚度。根据市场行情，实时调整方案，筛选合适的客户多渠道营销。保险、基金等创收业务都取得成绩。

【加强业务转型和创新】 自7月以来，支行车分期业务克服担保模式转型阵痛，经历层层探讨、优化模式后，引入直客模式。在经过不断尝试后，新模式实现突破，至年末突破亿元大关。支行各项大项目完成审批。响应市政府、市金融办号召，支行重新申报并组建银团贷款，支持并解决企业项目建设及投产后运营资金。

【发挥集镇网点作用】 围绕以客户为中心，以市场为导向的经营原则，强化对公基础客户群建设，发挥重点集镇网点作用，实行策略化营销，实现对公网点战略转型。双户双基是公司业务的重点之一，前期受疫情影响，企业和支行复工延缓，复工复产后，支行挖掘营销机会。在突发疫情和疫情常态化的情况下，支行营销并主要依托集聚区平台公司优势，开立账户，在辖内取得成绩。

【加强内控管理】 支行坚持做好“看紧自己的门，管好自己的人”，确保不出事。多措并举根治乱象，提高内控管理水平。保质保量地完成“治乱象”回头看行动、基层网点风险管控50条等各项工作，保持内控管理工作的主动性，确保平安运营。坚持合规底线，对违规者严惩不贷。对反洗钱工作，支行常抓不懈，强化重点领域和薄弱环节管控，提高管理质效。

（撰稿：谢婷婷）

（本分目图片由中行舟山定海支行提供）

交通银行股份有限公司舟山分行

【概况】 2020年，交通银行股份有限公司舟山分行（以下简称“舟山交行”）贯彻落实市委市政府和上级行的决策部署，围绕高质量发展主线，强化责任担当，做好疫情防控，支持企业复工复产，提升金融服务实体经济质效，确保疫情防控和经营发展“两手抓”“两战赢”。截至年末，分行各项存款余额49.1亿元，各项贷款余额64.17亿元。是年，舟山交行获人民银行舟山中支综合评价B级。

【助力复工复产】 坚决打赢疫情防控阻击战 贯彻党中央、总分行关于金融支持复产复工的有关要求，强化疫情期间各类金融服务保障工作。集中资源、优化政策，确保疫情防控金融服务精准有效。统筹调度

分行落实疫情防控政策，确保金融服务

人员资源，合理安排网点营业，确保金融基本服务、应急服务不断档；支持制造业、小微企业、民营企业复工复产，推进普惠金融、绿色信贷发展。是年，舟山交行制造业贷款净增9.72亿元；民营企业贷款净增11.2亿元；绿色贷款净增0.73亿元；涉农贷款净增0.79亿元；普惠两增贷款净增1.75亿元。全年审批发放疫情专项贷款4577万元；推进服务收费减免273笔，合计366.46万元。

抓好疫情背景下企业纾困 为支持受疫情影响企业，助力复工复产，舟山交行班子成员投身“百地千名行长助企业复工复产”客户走访活动，带头走访考察部分企业复工复产情况、促进金融服务企业“零距离”。设专人负责推进“百行进万企”“三服务”等活动，落实指导培训。设立年度走访目标和网点每周走访量，提升客户服务覆盖面。全年行领导带队走访企业94次，为民营和小微企业解决融资需求9.16亿元。实施“一企一策”，分类施策，运用重组等手段给予企业信贷支持，疫情期间不盲目停贷、压贷、抽贷、断贷，给予企业“缓冲期”。全年累计为6户民营困难企业办理无还本续贷13455.5万元，缓解企业还款压力。

推进金融服务平台管理 响应浙江省金融综合服务平台建设要求，快速提升平台业务量。及时制定工作方案，明确工作计划和目标，按照机构覆盖、客户经理覆盖、业务覆盖三步走实现平台初步推广。落实考核，在部门负责人和客户经理两个层面开展平台推进情况考核，提高平台推进积极性。是年，舟山交行累计对接订单117笔，授信金额8.26亿元，推进成效获得监管部门认可。

【推进自贸区业务】 推进自贸区油品企业贸易结算和油品链重点客户贸易融资授信的有效提用 2020年累计为自贸区油品企业办理油品贸易结算2.08亿美元，带动结售汇0.88亿美元，国际证开证1.53亿美元，贸易融资0.53亿美元。对接浙江自贸区油品产业链重大项目主体浙江石油化工有限公司，全年为企业开立进口信用证1.36亿美元，进口押汇0.47亿美元，流动资金贷款4.9亿元，开立保函2.15亿元。

推广自贸区便利化服务政策 办理舟山市首笔货物贸易外汇收支便利化支出业务，金额140万美元；落地首笔跨境人民币贸易结算便利化汇款业务，金额167.8万元；通过电子渠道办理贸易外汇收支便利化汇

款，实现全流程线上办理。全年办理便利化试点业务1.8亿美元。

开展自贸区外汇政策宣传 配合监管部门开展多项线上宣传与竞赛活动，内容涉及跨境人民币和外汇业务知识宣传、外汇业务劳动和技能竞赛宣传。是年，舟山交行在浙江自贸试验区管委会举办的“创新自贸 联动‘浙’里”摄影、短视频大赛中荣获大赛短视频组三等奖，成为全省唯一一家获奖的金融机构。

【支持重大项目】 2020年，舟山交行重点完成浙江石油化工有限公司融资支持。1月，经总行审批通过给予浙石化授信敞口20亿元。受疫情期间交通管制影响，相关投放工作面临停滞，为尽最大可能满足企业复工复产的资金需求，舟山交行充分利用疫情期间异地机构核保便利政策，委托萧山分行、嘉兴分行、衢州分行等当地交行协助核保，在落实风控合规的前提下，及时完成核保工作，实现企业授信投放，解企业燃眉之急。舟山交行依托综合化优势，引入交银租赁子公司对接企业项目，为浙江石油化工有限公司办理项目配套设备的融资租赁业务13亿元，期限2年，租赁价格低于同业租赁公司，降低企业的融资成本。

【探索业务创新】 拓展完善舟山特色产业项目制 扩大原与省农信担保合作的远洋渔业补贴质押项目制范围，批复新增远洋渔船船舶改造资金补贴质押；申报扩大原先与舟渔公司合作的鱿鱼质押项目范围，新增其他海产品质押；申报新增与远洋基地合作的鱿鱼质押项目制。2020年，舟山交行新增项目制提用0.33亿元。

银银平台客户接入取得突破 参与舟山人行召开的跨境人民币业务推进会，利用交行全牌照优势，成功营销某农村商业银行CIPS清算专户，并开通银银智道平台，成为交行系统全省银银智道平台CIPS功能首家客户，为代理跨境人民币业务的推广和同业客户的拓展奠定基础。

【强化风险管控】 2020年年末，舟山交行款项不良率为0.42%，全年实现不良贷款现金清收2409万元，累计收回高风险资产本金3130万元。针对疫情影响下资产质量情况开展全面排摸，做到心中有数，实现全年末新增高风险资产。案防工作有序开展，合规意识进一步树立。成立交通银行舟山分行内控委员会，并对案防架构进行调整，落实案防责任。坚持标本兼治，开展案件警示教育活动，通过警示教育，引导员工以案为鉴、以案示警、以案代训、以案促改，教育员工知敬畏、存戒惧、守底线，切实增强员工合规意识，遏制案件发生；开展案件防控“五大领域”专项治理，以“预防违法违规放贷、代销业务规范管理、员工异常行为排查、数据信息安全管理、担保管理”等五大领域为治理重点进行严格自查，预防职务犯罪，推进内控管理，进一步压实案防责任，提升员工案防意识。

【坚持党建引领】 2020年，舟山交行党建及党风廉政建设工作坚持惩防并举，注重预防，强化组织领导，严格落实责任制，抓好领导干部及员工的教育监督，取得良好成效。

抓好思想教育，部署党风廉政建设 开展党委中心组学习，把学习成果转化为经营成果，推动分行高质量发展再上新台阶。突出第一责任，履行“一岗双责”。分管行领导定期联系基层机构，促使党风廉政建设与业务工作同部署、同落实、同检查。开展党风廉政教育，高质量举办“党风廉政和案件防控大讲堂”，开展行长讲合规暨党风廉政和案防警示教育讲座、组织全员观看警示教育片、听取党风廉政教育宣讲会，不断提高员工的廉政意识、合规意识，时刻保持警醒，防范廉政风险。

抓好“四风”整治，推进党风廉政建设 加强员工因私出入境管理，完善登记备案人员信息库，做到应备尽备，在编员工备案覆盖面达到100%，把好员工申办证件“源头关”；加强因私护照、通行证集中保管，落实应交尽交，完成员工证件持有情况地确认；加强中央八项规定精神落实，持之以恒做好中央八项规定精神执行落实情况的日常监督管理，对“关键领域”“关键节点”“关键少数”时刻提醒、时刻监督、时刻检查。

抓好“三会一课”，丰富主题党日活动 促进主题党日与银企廉建相结合，与业务攻坚相联动，与锻造理想信念相融合，开展“建党99周年”“缅怀革命先烈”“踏寻革命先迹”“厉行节约、反对浪费”等系列活动，强化党员党性和奉献意识、进取意识。

（撰稿：王 丽）

（本分目图片由交通银行舟山分行提供）

浙江定海德商村镇银行股份有限公司

【概况】 2020年，定海德商村镇银行以“客户立行、从严治行、效益建行、人才兴行”工作方针为指导，明确战略导向，完善法人治理，严格控制风险，加强队伍建设，推进普惠金融工程，提升支农支小能力，取得较为稳健的发展，区域竞争力和影响力都得到新提升。是年，公司内设综合管理部、风险管理部、运营财管部、业务管理部4个职能部门，开设营业部、盐仓、干𬒗、城东和新城5家营业网点，在职员工75人。至年末，存款余额74671万元，贷款余额93379万元，贷款户数2441户，五级不良贷款余额598.17万元，五级不良率0.64%。

【党建引领全行工作】 开展支委会学习、全体党员学习、专题党课等多种方式，学习十九大精神和上级理论政策。加强对党的十九大精神贯彻落实和党章执行情况监督检查，践行健康向上的党内政治文化，提高主动服务于三农和小微企业的意识。2月，在党员同志的带领下，为白泉镇、干𬒗镇、盐仓街道和城区街道等紧急采购了一批物资，对奋战在抗疫一线的村社工作人员进行慰问，支持基层抗疫，发挥党支部战斗堡垒作用。

银行党支部对奋战在抗疫一线的村社工作人员进行慰问

【助力企业复工复产】 党支部牵头，本行成立复工复产工作领导小组，各机构通过对辖区内存量客户发放调查问卷、沿街商铺企业走访等方式，了解批发零售、文化娱乐、住宿餐饮、制造业及农业小微企业、个体工商户情况，建立农产品应急生产资金需求快速响应机制，并优先支持生猪生产企业，对受疫情影响的企业下调贷款利率，支持实体经济健康发展。截至年末，为210户减息让利208.6万元。安排5000万元专项信贷资金用于应急物资及生活物资生产企业，优先保障融资需求；针对社会各界资金需求，研究推出“疫情助力贷”专项信贷产品，扩大服务范围、简化办理手续、提高授信额度。至年末，发放“疫情助力贷”32笔，发放金额5370万元。

【下沉基础金融服务】 制定落实《2020—2021年普惠金融及示范村创建方案》，结合抗击疫情新形势和乡镇居民的需求，扩展普惠金融的覆盖面，有计划、有目标开展走访，并加强在社交APP、电话、短信等方面普惠潜力的挖掘，在落实的时候杜绝敷衍了事、走形式、走过场，找准10个行政村（社区）建立“示范村”和授信，构筑农村金融阵地。

银行人员开展普惠金融走访活动

【改善营商环境】 运用浙江省金融综合服务平台的线上服务功能，落实专人全流程跟踪，保证每笔融资申请均有落实。加大宣传力度，对有需求的企业开通金融服务绿色通道，引导企业通过服务平台申请融资。节省成本叫停与不动产中心的有偿抵押查询服务合作，对不动产抵押全部平移到线上办理。11月18日，公司丰收互联成功上线。截至12月末，办理房产抵押贷款线上抵押310笔，金额3.54亿元，实现金融服务“最多跑一次”。

【支持乡村振兴战略】 强化“三农”市场定位，践行“惠农利民、丰盈万家”的企业使命，通过银行信贷杠杆，推进公司服务辖区内民众道德素质水平的有效提升。公司推进信用村建设，继续推广“整村授信”模式，根据渔农村居民的诚信度高低，在贷款额度、贷款利率、担保方式等方面予以倾斜优惠,重点推广小额信用贷款。实现城乡居民创业融资更容易、享受服务更便捷、获得实惠更广泛。

【完善内部治理结构】 提高董事会治理主体责任，按章程和各项监管规定并结合当地经济形势和公司实际发展情况实施重要事项审议和决策，规范“三重一大”决策行为，推进公司运转机制，及时跟进高级管理层执行董事会决策的情况，各条线根据实际工作情况并对照报告事项清单及时形成相应的报告，汇报高级管理层后在每季一次的董事会上报告工作开展情况，确保治理体系有效运行。

【巩固队伍建设】 拟定三年人才发展规划，结合机构发展情况，大致框定部分岗位需要储备的人才，完善后备人才培养和考核制度，逐步扩充后备库，通过中层助理的竞聘搭建管理人才梯队，落实干部能上能下机制。做好专业人员匹配和培养，开展专业人才后备培养（财务、风险、审计、科技），完善职能部门人员配置，拓宽员工职业规划道路。提升全员素养。严格落实年度学习培训计划，丰富培训内容，线上线下两条线开展培训。重视年轻员工培养，在帮助其日常工作能力提升的基础上，掌握思想动态，组织从业年限短的员工召开座谈会，交流工作生活中的困难和问题，了解其对自身的职业规划和对银行单位的期待，提振年轻员工信心。

2020年舟山市银行业智慧金融定向比赛

【强化社会责任担当】 践行“海纳百川，德行天下”的核心价值观。继续打造“全免银行”。对转账汇款、网银汇款、手机银行、工本费、抵押登记费等一些常规收费类项目实施全免，减少小微企业财务成本。围绕舟山市海上花园城市建设和文明城市创建工作，开展了清洗公交站、“礼让斑马线”“公益一杯水”、垃圾分类等志愿服务活动，做好金融知识进万家、金融知识万里行等金融知识普及工作，把志愿服务延伸到社会各个领域。

（撰稿：费 杰）

（本分目图片由定海德商村镇银行提供）

浙江民泰商业银行舟山分行

【概况】 2020年，浙江民泰商业银行舟山分行开展“服务促效、管理增效”等系列活动，贯彻落实市委市政府、监管部门提出的工作要求，加快“四个舟山”建设，开拓金融创新，支持战略新兴产业、高新技术产业，推进“节能贷”“宜居贷”“创业通”等信贷金融产品，深耕“小微”服务理念，做好专业化、精细化文章，秉承“优质、高效、快捷”的服务宗旨，抢抓发展机遇，拓展业务空间，强化风险管理，经营业绩得到稳健发展。

至年末，分行各项存款余额达到66.99亿元，较年初增加12.48亿元，其中分行储蓄存款38.28亿元，比年初增加8.03亿元；贷款余额达到49.21亿元，比年初增长了27.59%，其中小微企业贷款余额为34.31亿元，比年初增长33.29%。普惠小微企业贷款余额达到31.99亿元，比年初增长28.15%，普惠小微企业贷款户数为4452户，比年初增加269户，两增小微余额增加7.92亿，完成“两增”要求，以及信贷支持小微

8月5日，浙江民泰商业银行舟山分行慈善一日捐

企业“三个不低于”的目标。至年底，分行存款、贷款规模和社会影响力进一步扩大，取得自开业以来存贷款新增双双超过10亿的好成绩。

【强化金融保障】 2020年，舟山分行在各级政府和监管部门的引领下，克服疫情影响，抢抓时间机遇，服务实体经济和小微企业，推进普惠金融和绿色金融，扛起银行责任担当，支持小微企业复工复产，助力实体经济平稳发展。

降低融资利率 在资金成本居高不下的情况下，普遍降低贷款利率水平，2020年民营和小微企业加权年化利率6.8%，较去年下降64个BP。

降低转贷成本 持续推广无还本续贷、分期还款、中长期经营性贷款、自助循环贷款、提前周转等产品与功能,减轻客户周转压力，另外利用Pad移动端设备上门为客户办理各类业务，提高转贷效率。是年，公司无还本续贷余额62660.13万元，较2019年增加43530.13万元；2020无还本续贷占各项贷款总数的12.73%，较2019年增长7.77个百分点。

深化“减费让利” 严格规范经营行为，履行《七不准四公开》规定，坚决杜绝不合理收费的行为。疫情期间，为贯彻“六稳”“六保”信贷政策落地，对2020年因受新冠疫情影响出现暂时性经营困难的存量客户综合施策，创新提供针对性金融产品和政策，帮助企业缓解资金周转困难，做到不盲目抽贷、压贷、断贷，与企业共渡难关。对于确实因疫情影响，存在暂时还款付息困难的客户，提前做好延期还本付息申请申报及审批工作，经统计疫情期间舟山分行主动对70多家不同行业的民营和小微企业进行实地走访、逐个对接，累计为中型企业及普惠小微企业降息让利661万元。

【提高服务质效】 作为“小企业之家”，民泰银行舟山分行传承总行“根据地”发展模式，围绕“让合适的客户都能借到钱”“让客户能更方便地借到钱”“让客户能更便宜地借到钱”这“三大目标”，持续开展“百园千村万户”和“整村授信”系列活动，通过深化“一行一特色”“一行一产品”的发展理念，先后推出“企惠通”“专项信用贷款”“小额信用贷”“无还本续贷”等近10余款针对小微企业的专项信贷产品，保证信贷支持满足小微企业的需求。是年，公司辖内12家机构合计开展“两跑三降、进村入园”活动300余场，机构参与人次180余人，通过该活动实现对11个小微园区、146家园内企业、51个村社的信息建档，同时与9个小微企业园区建立金融业务关系，并成为其中2个小微园区的一般伙伴银行，合计实现园内小微企业授信余额3414万元、授信户数17户；实现“信用村”结对61村，其授信余额达9.96亿元，授信户数达2144户。

【提升工作效率】 2020年，上线远程银行一期项目和成立远程服务中心，以远程替代网点，以技术替代人工，通过以 “小微金融续航模式”、移动办贷模式为切入口，实现“最多跑一次”服务模式的全新变革，打通了普惠金融的“最后一公里”。对接浙江省金融综合服务平台，完善自助续贷、续航中心等系统功能，形成“线上线下优势互补、平台现场信息互通”的服务模式，实现线上申请、信息共享、资料审核、上门办理、无缝对接的一站式服务。主动跟进“百行进万企”，以及“4＋1”支持实体经济、支持中小企业复工复产等活动，落实“减环节、减时间、减材料”的政策要求，加快业务流程的简化和再造，落实 “一、三、七、十”限时要求（即从贷款申请到审批结束发放的时间期限，支行权限内周转1个工作日，首笔或增量3个工作日，分行权限内7个工作日，总行权限内10个工作日）。2020年，全行从贷款申请（系统时间）到审批结束平均办理时效仅为43.38小时，工作效率和服务质量提高，客户的满意度和体验感提升。

【推进普惠金融】 2020年，围绕《金融服务乡村振兴实施细则》，全年重点开展“乡村振兴”工作、“三张清单”等活动，开展存款保险和征信专项宣传等活动。在乡村振兴工作中，进一步合理调配信贷资源，明确优先保障全市乡村振兴重点领域和关键环节信贷需求的重要性，运用现有的各类担保方式，简便贷款手续，提高放款效率，加大对渔农村地区的金融助农服务，推广移动支付办理资金结算和渔农村数字普惠金融，提升渔农村金融服务的效率和水平。截至12月末，各项贷款余额增量106411.82万元，增速为27.59%；其中涉农贷款余额增量43635.48万元，增速达28.19%，农户贷款余额增量29457.75万元，增速达

31.83%，全面实现农户贷款增速高于各项贷款增速，农户贷款增速高于涉农贷款增速，涉农贷款占各项贷款比重高于上年的要求。解决民营企业“融资难、融资贵”难题，参与“E周融”金融综合服务上线平台推广工作，自“E周融”平台上线以来，累计为165家企业提供授信，累计授信笔数174笔，授信总额达2.96亿元，授信用时1天左右，基本符合短时、高效的授信要求。针对不同行业的需求，在平台上推出“企惠通”“商惠通”“专项信用贷款”“普通短期流动资金贷款”等多种特色信贷产品。其中“普通短期流动资金贷款”和“专项信用贷款”在平台中分别被评为最受企业青睐产品第五名和第十名的好成绩，获2020年度E周融优秀金融机构的殊荣。

“票据贴现”助推企业低成本融资

【强化风险防控机制】 舟山分行风险管理部门独立于业务操作部门，风险管理部门总经理由总行风险管理部直接委派。公司风险条线通过设定三级架构，以逐级管理为原则，对相关风险管理人员实施两级委派、双线汇报和统一考评工作机制，在管辖范围内实施穿透化管理。其中，授信审批中心作为风险管理部的二级部门，履行专业、独立的授信审查审批职能，严把信贷业务审批中的风险关，同时在优化审批流程、把握贷款投向等方面发挥重要作用。健全授信业务运行体系，优化支行审查审批流程、完善大额风险和异地授信业务管理，加强对重点行业和受疫情影响行业的风险监测和预警，不断加强信用风险防控工作。接入金综平台、公安等多渠道数据，行内信贷系统引入核心、信用卡等业务数据，搭建贯穿信贷全流程的数据网风控体系。逐步实现“准入标准化、风控模型化、审批集中化、贷后精准化”，建立全流程风险管控体系，提高风险防范能力。2020年度，公司建立健全分工合理、职责明确、有效制衡、报告路径清晰的信贷管理组织架构，对信贷业务条线垂直化管理，前中后台有效分离，明确分支机构负责人是所在机构的风险管理第一责任人。分行风险管理委员会承担分行信贷风险、全行经营风险管理与控制的职责，发挥“决策者”作用。分行信贷评审委员会作为分行各项授信业务决策及审批机构，发挥“把控关”作用，对支行提交的各类业务进行严格审议，实地走访了解客户经营情况，把好贷款审查审批关，审议制定贷款利率定价政策、授信政策、经营方案等。分行根据支行风险状况及机构负责人风控能力等因素设定差异化的审批流程，根据总行《差异化授权指导意见》对下属支行授信权限进行定期和动态调整，以有效把控风险。

【提升内控管理】 2020年，舟山分行在监管部门的统一部署下，落实各管理部门责任分工，组织各支行、分行各部门开展历年问题的回头看自查和今年问题的自查整改。分行以季度为单位，持续组织开展《负面清单每季一学》活动，把负面清单学习和测试工作进一步常态化。分行结合银行业乱象治理工作要点，组织编撰《2019年度舟山分行负面清单》，内容包括今年银行业负面清单、舟山分行2019年度的经营管理负面清单和分行各部门根据清单内容的职责分工，以供全行员工学习借鉴，不断提高对问题的发现、解决能力。舟山分行以季度为单位持续开展案件警示教育活动，全年编写4期分行的典型案例通报，下发总行和监管部门的12期警示教育案例通报供全行员工学习，各支行均利用每周夜学习时间有序开展案例学习。利用线上模式组织全行员工开展典型案例视频培训，邀请岱山法院余法官开展“民法典时代下法律、案件风险及其防控措施”知识讲座等方式引导全行领导干部与时俱进勤学习，廉洁合规守底线，进一步丰富干部员工的法律基础知识，增强干部员工案件风险防范意识和合规操作意识。舟山分行进一步加大对员工异常行为的检查力度，于上半年对全行员工包括外聘人员、下半年对重要岗位人员开展异常行为集中排查，通过征信、法院网、执行网、企查查等查询途径，掌握员工基本情况，及时发现苗头性风险，做到防患于未然。调查异常情况，进行分析汇总，建立员工异常行为管理台账，进行持续跟踪。组织全行员工开展家访活动，掌握员工8小时以外的生活动态情况，进一步加强了单位与员工家属的沟通联系，建立起银行、员工、家庭“三位一体”的管理模式，加强员工行为管理，控制分行潜在的风险，确保全年无重大案件发生。

5月30日，民泰银行舟山分行进校园开展人民币普及诚信宣传活动

【强化队伍建设】　2020年初分行提出用两三年时间，持续做好“五个建设”的相关工作，来打造高素质干部员工队伍。

将制度学习与负面清单整改相结合　针对部分员工存在制度学习不深入，工作执行不到位的情况，分行于下半年开展“心有纪 学有规 行有矩”规章制度知识竞赛活动，通过自建制度题库、树立学习标兵、开展测试竞赛等方式，使员工熟练掌握本基本准则、操作规程等业务管理制度，形成良好文化氛围。

开展2020年服务管理考核工作　通过6S优化经营环境，完善内控管理制度，百合服务内训师检查辅导，打造企业文化阵地，组织学习活动，对业务技能熟练、服务质量好、岗位贡献大的员工授予“舟山分行季度服务之星”，给予全行范围内通报表彰，以此组建出一支专业素养高，服务水平佳的优秀服务团队，成为员工的楷模与典范，形成比学赶超的良好工作氛围。

利用民泰学院学习平台　因势推广形式多样的线上、线下培训方式，针对支行班子、团队老总以及普通员工，按照“缺什么补什么”的要求，因地制宜制作培训计划和课程编排，开展系统培训49场，受众员工5060人次，通过随堂测结合奖惩措施，逐步提升全员业务素质。分行继续通过自下而上的直推和选拔，开展第二批后备人才选拔工作，经过笔试、面试共有7位员工通过考核，扩充分行后备人才库，让很多优秀员工看到了晋升的希望和前进的动力，针对“带病员工”分行及时进行调整、清退，真正实现能者上、庸者下的管理机制。每个机构按分行要求打造“一行一特色”的企业文化，开展普惠金融、结对帮扶，争创文明、星级单位、党建示范点等活动，实现自身的文化特色，并在全行范围内选出一批有较强示范辐射和带动作用的工作典型，以创建促规范，以示范带全盘，全面提高全行工作质量。

10月12日，民泰银行舟山分行开展《舟山市文明行为促进条例》专项学习会

【促进企业文化多元融合】　2020年，舟山分行在全行范围内开展“服务之星”评选工作。对业务技能熟练、服务质量上佳、工作积极、岗位贡献大的员工，按季度进行通报，并对其授予舟山分行“季度服务之星”荣誉称号。全行“比、学、帮、超”的工作格局正逐步形成。继续开展“微信课堂”“大学习、大讨论”等活动中，以此选拔出一批业务素质强，技能过硬的优秀员工，由分行统一组织，报名参与总行、外部监管部门主办的各类竞赛。落实《浙江民泰商业银行企业文化管理制度（暂行）》《文化建设发展规划实施方案》《浙江民泰商业银行2019—2021年企业文化建设发展规划实施方案》等制度，全年、全行阶段

性地开展6S环境打造“回头看”工作，开展现场检查和非现场检查相结合，定期或不定期对网点服务情况进行检查通报、奖罚，进一步加强了对营业环境的管理督导。分行改造党建活动室，新建了员工阅览室，分行团工委组织开展几场具有教育意义与公益精神的活动，也组织员工参加人行、银保监局、总行组织的各类竞赛。是年，分行取得全市反假币和人民币流通宣传小视频制作竞赛二等奖，“2020年舟山市银行业智慧金融定向比赛”大银行组团体第三名，“讲好金融故事”比赛二等奖，以及百合杯综合知识技能竞赛团体三等奖、百合杯等单项比赛前三名、“民泰杯”男子篮球联赛第五名等好成绩。

11月13日，浙江民泰商业银行“第一届‘百合杯’规章制度知识竞赛”

【加强“双创”建设工作】　2020年，分行在年初明确将党建工作纳入年度发展规划，并将文明单位创建标准与打造党建示范网点的工作相结合，进一步强化“党建＋普惠”金融服务小微经济发展的意识和能力，全年分行动员创评党建示范点工作，把做好党建工作平台建设，推进基层党建“引领、融合、提升”工作水平，理顺党组织在各机构经营发展中把方向、管大局、保落实的工作机制。各机构有序推动“三会一课”常态化，开展“清廉民泰”系列活动，把党内政治文化建设渗入全体员工的日常学习生活工作之中，以良好政治文化涵养风清气正的工作生态；成立红百合志愿服务队，持续开展公益性活动到社区上党课、受聘党支部委员职责、参加行社共建行动、走访贫困家庭、连续三年结对帮扶六中贫困学子、慰问敬老院老人、问候小岛留守老人、参加义务献血等一系列活动，打造出“暖心银行”“责任银行”的社会形象。新冠疫情暴发时刻，民泰银行舟山分行党委第一时间发出捐款倡议，筹集爱心款物6万余元，助力抗疫一线医务人员，行内诸多员工通过自发参与志愿者活动、参加“蓝天救援队”，利用自身时间战斗在抗疫救援的一线，展现民泰员工模范先锋的力量。助力创城工作，分行党员干部带头、全员参与志愿者服务，投入到垃圾分类、劝烟禁烟、清扫杂物等活动，100余次的志愿活动用实际行动扮靓网点、助力创城，彰显分行公益精神，提升公司社会影响力。

7月9日，浙江民泰商业银行舟山分行开展庆祝建党99周年“初心向党　实干担当”主题党日活动

（撰稿：胡　帆）
（本分目图片由民泰商业银行舟山分行提供）

中国人民财产保险股份有限公司舟山市定海支公司

【概况】　2020年，中国人民财产保险股份有限公司舟山市定海支公司内设综合部(财务部)、业务管理部、车险业务部、非车险业务部、营业部，下辖白泉、临城、岑港、金塘和开发区5个营销服务部。经营范围以财产类保险为主，包括车辆险、船舶险、货运险、企财险、工程险、责任险、意外险、保证险、家财险和农业险等险种。

是年，定海支公司按照政府监管部门的要求和指示，依法合规经营，强化基础管理，严格防范风险，贯彻落实保险行业协会及人保系统各级保险工作会议精神，紧盯上级下达的各项任务指标，以“保险”独特的方式与功能，承担社会责任，助力定海区经济发展。

【业务发展概况】　公司贯彻当地政府和上级党委关于疫情防控和复工复产的决策部署，坚持稳中求进的工作基调，克服疫情影响，应对车险综合改革，推进各项工作内容，完成上级公司保费、利润双指标。2020年，实现保费收入10272.11万元，较去年同期增加16.52%。承担社会责任，发挥保险的保障功能，2020年度直接赔款及直接理赔费用6582.89万元，为定海区企业单位与个人抗击风险、灾后重建提供了重要的保险保障支撑。坚持价值强司，在以发展为第一要务的同时，持续推进公司企业文化建设，将“服务”作为重要抓手，彰显人保品牌价值与服务品质，不断提升人保的社会影响力，曾多次获得金融部门支持定海区域经济发展贡献奖、获评定海区先进集体等。

【巩固大业务保险】　紧跟舟山经济新区建设步伐，成立专业团队，为新区基础建设重大项目提供风险评估、咨询和防灾防损服务。先后承保“定海区城乡居民未成年人基本医疗保险”“定海区消防救援大队团体意外保险”“舟山市本级与定海区残疾人意外险”“定海区老年人意外伤害保险”项目，续签“定海区精准扶贫保险”“定海区公路管理局公路财产险”“辅警意外险”等项目，进一步加强公司与政府部门的合作，为拓展“保险+服务”模式奠定基础。为企业提供复工复产保险保障，为金塘北部东片区开发建设工程保驾护航，履行保险在经济社会建设中风险管理的社会辅助管理职能，支持区域经济发展。

【助力渔农村经济发展】　设立金塘、岑港、白泉3个三农服务部、6个三农服务站（白泉、金塘、马岙、小沙、盐仓、岑港）及56个三农服务点，为农村居民提供保险咨询和保障服务。全年为定海区“菜篮子”工程产品承保生猪155145头，能繁母猪7023头，水稻10666亩，林木保险257403亩等，农险保费收入1011.26万元，赔款支出613.96万元，增强定海区农村居民抵御灾害的能力。

（撰稿：龚金燕）

中国人寿保险股份有限公司舟山分公司

【概况】　2020年，中国人寿舟山分公司贯彻落实上级公司战略部署，紧扣“开放包容、严谨高效、对标晋级、共创共赢”十六字工作方针，上下一心，各项事业发展取得成效。

【强化党建引领】　开展全面从严治党工作，建立季度形势分析会议制度，落实主体责任清单，加大党建工作力度。推进标准化规范化党支部建设，实行党建工作联系派单制度，确保党支部标准化建设任务落到实处。2020年，全市新增党支部4个,其中功能性党支部2个。发挥党建引领作用，继续实行党建项目制运作，解放西路营销服务部党支部开展“职场党建强引领，诚信团队争先锋”项目、本级机关党支部“‘党建+金融’服务，创消费者港湾”项目等。党员干部和广大员工的政治意识和作风素质都实现提升。

【加快业务发展】　公司股份总保费达成6.3亿元，同比增长11.2%，市场份额26.1%。其中个险渠道实现保费4.86亿元，同比增长17%；团险短期险保费实现7530.8万元，同比增长4.6%；银保渠道保费实现7001.4万元。三大业务渠道重要业务指标完成情况良好，同比增幅均高于全省系统平均水平，取得发展成绩。

【夯实队伍基础】　个险渠道在疫情影响及加大清虚力度的情况下，全市销售队伍规模总体保持稳定。全市个险持证人力1057人。团险在册人力52人。银保客户经理队伍23人。

【提升管理质量】　开展内学外比活动　公司由总经理室带队,先后走进嘉兴分公司、温州分公司、湖州分公司等系统先进单位实地考察学习，多次邀请省公司、优秀地市的老师现场授课，各渠道开展一系列“走出去、请进来”活动。2020年，在省公司年度创新成果评选中，银保渠道获二等奖。

强化费用管控力度　公司强化费用管控力度，完善企划方案设计，强化兑现管控手段，出台机构、渠道年度费用预算政策和重要费用管控举措。

出台青年英才培养计划　制定并下发《舟山分公司青年英才培养计划》，组织开展“青年英才”竞演活动，创造有利于青年人才脱颖而出、健康成长的环境。

【运营服务提质增效】　推广电子化服务，改善客户体验。全市个人无纸化投保占比99.8%，同比提高4.2个百分点；个人保全E化率98.7%，同比提高0.9个百分点；电子回访替代率93.88%，同比提高5.37个百分点。开展理赔时效综合治理，个人业务索赔到支付平均时效为1天，个人业务出险到支付时效为12.96天。开展“保险消费者港湾”项目，项目完成以来服务业务员及客户2000余人，获2020年舟山市保险行业协会星级网点评选一等奖。

【增强风险防控能力】　开展2020年重点风险专项治理，围绕6个方面开展集中整治。加强对重点人和重点事的监督。开展纪检风控辅导式教育活动24场，继续加强风控联系人（员）队伍建设，全面完善公司风险管理体系建设。落实监管要求，做好意外险相关风险排查、人身保险公司经营管理负面清单落实、保险业市场乱象整治“回头看”、反洗钱等工作，守住发展底线。

【增强服务大局意识】　抓好常态化疫情防控，严格落实市政府、上级公司各项举措，为一线医护人员赠送专属保险，累计风险保额超33亿元，累计捐款3万元。推进扶贫工作，公司党委、各级党支部将扶贫作为“一把手”工程，市公司党委班子成员带头赴扶贫点开展专题调研和结对慰问活动。公司聚焦保险主业，推广小额保险、两性安康等保险产品，提供全面的扶贫保险保障。

（撰稿：俞　洁）

中国太平洋财产保险股份有限公司舟山市定海支公司

【概况】　2020年，中国太平洋财产保险股份有限公司舟山市定海支公司（以下简称“定海支公司”）学习习近平总书记关于疫情防控等系列的重要讲话精神，做好自身防疫工作，落实政府工作要求，履行社会责任，维护当地经济和社会平稳。是年，公司获“2020年度定海花园式国际人文港城建设突出贡献集体”称号。

【提升业务发展与服务质量】　2020年，定海支公司累计承担保险风险责任金额3539亿元，实现保费收入5254万元，同比增长25.9%，保费规模市场份额21.69%，较上年提升4.12百分点，位居舟山财险市场第二位；处理各类赔案78936件，赔款支出2853万元。保险服务遍及城乡，市场活力不断增强，业务发展稳中有进。

【助力企业复工复产】　落地落实疫情防控措施，发挥主业优势，协助地方政府支持企业复工复产。摸排了解辖内企业，根据企业的不同需求制订多套复工复产保险方案，为重点领域企业的复工复产保驾护航。3月，向定海区政府递交《关于助力地方政府支持企业复产复工的支持函》，表达公司全力协助地方政府支持企业复工复产的意愿；拜访定海区公安局，为全区公安系统的民警、辅警赠送含新冠肺炎保险责任在内的风险保障，并送去防疫物资；拜访定海区扶贫办，并递交赠送浙江省低收入农户新冠肺炎疫情专属保险的统保保单，为全区3515名低保人员提供了风险保障，赠送全国驻村扶贫干部保险；在区卫生健康委员会和舟山银保监分局的大力支持和指导下，为定海区疫情防控一线的医护人员提供每人101万元保额的保险保障；9月，为海事局一线干部赠送每人限额61万元的防疫人身保障。

【服务实体经济和民生保障】　加强与政府部门的汇报，通过政府引导、市场化运作手段，使保险成为政府加强社会管理治理的重要抓手。为城乡小微企业、农村经营户提供小额货款保证保险；支持地方金融发展，为企业提供国内贸易信用保证保险；在服务民生方面，发展未成年人医疗责任险，开展食品安全责任险、精神病人责任保险等一系列政保合作项目；在创新社会治理方面，推进环境污染责任、电梯责任，不断提高火灾公众、安全生产、产品质量等领域责任保险的覆盖面。公司主动加强与安监局等牵头部门的对接，强化落实安责险推进工作，为多家企业提供安全生产保障，累计风险保障额度达2.6亿元。重点推动农业保险扩面提标增品，推广农险如林木火灾保险，民宿综合保险，养殖、种植保险等，为农民提供多样化的保险服务，保障额度达3394万元。

【加强自然灾害灾前预防工作】 开展“最多跑一次”改革2.0、“无证明化”改革、舟山保险业“消费者港湾活动”星级网点评选、警保联动系列工程等工作，进一步加快客户承保理赔时效，提升客户体验。支公司响应行业防洪防灾网格化管理办法的意见稿并开展实施。在汛期来临之前，迅速成立防洪防灾网格化工作小组，对接社区，配合检查并做好风险警示工作。全方面提升“预防为先”的理念，全面构建“保险—政府—居民”立体风险管理体系，提高防灾水平，科学应对汛期灾情的来临。

【坚持依法合规经营】 支公司坚持倡导良好的合规文化，培养员工树立内控和合规风险的防范责任意识。在承保、理赔、中介管理、费用管理、单证管理、印章管理、反洗钱等重要领域加强管理，按照监管制度和上级公司各项内控规章制度进行自查自纠工作，开展防范非法集资专题宣传月等活动。公司落实“严管、严控、严谨”的工作要求，确保合规经营，助力、支撑业务的高质量发展和公司的可持续经营。

（撰稿：於芮瑶）

中国太平洋人寿保险股份有限公司舟山中心支公司

【概况】 2020年，中国太平洋人寿保险股份有限公司舟山中心支公司下辖普陀、岱山、嵊泗3个县（区）支公司。是年,舟山中支公司克服压力和困难，推动经营指标改善、长期能力突破，将持续转型的优势，转化为缩小差距、进而并跑领跑的胜势。

【加强党的领导】 坚持抓党建从工作出发，抓工作从党建入手，不断增强党委政治核心作用、党组织战斗堡垒作用和党员先锋模范作用。坚持党管干部、党管人才，抓好干部人才、高端人才和青年人才的体系化建设，在核心业务板块逐步落地“长青计划”。全面启动支部标准化建设工作，把党的理论优势、制度优势和组织优势，逐步转化为企业竞争优势、创新优势和发展优势。

【专注主业发展】 坚守保险初心，围绕“人才、数字、协同、管控、布局”五大关键词，推动经营指标改善、长期能力突破，并将持续转型的优势，转化为缩小差距、进而并跑领跑的胜势。全年实现保费收入4.91亿元，同比增长2.72%，舟山市场占比20.25%，在全市11家寿险公司中继续排名第二位。其中个险：新保期缴保费4975.68万元，续期保费3.33亿元，13个月保费继续率达96.01%，彰显高质量发展。团险：意外与健康短期险保费1.04亿元，银邮代理保费233万元，意外短险保费继续排名全市第一位。

【加大创新技术运用】 以客户为中心，紧跟市场形势，适应时代发展，创新产品开发，利用创新技术提供特色服务与便捷服务，为高质量发展注入新的活力和内涵。坚持以客户需求为导向，以客户体验最佳为目标，想在客户前面，走到客户心里，强化“责任、智慧、温度”的“太保服务”。

推进新技术移动应用　构建企业移动应用，将移动技术应用植入客户投保、服务、理赔等各环节。开通移动“云柜面”，客户只需通过远程视频，无需到公司，将公司柜面延伸至每个客户身边，打通服务“最后一公里”，提升客户体验，优化业务流程，让每一个终端成为一个柜面。

增强客户联络中心服务能级　传统电话服务逐步向在线智能客服牵引，智能机器人应答率提升至85.6%。推出针对客户报案诉求的电话智能化交互服务系统——“智能报案”，该项目通过简化报案流程、八轮语音交互、六要素自动提取、数据共享及信息实时校验等功能，提升报案信息精确度。

运用大数据和互联网+平台　实现线上线下一个客户，多个产品，多个界面的服务。打造出以“神行太保”和“中国太保”两大支柱的智能保险生态系统，加强科技赋能，简化理赔程序，开辟快速通道，增加线上理赔，减少线下理赔，推进“闪赔”、“秒赔”，让客户享受到更便捷快速的即时保全、理赔服务，坐享运用互联网+新技术为客户带来的智慧型服务，提升客户满意度。

做好满期给付和客户赔付工作　全年短险赔款金额1.14亿元，满期给付金额995万元，年金给付金额6376万元。保单质押贷款3.49万件，贷款金额1.43亿元。

【支持海洋经济发展】 围绕舟山海洋经济发展特色，

发挥保险的经济社会发展助推器、社会矛盾减震器和风险稳定器作用，主动对接舟山市政保合作项目，为舟山经济发展提供保险保障。

团险　渔工险：公司的优势产品，是专为渔民提供人身保障的产品，2020年承保9.8万人次，保额695亿元，全年赔付1866件案子，赔款总额1861万元，缓解渔民的经济压力，为渔民撑起保护伞，为舟山的海洋渔业经济的发展保驾护航。高风险修造船行业意外伤害保险：自2020年7月单独工伤保险停办后，公司积极参与高风险修造船行业意外伤害保险，为该行业提供风险保障，2020年累计保费633.61万元，赔付案件138件，赔付金额402万元。

政保合作　响应国家政策，服务地方经济，主动对接舟山市政保合作项目。实施舟山市城乡居民大病保险，2020年大病保险参保人数100.76万人，保费7770.94万元。赔付案件18.7万余件，赔付金额7901.19万元。

个险太保蓝本　“太保蓝本”专属健康增值服务，是中国太保寿险整合内外部优质资源，提供的精细化、专业化服务，为客户打造“保险产品+健康服务”一体化解决方案。“太保蓝本”医疗特权服务实现了“全年开展、兑现快捷、服务升级、家人共享”四大亮点。诊后环节新增普惠型“线上购药”服务，诊前诊中环节为高端客户引入视频医生服务，为客户搭建了较完整的“足不出户”到家式医疗服务体系。“家人共享”规则，充分利用已搭建的快速医疗服务通道，积极尝试客户家庭医疗需求解决方案，将服务惠及客户直系亲属。

【助力企业复工复产】　贯彻落实新冠肺炎疫情防控和企业复工复产相关工作部署，消除复工企业后顾之忧，持续为稳企业稳经济稳发展提供保险保障和服务。

开展“三服务”活动　指定专人实地调研走访，及时了解问题诉求，着力解决实际困难，对企业复工复产需求最大程度上予以满足。在“7·8全国保险公众宣传日”活动期间，向某小微企业捐赠最高保额为100万元的团体意外伤害保险［（2008）团体意外伤害保险和世纪行团体意外伤害保险］，总计保额1900万元。

保障消费者需求　全省一级响应期间，扩大乘意险等23个险种保障范围，将保险责任扩展至新冠肺炎，凡是确诊新型冠状病毒肺炎的患者，按照“五项取消限制”承诺，及时迅速进项理赔，不拖赔、不惜赔。1—5月，公司面向渔农村及个体工商的安贷宝险种同比增长74%。满足各行业保险消费者更高层次的服务保障需求，为保障再添砝码。

向全市2000名一线防疫志愿者提供专属风险保障　该防疫综合保险方案每位志愿者总保障金额为61.8万元，为参与服务的志愿者免除后顾之忧。向奋战在一线的2500名公安民警、辅警提供新冠肺炎保险责任在内的全方面风险保障以及口罩、消毒液等物资。

（撰稿：张　盛）

中国平安财产保险股份有限公司舟山中心支公司

【概况】　2020年，中国平安财产保险股份有限公司舟山中心支公司（以下简称“舟山平安产险”）秉持“团结进取，勇立潮头”的浙江分行精神，以数据科技为核心引擎，线上化为竞争壁垒，真抓实改，合规经营，推动高质量发展，建立长期竞争优势。

【助力复工复产】　响应监管号召，做好防疫工作，发挥保险的社会保障功能，全力保障企业复工复产。向全市600多家小微企业免费赠送平安乐业福（传染病公益救助版），并为多家企业延长保险期限，同时扩展保障范围，并推出涵盖传染病身故和津贴补偿保障的责任险、团体意外险、个人意外险等款产品，助力民生企业恢复经营，全面保障疫情期间员工、顾客安全。

【推动线上化发展】　推动车险保单电子化，大幅简化办事手续。依托平安好车主APP，推动车险投保、承保、理赔进入数字化新时代，同时不断深挖车主服务场景，为车主提供无感加油、紧急接电、代办年检、汽车消毒等服务，还推出简单事故“0手续理赔”服务，简化理赔流程，为客户提供更为优质、高效的服务，并为“最多跑一次”改革助力。

【加强企业文化建设】　践行“团结进取，勇立潮头”的“浙分精神”，加强企业文化建设，开展企业文化月活动，通过晨会以及邮件宣传等形式向员工展示平安的发展历程。成立党支部和团支部，开展党建和团建活动，建党99周年，舟山解放70周年之际，党支部开展“铭记历史，缅怀英烈，砥砺前行”党建日活动，组织党员参观舟山博物馆。召开“刀刃向内”民主生活会，对照各条线工作，开展批评与自我批评，并进一步思考如何将“刀刃向内”方法论运用在实际工作中，开展企业清廉文化建设，推动队伍更好的发展。举办非法集资与普法知识宣传月活动，助力合规文化建设。开展工会活动，组织教师节感谢师恩，直通渠道新人拜师仪式，端午包粽子比赛，立夏织蛋套，请来专业医护人员为员工解读体检报告，开学季关爱学子，喜迎圣诞等丰富的工会活动，参加分公司组织的龙舟赛活动，加强员工关爱，提升员工幸福感。

【加强监管沟通】　主动加强与舟山银保监分局以及舟山市保险行业协会的沟通，参与分局以及协会组织的各类活动，参加舟山保险业2020年防汛防台应急演练，支持文明城市创建，参加幸“盔”有你·安全出行宣传活动，配合舟山市警保合作“网上一体处理”改革工作推进以及消费者港湾建设工作。是年，舟山中心支公司获“消费者港湾”活动星级网点组织奖。

2020年舟山中心支公司获舟山市保险行业颁发的活动星级网点“消费者港湾”组织奖

【践行社会责任】　对接成立舟山保险行业首支慈善服务队，参与7·8扶贫公益跑活动、文明城市创建，抗疫捐款，关爱特殊儿童、高考护航、停车关爱、公益捐书等活动，参加并推广集团公益扶贫项目开展；落实服务企业、服务群众、服务基层的“三服务”精神，走进企业赠送防灾物资并开展防御性驾驶培训；为客户做好灾前防御指导，以及灾后慰问工作，提升公司品牌形象。

8月26日，前往舟山市聋哑启智学校赠送清凉物资以及学习用品

（撰稿：陈　盛）

（本分目图片由平安财险舟山中心支公司提供）

中国平安人寿保险股份有限公司舟山中心支公司

【概况】　2020年，公司聚焦“大金融资产”与“大医疗健康”，持续推动智能化、数据化经营转型，运用科技助力金融业务提升服务效率、获客能力和风控水平；鼓励金融科技、医疗科技创新，将创新科技深度应用于“金融服务、医疗健康、汽车服务、智慧城市”生态圈，实现“科技赋能金融、科技赋能生态、生态赋能金融”。

【保费收入】　2020年，全年保费总收入达到15764.88万元，比上年同期增长2.0%。其中个险新单业务完成标准保费3293.32万元，个险续期业务完成保费12364.74万元，短期险61.75万元。

【提升数字化经营能力】　推进“金融+科技”“金融+

生态”战略转型，持续提升数据化经营能力，整体业绩及核心金融业务持续稳健增长，科技赋能成效显著，生态赋能效果初显，综合金融用户数、客户数、客均合同、客均利润均有明显增长。

【人才培养】 2020年，平安人寿舟山中心支公司重视销售人才为公司发展的第一资本。公司严格增员上岗流程，以更系统和精细化的方式推动公司销售人力发展，推动业务队伍增长。开展各项培训提升业务员队伍综合素质和文化结构，强化业务队伍建设。加强业务员的专业技术培训，全年举办线下培训班121场，线上培训班51场，参训人数3813人次，用培训提高业务员的销售技能和业务水平。

（撰稿：庄丽娜）

泰康人寿保险有限责任公司浙江舟山中心支公司

【概况】 2020年，泰康人寿保险有限责任公司浙江舟山中心支公司（简称泰康人寿舟山中心支公司）下辖机构定海本级、普陀、金塘、岱山4个营销服务部，在职内勤员工34人，营销员804人。泰康人寿舟山中支秉持总公司、分公司始终坚持的“市场化、专业化、规范化”企业价值观，坚持稳健经营、开拓创新的经营理念，为工薪白领人群提供专业化、高品质的人寿保险服务。全年实现总保费收入2.14亿元，其中个险新单2152万元，十年以上期缴保费1581万元，累计完成赔案520件支付赔款727万元，满期给付金额836万元，年金给付金额1928万元。

【推进保险产品销售】 推出“保险+医养康宁”大健康战略，顺应时代发展趋势，通过全生命链的产品与服务，全方位满足长寿时代人们的健康与财富管理需求。是年，公司推进“长寿时代、泰康方案”，形成三大客户解决方案：年金险+养老服务形成长寿解决方案，健康产品+健康服务+生态形成健康解决方案，保险金+资管服务形成财富解决方案。推出“幸福有约”养老社区确认函（青少版），将目标客户首次聚焦青少年群体。“幸福有约”在“活力养老、高端医疗、卓越理财、终极关怀”四位一体框架下，延展出12款全新产品服务、6大产品组合。健康财富规划师（HWP）是泰康人寿创新性打造的新职业，承接“四位一体”大健康战略，专业化服务于高净值人群全生命周期，提供一站式养老、健康、财富管理和终极关怀解决方案。公司通过对接医养实体，依托专业投资，发挥保险功能，为客户提供从摇篮到天堂持续一生的全方位金融保险服务。

【创新优质服务】 公司以诚信经营与客户体验为首要原则，通过经营网络以及完善的个人保险、银行保险、电话销售、网络销售渠道，为个人及家庭提供全方位的人身保障和投资理财产品与服务。升级创新服务体系，服务内容从保险支付向前后端扩展。利用全流程零人工干预智能化信用赔项目，实现秒级结案；率先将理赔和健康管理相融合，延长理赔服务链；和普陀人民医院、白泉瑞金医院建立健保通一站式理赔合作医院，提升客户理赔体验。“重疾绿通”全面升级，覆盖全国医院526家，有近20位客户享受到重疾绿通服务。泰康医生APP推出“互医互药”创新产品，为客户提供“互联网医院+药店”全流程服务保障解决方案。使用微信投保、易理赔、微信贷款、微信函、微回执等移动互联服务，搭建集“服务、调查、管理”一体化理赔服务移动平台，通过大数据、云计算、物联网、人工智能与寿险相结合，让服务更便捷安心。

【完善各项制度建设】 公司高度重视客户信息安全，从制度管理和IT建设两方面入手，制定完善的客户信息分级管理、查询权限等一系列规章制度，通过IT硬件与软件相结合，确保制度有效运营。为保护客户数据，定期开展专项风险排查和稽核检查工作，防微杜渐，堵塞漏洞，让没有权限的人无法接触客户数据，让接触客户数据的人按规范使用客户数据。严格执行总、分公司出台的“品质综合管理办法”“四大违规专项治理”管理办法，严控销售误导风险，明确责任追究细则；建立“销售人员信用评分”及“高风险机构、高风险人员差异化管理办法”，严格入口端差异化规则管理。聚焦服务关键环节，强化服务考核与过程管理，推动服务创新，保险公司服务评价连续两年评级A类。通过九大举措（抓有效报案、赔案分段管理、创新手机理赔、健保通直付、远程调查提高时效、超期件专人每日督导、理赔金实时支持、大数据智能审核、新产品上线提速）推动理赔提速，提升时效与获赔率，理赔投诉不断下降。

【强化合规经营意识】 公司将“行业规范建设”活动与业务经营、合规文化紧密衔接，夯实健康发展基础。围绕“立规矩、订规章、明规则、树规范”总体目标要求，健全合规管理机制，构建行业道德规范、行为规范、服务规范、管理规范，筑牢规范发展基础，提升全员合规操作及风险防控意识，培育良好合规文化，加强各项任务落实执行，提升服务实体经济质效。

（撰稿：夏文武）

天安财产保险股份有限公司舟山中心支公司

【概况】 2020年，天安财产保险股份有限公司舟山中心支公司（简称天安财险舟山中支）搬迁至舟山市定海区千岛街道港岛路98号海洋科学城科创园B区10幢8楼。公司主要经营企业财产保险、家庭财产损失险、建筑工程保险、安装工程保险、货物运输保险、机动车辆保险、船舶保险、能源保险、一般责任险、保证保险、信用保险、健康保险、意外险等保险业务，内设综合部、理赔部、销售推动部、银保部、业务部、车商部,下辖岱山支公司和普陀区营销服务部。

【保费收入】 2020年，完成保费收入3119.64万元，计划达成率100.63%，累计同比增长12.84%。其中车险保费1865.66万元，同比增长14.12%，财产险228.57万元，同比负增长43.11%，水险76.35万元，同比负增长41.4%，承保数13239笔，保额2450755万元，赔款1600.57万元， 赔付率51.31%，其中本级保费2297.80万元，普陀保费660.96万元，岱山保费160.88万元。

【业务拓展】 2020年，天安财险舟山中支公司，拜访省农业农村厅，使2020年上半年浙江省农业政策性保险成功落地，6月份开始签单，签单保费累计485万元。重点关注政府主推的责任险板块，全面发展各项优质效益的非车险险种。舟山全市电梯保险业务洽谈成功，舟山市公共资源中心招投标保证金保险对接。落实浙江省渔业互保协会共保体的签订工作、大项目的储备及拓展。

（撰稿：贝竹贤）

中华联合财产保险股份有限公司舟山中心支公司

【概况】 2020年，中华联合财产保险股份有限公司舟山中心支公司（简称中华财险舟山中心支公司）下辖普陀、定海、岱山3家县（区）支公司及六横营销服务部。是年，公司坚持高质量发展理念,推进业务稳健发展，以服务社会为己任，全年实现保费收入6628万元，其中车险占全险种保费的71%。

【推出惠企政策】 2020年，应对 “新冠肺炎”疫情期间的复工风险保障，公司践行企业社会责任，不断升级保障服务，支持企业在做好疫情防控工作的前提下尽快复工复产，推行“复工复产企业疫情防控综合保险”，为生产“抗疫”物资企业、对当地民生有重大作用和意义的企业以及高新技术企业等量身定制“复工保”产品方案，实施“一企一策”，助力企业顺利复工复产。

【简化服务手续】 开通7×24小时“95585”应急服务热线，向客户提供详细的产品责任咨询、快速理赔指引、病毒预防指导。利用既有的“共享保”“中易保”以及微店等移动端工具进行业务拓展和线上出单，为客户提供7×24小时线上保险服务，投保资料电子化，提升服务便捷性。加大案件线上化处理力度，简化理赔手续，优化服务态度，强化舆情管理，塑造公司良好服务形象。

【筑牢合规防线】 以“万无一失，一失万无”的心态，抓牢风险合规工作。贯彻落实“严监管防风险”的理念，开展“合规深化年”“乱象整治回头看”活动，开展各类风险排查专项整治，自查自纠，及时防范风险，夯实风险管控基础，营造主动防范、主动宣导、主动合规、主动汇报的合规文化氛围，实现与监管机构良性互动，提升合规管理主动性，全面提升内控合规管理效果。

【加强党建文化】 组织学习党的十九届五中全会精神及全国两会精神，组织线上线下讨论“八种意识”心得、激发广大员工的主动性和创造性，不断增强凝聚力和向心力。开展岗位技能大比武、开展主题党日活动、实施“五个一工程”、深化警示教育等将党建工作主题与业务发展深度融合，让党建工作服务业务，业务工作促进党建，同步提升队伍政治素质和业务素质。

（撰稿：郭君波）

中国大地财产保险股份有限公司舟山中心支公司

【概况】 2020年，中国大地财产保险股份有限公司舟山中心支公司（简称大地财险舟山中支公司）围绕“科技驱动下的客户综合经营”的战略蓝图，将“三新三聚焦”战略作为公司战略转型抓手和实现路径，通过“三新三聚焦”打造以“新模式聚焦客户”“新业态聚焦布局”“新系统聚焦科技”为特征的“新大地”。在普陀、岱山成立分支机构，实现覆盖全市的服务网络，开通全国统一报案电话95590，在外地出险实行全国统一调度、查勘、定损、全国通赔，随时随地随叫随到的服务，保证“服务至上，客户第一”的快捷专业服务。

【全新的服务模式】 是年，公司通过“线上化、数字化、智能化”加速推进“三新三聚焦”的战略转型。在客户方面，公司将APP、公众号、小程序等进行统一整合，并打造综合应用平台，作为客户线上化的统一入口。在此平台上，客户可以方便地查询服务、在线参与活动、进行实时互动。在产品方面，新一代核心系统“筋斗云”上线，为构建产品工厂奠定良好的基础，使得公司可以根据客户需求将产品碎片化后再进行重新组织，定制化推出满足客户需要的产品。在科技应用方面，公司引入应用RPA、智能语音、智能图像、反欺诈、车联网等技术，并搭建起“两个中台、一个平台”，极大提升了线上互动效率和客户体验。

【车险理赔新时代】 是年，客户出险后，在“大地理赔宝”微信小程序或“大地超A”APP中，使用“自主赔”功能，信任额度内一键理赔，赔款快速到帐。VIP客户出险后，拨打95590报案，有专家坐席一站式在线处理，查勘理赔全流程均可在线完成；关爱伤员，主动调查、主动评残、主动调节、主动赔付。

【全面的客户服务】 是年，公司推出“微信理赔”“四个时代”理赔、“‘智慧·关爱’新模式让理赔简单有温度”及“大地礼赔” 理赔服务。推出“大地礼赔”服务品牌，以礼为核心，以科技和人文为驱动，打造简单、人性、有温度的理赔服务。公司推出的微信线上理赔，对于小额、简易案件，客户可自行拍照上传系统，无需现场查勘。公司推出中国大地保险超级APP，客户可通过APP自主报价、在线结算、保单查询、电子保单下载、增值服务使用、理赔申请等一些操作，实现投保、服务、理赔一条龙服务。

（撰稿：黄燕芬）

责任编辑：王英伟

综合经济管理

发展与改革管理

【概况】　2020年，区发改局下设办公室、国民经济综合科（挂经济合作与支援科牌子）、固定资产投资科（挂基本建设综合科牌子）、行政许可服务科、服务业发展科（挂金融科牌子）、体制改革科（挂社会发展与人口就业科牌子）、能源科、军地融合发展科等8个职能科室。新设立中国（浙江）自由贸易试验区定海综合事务中心，负责自贸试验区定海区块发展工作。

【规划管理】　下达2020年度规划编制计划，完成规划编制任务分解、编制经费安排工作，开展年度规划编制计划实施情况调研监督。是年，全区计划编制各类规划6项。其中《舟山市定海区国民经济和社会发展第十四个五年规划和二〇三五年远景目标纲要》正式印发，《舟山市定海区海洋通信新材料产业园发展规划》完成专家评审，《定海区公路水路交通运输“十四五”发展规划》完成征求意见稿，《定海区气象事业“十四五”发展规划》初稿编制中，《定海区“十四五”文化旅游和体育产业发展规划》推迟到2021年编制，《舟山市定海区商贸流通业“十四五”发展规划》由全市统筹，不再另行编制。

【十四五规划编制】　按照国家、省、市各级编制“十四五”规划的最新精神和要求，落实和深化区委“奋力当好建设‘重要窗口’海岛风景线排头兵”的战略目标和“花园式国际人文港城”的战略定位，针对新时期、新形势、新变化，听取各方面意见和建议，完成《舟山市定海区国民经济和社会发展第十四个五年规划和二〇三五年远景目标纲要》编制。

【计划报告和经济形势分析】　编制完成《2020年半年度国民经济和社会发展计划执行情况报告》和《2020年国民经济和社会发展计划执行情况与2021年国民经济和社会发展计划草案的报告》。对全区经济运行情况进行监测，做好投资、服务业、金融、价格等月度、季度运行情况调研分析，为全区经济社会发展出谋划策。

【军地融合】　召开区委军地融合委员会第二次会议；完成全区军地融合发展工作年度绩效考评工作；做好区内军地融合企业服务工作，协助北鲲智能获得无人船舶试验场海事通航安全审批，重点项目进展顺利。

【现代服务业】　是年，全区服务业增加值353.94亿元，比上年增长3.1%，增加值占GDP比重62.1%。区本级服务业投资比上年增长7.9%。舟山良海粮油有限公司9万吨粮食仓储设施建设项目等8个项目列入2020年市服务业重大项目计划。

【重大项目建设】　是年，牵头制订2020年政府投资项目和重点建设项目计划建议，做好省市区重点项目进展情况月度统计。组织3个重大项目参加浙江省扩大有效投资集中开工活动。全省首批未来社区试点之一——舟山定海城西社区全面开工。

【社会固定资产投资】　是年，区本级（除临城街道）固定资产投资同比增长5.0%。其中生态环境和公共设施投资、高新技术产业投资分别同比增长68.6%、1.8%，民间投资、交通投资分别下降25.0%、2.3%。是年，全区安排政府投资项目124个，全年完成投资42.0亿元，完成年度计划的99%；实施重点建设项目74个，全年完成投资88.5亿元，完成年度计划的91.6%。

【项目资金争取】 是年，上报保障性安居工程中央预算内投资计划、浙江省公建投资计划等项目5个批次，下达当年度中央预算内投资项目3个，争取中央预算内资金8047万元。申报地方政府专项债券项目17个，10个项目成功发行债券总计8.8亿元。

【民生实事项目】 是年，牵头推进民生实事项目的实施，做好全程监督和汇报工作，打造群众满意工程。15项民生实事项目年度计划总投资8.93亿元，实际完成投资8.97亿元，完成年度计划的100.4%。

【东西部扶贫】 是年，推进定海对口宣汉县的东西部扶贫协作工作，按照《定海区东西部扶贫协作2020年度工作任务》的目标要求，两地互派党政干部8名，专业技术人员35名，开展基层党政干部培训308人、各类专业技术人才培训542人、致富带头人培训95人；安排东西部扶贫协作项目16个，下达帮扶项目资金4210万元，争取社会帮扶资金捐赠资金1080.13万元，累计帮助销售宣汉农特产品价值2765.71万元，引导航达钢铁、西商农博园等5家企业在宣汉县投资，累计投资额达4.82亿元；累计帮助1214名贫困人口实现在四川省当地就近就业，帮助300余名贫困劳动力赴浙江省就业、75名贫困劳动力赴东部其他省份就业，央视新闻直播间第一时间对通过“包机”帮助宣汉贫困人口返岗复工进行专题报道；创新开展东西部职业教育和劳务协作“2+1”教学模式，促成22名宣汉职中学生赴舟山市就读“2+1”班，25名贫困劳动力赴舟山市进行海员培训，经验做法入选全国人社系统助力全面建成小康社会优秀成果；建立结对帮扶关系的镇、村、学校和医院72对。助力宣汉县脱贫攻坚、巩固“摘帽”成果，完成对口帮扶四川宣汉地区脱贫攻坚三年行动各项目标任务，实现对口帮扶地区脱贫攻坚圆满收官。

【长三角一体化发展】 印发《2020年定海区推进长三角一体化发展工作要点》，布置涉及自贸联动、产业提质、重大基础设施互联互通和民生等11个方面21项具体任务。保障甬舟铁路、宁波舟山港主通道建设，做好前期政策处理工作，推进大陆引水三期工程建设，配合全市统一部署建设白泉高铁新城；启动马岙客运站规划；与宁波舟山港集团初步达成关于老塘山港区陆港一体化合作开发机制，中储粮项目启动9.6万吨物流设施项目和19.2万吨物流仓项目建设，良海粮油9万吨仓储项目推进；全面融入甬舟一体化发展，金塘作为省级石化配套产业园，获省里批复；金塘大浦口集装箱二阶段工程加快推进；联合中科院宁波材料研究所共建舟山新产品中间试验基地，推进金塘塑机螺杆省级产业创新服务综合体建设；推进与上海虹口共建协同发展示范区，双方达成“海上彩虹”战略合作，“舟创未来”定海虹口协同创新中心顺利开园。进口粮食保税储存中转基地及粮食进口检疫审批制度改革获国务院批复支持。继续推进长江经济带生态环境问题整改，完成3个问题整改。

【审批管理服务】 是年，受理各类行政许可、其他事项250件，其中政府投资项目78件，企业备案项目37件，企业核准项目1件，项目前期服务联系单134件，所有项目在承诺时限内办结，业主满意率100%。

【重点领域改革】 出台《定海区建设最优营商环境2020年行动方案》，提出20项政务服务改革提升目标任务。探索并逐步开展“信用+”应用场景建设。定海远洋渔业小镇获省级授牌。

【能源发展】 是年，全区万元GDP能耗（预计同比下降3.6%），能源消费总量（预计增速为1.9%）。腾出用能5000吨；拆除20蒸吨、22蒸吨燃煤锅炉各1台。风力发电15976万千瓦时；垃圾发电18915.6万千瓦时；分布式光伏太阳能发电3306万千瓦时，合计发电3.82亿千瓦时。完成8家重点用能企业的能源监察工作，开展高耗能行业项目节能审查落实情况专项检查及落后用能工艺和设备淘汰情况监察。加强管道监管工作，牵头开展油气管道安全隐患排查。完成省民生实事项目金塘和皋泄2座综合供能服务站改造工作。

【金融工作创新】 是年，落实疫情期间“三减”联动政策，保障企业主体平稳发展，疫情期间累计为5400多家企业新增贷款超过69亿元，累计协调银行为企业减息免息超过3.2亿元，为近500家企业提供贷款展期13.1亿元，为近400家企业提供无本续贷（续贷通2.0）超过15亿元。

【自贸片区建设】　是年，浙江自贸区定海片区开篇建设，设立自贸区建设专门工作机构，构建“1+4+7”的定海自贸工作体系。国际油品储运基地建设进一步深化，全区建成油品库容约1290万立方米，占全市总库容超过四成，全年油品吐吞量实现爆发式增长，达到5589万吨，同比增长超55.8%，其中保障绿色石化基地油品量超过2000万吨，承接绿色石化一体化效应显现。中石油舟山石化4500吨低硫燃料油进入出口监管仓，完成浙江自贸区首票出口退税业务。企业融资无本续贷项目“续贷通2.0”高分通过毕马威评估，列入全国自贸区第五批创新成果。

【推广应用新墙材】　全年返新型墙体押金项目29个，涉及金额556.35万元，其中返退企业445.1万元，转国库111.25万元。今年返退散装水泥押金项目25个，涉及金额77.86万元，其中返退企业54.5万元，转国库23.36万元。

（撰稿：李留军）

统　计

【概况】　2020年，区统计局坚持以习近平新时代中国特色社会主义思想为指导，贯彻党的十九大和十九届四中全会精神，领会习近平总书记在浙江考察时的讲话精神，围绕区委区政府重点工作，统筹兼顾，发挥统计职能作用，不断提高数据质量，开展重大国情国力调查，强化基层基础建设，完成各项统计工作任务，为定海经济高质量发展提供统计保障。

【防疫复产工作】　按照区委区政府的统一部署，成立以党组书记、局长为组长的防控工作组，实行“7×24”主要领导值班制度和“日报告”制度。参与到全区的抗疫工作中，先后安排9名业务骨干到区防疫指挥中心，运用统计大数据处理方法，协助整理进入定海的外出人员信息；先后派出4个小组60人次到金塘大桥参与设卡排查工作；派出两名分管领导参与全区“三返”工作指导组，蹲点指导企业完善疫情防控措施；全员参与社区疫情防控工作，到社区卡点值勤；参与全区复工复产工作专班，推进“争先创优”，掌握疫情情况下全区工业、投资、商贸服务业等单位复工复产后的运行情况，以及受国内外市场的影响情况，对各专班争取的目标、指标提出专业意见。

【提高统计数据质量】　成立由区统计局牵头的统计领域数字造假问题监督执纪问责工作专班，提高对统计违法行业的震慑力；制定《全面落实防范和惩治统计造假弄虚作假责任制实施办法》，明确工作责任制，并在强化法治宣传教育、依法开展统计调查、审核查询统计数据、规范数据质量评估、开展数据质量核查、开展统计执法检查、记录违规干预统计工作情况等方面作了具体布置；全面开展自查自纠，对129家规模以上工业企业，110家限额以上服务业企业，76家限额以上贸易单位，170个5000万元以上投资项目进行上门核查。

【统计基层基础建设】　结合全区“三服务”活动，继续强化镇（街）、村（社区）统计基层基础建设，竭力提升企业统计人员业务素质，确保基层统计力量与日益繁杂的统计工作匹配。采取集中开会、分片交流、现场教学、上门走访、电话指导等方式，对工业、服务业、投资、住户调查等专业进行指导，确保统计数据质量。

干䃧镇统计工作专项培训会工业生产报表培训

【统计信息服务】　完成各类统计信息115篇，分析25篇。其中10篇次信息（分析）被各级党委政府录用，另有多篇信息被《舟山日报》《今日定海》《定海新闻》等新闻媒体采用。是年编印《定海统计》34期。围绕区委区政府的工作重点、社会关注的焦点问题，撰写《新冠疫情下定海塑机制造业实现逆势增长的启示和思考》《发挥产业集聚优势促进定海工业经济发展的研究分析》等3篇课题。

【深化统计体制改革】 按照中央、省市《关于深化统计管理体制改革 提高统计数据真实性的实施方案》文件要求，推进统计管理体制改革，强化统计职能职责，加强统计队伍建设。抓核算龙头不放松，重点对GDP核算指标分解，每月、每季度对影响指标的关键因素进行深度分析，研究制定《区统计局数据质量审核评估新机制》，加强对主要统计指标数据的评估、核实，减少核算误差。

【统计宣传执法】 利用统计月卡、微信公众号、官方网站等载体宣传统计法规，以全国法制宣传日、《统计法》颁布纪念日、《第七次人口普查》宣传等为契机，开展统计法治上街宣传活动，在统计年（定）报培训会上对重点普法对象进行法制宣传。建立健全“双随机一公开”抽查机制，是年，执法检查单位29家，立案查处5家，结案4家，警告并罚款4家，罚款金额人民币1.3万元。

“参与七人普，惠及你我他”为主题的猜灯谜活动

【第七次人口普查工作】 成立第七次全国人口普查领导小组，及镇、街普查机构和村、社区普查小组的组建。在全区划分2243个普查小区，选调普查员、普查指导员2200多人，于11月1日正式开展第七次人口普查上门登记工作，累计完成对全区249235户家庭的清查摸底、短表登记，以及16937户家庭的长表抽样登记工作。

第七次人口普查入户登记

【专项调查】 及时、全面地完成党风廉政建设调查、“平安浙江”群众安全感满意率调查、“平安镇（街道）”群众安全感满意率调查、5‰人口抽样调查、城市公共交通满意度及公交分担率调查、党风廉政建设调查等多个专项调查。

（撰稿：徐 波）

（本分目图片由区统计局提供）

审 计

【概况】 2020年，区审计局完成审计项目13个，查出主要问题金额62733万元，其中违规金额28万元、管理不规范金额62705万元。审计处理处罚金额44023万元；审计促进整改落实有关问题金额33500万元；审计后挽回(避免)损失972万元。出具审计报告和专项审计调查报告21篇；审计提出建议46条，被采纳46条；促进被审计单位制定、完善规章制度1项；提交审计信息111篇，被批示、采用32篇。向社会公告审计结果10篇。

【财政资金审计】 开展定海区财政局具体组织的2019年度预算执行及决算草案的审计和岑港、城东两个街道的决算审计。根据审计建议，区财政将3142.9万元工程长期未动资金一次性统筹完毕；将非税收入专户“应缴国库款”未缴库资金21613万元和滞留各专户利息收入3207.5万元及时缴库。推动区委区政府出台《关于全面落实预算绩效管理的实施意见》，进一步深化财政资金绩效管理。创新审计模式，坚持数据先行，实现全区117家一级预算单位数据采集全覆盖。

同时不断优化数据分析模型，重点关注“三公”经费、公车改革、国有资产经营管理和专项资金使用绩效等方面，为审计核查问题提供更加准确的疑点线索。

【政府投资项目审计】 贯彻落实《审计署关于进一步完善和规范投资审计工作的意见》，推进投资审计的“三个转变”，回归投资审计监督本位。实施百里滨海大道工程（定海段）建设管理情况专项审计调查和海滨小学建设工程竣工决算情况审计两个项目，核减投资额969万元。审计发现部分工程项目未实行公开招投标及拆分标的规避招投标行为、结算审核工作滞后、合同订立不规范等问题。针对查出问题提出多项规范性、建设性建议以规避风险，并促使区教育局、区城乡建设集团有限公司等单位出台相关制度进行约束和规范。

【经济责任审计】 实施5个单位5名领导干部的经济责任审计，查处管理不规范金额9635万元。在岑港、城东街道的经济责任审计中与财政决算审计统筹实施，岑港街道同时实施自然资源资产管理责任审计。审计发现五家单位在财政财务管理、单位用人管理、工程项目管理、下属单位管理等五大类58项问题，提出审计建议15条，在建章立制、监督管理和操作程序等方面，督促有关单位健全体制机制、强化财政财务管理、规范业务流程，提高领导干部责任意识，促进干部廉洁从政。

【政策执行审计】 重大政策措施落实情况跟踪审计具体渗透在养老服务体系建设情况、应对新冠肺炎疫情防控资金和捐赠款物等专项审计中。审计查处专项资金管理不规范金额102万元。养老服务体系建设情况专项审计中发现信息共享不及时导致重复享受补贴、未停发死亡人员的养老服务补贴等问题。新冠肺炎疫情防控资金和捐赠款物专项审计以“发现问题、分析问题、解决问题”为导向，主动上门精准开展“三服务”活动。实地走访调查中为基层在防疫资金、捐赠物资的使用、管理方面提供业务咨询和技术指导，为企业在疫情期间维持正常经营状况的融资贷款方案提出合理化建议。

【审计管理】 重点环节管理 实行审前培训会、审计进点会、审计进展情况汇报会、审后总结会“四个会议”制度；继续做好三张重要管理事项记录（审计方案、审计报告征求意见稿、审计报告），深化审计业务会议机制，实行重点审计项目、重要审计事项集体会审。

审计项目质量管理 审计报告审核领导小组对审计报告集中讨论修改，提高审计报告的质量。加强对审计一线的监督，实行审前承诺、审计回访等制度。强化即审即改，对现场实施阶段发现的问题即时做好取证分析工作。对即时整改的问题建立即时整改清单，明确整改时限，将整改事项落实到事到人。

【干部队伍建设】 抓政治学习 以全体干部学习、“学习型”党支部和党组理论中心组学习等为契机，学习领会十九大精神、习近平浙江考察时的重要讲话精神、十九届五中全会精神。邀请律师专题进行《民法典》讲座。参与审计署的集中整训。

抓制度健全 为完善干部任用管理机制，强化竞争激励机制，制订了《定海区审计局中层干部选拔聘用实施方案》和《审计服务中心专业技术岗位聘任办法》，对中层干部选拔聘用和事业人员的职称晋升作出规定；按程序提拔中层正职、副职各一名，并对中层干部进行轮岗。

抓廉政建设 履行“一岗双责”，将党风廉政工作纳入总体工作部署之中，制订《2020年度全面从严治党主体责任清单》，并层层签订党风廉政建设目标责任书；局党组每季度研究党风廉政建设情况；局主要领导不定期对班子成员开展廉政谈话，进行提醒督促；全局干部会议上围绕廉政建设重点和审计工作重心，加强党风廉政建设和反腐败工作教育。

抓疫情防控 组织全体干部职工成立新冠肺炎疫情防控“应急小分队”和“防疫志愿服务队”，开展卡点值勤、查码测温、人员排查、防疫宣传和联防监管等工作。轮班支援金塘大桥检查点和城东街道檀树、檀东社区以及环南街道利民社区等4处小区卡点，做好排查工作。

（撰稿：庄缀萍）

国有资产管理

【概况】 2020年，定海区出台《关于区属重点国有企业深化改革规范运营的若干意见》《定海区区属重点国有企业负责人经营业绩考核与薪酬核定办法（试行）的通知》《关于深化区管企业负责人薪酬制度改革的实施意见》，推动重点国有企业完善现代企业制度。进一步加强国有资产管理，提高国有资产使用效益，确保国有资产保值增值。强化国有企业债务管理，多渠道筹措资金，解决企业发展融资困境。积极落实疫情防控政策，完成国有企业退休人员社会化管理工作。至年底，区属国有独资、控股、参股企业80家。其中独资企业53家，控股企业6家，参股企业21家。

【深化国有企业改革】 完善国有企业管理体制，明确重点国有企业管理权限及运营职责。对区属重点国有企业负责人经营业绩与薪酬进行考核，改革区管企业负责人薪酬制度。重点国有企业建立内部管理制度，企业运营逐步规范化、正规化。

【国有资产保值增值】 对区属国有企业在资产处置方面按规定办理申报审批手续，符合要求的资产由舟山信达产权交易中心有限公司委托舟山市公信拍卖有限公司公开处理。本年固定资产拍租拍卖总计55笔，起拍金额合计22478.21万元。2020年全区弃土混合料评估总价1236.97万元，成交总价1476.49万元，溢价率达19.36%。开展相关部门、单位的城市更新收储资产、市级划拨置换资产、行政事业性资产设施大排查，梳理出资产161宗，土地面积252566.78平方米，房产面积204714.11平方米。

【强化国企监督管理】 建立和完善以财务监督为核心的国资监管体制，强化国资监管，对国有企业贷款、担保、股权划转等事项进行审核报批。对全区61家国有企业开展为期2个月的国有资产管理情况专项检查，对报送的7700件实物资产进行随机抽查，对检查中发现的管理制度不健全、存在账外资产、与主管部门资产混用等问题要求企业及时整改。落实地方企业国有资产向人大常委会报告制度，明确报告方式、突出报告重点、提高报告质量，依法加强人大监督职能。

【拓展企业融资渠道】 2020年，全区国有企业发挥融资平台功能，拓宽融资渠道，运用各类金融工具总筹资650700万元，保障定海重点项目建设资金需求。

【加强三公经费管理】 2020年度，国有企业业务接待消费预算指标455万元，同比下降6.0%左右。至年底，业务招待费发生额85.39万元，同比下降21.1%。

【实施国有资本经营预算】 布置2021年区属一级企业的国有资本经营预算，纳入定海区国有资本经营预算编制企业有7家，预计可上交收益为25万元，国有资本经营预算支出无安排。

【执行疫情免租政策】 做好疫情期间国有资产类经营性用房免租有关工作，下发《关于新冠肺炎疫情防控期间减免企业房租措施有关事项的通知》，经统计全区减免租户291户，涉及房租616.88万元，其中行政事业单位52户，房租65.29万元，国有企业239户，房租551.59万元。

【接收国有企业退休人员社会化管理】 完成2020年度区属国有企业退休人员社会化管理工作。截至年底，全区接收国有企业退休人员4843人，其中接收中央企业退休人员1470人，省属企业518人，舟山市及各县区属企业2855人。定海区属国有企业应移交人员19人，完成移交19人。

（撰稿：彭建慧）

责任编辑：王英伟

应急管理

综　述

2020年，全区发生各类生产安全事故9起，死亡（失踪）9人，同比分别下降25%、18.2%，未发生较大以上事故，安全生产各项指标未突破市政府下达的控制指标，定海区人民政府被舟山市人民政府评为2020年全市安全生产目标管理责任制考核优秀等次。

综合协调工作

【责任落实】　签订安全生产责任书，制定印发成员单位年度安全生产和消防工作责任清单，落细属地、行业监管责任；开展护航复工复产安全生产攻坚行动、危化品全生命周期专项整治、小微企业专项整治、瓶装液化气专项整治、航修点专项整治等工作，组织专项组督查护航复工复产安全生产攻坚行动落实情况，督办水上运输安全隐患问题，排查交通、渔业船舶、危险化学品等五大领域中秋国庆期间存在的安全风险，实行清单化管控，对建设施工领域上半年事故多发的情况作出风险警示，落实安办统筹协调、综合监管职能；实施企业生产安全事故隐患排查治理奖励办法，发放奖励金8.86万元，引导企业落地隐患排查主体责任。

定海区安全生产委员会召开成员单位会议推进小微企业综合整治工作

【重点行业领域专项整治】　开展为期三个月专项整治、小微企业安全生产和消防安全综合整治、危化重点县攻坚提升、高温熔融金属作业安全、渔业及危化品运输船舶（油船）修理等各类专项整治，对15处省、市、区级挂牌隐患（危险路段）实施重点隐患整治清单化管理，完成整改销号任务，对省、市开展的护航复工、危化品使用、海上安全、中秋国庆双节暗察暗访等发现的179项问题隐患实施定时闭环整改，借助省级危化专家力量对中海石油舟山石化、世纪太平洋、中谷储运、纳海油污水等危化企业开展指导服务，提出提升服务事项9项348条，推动重点行业领域实现安全生产。

省级危化专家指导服务重点危化企业

【安全生产综合治理三年行动】 开展定海区第二轮安全生产综合治理三年行动，成立三年行动领导小组，建立区安委会专题办公例会制度、工作专班常态化办公制度等，推进3个专篇11个重点领域专项整治，推动问题隐患全面清零。是年，各专项牵头单位累计开展各类检查317家次，排查各类事故隐患825条，行政处罚58.92万元，全区安全基础夯实。

防汛抗旱与减灾救灾

【三防指挥体系建设】 修编《定海区防汛防台防旱应急预案》和123个村（社区）的基层防汛形势图，编制工作指南和规则，按照“1部+6个运行组+12个专项组”的架构细化区三防指挥部组织指挥体系，在镇街层面建立同区防指相对应的指挥体系，确保三防指挥指令下达落实。投入近400万元新建以大数据为支撑的区应急指挥中心及子系统平台，接入水利、综治、森林防火等视频监控4800余个，实现全区防汛防台重点部位视频监控点位全覆盖，为应急指挥部掌握灾情、实时调度提供信息化保障。

【城市内涝治理】 制定城区低洼易涝区应急处置专项方案，对城区90个易涝区实行“红、橙、黄”三色分级管理，抽调200余名年青干部作为易涝区抢险骨干，对城区90个易涝区实行点位包干抢险。区分有物业小区、无物业小区、易积水道路等情况，创新开展“一小区一策，一道路一策”工作并在全区139个小区全面推广，明确风险点、各抢险小组负责人、工作职责、人员转移路线及灾后恢复措施，缩小防汛管控单元，实现精细化治理。

【森林防灭火】 成立以常务副区长为指挥长的区级森林防灭火体系，11个镇（街道）配套成立森林防灭火机构，签订森林消防责任状，充实森林护林员和扑火队员，落实森林防灭火责任。开展森林防灭火工作及野外火源专项治理行动，强化重点时段、重点领域、重点单位管控力度。调整区属半专业防火队员组成，增加定海蓝天救援队为定海区森林扑火补充队伍，增配水泵16台，山上供水桶100余个，增强镇街扑火能力。采取在入山道口增添宣传警示标志、拉横幅、发放宣传资料，出动巡逻车播放警示音频等方式多渠道开展宣传教育，全民森林消防意识增强。清明期间出动检查管控人员1700余次，制止违规用火31起。

应急救援和预案管理

【应急队伍建设及救援】 提升定海消防大队应急救援能力，组建危化、矿山、防汛防台、地质灾害、森林防火5类专业应急救援队伍，扶持“蓝天”“民源”社会应急救援队伍，增强基层救援能力。协调金汇航空公司、区教育局、定海七中、市区卫健委和舟山中医院等相关单位开展悬水小岛恶劣天气直升机紧急救援。

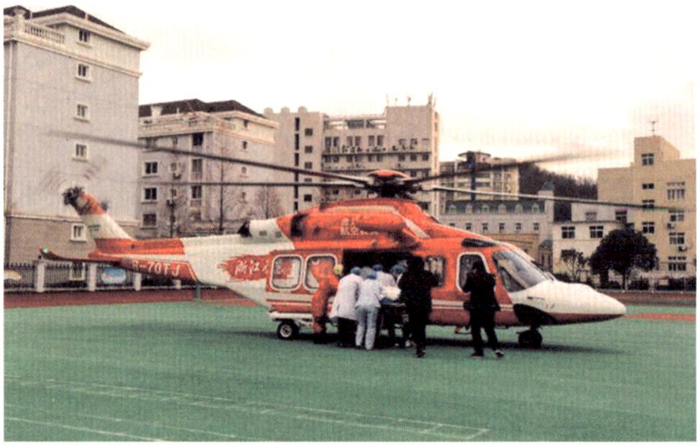

直升机紧急救援大猫岛受伤老人

【应急装备配备】 投入898万元资金采购2辆1500立方米/小时大流量移动式排水车、3辆水路两栖全地形救援车，110台发电机、1000米新型阻水板、100台卫星电话等，强化抢险装备保障。

1500立方米/小时大流量移动式排水车使用培训

【应急管控提效】 完成9个避灾安置场所规范化建设和59个避灾安置场所可视化建设，实现避灾安置场所现场视频指挥、快速调度功能。依托移动互联网和大数据分析技术，聚焦全区小流域山洪、地质灾害高危区域、CD级危房、涉危农家乐等场所，参考防疫“健康码”创新推进“浙江安全码”应用管理，为自然灾害中的人员转移提供精准化管控手段。是年，录入并赋码2550人，实现危险区域转移人员赋码率100%。

【预警预报宣传】 完善市、区、镇街道预警预报三级联动机制，构建应急、资规、水利、气象预警信息联合发布制度，确保向公众发布预警预测预报信息。新建83处防汛应急广播系统，制作全区防汛应急能力建设宣传片，依托定海应急微信公众号推送防汛博文，26个小区LED广告屏集中投放预警预报信息、防汛防台、安全自救等防范知识，营造全民参与防洪排涝应急工作氛围。

企业安全生产监督管理

【安全复工复产】 坚持疫情防控与安全复工复产两手抓，突出危险化学品、船舶修拆造等重点行业企业，采取建立一企一表、联合督查检查、驻企服务指导等措施，指导企业复工复产，做到全区复工企业安全自查备案、重点企业复工安全检查两个100%。开展“护航复工复产安全生产攻坚行动”，组织住建、交通、港航等十余部门围绕危险化学品、船舶修造、水上交通、道路交通等七大领域开展为期20天的安全生产专项攻坚行动，帮助企业消除事故隐患、防控事故风险，实现全区工矿商贸企业复工复产安全生产零事故。

应急、港航等部门联合开展护航复工复产安全生产攻坚行动

【基层基础建设】 开展百万员工大培训、特种作业人员安全码应用、加油站扫码支付清理行动等，推动安全生产科技化、科技应用安全化。推进全区14家危化品重大危险源企业全面接入危险化学品安全风险监测预警系统，实现危化重大危险源企业“24小时在线

2020年各类事故统计表

表24　　　　单位：人、%

指标 类别	事故次数		死亡（失踪）人数		受伤人数		沉船只数		其中一次死亡3人以上事故（次）	
	全年	比上年±%	全年	比上年±%	全年	比上年±%	全年	比上年±%	全年	比上年±%
企业工伤	4	－20%	4	－20%	0	减少1人	—	—	0	持平
道路交通	5	－28.6%	5	－16.7%	1	减少1人	—	—	0	持平
水上交通	0	持平	0	持平	0	持平	0	持平	0	持平
生产经营性火灾	0	持平	0	持平	0	持平	—	—	0	持平
渔业水上事故	0	持平	0	持平	0	持平	0	持平	0	持平
不包括水上交通运输及经营性火灾合计	9	－25%	9	－18.2%	1	减少2人	0	持平	0	持平

监管”。对全区392家小微企业开展风险评级，在12家企业试点建设浙江省安全风险管控体系，筑牢小微企业安全生产防线。评审通过20家工贸企业、74家外协施工队（规下船厂）标准化名单，提高企业事故防范水平。安排专项经费30万元，聘请行业专家对重点企业开展上门隐患排查和指导服务，深化安全生产社会化服务工作。开展第十九个全国安全生产月活动，推进安全宣传“五进”工作、重点行业企业安全班组建设劳动竞赛活动等，营造安全生产氛围。

赴浙江交投矿业有限公司开展安全生产月现场宣传咨询服务

（撰稿：韩　玲）
（本分目照片由区应急管理局提供）

消防救援工作

【概况】　是年，区消防救援大队有指战员75名，干部15名，在编消防员29名，政府专职消防员31名，执勤消防车14辆，行政执法车6辆。是年，金塘站党支部被省消防总队表彰为先进基层党支部，盐仓消防站团支部被团区委表彰为先进团组织。1名同志被省消防总队表彰为优秀共产党员，1名同志被支队评为优秀党务工作者，1名同志在年度工作荣立三等功，2名同志分别被评为“2019年度全省应急管理系统先进个人”和全市创城工作先进个人。大队典型曹钧操先后被评为全省应急管理系统先进工作者、“第六届舟山市定海区道德模范”奖。

【加强消防管理】　是年，列管消防安全重点单位282家。检查社会单位461家次，投入使用营业前安全检查61次，发现火灾隐患217处，下发行政处罚决定书40份，责令三停4家，罚款38家，罚金23.65万元。

【强化消防安全责任体系建设】　推进《定海区消防安全责任制实施办法细则》的贯彻落实，强化各部门各单位的主体意识，明确消防安全责任分工。加强基层消防安全网格化管理，整合基层消防安全监管力量，推动网格化的管理触角延伸至难以覆盖的“散、小、边、远”场所。

【开展各项专项行动】　落实打通生命通道治理、小微企业、沿街商铺、高层建筑等消防安全综合治理工作。联合镇街、公安、城管、市场等部门，开展检查行动60余次。是年9月底，全区排查沿街商铺4946家（合用场所743家），发现存在隐患商铺1285家，清退住宿人员94人，对379家商铺完成消防技术改造。

定海区打通“生命通道”集中治理行动推进会

【对企业开展精准服务指导】　疫情防控期间，对接

对涉疫企业进行检查指导

区应急管理局、区卫生健康局及属地乡镇（街道），对涉疫医院、隔离点开展检查。深入“三服务”活动，成立复工复产小分队，全年开展三服务113次。复工复产期间，电话提醒小微企业200余家次，开展线上线下培训单位500余家，培训员工2000余人次，印发消防资料8000余份，开展企业上门服务指导60余家，检查校外辅导机构60余家，检查公共娱乐场所23家，检查养老院5家，督促整改火灾隐患400余处。

【整治重大火灾隐患】 是年，提请区政府对舟山国际大厦、舟山市定海天主堂敬老院、定海区城东街道碧水蓝天小区一期、二期商品用房及配套用房这3家单位挂牌为区级重大火灾隐患单位。开展业务指导，组织整改期间的火灾预防，优化整改方案，是年10月底，3家单位火灾隐患全部完成整改并销案。

【举行“119”消防宣传月活动启动仪式】 是年，舟山市“119”消防宣传月活动启动仪式暨今冬明春火灾防控工作部署会在定海文化广场举行。舟山市委常委、常务副市长许小月出席活动。市消安委成员单位、乡镇街道、基层网格员、东海渔嫂、社区消防宣传大使、消防安全重点单位、消防志愿者代表及消防指战员、新闻媒体、群众等近500人参加活动。

舟山市委常委、常务副市长许小月（左四）出席关注消防 生命至上——2020年舟山市“119”消防宣传月活动启动仪式

【拓宽社会消防宣传面】 开展“六一消防伴我成长”“高层住宅消防安全网络直播 ”“安全生产月”“宋都地摊夜市”“119消防宣传月”“开学第一课”等大型消防宣传活动，近4万人参与，普及消防常识。是年，联合教育部门组织发动辖区全体中小学生围绕“关注消防，生命至上”为主题，参加绘画活动。利用官方微博、微信、今日头条号密集开展消防常识宣传，全年发布微博、微信2920余条，采用消防部门短信平台传达消防预警信息20100余条。

区消防救援大队联合“东海渔嫂”开展消防安全宣传活动

【推进救援装备提档升级】 新增接警员2名，购置卫星电话2台，培养无人机飞手培训人员3人，保证在接处警、救援现场信息畅通。是年，大队党委提请区政府专门安排400万元经费采购两台龙吸水，排水量为1500立方米/小时，提升抗台排涝应急能力。

【系统化开展实战化训练】 全年根据疫情防控工作，落实营区实战化训练，依托中队训练塔、结合内攻和紧急避险训练以及日常六熟悉演练开展实战化训练。对辖区重点单位、石油化工单位开展实战实装演练，参与石化企业单位联合演练6次，召开石油化工灾害

邀请LNG槽罐车专家开展实地教学培训

事故实战拉动联合演练工作协调会1次，邀请LNG槽罐车专家开展实地教学培训1次，联合应急演练2次，夯实应急联动处置能力。全年组织熟悉125次，演练74次。

【扑救火灾】　全年接警546起，出动车辆 1141辆，出动警力6349人，抢救被困人员64人，疏散被困人员59人，抢救财产价值331.2万元。同比上年，火灾起数下降10.53%，直接财产损失下降3.5%。

【火灾案例】　2月11日14时58分，定海消防大队接到指挥中心指令，位于双桥街道昌洲隧道往田岙方向附近一废品垃圾回收站着火，盐仓消防救援站出动4车18人，环南消防救援站出动3车16人前往扑救。通知社会相关联动单位协同处置。16时45分，火势基本扑灭。现场过火面积约100平方米，无人员伤亡。火灾直接财产损失14.74万元。

5月6日23时33分，定海消防大队接到指挥中心指令，位于城东街道海山花园1幢101室卧室着火，盐仓消防救援站立即出动3车15人前往现场，23时47分，盐仓消防救援站到场展开，23时58分处置完毕，经了解现场为卧室里床垫起火，过火面积约15平方米，现场消防员疏散住户17名，无人员伤亡。火灾直接财产损失4.94万元。

7月23日23时4分，定海消防大队接到指挥中心指令，环城北路合源新村4幢底层一店面房发生火灾。盐仓消防站立即出动4车18人、环南消防站出动3车14人，共同前往处置。 23时13分，盐仓站到达现场时，店面处于猛烈燃烧状态。23时15分出水灭火，23时26分，楼上住户人员疏散完毕；23时38分，明火基本被扑灭，现场过火面积约50平方米，1人伤亡。火灾直接财损失18.62万元。

11月11日9时5分，定海消防大队接到指挥中心指令，白泉商贸城满食汇厨房冒烟，盐仓消防救援立即出动1车7人赶赴现场。9时24分盐仓消防救援站到场，10时22分处置完毕收拾器材准备返回。据了解现场燃烧物质为厨房油烟管道，无人员伤亡。火灾直接财产损失10万元。

12月9日3时39分，定海消防大队接到指挥中心指令，位于岑港街道桥头社区公交站附近一层店铺着火，盐仓消防救援立即出动3车15人赶赴现场。3时56分盐仓消防救援站到场处置，3时57分出水，4时26分明火基本扑灭，5时58分消防站处置完毕收整器材返回。据了解现场燃烧物质为木材等物品，过火面积约为30平方米，无人员伤亡。火灾直接财产损失9.63万元。

芙蓉洲路芊美养生馆火灾救援现场

（撰稿：朱璐璐）

（本分目照片由区消防救援大队提供）

责任编辑：袁豪臻

自然资源与规划

综　述

2020年，市自然资源和规划局定海分局获得“浙江森林”建设工作突出贡献集体、全省地质灾害隐患综合治理“除险安居”三年行动成绩突出集体、浙江省森林生态保护突出贡献集体等荣誉。

保障发展

【规划编制】　启动《定海区国土空间总体规划专题研究（2020—2035年）》编制工作，成立规划编制工作领导小组，完成前期调研和各部门相关资料收集工作，结合规划基数转换、重大问题研判等工作编制规划方案，国土空间规划编制工作走在全市前列。是年，12个街区（地块）控规获市政府批复，批复面积约256公顷，在编控规面积约563公顷；启动舟山高铁新城核心区3.12平方千米的控规编制工作；完成白泉镇皋泄社区、马岙街道三江社区的村庄规划编制及审查工作，结合全域土地整治，启动马岙街道马岙社区、白泉镇金山社区、盐仓街道新螺头社区的村庄规划编制工作。

【国土空间保障】　推动规划研究工作，完成城东街道黄猫山水库上游、检察院地块、白泉镇皋泄区块、大小五奎山岛的规划编制工作；调整土地利用总体规划面积136.67公顷（金塘68.4公顷），涉及蔡家墩未来社区项目、白泉镇高铁新城核心区块农民公寓房项目、城北湿地公园、小洋岙花鸟市场等项目。

【要素保障】　是年，落实建设用地批次2批，涉及项目20个，保障新增建设用地指标7.07公顷，农用地4公顷，耕地3.33公顷。落实新增建设用地指标39.53公顷（金塘11.6公顷）、林地定额指标102公顷，增加铁路落地相关指标工作。全区供应土地51宗，供地面积97.93公顷，出让17宗，出让面积0.32公顷，出让金收入9.79亿元。出让经营性用地5宗，土地面积15.1公顷，出让金总额7.1亿元。完成大洋世家二期、城西未来社区等一批省、市重点项目的土地供应，涉及土地面积14.11公顷，城西未来社区系舟山市首宗未来社区出让项目；实现工业用地100%标准地出让。

【空间用途管理】　完成建设项目审查38件，审查蔡家墩安置、长岗山安置、城北小学、小洋岙幼儿园等规划方案17件。确权海域项目12个，用海面积67.30公顷，变更项目11个，面积61.82公顷；办理建设项目使用林地审批37件，涉及各类林地面积164.25公顷，收取森林植被恢复费3642.04万元；完成设施农用地备案22件，申请设施用地面积4.26公顷；批准临时用地11宗，面积6.13公顷；办结建设用地规划许可证37件，建设工程规划许可证（含临时工程、外立面审批、维修审批、市政工程、市政备案以及工程调整）145件，私人建房用地、工程规划许可各900件，海域使用权许可11件，林木采伐许可10件。

【土地集中处置行动】　全年完成批而未供消化78.4公顷（金塘17.27公顷），完成率155%，2009—2017年42.07公顷（金塘8.67公顷），完成率128%；完成低效用地再开发任务80.07公顷（金塘6.93公顷）,完成率120%；闲置土地处置完成27.13公顷，完成率107%。

资源调查

【第三次国土调查】 完成第三次国土调查统一时点更新。完成各类变化图斑和问题图斑的更新调查，更新成果完成上报，完成国家级内业核查和数据库质量检查。

【森林资源动态监测】 落实森林资源动态监测更新工作，完成280个国家和省遥感变化图斑现场核查，查处违规使用林地项目5起。根据监测成果定海区森林覆盖率增加0.02%，林木蓄积量增加2.74万立方米，乔木林单位面积蓄积量达到38.55立方米/公顷；根据建设项目占用重点公益林占补平衡，完善森林资源管理“一张图”数据库，全区省级以上公益林区划落界总面积18366.67公顷，体量居全市首位。

【数据信息基础】 深化“互联网+”技术运用，推进实体大厅向网上办事虚拟大厅延伸，审批事项实现100%网上申报，不动产登记查询事项在窗口收件端、浙江政务服务网电脑端、“浙里办”移动客户端实现“一证通办”；定海老城区4800幢历史商品房分层分户平面图完成电子化，实现配图环节前置，3.8万宗不动产登记档案完成装订并数字化，推进28万宗房产（地籍）历史档案补扫描工作。

生态修复

【全域土地整治】 是年，金山社区全域项目全部完成建设，完成市级验收。推进新螺头社区全域各个子项目，马岙街道全域土地综合整治与生态修复工程获省政府批复同意实施，土地整治工程开工。

册子岛北部环境综合整治项目

【耕地保护】 永久基本农田核查划定356.84公顷永农储备区；完成区级验收7个土地整治项目总规模35.53公顷，新增耕地16.27公顷（水田9.6公顷），新增旱改水13.2公顷。

【海岸线修复】 是年，完成整治修复海岸线12.70千米，帮助台州完成修复6.92千米，生态化修复8.69千米，非生态化修复4.02千米，涉及6个镇（街道），总投资约2000万元，建设内容包括岸滩垃圾清理、人工构筑物拆除、海岸危石弃渣清理、海岸线生态绿化、湿地植被种植、海塘提标加固等修复措施，以及提升海岸生态功能的整治修复活动。

【国土绿化】 国土绿化五年行动任务地块落实，完成国土绿化1.71平方千米，完成率135.6%，完成新植珍贵树9.6万株。创建省级森林城镇1个（小沙街道），“一村万树示范村”3个，建设完成0.67平方千米彩色健康森林。

浙江省林业局一级巡视员杨幼平（右三）带领指导组莅临定海指导“新增百万亩国土绿化行动”

彩色健康森林

【湿地保护】 开展五峙山科研科普观测及管理用房建设前期设计准备，推进与中科院动物研究所合作，签订战略合作协议，完成“智慧鸟岛”项目前期方案研究和初步设计，开展“海陆空”综合观测。是年，观测到中华凤头燕鸥15巢，预估30只，同比增加50%。大凤头燕鸥成鸟5000只，同比增加25%。黄嘴白鹭成鸟30只，数量与上年持平。黑尾鸥成鸟4000只，同比增加14%。核心区新观测到纯色山鹪莺、红胁蓝尾鸲等过境林鸟6种。

【绿色矿山】 推行绿色矿业发展，打造国家级绿色矿山。册子大皇山矿和双桥豪舟矿完成省级第三方绿色矿山测评，遴选国家绿色矿山库。册子大皇山矿964高分位列全省第一名，拟创省智能化绿色矿山建设试点。保持绿色矿山建设成果，作为定海区矿山日常监管内容。

浙江省自然资源厅副厅长陈远景（右四）赴定海区调研露天矿山整治工作

专项行动

【卫片执法】 违法用地耕占比为0%（不含金塘）；是年，第一至第三季度卫片，定海区违法图斑1个（不含金塘），违法图斑监测总面积540平方米，耕地0平方米，永久基本农田0平方米。

【土地例行督察】 是年，上海督察局下发定海区52个核查图斑，18个图斑存在问题需进行整改，整改到位12个，未整改完成6个。

【农村乱占耕地建房问题】 完成摸排工作。专题会审问题图斑，审核举证疑似图斑，查漏补缺，上报问题项目123个（含系统外军产2个），金塘32个，总占地面积9.28公顷，占用耕地面积6.69公顷，占用永农面积2.05公顷。

【围填海历史遗留问题】 围填海历史遗留问题图斑24个，批而已填未利用图斑5个，批而未填图斑7个，未批先建图斑12个，完成2020年工作任务。

保障民生

【不动产登记】 不动产登记平均办理时间压缩至2个工作日，企业不动产转移登记环节压缩到一个，申请材料压缩至3件以内，实现完税后即日办结。推出“抵押登记一地办”，存量商品房抵押登记打破地域限制，申请人可就近向任一不动产登记中心、登记点申请办理；开展“异地见证”服务，当事人因特殊原因无法到场申请不动产登记的情况可就近提出见证要求；推出不动产登记电子证明和电子证书，实现新购商品房“一证通办”；颁发定海区首本宅基地和房屋使用经营权证书，开展宅基地“三权分置”工作。定海不动产登记中心贯彻落实“最多跑一次”，优化营商环境，推出便民利民多项举措，被评为区级先进集体，获得“定海区青年文明号”称号。

【地灾防治】 深化地质灾害清零，推进地质灾害精细化全面化管理。是年，10处地质灾害隐患点主体治理工程完成治理，落实往年3处隐患点核销工作；组织专业队伍对辖区内地质灾害隐患点拉网式排查，划定风险防范区，确定高风险区域156处，威胁人员1020人，完成“浙江安全码”赋码工作；完善专业监测体系建设，深化地质灾害管理工作，完成白泉镇1∶2000地质灾害风险区划调查工作。

【海洋灾害隐患区复核、整治】 是年，对隐患区复核后定海区5个三级隐患区进行整治，开展应急预案修编、应急演练、灾情网络监测系统、避灾点规划及识别、灾害预警和疏散标识、海洋减灾宣传教育培训等非工程性整治工作，7月底通过省厅验收。初定17个隐患区，经复核认定后，认定隐患区10个，二级隐患区4个，三级隐患区6个。定海区海洋灾害一级、二级和三级隐患区复核工作完成。

【信访宣传】 受理各类信访、举报事项139件(含金塘31件)，办结省厅交办的信访积案1件。受理依申请信息公开12件，行政复议7件，行政诉讼8件。开展“4·22”地球日、“5·12”防灾减灾日、“6·8”海洋日、“6·25”地球日、“8·29”测绘法宣传日等宣传活动，开展自然资源领域宣传教育活动。

改革创新

【融资抵押实现“一地办”】 辖区内国有土地上的存量商品房抵押登记实施“一地办”模式，推出“异地见证”服务。增加补（换）证登记和国有建设用地使用权及房屋所有权转移登记（新购商品房交易）2个事项，采用数据共享方式，实现扩大“一证通办”范围。

【实现“多审合一”“多证合一”】 落实建设项目规划选址和用地预审合并办理，实现“多审合一”“多证合一”，统一使用新版证书。

（撰稿：董健博）

（本类目照片由市自然资源和规划局定海分局提供）

责任编辑：袁豪臻

市场监督管理

综　述

2020年，市市场监管局定海分局围绕推动高质量发展、夺取疫情防控和经济社会发展双胜利要求，履职尽责，严格监管执法，抓住“四大战略”和“精业强局”主线，对标“重要窗口”，以“亮灯工程”为抓手，各项工作取得成效。

服务经济发展和民生

【“证照分离”改革全覆盖试点】　推行经营范围条目化登记，核发经营范围规范化表述的市场主体8063家。深化涉企全生命周期“一件事”改革，落实食品经营许可新办事项跨区域“全省通办”，扩大备案制、承诺制等改革覆盖面，提升企业开办“一日办结”标准，提高全程网办“零见面”比例，在全市率先实现银行“全流程”代办营业执照服务。2020年，定海企业网上开办率99.58%，简易注销比例达56.27%，为172家企业节省制度性开办成本约7.5万元。

【“南洞艺谷”国家级服务业标准化试点】　依托新建社区的生态资源、海岛风情、民风民俗，运用标准化助力村景共建环境治理，与新建村党组织合力推出以“走习总书记走过的路”为主题的党建活动，助力打造南洞艺谷采风基地、特色文化基地和乡村休闲旅游基地。通过两年项目建设，收集标准118项，制定涵盖景区游览服务、素质拓展研学游活动、民俗体验活动、景区餐饮住宿购物服务等企业标准43项，构建较为完善的海岛乡村旅游标准体系。11月，“南洞艺谷海岛乡村休闲旅游景区国家级服务业标准化试点”以高分通过国家标准委专家验收。

国家标准委专家组对“南洞艺谷”国家级服务业标准化试点考核评估现场

【国家知识产权强县工程试点】　先后出台《定海区知识产权示范企业管理办法》和《定海区知识产权专项资金管理办法》。与国家远洋渔业基地指挥部协作

定海远洋渔业小镇品牌指导站的知识产权服务

建设远洋渔业小镇特色品牌指导站。是年，定海行政辖区新增注册商标808件，累计有效注册商标5294件；新授权专利1917件，其中发明专利588件；每万人发明专利拥有量44.7件，同比增长31.35%，连续6年位列全市第一名；知识产权质押额突破1.36亿元。

【进口食品冷链物防】　采取分层分类培训、专班专人指导、逐条逐项纠错等方式，多途径“浙冷链”赋码培训指导，提升赋码扫码率、准确率。定海扫码赋码率近100%，占全市总量近5成。坚持常态化精准防控和局部应急处置有机结合，督促企业落实好存量备案制、增量申报制、首站负责制、企业经营承诺制、健康管理制等各项冷链防控制度和要求，全区累计出动执法人员20000余人次，检查专业冷库、农贸市场、各类商超、餐饮店10000余家次；累计激活进口重点产品企业和经营进口食品企业287家，累计赋码16435份，扫码41171份。

农贸市场进口冷链食品进行排查登记

【助力复工复产】　出台《关于支持企业（个体工商户）复工复产助推经济平稳健康发展的通知》，特制18条服务举措，对其中13条举措进行固化。开展小微企业和个体工商户纾困工作，推进“两直”资金兑付，定海（不含金塘）有小微企业和个体工商户应补助数量5320家，兑付到账5320家，兑付总金额4440.65万元，兑付率100%，数量为全市最多。

小微企业和个体户纾困帮扶

【“五化”市场创建】　确定桔园菜场为2020年“五化”市场创建单位。根据创建标准，对该市场的便利化、智慧化、人性化、特色化、规范化5大方面21个指标项进行逐条逐项对标指导，协调相关部门和单位帮助市场解决政务一体机、AED设备、特色农产品专区、熟食抓拍系统等困难，并实时跟踪督促市场按时间节点推进创建进度。桔园菜场创建成为全省第一批“五化”市场。

桔园菜场“五化”创建巡查

【企业质量提升】　加强质量提升供给，继续推进“浙江制造”品牌建设，确定5家“浙江制造”标准制定单位和2家“品字标”认证企业，督促并及时跟踪

定海微电机行业质量分析与技术交流会

工作进展。指导辖区5家“品字标”企业做好4个“百分百”亮标贴标工作。推动2家企业参加市政府质量奖评选，6家企业获评区政府质量奖。结合定海区域块状经济实际，开展产品质量检查、风险监测抽检、产品质量分析、质量整体提升、专项后续服务，提升定海微电机产业整体质量水平。

【全国文明城市创建】　农贸市场率先开展“挂图作战”工作模式和“点位工作规程”，被市专班组肯定并在全市推广。建立系列市场管理长效管理机制，长期保持市场创城标准。开展星级农贸市场和放心农贸市场创建，指导桔园、西园、东门、白泉4家市场延续放心农贸市场创建，海龙、干䃎市场分别延续二星级和一星级提升改造。完成创城攻坚任务，农贸市场在三年国测中实现零扣分。

东门菜场创城“挂图作战”工作模式

维护市场经济秩序

【“互联网+”监管】　进一步做好浙江省行政执法监管平台推广应用工作，实现“精准执法”“智慧监管”“掌上执法”。是年，全区掌上执法开通率100%，掌上执法激活率100%，掌上执法率99.87%，“互联网+监管”除纯行政处罚项外覆盖率为100%。

【自主年报试点】　坚持“宽环境”和“严监管”两手抓，通过自制年报趣味教学视频、组织新设企业年报“云”培训、推进“年报+园区”“年报+经贸”试点等，实现市场主体年报率均创历年新高。是年，定海区应年报企业8379家，已报企业7471家，自然年

个体户接受电子年报指导

报率89.16%。应年报个体户21026家，已报18229家，自然年报率86.70%。

【市场信用建设】　稳步开展市场出清，全年完成企业清吊188户，办理个体户依职权注销的521户，对556户吊销未注销企业进行强制注销。对区级文明单位、工业经济奖企业、区委组织部和村社换届人员情况等各类征信进行联审20次，累计查询企业及个人1195家（人）次。强化社会信用建设，实施商品房合同格式条款“三方会审”机制，组织三方会审2次，审核商品房销售合同3份，责令再次备案3份。

吊销未注销企业过程中，强制注销工作实地排查

【小微企业培育库】　全面掌握优质小微企业情况，聚焦聚力推动资源要素链接倾斜，助力高质量发展，按照《浙江省小微企业培育库管理暂行办法》有关要

求，遴选一批符合发展方向、具有发展潜力的小微企业入库。至年末，完成221家优质小微企业纳入小微企业培育库。与定海融资担保公司和海洋农商银行进行会商，争取到培育库内企业享受贷款额度、利率、期限、转贷、外汇服务等多方面的金融支持。

【优化营商环境】 帮助5家企业开展知识产权质押，担保金额达1.3587亿元。办理动产抵押登记49件，助企融资20.4亿元，办理全区首例生猪活体动产抵押，帮助涉农企业融资50万元。解决中外合资企业疫情期间开办困难，采取投资人承诺、辅助材料佐证、事后补齐的方式，特事特办推动招商项目及早落地，全年办理外商投资企业登记25件。

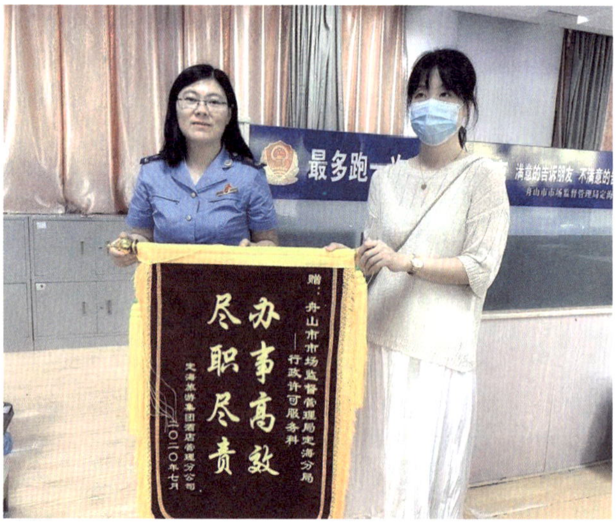

企业为定海市场监管窗口送锦旗

【行业乱象整治】 先后组织开展市场监管系统扫黑除恶专项斗争行业乱象整治、亮剑2020”重点领域消费安全综合执法行动、反不正当竞争执法专项行动、“亮剑2020”食品安全百日执法行动、2020年打假治劣“药剑”行动、“亮剑2020”保护知识产权综合执法“铁拳”行动。全年办结各类案件469件，其中大案79件，罚没款5万元以上的案件16件，罚没款总计476.38万元。

开展节假日重点食品安全检查

【校园及周边环境整治】 对标文明城市国测标准，全面排查全区校园周边经营环境，全面清缴校园周边“三无产品”及恐怖、迷信、低俗、色情玩具、文具和出版物，配合学校等部门做好校内食堂餐饮管理、文明就餐提示。校园及周边整治覆盖辖区81家校园食堂、241家校外托管机构和校园周边餐饮单位，立案查处普通食品虚假宣传婴幼儿辅食案件3起。

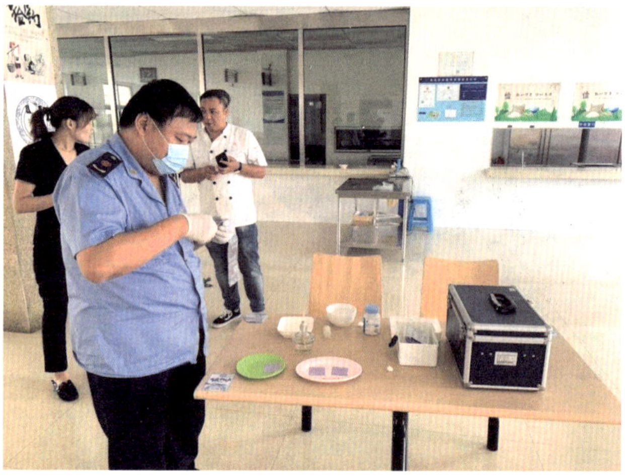
学校食堂餐具抽检

【“保健”市场乱象整治行动】 紧盯“性保健”食品重点环节，重拳开展“性保健”食品专项整治。联合定海公安分局检查全区性保健品店20余家，通过突击检查、食品监督抽样等手段，查获有毒有害“性保健”食品货值金额1万余元，合并立案11起，移送公安机关立案3起。

【防疫市场整治】 组织开展防疫物资产品质量和市场秩序专项整治行动，查处哄抬口罩价格、销售假冒伪劣口罩、未经许可销售口罩案件7起，查扣问题口罩3000余只。

口罩生产企业现场检查

【“一打三整治”工作】 加大对农贸市场的检查力度，加强对市场举办者、餐饮业主的宣传教育，进一步督促各类经营户水产品落实索证索票制度。累计检查市场、超市、社区菜店、餐饮等涉渔经营主体5316家次，发放宣传资料1000多份，张贴禁渔公告42份。配合海洋渔业部门查扣违禁渔获物223.75千克。

联合海洋渔业部门开展水产经营户检查

【维护市场公平】 开展妨碍统一市场和公平竞争政策措施清理工作，实现公平竞争审查区级100%全覆盖。清理存量文件257件，增量文件45件。提升互联网案件查处力度，查处涉网案件14件，罚没款16.53万元。以互联网广告监管、重点行业广告监管为主，开展针对性广告监测检查，查处广告违法案件25件，罚没款44.67万元。

【计量惠民工程】 联合市质检院对辖区农贸市场使用的红外体温计进行全覆盖检定，开展金银首饰销售单位精密电子秤专项检查，完成1200余台农贸市场在用电子秤检定等工作，确保民生计量安全。

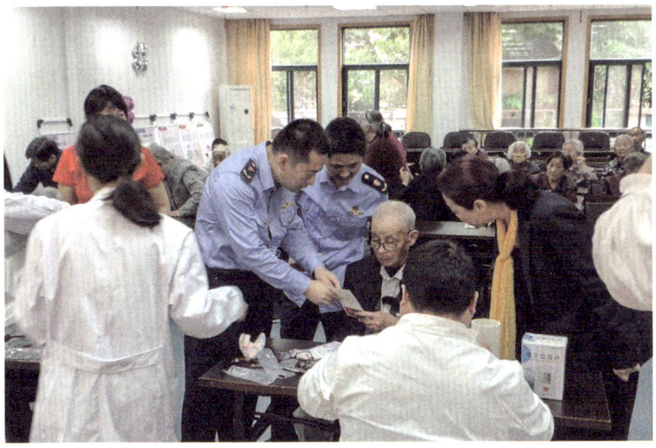

计量惠民进社区

特种设备安全监管

【电梯“保险+服务+智慧监管”综合治理】 在全市率先开展电梯“保险+服务+智慧监管”综合治理，将事前风险防范、事中风险管控、事后理赔服务纳入保险服务。22家试点维保单位按照“自我声明+信用管理”要求，制定按需维保方案和维保质量目标承诺。维保单位和保险机构、使用单位签署三方支付约定，保险公司依据维保质量跟踪监测结果支付维保费，有22家维保（使用）单位签订三方协议，全区电梯参保率60%。

电梯使用单位日常检查

【指导帮扶疫情相关特种设备使用企业】 对8家重点

隐患单位56台超期未检设备进行指导服务，特别是对在用医用氧舱和消毒设备相关单位加强精准帮扶。联系省、市特检院进行现场检测，并对1台由省特检院检测的老旧医用氧舱及时进行报废处理，消除医用特种设备运行的安全隐患，确保特殊时期医用特种设备安全。

定海船舶修造企业特种设备检查

【特种设备安全隐患清零】 完成省级督办企业及区级督办的2家企业隐患整改任务，全部销号。完成"宁波利万新材料有限公司物料泄露火灾事故"以及"6·13"沈海高速槽罐车爆炸事故后，辖区内化工企业、高温高压特种设备、槽罐车的"地毯式"安全检查，消除安全隐患26个。

压力容器特种设备隐患排查

【"安全生产月"系列活动】 围绕"消除事故隐患，筑牢安全防线"主题，开展"安全生产月"系列活动，持续提升定海区企业风险防范、隐患整改、应急处置等相关能力。开展安全宣传教育进公共场所、进企业、进社区、进学校、进农村等活动，深入工矿企业、校园现场进行宣传，发放制作宣传资料3000余份；利用电子宣传屏，在定海20个小区24小时连续不间断宣传电梯安全乘用知识，播放量达21万余次。

【安全隐患专项排查】 加强对人员密集场所的重点特种设备进行隐患排查治理，出动120余人次，检查中发现隐患170处，出具指令书82份，隐患整改完成162项。对蓝郡国际37台机械停车设备、正龙食品公司18台压力容器超期未检进行重点跟踪，清除设备隐患，采取"一企一档""一设备一方案"方式闭环管理。

特种设备叉车检查

食品安全监管

【深化省级食品安全区创建】 结合疫情防控工作，在街道、村（社区）食品安全宣传栏定期针对网络谣言及食品安全相关知识开展科普宣传，在《舟山晚报》食安专栏宣传疫情防控经验和食安工作成效2期，制作并发表相关专题公众号6期。启动公众满意度调查，随机调查1200位群众，形成"三率一度"满意度调查报告，定海区居民对食安总体满意度为82.83%，其中满意占比57.17%。

【星级食安办建设】 推进全区星级基层食安办创建工作，落实镇街食安办的分类分级指导模式，研究出台《关于开展定海区镇（街道）食安办分类管理工作的通知》，在自愿申报前提下，指导帮扶8个镇（街道）通过星级基层食安办创建。

组织基层食安办协管员培训

【推进食品安全责任险】 开展社会餐饮单位食安责任险，注意发掘养老机构食堂责任险的空白地带，协调民政局、中国人寿等有关单位特事特办，促成养老机构食堂的食安责任险落地，给老年人食品安全加系“保险带”，有4家养老机构被纳入责任险范畴，惠及老人200余名。

【积压食品及原料专项清查】 根据《浙江省市场监督管理局关于开展疫情防控期间积压食品及原料专项清查行动的通知》，开展城区大中型餐饮以及单位食堂清查，累计出动执法人员294人次，检查各类主体147家，其中大中型141家，单位食堂6家，督促指导处置积压食品及原料1496.5千克，主要涉及食用农产品、水产品、调味品等。

奶茶店食品原料检查

【“阳光厨房”建设】 与市区两级教育部门和杭州佑全技术公司对接，确定辖区29家校园的30个食堂作为建设对象，按照既定建设标准在各环节视频监控的基础上，加装物联感应设备，实现对专间环境温度、消毒柜温度、冷藏设施温度数据的实时监测。2020年新建社会餐饮“阳光厨房”20家，校园智能“阳光厨房”30家。

【网络订餐外卖封签】 按照省局《关于推广网络订餐食品使用“外卖封签”的通知》，餐饮科广泛宣传、逐步引导，在定海山录制外卖封签推广视频，《舟山日报》刊登《外卖餐盒昨起系上了“安全带”》报道，并印制发放首批3万张外卖封签，鼓励有条件的餐饮店自行设计制作外卖封签。城区连锁餐饮店、放心餐饮店基本实现外卖封签覆盖使用。

【文明餐饮】 开展“公筷公勺”宣传指导，累计张贴公勺公筷桌贴海报1.5万余份，发放倡议书2万余份，发放公筷公勺8000套，创建完成8家“公筷公勺”制示范单位。结合实际制订《2020年定海区餐饮店“红黑榜”检查评定工作计划》，评定检查47家，公示10家，扩大评定范围至非创建区和农村。重新分类定制大小餐饮检查表，印制发放“文明健康有你有我”系列公益广告、桌贴桌牌22000张。

【校园食品安全专项】 对辖区81家校园食堂、241家校外托管机构和校园周边餐饮单位进行覆盖检查，重点围绕食堂从业人员健康管理、食材采购查验、库存原料食品清查、食品加工制作管理等方面，督促规范消毒保洁管理和用餐配送管控。对接教育行政主管部门和相关学校，召开疫情期食品安全专题培训四期，培训市、区属学校负责人、食品安全管理员、食堂从业人员240人次。联合开展食品监督抽检（含快速检测）111批次，合格98批次。开展自消毒餐饮具集中抽检1期，抽检41家单位123批次。

疫情期间校园食品安全培训

【食品类民生实事项目建设】 主动拉高标杆，制定质量安全控制标准及经营过程规范制度，完成定海凯虹超市“放心肉菜示范超市”创建。助推小作坊产业提升发展，全年改造小作坊11家，建成5S管理小作坊（小微企业）8家、智慧小作坊17家。完成4家农村家宴放心厨房提升改造工程，并以白泉为试点探索农村家宴厨房市场化建设工作。

药品药械安全监管

【疫期口罩生产企业精准帮扶】 疫情期间，开通绿色通道实施口罩质审报备以及口罩生产意愿企业“一对一”帮扶等特事特办，助力2家企业获批医用口罩产品注册证和生产许可证。

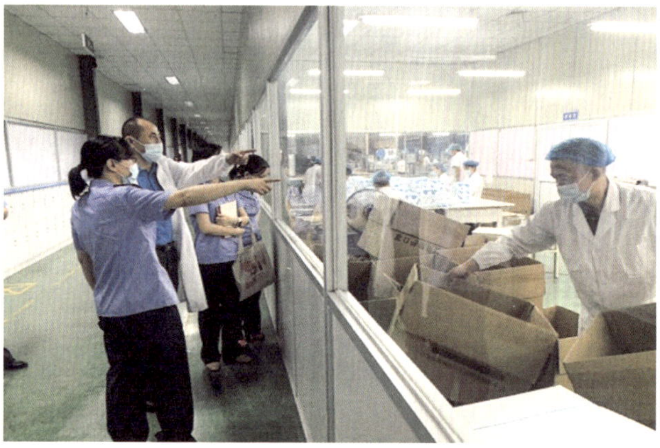

口罩生产企业精准帮扶

【送药上山进岛】 以自动售药机为主建成4个“送药上山进岛”服务点建设，着重提升自动售药机管理，强化药械信息化、现代化监管经验与能力。全市率先推进送医疗器械“上山进岛”工作，在盘峙岛举办大型“送械上山进岛”宣传活动，将省政府 “送药上山进岛”民生实事项目进一步做细、做实。

【零售药店“网订店送”】 推进“网订店送”，不断升级完善24小时预订配送、无接触配送、退出等机制，全区通过O2O外卖平台或“互联网+医疗”模式开展“网订店送”的零售药店共达55家，占药店总量的55.6%，覆盖辖区100%的镇（街道）。是年，全区药械类网络销售额同比增长370%，全区各药店销售总额同比不降反升11.5%。

“网订店送”药房现场挂牌

【便民服务药箱标准化】 以规范学雷锋志愿服务站“便民小药箱”使用管理为着眼点，在全省首创便民服务药箱标准化管理模式。对全区294个便民小药箱设立站点进行全覆盖规范提升，全省率先制定《学雷锋志愿站便民服务药械管理制度》和《学雷锋志愿站便民服务药械使用推荐目录》等管理操作办法，针对城市（乡镇）社区、公园广场、服务窗口、景区景点、车站码头、酒店宾馆等6大类对象逐一“定制”药械使用推荐清单和操作标准。

雷锋志愿服务站“便民小药箱”管理培训

【“放心药店”创建】 全域开展“放心药店”创建，使全区零售药店全部全面融入放心消费元素，并首次在药店100%推广电子处方工作。截至年底，辖区101家店全部完成建设和验收，完成有关省督查系统的数据采集、录入，“放心药店”创成率100%。

药店日常巡查

【零售药店常态化疫情监测】 制作全区零售药店清册，2020年选择其中10家药店作为常态化疫情监测哨点药店。要求哨点药店做好重点药品品种的销售情况监测工作，每日在“全省零售药店常态化疫情监测警戒系统”上报销售情况。

哨点药店常态化疫情监测巡查

【药品流通领域飞行检查】 年初制定《关于组织开展2020年定海区药品流通使用环节飞行检查工作的通知》，将医疗机构的飞行检查比率提高到30%。是年，完成全区疫苗使用单位专项检查和新冠病毒检测试剂专项检查。飞行检查发现药械类典型案件5起，全部移送大队进行查处。

消费维权

【消费维权宣传】 围绕2020消费年主题“凝聚你我力量”的宣传活动，通过市市场监督管理局定海分局微信公众号发布7期微信内容，曝光2019年侵害消费者典型案例，发挥外媒体受众面广的优势，在定海新闻中心的“定海山”微信公众号、《舟山晚报》微信公众号进行“3·15”活动的宣传。

舟山汽车音乐调频“小金工作室”消费维权直播

【“放心消费在浙江”建设】 率先全市出台放心消费城市建设工作实施方案，规划今后三年放心消费建设蓝图。继续加快重点商圈、重点路段（街区）创建进度，形成多个放心消费片状亮点，打造马岙放心消费乡村游路线，实现乡村、景区放心消费全覆盖。是年，定海区有放心消费街区（商圈）12个、放心消费乡村3个，建设放心消费单位5885家，达到市场有效主体总数的45.27%。

定海南洞艺谷建设浙江省放心消费乡村

【一体化投诉举报管理体系】 明确职责分工、运行流程，强化工作保障和督办考核，形成集成受理、全程把控的一体化投诉举报管理体系。内部流转办结速度明显提高，投诉举报3个工作日办结率超过92%，回复规范准确性得到改善，回访不满意率保持在3%左右，经核实后满意率100%，消费者的合法权益得到保障，消费投诉调解成功率超过96%。

【放心消费宣传】　借助放心消费城市建设契机，注重融入，打响“放心消费在定海”金字品牌，牵头参与定海区政府举行的“春暖古城·乐享定海”全民畅游季活动，组织和引导500多家放心消费单位加入到消费联盟中参与促销费活动。

“春暖古城·乐享定海”现场宣传活动

【消费维权义工消费评价】　于9月初全面部署开展2020年度“放心消费单位”培育对象的消费体验评价工作，对2020年定海区申报的957家无理由退货承诺单位，按20%～30%比例进行首轮实地暗访体验。是年，体验评价217户无理由退货单位，占比22.7%。

【开展消费投诉公示工作】　确定日常消费投诉情况、重点行业投诉情况、典型个案信息、地方特色信息四大类公示内容，实行季度公示、年度公示、不定期公示相结合。结合本地区特点、节日时令变化，创新公示内容，贴近社会需求，回应公众关切。是年，发布涉及网络交易投诉、食品安全问题投诉、家用电器投诉等典型案例70余条，发布月度、季度、年度消费投诉情况分析40余期。

价　格

【涉企收费专项检查】　重点围绕疫后中央、省市优企惠民政策落实工作。强化转供电、水、气环节乱收费检查，开展港口、物流收费检查，累计检查港口物流企业10家，发现问题企业2家，立案查处1家；开展转供电企业收费检查，累计检查40余家企业，发现问题企业10家，2家企业违规收取15万元，责令清退。

【完善公平竞争审查工作】　强化公平竞争审查联席会议牵头单位职责履行，按照“谁起草、谁审查”、“谁制定、谁清理”的原则，组织、指导、督促各部门、各单位做好存量清理和增量审查工作，实现公平竞争审查区级100%全覆盖。以政府办名义下发了《关于进一步清理妨碍统一市场和公平竞争政策措施工作的通知》，继续在全区开展进一步开展妨碍统一市场和公平竞争政策措施清理工作，对2019年12月31日前的存量文件以及2020年1月1日后的增量文件进行再清理。至年底，清理存量文件 257件，增量文件45件。

（撰稿：张倩奕）

（本类目图片由舟山市市场监督管理局定海分局提供）

责任编辑：王英伟

教　育

综　述

2020年，全区有幼儿园45所，小学18所，初中8所，九年一贯制学校5所，乡镇成人文化技术学校12所。在校生33473名，在园幼儿8719名，小学生16995名，初中生7759名。3～5周岁学前儿童入园率，小学、初中入学率均为100%，初中毕业生升高中率达99.6%。在职教职工3359名，专任教师2600名，幼儿园、小学、初中高一级学历比例为99.02%、99.59%、95.3%。

各类教育发展

【学前教育】　首次全区推行学前教育招生“服务区”制度，实现1200余名符合条件适龄幼儿就近入园，“服务区”覆盖面达92.81%。加快幼儿园改薄提升和普惠扶持，全区等级园、二级以上等级园比例分别达100%、59.18%，普惠园覆盖率达91.62%。依托区域幼教联盟和“1+1”结对帮扶网络，幼儿园课程改革重心由一级园、二级园移向三级园。加强“安吉游戏”实践园和足球特色幼儿园的培育推广，金塘镇沥港幼儿园、白泉镇玉苑幼儿园、双桥街道中心幼儿园获评“全国足球特色幼儿园”。

举行学前招生新闻发布会

【义务教育】　深化农村小规模初中整合，引导岑港中心学校、马岙中心学校、干硙中心学校的139名九年级新生整体迁入定海六中与白泉初中就读工作，定海农村三大规模初中布局完成。规范集团化办学管理，撤销“定海区第二中学教育集团”，保留“定海小学教育集团”与“檀枫小学教育集团”。出台《定海区义务教育阶段民办学校招生工作实施方案》，探索公民同招政策。完善随迁子女居住证量化积分入学办法，强化“控辍保学”联控联保机制，九年义务教育巩固率达100%。

定海区2019学年第一学期期末校（园）长会议

【成人教育】　完善老年教育体系，新建金塘镇沥平老年学堂、昌国街道留方老年学堂2所。新增区老年开放教育学位4100个，推进线上报名与学习方式。深化社区教育进文化礼堂，开展双证制、家政服务、技能培训等，受益居民1万余人次。深化成人教育品牌创建，白泉成校《山水百果人成人课堂》入选省成教品牌，小沙成校获评省现代化成校，区域省现代化成校比例达54.5%。启动数字家长学校建设，指导定海小学教育集团海滨校区家校创建为省数字家校联盟校。

定海区昌国街道留方老年学堂

【特殊教育】 特殊儿童入学保障服务向义务教育、学前教育“两头”延伸，全区3～5周岁、6～14周岁持证适龄特殊儿童入学率分别达94.4%、100%。年度建成资源教室4个，实现有需要乡镇资源教室布点全覆盖。檀枫小学教育集团檀枫校区、山潭幼儿园、柳行中心小学分别成功申报市级示范性资源教室、学前融合教育示范点、送教服务示范点。参加“浙江省个别化教育信息管理系统”网络平台使用专题培训和专业素养提升研修班培训，提升特殊教育教学质量。

教育发展保障

【教育创建】 推进全国义务教育优质均衡区和省教育现代化达标区创建，指导育才学校通过省标准化学校验评，全区省标准化学校比例达96.8%。指导舟山市机关幼儿园、檀枫小学教育集团檀枫校区通过省现代化学校验评。区教育现代化发展水平监测结果较上一年提高6个位次，位列全省第12名。

【教育布局】 推进区域中小学、幼儿园布局规划落地，原石礁中学改扩建工程、定海六中扩建工程、檀枫小学教育集团檀枫校区二期改造工程竣工，沥港幼儿园完工，城关二幼、畚斗岙幼儿园、博伊双语幼儿园（民办）进入装修阶段，小洋岙幼儿园按期开工，城北小学、白泉地块幼儿园（民办）进行前期报批，增强全区优质教育资源供给能力。

舟山市定海区育才学校双桥校区落成庆典暨启用典礼

城关第二幼儿园装修工程外墙粉刷

【教育装备】 加快教育信息化建设，全区学校无线网络、录播教室覆盖率达97%，电子白板、学科器材配备率达100%。推进6所智慧校园（课堂）试点、8所校园创新实验室建设，定海小学教育集团昌东校区获评“2020年度全国青少年人工智能活动特色单位”。推进中小学健康三年行动计划，全区新增课座椅9000

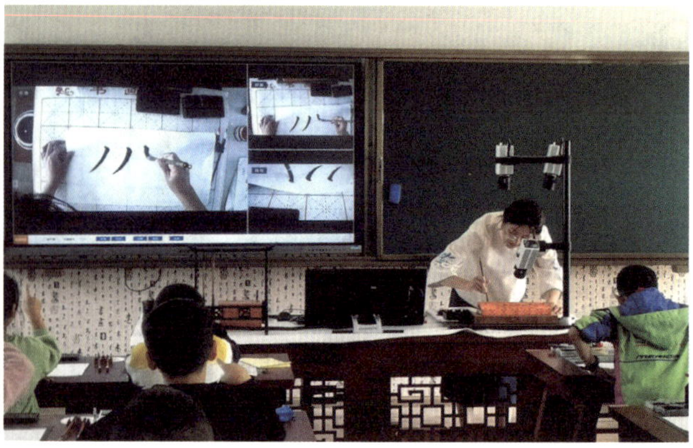

城西小学使用智慧书法教室授课

套，改造教室灯光346间，完成普通教室书包柜配置，省中小学健康促进学校比例达67.74%。提升学校基础设施水平和办学内涵，市级“美丽学校”优秀校比例达90%。

教师队伍建设

【师资结构】　采取高校现场招聘、批次招聘考试等方式，录用中小学在编教师18名、合同制教师17名、幼儿园非编骨干教师45名。招聘2020级定向委培生15名，组织2016级9名定向委培毕业生下校实习。31名试用期教师经考核转正，26名卫生保健转岗教师经培训上岗。落实银龄讲学支援计划，招募2名资深退休教师到金塘中学任教。

银龄教师盛国中（右三）为学生作辅导

【教师培养】　启动省特级教师后备人才、区第二批名师后备人才和局管优秀年轻干部培养工作，分别确定培养对象3名、44名、46名。完成区第二轮名校长名教师、骨干教师评选工作，认定市区级名校长名教师63名，区级骨干教师261名。培养职初教师，修订1—3年新教师培养方案，助力新教师转型。申报省示范性教师发展学校建设学校3所。

召开定海区2020学年第一学期中小学教导主任工作会议

【师德建设】　弘扬高尚师德，开展学习全国模范教师陈雪霞的专题行动，全年推评各级各类先进个人138人次，省级以上先进个人2名、市级先进个人25名。强化绩效导向，表彰“区优秀班主任”20名、“区海岛优秀教师”28名。强化教育工会、教师服务中心作用，维护教师正当权益，激发教师群体干事创业热情。实施师德触禁问责机制，全年查实在职教师违规家教事件4起。

浙江省庆祝第26个教师节暨第四届“最美教师”发布会，定海区教师陈雪霞获“最美教师”提名奖

教育办学品质

【德育工程】　开展“弘扬真善美　助力文明行”“新时代好少年”等六大德育活动。加强德育干部与班主任队伍专业化发展，开展区首届优秀成长导师评选。

庆祝中国少年先锋队成立71周年主题队日活动

实施省青少年“真善美”种子工程，指导学校积极筹建少工委、团支部规范开展工作。推进学校德育品牌建设，定海七中、城西小学、舟嵊小学分别获评“省‘三育人’岗位建功先进集体”“省‘三全育人’德育落实机制典型培育学校”“全国国防教育特色学校”。

【综合素养】 推进学生综合素质评价改革，采用“基础素质+校本素养”评价模式，突出劳动评价要素。研究认定区劳动实践教育基地1家、研学实践教育基地（营地）4家、研学推荐线路4条、德育基地46家。加强学生体艺素养监测与培育，区内师生获2020年省中小学生艺术节奖项91项，区教育局获2020年浙江省中小学生艺术节“优秀组织奖”。定海小学教育集团昌东校区、沥港中心小学分别获评“全国青少年校园篮球特色学校”“全国青少年校园足球特色学校”。

2020年海山小学“我们有画说”综合材料绘画展研讨会

【教学质量】 启动初中提质强校行动，采取“补短、培优”双路径打造定海初中新样态。启动城乡义务教育共同体建设，指导全区城镇学校与乡村学校形成办学共同体。实施教学全面质量管理三年行动，推进全面质量管理先进学校和优秀学科基地建设评创建，推广优良经验做法。借力SDT（协同合作数字研修）平台，优化组团式教育、小班化教育等，推动教科研工作规范实效化。

教育行政管理

【党建管理】 开展纪念建党99周年“七个一”系列活动，组织《习近平谈治国理政》（第三卷）知识竞赛、微宣讲比赛和读书征文活动，提升党员教师的爱党爱国情怀。启动党员五年轮训计划，组织各层级党员培训4期475人次，全年新发展预备党员15名，转正22名。组织系统党员冲锋在前，站好疫情防控一线和志愿服务一线，教育系统累计志愿信用时数达19.7万小时。

“我最喜爱的习总书记的一句话”微宣讲比赛

【教育治理】 启动区幼教中心实体化运作，解决农村幼儿园教师与小学教师混编问题。启动教育系统“最多跑一次”数字化转型工作，探索“浙教钉”“浙里办”等数字化业务。完善教育督导制度，覆盖督学责任区至全区幼儿园，开展督查15家幼儿园的规范办园行为。严控中小学进校园活动，明确“安全宣传教育、垃圾分类、红领巾公益课堂”进校园活动3项。规范校外培训机构服务合同和收费管理事项，开展常规检查200余家次、双随机检查8家次。

校外培训机构联合执法检查

【惠民服务】 启用区学前教育和义务教育网上报名

舟山小学与双桥中心学校签订“互联网+义务教育”结对帮扶签约仪式

招生系统，入园入学报名、考试服务实现“网上办”。升级公益性小学放学后托管服务，增设弹性接送时段，丰富托管服务内容，惠及学生3787名。推进“互联网+义务教育”城乡学校结对帮扶，新增城乡结对校4对。实施教育精准资助，修订区级困难学生资助政策，安排爱心营养工程专项资金54.98万元，免除穷困家庭幼儿保教费35.95万元，予以寄宿生和非寄宿生生活补助28.82万元。

（撰稿：程　娜）

（本类目照片由区教育局提供）

责任编辑：袁豪臻

定海手艺习俗

定海手艺业有木、泥、石、铁、篾、鑞、船、漆等行，其习俗与宁绍地区基本相同。旧俗各行手艺的学徒拜师之日称作“起师”。拜师须写契约，学徒三年内除春节（腊月廿五至正月初五）可回家外，其余时间不得回家。逢年过节学徒须向师傅“送节”，送上桂圆、黑枣或糕面、老酒，师傅则设便宴款待学徒。春节时，师傅要分送压岁钱，学徒结婚、生育，师傅也要送礼。三年学徒期满称“满师”，要办酒席礼请师傅，称作“谢师”。学徒日常生活讲究“敬师”：同席就餐，师傅坐上位，学徒坐下位；学徒须为师傅斟酒、盛饭，待师傅开饭，学徒才可动筷吃饭；师傅吃完饭放下碗筷，学徒也得放下。

手艺人按工计酬，主人供膳食叫“点工”也叫“拷大工”；主人不备膳食，不计工时，按合约付款的叫“包清工”也叫“包生活”；不管吃、不管工料，只按工程质量验收的叫“重包”。手艺人互相不可拆台，一个作坊只能有一个包作师傅即“作头”。若东家请两个包作师傅同场作业，则两套人马互不干涉，各显身手，相互竞争，称作“别场”。各作手艺同桌吃饭时，座次有序：石匠坐上位，木匠坐东位，泥水匠坐西位，漆匠下位并斟酒，传说这是鲁班定下的规矩，成为习俗。

科技　气象

科　技

【重大科技项目】 2020年，企业申报市级以上各类科技计划项目168项，立项108项。兴业集团的“东海渔业资源精深加工与高值利用模式示范”项目列入2020年国家重点研发计划“蓝色粮仓科技创新”重点专项，大洋兴和的“水产品智能化加工技术与装备研发应用”列入科技部“科技助力经济2020”重点专项，原邦材料的“宽频微波毫米波电磁介质与衰减材料研发及产业化”等3个项目列入省重点研发项目。

【创新主体培育】 加强科技型企业培育，对不同发展阶段企业开展差异化服务，鼓励企业申报高新技术企业、省级科技型中小企业等，组织企业参加高新技术企业、研发费用归集等培训班；对基础比较薄弱的企业，实施一对一上门指导服务。新培育舟山励图信息技术有限公司等49家省级科技型中小企业，舟山海慧海洋科技有限公司等17家高新技术企业，浙江金鹰塑料机械有限公司3家省级高企研发中心。

【打造定海众创空间】 推进众创空间和科创园建设，实现定海创客工厂备案国家级众创空间，定海海洋文创园备案省级众创空间，远洋渔业服务众创空间备案市级众创空间。全区市级以上众创空间5家，承载面积超13万平方米，入孵企业超过270家。

【科技成果转化】 推进与浙江大学、浙江工商大学、上海大学等科技合作交流，全年引进区政府与浙江工商大学的食品科学人才共享共育中心，与浙江大学技术转移中心的浙江大学舟山技术转移中心定海分中心，“7412工厂”与上海大学的高端紧固件研究院等3家大院名校共建创新载体。

舟山市定海区人民政府与浙江工商大学共建“食品科学技术人才共育共享中心”签约仪式

【培养企业科技人才】 完善人才培育政策，出台《关于进一步优化定海区人才新政 20 条的意见》，联合区委组织部主办“蓝海智造”创新创业大赛，引进海内外高层次人才和创新团队。引进省部级以上科技人才14名，科鑫重工吴欣航自主入选科技部创新人才推进计划科技创新创业人才；入选省海外工程师8名；入选市5313科技创业领军人才项目10项；引进银龄工程师3名。

【科技大市场建设】 加快定海大市场建设，完善科技大楼内定海区科技大市场电子阅览室、科技成果展示厅等功能布置，全年接待各方考察参观人员600余人次，发布技术难题、成果各45项，技术交易总额达20亿元。

【加强基层组织建设】 按照群团改革要求把控基层

代表比例，确定区科协“七大”正式代表122名，将学（协）会、院校、企业、科研院所、渔农村等基层科技工作者代表比例扩大到80%，委员比例扩大到75%，常委比例扩大到76%。

舟山市定海区科学技术协会第七次代表大会

【加大企业扶持】　加大创新券发放力度，运用科技创新券的引导作用，简化申领程序，扩大使用范围，运用于科技创新企业，发放创新券540万余元，使用497万多元，支持企业用创新券向科研机构、大学等购买科研服务。全年区级科技计划项目立项23项，院地合作项目7项，区级特派员项目5项。

【强化科技宣传】　以“科技战疫 创新强国”主题开展科技活动。22家单位参加，展出各类展板80多块，发送资料10000多份，接受服务咨询1000多人次，参与活动的群众达2000多人次。

开展科技活动周

【普及科学知识】　联合区委宣传部等部门开展“三下乡”活动，开展“科普日”线上科普知识竞答活动，联合区经信局、区科技局开展疫情防控应急科普，联合定海图书馆开展少儿科普体验课堂，联合区水利学会开展节水宣传，联合区应急局开展“5·12”防震减灾日科普宣传，联合区卫健局开展秋冬疫情防控知识宣传，发放科普资料1000余本，科普宣传挂图5000余份，线上活动参与人数1500余人。

“三下乡”服务活动

（撰稿：林东南）
（本分目照片由区经信局提供）

气　象

【概况】　舟山市定海区气象局承担定海区域气象监测、预报预警、公共服务、气象灾害防御、气候资源开发利用、突发公共事件预警信息发布等职责。定海区行政服务中心设有综合窗口，负责定海区危化及易燃易爆建设项目的防雷装置设计审核与竣工验收、升放无人驾驶自由气球或系留气球活动许可等气象行政审批工作。定海区气象局落实全区各类气象灾害的监测、预警、预报和服务工作，为政府部门组织防灾减灾提供气象信息，为全区重大社会活动提供气象保障服务，推进定海区基层气象防灾减灾体系建设和基本公共气象服务均等化建设。

【基层气象防灾减灾体系建设】　完善基层气象防灾减灾体系建设。气象防灾减灾工作纳入镇(街道)“三定”方案，列入区政府对镇(街道)的年度考核。新建20个气象防灾减灾标准化村（社区）。推进协作联动，健全山洪、地质灾害以及重污染天气等灾害的联合会商、联合预警工作机制，完善气象灾害预警信息“点对点”叫应机制。参与定海地质灾害高风险区域灾害风险精细化预警项目。通过“掌上执法”平台，完成防雷安全专项检查、“双随机”抽查，与区应急局跨部门联合检查，与区文广旅体局、区教育局开展景区、学校防雷安全联合检查。开展“互联网+监管”平台“未覆盖”事项的实地执法检查，实现主项全覆盖、抽查事项全覆盖。全区应急联系人、网格员和防雷重点单位、景区、物业、养殖大户、农家乐、民宿负责人等全部纳入预警信息发布对象，分类发布气象灾害预报预警信息。与区应急管理局、农业农村局分别签署部门合作协议，加强防灾减灾部门协作。

省气象局检查组赴定海南洞艺谷景区开展气象防灾减灾标准化村（社区）建设检查

2020年度定海区全区气象协理员会议暨网格员工作培训

【气象业务服务】　完善气象自动化观测系统、业务平台和网络系统。地面气象观测自动化改革项目推进，气温降水多传感器、酸雨自动观测系统、天气现象视频智能观测仪运行稳定。实施区域自动站加密工程，金塘镇河平村、盐仓街道新螺头村、干祕镇新建村、城东街道黄猫山水库、干祕镇龙潭村、小沙街道东风村、岑港街道司前社区新建成7个区域自动气象站。加强数值预报产品的本地化释用、检验，发展精细化气象预报，做好重大、突发灾害性天气的监测、预报、预警服务。承担“突发公共事件预警信息发布”工作职责，使用浙江省突发事件预警信息发布系统等，提高服务覆盖面和时效性。加强“旅游+气象”“生态+气象”服务产品开发和气象景观挖掘，新增两种旅游气象指数产品，干祕镇新建村南洞艺谷入选浙江省首批“乡村氧吧”。在干祕镇新建村（南洞艺谷）开展气象服务新时代美丽乡村示范点建设，开发“定海天气随你行”微信小程序、节气旅游图谱，加强旅游气象服务和对南洞艺谷气象生态旅游地推介。

新建成金塘镇河平村区域自动气象站

舟山市文化和广电旅游体育局到访区气象局调研应急广播系统

区气象局为马岙农业科研基地开展农业气象服务

维护观测场内各气象观测仪器

【气候特点】 全年平均气温为历史最高，连续第九年高于常年，呈现春、夏、秋、冬皆暖景象。年降水量与常年几乎持平，梅雨期之长为近六十年来之最,梅雨量在历年排位第三位，秋冬季有旱情。日照时数偏少，降水日数和雾日偏多，大风偏少，年初多连阴雨天气，夏初多海雾。霾日比常年明显偏少，空气质量持续第六年向好。年内有4个台风影响（202004号台风“黑格比”、202008号台风“巴威”、202009号台风“美莎克”、202010号台风“海神”、“美莎克” “海神”为外围环流影响），春季多强对流天气，年末受强寒潮侵袭，无重大灾情，气候年景一般。

【气象要素】 气温 年平均气温为18.0℃，比常年偏高1.3℃,冬季、春季、夏季和秋季分别偏高2.5℃、1.5℃、0.9℃和0.6℃。月平均气温7 、9月比常年分别偏低0.7℃和0.1℃，10月与常年持平，其它月份偏高。1月平均气温为8.9℃，较常年偏高幅度最大为3.0℃，为历年同期之最高；2月、3月、5月、6月比常年偏高达到或超过2.0℃，11月偏高1.9℃。

3月7日入春，比常年提前8天；5月31日入夏，比常年提前8天；10月5日入秋，比常年延迟3天；2019年12月2日入冬，比常年提前7天。

年极端最高气温36.1℃，出现在6月18日。

年极端最低气温－4.5℃，出现在12月31日。

年35℃及以上高温5天。

降水 年降水量为1412.5毫米，与常年基本持平，同比上年偏少34%，降水主要出现在1—3月、5—7月和9月，7个月降水占全年的九成。

雨日 年降水日数153天，比常年偏多4天，比上年偏少14天。

日照 年日照时数1681.9小时，比常年偏少11%，比上年偏多14%。1月和7月日照时数偏少，比常年各偏少48%和47%；1月日照时数为60.6小时仅次于1977年同期，7月日照时数之少为历年同期之最。

2020年定海区主要天气日数一览表

表25 单位：天

雨日（≥0.1毫米）	大风日	大雾日	霾
153	7	22	11

【重大灾害性天气】 是年，有较大影响的灾害性天气和重大气候事件主要有：

暖冬开头，历史最高 2019年12月至2020年2月的冬季，本区平均气温创历年同期最高，首次超过9℃，达9.6℃，同比常年偏高2.5℃。冬季极端最高气温为28.0℃，极端最低气温0.3℃（为历年冬季之最高）。连续两个冬季最低气温未出现冰点以下（2018年冬季极端最低气温为0℃）。

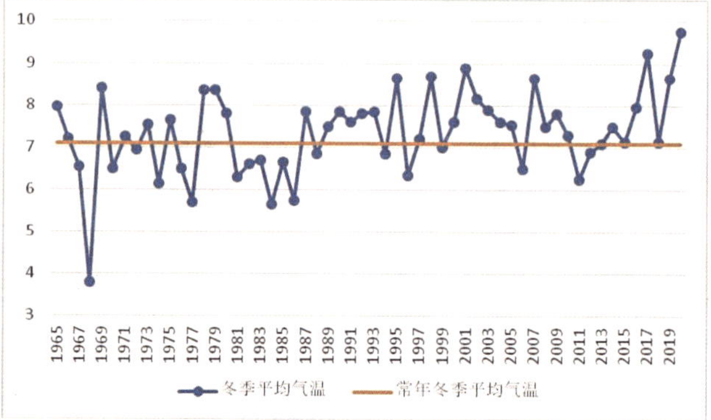

定海区冬季平均气温逐年变化（单位：℃）

阴雨寡照，生产生活受困扰 1—2月多阴雨天气，1月中旬、下旬降水均比常年偏多，各旬日照时数偏少。1月22—28日、2月11—16日出现连续阴雨天气，2月11—15日伴有连续性浓雾或大雾天气，对生产生活影响较大。

“4·12”罕见强对流天气 受高空冷涡影响，4月12日傍晚到夜里定海区出现罕见突发强对流天气，出现10~11级雷雨大风，局部海域12级，过程最大风力出现在12 日20 时08分，马目测点极大风速33.4米/秒（12级）。此次过程短时间内风速突增，风向突变，对海上安全威胁严重。

梅雨期长、梅雨量大，为1954年后之最　全区5月29日入梅，创历史最早入梅纪录，较常年提早17天（常年6月15日）；7月18日出梅，较常年推迟12天（常年7月6日）；梅期长达50天，较常年偏多29天，时长仅次于1954年（历史最长为1954年的60天）。梅雨量为495.8毫米，较常年（194.8毫米）偏多1.5倍（155%），位列历年梅雨量第三位。

定海各乡镇（街道）累计梅雨量统计

表26　　单位：毫米

乡镇街道	城东街道	昌国街道	盐仓街道	小沙街道	岑港街道	马岙街道	双桥街道	金塘镇	白泉镇	干䃎镇	临城街道
累计梅雨量	495.8		430.2	548.7	533.7	527.3	601.8	554.5	402.7	483.7	500.2

7月"空台"，台风影响降水偏少　是年7月，自建国以来首次出现"空台"现象。8—9月定海区先后受到"黑格比"、"巴威"、"美莎克"、"海神"等4个台风的影响。受"黑格比"影响，定海区出现中到大雨和10—11级偏南风；受"巴威"影响，全区有小到中雨，单站最大降水为金塘港30.5毫米；受"美莎克"外围环流影响，全区出现中到大雨，定海海域出现8～9级偏北风；受"海神"外围环流影响，定海海域出现8级偏北风，全区无降水。四个台风影响期间，给定海区带来的降水较少，影响程度较常年偏轻。

2020年影响舟山的台风路径图

夏初海雾频发　西南暖湿气流强盛，夏初本区海雾频发。6月出现海雾5天，比常年同期偏多2.8天；7月出现雾日数为4天，比常年偏多3天，列历年同期第二位。频繁海雾对岛际交通和海上作业造成不利影响。

秋后降水严重偏少，旱情显现　入秋以来，雨水偏少，10月份到11月份的前半月，全区平均降水量仅5.1毫米，10月23日—11月16日全区平均降水量仅为0.7毫米，连续25天基本无降水。年末定海区水库蓄水率不足35%。

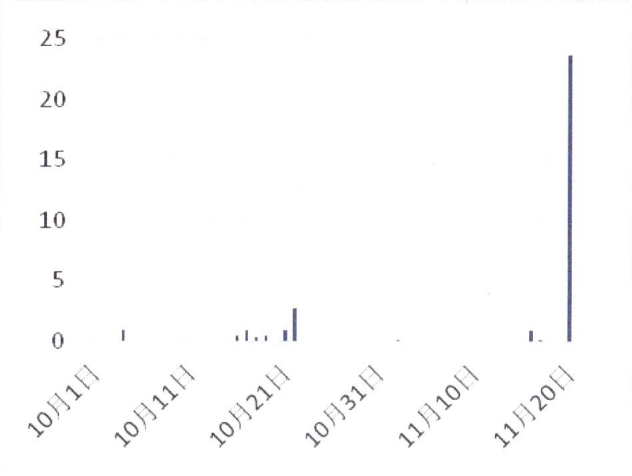

10月1日—11月20日定海区日降水量（单位：毫米）

长春岭水库蓄水情况

跨年寒潮，首发低温橙色预警　是年底，强寒潮横扫全国大部分地区，定海区气温12月29日下午出现断崖式下降，29—30日24小时日平均气温下降幅度达到12℃，与历史记录持平，31日定海站最低气温为−4.5℃。定海区气象台12月31日首次发布低温橙色预警信号。另受强寒潮影响，定海海域出现10级大风。

2020年12月29—31日寒潮影响冰冻景象

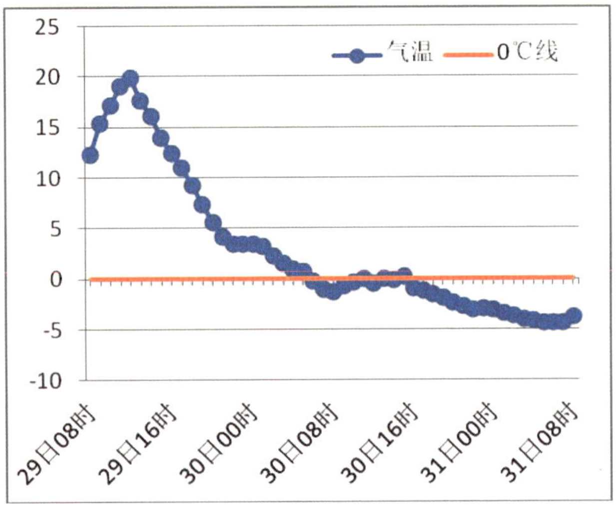

定海站29日8时至31日8时气温变化情况（单位：℃）

全年平均气温创历史新高　是年，定海区平均气温18.0℃，比常年偏高1.3℃，为有气象记录以来历史最高。全年7月和9月比常年分别偏低0.7℃和0.1℃；10月与常年持平，其余月份均比常年偏高，1月、5月为历年同期最高，2月、3月为历年同期次高。

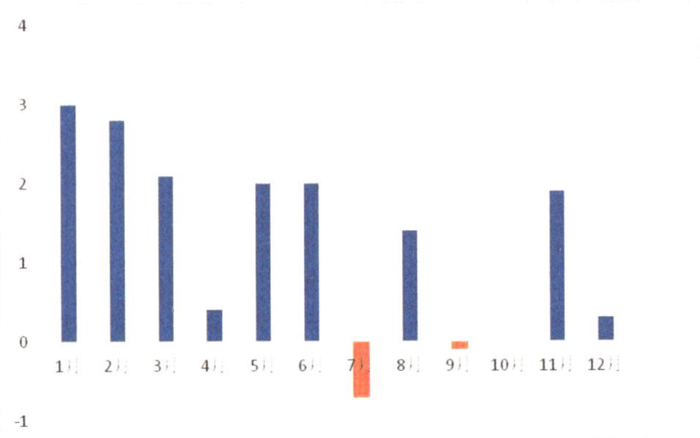

2020年定海区月平均气温距平（单位：℃）

空气质量持续较好　出现灰霾天气11天，比常年偏少13.6天，减少幅度显著。是年，干碶镇新建村南洞艺谷以其优空气质量、高负氧离子，入选浙江省首批“乡村氧吧”，成为浙江省30个“乡村氧吧”之一，舟山市2个“乡村氧吧”之一。

南洞艺谷风光

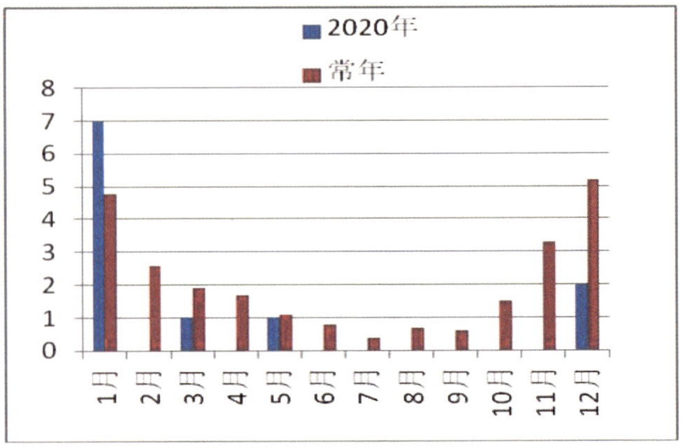

定海区每月灰霾天数（单位：天）

【气象科普】 拓展气象科普宣传面，新建2个社区（村）气象科普宣传栏，开展“3·23”世界气象日、防灾减灾日、科技活动周等科普活动，前往社区举办气象知识讲座，送科普视频、宣传资料到社区（村）。在第60个“3·23”世界气象日活动宣传期间，定海区气象局联合区融媒体中心开展世界气象日线上纪念活动，航拍视频《“云游”气象局》、“气象知多少”有奖竞答等活动，加强广大市民参与感，促进市民了解气象科普和防灾减灾知识。

世界气象日活动期间，电视台拍摄宣传片

为浙江师范大学师生讲解观测仪器用途

（撰稿：阙成蛟）

（本分目照片由定海区气象局提供）

责任编辑：袁豪臻

定海商业习俗

明、清以来，随着渔业生产的发展，定海的商业日趋繁华，城内商业区以状元桥为中心，东、南、西、北四条大街为外围，贯通四方，商店林立，牌匾交错。在长期经营中，商业习俗也就不断形成。在经商形式中，以固定门面零售经营的为“店”；制作、经营的为“坊”，如水作坊、酱坊、酒坊、染坊等；以批发经营为主又零售的是“行”，有鱼行、米行、柴行、木行等。没有固定门面，单趟两地来回贩运商品的经商者称为“跑单帮”，肩挑鱼货叫卖的商贩是“行贩”，贩卖小百货商品的则是“货郎”。另外，还有些小商贩在大街小巷设摊经营的称为“摆地摊”。

旧俗店堂规矩十分严格：顾客进门，学徒要为客倒茶、递烟，笑脸相迎；伙计（店员）在店堂不准看书、不准吃零食、不准接待私人外客、不准带私人现金出入；银楼、钱庄、药行、棉布店的店员须穿长衫进店堂，柴行、鱼行、肉铺、南北货店的店员则要系布襕进店铺。农历除夕前三、五天店主与店员一起吃“年夜饭”，决定明年是否继续留用。如欲解雇，饭后必说“另请高就”，则该店员次日离店。

这些习俗解放以后逐渐废除。

文化　体育

综　述

2020年，现代公共文体服务体系完善，金塘镇和建村获评浙江省文化示范社区，干礁镇新建村入选浙江省文艺创作采风基地，“神行定海山”系列赛事入选省重点培育品牌体育赛事名录库，城区“15分钟阅读圈”形成。优秀文化传承发展，非物质文化遗产传承保护生态向好，文化遗产保护管理工作纵比市其他县区领先、横比以往取得突破。全年无重大安全事故发生。

文体设施与团队建设

【公共设施提质提量】　文旅融合思路打造城市生活空间，建成城东街道城市书房、环南街道城市书房。定海体育公园实质启动建设，新建定海国家登山健身步道64公里，建成社区多功能运动场、百姓健身房、笼式足球队场等基层体育设施15个，更换全面健身路径620件，打造“体育进文化礼堂”试点15个。提升改造马岙三江综合性文化服务中心、金塘山潭综合性文化服务中心等设施。

建成城东“城市书房”

【人才队伍培育】　评选2019群众文化政府奖，有36个文体团队、95名文体人才获奖；下拨社区级文体活动补助资金50万元，提高社区开展文体活动积极性。动态管理下派文化员，举办定海区基层文化实用人才培训班、开展“品读定海”镇（街道）文化员诵读比赛以赛代训等形式提升文化干部业务水平。扶持“三团三社”精品团队15支，举办“三团三社”精品团队展演活动，活跃基层文化生活。

我们的幸福生活——2020定海区“三团三社”成果展演

群众文化活动

【丰富优秀产品供给】　顺应公共服务数字化时代趋势，汇集数字资源推出“云阅读”“云观展”“云培训”等云端“零接触”公共服务120余场次，突破时空限制满足群众多元需求。制定镇（街道）公共文化服务绩效评估实施方案，开展镇（街道）综合文化站社会化运营试点工作，采取机制建设、社会运营等手段提升基层公共文化服务效率效能。

【深化公共文化惠民工程】 延伸公共文化服务触角，完成送书下乡3.3万余册，送讲座展览下乡49场,文化走亲10场。发挥公共文化场馆阵地作用，举办“走进西域——喀什”摄影作品展、“文化走亲，云端悦展”线上文化走亲摄影展等线上线下静态展览10期。优化团队服务能力，引导16支团队开展结对帮扶活动，组织优秀团队参与防疫宣传等公益服务活动90余场，全省文化和旅游系统2020抗疫“二月英雄榜”上美之声文艺轻骑兵曹杏娣榜上有名。

文艺演出

【文化服务中心工作】 坚持文艺服务全区中心工作，紧贴乡村振兴、品质舟山、扫黑除恶等党委政府中心工作，用相声、小品、歌曲、曲艺等多种形式，体现时代时情，传递党中央、党委、政府方针、政策和路线。

【文化活动有声有色】 提档“唱响定海”文化品牌，开展“网罗新声”、“我的文化我的团”等“‘唱响定海’一路有你”文化活动近20场，吸引10余万群众参与观看。推进党委政府中心工作，打造“文艺团队”、“海岛文艺轻骑兵”等载体，开展“弘扬清廉文化、建设清廉定海”等主题送戏下乡活动120场，宣传党的政策主张。

文艺创作与辅导

【创作文艺精品力作】 联动非遗传承人、文化干部等群体，开展战疫情主题文艺作品创作活动，创作文艺原创诗歌《这就是中国》、歌曲MV《我们在一起》、油画《火神山战疫》、书法《逆行无畏，大爱无疆》等优秀文艺作品142件，以文艺传播抗击疫情正能量。创作文艺精品，全年40余件作品获省级以上奖项，组唱《为了春天而来》获浙江省十九届新作演唱演奏大赛“三地一窗口”专场金奖，美术作品《渔随潮——鱼汛旺》获得2020首届中国（洞头）渔民画大展最高奖项，表演唱《数幸福》登上国家大剧院舞台。

歌曲MV《我们在一起》录制现场

【开展公益文化培训】 打造“学艺直播间”线上艺术教学平台，直播开设色彩画、化妆、成人街舞、茶艺、瑜伽等5大门类系列课程，学员群人数达到500多人，4400人次上线学艺。推出“百姓课堂On Line”云培训，制作书法、葫芦丝、街舞、色彩画等9大门类39期艺术培训短视频，满足群众居家文化需求。线下开办“百姓课堂”文化公益培训秋季班，2000余人次城乡群众参与素描、插花、网红中国舞、葫芦丝、中国传统合香文化等9个项目共百余期次培训。推进全民艺术普及，盘活业余文艺团队力量，下派优秀文艺骨干下基层辅导60余次。

百姓课堂——书法

文化市场与产业

【优化行政管理服务】 推进“最多跑一次改革”，行政审批事项网上可申报率达100%，网上办事事项从行政审批领域向公共服务领域延伸。提升行政服务效率，深化企业“一件事”联动办理改革，落实审批事项告知承诺制，提供许可证到期延续提醒服务。全年办结行政审批29件。

【加强文化市场监管】 根据疫情防控部署，落实文化场所关停、限流、亮码、测温等各项工作，实现文化市场未发生一起“输入性病例”。完成文化市场管理专项组文明城市创建任务，定海区图书馆被评为全市创城先进集体。运用“互联网+监管”、E查通等数字手段开展市场监督执法，完成掌上执法1727次。开展春风行动、暑期文化市场经营场所专项整治行动、跨境赌博专项整治、非法卫星电视接收设施整治等专项整治行动，规范文化市场。全年出动检查1016人次，依法检查经营场所1644家次，立案查处违规经营场所4家次。

开展娱乐场所疫情防控工作

【推进文化产业发展】 打造“定海故事”文创IP，研发设计“定海故事”螺钿瓷杯、“定海山”文具盒等七大品类文创产品，评出十佳城市伴手礼。创新文化产业服务，全区22家文创产品单位开展产品宣传服务，制作文创产品的宣传手册，采用直播带货、展会、推介会等活动助力文创企业产品传播、销售。择优组织文创企业参加各级展会大赛，非遗作品螺钿果盘、船模入选第二批浙江省优秀非遗旅游商品名单。加强项目招商推介，接待南京荆棘鸟文化传播有限公司、上海龙元明城投资管理有限公司等客商，引进舟山只雀旅游咨询有限公司、浙江舟山大野酒店管理有限公司。

图书馆事业

【深化图书惠民服务】 发挥区图书馆、乡镇图书分馆、城市书房阵地作用，共计服务群众19万余人次、借阅图书24万余册次。加强区图书馆软硬资源建设，新增纸质图书24414册，配置万方云屏免费供给近2万余本（个）电子书刊、视频，依托“书香定海”微信公众号平台建设微数字图书馆，实施电子网证自助借阅，图书馆公共服务大有提升。延伸读者服务，新增91479部队、区社保局、区财政局3家图书流通点，全年流通图书35096册，实现群众就近阅读、随手借阅。

“舟山有意思 新书分享会”，名家有约新书分享

【深入推广全民阅读】 是年，推广全民阅读。全民读书活动品牌“书香定海”以阅读推广、大众讲坛、书香之旅主题展览为主要板块，引领全民阅读风尚。全年共计开展“阅见最美 读我心声”朗读活动、阅读加油站、2020长三角地区阅读马拉松大赛、纪念舟

阅读加油站活动

山解放70周年地方文献系列展览等读书活动57场，参与人数达10万余人次，为不同需求、不同层级读者提供多样阅读选择和体验。

文物、博物

【加强文物安全管理】 对10余处涉军产权文物进行安全检查下发整改通知，填补涉军产权文物建筑监管空白。开展冬春“双节”安全检查、市区文物建筑消防安全联合检查等文物执法检查行动，制定下发《定海区民居类文物建筑消防安全三年专项整治工作实施方案》，推进文物建筑直接责任人公示制度，严守文物安全底线。增强业余文保员队伍力量，新招募业余文保员3名，增强文物日常巡查保护力度。开展文物基保工作，完成400余处文物资源数据普查、44处文物古井水源普查，完成复翁堂、姚公殉难处、黄氏宗祠、包祖才墓4处市级文保单位“四有档案”编制。

【加大文物保护活化力度】 完成市级文保单位瞭望楼、市级文保点城隍庙照壁修缮及柴水弄27号民居烽火墙的修缮。聘请专业公司对海山许式民居、吴家大院、刘鸿生故居、御书楼进行建筑主体日常维护。实施一般不可移动文物“亮牌工程”，对一般不可移动文物制作门牌，提高群众对文物的认知度。组建定海文物修缮专家库，为全区文物修缮提供专业指导。推进文物活化利用，设计制作文物保护胸章、文物服装等文创产品，编制文物地图、《海上古城 千年定海》画册、文物法律法规汇编等进行发放、展示，推进文化遗产物化、生活化。

消防演练

【推动博物事业发展】 指导鸦片战争纪念馆、三毛祖居、马岙博物馆展陈提升，完成2家非国有博物馆星级评定，徐正国博物馆被评为2020年四星级非国有博物馆，观音佛像美术馆被评为2020年一星级非国有博物馆。指导徐正国博物馆举办舟山解放70周年特展、清代扬州八怪特展等临展，开展正国文化大讲堂，博物馆社会教育功能有效发挥。开展5·18国际博物馆日宣传活动，制作博物馆系列展板、微视频进行展示、推介，吸引群众对博物馆事业的关注、参与。指导定海区收藏学会完成换届选举。

非物质文化遗产挖掘、保护与传承

【建设非遗传承保护队伍】 新增市、区两级非遗代表性传承人19人，“名师带徒”活动为载体，通过两年师徒传承新培育非遗后备人才10人，组织42名非遗传承人、爱好者参加浙江省第五届中青年创作、省文化馆民间音乐舞蹈创作、市翁洲走书培训等各级培训班，完成2名传承人抢救性记录拍摄工作，非遗传承力量不断壮大。增强对非遗传承人的关怀服务，新建提升2位省级传承人工作室，开展2020年非遗传承人新春座谈会及慰问走访工作。

【拓宽非遗传承保护路径】 丰富非遗宣传推广载体，举办参加2020年定海区庆祝“文化和自然遗产日”非遗宣传展示活动、“品味中秋，传承非遗”2020定海区中秋节民俗活动、“九九天长，欢度重阳”2020定海区重阳节民俗活动等各类宣传展示活动20余场，在非遗馆举办“美在其钟：古董钟表收藏展”“古城记忆：定海老字号文化展”等临展4期，深入景区、社区送木偶戏、翁洲走书116场，弘扬优秀传统文化。

非遗端午 健康传承——2020年定海区端午节民俗活动

探索非遗+互联网模式，推动非遗项目入驻电商平台，组织非遗企业参加参选“浙江非遗健康养生购”线上推广、2020年“非遗购物节”等活动，与新零售跨界合作提升非遗市场认知度。编纂《定海区非遗大观》。

体育事业

【提升公共体育服务水平】 城北健身馆完成线上预约功能建设，“最多跑一次”改革向公共体育场馆延伸。强化科学健身指导，新增三级社会体育指导员225人，国民体质监测1500人并开具健康运动处方，新批复成立舟山市岩习所攀岩俱乐部，指导定海区毽球协会、定海区门球协会创建AAA级社会组织，推动群众健身有组织、有指导。优化“活力定海”全民健身活动品牌，开展首届农村文化礼堂运动会拔河锦标赛、公益大培训、第一届健身气功站点联赛等系列群众性赛事活动12场。

“活力定海”2020年定海区第六届山地自行车锦标赛

【开展精品赛事活动】 是年，举办2020“神行定海山”全国徒步大会暨浙江省登山健身步道挑战赛（定海站）、2020“神行定海山”约定海那边徒步登山活动等“神行定海山”系列赛事活动4期，吸引3000余人次参加，提高干礇、南洞等办赛地的美誉度。培育高品质体验型赛事，打造成动感单车赛事策源地，自创动作、评分标准举办2020中国定海“领尚杯”动感单车比赛。

神行定海山·约定海那边徒步登山活动

【提高竞技体育水平】 成立定海区青少年体育运动学校，核定事业编制2名，明确重点项目、传统项目，采用“体教融合”模式助推青少年竞技体育强劲发展。竞技体育成绩创历史新高，定海五中田径队在省少年儿童田径冠军赛中积分位列全省11名、在省田径锦标赛中摘获四金二银三铜，女子沙滩排球在省冠军赛、锦标赛中分获乙组2、3名和甲组2、4名成绩。

定海五中田径队参加 2020年浙江省青少年田径锦标赛

（撰稿人：方优维）

（本类目图片由区文化和广电旅游体育局提供）

责任编辑：袁豪臻

定海冰厂习俗

早先定海采用天然冰保鲜鱼货，有“做冰田”、“造冰厂”习俗。农家往往在近海地段搭一个金字塔形的草棚，四周筑土墙，上覆盖稻草，即为“冰厂”，以待储冰。冰厂有二门，近冰田的入口为“天门”，朝海口的出冰口为“地门”。做冰厂时必定要敬神请菩萨，供上“三牲福礼”，再做“老三羹饭”以求吉利。将近处冬闲水田作为冰田，耙平储水。严冬季节结冰后，立即雇工下田挑冰入厂，叫“挑冰”。挑入草厂后须立即撒上食盐，降温防溶，加速结冻。春夏季节时，收购鱼货的冰鲜船纷纷前来，向冰厂买冰，叫做“充冰”，此时挑冰出厂的就多为妇女劳力。一些合股经营的冰厂此时则是当天充冰当天结算，“桌面上敲瓦爿”，按股分清，不留存帐。

新闻媒体

定海区融媒体中心

【概况】 2020年，区融媒体中心播发广播、电视新闻各366期，电视专题节目52期，刊发报纸153期，发布网站新闻20100余条，“定海山”微信推送1244条，客户端发布14136条，即时报推送稿件8274篇，微博推送3000余条，浙江在线网闻推荐新闻900余条，录用300余条。完成融媒体中心建设工作，融媒体改革项目获区委改革攻坚·创新发展“双学双比”活动优胜单位。中心获“共享联盟·最具传播力奖”和“最佳合作奖”。“定海新闻网”获年度优秀支站。中心党支部获区防疫一线表现突出的基层党组织、被区直机关工委评为五星党支部。

【加强融媒体人才队伍建设】 开展“全媒体记者建设年”活动，培养全媒体人才。开展全员培训，设“周三”课堂，全年累计授课35次，参加培训335人次。推行以师带徒制度，促成13位老记者和16位新记者签订师徒结对责任书，明确量化责任目标，形成阶梯型全媒体记者队伍。加强骨干进修，与浙江传媒院校、浙江日报社舟山分社等搭建交流平台，安排骨干记者参加培训学习。开展业务大比武，组织45人参与新闻采写、视频编辑等实战打擂，检验培训实效。中心1名记者获市抗击新冠肺炎疫情先进个人、区新冠肺炎疫情防控嘉奖，1名记者获区在疫情防控和复工复产一线表现突出党员、市委宣传部新冠肺炎疫情防控新闻宣传工作先进个人。中心1名记者获舟山市创建全国文明城市先进个人。

“全媒体记者建设年”活动开设“周三”课堂

【打造“定海山”客户端品牌】 深化客户端内容建设，结合全区重要政策出台、落实工作推进情况，采用客户端为新闻首发平台，强化短新闻即时发布，每日平均发布信息超40条。采取“定海新闻发布厅”、“网络问政”等平台建设为载体，深化政务服务功能。推出学前教育招生情况、企业复工复产情况等新闻发布会27期。59家单位入驻网络问政平台，受理办结相关问题234件。深化便民服务功能，拓展20项生活服务功能。拓宽客户端使用覆盖面，搭建“定海—宣汉微心愿”爱心认领平台，线上对接三农、菜篮子、影院等合作开展投票、抢券、曝光台等活动十余场，线下结合网络安全宣传活动、走企业进校园等推广活动70余次，发动基层干部在各镇街道微信公众号推广安装，拓宽使用覆盖面，下载11.7万余人次。

【构建短视频舆论场】 整合资源专门成立，壮大短视频制作团队，服务区委区政府中心大局，打通客户端、公众号、抖音号等发布渠道。推出“小康生活”、“重要窗口”等主题的短视频450余篇，播放量近千万。

【探索省区媒体合作】 是年，挂牌成立浙报融媒共享联盟（舟融体）定海工作站，探索省区合作“定海经验”。完善新闻信息互通机制，建立闭环工作群，实现新闻策划、媒体平台、稿件采写等优势资源融合，推动定海元素亮相“学习强国”、《浙江日报》、“浙江新闻”客户端等重要平台。建立激励机制，采取工资、骨干记者评定、年终评优等方式，激发合作活力。深化宣传联动，参与“舟游列岛看小康”“全员创城进行时”“15年15地15人”等舟融体大型新闻行动。中心记者在《浙江日报》发表各类新闻24篇，《浙江日报》头版头条、《传媒评论》首次发表中心的署名文章。在“浙江新闻”客户端发布的融媒体稿件超400篇，定海新闻舆论引导和对外宣传水平得到提升。

【提高新闻质量】 集中资源优势，打造中心3项精品项目。“一路看小康”“‘侨’然变化”“蹲点海岸线体验海岛风景线”系列报道。40余件新闻作品获省市各类奖项。“定海山”微信公众号影响力巩固扩大，《今日定海》深度报道，短视频阅读量提高。

【众志成城战疫情】 开设“疫情”专栏，选派专人蹲点区疫情防控工作领导小组办公室，收集新闻线索，确保上情下达实时高效。深入医院、高速出入口、农贸市场、工厂车间等防疫抗疫一线，捕捉“众志成城战疫情”“致敬‘最美逆行者’”等案例故事，实现鲜活素材速递。宣传“让党旗高高飘扬”等一线感人事迹，“擦亮‘定海制造’名片”“干出双招双引飞扬新气象”“畅游定海古城”等主题报道，刊播相关报道近4000篇。“定海山”客户端为新闻首发平台，发布最新疫情通报、辟谣信息，推送卫生防疫、交通出行等各类资讯通知和提示，制播“企业用工指南”“正确佩戴口罩示范”等短视频、H5作品，舒缓社会浮躁情绪，提升科学防范意识。

【助推全国文明城市创建】 开设“推进精神文明创建”专栏，紧扣“利民、为民、惠民”主线，推出“老定海述新颜”“创城三年看变化”“创城，感谢有你”等系列报道，“媒眼看创城”系列短视频及“定海创建全国文明城市三年工作综述”等子栏目，展现文明创建举措成效及实干场面，刊发报道超1500篇。制作推出“公筷公勺”等原创宣传类短视频，发挥全民“啄木鸟”作用，创设“定海山”客户端不文明行为举报台，鼓励市民网民以照片、视频随手拍等形式参与文明监督，收到各类举报信息近400条。

区融媒体中心开展“推进精神文明创建”新闻报道

【聚焦定宣扶贫成果】 开设“走向我们的小康生活”专栏，展现定海全面建设小康社会的各项成果，刊播200余篇。开展“定海—宣汉”跨省新闻行动，采访报道团赴四川宣汉，推出“巴适，一起奔小康”“爱是你我——阿拉来帮侬 点亮微心愿”等两组系列报道，聚焦宣汉发展变化，推出《他乡即吾乡 聚力助脱贫》等深度报道5期。向宣汉群众征集书籍、学习用品、舟山海鲜等“微心愿”近500个，在“定海山”微信公众号、“定海山”客户端、《今日定海》报等全媒体平台发布，采用物流快递的形式发放给宣汉群众。

“阿拉来帮侬”团队开展宣汉异地采访
图为中心记者在宣汉蓝莓谷报道

【推出“美丽定海示范县创建”主题报道】 推出“美丽乡村定海答卷”“畅游定海古城”等系列报道，刊播相关报道近100篇，电视推出专题《今日定海别样美》，在新媒体平台推出“游美丽乡村”“看美丽乡村”等子栏目，图文推荐定海旅游景点，“定海山”客户端推出乡村旅游、美丽经济类等短视频32期，累计阅读量超116万次。

【推出“全力办好民生实事”系列报道】 跟进城市建设管理、老旧小区改造、五山水利工程等民生实事项目建设情况的宣传报道，关注城区“两路一桥”管网提升改造工程，刊播相关报道近460余篇。

【加强机关建设】 加强中心党支部“先锋媒体”品牌活动的深化和宣传，通报表彰“月度党员先锋岗”，中心领导带头上党课，鼓励党员干部立足岗位、履职尽责。

（撰稿：孔　敏）

（本分目照片由区融媒体中心提供）

广播电视

【广电节目传输】 是年，舟山网络传输有线数字电视频道节目205套，标清基本频道节目77套、标清付费频道节目46套、高清基本频道节目28套、高清付费频道节目25套、电视测试节目18套、广播节目11套。受其他信息行业冲击，数字电视基础用户流失。有线数字电视大众在线用户112655户，比上年减少5917户；推出高清、4K超高清等服务产品，开展“新春特惠活动”“中秋国庆双节营销”等多项活动宣传推介，年底互动电视用户43771户，比去年增加5997户，宽带用户9609户，比上年增加236户。

【网络工程建设】 实施新建区域配套工作建设　开展香颂湾、成交云庐、金鸡山单元、金宸府、悦宸府等29个新建小区有线电视配套项目工程施工；完成万和苑、东林尚苑、和馨苑、南山郡、金鸡山安置小区、富虹小区、金宸府、南山郡三四期、柏悦府、香颂湾一期等40个小区的线路施工、光缆链路信号开通工作，完成覆盖用户约13000户，涉及面积140余万平方米。

推进老旧小区改造施工　完成东园新村、昌东新村、盛家塘新村、白虎山路等旧城改造线路整治，涉及用户8682户；配合“海上花园城市”建设，跟进道路改造、市政施工的管道施工及维护，完善整体网络管网覆盖布局。完成临城千岛路的全部道路改造、定海昌国路改造，完成道路管道施工约11.5公里、18.4孔公里。

推进光改小区建设施工　完成南山郡、柏悦府、杨柳郡等10个小区的光纤入户改造，提升网络承载能力。

【多元化产业拓展】 依托广播电视技术服务和网络资源优势，提升广播电视行业的服务水平。公安“智安小区”、行业监控、“最多跑一次”、社会综合治理等领域取得成绩。定海区域社区（村）监控项目669个；交通动态监控项目车辆监控224个；人行道礼让抓拍监控33套；全市“人像感知网”建设，前端375个；舟山市政法委“智慧村社”建设，“智慧村社”电视端在马岙社区上线。2月，推出“助力抗疫复工八项服务保障措施”。开展行业视频监控助力疫情观察、热成像快速体温检测提升效率、“电视空中课堂”平台停课不停学等助力行动，在疫情防控中发挥作用。

【广电惠民工程】 确保广播“村村响”工程。巩固宣传阵地，完善农村应急广播体系长效机制建设。配合各镇（街道）、社区建立健全基本保障、服务管理、设施维护等方面的管理机制。疫情期间应急管理部门统一协调，发挥农村应急广播实际效用，全域覆盖市本级及定海区4527条应急广播、市级广播电视平台播报疫情信息，形成宣传声势。实施有线数字电视“广电低保”工程项目，开展市本级低保家庭的核对工作，通知脱保户正常缴纳收视费，新增低保户落实免费收视政策，承担公共服务职能，2333户低保家庭免费享用有线数字广播电视基本服务。

【广电运营服务】 提升客服服务质量，推进客服考核机制的建立。广电服务列入浙江华数客服体系考核，开启客服考核工作一体化进程。是年5月，17家营业厅（网点）打破区块分割、地域限制的状况，实行“全业务通办”，方便全网用户；是年4月，上线支付宝代扣、微信小程序和微信公众号掌上商城功能，拓宽缴费渠道；客服中心呼入来电101565通，接听88458通，一次性来电平均解决率85.9%以上，10秒内接听及时率99.8%以上，维修派单24505单，机顶盒维修3316台，为用户提供服务保障。

（撰稿：夏帮琴）

责任编辑：袁豪臻

定海管碶护塘习俗

地处海岛的定海人，历来就有筑塘围涂、造碶挖河、捍卤蓄淡以求生存、发展的良俗。海塘和碶闸不仅关系渔、农、盐业生产，而且关系人畜房产安全，故各地均十分关心护塘、护碶大事。各村各岙历来订有管碶护塘的乡规民约。金塘樟树岙海塘边就立有一块清道光年间的护塘公约碑，规定严禁村民在塘上放牧牛羊,若在塘放牧，抓获一牛罚钱二百，抓获一羊，罚钱一百，若有不服，集众公议。可见管碶护塘习俗由来已久。

卫生健康

综 述

2020年，全区有区级管理各类医疗卫生机构230家，区政府举办的各级医疗卫生机构81家，包括公立医院2家（区中心医院、区安康医院），公共卫生机构4家（区疾控中心、区卫生计生综合执法大队、区妇幼保健服务中心、定海医疗急救站），镇卫生院6家（分院3家），街道社区卫生服务中心9家（分中心3家），社区卫生服务站16家；一体化村卫生室43家，医务室1家，形成较完善的三级城乡社区卫生服务体系。民营医院6家，其他医疗机构143家。

公立医疗卫生健康机构有工作人员970名，编内752名，编外218名；具有高级专业技术职称83人，中级专业技术职称349人，初级技术职称290人。

全区有编制床位1328张，社区卫生服务中心（镇卫生院）208张，民营医院700张，区属医院420张。

全年总诊疗1294428人次，门急诊人次1193456人次，同比减少203790人次，下降14.59%。业务总收入17094.04万元，同比减少1537.85万元，下降8.25%。医疗收入6864.1万元，同比增加583.32万元，增长9.29%；药品收入10229.94万元，同比减少2121.17万元，下降17.17%。基层就诊率61.11%，县域就诊率90.20%。

是年，分析研判疫情，制定出台流程图、方案30余个，部署落实各项防控措施。开展疫情防控工作，应对高发流感阶段，实施全天候监测，加强传染病预警，研判流行趋势，报送突发公共卫生相关信息1起，采取停课隔离等措施，控制流感疫情蔓延；一级响应阶段，系统广大党员干部投入战“疫”，坚守疫情防控一线。实施铁桶工程，10018名居家医学观察者开展首末次入户面访、体温检测、信息登记工作；复工复产两手抓、两战赢阶段，奔赴企业、村社区开展进村助企健康指导和帮扶。开展驻校助学健康指导服务，巡查指导学校、幼儿园1493家次，出具指导意见书96份，处置异常情况216起；落实常态化防控阶段，推进“浙江定海美丽乡村周”和中高考等各类重大活动保障和指导，落实重点地区来定人员健康码和核酸检测证明的查验工作。部署防控救治工作，提升医疗救治能力，确定区中心医院为定点收治医院，成立医疗专家组，建设临时隔离病房。启动6家标准化发热门诊和1个传染病区建设，建成区疾控中心、区中心医院2个PCR实验室，实现基层医疗机构血清检测能力全覆盖，实现新冠病毒自主检测能力零的突破。落实“应检尽检”和“愿检尽检”工作，采样送检32474人次。

海港口岸工作人员开展集中核酸采样检测工作

是年，推进定海区互联网基层健康卫士工程。开展健康卫士进家庭服务，自3月起，入户走访、深化服务。年底实现“健康卫士”进家庭服务全覆盖。

定海区中心医院广场，该院两名援鄂医务人员郑杰（右二）、丁丽娜（左二）出征

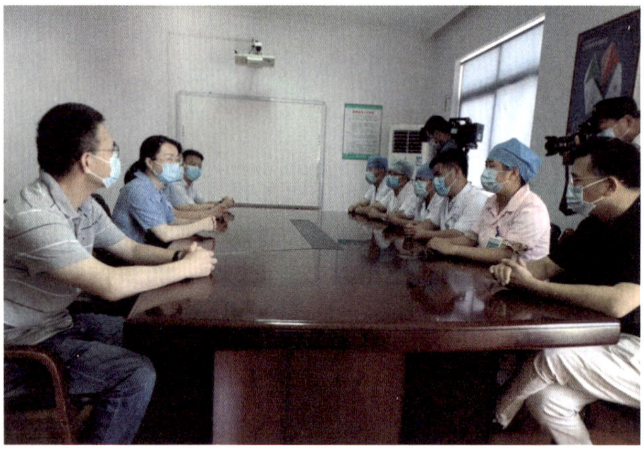
区委书记庄继艳（左二）到小沙高温慰问医务人员

医疗事业

【医共体建设】　是年，区医疗集团（医共体）持续实施“一家人”“一本账”“一盘棋”改革，实现集团化管理、一体化运行和连续式服务，整合型医疗卫生服务体系基本成型。党委领导下的院长负责制逐步成熟定型，各级医疗机构诊疗职能明晰，将普通的常见病、多发病、慢性病截留在基层，全年基层就诊率达61.11%，同比增加2%以上；开展双向转诊3100余例，初步形成“小病进社区、大病转医院，康复回社区”的就医格局。

【推进社会资本办医】　是年，推进社会资本办医，舟山顾氏骨伤医院新购置16排CT、西门子B超及康复器材等，7月份完成整体搬迁。上海交通大学医学院附属瑞金医院舟山分院（以下简称舟山分院）完成专家多点执业备案500余人；21名知名上海专家在舟山分院成立名医工作室；与上海瑞金医院、上海仁济医院开通绿色转诊通道实现双向转诊，全年从舟山转诊到上海的患者612例，从上海转诊到舟山的患者531例。先后完成省级限制临床应用医疗技术3项备案：人工关节置换技术，心及脑血管疾病介入诊疗技术。新开展冠状动脉造影支架、脑血管介入、心脏起搏器植入术、CT引导下肝病损射频消融术、关节置换等各类高难度手术及诊疗项目。

【无偿献血】　是年，全区无偿献血计划任务2745人次，完成3207人次。400毫升724人，300毫升767人，200毫升590人，完成率为117%；大于200毫升以上的比例为72%。实际参与人数为2081人，总血量641400毫升。

定海区3人获省无偿献血“之江杯奖”，图为获奖者之一嵇美容

医疗保险

【概况】　是年，全区两定医药机构98家，定点医疗机构53家，定点药店45家。

【参保情况】　是年，定海区户籍人口数400968人，职工基本医疗保险（仅限定海区机关事业单位在编人员）参保人数9011人，城乡居民基本医疗保险参保人数398312人，户籍人口参保率99.24%。

【基金收支】　是年，职工基本医疗保险基金收入7110.30万元，支出7943.53万元，期末累计结余3122.23万元。城乡居民基本医疗保险基金收入

29873.35万元,支出26808.63 万元，期末累计结余17266.94万元。

【医疗救助】 是年，全区实施医疗救助医疗67139人次，医疗救助6684956.85元。大病救助35233人次，救助16940452.83元。

【实施药品带量采购】 是年，落实国家“4+7”带量采购政策和省市药品带量采购政策，136个常用药实现降价采购，全年节省药品支出约2100万元。

【医疗保障基金监管】 是年，现场检查定点药店和定点医疗机构48家，实施行政处罚1家，罚款8869.86元；发出处理决定书、整改通知书55份，解除医保定点协议2家，暂停协议2家，智能审核剔除违规费用308423.6元，累计追回医保基金55.99万元。对7名违规参保人员进行处理，取消待遇2人，暂停享受待遇1人，暂停刷卡结算3人。

【经办服务】 医保经办事项10个，子项24个。实施基本医疗保险、大病保险、医疗救助等费用“一站式”结算，实现长三角异地就医门诊直接刷卡结算，实现医保关系转移接续、零星费用报销“零跑腿”，实现医保移动支付全覆盖，实现出生一件事、身后一件事、公务员职业生涯全周期管理“一件事”、退休一件事等相关医保业务的直接后台推送办理。受理基本医疗费用零星报销16026件，生育待遇核准支付788件，特殊病种待遇备案1550件。

医政管理

【校验注册换证】 是年，全区办理医疗机构校验217 家，医疗机构换证 35 家。发放医疗机构电子证照233张、医师电子证照 903本、护士电子证照693本。完成医疗机构执业登记注册7家，变更医疗机构113家，注销医疗机构4家。

【医疗设备购置】 参加春秋两季浙江省医疗设备博览会集中采购，采购金额718.17万元，30万元以上设备536.80万元。

【最多跑一次改革】 是年，深化卫生健康领域“放管服”和“证照分离”改革，优化网上审批、压缩审批时限，网上办、掌上办、跑零次，即办件达到100%，时限差缩比达到76.7%。深化医疗卫生服务领域“最多跑一次”改革，综合服务能力进一步提升，实现付费更便捷，医事服务一站式，检验结果互联互通、资源共享，全面开展分时段预约挂号（检查），诊间/病房智慧结算，电子发票打印，推进分级诊疗，互联网+护理等。诊间结算服务覆盖率达100%，病房智慧结算率达95%以上。

【核酸检测能力及发热门诊建设】 是年，为满足“应检尽检”和“愿检尽检”对象新冠病毒核酸检测需求，3家镇卫生院和6家社区卫生服务中心统一购置血清抗体检测生物安全柜等于4月底完成检验科改造，区中心医院投入200余万元于6月底完成PCR实验室建设。规范化发热门诊和隔离病房改建工程完成投入运行，另金塘镇中心卫生院、小沙街道社区卫生服务中心和岑港街道社区卫生服务中心完成发热诊室新建，发挥哨点作用，强化院感防控。

小沙街道毛峙村卫生室规范化改造

医教科研

【重点学科】 是年，区中心医院建立康复科和呼吸内科为院级重点学科。

【科研立项】 是年，5个区级科技项目立项：区中心医院4项是《阿托伐他汀单药与联用依折麦布在颈动脉斑块治疗中的临床疗效对比研究》《超声造影在甲状腺结节TI-RADS分类中的应用》《互联网直播方式的社区康复方案的制定与应用研究》《系统性运动干预在维持血液透析患者中应用的研究》，上海瑞金医院舟山分院1项是《浙江舟山地区前列腺增生发病情况及危险因素调查研究》。成功申报3期省级继续医学教育项目《狂犬病暴露预防处置学习班》《慢性气道疾病规范化诊疗和管理学习班》《腹部疾病影像学诊断新进展和临床应用》，并按期圆满举办完成。申报并顺利举办完成2期市级继续医学教育项目《病历质量持续改进学习班》和《医疗纠纷预防和处理学习班》。

疾病防制

【传染病概况】 是年，全区报告法定传染病15种4796例，发病率为960.92/10万，同比下降50.97%（上年同期报告19种9723例，发病率为1959.91/10万），乙类传染病10种806例，发病率为161.49/10万，丙类传染病5种3990例，发病率为799.43/10万。

【公共卫生应急能力建设】 是年，完善卫生应急组织体系，调整组建卫生应急领导小组和专家咨询委员会，建立卫生应急机动队伍6支，修订、完善《定海区突发公共卫生事件应急预案》等13件。完善建立监测预警和风险监测体系，完善监测哨点布局，优化传染病和突发公共卫生事件监测系统，健全网络直报、舆情捕捉等多渠道疫情监测和快速反应体系。编制《舟山市定海区新冠肺炎疫情防控应急预案》等“三方案四指引”，为疫情防控工作提供制度保障及行动指南。完善精密智控机制，坚持动态防控、科学防控、精准防控，运用大数据、云计算、区块链等新技术，强化卫健、公安、大数据管理等多部门数据共享和场景化多业务协同，提升应急管理的数字化智能化水平。提升应急物资储备和精准处置能力，制定《定海区卫生应急队伍装备配置方案（试行）》，加强卫生应急队伍装备建设和管理。组建11支56人的流调行动小组（每镇街道5～6人）、123支385人的社区流调协查队伍（每村、社区3～5人），确保出现应急情况响应的速度和执行力度。

闭环转运新冠病毒检测阳性船员

区领导侯富光（前排左二）、屠定玉（前排右二）等迎接援鄂医护凯旋

【免疫规划】 是年，12家预防接种门诊(含临城)，取得省卫生健康委认定的规范门诊9家、星级门诊3家，全区规范化接种门诊覆盖率100%。报告完成基础免疫53780人次，接种率为99.93%。各单苗报告接种率分别为：卡介苗99.90%（2919/2922）、脊灰疫苗99.92%（10594/10603）、乙肝疫苗99.94%（9697/9703）、百白破疫苗99.93%（10938/10946）、麻腮风疫苗99.95%（3829/3831）、A群流脑疫苗99.92%（7897/7903）、乙脑疫苗99.95%（4044/4046）、甲肝疫苗99.95%（3862/3864）。乙肝首剂及时率96.27%（2791/2899）。

是年，加强免疫29587人次，接种率为99.93%。各单苗加强免疫报告接种率分别为：脊灰疫苗99.96%（4598/4600）、百白破疫苗99.95%（3941/3943）、麻腮风疫苗99.95%（3882/3884）、流脑A+C 99.93%（8834/8840）、乙脑疫苗99.90%（3898/3902）、白破疫苗99.89%（4434/4439）。全区调查登记7周岁以下流动儿童10751人，各接种门诊完成流动儿童常规免疫16558人次，报告接种率达99.90%。

【慢性病和死因监测】 是年，报告户籍死亡2873例，粗死亡率为7.18‰，慢性非传染性疾病死亡2468例，占总死亡的85.90%，死亡率为616.98/10万；居民平均期望寿命为80.54岁；糖尿病报告发病率271.99/10万，恶性肿瘤报告发病率370.49/10万，冠心病急性事件报告发病率35.75/10万，脑卒中报告发病率370.24/10万。

【碘营养水平监测】 是年，选取白泉、干䃫、小沙、岑港、双桥5个镇（街道）为碘营养水平监测点，监测结果为：学生家庭碘盐覆盖率为64.76%，合格碘盐食用率61.43%，学生尿样尿碘含量中位数191.75ug/L，甲状腺肿大率为4.76%；孕妇家庭碘盐覆盖率54.29%，合格碘盐食用率49.52%，尿碘含量中位数111.6ug/L，孕妇补碘率为92.38%。

【食源性疾病监测】 全年监测符合病例定义的食源性疾病病例信息487份，采集生物样本（腹泻物）442份，采样率为90.76%（442/487）。检出阳性样本78份，阳性检出率17.65%（78/442）；检出阳性菌株80株（2份样本分别检出两种菌株），沙门氏菌51株、致泻大肠埃希氏菌属19株、副溶血性弧菌4株、诺如病毒6株，未检出志贺氏菌、创伤弧菌。报告2起食源性疾病暴发事件，总发病31人，未出现临床重症病例和死亡病例。

【食品中微生物及其致病因子监测】 全年完成各类食品中微生物及其致病因子监测样本200份，检测项目涉及6项微生物及其致病因子指标，合计340项次。检验结果：乳与乳制品（巴氏杀菌乳、酸奶）检出3份金黄色葡萄球菌阳性，检出率10%（3/30）；焙烤及油炸类食品（汉堡、三明治、鲜奶蛋糕等）检出9份金黄色葡萄球菌阳性，阳性检出率20%（9/45）；肉与肉制品（熟肉）检出2份沙门氏菌阳性，阳性检出率5.71%（2/35）；饮料类（鲜榨果汁）样本有19份大肠菌群计数≥100CFU/mL，最高值3100CFU/mL；蛋与蛋制品（皮蛋）未检出沙门氏菌；水产品（腌制生食海产品）未检出副溶血性弧菌和创伤弧菌。

【食品中化学污染物及有害因素监测】 全年完成食品中化学污染物及有害因素监测样本200份，检测项目涉及12项化学污染物及有害因素指标，有436项次。检测结果：1份谷物及其制品（馒头、油条）样本含铝食品添加剂指标检测值低于最低检出限（0.60mg/kg）；饮料类样本苯甲酸、山梨酸、糖精钠指标检出率为36.67%（11/30），日落黄、赤藓红、柠檬黄等指标检出率为62.5%（5/8）；50份肉与肉制品（咸肉、腊肉、腊肠等）样本亚硝酸盐检测值均低于最低检出限（0.2mg/kg），新鲜禽肉、火腿肠等样本镉、铅、砷等污染物检出率为100%（20/20）；水果及其制品（蜜饯）样本镉、铅、铬等污染物检出率为95%（19/20）；水产动物及其制品（海捕虾、虾孱）样本二氧化硫检出率92.86%（39/42），最高检出值为1.45g/kg。

【学生健康状况与常见病监测】 抽取区属小学、初中和高中各1所计学生2874人开展学生健康状况与常见病监测。监测结果：学生营养不良率和肥胖发生率分别为4.94%（142/2874）和16.11%（463/2874），学生视力不良检出率81.83%，龋齿检出率39.70%，贫血检出率14.59%，沙眼检出率0.03%，年因病缺课率0.50%。

【病媒生物监测】 全年投放有效鼠夹/粘鼠板3782个，捕获老鼠18只，鼠密度为0.48只/百夹（板）；布放诱蝇笼64个，捕获苍蝇84只，平均密度为1.31只/笼；布放诱蚊灯72盏，捕获雌蚊428只，蚊密度为5.94（只/灯·夜）；布放有效粘蟑纸1654张，粘捕到蟑螂的粘蟑纸数34张，蟑螂粘捕率为2.06%，捕获蟑螂573只，蟑螂密度0.35只/张，蟑螂密度指数为16.85只/张。

【职业病危害因素监测与现况调查】 采样检测辖区27家重点企业工作场所职业病危害因素，发现1家建筑材料加工企业粉尘浓度超标；对577家企业的职业病危害现状进行调查，调查结果显示辖区企业职业病危害因素主要包括粉尘、噪声、苯等。

【托幼机构消毒质量监测】 全年抽取托幼机构12家（城区8家，乡镇/街道4家），采集样品216份，总合格率87.5%（189/216），城区合格率87.40%（111/127），镇/街道合格率87.64%（78/89）。所有样品中室内空气、使用中消毒液和餐具合格率100%；饮用水、物具表面、保教人员手指合格率分别为90.91%（10/11）、78.33%（47/60）、62.16%（23/37）。

【医疗机构消毒质量监测】 全年抽取医疗机构9家（市属医疗机构3家，区属医疗机构1家，民营医疗机构2家，镇卫生院与街道社区卫生服务中心3家），采集样本125份，总合格率88.8%（111/125）。检测样品中空气、物体表面、口腔科用水和使用中消毒液合格率为100%，其次内镜冲洗液87.5%（7/8）、医院污水85%（17/20），医护人员手指检测合格率最低为69.7%（23/33）。

【拓展健康教育模式】 是年，依托“健康定海”公众号、抖音号等新媒体传播优势，为居民提供内容科学、准确的健康资讯，提高公众防范意识，促进公众了解最新健康信息。自行编印新型冠状病毒感染的肺炎防控、预防登革热、呼吸道传染病防控、预防碘缺乏病、高血压、控烟、诺如、水痘、流腮等宣传资料10余种。发放新冠防控知识折页、画报，公众预防指南，返岗返工防护手册，技术指南及传染病防治、慢性病防控、健康生活相关折页、画报等各类宣传资料（包括省市下发）20余种33万份。配合上级部门，与相关街道、社区、单位、媒体等部门联系，宣传资料电子信息和实体画报等发送至各个网格微信群或张贴于宣传橱窗，宣传动员普及健康知识。

省卫健委妇幼处处长张万恩（右二）到位于小沙街道的浙江金鹰股份有限公司开展驻企业进社区活动

妇幼保健

【概况】 2020年，全区有产妇1877人，活产儿1902人，围产儿死亡6例，围产儿死亡率3.67 ‰；无孕产妇死亡。

孕产妇保健管理覆盖率100%，早孕建卡率95.10%，系统管理率93.70%，新法接生率100%，高危孕产妇住院分娩率100%，剖宫产率39.38%，县级以上高危筛查率99.84%，产后访视率98.69%，产前筛查率90.46%，婚检率65.05%；优生健康检查覆盖率94.55%。7岁以下儿童保健覆盖率99.41%，3岁以下儿童系统管理率95.78%，0～6岁儿童眼保健和视力检查覆盖率99.08%，新生儿疾病筛查率99.83%，新生儿听力筛查率99.83%，6个月母乳喂养率91.31%，新生儿访视率99.95%。

【婚前医学检查和孕前优生检查】 是年，结婚登记907对，婚前医学检查1180人，婚检率65.05%，检出疾病889人，疾病检出率54.41%，孕前优生健康1059人，目标人群1120人，覆盖率94.55%。

【出生缺陷项目】 是年，执行《关于印发舟山市出生缺陷预防项目实施办法的通知》（舟卫发〔2020〕43号），夫妇双方或一方定海户籍孕妇免费开展1次中孕前血清学产前筛查，为有羊水穿刺指征的孕妇开展免费开展1次羊水穿刺胎儿染色体产前诊断。是年，产妇1877人，产前筛查1698人，产前筛查率90.46%；检出高风险人数59人，高风险检出率3.47%。免费产前筛查845人，免费羊水诊断111人，免费金额45万余元。

【高危孕产妇管理】 是年，全区孕28周县级高危筛查187人，高危筛查率99.84%。筛查出高危孕妇1507人，高危孕妇管理人数1507人，住院分娩1507人，全程追踪监护，管理率100%。

【外来流动孕产妇及儿童管理】 是年，全区分娩外来流动产妇749人，建卡749人，建卡率100%，早孕检查率68.04%；系统管理率67.24%；住院分娩率100%，产后访视率99.47%，连续18年无流动孕产妇死亡。

是年，全区有省外流动活产婴儿889人，新生儿访视率99.55%；3岁以下流动儿童19031人，系统管理1322人，系统管理率69.47%。5岁以下儿童死亡率6.75 ‰，婴儿死亡率4.5 ‰。

【高龄孕产妇特殊补助项目】 是年，全区8月份执行《关于调整高龄孕产妇特殊补助项目的通知》，项目内容调整为高龄孕产妇孕期超声检查项目和产前会诊超声项目。孕期超声检查241人，产科会诊超声检查190人，补助金额111872元。

【城乡妇女免费“两癌”检查】 是年，浙江省城乡35～64周岁妇女免费“两癌”检查项目实施第四年，宫颈癌检查2253人，乳腺癌检查2338人，检查出HPV阳性293人，TCT检查224人，阴道镜检查88人，病理高级别病变（C1N2-C1N3）10人，确诊宫颈癌2人。B超0级、3级以上145人，实做钼靶136人，确诊乳腺癌4人。对所有阳性人群反馈、随访，建议检查治疗。6例癌症病人都手术治疗，愈后良好。

【0～6岁儿童眼保健和视力检查】　是年，0～6岁儿童眼保健和视力检查覆盖率考核列入基本公共卫生考核第二年，全区0～6儿童19930人，0～6岁儿童眼保健和视力检查19812人，覆盖率99.41%，达到基本公共卫生要求90%以上。6岁儿童检查3376人，视力不良检出人数407人，视力不良检出率12.06%。

【0～3岁儿童发育监测和筛查】　是年，1月起执行《关于做好舟山市0～3岁儿童发育监测与筛查项目工作的通知》（舟卫发〔2019〕91号），父母（至少一方）户籍在定海的儿童3次发育筛查和1次自闭症筛查实行免费。是年，监测0～3岁儿童人数9466人，监测率96.14%，发现可疑异常人数208人，转诊人数201人，发育监测转诊率96.63%，早期发展指导人数9466人，早期发展指导率96.14%，发育筛查9084人，发育筛查率91.44%，发现可疑异常人数675人，转诊人数709人，发育筛查转诊率100%。是年，0～3岁儿童免费发育筛查2914人，免费自闭症筛查1360人，免费金额179517元。

【儿童专病管理】　是年，全区监测管理营养性疾病儿童1260例，管理0～3岁心脏出生缺陷儿童922例，管理高危儿1517例，管理的高危儿中高危因素较多。高危儿接受动作、语言、体格发育等检查，给予喂养、营养、心理行为发育等评估和指导。根据个体情况，进行Gesell、Peabody、磁共振、基因检测等相关检查，诊为全面发育迟缓48例，语言发育迟缓61例，运动发育迟缓34例，孤独症2例，小胖威利综合症1例。病儿病情有不同程度的改善或痊愈。

【新生儿疾病和听力筛查】　是年，全区活产数 3450人，新生儿遗传代谢病筛查 3444人（均为多项筛查），筛查 99.83%，筛查召回可疑病例 103例，召回率 100%；确诊甲低 2例、G-6-PD缺乏症 5例、戊二酸血症（GA-I）1人， 8 例病例得到干预治疗。新生儿听力筛查 3444人，筛查率 99.83%，检出 15例听力异常，采取干预治疗及定期随访。

【托幼机构卫生保健管理】　是年，全区有托幼机构68所，达到卫生保健合格单位68所，合格率100%。全区应检托幼机构工作人员2207人，实查2207人，健康体检率100%。应检集居儿童13129人，实查12855人，集居儿童体检率97.91%。儿童视力检查人数12739人，检出儿童视力不良830人，检出率为6.52%，儿童龋齿4371人，发病率为34.00%。组织举办全区保健人员培训班1期、保育员培训班2期，全区托幼机构68名上岗保健人员、283名育员接受卫生保健相关专业知识培训。

社区卫生服务

【深化家庭医生签约服务】　继续开展预约签约门诊服务、严重精神障碍联合远程会诊，健康评估、健康咨询、健康讲座和健康宣传资料发放等服务。加强签约服务管理，团队175个，参与签约服务的全科医生171人，采用上门签约、门诊签约等形式规范签约125778人，规范签约率40.03%，推进在医保等政策支撑下的有偿签约服务。是年，有偿签约27615人。

【推进基本公共卫生惠民服务】　是年，基本公共卫生人均补助经费提升至65元。建立城乡居民健康档案293840人，建档率93.51%，建档合格率90.32%；加强慢性非传染性疾病管理，高血压病、糖尿病、严重精神障碍患者管理人数分别为32875人、9559人、1467人，规范管理率分别为70.33%、70.69%和90.77%。

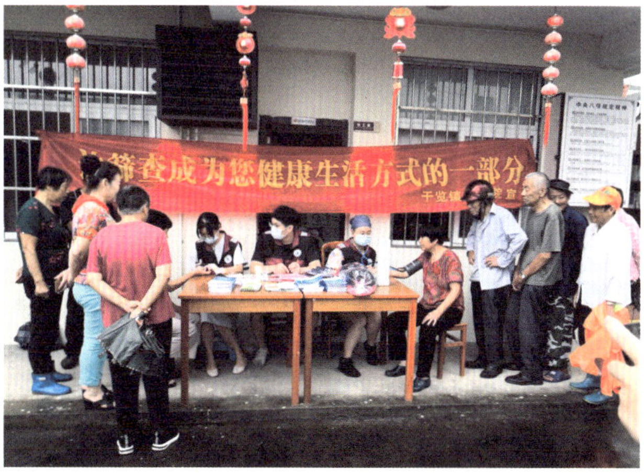

省政府民生实事项目开展重点人群结直肠癌筛查

爱国卫生

【卫生创建】 是年，定海区通过省级病媒生物C级密度水平评估认定，取得第三轮（2018—2020年）国家卫生城市（县区）复审资格；巩固省级卫生镇创建成果，在省级卫生镇的基础上打造国家卫生镇，干磁镇通过新一轮的省级卫生镇复审，白泉镇被命名为国家卫生镇，干磁镇、金塘镇申报国家卫生镇创建工作，进入省、市考核验收阶段。推进卫生村创建巩固工作，申报创建省级卫生村2个（小沙街道光华村和庙桥村），复审重新命名卫生村20个，通过省级考核验收，全区省级卫生村32个。

【健康教育】 全区800余名健康志愿者参加系列活动，展出宣传展板200余块，发放宣传资料100000余份，张贴禁烟标识5000余张，发送手机公益短信、微信50000人次，开展健康咨询500余人次，受教育人数达80000人次。深入健康“细胞”建设工作。是年，新创健康单位43家（市级28家、区级15家）、健康社区8个（市级）、健康家庭515户（市级）、新建健康促进学校金牌1所、银牌3所、铜牌4所。新创市级无烟单位各2家，评选市级控烟积极份子1名，新创无烟党政机关50家。

【改水改厕】 深入城乡环境卫生整洁行动和农村厕所革命。是年,农村卫生厕所普及率和无害化卫生厕所普及率分别达到100%和99.26%。开展农渔村生活饮用水水质监测，监测集中式供水水样80份，城市40份，农村40份；水样监测总合格率51.7%（62/120），城市90%（36/40），农村65%（26/40）。枯水期合格率为95%（38/40）、丰水期合格率为60%（24/40）。开展改水改厕工作，全区痢疾、甲肝等肠道传染病发病率下降，维护群众健康。

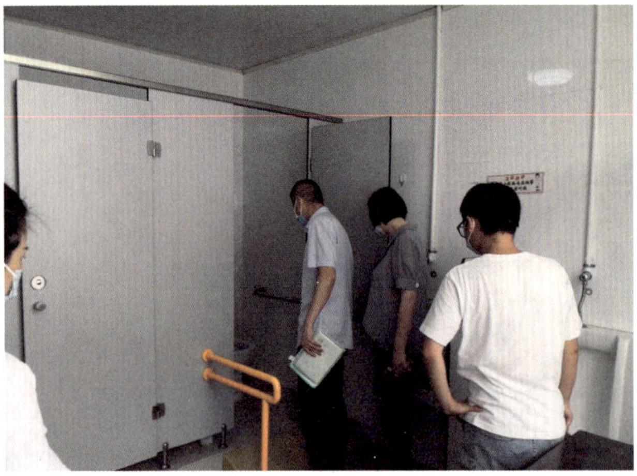

省爱卫办到白泉镇中心卫生院对厕所整洁行动等工作进行核查指导

【病媒生物防制】 是年，投放灭鼠药物14.24吨，灭蟑螂饵剂2088千克；根据孳生地分布情况开展有针对性的环境治理，出动人员7215人次，投放5%倍硫磷杀虫颗粒剂2099千克、球形芽孢杆菌2777公斤，使用杀虫剂1234千克。药物到位率和覆盖率均达到95%以上，四害密度达到国家病媒生物密度控制水平标准C级以上。各镇街道委托第三方开展城乡病媒生物防制活动，控制病媒生物密度，城乡防制实现一体化。白泉镇万金湖社区“无蚊村”创建试点工作通过验收，开展“清洁家园、美丽乡村”活动，形成居民“一建三自”（一次建成，自主管理、自觉行为、自身受益）的长效机制。

【健康定海建设】 是年3月，迎接2019年度市级健康浙江建设工作考核。是年，出台2020年度健康浙江工作考核细则责任分工，明确各部门职责，督促落实相关任务。11月召开各部门参加的2020年度健康浙江考核工作会议。12月，召开各部门业务人员参加的健康浙江考核信息系统填报培训。构建公平可及健康服务通盘，系统健康体验成效凸显。起草《健康定海咨文白皮书》，内容涵盖定海人均寿命、前三位高发致死原因、地方病趋势等八大类近30多项问题，新增疫情防控相关内容，归纳梳理定海人口健康情况以及建议改善方向。

卫生监督

【概况】 是年，全区公共场所经营单位1353家（含不发证单位548家），住宿场所321家，美容美发场所748家（不发证437家），沐浴场所164家（不发证111家），游泳场所18家，文化娱乐场所及其他场所92家，病媒生物防制服务单位10家。学校42所，集中供水单位4家。

医疗机构229家，诊所86家，村卫生室45家，卫生站23家，门诊部13家，医务室8家，卫生院3家，社区卫生服务中心6家，分中心6家，社区卫生服务站16家，学校内医疗机构14家，医院8家，检验实验室1家。辖区内持有“母婴保健技术服务执业许可证”的医疗机构9家。全区有职业健康检查机构1家（定海区中心医院），存在职业病危害因素企业505家，矿山开采3家，冶金4家，化工23家，建材34家，船舶修造36家，汽车修理34家，水产加工企业33家，制造业203家，其他职业病危害因素企业135家。

【行政许可审批】　是年，完成各类审批1064件。公共场所卫生许可办证367件；医疗机构执业许可7件；医疗机构执业许可证变更和延续148件；医疗机构注销4件；医师执业注册333件(多机构备案152件)；护士执业注册156件；放射诊疗许可证办理7件；母婴保健许可证办理3件；“麻醉药品、第一类精神药品购用印鉴卡”办理5件；再生育审批34件；实施计划生育行政征收2起，征收总金额7.185万元；计划生育行政给付总数为4844次，确认农村奖扶对象3434人，确认城镇奖扶对象492人，确认计划生育特别扶助对象918人，给付总金额（奖扶特扶金）1150.78万元。行政审批事项在承诺时限内办结，办结率100%。

【行政处罚】　是年，实施行政处罚702件，简易程序400件（95件为涉疫案件，288件为警告，17件为违反《舟山市文明促进条例》罚款50元）；一般程序行政处罚结案302件。罚没款金额总计516050元；往年一般程序行政处罚结案8件，罚款金额132600元。14件适用听证程序告知；14件因罚没款额度较大，根据相关规定，提交局法规科法制审核；3件案件申请法院强制执行；1件非医师行医案移交公安；1件非法医美案发生行政诉讼；未发生行政复议。办结行政处罚结果信息，录入浙江卫生监督管理系统，在浙江政务服务网上公示。

【双随机监管】　是年，国家级双随机抽取178家单位，完成140家，完结38家，监督完成率78.65%，完成的任务按规定在定海区政府网站予以公示；省级双随机通过浙江省行政执法监管平台抽取241家单位，全部完成，由浙江政务平台予以公示。国、省双随机查处违法行为195件，案件查处率46%。

【创城整治】　是年，加强农贸市场、重点路段相关公共场所创城、创卫监督检查力度。出动监督员、协管员70余人次，监督检查重点路段公共场所590余家次，现场指导问题单位150余次。

【公共场所控烟】　是年，全区禁烟情况良好，实施控烟执法当场行政处罚17起。公共场所控烟监督检查83家单位，分发宣传资料200余份，查处违禁吸烟人员7名，邀请人大代表、政协委员、新闻媒体等参与控烟执法检查，扩大禁烟执法影响。实施部门联动执法，与文旅、市场监督等部门对网吧、餐饮等服务场所开展控烟执法检查5次，检查单位106家次。强化单位控烟责任意识，向各辖区公共场所单位发送宣传短信2000余条。

【公共场所监督监测】　是年，开展重大节日监督专项保障，检查车站9家次、电影院8家次、商场12家次、住宿场所35家次、沐浴和其他场所42家次。开展公共场所集中空调通风系统专项检查，检查前召开公共场所集中空调通风系统单位卫生管理培训会议，对39家单位在疫情防控期间空调的使用情况进行培训，开展集中空调通风系统专项检查，完成集中空调清洗、消毒现场监督指导和效果评价。开展夏季保健康游泳场所专项监督检查，辖区2家室内游泳馆对外开放，监督采集水样5次，采集样品20份，份数合格率为100%。三季度在全民健身中心游泳馆启动游泳场所水质在线监测项目，实时监控泳池水质。开展文化娱乐场所卫生监督专项检查，监督检查歌舞厅48家，监测采样公共用品用具清洗消毒效果，采集样品198份，合格单位16家，合格率仅为33.3%。开展婴幼儿浴室专项检查，检查婴幼儿浴室8家，采集公共用品用具和沐浴水样品28份，检测结果显现2家单位不合格，立案查处。开展住宿场所和沐浴场所专项整治，监督抽检住宿、沐浴场所70家，合格55家，单位合格率为78.6%。开展理发场所公共用品用具保洁专项检查，检查场所消毒间内放置杂物、理发工具消毒箱备而不用、供顾客使用的毛巾未按规定保洁等现象，对90余家小理发店给予警告的当场行政处罚，对12家理发场所进行罚款的行政处罚。开展新冠肺炎防控初期公共场所关停巡查，巡查各类公共场所1700余家，严查疫情期间沐浴和美容场所存在的违禁开放现象，跟踪巡查单位335家次，有23家足浴店和28家美容店进行行政处罚。推进复产复工疫情防控指导，监督指导公共场所约2300余家次，下发公共场所疫情防控监督指导意见书700余份，签订公共场所新冠肺炎疫情防控承诺书560份，对经营中防控不力的40余家单位进行行政处罚。参与区委宣传部、商务、文旅、市场监督等部门疫情防控联合检查，检查商场超市、网吧、餐饮单位90余家，查处违法行为13起。

疾控中心工作人员定期对冷链食品采样检测

【饮用水监督监测】 是年，集中监测第一季度、第四季度供水单位水质，采集水源水13件、出厂水10件、管网水40件，不合格水样1件；采集现制现售饮用水经营单位水样9件，不合格1件；立案查处水质不合格单位。加强辖区4家集中供水单位的监督巡查，保障疫情期间生活饮用水卫生安全。针对二次供水单位因设施设置不规范、设备管道老化、蓄水池容量过大及水质维护管理不到位等原因，出现余氯和浊度不符合生活饮用水卫生标准的现象，开展二次供水单位专项监督检查，6家单位通过供水方式调整、管道改造等方法完成整改。

【量化分级管理】 是年，完成新发证和延续单位量化分级155家（住宿场所33家，理发美容场所90家，沐浴场所12家，其他场所20家），量化分级不发证单位102家，理发场所59家，小足浴店43家。

【医疗机构监督检查】 是年，开展抗（抑）菌剂专项检查，检查医疗机构5家、药店25家、抗（抑）菌剂经销店3家，立案查处20起，罚款2.11万元。开展口腔诊疗单位消毒效果专项检查，检查单位22家，抽检样品120件；检测结果显示口腔诊疗机构的灭菌器全部达标，6家单位存在环境、手卫生不符合国家标准的情况；针对发现的问题立案查处6起，罚款0.99万元。开展新冠肺炎防控初期医疗机构关停巡查工作，检查辖区180家应暂缓接诊的医疗机构，确保防疫政策落地。开展医疗机构复产复工疫情防控指导及检查，当场行政处罚6家，一般程序处罚3家，罚款0.14万元。开展医疗机构医废处置情况及医废集中处理检查，检查3家单位，开展口腔诊疗机构复工疫情防控风险评估，指导40家单位。检查医疗机构新冠肺炎核酸检测落实情况，检查医院6家，督促整改2家；检查医疗机构发热门诊10家次；检查定点医疗机构传染病门诊4家；检查集中隔离点疫情防控情况10家次，指导隔离点医废处置检查3轮12家次，提出整改意见5份；走访社区居家隔离20户次。疫情期间联合区环保部门开展医疗机构污水处理检查，检查医疗机构20家。联合市卫生监督所开展口腔诊疗单位消毒情况检查，检查3家单位。联合公安部门开展打击非法行医行动3次，查处非法行医5起，处罚金额5万元以上的重大案件3起。开展医废智慧监管应用情况督查，督导应用单位6家次，处理医废预警2起。

是年，新增口腔诊疗在线监测单位5家，纳入区卫生计生综合执法大队“数字卫监”平台开展线上监管。完成浙江省口腔诊疗机构智慧监管项目采购，确定试点单位10家，完成硬件安装、开展线上监管工作。监督158家医疗机构完成医疗机构自查系统录入工作。

【医疗市场监管】 是年，查处非法医疗美容、中医及口腔非医师行医、无“医疗机构执业许可证”开展诊疗活动等非法行医案件21起，处罚金额37.5万元，没收违法所得2.33万元。龙凤君非医师行医案移送定海区公安局。

【计划生育监督】 是年，检查5家单位，检查机构及人员执业资格、排摸孕14周以上终止妊娠手术人员的信息、母婴保健技术服务等内容，未发现存在未经许可擅自开展母婴保健技术服务、非法进行胎儿性别鉴定、出具虚假医学证明文件的行为。

【职业与放射卫生监督】 是年，职业卫生体检人数11657人（辖区内体检机构体检的人数为11559人，另有98人在外地体检），职业禁忌576例，疑似职业病5例，职业病3例。全年职业病危害项目申报企业257家，审核通过247家，存在的主要职业病危害为粉尘、噪声、高温、氨气、三苯等。开展粉尘高毒专项治理，全区纳入粉尘高毒治理的企业180家：矿山开采10家，化工23家，建材15家，船舶修造35家，冶金7家（停业2家），其他行业90家，对上述单位开展相关职业卫生监督检查，作出一般程序案件4起，结案3起，当场行政处罚82起。开展塑机螺杆制造行业专项监督检查，召开塑机螺杆企业职业卫生培训会议，金塘镇45家相关企业负责人接受现场培训，开展专项检查，检查周期一个月，检查企业20家次。开展船舶修造行业专项监督检查，召开船舶修造企业职业卫生培训会议，对34家船舶修造企业相关负责人进行培训，培训会后累计检查船舶修造企业25家次。

红十字会

【推进新冠疫情捐赠工作】 推进新冠疫情社会捐赠款物的公告、接收、使用、公示、审计等工作，接收社会捐赠资金167500元，支出167500元，定向武汉市红十字会5000元。协助上级红会做好疫情防控物资和急救物资发放工作，助力社区、医院、学校等基层疫情防控。

【加强基础设施建设】 完善自动体外除颤仪（AED）管理，组织辖区内4家AED设置单位参加使用和管理培训，在AED设备附近醒目位置设置指引标识，将AED的使用作为必备科目列入救护员培训内容，加强公共场所救护力度。新建长白岛博爱家园，融入幸福驿家建设，作为红会服务长白群众的新阵地。

【造血干细胞和器官捐献】 是年，开展造血干细胞采样活动9次，有31人加入中华造血干细胞资料库，完成体检3人，采高分2人；新增人体器官（遗体组织）捐献志愿登记445人，联合市红会做好1名器官捐献者相关纪念和宣传活动。

【开展医疗下乡活动】 是年，配合市红会“流动医院”义诊4次，与区卫健局、区科协等单位协作，开展“三下乡”“为老服务”等义诊12次，服务群众2587人次，发放总价约3万元的药品。红十字志愿服务队开展流动医院下乡义诊、理发、剪指甲等服务活动15次，为当地群众解决实际困难。

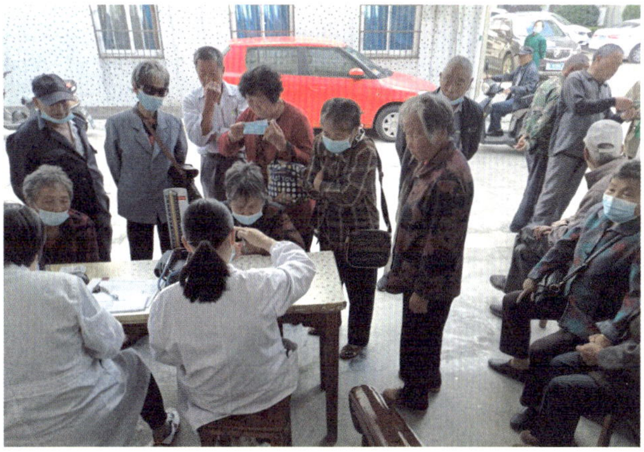

70岁以上老年人登记免费接种流感疫苗

【开展现场应急救护培训】 是年，开展普及培训77期，培训6163人次，完成年度计划的176%；开展救护员培训7期，有317人取得救护员证书，完成年度计划的106%。

基层医疗救护员技能大比武，锤炼医护人员救护硬功

【开展扶贫帮困活动】 是年，申请“普济白血病”、“博爱圆梦”专项救助5名，发放救助款9.26万元；募集各类善款2.95万元；开展西部对口帮扶工作，向宣汉县红十字会捐款2万元；做好“红十字博爱送万家”等人道救助活动，给140户困难群众送去价值13.63万元的款物。

计划生育

【概况】　是年，全区出生人口1389人，计划外出生21人。全区有育龄妇女6.7万人，已婚育龄妇女4.9万人。全区各级计生协会160个，包括10个企业计生协和15个流动人口计生协，专兼职工作人员135人。全区各级计生协会理事1210人，协会入会个人会员16911人，会员小组477个，志愿者队伍292个，志愿者人数3523人。

【计划生育涉法审核】　是年，落实计划生育涉法审核，全年审核各类集体单位71家、个人2679人，未发现计划生育违法情形。

【社会抚养费征收】　是年，全区恢复法院程序终结对象征收社会抚养费2例，金额7.185万元，即结案2例。

【计划生育保障政策】　是年，确认渔农村奖扶对象3434人，新增769人，发放渔农村奖励扶助金329.664万元。确定城镇奖扶对象492人，发放奖励扶助金47.232万元。确定独生子女伤残死亡类特别扶助对象889人，并发症类特扶对象29人，发放特别扶助金773.88万元。发放各类资金1150.776万元，比上年增长10.13%。全年帮助困难计生家庭147户，发放公益金31.42万元。全年帮扶计划生育并发症人员，发放生活困难费及医疗费报销补助22.29万元。

【出生人口性别比】　是年，全区本地和流动出生2787人，男婴出生1476人，女婴出生1311人，出生人口性别比为113，高于正常值6个比值。

【计划生育服务管理】　是年，全区办结生育登记服务1578例（一孩1133例、二孩262例），再生育审批35例，领取独生子女证21例（仅对独生子女政策实施期间生育人群发放），出具区级计划生育婚育证明68件。

【生育关怀项目】　是年，推进“生育关怀 致富发展”项目。申报2个市级项目获得补助资金2万元。2020年全区各级计生协开展慰问救助579人，慰问金额达32.7万元。区计生协与中国人寿舟山分公司合作开展“生育关怀——圆梦微心愿”专项活动，为昌国、城东、环南、岑港、小沙、干礅等镇（街道）的50户计生困难家庭送去约1.5万元的礼品，兑现群众微心愿。是年，市计生协下拨补助资金3.03万元，重点帮扶101位渔农村60周岁以上计生特殊家庭老人。

【关怀计生特殊家庭】　为失独家庭提供收养子女的补助。是年，有1户办理收养手续，补助资金5万元。开展计划生育特殊家庭三项制度服务工作。全年计划生育特殊家庭实现家庭医生有效签约率为100%（应签881人，实签828人，本人不愿签53人），为失能、半失能居家计生特殊老人开展上门诊疗、转诊服务。落实计划生育特殊家庭绿色通道，向持有特别扶助对象发放绿色通道证828本。

投入23.52万元为全区811位计生特殊家庭父母购买特殊家庭健康保险，赔付重大疾病保险金4人次计8万元，赔付因疾病或意外住院定额保险金69人次计15.14万元，总赔付率98%。

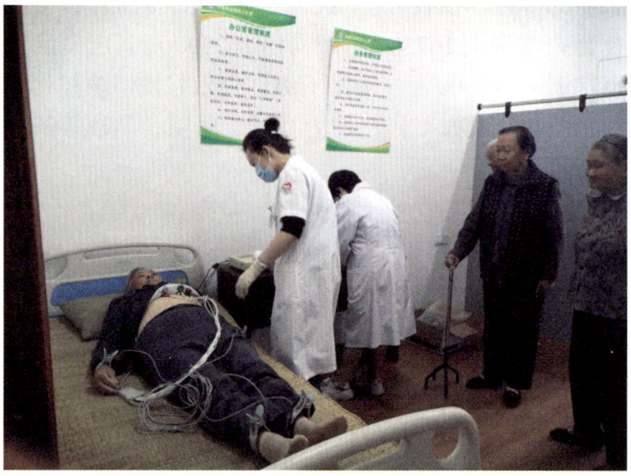

医务人员到双桥敬老院上门为行动不便老人开展健康体检和健康宣教

【主题宣传倡导】　是年，依托市级“家庭健康和生育关怀大讲堂”项目，邀请市疾控中心专家在环南、干礅、城东、盐仓、马岙等地开展健康知识讲座，引导家庭成员树立健康意识，教育居民养成良好的生活卫生习惯，提高居民整体健康水平和预防疾病能力，提升家庭成员的心理健康水平，为家庭健康发展保驾护航。区计生协围绕“守护健康 关爱家庭”主题组织辖区计生协会员家庭开展健步走活动、“急救知识进家庭”活动，发动各基层计生协在“5·29会员活动日”期间开展集中宣传服务活动。通过健康义诊、知识讲座、入户宣传等方式，宣传普及新冠肺炎等疾病防控和“预防为主”的健康理念，倡导“三减三健”“文明餐桌”“垃圾分类”等健康生活方式，促进家庭健康。依托市级“智慧父母 相伴成长”项目组织计生协会员家庭开展“亲子同心 健康同行”的户外亲子活动，开展“智慧父母 相伴成长”云课堂活动，发动全区青少年家长学习“沟通之道”青春健康家长培训系列课程。开展“绽放青春 携手成长”家长课堂、“暑期青春健康教育进社区”等活动，在金

南洞小学生夏令营急救培训

2020年定海区卫生健康知识竞赛暨第三届医师节庆祝大会优秀医师合影

塘、岑港、双桥、盐仓、白泉、小沙等地开展青春期健康知识讲座，400多位青少年及家长参与其中。据不完全统计，全年各级计生协开展面向家长的讲座培训129场次，参与家长6386人次；面向青少年的讲座培训124场次，参与青少年4994人次。按照健康促进工作要求，在指定的渔农村文化礼堂开展各类生殖健康讲座、咨询、生育关怀服务等活动，完成32场次的“健康素养进渔农村文化礼堂”工作任务。

（撰稿：赵展锋）

（本类目照片由区卫生健康局提供）

责任编辑：袁豪臻

定海打果树习俗

金塘李子、皋泄杨梅均为定海果木特产。每当果熟，就有果农在山间搭棚看管，以防被人偷拿，这就叫“吃勿论，拿勿肯”。如果此年果树结果甚少或未结果，果农便在大年三十夜鞭打，催其多生，谓“会生勿会生，年三十夜打”。如李树不结果，则在李树上挂破草鞋一只，一人执鞭抽打草鞋，且边打边问：“侬会生勿会生?”另有一人应答：“明年会生了，明年会生了”以此祈求丰产。此俗至今渐泯。

人力资源和社会保障

综　述

2020年，定海区人力资源和社会保障局以习近平新时代中国特色社会主义思想为指导，贯彻党的十九大及十九届历次全会精神，落实市委、市政府及区委、区政府各项决策部署，践行“八八战略”，当好建设“重要窗口”海岛风景线排头兵，围绕稳企业、增动能、补短板、保平安，推进治理体系与治理能力现代化，为新时代人力社保事业发展续写新篇章。

人才人事管理

【集聚高校毕业生】　创新云端揽才,以“空中宣讲+云端求职”为载体，开展“千企百校”“甬抱你”等活动。举办空中宣讲会、空中双选会，促成才企“云上”对接。通过大舟山人才网云端招聘季求职专版发布动态，上线企业103家，在线应聘1104人次，曝光度达19.9万人次。

丰富活动引才，除举办市内线下招聘3场，参与

2020年6月，舟山市定海区西安高校引才行——西安工程大学站

省、市组织的赴外招聘9场外,组建定海招引专班，主动赴西安、武汉、江西等地开展招引。通过校企“相亲”、人才专线、驻点代招等方式，进一步拓宽来定、回定就业渠道。全年引进大学生2920人。

【培育高水平技能人才】　以赛促优，组织“技能大比武”,挖掘高技能人才。强化训用供需匹配，开展职业技能培训13083人次。创新评价办法，2020年8家船舶、建筑行业重点企业完成自主评价。推进企业职业技能等级认定试点工作，全市首家建筑业企业职业技能等级认定工作在定海弘业建设集团完成。打通工程技术领域专技人才与高技能人才评价壁垒，500余名专技人才通过职业技能评价成为了高技能人才。全年培育高技能人才1957人，2人获市第二届“千岛工匠”称号，第二批认定定海名匠工作室5家，夏志祥技能大师工作室新晋为省级技能大师工作室。

11月6日，全市首家建筑业企业职业技能等级认定工作在定海弘业建设集团开展图为“弘业建设集团职业技能等级认定”现场

【锻造高素质专技队伍】 深化金塘螺杆行业协会企业人才自主评价，扩大评审范围。2020年，128人通过评审，具有专业技术职务任职资格。中高级职称推荐工作成效明显，364人取得中级职称，54人取得高级职称。全年新增专业技术人员1033名。实施专业技术人员继续教育综合管理，网上注册学习的专技人员数累计达7600余人。是年，新建成舟山市7412工厂和浙江英特讯信息科技有限公司2家教授（专家）工作室。

【提升人事管理效能】 完善招录细节，做好“疫情常态化”人事招聘。是年，组织开展事业单位招聘8批次，新聘用事业单位工作人员160名。强化监督检查，规范岗位制度管理，顺利完成全区事业单位清理规范整合改革后岗位设置调整方案审批、人员转隶等系列工作。积极推动事业单位人员职业生涯全周期管理“一件事”改革，自“一件事”平台上线运行以来，定海区累计办件量破千件，达1188人次，居4个县区首位。启用全省人事工资管理服务系统，并做好信息数据采集、导入和维护工作。

劳动就业与培训

【稳企业保就业】 疫情期间，为稳定就业形势，保障企业用工，“点对点”接返务工人员，为160余家企业接送员工2000余人。“地对地”开展劳务合作，与江西、安徽、河南等定海主要劳务输出地达成劳务合作共识。“心连心”助企招工，线上线下举办招聘会38场，赴省外协作地区招聘10次。加强用工监测，对重点企业实行动态监测和1对1跟踪。政策输血减负，为3063家企业返还社会保险费3617万元，与市本级共同受理失业保险费返还业务2494家，涉及金额2124万元。

3月17日至19日，区人力社保局赴安徽开展劳务协作对接图为太和县人社局、舟山市定海区人社局劳务合作洽谈会现场

【保障重点群体就业】 以“春风行动”为抓手，帮扶就业困难人员就业。全年全区（市本级）登记就业困难人员实现就业1009人次。开展离校未就业高校毕业生实名制帮扶，354人通过帮扶成功就业。举办定海区高校毕业生专场招聘会，60家企业推出近千个岗位。深化东西部扶贫劳务协作，线上举办东西部劳务协作招聘会2场。通过市人力社保局牵头组织，25名宣汉籍贫困学生赴舟山航海学校参加“2+1海员班”培训。是年，宣汉县在定海稳定就业53人，开展贫困人口劳动就业技能培训522人。

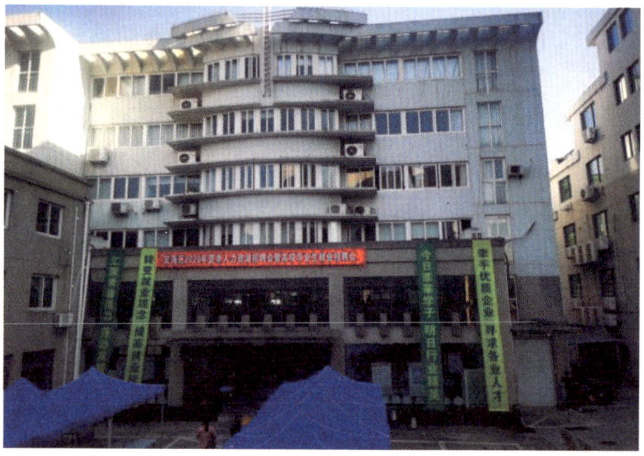

9月5日，定海区夏季人力资源招聘会暨高校毕业生招聘会

【创业创新工作】 支持各类群体自主创业，累计推

11月27日，“2020中国·浙江舟山群岛新区全国大学生创业大赛”总决赛

送10组项目和个人参加各类大赛。部分项目在“中国创翼”创业创新大赛浙江赛区省级选拔赛、舟山群岛新区第七届创新创业大赛中获奖。胡柏瑜、郑晶晶获评“大学生创业之星”。举办“定海区创业大讲堂”2期，吸引创业者100余人。联合区农业农村局等部门举办乡村振兴合作创业带头人培训班6期，送专家下乡指导6次。

社会保障

【社保提质扩面】　建立城乡居民基本养老保险待遇正常调整机制，“三步走”完成机关保2019年度退休人员预发转计发及2020年度退休人员基本养老金调整工作，确保各项养老保险待遇零误差调整到位。开展2020年定海区全民参保入户调查，全年度完成入户调查6320人。年末定海区养老保险参保率为95.82%，完成年初95%参保率的预定目标。首次以“无感认证”方式完成区内8.8万余名退休人员生存情况调查。

10月29—30日，举办“2020年定海区就业社保业务培训会”

【基本养老保险制度】　完成盐仓、干礁、岑港等26个项目1200余人的被征地参保及转轨工作整理。开展困难群体参加城乡居民养老保险个人缴费政府全额代缴工作，实现应保尽保，做到精准扶贫。全区4900余名困难群众享受到该项政策。

【社会保险基金监督】　加强社保基金内控内审管理和财务制度监督，落实2020年度社会保险基金要情报告制度，开展定海区社保中心2019年度城乡居民养老保险收支、管理投资运营及内部控制情况的第三方专项审计，就定海区社保基金监管现状、存在问题及对策深入调研并形成报告。是年，完成养老保险日常稽核19人，追回待遇9.25万元。

【退休干部职工服务】　是年，组织退休干部参加全区一年来经济形势情况通报会及迎春茶话会。向全区92名年满70周岁、80周岁及90周岁以上的退休干部职工赠送蛋糕，走访慰问18名因病住院和家庭困难的干部职工。

劳动关系

【深化“无欠薪”行动】　畅通电话、电子邮箱等非现场投诉渠道，及时反馈案件查处进展，确保投诉有门、查处有力。按照“突出重点、主动出击、预防为主、查防并举”的指导方针，加强日常巡查和专项检查，严厉查处用人单位的违法行为，发出询问通知书105份，做出限期改正决定14件，行政处罚4件，处罚金额37500元，行政处理1件，申请法院强制执行1件。联合行业主管部门对在建项目农民工工资支付情况和支付台账进行检查指导，及时立案处置拖欠农民工工资事件，开展联合检查15次，指导在建项目55家，完善工资支付台账48份。

2020年区人力社保局开展“双随机”执法检查

【构建和谐劳动关系】　加强基层协调劳动关系机制建设，全区11个镇（街道）均建立基层协调劳动关系三方机制，并组织召开协调劳动关系三方会议。联合区妇联，推进组建一批以女性为主的劳动纠纷调解队伍。创新打造“东海渔嫂”劳动纠纷调解工作室，定海区首家于双桥街道正式挂牌，成功调解2起劳动纠纷案件。确定舟山国际粮油产业园区为定海拟培育的和谐劳动关系示范园区。全年累计走访指导园区8次，完善台账12份，为园区的考核验收打下基础。

【劳动争议处理】 坚持调解优先，建立柔性化解争议新途径。运用庭前调解手段，采用电话、微信、互联网调解等方式，为双方当事人提供便利。是年，共调解劳动争议仲裁案件290件。试水“零接触”办案，建立线上仲裁新模式。以邮寄、互联网等方式提交申请材料后，辅以视频等手段确认当事人身份，通过网络共受理仲裁案件80起。坚持齐抓共管，建立疑难案件研究会商新机制，及时梳理案件焦点，明确法律法规政策适用，确保每一起争议案件都经得起检验。全年累计审理疫情导致的劳动争议案件35起，无一起被改判或撤销。

（撰稿：王芳玲）

（本类目图片由区人力社保局提供）

责任编辑：王英伟

民　政

综　述

2020年，定海区民政工作围绕省、市民政工作部署和区委区政府中心工作，改革创新，担当履职，推进全区民政事业持续向好向前发展。

社会救助

【完成特困人员供养、低保、低边、重残等审批工作】　截至12月，全区有低保2204户2681人，低保金标准为810元/人·月，低保人均补差为731.35元；低保边缘家庭203户434人，低边生活补助金为162元/人·月，特困人员224户225人，享受基本生活救助金1053元/人·月。截至前12月共合计支出低保金2472.54万元，其中，常规性发放2212.18元、增发一个月低保金167.75万元、提标补发92.61万元；支出特困人员基本生活救助金272.28万元，低保边缘重残补助金95.499万元，困难群众物价补贴320.57万元，低保边缘生活补助资金72.802万元。

【加大救助家庭经济状况核对工作】　1—12月，申请救助家庭经济状况核对中心依托“省市社会救助管理信息系统”，对21952户29605人的救助家庭开展家庭经济状况的核对，其中核对低保救助19626户24855人(新增347户378人)、低边救助1779户4055人（新增45户96人）、公共租赁房227户305人、临时救助103户173人,其他救助217户，217人。

【落实落细兜底保障政策】　贯彻落实《民政部 财政部关于进一步做好困难群众基本生活保障工作的通知》和《浙江省民政厅　浙江省财政厅　浙江省扶贫办公室关于做好低收入农户社会救助兜底保障的实施意见》，进一步强化兜底保障，助力定海全面完成脱贫攻坚任务。

进一步落实残疾人单独施保政策　年初以“不落一村、不落一户、不落一人”为工作目标，与残联紧密联系，对全区6432名持证的重度残疾人和三、四级精神、智力残疾人的逐一进行救助资格审核，并将符合救助条件31户32人的按规定以单人户将其纳入低保。

全面实施支出型贫困救助　按照《社会救助家庭经济状况认定办法》细化落实对象认定与救助政策措施，对家庭收入减去家庭刚性支出后，人均实际收入低于低保标准的按规定参照“单人户”纳入低保，做到支出型贫困“发现一户、救助一户”。

全面执行“渐退期”制度　在增收攻坚期内，严格执行省厅各项政策规定，困难群众家庭收入增加不设上限，对人均收入超过最低生活保障标准或低保边缘户标准的对象，给予一年的渐退期，在渐退期期间救助金按原先享受金额不打折扣照常发放，等实现稳定脱贫后再退出低保或低保边缘户范围。

开展监督检查救助“回头看”工作　配合区纪检监察部门开展专项督查，上半年完成对11个镇（街道）低保专项治理工作台账的检查，并随机选取镇（街道）民政办、村（居）及低保家庭进行明察暗访，整治形式主义、官僚主义，检查“漏保”“两个备案”制度落实不到位、资金监管不力、工作不规范以及低保经办服务中的不规范问题。围绕脱贫不稳定、边缘易致贫以及因疫情或其他原因收入骤减或支出骤增的家庭，开展摸排核查，对2019年以来675户退出低保、低边救助的家庭，以及90户申请低保、低边救助未获通过的家庭开展救助“回头看”，通过入户核查，将60户分别符合特困供养、低保、低边条件的“脱保”对象重新纳入救助，将26户申请未获通过的家庭分别纳入低保、低边救助。对仍不符合纳入条件的，但生活确有困难的，及时给予临时救助。

举办“定海区社会救助业务培训暨社会救助兜底保障工作部署会”

【强化救助对象精准管理】 落实民政救助对象的动态管理，重点突出“凡救必核” 工作的重要性。要求各镇（街道）要对新申请最低生活保障、最低边缘家庭救助资格审核，“线上线下”核查率达到100%；根据市局年初工作要求，从5月起，在先前的核查工作基础上，增加复核频次，每月对在册低保对象进行1次电子复核，每半年对在册低保对象进行一次覆盖面不低于30%的入户核查；镇（街道）每3个月对低保对象进行1次全面入户核查，社区（村）每月对辖区低保对象进行1次全面入户核查，确保救助对象“应救尽救、应退尽退”。

【完善救助信息公开制度】 秉持以信息公开，政策公开、救助公开的工作宗旨，主动公开监督举报电话，畅通群众监督渠道。督促各镇（街道）进一步做好各项救助信息在村（社区）公告栏中进行公示的这一重要环节，并要求申请救助公示内容要简明有效，申请救助家庭信息要准确完整，申请救助金额数目要合理准确，方便长期接受群众的监督。从2月起，率先在全市将本辖区的在册低保家庭信息在定海区民政局网站上进行长期公示，并逐月对网上全区低保人员信息情况进行调整更新，主动接受社会各界和人民群众的监督。特困人员供养、低保救助、低边家庭救助、临时救助等信息全部实现网上救助信息公开，长期进行公示，接受社会监督。

【加强疫情期间救助关爱】 面对新型冠状病毒肺炎疫情，落实上级决策部署，落实落细托底线、救急难、保民生的政治责任。第一时间制定《关于切实做好受新型冠状病毒感染肺炎疫情影响困难群众救助工作的通知》下发到各镇（街道），部署疫情期间有关社会救助工作，在畅通全区疫情防控求助电话，“救急难”先行绿色通道、困难求助有门的前提下，组织镇（街道）、村（居）、社会组织及志愿者等队伍通过电话、微信、上门等多种方式，了解辖区低保户、低保边缘户、特困供养人员等困难对象的生活状况，困难需求，做到早发现、早介入、早救助。紧急下拨困难群众救助资金50万元到各镇（街道），保障因疫情导致基本生活陷入困境的家庭和个人能及时纳入临时救助范围，对低保、低边、分散特困供养人员，镇（街道）还可根据情况需要可直接给予以临时救助。

【发挥社会救助工作联席会议作用】 按照社会救助“全区一盘棋”模式，发挥社会救助联席会议协调作用，开展临时救助、春节慰问、贫困大学生助学等工作，对组织部、残联、总工会、慈善、妇联、团区委等社会救助工作联席会议成员单位救助方案进行审核，就方案中存在的重复、遗漏救助现象进行各部门之间统筹协调，确保救助资源整合、发挥最大效率。是年，对全区236人次实施临时救助，支出临时救助资金129.786万元，发放各类慰问金387.2万元，惠及近4818人次困难群众；资助困难大学生187名，发放助学金近85.85万元，并纠正重复临时救助1人、重复慰问31人、重复助学2人，进一步提高财政资金的使用绩效。

社会福利

【做好新冠疫情防控工作】 春节前对疫情防控工作进行部署，及时成立养老机构疫情防控工作专班，对各机构疫情防控情况开展6次全域性暗访、排查。1月25日起所有养老机构实行封闭式管理。疫情期间为养老机构协调解决物资紧缺的问题，为机构发放50000余只口罩等物资。对未返院住养老人、配送餐老人等1188名对象进行走访摸排，对迫切返院居住等群众反映强烈的问题，经区疫情防控工作领导小组同意，在华康颐养园和区第五福利院设立集中隔离点，安排返院意愿强烈且存在困难的刚需老人隔离。3月底开始在疫情可控的情况下，有序恢复配送餐、为老服务等工作，有序开放居家养老服务照料中心等活动场所，助推全区复工复产。所有养老服务机构持续做好常态化下的疫情防控工作，继续开展“测温+亮码+戴口罩+查行程”四项工作。至年底，所有养老服务机构未发生感染病例或疑似病例等情况。

【推动重点工作攻坚】 推进4家镇（街道）示范型居家养老服务中心建设 该项目为省政府重点工作、市和区民生实事项目。按照《定海区加快推进示范型居家养老服务中心建设三年行动计划实施方案（2019—2021年）》，推进镇（街道）示范型居家养老服务中心建设昌国街道、盐仓街道、小沙街道、干𬒈镇、双桥街道等5镇（街道）示范型居家养老服务中心建设项目相关工作（其中前4家为2020年市、区民生实事项目）。5家示范型建设目前均按照年初制定的进度稳步推进。

实施困难老年人家庭适老化改造 该项目为省民生实事项目。自3月底起启动该项工作。项目分摸排、确定名单、评估设计、改造实施、验收等步骤，从地面防滑和无障碍通行、墙体扶手安装、卫生间助浴椅与助厕椅安装、功能区改造等措施入手，保障生活困难老人实现辅助器具适配、如厕洗澡安全、室内行走便利、居家环境改善。该项目于9月30日前全部完成，比省民政厅规定时间提前2个月。

启动区城西社会福利中心 该项目为区民生实事项目。位于昌国街道茅岭墩18号，计划设置床位228张，总投资3500万元（其中2020年计划投资额约1000万元），明年6月完成项目主体工程，建成后将采取公建民营的模式引入第三方运营管理。按工程进度，计划于年底前完成三层柱梁板模板、钢筋安装、砼浇筑（完成本年度建设任务）。

建设海岛幸福驿家 定海海岛幸福驿家初步选址长白岛。按照“一个中心、若干个分站点”的“1+N”智慧模式进行整体规划，通过功能串联，构建长白岛10分钟民生服务圈。项目建设以长白管理中心综合文化楼为圆心，内设“书记坐班海岛室”“海岛议事厅”等功能。辖区内海岛健康小屋、邮政所、商超等若干个分站点构成半径，所有分站点都位于交通便利的长白环岛公交线上。该项目于11月正式投入使用。

【提高养老服务质量】 实施镇（街道）敬老院改造提升试点工作 经过调研、征求意见等环节，制定《定海区镇（街道）敬老院改造提升三年行动方案》，于9月底以区府办名义发文。11月开始在盐仓、双桥开展试点工作。年底前对存在重大安全隐患的敬老院全面整改到位。

继续实施综合责任险投保工作 是年，有22家养老机构和67家居家养老服务照料中心完成综合责任险投保工作，投保覆盖率不断扩大，投保金额9.48万元。完善养老服务补贴政策。对符合条件的老年人提供养老服务补贴，截至11月底，全区有养老服务补贴对象164人，其中一类居家对象39人、一类机构对象3人，二类居家对象76人，三类居家对象43人，1—10月发放养老服务补贴金额合计75.81万元。

加强养老机构消防安全工作 开展养老机构消防安全检查工作，特别是做好春节、“两会”“安全生产月”等特殊时期养老机构消防安全工作。督促养老机构做好上级部门督查、暗访迎检准备工作。责令天主堂敬老院对消防问题进行整改，基本完成该机构消防改造工作。

【不断提升为老惠老服务水平】 继续实施偏远海岛“守护夕阳”政府购买养老服务项目 通过公开招募方式，确定“美之声演唱团”为该项目承接主体名称，为环南街道西岠岛、大猫等7个偏远海岛，约170名老人提供上门基本生活、困难老人帮扶、文化娱乐等服务80余次。

继续实施老年人意外伤害保险 出资29.2万元为14601名60周岁以上特困、低保、低保边缘、重点优抚对象、失独老人，及全体80周岁以上高龄老人购买老年人意外伤害保险。该保险涵盖意外伤害身故、意外伤害残疾、意外伤害医疗费用等。区民政局委托保险公司将“告知书”送至每位老人手中，通过《舟山晚报》、《定海新闻》等主流媒体加大宣传力度，提升该项工作的知晓率。

开展资金慰问补助发放工作 做好2020年度34名百岁老人、4名烈属家庭老人慰问工作，发放补助资金合计17.8万元（其中百岁老人17万元，烈属家庭老人0.8万元）。

继续发放老年“一键通”手机终端　截至9月底，面向本区户籍的养老服务补贴对象及80周岁以上老年人发放各类终端7695部，其中“一键通”7667部，其中智能监护腕表55部，发放区域覆盖100%的社区。

提升养老服务人员能力　在区第三社会福利院、广华颐养院和华康颐养园设立3个区级护理员培训基地，在区居家养老综合服务中心设立1个区级家庭照护者培训基地，持续开展养老护理人员职业技能基础及提升培训。组织做好区第三届养老护理员大赛赛前培训，举办区第三届养老护理员职业技能大比武、区“东海渔嫂助老员”联盟成立大会暨业务培训会，对39名护理员及110名“东海渔嫂助老员”进行业务培训，进一步提升养老工作者助老水平。

定海区安全有序恢复养老服务，助力复工复产

【完善儿童福利工作机制】　加强统筹协调　建立全区渔农村留守儿童和孤困儿童联席会议制度，强化部门间的协同配合，联席会议制度及各部门职责分工的意见征求等前期工作基本完成。

健全保障制度　建立完善孤儿和困境儿童基本生活保障制度和养育标准自然增长机制，上半年参照上年度城镇居民家庭人均生活消费性支出动态，及时调整困境儿童基本生活保障标准。是年，社会散居孤儿、事实无人抚养儿童、低保（低边）家庭病残儿童的基本生活保障标准均为1747元/月·人，低保家庭儿童的基本生活保障标准为874元/月·人，低边家庭儿童及其他困境儿童的基本生活保障标准均为350元/月·人。按照社会救助保障标准与物价上涨挂钩联动机制，给予动态价格补贴。

强化精准救助　建立与社会救助科的沟通机制，每月跟进掌握低保、低保边缘等生活困难家庭信息，及时落实该类家庭儿童基本生活补助。落实《关于进一步加强事实无人抚养儿童保障工作的实施意见》（浙民福〔2019〕121号）文件精神，在全区范围内开展摸排，将父母双方是重残、重病等符合新政策条件的儿童及时纳入事实无人抚养儿童保障范围，提高该类儿童的基本生活水平。全区现有孤困儿童183人（其中社会散居孤儿3人、事实无人抚养儿童19人、各类困境儿童161人）、留守儿童34人，发放孤困儿童基本生活保障经费144.92万元、物价补贴2.52万元。

【健全儿童福利保障体系】　发挥政府主导作用　区民政局在2020“六一”期间慰问部分困境、留守儿童，发放慰问金4200元，组织开展2020年“未成年人关爱月”系列公益活动，倡导社会公众关注、支持儿童社会工作发展，浓厚社会关爱氛围。连续第三年开展“福彩暖万家”系列公益活动，为70名困境儿童发放救助金14万元。

加大社会参与力度　通过政府购买服务等形式吸引各类社会组织参与到儿童关爱保护工作中，有夕阳红书画摄影协会、麦乐社工服务中心等10个社会组织为渔农村留守儿童和孤困儿童提供家庭探访、教育培训、心理疏导等关爱服务，展开服务活动130余次。

【提升工作能力】　加强队伍建设　选优配强镇街、村社区专（兼）职“儿童督导员”和“儿童主任”，有儿童督导员11名、儿童主任123名，实现镇街、村社区全覆盖。计划年底前组织开展儿童福利工作骨干业务培训班、儿童督导员及儿童主任业务培训，提升基层儿童工作者能力水平。通过强化定期走访制度，及时掌握困难儿童家庭情况、监护情况、就学情况等基本信息，解决困难儿童服务“最后一公里”的问题。

加强机构建设　新成立事业单位——区养老服务和儿童福利指导中心，在定海区社会福利院挂牌成立“舟山市定海儿童福利院”“舟山市定海区未成年人救助保护中心”，进一步强化儿童救助保护。设立区级未成年人保护服务热线“0580-2913200”，畅通群众诉求渠道。

加强阵地建设　因地制宜打造各具特色的儿童之家，为儿童提供丰富服务。在白泉镇金山村建立“儿童快乐家园”，在金塘镇大浦社区建立“留守儿童之家”，在盐仓塔山社区建立“军娃之家”，优化儿童生长环境。上半年对省级规范化建设试点单位—金塘镇“儿童之家”进行粉刷修补、增添书籍和活动器材，进一步满足留守儿童活动所需。

社会管理

【做好社会组织登记与管理】　全区登记社会组织307家，其中社团179家，民非127家，基金会1家，社区社会组织备案1151家。全年登记社会团体1家，变更12家,注销3家。民办非企业登记10家，变更8家,注销9家。4月份下发关于开展《社会团体2019年度年检年审工作的通知》、《民办非企业单位2019年度年检年审工作的通知》，年检工作于6月底完成。社团应检176家，参检率达99%。民非应检113家，参检率达98%。根据双随机督查要求，局执法联合组按5%的规定比例，随机抽取22家单位，按照具体内容，采取集中检查和入户检查相结合的方式按时完成随机督查工作。

【组织参与新冠疫情防控工作】　全区近80家社会组织参与此次防控服务，累积上报市里信息65条。社会组织发挥自己的优势，参与疫情防控工作。定海蓝天救援队自行组织队员到一线防疫点免费派发口罩，给敬老院、幼儿园等地消毒。定海区美之声演唱团党支部组建党员防疫宣传小分队，在颐景园、桔南等社区居民小区用大喇叭喊话等方式，宣传新型冠状病毒防控知识，引导群众少外出不聚餐。金塘阳光志愿者协会召集志愿者赶制口罩，免费提供给环卫工人、河道保洁员等使用。金塘个协党支部党员连夜抢修体温计等等。行业协会商会，助力企业复工复产，定海区金融协会为21家金融机构提供政策文件传达工作和金融机构复工的指导工作。定海区金塘塑机螺杆行业协会与区光彩事业促进会共同倡议，募集资金154万元到定海区慈善总会。定海区盐仓街道商会全力帮助会员早复产，为会员企业无偿提供复产防疫物资耳温枪和组织采购新型冠状病疫消毒液200桶。

【开展行业协会商会建设发展状况检查】　根据浙江省民政厅《关于开展行业协会商会建设发展状况检查的通知》（〔2020〕104号），对行业协会商会建设发展状况进行了自查通知，组织开展已脱钩和未脱钩（由工商联主管）行业协会商会自查工作，进一步规范行业协会商会会费等违规收费行为，降低不合理和偏高收费，减轻企业负担，营造良好营商环境。是年，全区行业协会商会30家（直接登记12家）。通过自查和整改，定海北京工商界联合会会费档次从5档调整到4档，其余行业协会都按要求在4档之内。定海区远洋渔业协会会长级会费从2万元降到了1万元，岑港商会会长级会费从1.2万元降到了1万元，工商联直属商会会长会费从1.5万元下降到1万元，总商会会长级会费从2万元下降到1万元。

【开展公益创投工作】　印发《定海区民政局2020年公益创投实施方案的通知》，活动特别邀请区组织部、区退役军人事务局、团区委、区妇联等有关领导组成专家评审团，来自各行各业的21位群众组成大众评审团，作为全市首次创投项目路演大赛。本次大赛入围21个项目资金54万元。为支持社会组织参与政府购买公共服务，开展社会组织承接政府职能转移和购买服务条件申报工作，有3家单位参与申报，截至5月底，有51家社会组织具备承接政府职能转移和购买服务资质社会组织，形成推荐性目录，该目录实行动态管理。

【开展创益先锋社会组织评选】　6月份下发《关于开展社会组织创益先锋评选活动的通知》，根据评选条件和标准，各社会组织通过基层推荐和自荐的基础上，由各业务主管单位审核后报区民政局，最终确定10家单位入选。通过入选名单公示，并通过纪检法公单位的审查，确定资格无误，由区委区政府在全区民政工作会议上给予颁奖。

【做好东海渔嫂项目工作】　7月份，区民政局作为定海区东海渔嫂项目指导组成员，与政法委、妇联、团委，对各镇、街道针对东海渔嫂工作情况进行走访，在镇街道的基础上，组建定海区民政局东海渔嫂助老队，每周向政法委上报助老队工作小结。

【做好社会组织慈善工作】　根据《浙江省民政厅关于进一步规范新冠肺炎疫情防控社会捐赠款物使用管理的通知》（〔2020〕81号）文件要求，完成2家慈善组织自查工作，每周要求2家慈善组织上报《慈善组织疫情防控捐赠资金收支汇总表》《疫情防控接收社会捐赠款物情况统计表》，并及时与审计局核实数据，确保社会捐赠款物全部用于疫情防控工作，2家慈善组织资金使用都通过审计。慈善总会合计接收691.92万元，累计支出671.15万元，结余资金20.77万元。定海区红十字会累计接收捐赠资金16.75万元，已支出12.57万元，节余4.18万元。2家慈善组织均在慈善中国平台按照要求立项和结项，剩余资金都将继续专款专用。

【发挥平台作用】 投入防疫工作，助力复工复产，组建疫期援助联合服务队，开展线上线下服务。设置“公益人物”宣传板块，对12位先进典型人物在此次防疫工作中的事迹材料进行精心提炼，宣传每一位优秀社会组织负责人或骨干的典型事迹，形成良好舆论氛围，引导广大社会组织从业人员对标先进，担当有为。精心策划“公益下午茶”活动，面向全区社会组织搭建的信息交流平台，以每月2期的频率，通过轻松的沙龙形式，让社会组织发挥自己的特长，共同探讨社会话题，提升社会组织团队凝聚力，助力社会组织成长。

开展系列活动迎“七一”图为党员在舟山市徐正国博物馆内活动

【创新开展党建工作】 中心每月根据社会组织党员的特点，针对性、实效性的进行党员学习教育活动和主题党日活动，探索开展主题活动等有效载体，与社会组织执业活动、日常管理、文化建设等相互促进。开展“解放舟山70周年——走进登步岛战役”“学思践悟守初心，以学促行强担当”、“助力复工复产党员在‘疫’线”、“不忘初心 传递爱心”等9次主题党日活动。依托“百善惠”党员服务联合中心9个支部党员及其他社会组织的流动党员，从群众需求出发，开展群众欢迎的活动、提供群众期盼的服务来团结群众、引导群众，增强党组织的吸引力和影响力。开展“战疫情·我们在行动”“独居不独心 暖心传真情”等服务8次，服务人数2000余人。

【强化社会组织孵化工作】 社会组织督导40余次，组织开设能力提升培训8次，开设远程孵化服务，开展线上云孵化课堂培训60余次。入驻中心的两家社会组织，心灵港湾工作室于上半年完成注册，大爱社会服务中心完成注册。

【开展公益创投和“百善惠”服务工作】 开展公益创投项目征集、项目优化、项目初审工作，本次20个项目入围，并在初审前开展2期公益创投项目培训，对20家社会组织的项目立项、优化和路演PPT及演讲技巧进行了34次一对一督导。举办2020年定海区社会组织参与社会治理公益创投路演大赛。中心于3月9日起通过组建微信工作群，以线上培训的方式完成全区“百善惠”小程序推广全覆盖。

开展“百善惠”公益便民活动，九九重阳节“重阳敬老 百善惠民”活动圆满结束

【开展大型公益服务活动】 结合防疫工作、创城服务、文明宣传等主题，利用线上、线下多种形式策划开展“文明同行 公益快捡”——世界地球日公益活动、“防范灾害风险 社会组织在行动”——5·12防灾减灾日活动、“致敬最美劳动者”——线上留言送祝福活动、“春回大地，用暖心驱散疫情”——定海区社会组织派送防疫暖心礼包活动、“九九重阳 温情暖暖”——重阳敬老百善惠公益便民服务活动、“创新社会治理 为城市幸福加温”——社会组织为老助

困系列服务活动等公益服务10余次，服务人次达4000余人。中心利用《舟山日报》、《舟山晚报》、《定海新闻》、“无限舟山”等多种宣传形式对中心大型服务活动进行宣传，扩大中心工作和社会组织服务的社会影响力，上报各类报道14篇。

【开展社会组织评估】 中心于4月24日开展定海区社会组织等级评估培训。21家民办非企业、社工机构、联合(专业）性社会团体、行业协会负责人参加本次培训，5月正式启动评估中心社会组织等级评估工作，有16家社会组织通过评估，其中12家可以推荐到市里参加AAA以上的等级评估。

【推进基层民主建设】 *开展定海区村（社区）组织换届选举工作* 根据省、市换届工作会议精神，多次对各镇（街道）进行调研走访，了解“一肩挑”人员情况和换届工作中存在的困难，做好相关政策解答。根据最新文件内容，编印下发《2020年定海区村（社区）组织换届选举工作指南》和《2020年定海区村（社区）组织换届选举工作政策汇编》，召开定海区村（社区）组织换届工作培训会，并赴各镇（街道）对镇街参加换届选举的工作人员进行培训，加强对村（居）委会换届工作的业务指导。8月底，完成环南街道和干䃎镇两个省级试点镇街20个村（社区）的换届选举工作。截至10月底，累计开展换届选举业务培训12次。

完成城中村“村改居”相关工作 根据《中共舟山市委 舟山市人民政府关于社区村体制改革完善工作的意见》（舟委发〔2019〕19号）和《舟山市社区村体制改革完善工作领导小组关于推进村改居工作指导意见》（舟社改〔2019〕7号）文件精神，昌国街道茅岭村于5月开始村改居工作，完善实施方案，规范村改居流程，并于6月18日开展户代表投票表决。茅岭村应参加投票表决的村民301户，实际参加投票的户数282户，投票率达到93.7%，同意撤村并居的224户，不同意的48户，弃权的10户，通过率79.4%，顺利完成村改居工作。

做好基层减负后半篇工作 根据市级相关文件精神，建立基层减负“回头看”长效机制，发挥动态监测点，持续对社区“三多”问题进行跟踪整治，解决形式主义、官僚主义问题，真正为基层减负。全年集中检查2次，走访村（社区）30余个。至10月底，定海未发现清单外事项。

开展基层疫情防控慰问工作 联合定海区慈善总会开展“战疫情·慈爱一线行”慰问社区疫情防控一线工作人员活动，走访慰问村（社区）26个。完成区党代会和两代会涉及基政科提案和议案答复的2个主办和1个协办工作。

【推进“幸福社区”建设工作】 根据《舟山市进一步深化“幸福社区”建设实现城市社区全覆盖工作实施方案的通知》（舟社建领办〔2020〕1号）文件要求，东管庙、檀树等16个社区成功申报2020年“幸福社区”建设扩面推广社区，按照建设要求，分批对16个扩面社区进行“一对一”实地督导，集中对社区相关人员进行业务培训，提升幸福社区建设水平。是年，全区43个城市社区城市中有38个社区完成幸福社区建设，幸福社区覆盖率达88.4%。

【进一步提升社会工作建设水平】 *做好全国社会工作者职业水平考试考务工作* 开展线上考培工作，组建定海社工考培群，制定培训计划；丰富线上培训内容，在考培群内开展视频教学和习题演练活动等提高社工考试通过率。

开展社工宣传周活动 开展“我想对社工说”线上社工沙龙活动，来自全区4个街道15个社区的27名一线社工，讨论分享在防疫工作中的经验与心得，并链接心理服务资源为广大社工、义工和志愿者开展心理疏导和情绪支持等服务。

做好定海区社区专职工作者招考工作 下发《舟山市定海区公开招聘城市专职社区工作者规定（试行）》，协助城东、昌国、岑港、环南做好社区专职工作者的招聘工作，至10月底，合计招聘社区专职工作者11人。是年，成立城东、环南、昌国3个镇街道级社工服务站。

社会事务

【加强婚姻登记工作】 1月1日—12月31日，全区办理结婚登记2096对（包括复婚228对，补办85对），办理离婚登记1145对，补发结婚登记证 357件，补发离婚登记证139件，出具无婚姻登记记录证明3份。婚姻家庭辅导室受理婚姻咨询244件，其中婚姻法律咨询17件，开展离婚调解79件，调解成功39件，调解成功率49.4%。办理婚育户一件事联办404件，方便当事人办理生育登记和户口迁移。

【开展文明治丧专项整治】 执行文明治丧要求，扩大文明治丧范围。6月下发《关于进一步规范丧事活动提倡文明治丧的通知》，明确从7月10日起在全区所属镇（街道）建成区和城市主次干道实施文明出殡，要求党员干部公职人员发挥带头作用。建立健全文明治丧长效机制，制定出台《定海区丧事服务人员教育管理（试行）办法》，进一步规范对丧事服务人员的教育管理。

清明祭扫，定海民政在行动

【推进殡葬综合改革】 制定《定海区深化殡葬改革助推新区协调绿色发展三年行动计划（2020—2022）》，进一步明确工作目标和时间节点。推行节地生态安葬，要求各镇街道在公墓地新建时，需规划节地生态安葬点。至年底，城区3个街道建有节地生态安葬点，岑港街道生命纪念堂即将进入装修，盐仓街道依托青岭墓地覆盖，全区实现镇（街道）节地生态安葬覆盖率45%。

【严格殡葬执法】 严打个人私建坟墓等现象，对干䃥镇、小沙街道、白泉镇3起个人违规私修坟墓行为进行执法。出台《定海区殡葬服务收费专项整治行动方案》，开展专项整治，进一步规范殡葬服务机构管理。

【推进民政“最多跑一次”改革】 是年，全区民政系统120个事项全部接入政务服务2.0平台，社会组织、地名类事项均采取政务网2.0申报模式。根据全市统一部署，区民政码上办服务有序推进，完成民政“婚育户登记”“社会救助”“身后事”一件事。

【加强城市地名文化服务宣传】 做好海天大道（定海段）更名工作，对沿路涉及的交通指示牌、地名路牌、门楼牌进行集中更换。对定海城区内的老旧门牌、楼幢牌等进行全面的统计并更换，进一步美化城市环境。拍摄完成全市首部地名微电影——《地名话定海》，进一步弘扬定海优秀地名文化。编纂《定海区地名志》，完成出版前的校对，正在进行印刷前的排版工作。会同普陀区完成“定普线”第四轮界线联合检查和边界纠纷隐患排查处置工作。

（撰稿：黄　瑛）

（本类目图片由区民政局提供）

责任编辑：王英伟

退役军人事务管理

综 述

2020年，定海退役军人事务工作以习近平总书记关于退役军人工作的系列重要论述为指引，以“维护军人军属合法权益，让军人成为全社会尊崇的职业”为目标，主动作为，综合施策，助推实现退役军人事务工作对标对表“重要窗口”的新目标新定位。

安置就业

【推进转业军人安置工作】 根据省市关于安置2020年度需要政府安排工作的退役士兵相关文件要求，安置退役人员，推出岗位，其中，包括事业单位岗位、国有企业岗位（不足部分，由市里协调补齐），于11月进行选岗完毕。按照上级文件要求，参公或行政编制比例不低于85%，于年底前完成安置工作。

【建立退役军人创业数据库】 运用大数据梳理退役军人创业信息1万余条，其中个体工商户1457户，小微企业288家，500万元以上的大型企业19家。推荐浙江易航海信息技术、舟山晨民蔬菜配送、浙江溶汰安防装备等6家公司参加舟山市首届“建行杯”退役军人创业创新大赛，获得二等奖2项，三等奖1项，优胜奖3项，其中吴德仁团队参赛项目经层层选送分获全国二等奖和全省一等奖。

舟山市首届“建行杯”退役军人创业创新大赛

【搭建就业创业服务载体】 联系公安、消防、舟山市7412工厂等10余家单位建立人才双向交流平台，累计推送招聘信息20余篇，提供就业岗位100余个。与建设银行、邮储银行等企业深度合作，开通退役军人绿色通道，出台创业起步资金贷款等优惠政策。举行定海区退役军人专场招聘会1场，30余家企业现场设展位，提供安保、质检员、中控系统操作员等就业岗位，一些退役军人与用人单位初步达成就业意向。

定海区举办退役军人专场招聘会

优待抚恤

【优待抚恤规范化】 按照国家、省文件精神，结合定海可支配收入实际，逐年提高重点优抚对象抚恤和生活补助标准，全年平均提高标准9.1%。首次为农村籍现役义务兵父母和享受定期抚恤补助的烈士遗属提供免费体检。完成退役士兵社会保险接续补缴工作。

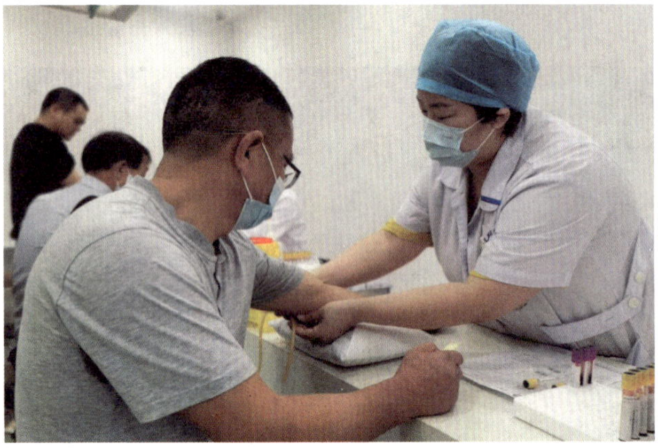

为农村籍现役义务兵父母等提供免费体检

【褒扬激励常态化】 走访慰问驻军部队参加武汉抗疫一线医护人员家属、抗战老兵、抗美援朝老兵、卫国戍边战士家庭48户；联合区人武部，为2户现役军人家庭送达立功喜报；持续做好军人家庭光荣牌悬挂工作。为8名抗美援朝老兵颁送“中国人民志愿军抗美援朝出国作战70周年”纪念章。

为现役军人送上立功喜报

【思想宣传广泛化】 结合“思想政治工作年”工作，传播“最美退役军人”正能量，孙四平、李海军、胡建华、钱增飞当选全市“最美退役军人”。定海区人力资源和社会保障局被评为“浙江省退役军人工作模范单位”，蒋马良被评为“浙江省模范退役军人”。发动退役军人投身定海建设发展，新冠肺炎疫情期间，广大退役军人奋战抗“疫”一线，涌现尹芳奎、黄连存、叶晓东等感人事迹。营造浓厚舆论氛围，依托市、区融媒体中心进行立体式宣传，全景式展现定海退役军人事务工作和优秀退役军人风采，累计报道新闻20余篇。

“最美退役军人”评选

权益维护

【联系退役军人】 落实“六必访”工作。强化“三服务”举措，与困难退役军人建立密切联系，局班子成员、科室工作人员“一对一”结对退役军人，定期开展沟通联络、谈心谈话等活动，帮助解决困难20余个。

【化解矛盾纠纷】 联动区社会矛盾纠纷调处化解中心，持续为退役军人提供政策解答、纠纷调解、帮扶解困等服务，帮助解决社保接续、兵龄认定、创业就业等困难。

【办理信访案件】 以“最多跑一次”为抓手，退役军人事项“网上办”“掌上办”基本覆盖。省、市、区信访答复工作机制实现三级联通，退役军人相关问题及时上达省级部门，答复解决退役军人来信来访诉求。

【推进“枫桥式”退役军人服务中心（站）建设】 综合比对区、镇（街道）、村（社区）三级退役军人服务中心（站）的基础条件、优势品牌项目等因素，选择5家退役军人服务站作为先行示范点，进行新时代“枫桥式”退役军人服务中心（站）建设并验收通过，其中2家获评省级“枫桥式”服务站。其间，结合双拥工作、美丽乡村建设等工作，挖掘各地红色因子，打造“一站一特色”。将退役军人服务站与地方党群服务中心、综合文化站、综治服务中心等平台有机结合，建老兵驿站、八一讲堂等特色载体，发动“军嫂义工志愿服务队”“慈善拥军车队”等志愿组织参与拥军服务。

【推进 “示范型”退役军人服务中心（站）建设】 开展全国“示范型”退役军人服务中心（站）创建工作，严格对照创建标准开展建设工作。是年，全区8家退役军人服务中心（站）达到“示范型”创建标准，验收通过，分别为区退役军人服务中心、昌国街道退役军人服务站、盐仓街道退役军人服务站、马岙街道退役军人服务站、环南街道退役军人服务站、小沙街道退役军人服务站、岑港街道退役军人服务站、金塘镇退役军人服务站。

“真情服务　和谐军休”定海区军休所建所35周年留念

双拥共建

【推动军地共建发展】 发挥“双拥办”桥梁纽带作用，协调驻定部队参与文明城市创建、抗台抢险救灾、新冠肺炎疫情防控、双拥模范城创建等工作。全年召开创城协调会3次，整治问题120余项，省测、国测期间，协调部队落实人员做好军产点位的管理工作，其中91666部队获区创城先进集体。协调部队做好疫情防控应急措施，隔离到定海军属298人。精选盐仓街道塔山社区、城西小学作为全国双拥创建迎检点，完成舟山市第八次“全国双拥模范城市”创建测评任务。

【开展拥军慰问活动】 “春节”“八一”期间，区领导走访慰问师、团级部队26家。各地各部门结合自身特色开展科技、法律、社会等拥军活动，区慈善总会救助困难官兵28人。

【排解部队官兵后顾之忧】 借助市驻舟部队随军家属就业服务中心、定海海舟公寓家属技能培训和实践中心，推广随军家属就业“互联网+”灵活劳务模式。引导盐仓街道塔山社区军嫂义工艺术协会、昌国街道香园社工服务中心等社会组织服务军人家属。协调区有关部门，解决军人子女入学入托问题，安置随军家属。

（撰稿：蔡瑜莹）

（本类目图片由区退役军人事务局提供）

责任编辑：王英伟

定海封山育林习俗

旧时定海山林属私人所有，采伐、利用均由所有者自定。抗日战争时期由于日军占领和解放前夕国民党军队的乱砍滥伐，定海山林破坏严重。解放后，政府加强森林管理。农业合作化后，山林归集体所有，禁止乱砍滥伐。1957年起开始实行封山育林政策：砍柴留树，严禁私人上山乱伐林木。公社化后，一些多山的生产大队建立林业生产队，负责育林、护林和山林管理。1982年开始实行凭证限额采伐制度，1985年国家实施《森林法》，林业生产和采伐制度更趋完善。至今，植树造林、保护山林已是农村群众共识，乡村普遍订有山林保护公约，成为自觉的生活规范与新俗。

街道 镇

城东街道

【概况】 城东街道位于定海城区的东部，东至大洋岙玉栏桥，与临城街道三官堂村相接；西至环城东河，与昌国、环南俩街道隔河相望；南至纺织厂路，与环南街道相连；北至长岗山山脊，与白泉镇依山为邻。区域面积11.8平方千米，其中山林面积9058亩，耕地面积327.5亩。下辖檀树、紫竹、昌东、檀香、檀东、东园、港南、港北、桔北、桔南、畚金、颐景园、阳光园、鸿毛湾、小洋岙15个城市居民社区和大洋岙村、小碶、洞桥、胜利4个行政村。户籍人口20823户，51392人。

经济发展情况 是年，财政收入13073.17万元，同比增长4.41%，其中地方收入6945.33万元，同比增长5.42%，中央收入6127.84万元，同比增长3.3%。征收城东辖区内税款6535.50万元，同比增长1.55%。完成社会固定资产投资20.20亿元。引进泰如、京欣、昌丰等企业8家，完成市外注册资金到位4200万元。

城市建设 完成昌东、东园、港北等5个社区老旧小区144幢房屋改造工作，受惠居民3039户。推进违法建筑拆除“销号清零”攻坚行动，拆除违建1.48万平方米。完成小洋岙区块最后 12户的拆迁任务。完成1个农村集聚区和7个城市小区的生活污水“零直排” 改造。完成7个社区12个小区垃圾分类工作。在全区率先实现街道物业管理全覆盖，23个无物业小区710幢居民楼 14827户家庭享受到物业服务。

社会事业服务 募集慈善捐款62.80万元，发放救助资金23.29万元，惠及困难群众630人次。城乡居民基本养老保险参保率达到96.49%，城乡居民医保参保率达99.26%。完成昌东新村1幢D级危房原拆原建项目的政策处理。桔园南区12幢原拆原建危旧房、畚鑫苑旧城改造项目、东林尚苑农民公寓均交付使用。成立全市首家街道社工站，持续深化“幸福社区”建设。不断做好实施“全面二孩”政策的宣传落实及深化流动人口计生服务管理工作。全年开展群众文体活动260余次。稳步推进第七次全国人口普查工作，完成43542户信息登记。

平安建设 完成矛盾调解中心、应急指挥中心和新居民服务中心等基层治理“三中心”建设。完成定海五中避灾安置点省级规范化建设，建立街道应急救援队，打造街道消防体验室，实施燃气热水器安全、沿街店铺消防安全等专项整治，社会治理诚信负面清单运用进一步深化。

精神文明建设 建设小碶村文化礼堂并进一步完善大洋岙文化礼堂，依托各文化礼堂开展思想理论、形势政策宣讲、各类知识讲座、文化技能等各项活动18场，参与人数达500余人次。抓好“最美”典型选树宣传，共申报创城好人2名，推荐舟山好人1名，诚信浙江人1名。东园社区居民袁柏年被评为浙江好人、第六届定海区道德模范。开展习近平新时代中国特色社会主义思想、文明道德、十大文明好习惯及舟山解放七十周年主题系列宣传活动。开展各类宣讲20次，参与人数1000余人。

基层党建 构筑城市基层党建“一体化”工作格局，完成街道党群服务中心建设，由点到面串起了1个商圈党建厅、5个示范型社区党群服务中心、3个红色口袋公园。举办街道社区党建比学赶超活动，党建引领创城专题会。完成社区村换届，19位“一肩挑”3候选人均高票当选。加强干部队伍建设，遴选重用社区副职干部25名，跨社区培养干部 20人。积极探索党建引领下的基层治理共同体建设，打造“美之声东海渔嫂”两新党建品牌，推进兼合式党支部与业委会双向任职制、城市社区“红色业联体” 全覆盖等项目，引导“麦乐之家”等社会组织积极参与街道社会治理工作。

党风廉政　推进党风廉政建设“四责协同”，设立监察工作联络站。完成各村巡察反馈整改，进一步规范小微权力运行。打造胜利村“清廉村居”、港南“红色业联体”多元自治、桔南社区清廉文化长廊等项目。

【三改一拆】　拆除违法建筑99处，面积1.48万平方米，拆后土地改建为停车场、绿化地，“三改”面积3.2万平方米，完成率达100%。

【实施老旧住宅小区三年改造工作】　全年完成5个小区144幢房屋3039户防盗窗拆除任务，实现全部清零、全面改造。

【五水共治】　是年，投入47万元，完成鸿毛湾新村的污水技术处理，纳入污水管网工程；另投资100余万进行新村道路改造及下张家污水纳管工程。总投资800余万元对长岗山水库进行了除险加固工程建设。投资200余万元对街道区域内的7个城市小区的现有堵塞破损管道进行疏通整改，地面上四溢的各类污水进行纳管。

【城市居民小区“撤桶并点”】　是年5月，城东街道完成7个社区、12个小区、25个垃圾分类投放点的建设，占全区总量的55%。

【物业全覆盖】　是年10月，在全区率先实现街道物业管理全覆盖，23个无物业小区710幢居民楼14827户家庭享受到物业服务。

【“三中心”建设完成】　是年9月1日，街道社会矛盾纠纷调处化解中心、智慧指挥中心、新居民服务中心的基层治理“三中心”建设完成。

【城东街道应急救援队成立】　5月18日，城东街道应急救援队成立暨授旗仪式在街道办事处广场举行，城东街道应急救援基地同步挂牌。区应急管理局局长夏高方、城东街道领导班子、应急救援队成员等近200名代表参加仪式。救援队由机关干部、城管中队、城东派出所、社区村居民、新居民、蓝天救援队、美之声合唱团、民兵应急连等8支分队组成，有成员314名。

【舟山市首家街道社工站成立】　7月5日，舟山市首家街道社工站在城东街道党群服务中心成立，现由麦乐社工运营，联系15个社区社工站，建立三社联动机制。

【街道党群服务中心建设完成】　4月17日，城东街道集服务、展示、休闲活动、基层治理等功能于一体的“沐东风”党群服务中心正式启用。该中心位于东门交通综合体二楼，投入200多万元，占地面积为800平方米，内设有木质书架、阅读区、亲子书吧、自助茶水台、书画棋艺桌等，提供可供借阅的图书3000余册，以及亲子绘本3000余册。

【社区村换届顺利完成】　完成街道下辖19个村社区党组织换届。街道党员大会到会率达87%，9个社区村到会率在95%以上；19位“一肩挑”候选人均高票当选，6名“一肩挑”人选委员得票为100%，9名“一肩挑”人选委员得票为95%以上，小洋岙社区也取得了80%的得票率；所有委员平均得票率为92.2%。

【美之声党支部社工服务中心成立】　4月17日，城东街道美之声党支部社工服务中心宣告成立，舟山市民政局副局长毛海东、舟山市民政局社会组织管理处处长马惠祥、舟山市民政局社会工作与慈善事业促进处处长张莹、城东街道党工委副书记余贵梅、定海区妇联副主席孙李琼应邀出席仪式。

【监察工作联络站】　根据乡镇街道监察办规范化建设要求，街道监察办在社区村设立监察联络站19个，聘请监察联络站站长19名，监察联络员97名，街道级监察信息员5名，社区村级监察信息员27名。

【防疫工作】　抗疫期间，发动250余名机关干部、社区村工作者，设立30个党员先锋岗，发动辖区广大志愿者、热心群众3000余人，核查推送数据近4000人，守护社区村小门98个，居家管控1745人，社会各界爱心人士捐款捐物，义务献血5.5万毫升。

【定海区政协城东街道委员工作室挂牌成立】 12月3日，定海区政协城东街道委员工作室第一次全体会议暨揭牌仪式在城东街道举行，区政协副主席柳跃军出席会议并揭牌。

【召开城东街道第三届第四次民主议事会议】 5月26日，召开城东街道三届四次民主议事会议，51名议事成员参加了本次会议。区人大常委会副主任齐友国致辞。大会听取和审议街道办事处工作报告、人大工委工作报告、2019年度街道环境状况与环境保护目标完成情况报告和街道2019年财政预算执行情况和2020年财政预算编制情况报告，并票选产生2020年民生实事项目7项，分别为口袋公园建设项目、街道应急管理中心建设项目、新居民服务中心建设项目、城中村综合环境整治项目、桔园南区防洪排涝改造项目、檀树社区基础设施提升项目、昌东1幢危旧房解危项目。

【城东街道第四批社会治理负面清单】 5月28日，城东街道结合文明城市创建工作，召开社会治理诚信负面清单研判会。街道综治办、城管中队、市场监督等部门及相关社区对列入前三批负面清单的16家沿街商户6个月来的整改情况经现场逐一检查并汇总研判。

【区纪委书记郑飞科到城东街道桔南社区慰问低保边缘户】 1月3日，区委常委、区纪委书记、区监委主任郑飞科到桔南社区80幢401室慰问低保边缘户。城东街道党工委书记方涛陪同。

【区委统战部部长林世军调研城东街道乡贤工作】 4月10日午，区委常委、统战部部长林世军、区委统战部副部长陈珍艳一行到城东街道调研街道乡贤工作开展情况，先后参观美之声演唱团阵地、街道党群服务中心。城东街道党工委书记方涛陪同调研。

【市委统战部长王高瞻调研美之声曹杏娣乡贤工作室】 6月9日下午，市委常委、舟山市统战部部长王高瞻，区委常委、区统战部部长林世军一行到城东街道考察调研了美之声曹杏娣乡贤工作室。城东街道党工委书记方涛陪同调研。

（撰稿：郑晨辰）

昌国街道

【概况】 昌国街道位于定海城区北部，辖区东至长岗山森林公园与城东街道、白泉镇相接壤，南缘解放路与环南街道为邻，西至茅岭墩与盐仓街道相接，北至叉河岭与盐仓街道相连，陆域面积约16.06平方千米，下辖文昌、开源、合源、香园、北园、东管庙、翁山、留方、西安、虎山、西管庙、西山、金寿13个城市社区居委会,东湾、城北、茅岭、义桥4个村委会，其中茅岭村于7月完成撤村并居。辖区总户数22265户，常住总人口6.40万人，户籍人口5.43万人。

历史沿革 街道历史悠久，人文荟萃。辖区有多处省、市级重点文物保护点及10余所从幼教到大学各级各类学校。保存有明清时期的中大街、西大街、东大街、留方路等历史建筑；有始建于后晋天福五年号称“翁洲第一古禅林”的祖印寺，有建于清康熙二十八年，藏有康熙御笔题写的“定海山”匾额及康熙帝画像等重要文物的御书楼；有蓝理、安子介、朱葆三、刘鸿生、董浩云等名人的故居及大量史迹；有诠释舟山“物华天宝、人杰地灵”的辉煌历史的舟山名人馆；还有舟山市重要商业中心之一的解放路、人民中路、人民北路、昌国路和娱乐休闲特色街市芙蓉洲路、总府路。

经济发展情况 是年，实现财政总收入1.12亿元，其中地方税收收入0.57亿元,完成固定资产投资15.16亿元,同比增长180%。限上批发业销售额5.06亿元,限上零售业销售额5.25亿元。全年进出口额8779.61万元，同比增长1.2%，其中出口7347.28万元，进口1432.34万元。共引进符合招商引资条件企业16家，其中昌国产业分中心引进企业11家，注册资金0.9亿元,实际到位市外资金1亿元。全年完成辖区3家低效企业整治。百分之一百完成“企业码”申领工作，租用街道及下属公司房产的30家小微企业及个体工商户，分批次减免3个月房租，共计84万元。在全省“两直”补助工作中，完成1087家小微企业和个体工商户的核查，成功办理兑付手续共计1184家，成功举办芙蓉洲路“云上集市”，为芙蓉洲路商业街区注入活力。商圈打造逐步成型，义桥综合体正式开业运营，填补了城北无大型综合购物商场的空白。

社会事业 是年，街道新增低保户18户20人，新增低边5户12人，新增特困人员3户3人。开展

"救急难"慈善工作，全年救助困难群众25人5.5万元，慈善分会共募集捐款30余万元，医疗救助5户6.08万元。开展"助行、助听、助明"三大工程，免费给8位听力残疾人进行助听器筛查并配备助听器，补贴肢体残疾人轮椅、助行器、电动车等辅助器具22件，康复体育器具5套，无障碍改造4处，为141名精神患病者申请享受免费服药。义桥路6号昌国街道示范型居家养老服务中心进入试运营阶段。第七次全国人口普查工作全面完成，接收完成社会化管理人员档案1438份。书香昌国品牌建设深入开展，累计开展各类文艺演出50余场。新建东湾、义桥2个农村文化礼堂。

【疫情防控】　新型冠状病毒爆发时，街道第一时间执行上级决定，全体机关干部、村（社区）干部坚决放弃春节假期，下沉村（社区）进行全域摸排，累计排摸28600余户，71830人。用时3小时，使全区首个医学观察点（昌源大酒店）达到隔离观察入驻要求，2名党员干部主动请缨，入驻参与工作。10名年轻干部集结成立昌国街道应急小分队，不分昼夜承担隔离人员接送任务，并集中处置居家观察点所有生活垃圾。17名街道干部先后选派参与爱家、坤达隔离点值守。40余名机关干部主动报名加入"星灯守护"志愿者队伍，百余名村（社区）干部和志愿者不惧风险、加班加点坚守一线，参与卡点值守，严把道路、小区出入关，阻断病毒的传播途径。社会各界慷慨解囊，捐资捐物。落实"14+7+7"工作，做到排查、上报、处置全流程及时精准，截至年底，入境人员返舟闭环276人。

小区入口健康码检查

【基层党建】　是年，新成立兼合式小区支部15个，实现兼合式小区支部全覆盖。完成13个城市社区，3个村和1个撤村并居经济合作社的换届工作，"一肩挑"平均得票率达95.4%，其中6个社区得票率达100%。紧扣"四个100%"要求，突破完成茅岭村撤村并居工作。强化干部队伍建设，举办青年干部沙龙，持续加强年轻干部、后备干部一线压单历练，使干部队伍结构进一步优化，全年提拔使用街道、村（社区）干部14名。重点推进古城市域治理"十联"工作法，即党建联抓、组织生活联过、资源联用、事务联管、服务联做、公益联搞、活动联谊、文明联创、难题联破、治安联防，共建共治、互联互融工作。继续做大做强"红韵昌盛"党建联盟，构筑政、社、校、银、企、商六位一体的古城党建联盟新格局。打造古城党建核心区，将东管庙、翁山、西安、留方四个社区为古城核芯，串联古城丰富文化资源，通过实物展示、实事回顾、实景呈现，搭建党性教育课堂。深化打造古城研学、海山先锋行两条研学路线，生动解读沿线历史遗迹中的爱国、诚信、清廉、忠诚、奋斗等红色元素，让党员教育更好地入脑入心。持续深化楼道"红管家"、小区"微物业"等居民小区为自制模式，通过划定党员楼道责任区，实现楼道事务居民共商，小区事务管家协商，公共事务社区协调，完成老城小区从无人管理到全员参与的蜕变。

【党风廉政】　是年，制定《昌国街道党工委2020年落实党风廉政建设主体责任清单》，涉及组织领导、工作机制等24项具体任务清单。及时调整街道党风廉政建设责任制领导小组成员，制定《昌国街道2020年党风廉政建设和反腐败工作组织领导与责任分工》，督促落实领导班子"一岗双责"。全年定期召开专题会议4次，听取党风廉政建设工作情况，研究工作具体举措，全面组织实施推进。完成17个村（居）监察联络站建设，聘请站长17名，联络员44名，廉情信息员52名。结合昌国城市社区、城中村等不同特性，建立"一村多员、一居一员"形式的监察联络站，制定《昌国街道监察联络站工作流程》《昌国街道监察联络站工作规则》等制度，实现规范化履职。全年运用第一种形态处置15人，党纪处分7人。做好区委巡查组对辖区4个村的巡查整改工作，对违规违纪情况立案2件，批评教育10人次，提醒谈话19人次，清退村干部违规补贴等41274元。有机结合"三会一课""主题党日""青春学院"等开展专题性廉政教育。打造完成"清印留方"廉情专线，营造风清气正的政治生态。全年主动公开信息194条，依申请公开信息2条。

【社会治理】 是年，调处各类矛盾纠纷61起，受理群众来信来访130批次（件）457人次。累计搜集摸排并上报（疑似）涉黑涉恶线索4条，全部处置清零。开展一系列平安法治宣传教育活动。全年联合相关部门，累计开展各类教育宣传活动63场，发放宣传折页4万余份。专项整治沿街店铺消防安全，组织开展打通“生命通道”集中治理行动，为辖区34个小区、1487家沿街店铺消除消防安全隐患。在芙蓉洲路街区打造全市首个集综合受理、数据分析为一体的“7×24小时”多功能“警务超市”。缩短事件处理反映时间，提升服务效果。推动东海渔嫂“十大员”队伍建设，先后挖掘基层网格治理典型人物37人、撰写基层治理典型事例26篇。年初与辖内60余家企业（单位）签订《2020年度安全生产和消防安全目标管理责任书》。开展沿街店铺消防安全专项整治，累计排查沿街店铺1487家，隐患督改1065家，人员搬离3家，防盗窗拆除27家。组织开展打通“生命通道”集中治理行动，设置消防标志200余个。食品安全工作不断加强，成功创建省级三星级食安办。

【创建全国文明城市】 是年，累计修复路面5596平方米，补种绿化12570平方米，完成各类硬件设施整改1467处。创新建立创城工作日专报周例会制度，升级打造创城日常巡查2.0版，制定出台“领办式”问题点位管理制度，明确责任人于3天内完成提交整改反馈，10日内街道创建办开展二次回访，确保问题切实整改到位。累计下发领办单67件，整改落实率96%。发挥“城市啄木鸟”“区域管家”等志愿服务队伍功能。专题开展烟蒂不落地、公筷公勺等宣传活动，加大公益广告的宣传推广力度，全年入户走访群众9300余户，发放市民文明手册1万余册，专题制作发放倡议书2万份。

志愿者开展创城助力志愿活动

【城市建设更新】 是年，“最后一平米”有序推进，义桥区块新签约2户，6户未腾空户中已腾空4户，4000多平方米新增用地征收完成。东湾区块231户已全部完成拆除。老旧小区改造加快推进，全年完成10个小区150幢房屋共3100余户防盗窗拆除任务，实现全部清零、全面改造。东湾区块231户征迁房屋全部完成进场拆除。5月1日定海至马岙疏港公路昌国路段通车运行，10月底，海院北路二期道路通车。城北小学新建项目前期政策处理工作全部完成。城区防洪排涝能力提升三年行动深入实施，建成城北湿地公园，建立“一小区一策”，投入近100万元用于购置应急物资及设施设备。城北水库支河、草子坑尾水渠、红卫水库支河、城北水库上游山洪沟等河道溪坑治理项目均完工。“三改”建筑面积3.3万平方米，排名全区第一名，“一拆”1.39万平方米，排名全区第五名。完成城北村美丽乡村建设。纵深推进“污水零直排”整改项目，玉兰花园等6个居民小区污水零直排改造工程完成。

【“撤桶并点”垃圾分类】 是年，成立昌国街道居民小区“撤桶并点”行动领导小组，制定居民小区“撤桶并点”工作方案，明确工作目标，倒排时间节点。广泛征求物业公司、业委会、业主代表等意见建议，专题研究试点小区垃圾集中投放点选址、设计、建设，以及后续管理等问题，稳步推进“撤桶并点”和垃圾集中投放等相关工作。完成建设玫瑰园西区诚园、雅园、学林雅苑、香园新村、上白虎山新村等5个垃圾分类“撤桶并点”示范小区，设置集中垃圾投放点9个，撤除垃圾桶500余个，配备垃圾分类引导员现场引导，其中，绿城玫瑰园诚园建成全市首个自动感应垃圾分类点。举行现场集中设摊宣传活动8次，线上活动2次，入户宣传4200余户，发放告知书5600余份，派发分类宣传折页7200张。理顺住宅小区“垃圾集中投放—点位日常管理—后续垃圾清运处理”三个环节，制定《昌国街道垃圾集中投放日常管理流程图》，从垃圾如何集中投放、分类，到集中点日常清洗、管理以及垃圾车辆装运等环节，实行实时管理，并在每个集中投放点张贴公示，方便小区居民能够详细了解集中投放点的管理流程。

【准物业化管理】　是年，北园社区、西安社区成功创建周边连片小区物业覆盖管理模式。完成物业覆盖127幢，完成率111.4%。其中居民自治管理小区5个，社区周边连片物业管理小区12个。打造上白虎山新村构建“物业+党建”双覆盖的红色管理体系，探索成立“银领治社”党群自治管理模式，招募居民志愿者，组建小区巡逻队、水电维修队、绿化修剪队、管道疏通队等红色服务小分队，按照“业主提出需求—楼道小组长确认申报—自治管理团队制定方案—理财监督组全程监督”的操作流程，规范实施小区事项管理。

【市委政法委副书记夏凯慧慰问昌国街道综治司法干部】　1月16日，舟山市委政法委员会副书记夏凯慧慰问昌国街道综治司法干部，区委政法委常务副书记黄艳庭等陪同慰问。

1月16日，市委政法委副书记夏凯慧（左一）慰问定海区昌国街道综合指挥室的司法干部

【双拥工作】　是年，街道领导在春节前与双拥办一起走访慰问辖区军烈属，并送去慰问品。8月，协助4名退役军人办理组织关系转接、落户等事宜；慰问现役家庭户19户，发放优待金97.061万元；2020年度义务兵立功受奖人员奖励金发放3人次发放经费1500元；“八一”前夕，“军民共建小组”组织青少年慰问部队，对辖区7支团级、7支营以下单位结对走访开展互动活动，涉及经费7万余元。舟山市妇幼保健院合作，开展“军嫂之家”服务项目，由儿科主任领衔，妇科、产科、小儿科、ICU、急诊等科室主治医生和护士长组成医疗小分队，建立“舟山市妇幼保健院军嫂之家”微信群、“军嫂之家”工作群，为驻舟部队军嫂提供产前、产中、产后的优先、优质临床、咨询服务，微信群成员140余人，为市内外的军嫂提供1500余次的服务。舟山影城免费为现役军人开设专场、播放征兵宣传短片；商谈“格格梳”“自然源美业连锁”为军人军属美容美发折上优惠。“金平老兵服务队”为军休所老干部免费提供理发、修脚、水电维修等。

【省委平安督导组督察街道基层社会治理信息化应用工作】　3月27日，省委平安督导组督察街道基层社会治理信息化应用工作，对街道平安建设工作给予肯定。

3月27日，省委平安督导组督察街道基层社会治理信息化应用工作

【学习习近平总书记在浙江考察时的重要讲话精神】　4月13日，街道举行理论学习中心组（扩大）会议，专题学习习近平总书记在浙江考察时的重要讲话精神。街道办事处主任、党工委副书记王燕芳主持，党工委书记冯健讲话。

4月13日，街道举行的理论学习中心组（扩大）会议

【“烟蒂不落地”专项行动】　街道组织机关党支

部、兼合式党支部党员等常态化开展“周末公益”志愿服务活动。联合西安、东管庙、翁山社区“兼合式”党支部以及工商、城管等力量，组建约50人的党员志愿团队，共同开展乱丢烟蒂专项整治活动。党员志愿者们分组分片对中西大街、总府路、芙蓉洲路等区域进行包干治理，并对乱丢烟蒂等行为进行劝导。合源社区组织合源新村兼合式党支部、区属共建单位区城管局对小区开展“烟蒂不落地，党员来助力”专项行动，对小区道路绿化带烟蒂、楼道内垃圾、白色垃圾等杂物进行清除，共同守护小区环境卫生。通过印发公开信或倡议书公开告知专项治理行动有关内容，营造浓厚的治理氛围，制作发放灭烟袋400余个，提倡居民群众用灭烟袋放置烟蒂，避免随手乱扔。各社区村将烟蒂治理纳入志愿服务重要工作，组织动员各志愿服务力量，常态化开展烟蒂捡拾、乱丢烟蒂不文明行为劝导、文明行为宣传倡议等志愿服务，组织动员青少年、热心居民等认领小区楼道、绿化带、楼幢间路段等进行“责任区”包干，引导市民共同参与“烟蒂不落地”专项行动。

“烟蒂不落地 社区齐发力”新时代文明实践主题活动

【首届乡贤联谊会成立】　5月5日下午，昌国街道举办“情系桑梓再聚首 共建书香新昌国”首届乡贤联谊会成立大会，来自社会各界的25位乡贤代表齐聚一堂，共话“幸福昌国”发展新貌，共谱“书香昌国”建设新篇。会议由街道党工委副书记、办事处主任王燕芳主持，并代表街道乡贤联谊会筹备组作筹备工作报告。会议审议并通过《定海区昌国街道乡贤联谊会章程（草案）》《定海区昌国街道乡贤联谊会选举办法（草案）》，选举邵华为昌国街道街道乡贤联谊会会长，聘请市关工委常务副主任王世和任名誉会长，孙涛、叶妙君、钱玲为副会长，赵翔为秘书长。新当选会长邵华代表昌国街道首届乡贤联谊会全体会员作表态发言。会议最后，区委常委、统战部部长林世军作重要讲话。

5月5日，首届乡贤联谊会成立“情系桑梓再聚首　共建书香新昌国”——舟山市定海区昌国街道乡贤联谊会成立大会

【人民北路综合整治大行动】　5月17—24日，昌国中队组织执法人员对人民北路开展市容综合整治大行动。主要针对户外广告设置混乱、乱张贴、违章搭建等影响市容环境的行为进行整治。在行动过程中，执法人员对市民疑问逐一解答、对不规范行为及时制止，开展《舟山市户外广告和招牌设置管理条例》普法宣传，提高全民规范性、自觉性。本次联合执法出动执法人员 100 多人次，执法车30 多辆次，发放限期改正违法行为通知书50余份。拆除违规设置的广告招牌20余个，小广告横幅40余张，拆除占道违规搭建100多平方米。对市容环境整治的重难点区域，昌国城管中队将不定期集中执法力量对重点路段进行专项整治，并建立健全长效管理机制，积极打造市容整洁、环境优美、文明卫生的宜居定海城区新形象。

5月17日，人民北路综合整治大行动

【2020年民主议事会】 5月26日，街道2020年民主议事会召开，此次会议44名议事会成员参加。区人大常委会副主任王华杰、街道党工委书记冯健、街道党工委副书记、办事处主任王燕芳等出席会议。是年，增加疫情防控流程，确保在做好疫情防控的前提下安全有序开会。大会确定2020年昌国街道民生实事项目：垃圾“撤桶并点”试点小区建设；城北水库尾水渠修复整治；2020年老旧住宅小区改造工程；桑园弄10号、11号、23号以及建国路44号4幢D级危房改造工程；示范型居家养老中心；城北水库饮用水源地环境综合治理。

5月26日，定海区昌国街道2020年民主议事会

【“社区治理 银耀有我”志愿服务活动】 5月27日，香园社区联合舟山老年大学在小公园举行“社区治理 银耀有我”志愿服务活动。舟山老年大学第三党支部与街道香园社区建立了结对关系，并由香园社区党委第一支部书记胡裕宏作为双方联络员，在文化建设、环境治理、宣传教育等方面加强合作。此次活动，舟山老年大学第三支部和社区组织近40位党员和志愿者，在小公园开展了爱心理发、眼科咨询、垃圾分类、计生宣传等公益活动；志愿者分组在辖区内清理绿化带、捡拾烟蒂和白色垃圾；老党员们还上门慰问了辖区7户困难居民，为他们送去慰问品。

5月27日，“社区治理 银耀有我”志愿服务活动，舟山老年大学第三党支部走进香园社区

【2020年度基干民兵整组点验大会】 5月27日晚，街道召开2020年度基干民兵整组点验大会，90名基干民兵参加点验大会，区委常委、人武部政委崔亚东同志到会指导。按照点验流程，区人武部政工科长王嘉宁同志宣布连以上民兵干部任职命令。街道人武部部长夏舟丹同志宣布班、排民兵干部任职命令、宣布出入队人员名单。区人武部政工科长王嘉宁对基干民兵进行抽点随后全体基干民兵进行了集体宣誓。街道人武部部长夏舟丹对街道2019年民兵整组工作进行总结，并就2020年民兵工作进行安排部署。

5月27日晚，2020昌国街道民兵整组点验大会

【市委书记俞东来“七一”宣讲】 6月28日，市委书记、新区党工委书记俞东来在街道开展“七一”宣讲，宣讲习近平新时代中国特色社会主义思想和省委十四届七次全会精神，勉励广大基层党员干部群众在全省建设“重要窗口”中展现更大担当作为。

6月28日，俞东来书记（左二）“习近平新时代中国特色社会主义思想”宣讲

【传达学习市委书记俞东来“七一”宣讲精神】 7月1日晚，街道组织全体机关干部，村（社区）书记、副书记和城管中队副中队长以上同志学习市委书记俞东来“七一”宣讲精神。

7月1日晚，传达学习俞东来书记“七一”宣讲精神

【《中华人民共和国民法典》专题学习讲座】　7月15日晚，街道举行《中华人民共和国民法典》专题学习讲座，邀请浙江六和（舟山）律师事务所张双余律师，从历史沿革、法典结构和热点内容介绍3个方面，为全体机关干部作学习辅导。

7月15日晚，《中华人民共和国民法典》专题学习讲座

【芙蓉洲路联勤警务站】　位于芙蓉洲路104号的联勤警务站按照“6+X”模式，实现派出所民警、交警、特警、城管、人民调解、网格员6类人员实行常驻，市场监管、司法行政、应急管理、消防救援、商业网点业主等单位或人员实行按需轮值，共同开展联勤工作。在联勤警务站成立临时党支部，整合楼道小组长、商铺业主特别是党员业主等社会力量，打造“党员先锋岗”，调动社会面自管自治的积极性。最终建设一个集行政业务联询、商业网点联防、矛盾纠纷联调、综治问题联治，以及应急救援、安全宣传、基层群众服务等多功能一身的“7×24小时”不打烊的商圈“基层社会治理服务超市”。7月7日，高考期间，芙蓉洲路联勤警务站联合志愿者开展“爱心护考”行动。7月27日，市慈善救援队和市慈善总会同心互联网分会加入芙蓉洲路联勤群防群治大联盟。7月28日，“饿了么”外卖骑手小哥加盟当地芙蓉洲路联勤警务站反诈小分队，将反诈宣传和外卖一起送到顾客手中。7月29日，芙蓉洲路联勤警务站开展消防演练，提升救济救援能力，并向群众普及消防安全知识。8月19日，芙蓉洲路联勤警务站开展“警营开放日，装备大展示”的活动。

芙蓉洲路联勤警务站

【芙蓉洲路消防演练】　7月29日上午10时，芙蓉洲路开展消防演习，演习模拟芙蓉洲路一家餐馆发生火灾。演练期间，社区志愿者、社区青少年、芙蓉洲路沿街店铺员工等100余人现场观摩。演练结束，城东派出所警官向观摩人员讲解火灾逃生知识及日常防火常识。区消防救援大队消防员开展灭火器材使用讲解培训，并邀请在场观摩人员进行实际操作体验。

7月29日上午10时，芙蓉洲路的消防演练

【"重温历史忆初心·传承精神担使命"主题活动】 7月4日，街道党工委书记冯健带领街道班子成员、村（社区）书记一行前往白泉镇金山村"龙的传人"特色党建文化公园、朱缀绒事迹馆等红色阵地参观学习。

红色阵地参观学习

【锦旗表民心】 8月26日，昌国城管执法中队办公室里一位商户老板带着一面写着"为人办事，尽心尽责"的锦旗来到中队。昌国城管执法中队对重要路段沿街商铺及住宅空调滴水问题进行全面整改。结合现场情况，执法人员因地制宜，积极提出解决方案。将空调软管插入墙内排水管道或安装排水管，并检查商铺的空调软管是否破裂存在滴水的现象，并请专业维修人员上门进行维修，解决该商铺空调滴水的问题。

8月26日，商户老板送来锦旗

【市委政法委副书记夏凯慧对有关智慧村社创建进行调研】 11月5日，副书记夏凯慧聆听街道党工委副书记黄跃明有关昌国辖区基层社会治理的现状问题及近阶段开展该项工作的思路与想法，对昌国街道开展智慧村社专项工作做出指导与建议。

11月5日，市委政法委副书记夏凯慧对有关智慧村社创建进行调研

【学思践悟《习近平谈治国理政》第三卷】 8月初街道购置《习近平谈治国理政》（第三卷）2000余本，实现党员全覆盖。8月26日街道理论学习中心组召开专题学习会，学习《习近平谈治国理政》（第三卷）。街道党工委书记冯健主持会议，街道理论学习中心组全体成员出席。8月26日晚街道邀请舟山市红色讲师团讲师应鲁恩为机关支部党员、全体机关干部宣讲《伟大新时代的思想宝库——〈习近平谈治国理政〉》（第三卷）。各基层党组织通过"三会一课"形式，利用"云上昌国"小程序，围绕学习《习近平谈治国理政》（第三卷），组织广大党员读原著、学原文、悟原理，深入领会习近平新时代中国特色社会主义思想，增强"四个意识"、坚定"四个自信"、做到"两个维护"。

【村（社区）组织换届选举工作】 是年，完成13个社区，3个村和1个撤村入居经济合作社的换届工

昌国街道村（社区）组织换届工作动员大会

作，选举产生新一届党组织班子成员84名，其中书记16名，副书记17名，大专及以上学历72名，较上届提高29个百分点；平均年龄39.3岁，比上届降低14岁，平均参选率91.5%，“一肩挑”平均得票率95.4%。

（撰稿：潘超静）

（本分目图片由昌国街道提供）

环南街道

【概况】 环南街道位于定海区南部，因定海城区主干道环城南路横穿辖区而得名。陆域北沿解放路与昌国街道相邻，南濒海港，东以新河路与城东街道为界，西以竹山门为界与盐仓街道毗邻。街道辖盘峙、大猫等大小岛屿28个，其中住人岛9个。东部的大岠、小岠岛与临城街道长峙岛相邻；南部的摘箬山岛南端是峙头洋国际海域洋道。五联村的西蟹峙岛位处金塘洋面，是辖区最西端的岛屿。西南面的大猫岛与宁波市北仑区的大榭岛隔海相望。区域陆地面积24.02平方千米，海域面积54平方千米，海岸线长达66.78千米。街道辖10个城市社区，3个农渔村，户数14724户，总人口33983人。

是年，实现社会总产值107.35亿元，较上年同期增加8.45%；工业总产值21.22亿元，较上年同期减少34.92%。其中，规上工业总产值15.61亿元，较上年同期基本持平。完成全社会固定资产投资18.10亿元，较上年同期增加58.18%。实现农业总产值3662万元，较上年同期增长9.31%。

是年，落实“源头防控+硬核隔离+精密智控”机制，组建应急小分队奔赴“前线”，建立居家隔离观察“暖心三色”管理模式，构建严密防控体系，严格落实卡点值守、居家隔离、公众场所巡查及健康码申领推广等工作，实现“零确诊”目标。组建复工防疫工作组，开通24小时不间断值守电话，指导帮扶企业复工复产。社会各界慷慨解囊，累计募集善款26.8万元，志愿服务780余人次，街道机关和各村、社区干部无私奉献的感人故事温暖全城。

【经济发展】 是年，实现工业总产值21.22亿元，其中，规模以上工业总产值16.65亿元，同比增长1%，完成全社会固定资产投资18.10亿元，同比增长58.2%。新增注册企业222家，注册资金2.96亿元。实现税收收入3.25亿元，其中，地方税收1.61亿元。

实际到位市外资金0.54亿元、利用外资50万美元，合计运力5万余吨的4家海运企业正式落户。顺利完成辖区内约2000多家企业、个体工商户“两直”资金的下拨和落实工作。配合做好宋都蓝郡国际及创世花园招商引资配套工作，开展后备箱集市、宋都夜市等活动，扩大城南商圈知名度。帮助中石化中海燃供成功取得成品油混兑、保税燃油加注牌照。通过“兼并重组”、“关停收储”等举措，完成4家低效工业企业及13家低效服务业企业整治提升。采取“一企一策”鼓励企业加大技改投入，提高企业税收及运行效益。诺曼营刺山露营项目成为海岛旅游新名片。

是年，粮食种植面积约1807亩，同比增长7.7%。其中主要作物马铃薯、番薯、玉米、豌豆等分别为355亩、340亩、235亩、226亩。水产养殖面积722.245亩，种类包含海蜇、鮸鱼、石斑鱼、对虾等，放苗7200万尾，产量567.5吨，同比增加40%，产值2593万元，同比增加65.7%。

【城市建设】 是年，助力舟山以优异成绩跻身全国文明城市行列，获舟山市创建全国文明城市先进集体称号。完成街道办公楼整修搬迁工作。完成五山水利工程东山段政策处理，配合丰产泵、利民闸开工建设。持续推进老旧小区改造,全年完成改造126幢，拆除防盗窗户数2039户，完成低洼小区综合改造。保持“治危拆违”高压态势。加固D级危房2幢，“三改”旧住宅区改造3万平方米，“一拆”拆除违法建筑23处，面积0.5万平方米。顺利完成5个物业小区第一批先行“撤桶并点”行动，4058户居民实现生活垃圾定时定点投放。打造完成西园新村物业化管理区级试点。推进全民爱国卫生运动,重视食品药品安全工作，顺利完成三星级食安办创建工作。完成农村露天粪缸清零行动。小盘峙岛东侧废弃宕口沿岸整治项目、东岠东岙边坡覆绿工程建设交工验收。海岸线景观化及能力提升工程初具雏形。

【民生保障】 是年，完成南部诸岛（五联村、大猫村、盘峙村）133户无房户首次农民公寓房摇号工作。推进“最多跑一次”，全面提升便民服务中心设施条件。推进“身后事联办”工作，实现群众“零跑腿”。助力脱贫致富，结对77人实行“一人一卡”结对帮扶制度。社会保障落实到位，累计发放低保、低边、特困人员、残疾人补助救助经费552.8万元。城乡居民基本养老保险、基本医疗保险参保率分别达到95.6%和99.0%。海滨社区通过省级无障碍社区创建验收工作。完成海滨小学省级标准避灾中心建设。完成大猫岛有线电视增频设施建设，丰富村民业余生活。结合大猫岛、盘峙岛等乡村风情，建设文化礼堂。成立全区首个街道级乡贤馆——“聚贤馆”。编撰出版第一部全面反映环南人文历史的资料性工具书《城南里》。打造“城南书香节”文化品牌，“阅享城南里”城市书房正式开业。

【基层党建】 是年，完成以“一肩挑”为核心的村社组织换届工作。以“一中心两复圈五加环”党建蓝图为基础，新增由基层党组织统领、居民群众共同参与、共享共治的“红色物业联盟”，以“阅享城南里”邻里服务中心为主阵地的宋都“商圈党建联盟”及卫海社区滨海公寓兼合式党支部“回形针工作室”等多条党建风景带。全年建立党建精品项目6个，党建特色品牌7个，基本实现“一社（村）一品”。聚焦疫情防控、复工复产、全国文明城市创建、老旧小区改造等重点中心工作，动员各基层党组织党员积极参与、攻坚克难，发挥党建引领作用。创新推出“444”的后备干部优选优培机制和“城南青语”品牌，促使青年干部培养锻炼机制常态化，全年累计抽调青年干部42名深入“一线现场”。

【党风廉政】 全面加强党风廉政建设，领导干部带头履行主体责任，落实“一岗双责”。开展对重点工作、重要领域的专项治理工作。以蓬莱社区和盘峙村为试点推进“清廉村居”建设，促进基层组织建设和廉政建设质效双提升。严明村社组织换届纪律，强化监督，确保换届工作风清气正。狠抓机关效能和作风建设，落实渔农村巡察整改，营造良好政治生态。

【社会治理】 是年，坚持和完善街道民主议事会制度，创新建立“面对面”交流机制，承办部门与人大代表、议事会成员对民生实事项目实行前期“面对面”交流、中期“面对面”答复、办理结果“面对面”交办，发挥其参政议政、民主监督的职能。推进“最多跑一次”，便民服务提质增效。继续完善大调解工作机制和多元化矛盾纠纷化解，创新成立“海上的士”网格工作站，全年排查调解矛盾纠纷600余起，化解2起跨市货船海难事故重大纠纷。不断探索“零距离”海岛信访代办新模式。因地制宜打造东海渔嫂“海上的士”护航队特色品牌，筑牢海上安全防线。街道渔业安全管理中心挂牌运行，基层渔船管理站建设完成。完成重大活动和敏感节点的维稳安保任务。网络舆情快速预警、联动处置机制、重大决策社会稳定风险评估机制持续深化。

【成立乡贤联谊会】 1月8日下午，环南街道乡贤联谊会成立大会召开，来自不同领域的33位乡贤代表与街道党政班子全体领导和所辖13个社区（村）书记参加大会。会议审议并通过《舟山市定海区环南街道乡贤联谊会章程（草案）》《舟山市定海区环南街道乡贤联谊会选举办法（草案）》，选举产生乡贤联谊会会长，副会长，秘书长、副秘书长等人。

1月8日，环南街道乡贤联谊会成立大会

【深化“三服务”活动】 4月29日，由街道党工委书记带班，环南街道全体班子成员和相关工作人员走进五联村摘箬山岛，开展“三服务”活动，助力新农村建设。整岛现场考察后，街道党工委书记林建刚主持召开“圆桌交流会”，全体班子成员与五联村摘箬山岛的干部、村民代表围坐，就摘箬山的整体情况、基础设施建设、海岛生态旅游建设、严厉打击偷倒废油包违法行为等方面进行座谈研究。

4月29日，开展“三服务”活动，助力新农村建设

1月15日，环南街道“不忘初心、牢记使命”主题教育总结大会

【召开创建全国文明城市专题会】 7月6日上午，环南街道组织召开决战决胜创建全国文明城市专题会暨爱国卫生运动推进大会，全体机关干部、社区干部和城管队员参加会议。街道党工委副书记、办事处主任方翰对近期创城工作情况进行通报，还就点位长责任问题再次强调。街道党工委书记林建刚作动员讲话。

7月6日，环南街道决战决胜创建全国文明城市专题会暨爱国卫生运动推进大会

【召开“不忘初心、牢记使命”主题教育总结大会】 1月15日上午，环南街道召开“不忘初心、牢记使命”主题教育总结大会，贯彻落实中央、省、市、区“不忘初心、牢记使命”主题教育总结大会精神，全面总结街道主题教育开展情况，巩固拓展主题教育成果，开启新时代活力滨海湾区建设新征程。街道党政人大班子领导、各社区（村）党组织书记、两新组织党组织书记及全体机关党员参会。

【“出彩月季红”临时党支部】 自抗疫阻击战打响以来，蓬莱社区党委坚持党建引领，将支部建在抗疫第一线，在环南街道党工委指导下，成立“出彩月季红”临时党支部，“出彩月季红”临时党支部有8名党员，均是纺织厂退休女职工，支部党员每天一早来社区调配好消毒水，灌进喷壶，为楼道、公共设施、路面消毒。她们坚守在辖区的主要出入口，排查来往车辆；在辖区内巡逻，用大喇叭和发放宣传单的形式开展疫情防控宣传；协助社区工作人员，给居家医学观察人员购买生活必需品并送上门。

“出彩月季红”临时党支部打响抗疫阻击战

【首个“撤桶并点”小区正式启动】 贯彻全市城镇生活垃圾分类工作推进会精神倡导绿色生态、健康环保的生活方式，1月15起，街道首个第一批“撤桶并点”试点小区名竹苑正式启动改造工作，并投入试运行。经过多次选址、开展垃圾分类面对面入户宣传、

召开物业、业委会成员会议，结合多方力量推进垃圾分类点位的土地平整工作，18日完成基础设施建设，21日完成钢结构生活垃圾投放点放置。小区内设置1个生活垃圾集中投放点和1个再生资源回收站，并配有垃圾分类指导员、志愿者和再生资源回收站管理人员，物业、环卫部门和垃圾收运企业会精确对接垃圾“定时定点”收运服务时间，确保垃圾及时收运，消除居民顾虑。

首个“撤桶并点”小区正式启动，图为生活垃圾分类投放点

【2020年民主议事会召开】　6月11日，环南街道2020年民主议事会召开。此次会议有45名议事会成员参加，街道党政班子成员，各社区村主要负责人、老干部代表列席会议。审议和讨论街道办事处工作报告、人大工委工作报告、街道2019年财政预算执行情况和2020年财政预算编制情况、街道国有和集体资产管理情况报告、街道2020年民生实事项目票选办法（草案），提出意见、建议。通过街道

6月11日，定海区环南街道2020年民主议事会第一次会议

2020年民生实事项目票选办法，进行街道2019年民生实事项目满意度测评，并票选街道2020年民生实事项目。

【全面完成村（社区）党组织换届选举】　7月24日，定海区环南街道10个城市社区和3个村分别召开换届选举党员大会，通过规定流程选举产生新一届村（社区）党组织委员会委员，完成村（社区）党组织换届选举工作。

7月24日，中共舟山市定海区环南街道盘峙村委会换届选举党员大会

【全面启动第七次全国人口普查工作】　7月29日街道特邀区人普办对各社区（村）进行第七次全国人口普查普查区划分与标绘系统业务培训。8月底街道各社区（村）全部完成普查区、普查小区绘图及编码工作。9月3日，街道组织召开第七次全国人口普查动员大会。10月11日，街道各社区（村）全面启动普查摸底入户登记工作。

开展第七次全国人口普查工作办事人员张贴“知根知底　国之大计”海报

【2020金秋城南书香节暨《城南里》首发活动】　10月18日上午，“面朝大海·书香环南——2020金秋城南书香节暨《城南里》首发活动”在环南街道阅享·城南里城市书房举办。“阅享·城南里”城市书房位于沿港东路59号，经营面积近400平方米，图书品种上万种，由环南街道和“欢喜文化”联动运营，为居民提供购书、阅读、餐饮、绘画、花艺、音乐等各种文化生活需求。作为宋都商圈的党建中心，为街道进一步整合商圈党建资源，加强党员教育管理和服务探索新途径。《城南里》是第一部全面反映环南人文历史的资料性工具书，历时10个月采写、创作、编纂完成，全书涵盖环南的自然、人文、历史、风情，是一本不同于文史、文学题材的全面宣传、介绍、解读环南历史文化的书籍。

10月18日上午，面朝大海·书香环南——2020金秋城南书香节暨《城南里》首发活动

【召开秋冬季疫情防控工作会议】　11月5日上午，环南街道组织召开秋冬季疫情防控工作会议，全体机关

11月5日，环南街道秋冬季疫情防控工作会议

干部、各社区村书记及疫情防控工作人员参会，街道办事处副主任赵毅军主持。会议分析当前境内外的疫情形势，传达学习中央及省市区有关疫情的讲话精神。副书记王志刚解读街道秋冬季新冠肺炎疫情防控工作应急预案。街道办事处主任方翰与各社区村签订秋冬季疫情防控责任状并对秋冬季疫情防控工作进行强调和全面部署。

【召开党的十九届五中全会精神传达学习会】　11月13日下午，环南街道召开会议，传达学习党的十九届五中全会精神。街道党政人大班子、全体机关干部及社区村书记参加会议。街道党工委副书记姚荣通读《中国共产党第十九届中央委员会第五次全体会议公报》，传达党的十九届五中全会精神。街道党工委副书记、办事处主任方翰解读十九届五中全会精神及公报要点，并就贯彻落实党的十九届五中全会精神及省、市、区领导干部会议精神作总结讲话。

11月13日下午，环南街道党的十九届五中全会精神传达学习会暨“城南青语”品牌首场竞演活动

（撰稿人：徐晓艳）

（本分目图片由环南街道提供）

盐仓街道

【概况】　盐仓街道地处舟山本岛西南部，辖区东接昌国、环南等街道，西靠双桥街道，南濒大海，北连小沙、马岙、干䃎等街道（镇），面积33.4平方千米，下辖颂河、虹桥、昌洲、兴舟、新螺头5个村，塔山、惠舟2个社区，户籍人口19256人。境内鸭蛋山码头连接宁波白峰，是舟山本岛通往大陆的海上“蓝色公路”，翁洲大道、兴舟大道、昌洲大道（329国道）、定马复线、鸭老线、茅叉线等主干公路纵横穿越，具

备较完整的水陆交通网络。辖区有舟山最大的水库——虹桥水库，总库容量1438万立方米，正常库容量1015万立方米。

是年，街道实现地区生产总值增长2.5%；全年实现规上工业总产值19亿元；完成限额以上批发和零售销售额4.5亿元，实际利用市外资金1.393亿元（含外资200万美元）；实现税收收入2.8亿元，其中实现地方税收收入1.5亿元；城镇和农渔村常住居民人均可支配收入分别增长4%和5%。

【经济发展情况】 是年，街道克服疫情带来的影响，抢抓政策机遇，落实企业“两直”补助600余家，新增注册企业100余家。落实“亩均论英雄”改革，强力整治企业低效厂房用地50家，释放城市发展空间逾1万平方米。加大企业科技创新，7412工厂入选全国第二批专精特新“小巨人”和省“隐形冠军”培育企业名单，龙文设备、越洋食品获定海区政府质量奖，金达电机等12家企业获专利补助。发展数字经济，致通速递、汇通快递通过数字经济核心企业规上培育，福臻圆、霁锋等13家企业完成企业上云，“企业码”注册申领全覆盖，总数达882家。主动对接招商，实际利用市外资金1.393亿元。推进乡村振兴，发展美丽经济，黄沙岙落位规划初稿完成，社群服务中心、心月湖游步道等配套项目启动实施。乡村闲置资源有效盘活，启动物业经济项目6宗，完工4宗。黄沙“秘境观海”精品民宿基本建设成型3幢，乡村文旅部落特色产业逐步培育。完成一村万树示范村建设，抚育海龙、建胜、黄沙区域山林400亩。推进高标准农田建设，完成新螺头全域土地综合整治和新村蔬菜基地渠道改建。

【社会事业】 是年，街道“最多跑一次”改革纵深推进，便民大厅实现“一窗通办”，“浙里办”APP深入推广，组建10人代办员队伍，受理便民服务事项5000余件，按时办结率100%。第七次全国人口普查有序推进，登记家庭户23167户。“三服务”长效机制精准有效，组成15个企业包干服务队，服务企业52家，帮助解决实际困难26个。社会保障措施得力，“一户一策一干部”结对帮扶72对，对口帮扶助力四川宣汉4个贫困村完成脱贫摘帽，建成示范型居家养老服务中心，殡葬改革稳步推进，翁洲菜场建成开市。全年新增低保低边户20户，发放救助款87.1万元，惠及困难群众700余户1140人，办理被征地农民、海洋捕捞渔民养老保险金一次性补缴1000余人。建成兴舟、昌洲文化礼堂，开展“千村万户”亮家风、“好家庭好家风巡讲”等活动，申报评选“最美家庭”17户，举办文化惠民活动60场次。

【党员干部队伍建设】 是年，街道线下以党群服务中心、红色书院为主阵地，线上依托微信公众号、云党课平台，举办各类专题学习32期，推动习近平新时代中国特色社会主义思想内化于心、外化于行。“锋行盐仓”党建品牌深化培育，建成军地融合党建基地，“一村一品”特色党建深入实施，成立颜管家爱心商家联盟，建成全区首个商会党群服务中心，探索推行两新组织“党支部轮值”机制，入驻两新党组织14家。基层组织进一步夯实，以“一肩挑”为核心的村社组织换届工作完成。

2020年度盐仓街道党组织书记抓基层党建工作述职评议会议

【党风廉政建设】 是年，街道开展正风肃纪检查32次，受理上级交办问题线索和交办件9个，约谈党员干部12名，专项攻坚治理“旧账”问题5项。完成区委巡察组巡察问题整改26条，期间批评教育8人，挽回损失55083元，风清气正的政治生态持续巩固。

【“两战”成果】 是年，街道第一时间建立指挥体系，组建9个专项工作组集中统一开展联防联控，准确上报每日疫情防控数据信息，严格落实各项疫情防控措施，落实居家隔离管控措施，实施村（小区）卡口设置，完成金鹰集中隔离点使命任务，细实做好常态化防疫，筹集企业爱心款及物资20万元，党员捐款10.28万元。妥善做好在养野生动物处置工作，发放补助资金49.74万元。有序推进复工、复产、复学，坚持“两手硬、两战赢”，由班子领导带头包干重点企业，全程帮扶、代办，与职能部门对接，指导企业做好疫情防控，帮助企业提升产能、追赶进度、减少损失，组建专班落实企业“两直”补助600余家，通过新企业纳统、限上企业对接、筹办夜市等途径改善辖区消费环境，拉升MEI指数，实现主要经济指标“半年正、全年红”。

【社会治理】　是年，街道规范提升“基层治理四平台”和全科网格建设，加大部门联动，加快反应速度，全年受理“12345”热线、网络问政、“平安通”等各类政务工单813件，受理网格排查的各类民情工单2300余件。做实矛盾纠纷化解，受理各类来信来电200多件次，办理上级转办件28件，接待来访群众142批次457人，排查涉稳隐患21项，成功调解矛盾纠纷101起。加大安全防范和隐患整治，排查整治重点行业和重点领域消防隐患523条，整改燃气安全隐患968户。纵深推进“扫黑除恶”专项斗争，联合辖区派出所、各村、社区深入开展摸排、宣传活动，保证高压态势。进一步织密治安防控网，严密关注重点人员动态，启用翁洲大道联勤警务站。获全市首批“一星平安金鼎”。探索基层治理现代化新途径，深化军警民联防协作，升级打造新时代枫桥式退役军人服务站，组建“东海渔嫂军嫂”队伍，参与社会治理200余场次。向部队输送优秀兵员，获评全市征兵工作突出单位。

【城市建设】　是年，街道实施重点项目40个，10项列入全区“实绩亮相”，全部完成年度目标。定马复线拆迁安置小区和虹桥小船岙农民公寓房分房交付，朱家山嘴安置小区完成综合验收，林家湾碶头安置小区主体完工，盐经三路安置小区开工建设。莲花庙路、盐纬五路、建胜路北段、规划七路、盐纬北一路和盐经北二路等6条道路竣工通车，街道北侧污水管道（泵站）项目建设完工。商住项目稳步实施，荣安御宾府建成交房，宝龙新天地、祥生云山府按计划推进，城西未来社区开工建设。防洪排涝能力稳步提升，盐河大塘配套加固工程和长春水库综合整治工程超前推进，全区防洪排涝能力提升双学双比荣获第一名。攻坚“最后一平米”政策处理，配合做好定海迎宾大道（盐仓段）、S321省道定海至盐仓段改建工程（茅岭段）、中石化油管迁移项目等重大交通项目的施工保障，迁移坟墓203座。

【环境综合整治】　是年，全国文明城市创建成果不断巩固，全年实施绿化养护和道路路面修补近11万平方米，改造更新基础设施2000余处，建成区垃圾分类实现全覆盖，主次干道实现“撤桶进巷（店）、定时定点”收运，获市级全国文明城市创建工作先进集体。开工建设盐仓运动休闲公园，启动青岭区块综合环境改造，同步实施“洁净乡村、美丽乡村、风情乡村”创建行动，获得美丽乡村“双学双比”活动第二名。深入治水治污，推进“污水零直排区”建设，疏通改造建成区污水管网3平方千米，完成虹桥河、定胜河等流域科技应用推广，修复整治海岸线1.6千米，超额完成盐河大塘配套加固工程和长春水库综合整治工程年度任务，获全区防洪排涝能力提升双学双比第一名。推进“三改一拆”行动，拆除违章28处，拆除面积1.55万平方米，盘活利用拆后土地9000平方米。严格管控私人建房，落实职能部门联动巡查，依法放样监管私人建房97户。

【街道召开2020新年度工作座谈会】　1月2日，盐仓街道2020新年度工作座谈会召开，街道党政班子成员、工青妇等群团组织负责人、机关中层以上干部和各村（社区）书记、村主任参加会议。会上，街道机关各办（中心）负责人汇报2019年主要工作开展情况和2020年工作思路，班子成员对分管工作进行补充发言，街道党政主要负责人进行点评，并对开展新年度工作提出要求。

1月2日，盐仓街道2020新年度工作座谈会

【街道召开主题教育总结大会】　1月14日，学习贯彻中央、省委、市委、区委主题教育总结大会精神，回顾总结主题教育开展情况，持续巩固扩大主题教育成果，召开“不忘初心、牢记使命”主题教育总结大

会。街道全体班子成员、机关干部，各村（社区）、企事业单位党组织书记150余人参会。

盐仓街道“不忘初心、牢记使命”主题教育总结大会

【街道召开2020年代表会议暨党工委工作会议】 1月14日，中国共产党定海区盐仓街道2020年代表会议暨党工委工作会议召开。会议回顾总结2019年工作，表彰奖励各类先进，安排部署2020年工作。

1月14日，中国共产党定海区盐仓街道2020年代表会议暨党工委工作会议

【街道召开专题研究部署会】 2月26日下午，盐仓街道召开专题会议。传达学习中央、省委、市委、区委统筹推进新冠肺炎疫情防控和经济社会发展工作部署会议精神，部署下一步工作。

2月26日下午，盐仓街道召开专题研究部署会

【街道有效整治燃气安全隐患】 3月，街道综合安全管理中心、城管中队、派出所联合区消防大队成立燃气安全隐患排查工作小组，对辖区企业、建筑工地、船厂、出租房等地的疏散通道、可燃气体报警器、紧急切断阀、消防栓、消防水泵等安全设施全面排查。定期对辖区燃气销售经营行为进行执法检查，规范经营秩序；对辖区燃气经营点负责人进行约谈，实行瓶装燃气销售实名制，督促其落实安全主体责任。由城管、社区干部、新居民志愿者组建燃气安全宣传队，在居民点、商铺、出租房、小餐饮店等处张贴《民用燃气安全基本常识》，并组织管道天然气和液化气安全使用常识培训，讲解不规范用气行为危害。在入户宣传同时对居民家中燃气设备进行安全检查，对存在私接改管、软管破损等安全隐患的现场督导立即整改。

3月，入户宣传燃气安全知识

【召开学习传达习近平总书记在浙江考察重要讲话精

4月7日下午，盐仓街道机关干部学习传达习总书记在浙江考察重要讲话精神

神会议】　4月7日下午，盐仓街道在五楼会议室召开全体机关干部会议，传达学习习近平总书记在浙江考察时的重要讲话精神和省委常委扩大会议精神。街道全体班子成员、机关干部和各社区村书记、主任120余人参加会议。

【成立金鹰隔离点小分队】　1月29日至4月11日，街道成立10人疫情防控应急小分队，前往金鹰观察点，投入到这场“特殊”的战役中。在隔离点，应急小分队24小时值守，对隔离观察人员提供无微不至的服务，确保隔离观察人员能够安全、健康、平稳地度过14天的观察期。4月11日，金鹰小分队完成任务，离开金鹰隔离点胜利回归。

4月11日，疫情防控应急小分队——金鹰小分队队员凯旋，在横幅“77个日夜 无畏无恙 欢迎勇士凯旋”前合影留念

【市国家安全局调研盐仓街道国家安全工作】　5月9日，市国家安全局一行，莅临盐仓街道，调研国家安全工作。街道政法委副书记向调研组汇报盐仓街道国家安全工作开展情况。调研组针对盐仓实际情况，对国家安全工作提出了进一步摸清辖区内涉外人员的基本情况等4点要求。

5月9日，市国家安全局调研定海区盐仓街道国家安全工作

【完成定马复线拆迁安置小区抽签选房工作】　4月20日起，街道开展定马复线拆迁安置小区抽签选房工作。定马复线拆迁安置小区为区属重点民生项目之一，由10幢低层联排住宅、7幢多层住宅和物业配套用房构成，主要安置虹桥村自来水厂、廊道工程、定马复线等项目的房屋征收户。

4月，盐仓街道富虹小区安置房交付抽签现场

【全区首个商会党群服务中心正式启用】　5月15日上午，盐仓商会党群服务中心正式启用，来自辖区内的老一辈企业家、新生代企业家、青年人才、青年党员共同参与启用仪式。

5月15日，商会党群服务中心启动现场

【街道召开2020年度民主议事会议】　5月15日下午，

5月15日下午，盐仓街道2020年度民主议事会议

盐仓街道2020年度民主议事会议召开。52名议事会成员参加，街道其他党政班子成员、村和社区书记、主任、辖区各企事业单位负责人等列席会议。

【盐仓街道翁洲大道联勤警务站启用】　6月1日，盐仓街道翁洲大道联勤警务站启用。该警务站位于翁洲大道匈牙利馆，由盐仓派出所、盐仓综合执法中队、街道综治办、辖区企事业单位等力量共同进驻，建设有岗亭、调解室、服务窗口等。联勤警务站旨在推行扁平化管理，创新警务机制，围绕“打造全天候巡控点、建设精品化示范岗、构筑窗口式样板间”开展巡逻防控、防暴处突、矛盾化解、消防检查、窗口服务等工作。

【定海美丽乡村周】　5月25日，盐仓街道在新螺头村黄沙岙举办美丽乡村“踏歌行”系列活动。活动以美丽乡村周活动为载体，展示盐仓近年来在党建引领下新农村建设成果和“老盐仓”非遗文化，感受岙里风情、体味善治成效。

乡约定海“秘境·观海”民宿开业仪式

【街道召开创建全国文明城市决战动员大会】　6月1

6月1日，盐仓街道创建全国文明城市决战动员大会

日上午，盐仓街道创建全国文明城市决战动员大会在五楼会议室召开，全体机关干部职工、城管、交警、市监和社区村相关点位负责人120余人参加会议。

【打好村社换届选举起步战】　5月，街道立足实际，突出“实”字，做细战前练兵、战前摸底、战前选育等村社换届选举各项准备工作，打响村社换届选举起步战。“分类施策”重实效，上好战前必修课；“听评谈查”探实情，建好战前信息库；“赛马比拼”亮实绩，把好战前选育关。

【开展“安全生产月”活动】　6月1日至30日，盐仓街道联合各村（社区）、企事业单位和机关等有关部门，街道通过组织召开党工委理论学习中心组专题会议、邀请专业安全技术专家进行讲解、在线观看“安全课”暨“安全生产月”启动仪式与安全宣传咨询日活动、组织辖区企事业单位开展应急演练，在辖区范围内统一开展“安全生产月”系列活动。

6月，盐仓街道召开安全生产培训会

【街道举行创建全国文明城市誓师大会暨爱国卫生运动启动仪式】　7月3日下午，街道举行创建全国文明城市誓师大会暨爱国卫生运动启动仪式。街道全体机

7月3日，创建文明城市誓师大会暨爱国卫生运动启动仪式

关干部，各村（社区）书记、主任、村干部代表，公安、交警、城管、市监、保安、保洁等职能部门代表，200余人参加此次大会。

【街道高效整治低效厂房】　7月，街道、环保、消防、城管等多部门联动，针对厂区环境脏乱差、消防环保不到位、秩序管理混乱的企业，进行联合执法综合整治，提升企业环境和企业形象。通过平台招商、辖区互助等多种形式，帮助企业出租闲置的厂房，盘活闲置资源，提升企业效益。结合城市规划和旧城改造，对历史遗留下的问题区块进行重点突破，拓展城市的发展空间。

【开展沿街商铺消防安全专项整治工作】　7月28日下午，街道组织召开沿街商铺消防安全专项检查工作部署会，机关各相关口子、派出所、消防、城管、市监、第三方安全机构和社区村主要负责人及网格员参加会议。7月29日起，街道消防安全专项检查领导小组牵头，组织辖区派出所、社区民警、城管中队、市场监督所和村社区网格人员、消防协管员、第三方安全机构，全面开展沿街商铺消防安全专项检查。

7月28日下午，召开沿街商铺消防安全专项检查工作部署会

【市农业农村局副局长胡志军赴黄沙调研闲置农房盘活利用工作】　8月6日，舟山市农业农村局副局长胡志军赴黄沙调研闲置农房盘活利用工作，定海区农业农村局副局长胡光远、盐仓街道党工委副书记俞舟娜等陪同调研，胡志军一行实地察看黄沙岙闲置农房盘活改造情况，现场听取街道美丽乡村建设工作情况汇报和秘境观海民宿方对盘活情况的介绍和下一步的发展规划。胡志军一行对盐仓街道盘活利用闲置农房，振兴乡村工作表示肯定，鼓励经营业主和民宿企业大胆探索，继续创新。

8月6日，市农业农村局副局长胡志军（右二）赴黄沙调研

【推进“污水零直排区”建设】　8月，街道委托第三方利用CCTV、QV检测等技术手段逐一排查排水工程概况，并采取“监管+双向核查”双体系摸排方法，聘请监理单位全程监管摸排工作、核查摸排清单。聘请水利、建筑、环保等行业专家集中研讨施策，制定“一点一策”治理修复方案，确定项目表、时间表和责任表，制订问题清单、任务清单、项目清单和责任清单。企业和十小行业实行问题清单化管理，以限时自行整改、职能部门督查推进为主。生活小区、公建单位和市政道路实行项目化推进，由政府投资实施工程建设。

【省农业农村厅副厅长刘嫔珺调研黄沙美丽乡村建设】　9月16日下午，省农业农村厅副厅长刘嫔珺实地调研黄沙美丽乡村建设，市农业农村局局长洪碧，定海区委副书记顾飞舟陪同调研。街道党工委书记

9月16日下午，省农业农村厅副厅长刘嫔珺（左二）调研黄沙美丽乡村建设

王文杰对舟山观海旅游开发公司杭州投资方建设的“年轮公园·非岛乡村文创聚落”黄沙精品民宿群项目情况进行汇报，并对精品民宿村建设下一步的发展规划大师工作室、休闲业态、潮流生活等项目思路进行详细介绍。调研人员接着来到黄沙岙党群建设服务中心，了解“黄沙守岙人”社群自治品牌等相关建设情况。

【开展节前安全生产大检查】 国庆、中秋期间，街道党工委书记、办事处主任分别带队，深入辖区重点企业、在建工地等，开展节前安全生产大检查。

9月中旬，节前安全生产大检查

【开展“爱在国庆，情满中秋”双节活动】 10月1日，盐仓街道开展“爱在国庆，情满中秋”双节活动。上午9点30分，国庆中秋游园会拉开序幕。随后盐仓非遗展演、匠人技艺、传统游艺、传统美食、“青年YEAH市”等活动陆续开展。

“爱在国庆，情满中秋”双节活动现场

【全市首座闸泵一体式外海排涝闸泵站开工建设】 10月起，全市首座闸泵一体式外海排涝闸泵站开工建设。该闸泵站系盐仓街道盐河大塘配套加固工程项目，位于盐河大塘中部、盐仓大河的南端，拟在现有盐河主闸的基础上配套建设27立方米/秒的排涝泵站，完善区域排涝布局和防洪体系。因工程地理位置特殊，四周空间局限，为破解场地难题，经省、市、区多级主管部门和专家论证，工程采用闸泵一体新技术方案建设。

【副区长王其锋到黄沙民宿建设现场实地调研】 10月10日，副区长王其锋带领相关职能部门负责人实地调研新螺头村黄沙民宿建设现场。区文旅局副局长傅勇、区政府办公室副主任沈小岳和盐仓街道办事处、新螺头村等部门和单位负责人陪同。

10月10日，定海区副区长王其锋（左三）实地调研黄沙民宿建设

【街道召开传达贯彻党的十九届五中全会精神会议】 11月2日上午，街道召开会议，传达学习党的十九届

11月2日上午，街道会议传达贯彻党的十九届五中全会精神会议

五中全会精神，研究部署街道贯彻落实意见。街道全体机关干部和各村（社区）书记110余人参加会议。

【开展第七次全国人口普查】　10月初起，街道各村（社区）提前谋划，做实宣传，入户发放宣传单，张贴宣传画、横幅，引导广大群众积极支持和配合普查工作。开展第七次全国人口普查综合业务培训会，对普查法规与纪律要求、普查方案、普查摸底工作、普查表填写说明及指标解释、手机实际操作等项目进行现场讲解、演示，组织普查员进行业务培训测试，提高指导员和普查员的业务水平。普查员们通过实地踏查摸清每个区域住房的数量和具体位置，走访每家每户进行普查告知，询问登记方式，了解户内人员的大致情况，确保不遗漏一家一户。

【盐仓翁洲菜场盛大开业】　11月8日上午，盐仓翁洲菜场正式开业运营。菜场占地面积约3000平方米，设置自产自销摊位48个，固定摊位95个。菜场对标五星市场标准进行整体功能和环境的装修设计，配置足够的机动车位和非机动车位，为周边近3万个居民买菜提供便利。

11月8日上午，盐仓翁洲菜场开业

【街道打造新型居家养老服务中心】　11月，街道投资150万元，将位于街道中心地段的原海富老年活动中心，分别设立多功能餐厅、棋牌室、全托室、培训室、阅览室、淋浴室、洗衣房等9个功能站室。安装监控系统、发布系统、看护系统和通信系统，包含客流统计、楼道安防、人员定位、紧急呼叫、信息发布等智慧功能，实现与市智慧养老服务信息平台并网运行。引进第三方单位，对居家养老服务中心实行社会化运营，为老年人提供专业化的健康管理、膳食餐饮、日间照料、中医理疗、助餐助浴、精神慰藉、文化娱乐、学习培训、失智照护等专业服务。

【区应急管理局走访慰问虹桥村贫困家庭】　11月23日，区应急管理局组织党员干部开展“党员暖冬行，志愿暖人心”活动，深入虹桥村贫困家庭中进行走访慰问，摸排取暖情况，解决取暖困难。区应急管理局党委委员、副局长、机关总支部委员会书记张惠州率先垂范，带领局党员干部、驻村干部、深入贫困户家中与他们亲切交谈，查看取暖设备，详细询问取暖状况，并送去棉衣、棉被等御寒衣物。

【街道传达学习省委十四届八次全体（扩大）会议精神】　12月2日晚，街道利用夜学时间传达学习省委十四届八次全体（扩大）会议精神，全体机关干部、各村（社区）书记、副书记、副主任等130余人参加会议。

12月2日晚，街道传达学习省委十四届八次全体（扩大）会议精神

【学习贯彻党的十九届五中全会精神】　12月9日，学

12月9日，市委党校副教授庄韶辉授课

习贯彻党的十九届五中全会精神，街道邀请市委党校政治教研室主任庄韶辉副教授，上专题党课。街道全体机关干部、各村（社区）书记、副书记、副主任等130余人参加学习。

【召开2021年度工作思路交流座谈会】 12月12日，街道在五楼会议室召开2021年度工作思路交流座谈会，学习领会党的十九届五中全会精神，研判2021年度街道工作面临的形势和任务，着眼各项工作创新发展，谋划新年度的工作思路。街道领导班子成员、中层以上干部、各社区村书记参加会议。

12月12日，盐仓街道2021年度工作思路交流座谈会

（撰稿：曹遥威）

（本分目照片由盐仓街道提供）

岑港街道

【概况】 岑港街道位于舟山本岛西部，东南、东北与双桥、小沙接壤，西南有西堠门大桥连接金塘镇，北濒灰鳖洋。境内有岑港大桥、响礁门大桥、桃夭门大桥和富翅门大桥4座跨海大桥，为舟山连接大陆的交通枢纽和桥头堡；有一条长6千米呈“S”形内港——岑港渔港，东起老塘山港、西至响礁门，是著名的避风良港；有富翅岛、里钓山、中钓山、外钓山、五峙山列岛、大菜花山、小菜花山、老虎山、墨斗山等18个小岛，其中富翅岛、里钓山、外钓山为住人岛屿，五峙山列岛是浙江省唯一的鸟类自然保护区。街道陆域面积64.9平方千米，耕地8776亩。2020年辖9个村1个社区，有177个村民小组；户籍人口7015户、17734人；流动人口14951人。居民基本养老保险参保8413人，居民基本医疗保险参保8996人。

是年，实现财政总收入3.75亿元，同比增长19.26%，其中地方收入2.08亿元，同比增长9%；完成企业总产值45.58亿元，实现工业（不包含定海工业园区企业）总产值26.16亿元，同比增长51.9%，规上工业产值23.18亿元，同比增长55.7%；固定资产投资26.76亿元，其中工业投资5.44亿元；农渔民人均纯收入32708元，同比增长3%。

经济发展情况 是年，有企业300余家，其中工业企业130余家，规上工业企业16家,企业从业人员2300余人。全年投入技改资金2.98亿元，舟山上建豪州混凝土有限公司等1家企业升为规上工业企业。新注册市外企业共4家，其中有实际到位注册资金的共4家，实到市外注册资金3.07亿元，市外资金投资额5.61亿元。成功引荐2家企业入驻定海海洋科学城，引进亿元以上产业项目2个。省级科技型中小企业培育3家，高新技术企业后备入库1家，工业互联网平台、数字技术应用示范1个。

是年，农作物播种面积12445亩，其中粮食作物种植面积7900亩，总产量3200吨；经济作物播种面积4541亩，总产量6088吨；蔬菜种植面积3014亩，总产量5134吨；果用瓜播种面积491亩，总产量710吨；果园面积5083亩，总产量2248吨。有种植大户13户、畜禽养殖大户3户、家庭农场16个。海水养殖面积56公顷，产量575吨，产值2753万元；有渔业船舶8艘，海洋捕捞产量140吨，产值501万元。有山林51286亩，生态公益林42695亩；农业机械总动力7147千瓦。华晟牧场累计完成投资1.71亿元，70余亩建设用地顺利批复，获评年度浙江省生猪增产保供成绩突出集体。全域推进旅游新业态，南岙村成功创建全市AAA级景区村庄，涨次、烟墩、册北获评市A级景区村庄。

社会事业 是年，街道生育水平保持稳定，出生81人，其中男婴39人，女婴42人；死亡175人；新婚27对，优生两免参检率92%。落实农村部分计生家庭普通奖扶229人，特别奖扶72人。对200余名育龄妇女进行“两癌”筛查。全年发放各类救助补助金75.23万元，救济489人。走访核查低保对象221户285人、低边对象27户45人，发放低保低边保障金251.6万元。街道共有困境儿童16名，根据“添翼计划”为一名低保家庭中的病残儿童提供康复治疗。落实残疾人两项补贴245万元，惠及近11000人次。90周岁及以上高龄老人115人，在册享受1400人次，发放长寿保健补助金15万余元，对24名“五保户”采取入院供养、户院挂钩两种集中供养形式及分散供养形式保障基本生活。

综合治理　组建“东海渔嫂”十大员队伍，构建邻里乡里互助会，建立“贴隔壁”联心坊，建立矛盾纠纷调解骨干定点轮班制。开展矛盾纠纷集中排查100余次，受理矛盾纠纷126起，调解成功126起，调解成功率为100%，全年无因调处不当引发非正常死亡等重大事件发生。册北村、涨次村获评2020年度浙江省善治示范村。

平安建设　开展“扫黑除恶”专项行动，依法做好信访维稳。持续推进区域“雪亮工程”“智安小区”建设，实现区域公共安全监控全覆盖、无死角。落实每月交通巡查机制，整改交通管理难题60余件。开展能源领域专项排查整治、消防专项检查、无证港内小船整治、燃气安全管理等工作，排查企业安全生产隐患558项，治理整改率100%。街道获评市级安全生产先进单位。

政务服务优化　完善硬件设施加快政府数字化转型，深入推进“最多跑一次”工作，拓宽公共服务中心办事窗口服务内容。12345热线全年受理投诉及建议323宗，全部依时办结。办理人大代表建议22件，满意和基本满意率达100%。

【重点项目建设】　册子—马目输油管道工程、舟山市危废处置填埋场项目进展顺利，光汇石油与盐田港集团重组取得突破，和海集团建筑混合砂加工生产按期完成，浙江同舟环保科技有限公司油泥包处置项目进度加快，大皇山建筑用石料矿项目达产，完整的全产业链初步形成。

【基础设施建设】　农民公寓房六期建设项目累计投资1.3亿元，芳香苑全年累计分房99套，完成金桥公寓环境整体提升工程和涨次村级多功能运动场建设；完成望海湾、里钓海防道路建设提升工程，加快里钓、册子交通码头建设，完成鸭东线绿化及路面提升工程；西大塘配套加固工程一期、二期完成整体工程90%以上，涨次水库除险加固、烟墩片河库连通综合治理工程完成50%，峧下海塘提标加固工程有序推进。

【组织换届完成】　聚焦“五好两确保”目标，精准把握选情，加强教育宣传，严格实行选前谈话，签订纪律承诺书。全程高频开展业务指导、政策把关、防偏纠偏和评估考核。成立换届专班，深入一线梳理难题，编制选情研判表，制定多套方案攻坚转码，红码、黄码村全部顺利转绿码，9村1社一次性选举成功率100%，“一肩挑”率100%。坚持换干结合，培养提升村级带头人决策能力，促进集体资产保值增值，实现集体经济15万元以下村清零。

岑港街道村（社区）组织换届工作动员大会

【基层党建联盟发挥实效】　依托产业优势，联动烟墩村域内两新党组织，打造“星海岑光”区域党建联盟，推出星火传递、红海引航、岑心共筑、微光闪耀等品牌活动，探索村企民三方共建、互惠共赢。成立“同心圆·岑心建”党建联盟，开展“微心愿”、志愿献血、义诊等活动，汇聚册子片区基

“同心圆·岑心建”政企党建共建活动

层党建力量。整合联盟资源，推行册子三村水资源有偿使用。

【壮大集体经济】 通过整合资源、土地流转、发展物业项目等方式，推进“消薄”工作。统筹规划册子水系，集中盘活闲置水资源，做好浙江交投矿业有限公司和舟山和海建材科技有限公司水资源有偿使用工作。街道各村集体经济均达到15万元以上，其中2个村达到90万元以上。

【疫情防控】 全面落实联防联控、群防群控要求，构建街道、村社、卫生院三级疫情防控指挥体系，抽调街道机关、村社干部233名，组建“1+3”防疫队伍（防疫专项组、应急小分队、防疫巡逻队、核查小队）。累计排摸辖区人员29600余人、外来人员1万余人，安排隔离803人，发放医用口罩2万余个，张贴防疫海报260余套，分发宣传资料2000余份，收到社会各界捐款16.2万元。常态化防控阶段，紧守“外防输入，内防反弹”的原则，制定防控应急预案，强化港口码头管控，坚持一对一联系人制度、点位签到制度等防控措施，落实防疫闭环制，引导群众留舟过年，取得疫情防控阶段性胜利。

重要点位设卡值守

【助推企业复工复产】 成立疫情防控企业专项防控组，对辖区企业开展“拉网式”排查，通过实地走访、电话了解、微信收集等方式排摸即将返工的外地务工人员，跟进企业复工时间，动态掌握复工情况。要求企业在开工前签订疫情防控管理责任书，制定企业复工方案以及疫情防控应急预案，确保企业在严防疫情的情况下及早顺利复工。

疫情防控企业专项防控组对申请复工企业进行现场指导验收

【深化创城攻坚】 坚持常态化创建与精细化治理相结合，严格落实点位长责任制、“每日碰头会”、街巷长制等管理方式，多管齐下治理街域秩序，解决创建难题。开展全域环境卫生和违法搭建综合整治攻坚行动，集中攻坚拆除桃夭门违建群，打通大墩里、桃花苑、沿山路等创城“最后一公里”，全年清理废弃杂物2500余吨，清理露天粪缸810个，整治乱堆乱放1840余处，整治违法搭建17000平方米。开展“烟蒂不落地”“文明家庭”等群众性宣传教育活动和文明细胞等评选活动，形成干群参与、齐抓共管、共建共享文明创城大格局。

【污染防治】 持续推进各级环保督察及“回头看”反馈问题整改，重点整治突出问题企业5家，完成一、二级水源保护区整治任务。投资600万元整治修复富翅、涨次海岸线2公里，投资372万元治理富翅岛废弃矿山生态环境治理工程。完成“两园区四区块”5公里雨水管道和12公里污水管道整改项目。完成“美丽河湖建设工程”项目、“污水零直排区”项目验收，农业水价改革试点通过省级验收，岑港水库获评省优级饮用水水源地，完成农村饮用水达标提标三年行动计划。

【美丽乡村建设】 南岙村、涨次村成功创建市级美丽精品村，推进烟墩美丽乡村绿色转化项目建设。推进环卫管理全域覆盖，倡导垃圾分类成为乡风文明新时尚。建设完成东西快速路舟山西绿化工程、烟墩红绿灯周边环境整治、老塘山隧道绿化工程。

【“欢喜烟墩”乡村振兴农业绿色转化项目】 依托

烟墩村生态风貌、文化资源、基础设施等优势，以农业绿色发展为主方向，重点建设“三园一馆一课堂”（环水库运动公园、农事体验园、现代农业园，科普馆，乡村振兴大课堂），打造以科普实践、教育培训为主，生态种植、采摘体验为辅的新时代美丽乡村的岑港样板，推动一、二、三产业融合发展。截至年底，村口及现代农业园区内景观节点更新打造完成，农村培训馆提升改造完成。

【提升改造烟墩文化礼堂】 改造原烟墩文化礼堂，升级为集礼堂讲堂文化活动、教育培训为一体的综合性多功能农村培训馆，占地约1000平方米，可容纳300人，可根据需求广泛开展各类技能培训，承接学校教育实践项目。完成与市农广学校合作种植类中专班开班仪式。

改造提升后的烟墩文化礼堂内部

【召开党代表暨党工委会议】 1月15日，召开2020年党员代表会议暨党工委工作会议。听取党工委书记的工作报告；通报表彰2019年度街道的7个先进集体、57名先进生产（工作）者；分组讨论街道党工委和纪工委工作报告，征求到基层党建、基础设施及民生保障等方面的提案10件，经讨论，9件予以立案。

中国共产党舟山市定海区岑港街道2020年代表会议暨党工委工作会议

【乡贤会成立】 1月21日，岑港街道举办“群贤畅叙桑梓情 共绘岑港新画景”乡贤联谊会，区委常委、区委统战部部长林世军出席会议。会议审议通过《定海区岑港街道乡贤联谊会章程》和《定海区岑港街道乡贤联谊会选举办法》，选举产生岑港街道乡贤联谊会会长、副会长、秘书长。表决通过关于聘请舟山市定海区岑港街道乡贤联谊会名誉会长的决议，并举行授牌和聘任仪式。会后召开乡贤恳谈会。

1月21日，岑港街道“群贤畅叙桑梓情 共绘岑港新画景”乡贤联谊会成立大会现场

【张佩飞调研“清廉村居”建设工作】 4月30日下午，市纪委副书记、监委副主任张佩飞一行到街道开展调研，区纪委书记、监委主任郑飞科陪同调研。

【召开民主议事会】 5月9日，定海区岑港街道召开

5月9日，定海区岑港街道2020年民主议事会议

2020年民主议事会议，53名民主议事会成员和37名列席人员参加会议，定海区人大常委会副主任齐友国应邀参会指导。会议听取和审议岑港街道办事处和人大工委工作报告，测评岑港街道2019年民生实事项目完成情况，并对2020年民生实事项目进行票选。

【“乡约定海·岑醉时光”主题活动】 5月23日，街道在册子月亮湾沙滩举行“乡约定海·岑醉时光”美丽乡村周主题活动。活动现场，市民们参与沙滩及沿海垃圾清理活动，观看精彩的演出，品尝自助餐点，参加篝火晚会，共同守护绿水青山，助力推进美丽乡村建设。

5月23日，“乡约定海·岑醉时光”美丽乡村周主题周篝火晚会

【王伟调研指导全国文明城市创建工作】 5月27日上午，市政协主席王伟到街道调研指导全国文明城市创建工作。王伟一行先后来到街道综合文体楼、农贸市场、社区卫生服务中心、窗口单位及沿街商铺查看环境卫生和工作秩序，提出整改意见。

【创建全国文明城市志愿服务决战誓师大会】 6月

6月7日下午，志愿者参与“红动舟山 决战创城”岑港街道创建全国文明城市志愿服务决战誓师大会

7日下午，120余名志愿者参与“红动舟山 决战创城”岑港街道创建全国文明城市志愿服务决战誓师大会。街道党工委副书记、办事处主任吕凌飞作动员讲话。

【庄继艳到街道开展包乡走村活动和省委全会精神宣讲】 7月6日下午，区委书记庄继艳到岑港街道开展包乡走村活动，就贯彻落实习近平总书记考察浙江时的重要讲话精神，并结合贯彻落实省委十四届七次全会精神，向基层党员干部群众开展宣讲。

【岑港优品惠民展销会活动】 7月25日至26日，“消暑好滋味 惠民新生活”岑港优品展销会活动在岑港车站广场举行，岑港和双桥的农户、华之友超市（定海店）等参展商参加，设展位21个。活动期间发放惠民券1600余张，实现销售额16万余元。

7月25—26日，“消暑好滋味 惠民新生活”岑港优品惠民展销会

【省防台风检查组督查汛中防台工作】 8月19日上午，由省应急管理厅党委委员、副厅长赵孟进、省应急管理厅减灾救灾处二级调研员邵琦、省应急管理厅防汛抗旱处副处长吕乐组成的省防台风检查组到街道开展防台风准备工作检查，市应急局局长蔡志军陪同。重点检查街道基层防汛防台体系建设情况，随机抽查桥头村基层防汛防台体系建设情况，对街道防汛防台工作表示肯定，并提出更高的要求。

【顾飞舟调研基层矛盾纠纷调处化解工作】 9月2日上午，区委副书记、政法委书记顾飞舟到街道调研基层矛盾纠纷化解情况。顾飞舟一行先后调研烟墩村、岑港派出所、岑港法庭及岑港司法所，详细了解矛盾纠纷排查化解方面的工作情况及存在问题，并与街道书记、两所一庭负责人就如何进一步开展矛盾纠纷排查化解工作进行深入交流。

【郑飞科调研村（居）监察工作联络站工作开展情况】9月29日上午，区委常委、区纪委书记、区监委主任郑飞科到街道就村（居）监察工作联络站工作开展情况进行走访调研。郑飞科一行走访烟墩村、坞坵村，实地查看“三务公开”、村监察工作联络站硬件设施配备等情况，并对如何推动监察工作联络站规范履职进行现场指导。

【施俊跃调研省民生实事项目河库联通工程】10月13日，省水利厅党组成员、总工程师施俊跃到岑港烟墩片河库开展“三服务”抓投资调研活动，调研省民生实事项目河库联通工程。

【册子大皇山矿地表引水工程通水成功】是年11月，岑港册子大皇山矿地表引水工程通水成功。该项目投资1000余万元，历时5个多月设计和施工，包括一座浮船坞、3台泵机、4公里长输水管道、配电房等设施，每年最多可为企业输送80万吨水，缓解自来水消耗。该项目将册子岛储水量达27万立方米的北岙水库、45万立方米的双螺水库贯通，提高当地水库水资源利用率，预计将为册北、南岙、桃夭门三村合计增加年集体经济收入200余万元。

【举办“农旅融合 匠心兴村”农村实用人才培训班】街道举办为期4天的2020年“农旅融合 匠心兴村”农村实用人才培训班。邀请正高级农艺师徐晨光、园林工程高级工程师陈国忠等讲师进行授课，主要内容包括晚稻优良品种及主要栽培技术、“美丽庭院”园艺、“东沙古镇”现场考察等方面的培训。

岑港街道“农旅融合　匠心兴村”农村实用人才培训班在东沙古镇考察学习

【甬舟铁路开工仪式在册子岛小晒网村举行】12月22日下午，全省“县县通高速”通车、“十四五”综合交通重大项目开工活动暨甬舟铁路开工仪式在册子岛小晒网村举行。

【文体比赛获佳绩】各村在“2020唱响定海·我的文化我的团”文艺团队云展演评选活动中取得优异成绩。街道门球队在2020年舟山市门协迎国庆门球竞赛中获得第一名，在定海区第五届农渔村中老年门球竞赛交流中获得第二名，在舟山市第三届全民体育生活节暨舟山市门球争霸赛获得第五名。街道羽毛球队在“活力定海”第六届羽毛球公开赛中获得男子单打第二名、女子双打第四名，在第九届定海区委直属机关羽毛球团体争霸赛中获得第四名，在中国体育彩票舟山市第三届全民体育生活节“自游宝杯”舟山市羽毛球业余联赛中获得男单第二名，女双第三名的好成绩。街道自组的“超赞乡村艺术团”参与“活力定海”2020年定海区庆重阳中老年广场舞交流展示活动、浙江省农村文化礼堂建设成果展演暨“三团三社”成果展演。街道文化员余洁代表岑港街道参与

2020年舟山市门协迎国庆门球赛第一名奖杯

2020舟山市文艺创作作品展演，参与浙江省群众文化舞台艺术精品展演，在“品读定海”镇街道文化员诵读大赛荣获金奖。

（撰稿：张一弛）

（本分目图片由岑港街道提供）

马岙街道

【概况】 马岙街道地处舟山本岛西北部，街道总面积25平方千米，辖三江、五一、马岙、团结、三星、北海6个村，有110个村民小组，3509户，户籍人口9373人。2020年，街道紧团结和依靠广大干部群众，推进街道经济社会持续协调和谐发展，为推动全面高质量发展，实现率先建成“两个高水平”奋斗目标奠定基础。

是年，街道实现社会总产值104.9亿元；实现入库税收1.403亿元；实现工业产值94亿元，实现农业产值1.5亿元；农民人均可支配收入38832元,同比增长8.2%。

经济发展情况 完成17家规上企业全面复工，兑付60家小微企业和120家个体工商户的“两直”补助资金。全年实现工业总产值94.7亿元，其中规上工业总产值89.7亿元，累计外贸出口交货值4.4亿元。招商引资引税工作推进设立定海区产业服务中心马岙分中心，成功引进市外企业12家，省外企业2家。森森智能工厂一期项目主体工程已完成，宇锦水泥技改项目、鱼山—洛迦220千伏电网建设项目稳步推进。完成上级部门部署的粮食生产任务，完成新青农、祥农等农旅融合点提升工作。推进“海上河姆渡康养田园综合体”建设，“村回民宿”运营良好，民宿效应持续提升。

城镇面貌 推进以全国文明城市创建为核心的全域环境整治，点位长责任体系全面落实，专项整治、动态整改、机制建设协同推进，获评市级全国文明城市创建工作先进集体。坚持以环境整治提升为重点，加强集镇区、村道、小微水体日常保洁全覆盖，依托“路长制”“街长制”“三长制”“志愿先锋岗”“一把扫帚大家扫”等载体，实现常态化管理全覆盖。基础配套短板加快补齐，五一段楼门街道路改造完工，嵊泗至定海疏港公路政策处理完毕，推进全域土地整治项目。完成马岙集镇区排涝灌渠项目和小舟黄岩涂海塘除险加固工程，推进胜利海塘除险加固工程和胜利泵站建设。贯彻“两山”理念，以马岙村省级美丽乡村为龙头，完成景区村庄全覆盖，团结村获评AAA级景区村庄，成功创建团结、五一市级美丽乡村精品村。千年稻香风景线继续提档升级，马岙博物馆完成改造提升，“一核多点、两带融合、村园联动”的全域美丽乡村格局持续完善，成功创建省级旅游风情小镇。

社会事业 推进第二批省级农村综合改革集成示范区建设试点项目，完成改革任务60余项。“最多跑一次”改革纵深推进，便民大厅实现“一窗通办”，推广“浙里办”APP，受理便民服务事项4500余件，按时办结率100%。第七次全国人口普查有序推进，全域登记人口15155人。社会保障体系持续完善，低收入农渔户与低保边缘户认定标准实现“两线合一”，全年发放各类救助慰问金253.6万元。完成三江村区级“幸福社区”创建和街道敬老院避灾中心规范化建设，马岙村居家养老照料中心成功通过四星级评审，医养结合养老模式签约1350多人。建成全省首批全国示范型退役军人服务中心和省民生实事项目三星级“森惠残疾人之家”，退役军人管理、助残服务等领域更加科学高效。开展平安建设和维稳综治工作，开展矛盾纠纷大调解、安全生产大检查活动、“扫黑除恶”专项斗争，马岙街道派出所挂牌成立，全年未发生重大安全生产责任事故。打造全市“智慧村社”样板镇街，围绕“善治凝心、数字赋能”的建设思路，坚持“以德为魂、以法为据、充分自治”的治理路径，全省首创舟山乡村善治学堂，结合乡村治理数字化应用，推进街道、村两级平台建设，不断提升“自治+智治”能力，初步形成“有事一起干，事事有商量，人人成风尚”的乡村善治格局。

党的建设 把政治建设摆在首位，依托线下党群服务中心、“锋行白马”党建联盟和线上微信公众号等载体，推动习近平新时代中国特色社会主义思想内化于心、外化于行。实施两新组织党建组织力提升工程，两新企业实现党的工作全覆盖。“双核多元”红色服务圈格局效应凸显，设置先锋岗、示范岗100余个，参与岗位认领6000余人次。基层组织进一步夯实，村级组织全面实现“一肩挑”，整体呈现“三高三优”特点。“开门一件事”领办制迅速启动，立项27件，完成15件。全面落实意识形态工作责任制，进一步统一思想、凝聚共识。实施“全息化”干部培养管理，一线实干选人用人导向更加鲜明。全面从严治党“四责协同”深入推进，落实中央八项规定精神及其实施细则，实施厉行节约、反对浪费工作，稳步推进“清廉机关”“清廉村居”建设，街道监察办被评为全市首批示范乡镇（街道）监察办，马岙村被评为首批舟山清廉村居示范点。抓好巡察整改工作，完成区委巡察组巡察问题整改16条，期间批评教育7人，巩固风清气正的政治生态。

【新冠肺炎疫情防控】 是年，街道第一时间构筑“人物同防”防控体系，打造立体管控“铁桶”，推进“硬核隔离+精密智控”，小白马抗疫志愿队轻伤不下火线连续奋战80余天，600余名村社工作者和志愿者坚守一线，辖区党员群众自愿捐款39万余元，暖心服务获得群众点赞，常态化防控慎终如始，确保辖区零感染、零确诊。

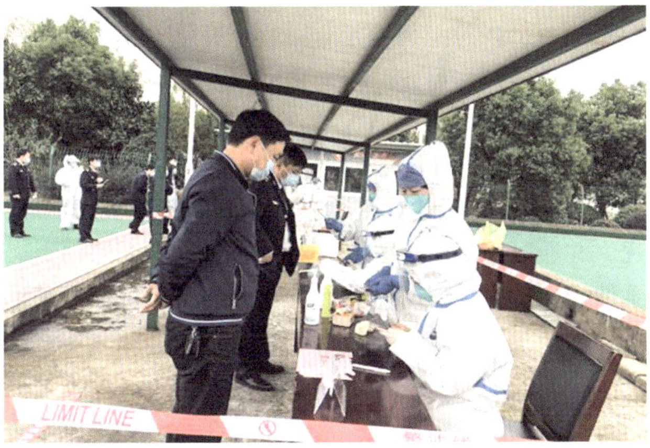

开展抗疫斗争

【举办美丽乡村周活动】 5月22—25日，马岙街道举办以“乡约定海 善治助推美丽乡村建设”为主题的定海马岙美丽乡村周活动。活动期间举办为期4天的好物集市开市活动，开设农产品、土特产、手工制品

5月22—25日，马岙街道举办美丽乡村周活动

等摊位，展现富有马岙特色的原汁原味乡村集市。街道还在团结村设立网红拍摄点，举行汉服摄影、学生田园写生课、青少年自然教育课程、开心农场等多种活动，完成美丽乡村周召开任务。

【马岙博物馆升级改造为舟山史前文明专题性博物馆】 是年5月，马岙街道成功将马岙博物馆提升改造为舟山史前文明专题性博物馆。其中建筑面积约2100平方米，展陈面积约800平方米。上下两层楼拆分为序厅、展厅多功能区与五大块展陈板块，全面完善本土实物史料，介绍舟山史前文化研究成果。重点展示舟山群岛新石器时代遗址分布示意图，凉帽蓬墩、洋坦墩遗址、长墩遗址等省市区文保单位，与农业生产、狩猎、木作工具等。创新设置智能留言屏与抽拉展柜知识问答，增加展陈的故事性与互动性。

马岙博物馆

【创新培育村民自治“一村一品”示范品牌】 是年3月起，在马岙村全国乡村治理示范村的创建成果基础上，辖区内6个村分别根据地域特色，因地制宜打造6个“一村一品”村民自治微品牌。具体立足问题导

开展“一村一品”村民自治微品牌建设

向，根据各村实际，以若干个实体化精品点位为载体，探索物业管理、环境卫生、矛盾纠纷、民主监督、新老居民交融等基层治理问题上的解决办法与创新做法，并形成长效机制与典型案例，确保各品牌具有可推广性与可持续性。街道还对微品牌打造成果开展擂台赛，以以奖代补的形式对6个微品牌进行一定额度的经费补助。

【全面完成村级组织换届工作】 是年，围绕“选出好干部、配强好班子、换出好面貌”的目标，走访群众500余户，开展谈心谈话400余次，全面完成村级组织换届选举工作，6个村党组织书记全部依法选为村委会主任、村经济合作社社长，牵头攻坚“开门一件事”18件。

召开马岙街道村级组织换届工作动员大会

【完全区委巡察整改工作】 5月11日至7月3日，区委巡察组对马岙街道三星村、马岙村、三江村、北海村、团结村、五一村进行巡察。对巡察发现的问题，马岙街道坚持问题导向，紧盯关键环节，打造“剖析原因—对标整改—回头查摆—长效机制”四位一体“闭环式”监督模式，整改到位12条，整改率为80%。

【启动智慧村社建设项目】 是年10月起，马岙街道以高标准打造全市智慧村社建设样板镇街为目标，启动智慧村社项目建设工作。研究制定《马岙街道推进“智慧村社”建设实施方案》。分两期进行建设，预计投入资金800余万元，建设“一体化”矛盾调解中心，结合乡村治理数字化应用，通过“前端建设—闭环流转—善治服务”的“一条龙”模式，不断提高“自治+智治”的融合能力。

舟山市“智慧村社”建设现场推进会

【探索成立全省首个“乡村善治学堂”】 是年，街道以马岙村四合院为主阵地，下设治理实践平台与数字智能平台。学堂主要以马岙村全国乡村治理示范村创建成果为核心，将近年来各村在村民自治、民主监督等方面的创新做法、优秀经验形成“一把扫帚大家扫”“百家田园齐心种”等典型案例，以现场展陈、实地研讨等形式进一步复制推广。街道对接优质师资，打造涵盖乡村治理、产业发展等方面的精品课程，并通过与高校、智库等合作，将其作为课题研讨基地、硕士大学生实践基地等，合力形成系统化理论研究成果。

中国海岛第一村·马岙　舟山乡村善治学堂

【建设示范型退役军人服务站】 是年，完成全省首批全国示范型退役军人服务中心的建设，地址设在马岙村的善治学堂，为辖区内退役军人提供就业、创业、医疗、生活等社会保障服务。

马岙村的善治学堂内设退役军人服务站

（撰稿：贺筱然）

（本分目图片由马岙街道提供）

小沙街道

【概况】　小沙街道位于定海西北部，包括原小沙镇和长白乡两部分，东临马岙，南靠双桥，西接岑港，北与岱山双合隔海相望，其中长白岛南部建有长白渡口，配套小沙海丰码头，是长白对外客货航运的主要通道。街道区域总面积70.75平方千米，陆域面积57.8平方千米，境内岸线总长35千米，现下辖光华、庙桥、毛峙、东风、大沙、青岙、增辉、三龙、前湾、后岸10个村。是年，有耕地面积17320亩，农作物播种面16687亩，粮食播种面积8779亩，户籍人口19377人，第一产业产值1.66亿元，第二产业规上工业总产值49.51亿元。

相约定海——小沙

是年，完成企业总产值54.5亿元，同比增长11.5%；规上工业产值48.6亿元，同比增长21.9%；其中规上工业增加值增幅达到20.2%；实现自营进出口额38.3亿元，同比增长40.7%；完成固定资投资2.2亿元，同比增长64.1%；完成地方性税收收入约1.2亿元，同比增长44.98%。

经济发展情况　是年，大陆引水三期工程大沙调蓄水库项目全面完成政策处理，竣工并实现蓄水。拆迁安置小区——锦沙公寓、清兰公寓竣工验收并完成187套拆迁房分配。宁波—舟山港主通道长白互通完成政策处理，项目主体接近完工。舟山液化天然气（LNG）接收及加注站连接管道工程政策处理总体完成，项目主线管道顺利铺设。甬舟铁路、甬舟高速公路复线项目完成地质勘探。

是年，舟山中天重工有限公司，脱硫塔和压载水项目营收，年产值增长高达80%。太平洋海洋工程（舟山）有限公司加强自身创新动能，实施“机器换人”，提升机械化工业水平。完成小微企业和个体工商户财政“直达市县基层、直接惠企利民”资金补助200余家。获定海区工业经济发展奖。全区首创印制招商引资手册，全年引进市外企业10家，注册资金均超300万元，完成实际到位市外资金3亿元，累计引进外资4174万美元，成为全区唯一完成外资引进和市外资金引进指标的街道。获区招商引资实绩先进金奖。

是年，农业基础设施不断完善。小沙蔬菜水果特色农业强镇建设工程已全部完成并通过省级验收；伍佰岙农田景观提升项目、伍佰岙绿化提升项目、东风民俗文化体验馆项目建成并对外开放。2019—2020年市级重点农业乡镇创建工作、东岙弄水库除险加固工程、毛峙东塘配套加固工程、小沙街道金家山塘应急除险加固工程、朱家田弄山塘应急除险加固工程、大沙粮食生产功能区提标改造工程、庙桥增辉畈小流域治理项目、三龙大沙畈土地治理项目基本完工。大坑山塘综合整治工程、烟墩岭下山塘综合整治工程、大沙杨梅博览园景观工程进入尾声。大沙片河库连通综合治理工程、小沙街道鹅鼻岭山塘除险加固工程、峙中岙水库清库扩容治理工程、新塘外海段海塘除险加固工程有序推进。

城乡人居环境　是年，攻坚全国文明城市创建，做到静态问题全清零，动态问题秒处理。下达各科室督考单148份，拆除违建213处，5590平方米，拆除露天粪缸（池）、旱（棚）厕2100余个。用活“9+7+4”团队和“清尘白鹭”志愿服务团队，落实创建区域日常管理，助力舟山成功创建全国文明城市。

是年，推进省市级美丽乡村、洁净乡村建设，庙桥村创建省级美丽乡村，制定美丽宜居示范村两年规划。后岸村成功入选省政府第八批历史文化（传统）村落保护利用重点村并顺利完成省级规划评审。配合区美丽乡村周活动，完成东风村伍佰呑区块田园景观项目建设。启动小沙三毛文化村乡村振兴规划。开工建设并完成三毛祖居提质升级、三毛书吧民宿、缪燧纪念馆及附属配套项目。全速推进新时代美丽乡村风景线建设，对辖区内主干道路沿线绿化、湿地公园景观改造、光华村地标等进行提质升级，提升乡村风貌，助力乡村振兴。获浙江生态省建设突出贡献集体三等功、2020年“美丽舟山·绿色人物”市级生态乡村·绿色家园。

举办美丽乡村周活动

社会事业　是年，做好社会救助、养老服务、殡葬服务、优抚安置等工作，全年发放各类补助300余万元，募集慈善捐助92.3万元。长白“幸福驿家”正式启用，完善海岛民生服务。完成5个地质灾害隐患点整治，累计修复农村道路12公里。推进农村生活污水处理设施标准化运维，完成前湾、三龙、后岸、青呑、大沙等5个湿地污水处理系统的改造提升工作。

是年，全面深化“最多跑一次”改革。便民服务中心添置多台自助服务终端，为群众提供数字化服务。打造“无差别窗口”，实现群众办事“一窗受理”。成立“定证通”和“东海渔嫂”代办服务队伍，深化部门、镇（街道）、村（社区）三级联动服务代办机制，街道便民服务中心窗口“最多跑一次”总办件量全年累计19008件。

是年，坚持完善社会服务体系，不断提升人民群众幸福感、满意度。创设“信访代办”机制延伸基层信访代办服务渠道，加大矛盾纠纷排查和信访积案化解力度，累计办理信访代办件10起，排查调解处各类矛盾纠纷205起，涉及调解金额300余万元，化解率100%。全面提升“雪亮工程”覆盖面，缩小监控盲区。探索“互联网+社会治理”的有效途径，深化“两网融合”。推进“四个平台”建设和网格化管理工作，平安通事件上报处理共2861件，综合信息指挥室“浙里访”12345工单204件。

【基层党建】　巩固深化“不忘初心 牢记使命”主题教育成果，持续打造“红润锦沙+”三部曲，重点打造“红润锦沙·金领翱翔”品牌，强化金鹰公司引领示范，全面提升“两新”党建水平。打造“和盛果蔬基地”“东风民俗体验馆”等红色阵地，开展“七一”党课、主题党日观摩会、“书记带你看党建”现场会等活动。通过严肃“三会一课”、民主生活会等党内制度，结合街道“知行课堂”、周三夜学习等，开展主题教育活动、岗位技能比拼、业务知识交流，确保学习抓在日常、严在经常。

围绕“选出好班子、绘就好蓝图、形成好机制、换出好风气、干出新业绩”，完成村级组织换届工作。提前谋划，第一时间成立村级组织换届工作领导小组，聚焦“五好两确保”要求，开展座谈、深入走访等多种方式挖掘各村“一肩挑”人选，同时以选优配强村社班子为目标，实施向外“引”、内部“育”、侧重“考”的选人用人机制。产生新一届两委班子75人，10个村全部实现书记、主任“一肩挑”。

【党风廉政】　推动“四责协同”，强化政治监督，制定班子“一岗双责”清单，开展干部廉政谈话60余次，对6起“四清单”问题进行督促整改。高度重视并落实区委巡察反馈意见，建立重点工作督查制度，规范“小微权力”运行体系。标杆化打造清廉村居，东风村、庙桥村、毛峙村获评全市第一批清廉村居示范点。

【疫情防控】　疫情初始，配合金鹰公司做好口罩生产厂房相关手续审批工作，确保口罩生产“绿灯运行”。精准落实重点人员五级管控、船员离船管控、点位长驻点管控等闭环防控措施，全面核查涉外人员、重点区域来舟人员。派遣多名干部多轮次全天候前往隔离点（坤达酒店）开展防疫隔离工作。利用微信公众号、方言越剧、横幅标语等媒介途径，发放宣传资料5万份，悬挂宣传标语368条；及时总结推广工作信息，用好报刊微信外宣，累计被采用防疫信息市级及以上媒体30条，推送防疫原创微信31篇，阅读量超过6万次。

【人口普查】 开展第七次全国人口普查工作，包括前期宣传、绘图、摸底，及短表、长表正式登记工作。8月完成建筑物绘图工作；9月完成指导员、普查员招聘及培训；10月完成摸底工作，上报摸底户数14581户；11月正式开展并完成短表登记工作，上报短表户14827 户；12月开展长表登记及短表比对复查工作，上报长表户数868户，12月底完成比对复查工作，包括户籍地、现住地比对、出生人口、死亡人口比对等。

【开展美丽乡村周活动】 以“稻米文化”为主题，举办好书分享会暨第二届读书节启动仪式，通过邀请粉丝、专家、游客、文艺青年等分享文学成果、诵读文学作品、交流行走文学，推荐优秀好书，擦亮三毛文学金字招牌。在小沙街道东风民俗文化体验馆，举行民俗文化展示、特色农产品品尝、农事项目体验等“品、赏、玩”活动。

美丽乡村周现场试吃小沙农产品

【小微企业“两直”补助】 组织志愿者团队，联合经贸办、团工委、便民服务中心，上门“一对一”申报落实补助。在长白岛增设点位，系全区唯一一个海岛点位，让岛上的小微企业和个体工商户“足不出岛”完成“两直”补助申报。摸排209个可享受“两直”补助的小微企业和个体工商户，全部完成补助申报工作，系全区率先完成该项工作的街道。

【全区首个“人才之家”挂牌启用】 “人才之家”位于庙桥村陈家竹林驿站，总占地面积约200平方米，内设房屋面积约70平方米，左临三毛祖居，背靠幽静竹林园，房屋内设书吧、交流席，具有休闲阅读、精心创作，座谈分享等诸多功能，紧扣“关心人才、凝聚人才、成就人才”三大定位，以三毛文化“金招牌”为纽带，促进各类人才加强联系，发挥人才服务作用。

全区首个“人才之家”挂牌

【全省首个海岛“侨思馆”开馆】 长白侨思馆位于长白岛前湾村，馆址面积60平方米，投入30余万元。馆内分为3个展厅，通过文字、图片等展陈方式，反映长白侨胞（包括港澳台胞）爱拼敢赢异国生根的奋斗史，身居海外相依互助的发展史和代代乡贤回报桑梓的奉献史，进一步激励参观者铭记优良传统，建设美丽家乡。

全省首个“侨思馆”——小沙街道长白侨思馆开馆仪式

【提升改造三毛陈列馆】　在原有四合院式结构的基础上，新增AR、二维码等技术，把原有普通纪念物、纪念照片陈列馆升级为数字化交互式的文化沟通，将固有的二维体验扩升为三维感受，打破房屋“边界”，让参观者走进更深远的“三毛”深处。发挥“三毛”名人效应，打造独有IP产品及体验IP活动，利用邮筒载体，让参观者与“三毛”产生近距离的书信互动，提升陈列馆的留恋感、独特性。

三毛祖居改造提升

【打造沉浸式农耕文化园】　位于东风村伍佰岙，占地面积约40亩，在保留原有耕地的种植作用基础上，合理布局、科学分区，增设美丽景观长廊、雅致荷花池、彩色水稻景观等特色农耕小品，优化田园景观建设。设立水稻种植手工体验区、时令观赏蔬菜种植区，增强游客互动感、体验感，提升田园文化渗透。增设小沙特色农产品展示区，持续宣传浓郁小沙品牌。

【农田“认领”】　探索乡村农旅新模式，将东风村伍佰岙农耕文化园中的闲置耕地分区块以年租赁的形式出租给普通群众，群众亲自参与播种、耕种、收割等种植流程，认领者可在认领期间获得该区块土地的所有收成。认领农田总占地面积约40亩，主要为水稻种植和时令果蔬种植。为保障作物正常生长，引入“田间保姆”，提升游客农旅参与感为村集体经济发展开拓新路径。

【渔业安全管理】　成立小沙街道渔业安全管理中心，完成基层渔管组织合并工作，接管原马岙街道渔船。落实24小时值班制度，加强落实伏季休渔管理制度，配合打击三无船只，并发放相关宣传册200余份。

【示范型居家养老服务照料中心运营】　打造示范型居家养老服务中心，串联辖区内多个村级养老照料站点，为小沙片周边的老年人提供“休闲、文化、娱乐、生活、教育、托养、配送餐”等服务，用规范化管理与精细化服务提升辖区的居家养老照料服务水平。介入机关党支部力量，通过党员志愿者结对中心的形式，定期进行慰问行动，经常开展手工艺品制作、书法绘画、方言理论宣讲等丰富多彩的老年课堂，打造“党建+居家养老服务”新模式。

定海区小沙街道居家养老服务中心

【长白幸福驿家启用】　在长白岛试点打造海岛服务驿站。选址长白管理中心办公楼为幸福驿家的中心站点，在长白岛辖区内设置若干个分中心。在卫生服务、养老服务、商品物流、精神文化、便民服务的“5+X”的基础上，增设长白的海岛调解室、书记坐班海岛室、东海渔嫂议事室等长白特色，按照“一个中心、若干个分中心”的“1+N”智慧模式进行整体规划，构建长白岛10分钟民生服务圈，打通海岛服务最后一公里。

长白“幸福驿家”分中心活动现场，以“便民 惠民 利民 为民”为目标

【雪亮工程】 提升农渔村自治水平，全年接入“雪亮工程”摄像头421个，实现街道全域覆盖。与第三方运营商合作，以增辉村为试点，在原有主干道路、集中停车场、人口主要集聚区等重点公共区域的基础上，增设居民用房点位，做到安全落在“家门口”，社会治安水平再提升。

【推动公筷公勺落地】 以庙桥村家宴中心为试点，在农村礼堂开展公筷公勺落地行动，购置公筷公勺300套，把公筷公勺约定写入村规民约，通过公益广告宣传，烘托氛围，发放公筷公勺倡议书1000份。

【打造“东海渔嫂”队伍】 开展“东海渔嫂”参与社会治理工作活动，打造毛峙村“渔嫂廉当家”队伍、长白东海渔嫂“爱心服务队”、大沙村“东海渔嫂她创”创业团队、增辉村“新老渔嫂”齐当家队伍及小沙街道流芳意韵艺术团五支“东海渔嫂”队伍。围绕“洁净海洋”开展海上垃圾分类”“烟蒂不落海”“保护海洋宣传活动”等系列的志愿服务活动。

【开展爱国卫生月活动】 开展第32个爱国卫生月、世界无烟日、迎春节、中秋、国庆等节假日爱国卫生活动，重点解决各类卫生死角、沟渠脏污、房前屋后乱堆放等问题，累计治理脏乱道路面积6平方千米，清理卫生死角200余处，清理阴（明）沟3000余米，清除垃圾300余吨，消除病媒生物孳生地150余处。

【扫黑除恶专项斗争】 进一步深化扫黑除恶工作，助力营造“风清气正”新小沙。开展三次扫黑除恶“进社区、进企业、进项目、进市场、进网络”等“五进”宣传活动，累计分发扫黑除恶宣传手册3000份，重点地区张贴宣传海报300余张，通过电子屏长期滚动宣传扫黑除恶专项斗争，持续发送扫黑除恶相关网格短信，增加宣传墙绘、喷绘等宣传形式，在各村文化礼堂安排扫黑除恶有关知识学习，进一步加强农村扫黑除恶工作力度。

【文化阵地建设】 新建青岙村、后岸村文化礼堂，庙桥、东风等4家文化礼堂获2020年度“三星级文化礼堂”称号。开展迎新年送春联活动、喜迎新春趣味联欢活动、第二届“文韵墨香”读书节启动仪式、戏曲进校园等活动。流芳意韵艺术团疫情期间自创改编越剧《万众一心 众志诚城》和方言三句半《抗疫知识宣传》，走街串巷进行新冠病毒抗疫宣传，送戏下乡10余场次，文化走亲50余场次。举行“健康定海 你我同行”健康素养进礼堂送戏下乡越剧专场10余场次。送电影、送戏、送健康讲座、送健身器材进文化礼堂。

举办第二届“文韵墨香”读书节

（撰稿：王斌磊）
（本分目图片由小沙街道提供）

双桥街道

【概况】 双桥街道地处定海城西，东邻盐仓，北靠小沙，西接岑港，与金塘、宁波北仑隔海相望，是舟山连岛大桥主出入口，陆域面积49.50平方千米。至年底，下辖临港、浬溪、紫微、南山、桥头施和石礁6个村，户籍人口17896人，街道办事处驻地紫河路1号。双桥街道拥有深水岸线5.7千米，境内有小（1）型水库2座，主要山塘12座，主河道3条，总长13.3千米，总蓄水能力690万立方米；一线海塘一条（联勤海塘双桥段），全长5.7千米。

是年，规上工业产值完成4.9亿元，同比增长1.0%。固定资产投资（不包括产业园区）完成1亿元。招商引资（不包括产业园区）实际利用市外资金7500万元，实现税收收入1.13亿元，人均可支配收入39227元，同比增长6%。

经济发展情况 是年，有各类企业514家（不含小规模土石方公司），其中工业企业118家，汽车商贸城企业22家，集装箱运输企业72家，海运企业18家。全街道（不包括产业园区）实现税收1.13亿元，其中工业企业实现税收2728万元，同比下降14.2%；汽车商贸城企业实现税收1442万元，同比下降35.8%；集装箱企业实现税收1138万元，同比下降6.58%。海运企业实现税收1062万元，同比增长62%。建筑企业实现税收3004万元，同比下降2.13%。

街道南部基本形成以三农市场、汽车城、旅游集散中心为主导的商贸服务区块。三农市场一期稳健运行，年交易额达50亿元，人流量突破100万人次，市场二期完成总工程量的70%。舟山汽车城新引进2家新能源汽车4S店，现有奥迪、丰田等各类汽车品牌4S店23家，年销售额达13亿元。舟山群岛旅游集散中心累计接待游客50余万人次。乡村旅游建设步伐不断加快，紫微山庄、者里、纳里等个性化农家乐和民宿品牌初步成型，乡村采摘游颇受欢迎。电商产业逐步壮大，现有百货、水产、生鲜、农产品、机械等电商15家，年销售额约6000万元。石礁村列入“2020年度浙江省电商专业村”名单。

重点项目建设　是年，基础设施建设不断优化，六眼闸、联勤海塘配套加固、蚂蝗山水库清库扩容治理和遥测设施升级改造等一批重大水利设施顺利推进，前门畈河生态带建设完成。推进美丽乡村建设，精心组织“古村茶韵·狭门新姿”美丽乡村展示会，打造美丽村口等景观节点，提升双小线美丽乡村示范线建设。系列民生实事项目快速推进，蚂蝗山水库上游沿线顺利通车，居家养老服务照料中心、社区卫生服务中心迁建项目完工，浬溪集中交易点改造完成，高标准农田、紫微永锋山塘整治、蚂蝗山水库—小树忝海防道路、民防应急指挥中心项目如期建设完成。保障性住房工作扎实推进，畈潮公寓建成交付，329快速通道拆迁安置小区加快建设。

329快速通道拆迁安置小区项目建设稳步推进

社会保障事业　是年，实施全民参保计划，城乡居民养老保险、医疗保险参保率分别达到95%和99%。启用育才小学新校区，双桥中心幼儿园完成消防改造工程，获评全国足球特色幼儿园，双桥中心小学获市文明校园称号，海润学校获评市美丽校园。落实计生家庭奖励和扶助政策，发放2020年奖、特扶资金871680元，计生后遗症病人生活、医疗补助费7200元，独生子女费14660元。贫困群体帮扶有力推进，累计发放低保金、救济金、补助金557万元，完成困难群众危房改造3户，集体经济经营性年收入15万元以下村实现清零。保质保量完成第七次全国人口普查工作。

文化惠民事业　满足群众精神文化新期盼，全年开展各类文化惠民活动200余场次。提升文体团队素质，增强双桥街道“桥家人艺术团”后备文体人才储备，在文化站开展鬼步舞培训和舞龙培训。文化礼堂建管用育工作推进，浬溪村文化礼堂获评省五星级农村文化礼堂。弘扬传统文化，“‘两黄’文化风景线”项目获评“省社科普及创新示范推介项目”，街道连续多年获评“省民间文化艺术之乡”。推进“扫黄打非”基层示范点创建，获省“扫黄打非”进基层示范标兵称号。

举办新时代文明实践系列活动——舞龙培训活动

【基层党建】　利用理论中心组、干部网络学院、“三堂一坛”等各种平台，常态化开展政治理论学习，意识形态工作责任制全面落实，横向到边、纵向到底的管党治党责任体系更加严密。深化“不忘初心 牢记使命”主题教育成果，践行“两个维护”持续走心走深走实。完成村党组织换届，新吸收18名后备干部进入村两委，12名原村干部职务提升，参选率、得票率均创历史新高。一线实干选人用人导向鲜明，2名表现突出的公务员得到优先职级晋升。挖掘优秀青年，建立“青禾工程”人才培养制度，开展“一月一活动”，9名年轻机关干部得到提拔任用，推动“两个担当”良性互动。成立农业专业合作社党支部，实行“党支部+合作社+党员农户”一体化发展模式。

【党风廉政】 抓好党风廉政建设，全年开展专项督查16次，处置问题线索16件，批评教育2人，诫勉谈话2人，立案查处党员违纪案件5起（不包括村级巡察）。配合区委巡察组完成辖区6个村的巡察，紧扣工程建设、“三资”管理、民主决策等重点问题，不折不扣抓好整改落实，其间提醒谈话11人，批评教育7人，诫勉谈话1人，追回资金约73万元。

【团青工作】 加强组织建设，新建非公企业团支部3个,完善智慧团建系统。完成村级团组织换届选举，街道团工委下辖6个村团支部全部完成换届工作，支部书记、委员全部配备到位，其中新提任书记1名，新任支部委员5名。整合团青队伍，全面参与疫情防控。12名青年干部组成的青年突击队，先后多次驻点爱嘉、金鹰等集中隔离点110余天。投身到街道的创城工作及美丽乡村周活动中去，面向贫困儿童、重点青少年、孤寡老人，开展上门走访、志愿服务、节日慰问等活动40余场次，共服务80余人次；结合“5·25”美丽乡村周契机，推出系列特色文化节目，以培训讲堂、送戏下乡等形式组织文化类活动17场次。

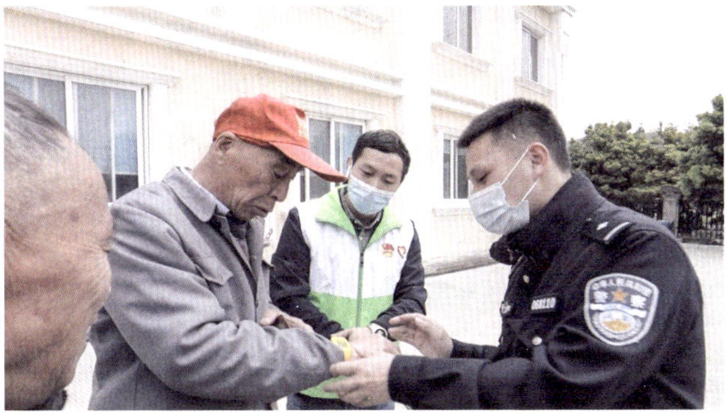

4月23日，双桥街道团工委为孤寡老人送“平安”

【社会治理】 推进“平安双桥”建设，获舟山市2020年平安铜鼎。扫黑除恶专项斗争长效机制逐步健全。“雪亮工程”不断扩大，增加监控安装。安全生产形势持续向好，获定海区2020年度安全生产先进单位。深化民主法治建设，自觉接受群众监督，全年办理12345来电406起，信访来访件23起。健全调解工作机制，加强依法治理水平，累计调处矛盾纠纷18起，双桥街道调委会获评“全市十佳调解组织”。基层治理不断深化，组建9支“东海渔嫂”队伍，打造“红衣使者”“守望巡逻队”特色队伍，调动群众自治热情；推进数字赋能，辖区有20%人安装“网格微连心”小程序。

【农业现代化建设】 全年经济作物播种面积16481亩，其中油料作物播种660亩、蔬菜及食用菌播种13111亩、瓜果类播种2710亩。积极盘活土地资源，开展农田抛荒整治，完成农田抛荒整治400余亩，复耕280亩。支持多种农业主体发展，蔬菜、茶叶、葡萄、花卉、瓜果5大千亩特色农业基地建设稳步推进，现有专业合作社17家，家庭农场20家，紫蜜葡萄、侯家年糕、海天香茶叶、高山蓝莓等农产品品牌逐步打响。不断优化农业基础设施，高标准农田建设项目完工，六眼闸、联勤海塘配套、蚂蝗山水库清库扩容等一批重大水利设施顺利改造升级。

【文明城市创建】 出台《关于深化双桥街道创建全国文明城市点位责任制的通知》，以点位为核心的责任体系环环相扣、全面落实，创新设置不文明行为曝光台，主次干道完成“撤桶进店”，“桥家人”志愿品牌深入人心，专项整治、动态整改、机制建设协同推进。开展环境卫生专项整治，以“三清三整三提升”为整治内容，提升改造绿化、生活污水湿地终端等人居配套，开展马路市场、背街小巷、“六乱”整治、“粪缸清零”等专项行动。推进违建清零行动，拆除各类违章建筑2.8万平方米，完成全年任务的142%。是年，街道获评舟山市全国文明城市创建工作先进集体。

【“最多跑一次”工作】 不断提升政府效能，纵深推进“最多跑一次”改革，全面推进政务2.0项目建设，累计完成业务事项2000余件。进一步加快政府数字化转型，推进“互联网+政务服务”建设，实现“浙政钉”“浙里办”APP全覆盖，推广“网格微连心”小程序，覆盖率22%。

【应对新冠肺炎疫情】 构建街道、6个行政村、26个自然村的三级管理体系，建立由500余名干部群众组成的6支防控队伍，落实“包干责任制”，从铁桶工程到“一码一证”精密型智控再到外防境外输入、内防疫情反弹，落实落细“全流程闭环管理”，累计走访4万余人，服务居家隔离人员512人、集中隔离返乡人员7人。组建防疫应急队伍，驻扎集中隔离点，累计检测1500余人。做好复工复产复学，全面落实“两直纾困政策”，精准兑付228家小微企业和个体工商户的“两直”补贴。开展防疫宣传，创作防疫快板《众志成城抗疫情》、木偶戏《舟山人民抗病毒》。全体党员捐款6.9万元，募集社会抗疫爱心捐款7万余元，爱心物资口罩、额温枪、防护服、洗手液等5万余元，夺取“战疫情、稳经济”的双胜利。

【做好第七次人口普查工作】 成立人口普查领导小组，做好普查的组织实施工作；利用横幅、标语、宣传栏、微信工作群等多种方式进行广泛宣传和动员，引导广大普查对象依法配合普查、如实填报普查项目；组织人员参加市、区培训，提高指导员和普查员业务水平，此次普查全街道有指导员12名，普查员53名，上报户数9345户，上报户籍人口17734人。

【召开乡贤联谊会成立大会】 1月11日，在街道五楼会议室召开乡贤联谊会成立大会。会上邀请区委常委、统战部部长林世军参会，街道主要领导分别向前来参会的各位乡贤长期以来关心和支持家乡发展表示感谢，选举产生首届乡贤联谊会会长、副会长及秘书长。

1月11日，舟山市定海区双桥街道乡贤联谊会成立大会

【召开2020年党代会暨党工委工作会议】 1月15日，召开2020年党代会暨党工委工作会议。会议通报表彰2019年度街道各类先进，并听取和审查党工委工作报告；各代表小组讨论街道党工委、纪工委工作报告并召开代表提案审查委员会会议；最后听取代表提案审查委员会关于本次大会提案审查情况的报告。

1月15日，召开2020年党代会暨党工委工作会议

【开展“助力攻坚、志愿先行”学雷锋志愿服务活动】 3月5日，由村干部、党员志愿者、青年志愿者等力量组成的80人志愿服务团，围绕文明城市创建、防控防疫两大主题，开展学雷锋志愿服务活动。一路前往各村开展环境卫生整治，对村道、沟渠等进行集中打扫清理，清理垃圾10余车。另一路前往各村卡点开展防疫稳控工作，志愿者严格落实防疫工作要求，对来往行人、车辆进行“查码+测温+登记”。

3月5日,开展“助力攻坚、志愿先行”
学雷锋志愿服务活动

【浙江天禄集团投资有限公司爱心捐赠】 2月20日，浙江天禄集团投资有限公司董事长虞敏在得知双桥街道缺乏防护物资时，主动联系街道，捐赠100套防护

服和30支额温枪，用于支援抗击新型冠状病毒感染的肺炎疫情。街道书记林光向虞敏颁发爱心捐赠证书以示感谢。

2月20日，爱心企业捐赠抗疫物资

【开展“烟蒂不落地 文明共传递”文明城市创建活动】 3月24日，在桥头施集镇区组织双桥“烟蒂不落地 文明共传递”文明城市创建活动，由街道党工委委员主持动员大会，桥家人志愿者、区综合行政执法局双桥执法中队队员等参加活动。会后大家在横幅上签字带头响应号召，志愿者们来到街区捡拾烟蒂，给吸烟群众发放倡议书；执法中队队员们走进街边商铺督促商铺做好禁烟和门前三包工作，走入理发店、饭店等公共场所检查禁烟情况。

3月24日，“烟蒂不落地，文明共传递”文明城市创建活动

【开展“五老团”公益志愿服务活动】 4月12日，由“老党员、老专家、老教师、老战士、老模范”组建的五老团志愿者们在石礁村及周边开展捡拾烟蒂、清除杂草的公益志愿服务活动。老年志愿者们身穿红马甲，戴着白手套，在辖区绿化带和人行道上认真捡拾垃圾、拔出杂草，尤其对一些隐藏在草丛中的垃圾进行清理。

【为孤寡老人送“平安”】 4月23日，街道团工委联合辖区派出所为当地敬老院内的孤寡老人送去智能安防黄手环，手环具有定位功能，能够预防老人们外出走丢。

【开展“古韵双桥·非遗之花”木偶戏展演活动】 4月28日，在浬溪村黄氏宗祠内，街道邀请非遗文化木偶戏传承人侯雅飞和他的团队为辖区村民带来一场热闹的木偶戏演出。

4月28日，双桥街道开展“古韵双桥 非遗之花——木偶戏展演”活动

【开展《关爱乳腺的健康》知识讲座】 6月19日，上海瑞金医院舟山分院健康宣讲团走进双桥街道紫微村文化礼堂开展《关爱乳腺的健康》知识讲座。该院乳腺科医师向在座的村民讲解乳腺疾病的日常防护、常见乳腺病的成因、乳房自我检查等方面的知识，进一步提高村民的自我防护意识。

【开展“新思想面对面”微型党课巡讲活动】 7月14日，在石礁村开展“新思想面对面”微型党课巡讲活动，历届定海区微型党课大赛获奖的部分选手给现场党员带来演讲，传递红色好声音。

【开展慰问军属活动】 7月31日，街道在“八一”建军节来临之际开展慰问军属活动，街道人武部及民政工作人员上门走访辖区内多户军人家庭，向现役军人父母询问孩子在部队的服役情况，并送去慰问金。

【开展《民法典》学习会】 8月5日，街道针对辖区机关干部开展《民法典》学习会，来自京衡（浙江自贸区）律师事务所的主讲人于艳律师主要从《民法典》实施意义、案例讲解等方面入手，带来法律知识科普。

【开展消防安全规范检查】　8月6日，街道综合安全管理中心联合电力、城管等相关职能部门，对浬溪村沿街店铺进行消防安全规范检查，重点检查沿街店铺用电、住人等消防安全隐患，确保范围内消防安全形势稳定。

【开展“扫黄打非”专项检查】　8月27日，街道联合城管、公安等部门对辖区内农家书屋、集镇区周边商铺等进行“扫黄打非”专项检查，重点打击政治性非法出版物以及邪教组织的宣传品，打击侵权盗版行为和非法色情演出，清除色情淫秽等文化垃圾和网上有害信息。

【开展安全用气检查】　9月10日，街道联合区综合行政执法局双桥执法中队对辖区内宗教（民间信仰）活动场所，进行燃气安全用气（燃气热水器）检查。联合人员现场查看场所内燃气及燃气热水器的使用情况，针对出现的问题提出整改和限期整改，并督促场所管理人员做好日常巡查及保养工作。

【开展青少年私人法律顾问签约活动】　9月24日，舟山市博爱法律咨询公益服务中心志愿者团队及法律工作者,走进定海区海润学校开展青少年私人法律顾问签约活动。为海润学子定制“青少年私人公益法律顾问服务卡”，由“博爱公益”团队5名律师及法律工作者向签约学生及学生家长免费提供为期一年的私人公益法律顾问服务，服务事项包括向学生及其父母提供法律咨询、建议方案，在学生权益受到损害时提供法律支持、对接法律援助等。

【木偶戏剧表演】　9月25日，省级非物质文化遗产木偶戏剧团来到双桥街道紫微村中管庙，给村民带来经典剧目表演，丰富当地村民精神文化生活。

【举办红色经典诵读会】　9月29日，举办“不忘初心 礼赞祖国”迎国庆红色经典诵读会，街道机关干部、村干部通过朗诵诗歌的方式歌颂祖国，抒发爱国情怀。

9月29日，文化站开展“不忘初心 礼赞祖国”迎国庆经典诵读会

【蔬菜葡萄提质增效技术培训开班】　11月10日，“四季双桥 学在礼堂”蔬菜葡萄提质增效技术培训开班。区农业农村局专家给各村种植专业户，讲解有关种植蔬菜的农业政策、规模化经营的申报程序、全市蔬菜种植状况、精品蔬菜基地如何选择及如何防灾减灾。

11月10日，“四季双桥 学在礼堂”蔬菜葡萄提质增效技术培训开班

【开展消防安全宣传活动】　11月11日，区消防救援大队联合东海渔嫂，在“万泰·三农汇”舟山三农农产品批发市场开展消防安全宣传活动，宣传员和渔嫂们向市场内的餐饮店进行消防知识科普。

【举行党的十九届五中全会精神专题会议】　11月11日，街道举行学习党的十九届五中全会精神专题会议，全体机关干部参加。会议就党的十九届五中全会概况、社会主义现代化远景目标、“十四五”规划内容及发展要求进行系统阐述和深入解读。

【开展“走亲连心”服务活动】　12月2日，街道在双桥敬老院开展桥家人志愿者“走亲连心”服务活动，活动邀请专业的送戏下乡演出团队，为老人们带去视听盛宴。

12月2日，桥家人志愿者“走亲连心”服务活动

【开展党的十九届五中全会精神宣讲活动】　12月10日，街道组织机关和各村青年干部开展党的十九届五中全会精神宣讲活动。“青年之声”先锋宣讲团号召全体青年把思想和行动统一起来，勇于担当、主动作为，引领青年同志们为新时代祖国的宏伟蓝图矢志奋斗；东海渔嫂宣讲队就年轻干部做好社会治理工作进行宣讲，号召青年参与社会治理，构建和谐氛围，做好群众身边的 “贴心人”。

12月10日，双桥街道开展党的十九届五中全会精神宣讲活动

【冬至拜祖传承两黄文化】　12月21日，浬溪村黄氏族人齐聚黄氏宗祠祭祀祖先，进一步传承“两黄”文化。黄氏族人还邀请村里100余位老人，一同参与冬至聚会，感受团聚的温暖。

【开展法律法规知识竞赛活动】　12月31日，石礁村开展“元旦迎新”石礁村法律法规知识竞赛活动。公安、消防、交警等部门分别讲解反诈、消防、交通安全等知识。现场操作灭火器演练，使广大村民受益匪浅。

（撰稿：袁碧莹）

（本分目图片由双桥街道提供）

白泉镇

【概况】　白泉镇地处舟山本岛中北部，东接普陀区展茅街道，西南连定海主城区，南靠临城街道，北邻舟山海洋产业集聚区，距定海主城区和临城新区皆为6千米。镇政府驻宝岛大道31号。镇域面积82平方千米，其中林地面积51930亩，耕地面积13440亩。经社区村体制改革后，下辖白泉、金山、繁强、柯梅、河东、米林、和平、潮面、皋泄、小展、洪家、新港、星塔、星马14个村与万金湖1个社区居委会，户籍人口13240户、36568人，其中农业人口33719人。

是年，全镇实现社会总产值同比增长3%；财政总收入2.92亿元，增长17%，其中地方财政收入1.49亿元，与去年持平；农渔民人均纯收入3.92万元，增长6.5%；进出口额6.67亿元，增长183.38%。

经济发展情况　是年，全镇有工业企业157家，有规上工业企业11家，实现规上工业总产值28.4亿元，规上工业增加值同比增长10.7%。全年实际利用市外资金1.51亿元，合同利用外资1000万美元。企业技术改造持续推进，完成技改投入2.08亿元，完成年度指标的189%。新增国家级高新技术企业1家、省级科技型中小企业2家。进一步深化“亩均论英雄”改革，60家企业完成综合评价，35家低效企业全部完成整治，排查淘汰2家企业落后产能，关停出清高污染企业2家。重点推进万金湖社区省级商贸示范村申报。商贸集聚中心持续壮大，舟山商贸城招商率75%，缤纷天地开铺率90%，瑞金广场招商进度20%。

是年，粮食播种面积6650亩，产量2232.7吨，其中晚稻播种面积2100亩，晚稻总产量969.6吨。蔬菜播种面积11876亩，产量15826吨。果用瓜种植面积2116亩，水果总产量6848.1吨，年产值2435万元。草莓种植面积497亩，葡萄种植面积254亩。关停落实2家养猪场转产转业。举行首届中国白泉晚稻杨梅音乐市集，首次启动网络直播带货，杨梅全国累计销量2250余公斤。运用筑梦空间等互联网平台，农产品销售产值300余万元。新申报省级示范性家庭农场1家、市级示范性家庭农场1家。全镇渔船总数41艘，总功率9146.8千瓦，捕捞产量8340余吨，产值8670余万元。

基础设施建设　是年，甬舟铁路建设加快政策处理，完成征收"高铁新城"核心区域所涉68户房屋、180余亩土地。核心区块路网完成总工程量的92%，规划三十号路延伸段（河东车站至新73省道）完成总工程量的95%。十字路道路及排水改造工程完成建设，河东区块二十八号路完成总工程量的50%。"四好农村公路"完成管护63.3千米，海防道路建成6.8公里，道路亮化提升改造1.35千米。投入1600余万元完成潮面至老碶头段流域治理、方岭下水库清库扩容、金林水库综合治理、新港村张家坑行洪河道治理、上东岙底山洪沟治理、蔡家岙山塘除险加固等11项水利工程建设，潭里、后山2座山塘除险加固工程有序实施，防洪排涝御潮能力稳步提升。

社会事业　是年，全镇城乡居民医保参保人数18740余人，基本养老保险参保人数6820万人，发放残疾人两项补贴320余万元，发放低保、低边救助金440余万元，发放各类慈善救助、特困群体救济等款项90余万元。上海瑞金医院舟山分院年就诊量突破17万人次，并成立肿瘤诊疗中心和心内科等名医工作室，白泉综合服务中心项目完成土建竣工验收。1所中高端幼儿园开工建设。洪家村笼式多功能运动场地及笼式足球场地完成建设并投入使用。获评"省级农村文化礼堂建设示范乡镇"。首届白泉镇乡贤联合会成立，白泉乡贤馆正式开馆。

【市纪委书记周峰到白泉镇开展宣讲督导】　6月11日

6月11日，周峰书记到白泉镇开展习近平新时代中国特色社会主义思想宣讲督导

下午，市委常委、市纪委书记、市监委主任周峰到白泉镇开展习近平新时代中国特色社会主义思想宣讲及创城督导。周峰从坚持党的领导、以人民为中心、坚持问题导向、坚持"四个自信"四个方面，阐述学深悟透习近平新时代中国特色社会主义思想，指明深刻把握丰富内涵和精神实质的重要性。

【省统计局到华丰船舶调研】　6月16日下午，浙江省统计局总统计师一行4人、舟山市统计局一行3人到白泉镇企业华丰船舶进行调研，定海区副区长林剑彪、区统计局局长周利军陪同。调研会上，省统计局主要对疫情影响下，企业的生产状况、产能释放情况、人员用工情况、经营资金情况等做了解。

省统计局到华丰船舶调研

【沈华清一行调研指导四星级食安办创建工作】　6月30日下午，省市场监管局处长沈华清一行莅临白泉镇调研指导四星级食安办创建工作，舟山市市场监管局孙海芬副局长陪同调研。沈华清听取白泉镇食品安全工作概况以及四星级食安办创建进展情况，对存在的

沈华清一行调研指导四星级食安办创建工作

问题和困难进行了解答，并对白泉镇下步四星级食安办创建工作提出指导性意见。

【抗击新冠肺炎疫情】　是年，白泉镇落实“坚定信心、同舟共济、科学防治、精准施策”总要求，第一时间成立疫情防控工作领导小组，加强交通卡点设防、小区封闭管理和重点地区入舟人员管控，累计排摸55080余人次、居家隔离1280余人，查控确诊病例1例、输入型无症状感染者0例，防止本土疫情传播。根据疫情发展态势，适时推进复工复产，帮助企业制定返工方案50余份，助力10余个建筑工地恢复施工，联同企业提供省际返工包车服务10余班次，接回返工人员300余人，完成“两直”资金补助600户。

【召开“坚决落实俞东来书记批示精神”全体干部大会】　6月8日上午，白泉镇召开坚决落实俞东来书记批示精神全体干部大会，全体机关干部、村（社区）专职干部、各创城专项组负责人近300人参加会议。会上，曝光各村（社区）存在的创城突出问题，传达俞东来书记对城郊结合部存在问题的批示精神，宣读《白泉镇执行〈舟山市创建全国文明城市工作责任落实追责办法（试行）〉的实施细则》。

6月8日上午，白泉镇坚决落实俞东来书记批示精神全体干部大会

【获“全国文明村镇”“国家卫生镇”等多项重量级称号】　是年，完成全国文明城市创建工作，获评“全国文明村镇”及定海区首个“国家卫生镇”，白泉村、河东村、皋泄村分获全国文明村、省级文明村和市级文明村。

白泉镇荣获　“国家卫生镇”称号

【获评“浙江农村文化礼堂建设示范乡镇”】　是年，启动新建农村文化礼堂3家，建成投入使用，并于10月获评“浙江农村文化礼堂建设示范乡镇”。

【基层党建工作】　是年，完成村（社区）组织换届选举。强化“清廉机关”和“清廉村居”建设，重点推进星马清廉村居示范点建设。是年，“三公”经费支出压减31.9%，办结信访举报和上级转接问题线索件20件，干部队伍持续优化。

【社会综合治理】　是年，扫黑除恶专项斗争收官，“雪亮工程”深化运行，5所学校及万金湖花苑“人像识别感知网”完成建设。全年调处民事纠纷380起，其中重大疑难纠纷10起，受理“12345”网上办理系统投诉事件920起、网格平安综合信息系统爆料4000起，办结率均为100%。开展“打非治违”活动，检查危化、涉氨、非煤矿山、船舶修造等重点企业46次，查处纠正“三违”行为为28起，排查安全隐患490余条。

【三改一拆】　是年，完成“三改”类项目1.25万平方米，拆除违法建筑34处，总占地面积为2.64万平方米。推进农村乱占耕地建房问题专项整治行动，排摸核实图斑2682个，发现并上报问题图斑23个。

【五水共治】　是年，白泉主河成功打造省级“美丽河湖”，小支河、十字路河等4条“品质河道”完成建设。4号污水泵站新建工程完工并进入测试阶段，北蝉区块污水管网工程进行前期手续报批。“污水零直排区”建设主体工程完成50%，金山湿地、米林湿地、洪家湿地及钓山湿地完成提标改造。

【农居小区建设】 是年，叶家山地块安置房建成分房，北蝉一期农民安置房交付使用，北蝉二期地块主体工程完成建设，北蝉三期安置地块前期手续办理加快推进。

【美丽乡村建设】 是年，获评省级美丽乡村示范镇，金山村、洪家村成功打造市级美丽乡村精品村，河东村、米林村、星塔村成功创建新时代美丽乡村达标村。推进米林美丽宜居示范村建设，打造洪家村省级高标准农村生活垃圾分类示范村。探索打造金山村田园综合体，建设“田园+农村”基础设施，打造景观农田177亩。

【打好脱贫攻坚战】 是年，白泉镇摸清414户贫困户政府兜底收入以及家庭困难情况，对132户脱贫人员进行系统梳理。建立66名贫困学生信息库，关注贫困家庭子女成长。建立“一户一策一干部”帮扶结对机制，安排机关干部和驻村指导员每人固定结对贫困户，打好脱贫攻坚战。

【全奇庄园果蔬专业合作社获得省级荣誉】 7月9日，白泉镇全奇庄园果蔬专业合作社获省“十佳合作经济组织”，是全市唯一获得此称号的农民专业合作社。有入社成员109个，其中农民成员100个、团体成员1个，带动镇域农户150户，种植面积超580亩。

【全市首个镇级青年人才驿家建成使用】 是年，白泉镇全市首个镇级青年人才驿家建成并投入使用，为广大青年提供互动交流和创新创业服务平台。青年人才党支部（库）与市慈善总会牵头联系的6家社会组织进行结对，并常态化开展学习交流、创业就业、文体娱乐、公益服务、交友联谊等类型的精品服务内容。

【成立乡贤联谊会】 5月1日下午，白泉镇举行“畅叙桑梓情 共谋新发展”首届乡贤联谊会成立大会。大会选举白泉首届乡贤联谊会会长，聘请4位乡贤为名誉会长，有会员78人。

白泉镇乡贤联谊会成立大会

【探索打造全市首个村级电子商务园】 是年，白泉镇探索打造全市首个村级电子商务园。该园区基于白泉本地优质农特产品多、创业青年多、交通便利等多重优势，依托原有的“海山农汇”平台，重在提升杨梅、香柚、草莓等省市知名果品的包装和品牌运营，拓展农产品销路，开发旅游产品和文化衍生品，搭建网上销售平台。有舟山定海农汇电子商务有限公司、新泉农业专业合作社等13家企业入驻园区。

【引进农渔村首家菜篮子直供店】 是年，农渔村首家菜篮子直供店在白泉镇镇舟山商贸城开业运营，占地约1500平方米，引入海鲜、肉类、蔬菜等30多家经营户、60余个摊位。店内配有农副产品质量安全检测室，把好产品“安全关”。

【试点开展村级宅基地“红色”协管机制】 是年，在繁强村试点开展村级宅基地“红色”协管机制，破解当前农村私人建房期间环境卫生脏乱治理顽疾。根据在批、已批、在建房屋的户主政治面貌情况，起草

繁强村开展宅基地“红色”协管机制

党员建房户承诺内容，并专门制作党员承诺牌，在所建房屋明显位置进行上墙亮相，接受群众监督。由村党组织选派党性强、群众基础好、有威信的党员作为“红色协管员”，按就近方便原则，落实1名党员包干结对1户私人建房户。

【首创“龙的传人”唤醒工程】 是年，金山村成立“龙的传人”特色党支部。党支部有11名党员，舞龙舞狮演出队4支，开展特色主题党日活动1次。综合考量支部党员和演出队员的实际情况，成立环境卫生整治、矛盾纠纷调解、政策宣讲、结对关爱等4支志愿服务队，开展各类志愿服务1次、各类宣传教育1次。

【建设全市首条智能斑马线】 是年，白泉镇投资20多万元在兴泉路与海市路交叉口建设全市首条智能斑马线（人行道辅助系统）。

【创新推出“点位长制度2.0升级版”】 是年，重新组建点位巡查组，在点位巡查组员中配备交警、城管、环卫、公安和城投等部门力量。构建“片长制”管理模式，为镇政府周边1.5千米范围内的7个村社区配备了片区城管和片区交警等执法力量。将路段点位的巡查范围扩大至其周边行政村区域，由该路段点位长和包村领导联合指导行政村的创城工作。

【和赛维格（浙江）中医药康养科技有限公司签订总部落户协议】 是年，白泉镇和赛维格（浙江）中医药康养科技有限公司签订企业总部落户协议。赛维格公司注册资本不低于1亿元，将在白泉镇创建成立相应的中医药科创中心和产业技术研究院。

赛维格（浙江）中医药康养科技有限公司总部落户白泉签约仪式

【签订幼儿教育项目投资协议】 是年，白泉镇与宁波惠学科技发展有限公司签订投资协议，在白泉高中东侧建造幼儿园及相关教育培训等综合性高端幼儿教育项目，占地约20亩，总投资约1.2亿元。

【完成金山全域土地综合整治】 是年，白泉镇完成金山全域土地综合整治，打造大美乡村格局。削坡36000立方米，种植移栽苗、香樟、石楠等绿植6600余棵，获评市美丽办“生态修复·绿色治理”称号。建设田间水泥道路570米，排水沟渠210米，建成高标准农田503亩。设计双龙戏珠、3D舞狮墙、文明亭等特色景观，打造“龙文化”主题公园，举办首届白泉晚稻杨梅音乐节、“龙文化”主题渔民画展等活动。

【率先推行建筑垃圾清运闭环管理】 是年，白泉镇联动城管、环卫所、交警等职能部门，完善建筑垃圾源头产生环节、末端处置环节全过程。各村清理建筑垃圾3500余吨，城管、环卫部门清理建筑垃圾310吨、立案2起、处罚400元，设置硬隔离7处、305米。

【完成露天粪缸“清零行动”】 是年，白泉镇对露天粪缸现状进行全面排查，各村以每缸200～300元不等的价格制定补偿机制，逐家逐户做好清除前的思想动员工作，加快粪缸清除速度，并以泥土覆盖或绿化种植方式进行原地美化。全镇清除露天粪缸1933个。

【省内首创“我办事你放心”工作机制】 是年，白泉镇省内首创“我办事你放心”工作机制，并在和平村试点开展。为村干部定制“民情放心册”，推出“我办事你放心”七条，在“一周一例会”制度基础上，对每位村干部的工作内容进行总结和计划，确保一周一报结，做好一月一回访。和平村自推行该“七条”以来，累计办理日常事项、村民需求、业务咨询等事项110余件，反馈率和办理率均为100%。

【全省首推居家隔离对象“公益赠书”】 是年，白泉镇青年人才党支部公开招募“小青柚”青年党员志愿者，在全省创新推出居家隔离对象“公益赠书”活动。赠书所需资金全部由支部党员和人才库成员自愿捐助，统一负责采购书单和送书上门，并定期配套举办线上读书会。党支部招募“小青柚”志愿者10余人进行图书的采购和派发，传递正能量。

【推进私人建房审批“最多跑一次”】 是年，创新推出《私人建房审批一图通》，通过审批管理流程优化整合，以图例展示申请—登记—办证3个流程、9个环节的主要内容和注意事项，明确镇私人建房办公室、自然资源所等5家责任单位职责。将部分审批工作整合下放，组建私人建房审批工作群，多方互动加强建房信息共享和问题商讨，不断提升审批服务水平，助力“最多跑一次”在私人建房审批领域落实、落细。

【创新传递“鲜花”力量让烟蒂进箱】 是年，白泉镇在全市创新推出“公益赠花”行动，由镇青年人才党支部主办，依托本地新泉农业合作社公益力量，重点选择人流量大的农贸市场和商业街区，组织青年人才志愿者向主动投放烟蒂的市民赠送鲜花。其间有20余名志愿者参与行动，派发鲜花2000余支，营造“烟蒂不落地”良好文明风尚和干净整洁城市环境。

青年人才党支部 “公益赠花”行动

（撰稿：刘嘉璐）
（本分目照片由白泉镇提供）

干礅镇

【概况】 干礅镇位于舟山本岛中北部，东南与白泉镇接壤，西南与盐仓街道相邻，西北与马岙街道以山为界，北与岱山县秀山乡隔海相望，全镇陆域面积23.5平方千米，有山林18151亩，耕地4507.5亩。辖6个行政村（东升、新建、龙潭、青龙、双庙、西码头）、1个社区居委会（滨港），常住人口17000余人，划分13个网格。

全镇有各类企业121家，其中工业企业106家，2000万以上规模企业16家，包括水产加工企业12家，船舶修造企业1家，机械制造企业2家，水泥制品制造企业1家。是年，全镇共实现规上工业产值19亿元，完成固定资产投资1.8亿元，其中工业性投资0.9亿元，累计进出口额23.3亿元。引进普邦盛达、巨科标识等市外企业4家，到位国外资金220万欧元，实际利用市外资金1亿元，实现税收1.4亿元。

北部依托国家远洋渔业基地和远洋渔业特色小镇打造生产区块，立足“远洋渔业”和“渔文化”产业特色，推动创意、文化、旅游、电子商务等新兴产业发展，培育拓展健康产业，构建形成多链条、高融合的新型产业生态圈。南部依托新建生态村打造休闲区块，秉持“绿水青山就是金山银山”的发展理念，完善各项发展规划，快速推进基础设施建设，打造“美丽乡村”的“浙江样板”。中部依托龙潭老街和青龙村打造生活区块，立足产城融合要求，将集镇中心区建设成为集生态居住、文化科教、商贸服务、休闲旅游为一体的现代复合型小城镇中心区，使之成为远洋渔业基地重要的生活配套基地和城镇生活服务中心。

【做严疫情防控】 组织疫情防控狙击战 坚持把人民群众生命安全放在首位，落实“源头查控+硬核隔离+精密智控”机制，组织精干力量，设立11个专项工作组，快速建立“人物技”并防的防控体系，多渠道、多方式筹备防疫物资。累计全域摸排村（社区）、企事业单位2万余人次，远洋船员2443人次，接管园山酒店和渔民培训中心2个隔离点隔离人员28批次222人次。

推进复工复产复学 在全区率先完成16家规上企

疫情防控

业全面复工、67家工业企业复工备案，帮助大洋兴和等企业争取融资2000余万元，精准兑付99家小微企业和153家个体工商户的“两直”资金补助214.6万元。服务业经营场所有序开业，学校、幼儿园开学复课。

打好疫情防控攻坚战 制定多级联动的疫情应对处置方案，守好镇域“中门”、村社“小门”，筑牢海上疫情防线，确保国际船舶、远洋渔船、进口冷链食品等重点领域重点环节全流程闭环管控。

【加速产业升级】 推进重点项目 完成水产品产业园土地征用近250亩、东升村胜丰自然村整村搬迁安置项目土地征用53亩，保障大洋世家海洋食品加工冷藏物流基地如期开工、圣吉豪精深加工项目投产运营。

加强科技创新 “中国远洋鱿鱼指数”项目获农业农村部立项，舟山国家远洋渔业基地入选国家骨干冷链物流基地，大洋兴和水产品智能化加工技术与装备研发应用项目列入科技部重点专项，完成新金洲水产创建国家高新企业以及金针食品等4家企业创建省级科技型中小企业工作，指导企业实施技改项目4件，新授权发明专利4件、实用新型专利50件。实施“亩均论英雄”改革，完成全部38家亩均税收低于2万元的低效企业整治提升。

发展现代服务业 投资3000万元完成省级现代商贸特色镇创建，远洋渔业小镇获评省级特色小镇，中国鱿鱼馆开工建设。新建村获评全国乡村旅游重点村、国家森林乡村、浙江文艺创作采风基地，南洞艺谷获评国家AAAA级旅游景区、入选浙江省首批“乡村氧吧”，仙踪林探索乐园建成开园，投资3000余万元完成“大乐之野”南洞徽派酒店民宿集群项目。全年接待游客70万余人次，旅游收入4000余万元。

“大乐之野”南洞徽派酒店民宿集群项目

【建设“全景干礅”】 美丽城镇建设 打造环境美、生活美、产业美、人文美、治理美的美丽城镇，精心布局重点路段、重点区域精品景观节点，投资600万元完成龙潭老街整治提升一期工程，复古修缮庄家大院、老供销社等老街民居、商铺30间，获评浙江省美丽城镇建设样板创建乡镇行动方案省级优秀、省AAA级景区镇，龙潭村获评省级商贸发展示范村。不断优化基础设施建设，新建改造小芦岭海防执勤等一批村镇道路7条约5公里，完成地质灾害问题点位改造4处。完成“三改一拆”年度任务，累计拆除违法建筑面积1.9万平方米，完成率190%。

文明创城工作 34个点位长严格落实巡查制度，“定点定人定责”网格化管理，力保细小问题“日日清”，重难点问题“周周结”，获评市级全国文明城市创建工作先进集体。创新实行城镇管理“5+12+X”（5分钟快速响应，12小时长效管理，多部门联动）、建筑垃圾全流程闭环管理机制。实施“千万工程”，完成内环线两侧经济农业“绿色景观园”打造。获评市级洁美杯优胜乡镇，龙潭、青龙村获评省级新时代美丽乡村，新建村获评省级高标准垃圾分类示范村。西码头村获评省AAA级景区村庄，龙潭村获评省AA级景区村庄，东升、青龙、双庙村获评省A级景区村庄，在全区率先实现省级景区村庄全覆盖。

生态环境治理 开展“蓝天、碧水、净土、清废”四大行动，投资2500余万元完成东方红采石场生态环境综合治理工程，排查整治农田抛荒地105亩。加快推进“污水零直排”工程，新改建基地、厂区、集镇区等污水管网约7千米，完成生活污水处理湿地标准化提升改造3处。

龙潭街

【深化社会治理】 开展民生实事项目 民生支出3亿

元，灌门塘、丰产塘、锡杖塘、半山陈山塘、南洞水库等重大水利工程按计划完成年度任务，中心幼儿园阳光厨房改造、敬老院居家养老示范照料中心整修工程完工投用，卫生院改扩建工程开工建设。城乡居民基本医疗、养老保险参保率达99.68%和99.98%，新增被征地养老保险参保344人，全面消除人均年收入8000元以下低收入农渔户，低收入农渔户与低保边缘户认定标准实现“两线合一”。完成第七次全国人口普查工作，加强流动人口管理服务。推进军地融合深度发展，完成新建村退役军人服务站示范化建设。

发展村级集体经济　完成村社组织换届省级试点工作，选优配强“领头雁”。有序开展一事一议财政奖补项目33件，向上争取资金1600余万元，集体经济年收入30万元以下、经营性收入15万元以下村实现全部清零，西码头村公共服务楼项目通过区级验收。2020年，村级集体经济实现总收入1247万元、经营性收入324万元。获评浙江省扶贫开发工作成绩突出集体。现代化社会治理加快推进。成立西码头渔业安全管理中心，严格落实渔船进出港报告制度。镇社会治安综合治理中心高效运转，组建“东海渔嫂”参与社会治理队伍，排查各类矛盾纠纷29起，妥善办理各类群众诉求1000余起，调解成功率100%。实施“全域智安”工程，新增监控设备220台，成立“1+7+1”镇级网络生态“瞭望哨”，处理网络舆情10余起。全面开展安全生产综合治理，有效排除危险化学品、渔业船舶等10个重点领域安全隐患417件，获评市级平安乡镇。

文化惠民活动　推进全域全景式文化礼堂建设，“‘古韵龙潭’文化礼堂游”专线全新开辟，新建村书香文化礼堂（欢喜书店）建成投用。投资30万元完成两片多功能运动场改造，配合举办全国徒步大会、首届中国东海自驾游旅游节、东海开渔节等大型赛事活动。全年开展各类新时代文明实践活动100余场次，惠及群众1万余人次。

【优化政务服务】　**强化务实高效作风**　加强政治理论学习，注重“不忘初心、牢记使命”主题教育成果转换，组织开展习近平总书记考察浙江时的重要讲话精神、《习近平谈治国理政》（第三卷）、党的十九届五中全会精神等理论学习，以习近平新时代中国特色社会主义思想武装全党、教育人民。推进“最多跑一次”改革，公安窗口走进镇便民服务中心。加快“互联网+政务服务”建设，开设政府信息公共查阅点，累计主动公开政府信息71条，注册申领“企业码”近300家。

加强民主法治政府建设　坚持把依法行政贯穿于政府决策、执行、监督的全过程，严格按照法定权限和程序行使权力、履行职责。接受人大监督，主动向人大主席团报告工作，执行人大决议决定，邀请党员代表及群众代表视察监督政府工作，全年办理人大议案、建议和意见10件，办结率100%，满意率100%。

推进政治监督　全面落实党风廉政“四责协同”，坚决贯彻中央八项规定精神。配合区委巡察组完成对东升村等6个村的巡察，紧扣工程建设、“三资”管理、民主决策等重点问题，不折不扣抓好整改落实。全面铺开清廉村居“一村一品”建设，打造“新建村—龙潭村”清廉村居专线，成立“阿红书记工作室”，开设“智慧三务公开”平台，试点推进农村“三资”智慧监管系统，全市深化清廉村居建设现场推进会召开，新建村获评首批市清廉村居示范点。进一步加强镇级招投标平台监管，监管招投标项目30个，交易额达953万元。创新建设村级工程管理三道监管

敬老院居家养老示范照料中心

龙潭村监察工作联络站

体系及财务三重审核制度，7个村社监察工作联络站全部成立，镇监察办获评全市首批示范乡镇监察办公室。

【乡贤联谊会成立大会】　1月22日，干礲镇召开乡贤联谊会，40余名干礲乡贤共谋家乡发展。区委统战部副部长陈珍艳出席成立大会。会议由镇长何光主持，镇党委书记徐君芬发表讲话。

舟山市定海区干礲镇乡贤联谊会成立大会

【抗击疫情】　2月20日上午，干礲新居民服务中心为镇集中隔离点的隔离人员举行送温暖活动。解除隔离的新居民服务中心成员王学建参与活动，老王将防疫物资递到隔离人员手中，并嘱咐他们安心隔离，趁这14天的隔离时间看看新闻看看书，有需要尽管打电话联系新居民服务中心。老王还将自己的50个口罩送给了刚从老家返舟的工友，规劝工友们疫情期间不串门、不聚餐，在疫情解除前不去人群密集的地方，到公共场合一定要戴口罩。

抗击疫情——干礲新居民在行动

【无偿献血暨造血干细胞采集活动】　3月31日，干礲镇在镇五楼会议室开展2020年度无偿献血暨造血干细胞采集活动，献血活动得到来自辖区群众、企事业单位职工的积极响应和踊跃参与，有73人参加。通过献血前的宣传也让更多的人了解造血干细胞常识。

3月31日，定海区干礲镇2020年度无偿献血暨造血干细胞采集活动

【远洋联勤党支部成立大会】　5月14日，镇党委召开干礲镇远洋联勤党支部成立大会，发挥党组织的引领作用，组织建设凝聚工作合力服务远洋渔业发展，扩大远洋产业集聚效应，促进陆地、海域双重平安建设。远洋联勤党支部由公安、渔政、港航、边检、干礲镇、远洋渔业基地、远洋渔业协会、远洋渔业企业等单位抽调党员组成，是镇党委探索实施“深海红盾”党建项目的重要载体，致力于建立群策群力、联防联控工作机制。镇党委书记徐君芬与定海区公安分局党委委员、副局长陈俊宇为远洋联勤党支部授牌。徐君芬发表讲话。

干礲镇远洋联勤党支部成立大会

【2020浙江定海美丽乡村周活动】 5月25日上午，2020浙江定海美丽乡村周活动启动仪式在新建村南洞艺谷景区举行。市委副书记徐张艳、副市长姜建明出席活动。区委书记庄继艳致辞，区人大常委会主任余河通、区政协主席陆沧波、区委副书记顾飞舟等出席。

“两山”理念再深化 美丽乡村再出发——2020浙江定海美丽乡村周

【村级换届选举入户调查活动】 6月，镇监察办结合“三服务”工作，根据“四必谈，三必访，二必讲，一必报”要求开展“五个一”行动之“走村不落户”走访行动。

村级换届选举入户调查活动

【消防安全应急演练】 6月9日，镇消防安全应急演练在龙源四方厂区内开展。各部门领导、各企业负责人、社区村安全负责人到场观摩。镇党委副书记和副镇长就此次演练活动进行总结和评价。

6月9日，浙江龙源四方厂区开展镇消防安全应急演练

【平安建设集中宣传活动】 6月23日上午，镇综治办联合禁毒办、司法所、流管所等部门在干䃥西码头菜场门口开展平安建设集中宣传活动，进一步强化辖区平安建设宣传工作，动员居民群众参与平安建设，不断提升“平安三率”水平。活动通过悬挂横幅、发放宣传单等方式宣传平安建设、法律知识、消防安全、禁毒防毒、反邪教、防扒窃、防诈骗等方面知识。此次宣传发放环保袋、宣传品60余份、各类宣传册300余份。

6月23日，干䃥西码头菜场门口开展平安建设集中宣传活动

【“七一”慰问走访党员活动】 在建党99周年之际，干䃥镇组织开展“七一”慰问走访活动，镇党政领导带队看望慰问老党员和困难党员，了解其身体及家庭情况，并向他们致以节日的问候，送上党组织的关怀和温暖。

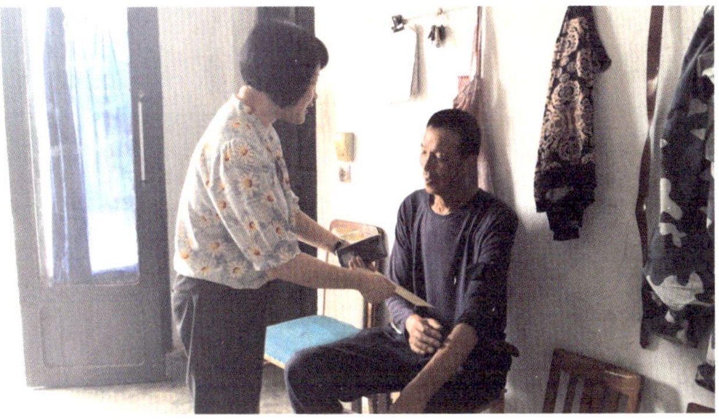

干礅镇党政领导开展“七一”慰问走访党员活动

【省纪委副书记、省监委副主任暨军民调研新建村清廉村居建设】 7月8日上午，省纪委副书记、省监委副主任暨军民来到新建村，就清廉村居建设进行调研。暨军民一行深入到新建村监察工作联络站、“阿红书记”工作室、“智慧三务”平台，实地调研清廉村居建设情况，新建村党总支书记余金红、监察工作联络站站长芦海峰陪同讲解。暨军民对新建村清廉村居建设做法及取得的成绩给予肯定，对监察工作联络站及清廉村居规范化建设提要求，明确下步工作任务。

省纪委副书记、省监委副主任暨军民（左四）调研新建村清廉村居建设

【村（社区）组织换届选举工作动员大会】 7月10日上午，干礅镇召开村（社区）组织换届选举工作动员大会。会议首先由镇党委副书记李明华宣读《干礅镇村（社区）组织换届工作领导小组名单》；随后各村（社区）干部签订“干礅镇村（社区）组织换届纪律承诺书”。

7月10日，干礅镇村（社区）组织换届选举工作动员大会

【沿街店铺消防安全检查】 8月3日上午，干礅镇联合消防大队、西码头派出所、执法中队、市场监督局对辖区沿街店铺开展了消防安全检查，推进夏季火灾防控工作，确保消防安全形势平稳。检查组对各店铺消防设施设备是否完整好用、配备是否符合规范标准，安全出口、疏散通道是否畅通，货物堆放是否符合规范标准，用火用电是否符合消防安全要求等普遍存在的消防安全隐患问题进行重点检查。该次检查要求店铺消防安全责任人认真落实消防安全主体责任，按照安全自查、隐患自改、责任自负的原则，时刻紧绷消防安全这根弦，常抓不懈，及时消除消防安全隐患，确保店铺安全。

8月3日，干礅镇消防安全检查组进行沿街店铺消防安全检查

【完成村（居）委会换届选举工作】 8月24日，干礅镇完成村（居）委会换届选举工作。该次换届选举产生新一届村（居）委会成员33名，其中女性14名；33名委员平均年龄41周岁，与上届相比降低5.7岁。所有村（社区）一次性选举成功。

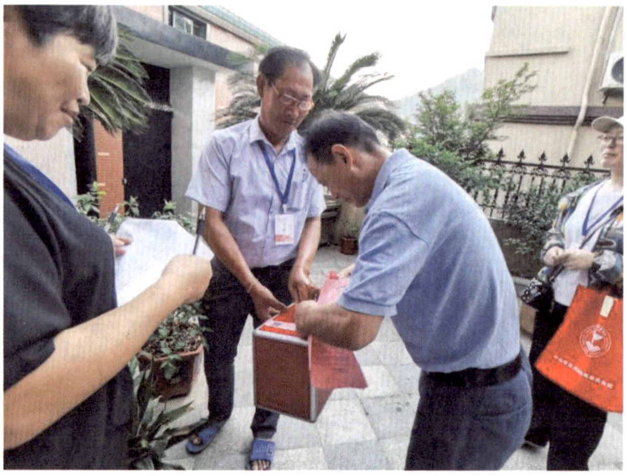

8月24日，干磁镇村（居）委会换届选举流动投票现场

【平安建设入户宣传活动】　10月12日，干磁镇组织全体机关干部深入各村（社区）开展平安建设入户宣传活动，加大平安定海建设工作宣传力度，进一步营造稳定和谐的村社氛围。机关干部深入田间地头、沿街商铺、村民家中，发放平安定海宣传折页，向村民宣传扫黑除恶、防网络诈骗、反走私、安全防范等基本安全常识，普及各类日常生活密切相关的安全防范知识，并进行平安满意度调查。

10月12日，平安建设入户宣传活动

【离任村（社区）两委班子集体交接仪式】　10月16日上午，干磁镇举办“感谢有你　一路同行”离任村（社区）两委班子集体交接仪式，进一步做好村（社区）组织换届后半篇文章，推动村（社区）更好的发展。镇党政领导为离任村（社区）两委干部颁发离岗纪念证书，感谢他们为村（社区）发展做出的贡献。随后离任干部与新任村（社区）两委干部开展座谈，各自分享工作感悟体会，新任干部代表作表态发言。镇党委书记徐君芬讲话。

10月16日上午，干磁镇举办“感谢有你　一路同行”
离任村（社区）两委班子集体交接仪式

【“11·9”消防宣传月活动】　11月11日，镇综治办联合西码头派出所在西码头农贸市场开展“11·9”消防宣传月摆摊宣传活动。在宣传画廊前临时张贴的消防安全宣传海报，工作人员现场讲解电动车安全、家用电器安全事项等消防安全知识，为群众答疑解惑，消除认识上的误区。

11月11日，西码头农贸市场开展
“11·9”消防宣传月活动

【“宪法宣传周”活动】　12月4日上午，在新建村宪法广场开展宪法宣传周相关活动，学习宣传习近平法治思想，大力弘扬宪法精神。工作人员通过悬挂横幅、摆放宣传展板、现场讲解、播放宣传片、发放宣传品等多种方式开展普法宣传，并且邀请浙江六和（舟山）律师事务所的律师向现场群众提供法律服务，引导群众自觉学法、合理用法、积极守法。现场还组织开展法律谜语竞猜，让群众在集知

12月4日上午，新建村宪法广场开展“宪法宣传周”活动

【镇侨台联合会第三次代表大会】　12月18日，镇侨台联合会第三次代表大会召开，大会总结上一届侨台联工作，确定今后五年的奋斗目标和主要任务。大会选举产生9名理事会理事，并召开第三届理事会第一次会议选举产生会长、副会长和秘书长。

定海干䃁镇侨台联合会第三次代表大会

【“国际志愿者日”志愿服务活动】　12月17日下午，新时代文明实践系列活动——“国际志愿者日”志愿服务活动在镇新时代文明实践所举行。活动现场集中设点宣传《宪法》、消防安全、反诈骗、禁毒等，向参与活动的市民发放宣传手册，旨在弘扬“学习雷锋、奉献他人、提升自己”的志愿服务理念。

12月17日下午，新时代文明实践系列活动——“国际志愿者日”志愿服务活动

（撰稿：刘　虹）

（本分目照片由干䃁镇提供）

金塘镇

【概况】　金塘镇位于舟山群岛西南部，东邻册子岛，间隔册子水道，经西堠门大桥与册子岛相连；西南为金塘水道，与宁波市镇海区、北仑区隔港相望；西有金塘大桥与宁波市镇海区相接；北连灰鳖洋，为北往上海、青岛，南达温台、闽粤之必经航道，是南北海运和远东国际航线之要冲。拥有海岸线60.32千米，其中20米以上深水岸线14.5千米，15米以上深水岸线27千米，区域面积88.2平方千米，辖仙居、海港、柳行、河平、大浦、新丰、山潭、东堠、西堠、穆岙、和建、沥平、大观13个村，有户籍人口39504人，常住人口约52000人。

是年，实现地区生产总值40.9亿元；实现工业总产值86.9亿元，同比增长10.2%；完成固定资产投资10.4亿元；实现财政总收入4.34亿元，同比增长9.82%，其中一半公共预算收入2.67亿元，同比增长9.3%，财政总支出2.18亿元，城镇常住居民人均可支配收入77100元，农渔村常住居民人均可支配收入41119元。

经济发展情况　是年，实现工业总产值86.9亿元，同比增长10.2%。其中规上工业产值28.3亿元，同比增长24.2%；实现自营进出口额40949万元，同比下降4.19%；实现地区生产总值40.9亿元。财政开源工程取得新进展，成功发行金建公司企业债10亿元。推动金塘塑机螺杆产业高质量发展，实现年产值75亿元，同比增长10.5%。全年新增隐形冠军企业1家、国家高新技术企业3家、省级科技型中小企业22家。开工建设炮台山塑机螺杆小微工业园，引入宁波冠腾有限公司统筹打造数字化园区规划编制和智能制造云上平台。以两化融合为主线，推进“互联网+”“机器人+”工程，对满足条件的8个塑机螺杆智能化技术改造项目给予资金补助1000万元。

港航物流业稳步发展，大浦口集装箱码头二阶段工程3号泊位完成建设，浙江海港航运有限公司集装箱运输船制造工程加快推进，金塘物流园区正式运营，完成港口货物吞吐量2100.69万吨，集装箱吞吐量突破136.3万标箱，同比增长2.5%。开展“开往春天的巴士”赏花一日游活动，吸引游客2万人次；进一步完善景区建设，新建大鹏岛旅游休闲点，“大鹏岛旅游综合开发区”项目进入市级招商项目库；创建培育8个景区村庄，其中柳行村和仙居村为AAA级景区村庄，山潭村为AA级景区村庄。粮食播种面积10757亩，实现粮食总产量3925.5吨。围绕金塘产业发展定位，以制造业、石化产业类项目招引为重点，加强平台招商、“云招商”，建立完善招商项目库、企业库。成功签约金塘塑机螺杆产业园区、丽港新天地综合体和金塘物流园区等项目，实际到位市外资金12.2亿元，利用外资1515万美元，新增市外注册企业12家。

基础设施建设　是年，S201（原沥小线）馒头山大桥维修加固工程项目顺利完工，西堠交通信号等建设工程、农村公路大中修工程建设完成。完成全岛路面提升改造5.7千米，改建农村物流服务网点3个，新建公共停车位50个、公交停靠站5个，新建旅游星级公厕1座，改造垃圾池327个。续建新建水利工程建设稳步推进，中弄至物流园区河段综合治理工程、龙王堂水库除险加固工程、龙王堂水库清库扩容工程、和建海塘配套加固工程等全部完成建设，沥港观前山洪沟工程、农村公路大中修工程建设完工，品质河道建设工程、小卫平水库、和建海塘除险加固等工程加快推进。

社会事业　是年，始终坚持民生优先，公共服务供给不断优化。按照“不落一户、不落一人”要求，完成全镇385户扶贫济困结对帮扶工作，入户、走访率达到100%。精准落实城乡低保和临时救助、残疾人补贴政策，累计发放各类补助、慰问金900余万元，实现低收入渔农户“两不愁、三保障”目标。全镇13个行政村总收入达到3686.38万元，较2019年增长19.9%，其中经营性收入2079.41万元，较2019年增长14.3%，渔农村集体经济年收入均达到30万元以上目标，提前完成全市发展渔农村社区集体经济五年计划要求。金塘镇示范型居家养老服务中心及各村居家养老服务照料中心协同运行更加顺畅规范。积极支持教育卫生事业发展，出资5万元开通宁波教师返乡班车，沥港幼儿园迁建工程建设完成；医务工作者奖励办法制定出台，金塘镇中心卫生院上榜2020年度“优质服务基层行”名单，卫生院硬件条件有效改善，家庭责任医生签约率达到32%。推动文体事业发展，举办大美金塘元宵灯会、“乡约定海 古镇采风”美丽乡村周等活动30多场。采取矛盾纠纷预判和司法调解联动工作机制，累计排查处理矛盾纠纷和不安定因素77起，矛盾纠纷数同比上年下降38.9%。

【防疫工作】　打好疫情防控阻击战，国内疫情高峰期间在东堠大转盘等点位设置24小时检查站，成功守住入岛第一道防线。累计排查各类人员8万余人次，办理绿色通行证1.13万张，实施居家观察2530人次。首创国际船舶修理“开工令”制度，坚决杜绝疫情从海上输入。全面落实“一对一”驻企服务制度，积极帮扶企业推进复工复产，企业复工复产工作全市领先。

疫情防控筑起坚固防线

【城乡建设】　是年，保持创建全国文明城市强大攻势，助力舟山勇夺全国文明城市桂冠，全岛文明风尚蔚然成风，金塘镇、和建村获评全市创城工作先进集

垂柳成巷，古镇焕新

体。高标准绘制城市建设蓝图，国土空间规划金塘片区规划研究深入推进，鱼龙山、炮台山、金星商业区、山潭、河平等区块控规完成编制，金塘高铁新镇控制性详细规划完成初稿。常态化开展市容环境卫生整治，持续深化“网格长、路长”管理模式，小区物业管理实现全覆盖，累计完成拆除面积28360.3平方米，完成全年目标的141.8%。

【澳洲肉牛进境加工项目】　建设1座12000头的隔离场，1座年屠宰肉牛10万头的屠宰厂，项目总投资5.5亿元。至年底，项目进入全面收尾阶段，隔离场全面完工，定点屠宰厂、指定口岸等完成验收。

【大浦口集装箱码头二阶段工程】　系省重点项目,计划建造2个10万吨级和1个7万吨级集装箱泊位，总投资34亿元。至年底，3号泊位完成主体建设，是年完成投资1.83亿元。

3号泊位完成主体建设

【大浦口集装箱码头“解锁”太平西非线新航线】

12月8日，太平西非线“狮城KOTA SINGA”集装箱轮靠泊大浦口码头

是年，甬舟公司做好疫情防控，紧盯效率和服务，强化协调联动、主动对接、实时掌握船舶动态，进一步加强船公司与码头的配合，合理调整靠泊计划和作业路数。12月8日上午，宁波舟山港金塘港区大浦口集装箱码头，太平西非线的“狮城KOTA SINGA”集装箱轮进行565标箱的装卸作业。至年末，大浦口集装箱码头有“一带一路”14条航线。

【危化品水上运输“绿色通道”打通】　定海老塘山至金塘西堠危化品运输新通道作为新区危化品运输“第二通道”，直接服务新奥舟山LNG接收站、大小鱼山绿色石化基地，主要满足舟山危化品的滚装出运需求，缓解鸭蛋山—白峰车渡航线压力。

“舟渡21”LNG专渡靠泊西堠滚装码头

【金塘新材料产业园】　申请金塘北部围垦部分区域纳入绿色石化基地扩区规划范围，谋划培育新材料产业发展。是年，启动区块总规编制工作。

【全市首件制造业集体商标“金塘螺杆”注册成功】经国家知识产权局商标局核准，“金塘螺杆”集体商标成功在第7类注册，为全市首件注册成功的制造业集体商标。“金塘螺杆”集体商标的注册成功，标志着金塘螺杆产业将迈入集群化发展新时代，各分散的企业通过整合产业优势形成联盟，打造区域性螺杆品牌，进一步提振“金塘螺杆”的影响力和美誉度。

【沥港幼儿园迁建工程】　项目规划建设用地6386平方米，总建筑面积5821平方米，规划班级15个，可满足450名儿童入学需求，项目总投资3000万元。至年底，项目完成建设，全年完成投资2430万元。

沥港幼儿园迁建落成

【美丽村庄建设】 是年，柳行历史文化村落保护利用项目全部完成，通过省级验收，在全省40个历史文化村落重点村项目中排名第七位。实施柳行省级美丽乡村精品村建设，项目概算约300万元，主要建设内容包括景观节点打造、公厕配套建设、半边街石板敷设、村道亮化等，进一步提升村内景观品质，为发展旅游提供基础保障。

【实现“丽水山耕”认证零突破】 李子种植基地经申报推荐、资格审查、水土质抽检、资料评审后获得“丽水山耕”认证证书，实现金塘“丽水山耕”认证零突破，是全市2020年度唯一一家获奖组织。“丽水山耕”品牌认证被称为农业版的“浙江制造”品牌认证，是以突出浙江美丽山水生态特征，以构建国内领先、比肩国际为目标的农业区域公共品牌认证标准体系。

【全市首个基层党建综合教研学院成立】 6月29日，全市首个基层党建综合教研学院在金塘镇中国螺杆小镇党群服务中心揭牌成立。该教研学院为金塘与市委党校合作办学，根据企业、农村基层实际需求，推行“菜单式”服务采取固定课程+自选课程，原则上每季度安排一次专题党课、一次专技培训和一次实用实操课程，最大程度发挥党建统领经济社会转型发展作用，实现政治素质、能力素质全面提升，小镇党建联盟提档升级，成为引领党员干部高质量发展的红色孵化园。

6月29日，全市首个基层党建综合教研学院揭牌成立

【全面完成村级组织换届工作】 成立村级组织换届工作领导小组和指导督导组，建立村级组织换届重大事项和工作情况报告制度。多次召开“第一书记”等会议专题研究部署换届工作，通过大走访、大调研等方式深入研判各村历史遗留问题、利益矛盾，实行“红黄村”预警机制，动态跟踪选情复杂村。12月18日，13个村全部实现“一肩挑”。

（撰稿：夏远玲）

（本分目照片由金塘镇提供）

责任编辑：王英伟

人　物

全国抗击新冠肺炎疫情先进个人

刘　军　定海区公安分局党委委员、副局长，金塘公安检查站副指挥长。

1月25日至2月19日，是抗击新冠肺炎疫情防控形势最严峻之时，设在甬舟高速金塘服务区的防疫检查站，成为舟山陆上交通防控疫情的第一道防线。金塘公安检查站是抗疫的中坚力量的，现场防控警力日均360余人次。刘军同志负责检查站的日常协同指挥。加强疫情精密智控，适时调整检查方案，现场开展疏导宣传，建立临时检查通道，统筹协调各路增援的警力，快速落实周期值班制度，做好检查站防疫物资安排、人员排班、食宿、安全防护，用实际行动诠释“先锋”的深刻内涵，表现出色。2月19日，金塘防疫检查站圆满完成历史使命。累计检查车辆47591余辆次，人员105295余人次。

3月18日，浙江省委授予刘军“浙江省优秀共产党员”称号。9月8日，刘军获“全国抗击新冠肺炎疫情先进个人”称号。

浙江省抗击新冠肺炎疫情先进集体

11月11日，定海区疾病预防控制中心获评“浙江省抗击新冠肺炎疫情先进集体”称号。

浙江省抗击新冠肺炎疫情先进个人

11月11日，郑杰、陈彦博、孙继达获“浙江省抗击新冠肺炎疫情先进个人”称号。

郑　杰　舟山市定海区中心医院三病区副主任

陈彦博　舟山市公安局定海区分局双桥派出所副所长

孙继达　舟山市定海区交通运输局党组书记、局长

全国三八红旗集体

定海区美之声演唱团　成立于2008年，由各种文艺爱好者组成秉承“志愿奉献促文明，当好政府小帮手”宗旨，不断开展公益演出、助老、助童等服务，吸引众多志同道合、热心公益的群众加入。至2020年底，有成员122名，其中女性有100多名，党员23名。成立12年来，“美之声”的团员累计送戏达1000余场次，服务人群40000余人次，从起初的草根文艺团队，发展成为业务范围涵盖公益活动和文艺演出，并具有一定社会影响力的综合性公益组织。

10月24日，定海区美之声演唱团获全国三八红旗集体称号。

（撰稿：王英伟）

定海区2020年度全国文明城市创建工作先进集体（48个）

城东街道檀树社区
城东街道紫竹社区
城东街道檀香社区
城东街道桔南社区
城东街道阳光园社区
城东街道胜利村
区综合行政执法局环南执法中队
环南街道海滨社区
环南街道蓬莱社区

环南街道卫海社区
环南街道南珍社区
环南街道竹山社区
昌国街道开源社区
昌国街道北园社区
昌国街道东管庙社区
昌国街道翁山社区
昌国街道西管庙社区
昌国街道东湾村
昌国街道虎山社区
盐仓街道塔山社区
盐仓街道兴舟村
小沙街道东风村
岑港街道司前村
马岙街道马岙村
双桥街道桥头施村
金塘管委会城市管理局
舟山市交警支队定海大队白泉中队
白泉镇繁强村
干𬇙镇西码头村
区纪委区监委
区融媒体中心
区金融发展中心
市公安局定海区分局城东派出所
区社会组织培育服务中心
区房管中心
区文化馆
区卫生计生综合执法大队
区应急管理局
区环境卫生管理中心
区政务办
团区委
区税务局
舟山商贸集团定海分公司桔园菜场
区消防救援大队
中国人民解放军92880部队战场环境保障队
区美之声演唱团
区滴水公益
舟山市慈善总会同心互联网分会

定海区全国文明城市创建工作先进个人（197人）

刘　凯　城东街道办事处
陈伊璐　区综合执法局城东执法中队
黄思科　区综合执法局城东执法中队
张海平　城东街道大洋岙村
贺君辉　城东街道紫竹社区
张　毅　城东街道檀东社区
王秀君　城东街道东园社区
许燕君　城东街道港南社区
翁文晔　城东街道港北社区
应　娜　城东街道桔北社区
张丹晶　城东街道桔南社区
杨　艳　城东街道畚金社区
方平燕　城东街道畚金社区
蔡晓燕　城东街道颐景园社区
刘　静　城东街道颐景园社区
何琪玲　环南街道办事处
谢存燕　环南街道办事处
洪颢祯　环南街道办事处
曾　珍　环南街道办事处
吉晓坤　区综合执法局环南执法中队
戴飞尔　环南街道海滨社区
张　楠　环南街道利民社区
张艳飞　环南街道蓬莱社区
吴芬怡　环南街道东山社区
张　琳　环南街道卫海社区
鲁　雨　环南街道南珍社区
陶　静　环南街道西园社区
张晶晶　环南街道海山社区
傅郁芬　环南街道晓峰社区
张朋艳　环南街道竹山社区
何仁东　昌国街道办事处
戴行梁　昌国街道办事处
祁传江　昌国街道办事处
戴张瑛　昌国街道办事处
徐康胤　区综合执法局昌国执法中队
韩　杰　区综合执法局昌国执法中队
王娜波　昌国街道文昌社区

王月飞 昌国街道合源社区
姚蕊君 昌国街道香园社区
赵则娟 昌国街道留方社区
余碧霞 昌国街道西安社区
支 静 昌国街道西山社区
王君芬 昌国街道金寿社区
李海江 昌国街道城北村
方伟忠 昌国街道义桥村
林海港 盐仓街道办事处
俞琪凯 盐仓街道办事处
徐志峰 盐仓街道办事处
蔡唐磊 盐仓街道办事处
虞舟波 区综合执法局盐仓执法中队
王彬存 盐仓街道塔山社区
邱雪峰 小沙街道办事处
李 莉 小沙街道办事处
都微领 区综合执法局小沙执法中队
傅世军 小沙街道光华村
王燕芬 小沙街道庙桥村
周 翔 岑港街道办事处
洪 达 岑港街道办事处
朱孝思 岑港街道办事处
董国华 岑港街道办事处
傅天宇 岑港街道桥头村
卢 露 马岙街道办事处
邹晓波 区综合执法局马岙执法中队
严王军 马岙街道五一村
陈 侃 双桥街道办事处
朱腾蛟 双桥街道办事处
袁 斌 双桥街道办事处
章 燕 双桥街道紫微村
成志芳 双桥街道南山村
叶选伟 金塘管委会
李 力 金塘管委会
林孟波 金塘管委会
胡 斌 金塘管委会
陈 剑 市市场监管局金塘分局
蒋安飘 白泉镇政府
王思涵 白泉镇政府
夏玲玲 白泉镇政府
虞飞刚 白泉镇白泉村
阮定定 白泉镇河东村
李 斌 区综合行政执法局白泉分局
吴爱平 干礁镇东升村
孙宏杰 干礁镇青龙村
陈安华 干礁镇西码头村
吴军华 干礁镇滨港社区
李 健 区纪委区监委
薛新民 区纪委区监委
张 园 区委办
吴 青 区人大办
叶一益 区政府办
朱相胜 区政协办
沈晓燕 区委组织部
徐兴跃 区直机关工委
胡欢欢 区委宣传部
刘剑修 区委宣传部
赵凤凤 区文明指导中心
梅倩倩 区委统战部
王飘欧 区委政法委
付 强 区法院
顾学乾 区法院
王蕙农 区检察院
金盛盛 区检察院
叶 萍 区检察院
黄 婷 区融媒体中心
叶琪栋 区发改局
竺妮娜 区发改局
陈代杰 区经信局
李方波 区教育局
王 红 区第二中学
傅海平 舟山小学
于羽超 市公安局定海区分局
董文军 市公安局定海区分局
叶奇超 市公安局定海区分局
王洪勇 市公安局定海区分局解放路派出所
余舟杰 区民政局
程 静 区司法局
乐晓倩 区财政局
邵 波 区社保中心
章天慈 区社保中心
陈思遐 区住建局

刘志超 区房管中心
顾明浩 区建筑工程管理中心
王 瑛 绿城物业服务集体有限公司舟山分公司
叶 莹 区交通运输局
王姿尹 区交通运输局
沈金洪 区水利局
张 琦 区农业农村局
鲁移舟 区农业农村局
夏飞琴 区农业农村局
王志芬 区农业农村局
徐 玲 区商务局
王 海 正斌超市（舟山）有限公司
王佩玉 区文广旅体局
干军辉 区文广旅体局
曾明子 区文广旅体局
胡智健 区文广旅体局
袁铁波 区卫健局
曹来根 区卫健局
翁琤璐 区卫健局
魏运广 区退役军人事务局
王宗宝 区应急管理局
陈岳华 区审计局
潘 鑫 区统计局
孟庆来 区综治行政执法局
费疆臻 区综合行政执法局
陈 佳 区综合行政执法局
范偲慧 区市政园林管理中心
王争力 区环境卫生管理中心
王文艳 区政务办
李 琼 定海西北临港投资开发有限责任公司
陈皱友 区机关事务管理中心
李荣亮 区投资促进中心
沈贤斌 区旧城改造建设中心
刘江辉 舟山国际粮油产业园区管理中心
李 熠 区海洋科技产业园管理中心
陈 瑾 区总工会
叶舟燕 团区委
孙李琼 区妇联
顾静静 区残联
夏飞娜 区残联
陈雅芬 区工商联
迟名海 区慈善总会
袁明东 区供销联社
张建军 定海国资公司
何昀翰 定海国资公司
倪嘉艳 区竹山鸦片战争文化公园开发有限公司
邵 炜 中国移动定海分公司
杨文清 中国电信定海分公司
傅玲玲 中国联通定海分公司
乐友财 市自然资源和规划局定海分局
张培珍 区不动产登记中心
陈凌峰 市港航事业发展中心定海分中心
王 琦 定海海事处
钱国水 马岙海事处
孙轶军 区税务局
徐朝平 区税务局
安际科 区气象局
赵 锐 市市场监管局定海分局
金 举 市市场监管局定海分局
方永良 市市场监管局定海分局城东（昌国）所
赵宇翰 市市场监管局定海分局环南所
王 婧 市生态环境局定海分局
王 挺 舟山商贸集团定海分公司
陈淡峰 市电力局定海供电分局
张奖宁 定海德商村镇银行
李豪增 区消防救援大队
金 宇 市交警支队定海大队城区中队
崔 勇 市交警支队定海大队白泉中队
曹安娣 优秀志愿者
夏 波 优秀志愿者
林统红 优秀志愿者
郑露燕 优秀志愿者
任松霞 优秀志愿者
邱峰定 优秀志愿者
黄刘军 优秀志愿者
夏东雷 优秀志愿者
虞爱文 优秀志愿者
刘如达 优秀志愿者

（撰稿：张 郊）

2020年度定海区新增正高职称人员

何静兵　男　正高　　主任医师　　上海交通大学医学院附属瑞金医院舟山分院

张平辉　男　正高　　主任医师　　舟山市定海区中心医院

傅雅仙　女　正高　　主任医师　　舟山市定海区盐仓街道社区卫生服务中心

包国华　女　正高　　正高级教师　舟山市定海区第五中学

（撰稿：王芳玲）

2020年定海区海岛优秀教师名单（28名）

蔡海滨　　定海二中
夏亚萍　　定海三中
陈志芬　　定海七中
胡恩平　　定海五中
费萍波　　定海六中
夏海行　　东海中学
吴妙红　　金塘中学
陈燕维　　金塘中学
张海东　　白泉初级中学
李　莉　　定海小学教育集团昌东校区
陈依群　　定海小学教育集团海滨校区
陈　蔚　　檀枫小学教育集团檀枫校区
徐静娜　　檀枫小学教育集团城东校区
郑芝君　　舟嵊小学
吴　红　　舟山小学
姜志飞　　廷佐小学
胡凤娜　　海山小学
方艳娜　　东海小学
翁怡波　　城西小学
钱　叶　　大丰中心小学
宋　沂　　柳行中心小学
刘安伦　　山潭中心小学
乐海霞　　沥港中心小学
王凤杰　　双桥中心小学
干璐璐　　小沙中心小学
章丹铮　　白泉中心小学
朱珊珊　　舟山市机关幼儿园
周汉芬　　金塘镇沥港幼儿园

（撰稿：程　娜）

区委工作部门负责人名录

区纪委
　书　记：郑飞科
　副书记：朱存波
　　　　　吴青青
　常　委：吴慧琴
　　　　　潘琼颖
　　　　　陈　军
　　　　　张小艇
办公室
　主　任：王康利
干部室
　主　任：邵　莹
宣教室
　主　任：鲍紫燕
党风政风监督室（区政府纠正行业不正之风办公室）
　主　任：王康利（续—2019.12）
信访室
　主　任：许国华
案件监督管理室
　主　任：支　洁
第一纪检监察室
　主　任：梅　盛（续—2020.11）
第二纪检监察室
　主　任：金　晶（2020.03—）
第三纪检监察室
　主　任：刘明东（续—2019.12）
案件审理室
　主　任：刘明东

区监委
　主　任：郑飞科（2020.01—）
　副主任：朱存波
　　　　　吴青青
　委　员：吴慧琴
　　　　　潘琼颖
　　　　　陈　军

王功跃

区委巡察办

主　任：吴慧琴
副主任：顾锡顶（续—2020.03）
唐佳挺（2020.03—）
巡察工作室：
主　任：任高峰

区委巡察组

组　长：潘琼颖
周　钢
黄　芬
副组长：邵海颖
杨　维
费　滢

区委办公室

主　任：方思宏
副主任：伍宏伟（续—2020.11）
于一波（2020.03—2020.11）
林铁坤
王亚儿（续—2020.03）
蒋　华
黄志军
区纪委、区监委驻区委办公室纪检监察组：
组　长：严建裕
副组长：章守腾
政策研究中心：
主　任：伍宏伟
副主任：潘益琼
李江华
信访局：
局　长：王亚儿（续—2020.03）
于一波（2020.03—）
副局长：周　斌
林　聪
李双勇
区委台湾工作办公室：
主　任：方思宏
副主任：宋金燕
区委全面深化改革委员会办公室：
专职副主任：应功浩
正科级领导干部：
方家彪
副科级领导干部：
朱洪春

区委组织部

部　长：邵　辉（续—2020.11）
江　舟（2020.11—）
常务副部长：苏　苹
副部长：竺锐航(兼）
王旭东
张蓓玲
王成华
部务会议成员：滕茂彪
吴燕波
顾锡顶（续—2020.03）
穆菲菲
朱文兵
何舟娜
陈　伟（2020.03—）
区纪委、区监委驻区委组织部纪检监察组：
组　长：滕茂彪
副组长：袁　莹
机构编制管理委员会办公室：
主　任：张蓓玲
副主任：何　波
直属机关工作委员会：
书　记：张蓓玲（续—2020.07）
邵　辉（2020.07—2020.11）
江　舟（2020.11—）
副书记：张蓓玲（2020.07—）
纪检监察工作委员会书记：袁　莹（续—2020.07）
滕茂彪（2020.07—）
两新工委：
书　记：王成华
老干部局：
局　长：王旭东
人才发展中心：
主　任：吴燕波
关工委：
专职副主任：穆菲菲

干部教育培训中心：
主　任：朱文兵

区委宣传部
部　长：何徐华
常务副部长：冯季红
副部长：林国海
孙福康（兼）
项玲静
郑元丹（挂职，2020.05—）
部务会议成员：季　勤
叶威涛（2020.08—）
区互联网信息中心：
主　任：季　勤
区委网络安全和信息化委员会办公室：
专职副主任：钱　韵（续—2020.11）

区委统战部
部　长：林世军
常务副部长：谢海良
副部长：吴海斌（兼）
沈　雁
陈珍艳
副科级领导干部：季文华
卢仲锋

区委政法委
书　记：陈海平（续—2020.03）
邵　辉（2020.11—）
常务副书记：黄艳庭
副书记：林剑彪（兼）（续—2020.11）
夏　泉（兼）（2020.11—）
杨　健（兼）
裘海祖
王亚儿（兼）（续—2020.03）
于一波（2020.11—）
余文舟
虞平华（挂职）
委　员：乐志盛（兼）
徐文斌（兼）
杨明春
张伟祥（兼）
周　玲
周炬伟
王永良
区纪委、区监委驻区委政法委纪检监察组：
组　长：杨明春
副组长：袁　芳
政治处：
主　任：周　玲
副科级领导干部：
顾　军
袁善龙
刘传瑞（续—2020.03）

区档案馆
党组书记、副局长：张　樱（续—2019.01）
沈红军（2019.01—）
局　长：毛　媛
副局长、党组成员：鲍　军
孙　密（2019.12—）

区精神文明建设指导中心
主　任：项玲静
副主任：徐燕红
薛珊珠
王远荣

区融媒体中心
主　任：孙福康
副主任、党组成员：郑泓湖
顾益君
陆小俊
副主任：应海玲

区社会矛盾纠纷调处化解中心
主　任：余文舟（2020.03—）
副主任：刘传瑞（2020.03—）

区流动人口服务中心
主　任：张　辉

区人大常委会工作部门负责人名录

法制内务司法委员会
主任委员：俞嫦女
副主任委员：郑思金

财政经济委员会
主任委员：石江洋
副主任委员：杨文跃

办公室
主 任：卢建军
副主任：方 祎（续—2020.03）
傅世腾（2020.03—）
周子雷

研究室
主 任：方 祎（2020.03—）
副主任：王晶晶（2020.03—）

法制与监察司法工作委员会
主 任：俞嫦女
副主任：王广栋（续—2020.03）
郑思金

财政经济工作委员会
主 任：石江洋
副主任：孔松对
杨文跃

代表工作委员会
主 任：王跃芳
副主任：俞岩松
陈小波

教育科技文化卫生与民族宗教侨务工作委员会
主 任：叶立占
副主任：叶松康
张赛枫

城乡建设与环境资源保护工作委员会
主 任：蒋玲军
副主任：张志平

农渔业与农渔村工作委员会
主 任：徐汉云
副主任：王天明

社会工作委员会
主 任：王亚儿（2020.03—）
副主任：谢文伟（2020.03—）

区政府工作部门负责人名录

区政府办公室
主 任：夏怡辉
副主任：陈 益
沈小岳
吴 柳
邵佳磊
胡东东
柴 华
干盛军
周 鑫
区纪委、区监委驻区府办纪检监察组：
组 长：王备军
副组长：汤乃勇
大数据发展中心：
主 任：颜善波
口岸开放服务中心：
主 任：张海燕
区委区政府接待中心：
主 任：朱燕华
正科级领导干部：
翁岳龙
正科级组织员：
周邦国
副科级领导干部：
陆 君
夏志兵
李丕利

区发展和改革局
局长、党组书记：严 华（续—2020.03）
张宣杰（2020.03—）

党组副书记：徐 徐
副局长：吴雄佳
汪国存
毛 凯
高 刚
周 晖（挂职，2020.09—）
区纪委、区监委驻发改局纪检监察组：
组 长：钟国勇

区经济和信息化局
局长、党组书记：何 斌
党组副书记、副局长：陈 悦
副局长：余海江
叶国光
总经济师：张宏辉

区教育局
局长、党委书记：鲍治杰
党委副书记：王帮贤
副局长、党委委员：胡 斌
徐良浩
邵平安
党委委员：应静波
乐康平
区政府教育总督学：乐康平
区纪委、区监委派驻区教育局纪检监察组：
组 长：应静波

区公安分局
局长、党委书记：杨 健
政 委：林金反
党委副书记：林金反
钟 波
党委委员、副局长：张 伟（2020.01—）
刘 军
陈俊宇
党委委员、纪委书记：叶明福（续—2020.05）
陈 锡（2020.05—）
政治处主任：张 伟（续—2020.01）
徐 明（2020.01—）

区民政局
局长、党组书记：丁 梅
党组副书记：李松存
副局长：张伟忠
周海芳

区司法局
局长、党组书记：张伟祥
党组副书记：楼晓波
副局长：楼晓波
乐波明
屠科增
张 洁
金塘司法所：
所 长：孙科宇
白泉司法所：
所 长：林 杰

区财政局
局长、党委书记：何 红
党委副书记：张 局
副局长：戴水婷
李汉定
宣宏伟
江慧成（挂职，2020.09—）
总会计师：蒋科卫
副科级领导干部：
张静波
赵 静（续—2020.11）

区人力资源和社会保障局
局长、党组书记：竺锐航
副局长：何银夫
沈松波
副科级领导干部：
肖宏林
社保中心：
主 任：刘婧婧

区住房和城乡建设局
局长、党组书记：朱兴岳
党组副书记、副局长：鲍 明
副局长：陈洪亮
庄建军
郑卫民

副科级领导干部：
王光兵
徐绍堂
房管中心：
主　任：田娟

区交通运输局

局长、党组书记：孙继达
副局长、党组成员：王　平
李鹏飞
乐科军
刘璋宏
黄海舟
副局长：刘奋勇
公路与运输管理中心：
主　任：刘璋宏（2020.12—）

区水利局

局长、党组书记：胡国海
副局长：顾玲科
徐国中
童晓燕
总工程师：陈　平

区农业农村局

局长、党组书记：王家通
副局长：胡光远
陈忠苗（续—2020.03）
杨继明（续—2020.03）
洪海涛
肖文波（2020.03—）
总农艺师：谢忠海
区海洋渔业局：
局　长：王家通
海洋行政执法局：
局　长：王家通
区纪委、区监委驻区农业农村局检监察组：
组　长：潘嗣斌

区商务局

局长、党组书记：蒋东前
党组副书记、副局长：朱燕君
副局长：张　辉
黄小刚（2019.01—）
区贸促会：
会　长：蒋东前
专职副会长：黄小刚

区文化和广电旅游体育局

局长、党组书记：孙艳青
副局长、党组成员：庄剑超
方　立
傅　勇
戴惠萍
钟志平
应海康
文物保护所：
所　长：傅　勇

区卫生健康局

局长、党委书记：张臣达
副局长、党委副书记：张建伟（续—2020.03）
包于忠（2020.03—）
副局长、党委委员：许庆华（续—2020.03）
应朋志
胡秀贞
吴松波
蔡　莹（2020.03—）
周　磊（2020.11—）
胡龙军
党委委员：芮世光
医疗保险服务中心：
主　任：吴松波
区纪委、区监委驻区卫生健康局纪检监察组：
组　长：章庆锋

区退役军人事务局

局长、党组书记：袁燕江
副局长、党组成员：邬学文
周　斌
向　军

区应急管理局

局　长：夏高方

党组书记：洪祖益
副局长、党组成员：胡伟义
马　烈
莫金刚
张惠洲

区审计局
局长、党组书记：傅忠国
副局长、党组成员：范燕君（续—2020.11）
陈岳华
贺海波（2020.11—）
总审计师、党组成员：贺海波（续—2020.11）
赵　静（2020.11—）

区统计局
局　长、党组书记：周利军
党组副书记、副局长：王　荫
副局长、党组成员：程　翊
总统计师：徐志元

区综合行政执法局
局长、党组书记：顾培斐
党组副书记、副局长：曾晓伟
党组成员、副局长：舒剑锋
陈　刚
党组成员：柯　科
金春林
应燕芬
环境卫生管理处：
主　任：应燕芬
市政园林管理中心：
主　任：金春林
白泉分局：
局　长：柯　科

政协定海区委员会工作部门负责人名录

办公室
主　任：华福耐
副主任：陈建江
章秀红

提案委员会
主　任：陈伟珠
副主任：蒋海裕
潘燕娜

委员工作委员会
主　任：吴一泉
副主任：夏舟群

经济科技委员会
主　任：陈　晟
副主任：应仁飞
许跃军

教育文化卫生体育与文史资料委员会
主　任：乐加恩
副主任：包　磊
刘春燕

社会法制民族宗教与港澳台侨外事委员会
主　任：戴永良
副主任：陈国富
王良刚

农业农村与资源环境委员会
主　任：傅岳平
副主任：唐志钢（续—2020.03）
杨继明（2020.03—）

区政府派出机构、直属正科事业单位负责人名录

区审批服务与公共资源交易管理办公室
党组书记：林剑彪（续—2020.11）
夏　泉（2020.11—）
主　任、党组副书记：庄旭东
副主任、党组成员：张　旻
卢桂臣
贺佩清
林益健
王士钦
市公共资源交易中心定海区分中心：
主　任：张　旻

投资项目审批代办服务中心：

主　任：王士钦

浙江定海工业园区管委会

主　任、党组书记：周军波

党组副书记：张　英（2020.11—）

魏大波

副主任：王旭东

林科峰

魏大波

吕玲玲

区供销合作社联合社

主任、党委书记：方　杰

党委委员、副主任：苗世军

马海建

区机关事务管理中心

主任、党组书记：张文追（续—2020.03）

张建伟（2020.03—）

副主任、党组成员：林永光

包世良

吴黎明

副主任：江　静

旧城改造建设中心

主　任、党组书记：陈官平

党组副书记、副主任：林　军

副主任、党组成员：邵海君

王赛亲

林志光

王　勇

余志军

副主任：李志业

区农渔村住房开发管理中心

主　任、党组书记：夏芬芳

党组副书记、副主任：虞建军

副主任、党组成员：黄海明

丁耀亮（续—2020.03）

朱其波

舟山国际水产品产业园区管理中心

主　任：林志刚

副主任：何优芬

刘纪波

张　杰

区投资促进中心

党组书记：夏元沪

主　任：张松军

副主任、党组成员：严旭波

孙　霞

副主任：周邦国（兼）

杨　薇（兼）

林　洁

包于忠（续—2020.03）

石红辉

舟山国际粮油产业园区管理中心

主　任、党组书记：姚　庆

副主任、党组成员：王茂叶

刘江辉

徐　捷

金　啸（挂职，2020.05—）

海洋科技产业园管理中心

党组书记：王祖辉

主　任：韩亚玲

党组成员、副主任：刘其刚

梁俊杰（2020.11—）

胡　晓

区级人民团体负责人名录

区总工会

主　席、党组书记：邵启明

副主席、党组成员：叶红芳

鲍汉君（续—2020.03）

俞建平

共青团定海区委

书　记：陈彦霏

副书记：蔡齐杰

余毅刚
赵世凯（挂职）
江奇锦（挂职）

区妇女联合会

主　席、党组书记：乌燕华
副主席、党组成员：陈祎红
孙李琼
刘冰洁（挂职）
徐露楠（挂职）

区文学艺术界联合会

主　席：冯季红
副主席：朱先马

区科学技术协会

主　席：何　斌
副主席：张燕君
许　斌
胡　斌（兼）
胡龙军（兼）

区归国华侨联合会

主　席：陈珍艳
副主席：王燕波
杨文跃（兼）
刘佳丽（挂职）

区残疾人联合会

理事长、党组书记：胡学锋
副理事长、党组成员：顾静静
林　伟
孙雅萍（挂职）
金　磊（挂职）

区红十字会

会　长：郑飞芬（兼）
党组书记：张臣达（2020.07—）
副会长：芮世光
张伟忠
章文斌
韩雪军
黄志军
党组成员：包于忠（2020.07—）
芮世光（2020.07—）

区计生协会

会长：顾飞舟(兼，续—2020.11）
邵　辉（兼，2020.11—）
专职副会长：胡秀贞
副会长：屠定玉（兼）
张臣达（兼）

区社会科学界联合会

主　席：冯季红
副主席：张　屹
徐　徐
钟国勇
蒋　华

区工商业联合会

主　席：范国锋(兼）
党组书记、副主席：吴海斌
副主席、党组成员：刘既帮
吴永昌

区人民法院负责人名录

院　长、党组书记：徐文斌
党组副书记、副院长：王东明
副院长、党组成员：李平央
副院长：陈建群
审判委员会专职委员：张崇华
顾龙裕
党组成员：陈志龙（续—2020.11）
梅　盛（2020.11—）
林　琼
区纪委、区监委派驻区人民法院纪检监察组：
组　长：陈志龙（续—2019.05）
梅　盛（2020.11—）
政治处主任：林　琼
执行局局长：陆富军（续—2020.11）
董　艳（2020.11—）
临城人民法庭庭长：董　艳（续—2020.11）

岑港人民法庭庭长：王立平
金塘人民法庭庭长：沈妙军
白泉人民法庭庭长：陈　健

区人民检察院负责人名录

检察长、党组书记：乐志盛
党组副书记、副检察长：张曙光（续—2020.11）
应福明（2020.11—）
副检察长、党组成员：应福明（续—2020.11）
乐红兵
党组成员：俞贝贝、王惠农
检委会专职委员：夏坚德
区纪委、区监委派驻区人民检察院纪检监察组：
组　长：俞贝贝
政治处主任：王蕙农

街道、镇负责人名录

城东街道
党工委书记：方　涛
办事处主任：王雄飞

环南街道
党工委书记：林建刚
办事处主任：方　翰

昌国街道
党工委书记：张宣杰（续—2020.03）
冯　健（2020.03—）
办事处主任：王燕芳

盐仓街道
党工委书记：王文杰
办事处主任：余世炯

小沙街道
党工委书记：夏培一
办事处主任：李增平

岑港街道
党工委书记：孙　亮
办事处主任：吕凌飞（续—2020.11）
黄　燕（2020.11—）

马岙街道
党工委书记：贺孝磊
办事处主任：林海艇

双桥街道
党工委书记：林　光
办事处主任：陈　晖（续—2020.11）
王焕达（2020.11—）

金塘镇
党委书记：齐友国（续—2020.03）
严　华（2020.03—2020.11）
汤　军（2020.11—）
镇　　长：夏燕辉

白泉镇
党委书记：朱朝辉
镇　　长：冯　健（续—2020.03）
王改革（2020.03—）

干碰镇
党委书记：徐君芬
镇　　长：何　光

（撰稿：叶洛楠）
责任编辑：王英伟

附　录

附录一：2020年定海区优秀调研成果

表27

调研报告名称	作者	报送单位	奖项
加强社区（村）及小区防洪排涝应急管理建设	乐加恩、包磊、刘春燕、何少敏	区政协	一等奖（1篇）
新冠疫情下定海塑机制造业实现逆势增长的启示与思考	周利军、倪识行	区统计局	二等奖（3篇）
乡镇集体资产管理面临的困局及建议	何红、蒋科卫、赵静、王琼磊	区财政局	
公安视角下的基层社区治理现代化探索	冯海	区公安分局	
新加坡石化园区建设经验及对我区规划发展自贸区油品全产业链的启示	周晖、杨其润	区发改局	三等奖（6篇）
定海区海水养殖产业发展调研	王国钰、刘哲豪	区农业农村局	
促进定海区产业园区发展的研究分析	程翊、徐波	区统计局	
新形势下加强定海海外人才招引的探索与思考	陈珍艳、王凯	区委统战部	
关于盘活我区闲置农房开发新型旅游项目的相关建议	毛凯、夏波、方璐、胡曹标	区发改局	
关于定海区排污企业环境状况的调查与研究	方静卫、王建明、夏爱萍、徐吉波、金文斌	市生态环境局定海分局	

（撰稿：柯雨昕）

附录二：2020年中共舟山市定海区委部分文件目录

表28

发文日期	文号	文件标题
0103	定委【2020】30号	中共舟山市定海区委关于同意召开区政协六届五次会议的批复
0113	定委【2020】1号	中共舟山市定海区委关于同意召开中国共产党舟山市定海区金塘镇第四届代表大会第五次会议的批复
0113	定委【2020】2号	中共舟山市定海区委关于同意召开中国共产党舟山市定海区白泉镇第十四届代表大会第四次会议的批复
0113	定委【2020】3号	中共舟山市定海区委舟山市定海区人民政府关于2019年度河（湖）长制落实情况的报告
0113	定委【2020】4号	中共舟山市定海区委关于张伟旭、孙忠定同志免职表决结果的报告
0118	定委【2020】5号	中共舟山市定海区委关于张伟旭同志任职的请示
0118	定委【2020】6号	中共舟山市定海区委关于舟山市定海区十七届人大、六届政协选举结果的报告
0226	定委【2020】7号	中共舟山市定海区委关于陈海平等同志任职的请示
0605	定委【2020】8号	中共舟山市定海区委关于同意给予许跃良开除党籍处分的批复
0615	定委【2020】9号	中共舟山市定海区委关于余河通同志任职的请示
0615	定委【2020】10号	中共舟山市定海区委关于林伟康同志任职的请示
0721	定委【2020】11号	中共舟山市定海区委关于浙江兆弟桩业有限公司舟山分公司污水满溢问题整改情况的报告
0721	定委【2020】12号	中共舟山市定海区委关于何斌等同志职务任免的批复
0818	定委【2020】13号	中共舟山市定海区委 舟山市定海区人民政府关于定海区违建别墅问题清查整治自查自纠和重点整治工作情况的报告
0825	定委【2020】14号	中共舟山市定海区委关于舟山市定海区科学技术协会第七届常务委员会换届人事安排的批复
0831	定委【2020】15号	中共舟山市定海区委关于庄继艳同志任职的请示
	定委【2020】16号	中共舟山市定海区委关于范纲等同志任职的请示

续表28

发文日期	文号	文件标题
0831	定委【2020】17号	中共舟山市定海区委 中共舟山市定海区人民政府关于申报浙江省新时代美丽乡村示范县的报告
0901	定委【2020】18号	中共舟山市定海区委关于王其锋、夏泉等同志职务任免表决结果的报告
0907	定委【2020】19号	中共舟山市定海区委关于舟山市定海区科学技术协会第七次代表大会选举结果的批复
0928	定委【2020】20号	中共舟山市定海区委关于董艳等同志任职的请示
1015	定委【2020】21号	中共舟山市定海区委关于同意成立中共舟山市定海区盐仓街道昌洲村委员会的批复
1103	定委【2020】22号	中共舟山市定海区委关于林伟康等同志任职的请示
1112	定委【2020】23号	中共舟山市定海区委关于林剑彪等同志任职的请示
1127	定委【2020】24号	中共舟山市定海区委关于要求潘灵波等2名同志调任为公务员的请示
1215	定委【2020】25号	中共舟山市定海区委关于给予王家通同志党纪处分的请示
1224	定委【2020】26号	中共舟山市定海区委关于项玲静等同志任职的请示
1224	定委【2020】27号	中共舟山市定海区委关于齐友国同志任职的请示
1224	定委【2020】28号	中共舟山市定海区委关于同意召开舟山市定海区第十七届人民代表大会第五次会议的批复
1225	定委【2020】29号	中共舟山市定海区委关于同意出版《中国共产党定海党史》（1950—1978）的批复
0103	定委发【2020】1号	中共舟山市定海区委 舟山市定海区人民政府关于表彰2019年度先进集体和先进生产（工作）者的通报
0110	定委发【2020】2号	中共舟山市定海区委关于建立中共舟山市定海区第十七届人民代表大会第四次会议、政协第六届舟山市定海区委员会第四次会议临时委员会的决定
0110	定委发【2020】3号	中共舟山市定海区委关于推荐区人大常委会副主任、区监察委员会主任、区人民法院院长候选人的意见
0110	定委发【2020】4号	中共舟山市定海区委关于推荐舟山市定海区第十七届人民代表大会各专门委员会主任委员、副主任委员候选人的意见
0320	定委发【2020】5号	中共舟山市定海区委关于调整区委常委分工的通知
0409	定委发【2020】6号	中共舟山市定海区委关于建立区应急管理局党委和人员任命的通知

续表28

发文日期	文号	文件标题
0426	定委发【2020】7号	中共舟山市定海区委 舟山市定海区人民政府关于给予陈军等63名同志记三等功奖励的决定
0507	定委发【2020】8号	中共舟山市定海区委关于印发《中共舟山市定海区委常委会2020年重点工作任务分工方案》的通知
0601	定委发【2020】9号	中共舟山市定海区委关于推荐舟山市第七届人民代表大会代表候选人的通知
0602	定委发【2020】10号	中共舟山市定海区委 舟山市定海区人民政府 关于命名2019年度平安村社区的通知
0612	定委发【2020】11号	中共舟山市定海区委关于推动全面从严治党“四责协同”的实施意见
0616	定委发【2020】12号	中共舟山市定海区委关于推荐舟山市第七届人民代表大会代表候选人的通知
06.23	定委发【2020】13号	中共舟山市定海区委关于同意召开定海区科学技术协会第七次代表大会的批复
0731	定委发【2020】15号	中共舟山市定海区委关于建立区红十字会党组和人员任命的通知
0810	定委发【2020】16号	中共舟山市定海区委 舟山市定海区人民政府关于推进新时代民政事业高质量发展的实施意见
0810	定委发【2020】17号	中共舟山市定海区委关于印发《重大事项请示报告清单》的通知
0901	定委发【2020】18号	中共舟山市定海区委 舟山市定海区人民政府关于全面落实预算绩效管理的实施意见
1015	定委发【2020】20号	中共舟山市定海区委关于推荐舟山市第七届人民代表大会代表候选人的通知
1112	定委发【2020】21号	中共舟山市定海区委 舟山市定海区人民政府关于印发《新时代定海产业工人队伍建设改革实施细则》的通知
1209	定委发【2020】22号	中共舟山市定海区委 舟山市定海区人民政府关于成立定海区生态文明建设工作委员会的通知
1209	定委发【2020】23号	中共舟山市定海区委关于调整区委常委分工的通知
1209	定委发【2020】24号	中共舟山市定海区委关于撤销中共共青团舟山市定海区委员会党组的通知
1221	定委发【2020】25号	中共舟山市定海区委关于推荐舟山市第七届人民代表大会代表候选人的通知
1224	定委发【2020】26号	中共舟山市定海区委 舟山市定海区人民政府关于深入开展新时代爱国主义教育的实施意见
1229	定委发【2020】27号	中共舟山市定海区委 舟山市定海区人民政府关于印发《舟山市定海区学前教育深化改革规范发展实施方案》的通知

续表28

发文日期	文号	文件标题
0327	定委办【2020】1号	中共舟山市定海区委办公室关于王晶晶同志任职的报告
0717	定委办【2020】3号	中共舟山市定海区委办公室关于赵世凯同志任职的请示
1208	定委办【2020】6号	中共舟山市定海区委办公室关于报请审批2021年度评比达标表彰和通报表扬项目的请示
0103	定委办发【2020】1号	中共舟山市定海区委办公室关于召开区委十三届九次全体（扩大）会议的通知
0103	定委办发【2020】2号	中共舟山市定海区委办公室关于召开中国共产党舟山市定海区第十三次代表大会第四次会议暨区委经济工作会议的通知
0108	定委办发【2020】3号	中共舟山市定海区委办公室关于召开全区领导干部会议的通知
0114	定委办发【2020】5号	中共舟山市定海区委办公室关于召开定海区离退休干部形势通报会的通知
0208	定委办发【2020】6号	中共舟山市定海区委办公室关于调整定海区新型冠状病毒感染的肺炎疫情防控工作领导小组成员的通知
0227	定委办发【2020】7号	中共舟山市定海区委办公室 舟山市定海区人民政府办公室关于2019年度区级机关单位和镇（街道）综合考核结果的通报
0316	定委办发【2020】9号	中共舟山市定海区委办公室关于表彰2019年度科级领导干部考核优秀人员的通报
0323	定委办发【2020】10号	中共舟山市定海区委 舟山市定海区人民政府 政协舟山市定海区委员会2020年度重大协商工作计划
0324	定委办发【2020】11号	中共舟山市定海区委办公室关于印发《中共舟山市定海区委2020年民主协商计划》的通知
0330	定委办发【2020】13号	中共舟山市定海区委办公室关于公布定海区2020年实绩亮相项目（第一批）的通知
0330	定委办发【2020】14号	中共舟山市定海区委办公室关于全区防洪排涝能力提升“双学双比”优胜单位的通报
0407	定委办发【2020】15号	中共舟山市定海区委办公室关于印发《2020年区委理论学习中心组学习计划》的通知
0407	定委办发【2020】16号	中共舟山市定海区委办公室关于印发《重大事项发布及民意征集反馈机制建设实施方案》的通知
0407	定委办发【2020】17号	中共舟山市定海区委办公室 舟山市定海区人民政府办公室关于印发《舟山市定海区2020年城乡环境综合整治大会战实施方案》的通知
0417	定委办发【2020】18号	中共舟山市定海区委办公室关于李国昌等同志任职的通知
0416	定委办发【2020】20号	中共舟山市定海区委办公室关于印发《2020年定海区信息录用计分办法》的通知

续表28

发文日期	文号	文件标题
0417	定委办发【2020】21号	中共舟山市定海区委办公室关于印发《定海区2020年度落实党风廉政建设主体责任考评办法》的通知
0420	定委办发【2020】22号	中共舟山市定海区委办公室关于建立定海区青年工作联席会议制度的通知
0428	定委办发【2020】23号	中共舟山市定海区委办公室关于刘冰洁等同志职务任免的通知
0428	定委办发【2020】24号	中共舟山市定海区委办公室 舟山市定海区人民政府办公室印发《关于深化区管企业负责人薪酬制度改革的实施意见》的通知
0429	定委办发【2020】25号	关于对习近平总书记重要讲话精神学习贯彻落实情况开展督查的通知
0430	定委办发【2020】26号	中共舟山市定海区委办公室 舟山市定海区人民政府办公室关于印发《舟山市定海区高水平推进美丽城镇建设实施方案》的通知
0506	定委办发【2020】27号	中共舟山市定海区委办公室关于印发《2020年度区领导重点调研课题》的通知
0509	定委办发【2020】28号	中共舟山市定海区委办公室关于表彰2019年度办公室先进工作者的通报
	定委办发【2020】29号	中共舟山市定海区委办公室 舟山市定海区人民政府办公室关于调整定海区美丽乡村建设工作领导小组成员的通知
	定委办发【2020】30号	中共舟山市定海区委办公室 舟山市定海区人民政府办公室关于建立完善“服务企业服务群众服务基层”1+3+N长效机制的意见
0514	定委办发【2020】31号	中共舟山市定海区委办公室 舟山市定海区人民政府办公室关于印发《区级党政领导干部食品安全职责清单》的通知
0519	定委办发【2020】32号	中共舟山市定海区委办公室 舟山市定海区人民政府办公室关于调整和成立部分区级议事协调机构的通知
0522	定委办发【2020】33号	中共舟山市定海区委办公室 舟山市定海区人民政府办公室关于组织参加2020浙江定海美丽乡村周启动仪式等相关活动的通知
0525	定委办发【2020】34号	中共舟山市定海区委办公室 舟山市定海区人民政府办公室关于调整区领导联系镇（街道）全国文明城市创建工作安排的通知
0529	定委办发【2020】35号	中共舟山市定海区委办公室关于全区美丽乡村建设“双学双比”优胜单位的通报
0602	定委办发【2020】36号	关于对习近平总书记重要讲话精神学习贯彻情况的督查通报
0605	定委办发【2020】37号	中共舟山市定海区委办公室 舟山市定海区人民政府办公室关于印发定海区2020年助力对口地区脱贫攻坚（巩固）年度计划的通知
0615	定委办发【2020】38号	中共舟山市定海区委办公室关于印发《落实中央和省、市、区委政协工作会议主要任务分工方案》的通知
0615	定委办发【2020】39号	中共舟山市定海区委办公室关于表彰2019年度全区优秀调研成果的通知

续表28

发文日期	文号	文件标题
0616	定委办发【2020】41号	中共舟山市定海区委办公室舟山市定海区人民政府办公室关于进一步优化定海区人才新政20条的意见
0617	定委办发【2020】42号	中共舟山市定海区委办公室 舟山市定海区人民政府办公室关于印发《2020年定海区道路交通安全综合治理提升行动工作方案》的通知
0618	定委办发【2020】43号	中共舟山市定海区委办公室关于印发《2020年党风廉政建设和反腐败工作组织领导与责任分工》的通知
0622	定委办发【2020】44号	中共舟山市定海区委办公室关于公布定海区2020年实绩亮相项目（第二批）的通知
0622	定委办发【2020】45号	关于印发《定海区深化“东海渔嫂”参与社会治理工作实施方案》的通知
0623	定委办发【2020】46号	中共舟山市定海区委办公室关于印发《区委落实全面从严治党主体责任清单》的通知
0624	定委办发【2020】47号	▲改革方案
0629	定委办发【2020】48号	中共舟山市定海区委办公室关于开展紧急信息相关工作自查的通知
0702	定委办发【2020】49号	中共舟山市定海区委办公室关于召开区委保密(密码工作)委员会全体会议的通知
0703	定委办发【2020】50号	中共舟山市定海区委办公室关于全区基层党建“双学双比”优胜单位的通报
0710	定委办发【2020】51号	中共舟山市定海区委办公室关于彭晔同志任职的通知
0710	定委办发【2020】52号	中共舟山市定海区委办公室关于启用中共舟山市定海区委人才工作领导小组及其办公室印章的通知
0714	定委办发【2020】53号	中共舟山市定海区委办公室关于成立舟山市定海区村（社区）组织换届工作领导小组的通知
0715	定委办发【2020】54号	中共舟山市定海区委办公室关于启用舟山市定海区社会矛盾纠纷调处化解中心印章的通知
0724	定委办发【2020】55号	中共舟山市定海区委办公室关于召开区委十三届十次全体（扩大）会议的通知
0724	定委办发【2020】56号	中共舟山市定海区委办公室关于启用舟山市定海区村（社区）组织换届工作领导小组及其办公室印章的通知
0724	定委办发【2020】57号	中共舟山市定海区委办公室 舟山市定海区人民政府办公室关于印发《2020年度定海区区级机关单位综合考核评价办法》和《2020年度定海区镇（街道）综合考核评价办法》的通知
0731	定委办发【2020】58号	中共舟山市定海区委办公室关于转发《区委宣传部、区委组织部关于认真做好<习近平谈治国理政>第三卷学习宣传工作的通知》的通知
0818	定委办发【2020】59号	中共舟山市定海区委办公室关于王婷婷同志任职的通知

续表28

发文日期	文号	文件标题
0819	定委办发【2020】60号	中共舟山市定海区委办公室 舟山市定海区政府办公室关于成立舟山市定海区社会矛盾纠纷调处化解工作领导小组的通知
0819	定委办发【2020】61号	中共舟山市定海区委办公室 舟山市定海区人民政府办公室关于印发定海区社会矛盾纠纷调处化解中心工作规程的通知
0827	定委办发【2020】62号	中共舟山市定海区委办公室 舟山市定海区人民政府办公室关于调整完善防汛防台联系制度的通知
0827	定委办发【2020】63号	中共舟山市定海区委办公室 舟山市定海区人民政府办公室关于印发2020年定海区推进长三角一体化发展工作要点的通知
0827	定委办发【2020】64号	中共舟山市定海区委办公室 舟山市定海区人民政府办公室印发《关于加强镇（街道）乡贤联谊会规范化建设 进一步发挥新乡贤在助推乡村振兴战略中积极作用的实施意见（试行）》的通知
0827	定委办发【2020】65号	中共舟山市定海区委办公室关于印发《贯彻落实中共浙江省委办公厅<进一步加强检察机关法律监督工作的若干意见>的实施方案》的通知
0902	定委办发【2020】66号	中共舟山市定海区委办公室关于赵世凯同志任职的通知
0918	定委办发【2020】67号	中共舟山市定海区委办公室 舟山市定海区人民政府办公室关于进一步加强新时代关心下一代工作的实施意见
0918	定委办发【2020】68号	中共舟山市定海区委办公室关于加强基层社会矛盾纠纷调处化解中心（站）建设的意见
0928	定委办发【2020】69号	中共舟山市定海区委办公室关于开展改革攻坚·创新发展“双学双比”活动暨党委（党组）书记改革工作述职会议的通知
1010	定委办发【2020】70号	中共舟山市定海区委办公室关于全区改革攻坚·创新发展 “双学双比”优胜单位的通报
1019	定委办发【2020】71号	中共舟山市定海区委办公室 舟山市定海区人民政府办公室印发《关于高质量做好村（社区）组织换届选举工作的实施意见》的通知
1028	定委办发【2020】72号	中共舟山市定海区委办公室 舟山市定海区人民政府办公室关于进一步推进我区村级集体经济高质量发展的实施意见
1029	定委办发【2020】73号	中共舟山市定海区委办公室 舟山市定海区人民政府办公室关于印发《2020年定海区实施乡村振兴战略任务清单》的通知
1029	定委办发【2020】74号	中共舟山市定海区委办公室关于召开全区领导干部会议的通知
1104	定委办发【2020】76号	中共舟山市定海区委办公室 舟山市定海区政府办公室关于进一步规范领导干部外出报告审批工作的通知
1104	定委办发【2020】77号	中共舟山市定海区委办公室关于召开全区领导干部会议的通知
1112	定委办发【2020】79号	中共舟山市定海区委办公室 舟山市定海区人民政府办公室关于印发《定海区重大决策社会风险评估实施办法》的通知
1115	定委办发【2020】80号	中共舟山市定海区委办公室 舟山市定海区人民政府办公室关于印发《定海区农村乱占耕地建房问题专项整治三年行动方案》的通知

续表28

发文日期	文号	文件标题
1119	定委办发【2020】81号	关于同意补助小沙街道三毛祖居改造提升资金的批复
	定委办发【2020】82号	关于同意补助干览镇去台老兵展陈馆建设资金的批复
1124	定委办发【2020】83号	关于组织开展党的十九届五中全会精神学习宣讲活动的通知
1125	定委办发【2020】84号	中共舟山市定海区委办公室关于组织参加省委党的群团工作会议的通知
1127	定委办发【2020】85号	中共舟山市定海区委办公室 舟山市定海区人民政府办公室关于评选定海花园式国际人文港城建设突出贡献集体和优秀个人的通知
1201	定委办发【2020】86号	中共舟山市定海区委办公室关于印发《舟山市定海区工商业联合会深化改革实施方案》的通知
1201	定委办发【2020】87号	关于开展习近平总书记重要讲话精神贯彻落实情况自查工作的通知
1201	定委办发【2020】88号	中共舟山市定海区委办公室关于举办定海新时代文明实践中心建设推进会的通知
1208	定委办发【2020】89号	中共舟山市定海区委办公室 舟山市定海区人民政府办公室关于启用定海区重大决策社会风险评估工作领导小组及其办公室印章的通知
1208	定委办发【2020】90号	中共舟山市定海区委办公室关于报请审批2021年度评比达标表彰和通报表扬项目的请示
1208	定委办发【2020】91号	关于同意补助环南街道保密宣传经费的批复
1208	定委办发【2020】92号	关于同意补助盐仓街道保密宣传阵地建设经费的批复
1211	定委办发【2020】93号	中共舟山市定海区委办公室关于开展 2020 年度全区党风廉政建设责任制落实情况检查工作的通知
1214	定委办发【2020】94号	中共舟山市定海区委办公室 舟山市定海区人民政府办公室关于做好2020年度全区综合考核工作的通知
1214	定委办发【2020】95号	中共舟山市定海区委办公室 舟山市定海区人民政府办公室关于成立中国（浙江）自由贸易试验区定海片区工作推进领导小组及其办公室的通知
1228	定委办发【2020】97号	中共舟山市定海区委办公室关于召开区委十三届十一次全体（扩大）会议的通知
1230	定委办发【2020】98号	中共舟山市定海区委办公室关于召开中国共产党舟山市定海区第十三次代表大会第五次会议暨区委经济工作会议的通知
1230	定委办发【2020】99号	中共舟山市定海区委办公室 舟山市定海区人民政府办公室关于印发《建立定海区镇（街道）“属地管理”事项责任清单制度的实施意见》的通知
1023	定委办发【2020】101号	中共舟山市定海区委办公室关于龚蓓蓓同志免职的通知

（撰稿：张依伊）

附录三：2020年舟山市定海区人民政府重要文件目录

表29

月日	文件名	文　件　标　题
1.13	定政发1	关于在市场监管领域全面推行部门联合“双随机、一公开”监管优化营商环境的实施意见
1.19	定政发2	关于印发《舟山市定海区2019—2022年幼儿园布局规划》的通知
2.14	定政发3	关于应对疫情支持小微企业渡过难关的意见
3.12	定政发4	关于开展第七次全国人口普查的通知
3.17	定政发5	关于给予张帆见义勇为行为记个人三等功的决定
3.24	定政发6	关于进一步加强地方债务管理的实施意见
3.27	定政发7	关于印发《2020—2022年镇街（园区）财政管理体制》的通知
6.15	定政发8	关于印发《舟山市定海区人民政府重大行政决策程序规定》的通知
6.16	定政发9	关于扶持服务业发展的若干意见
6.18	定政发10	关于实施创新驱动战略推动制造业高质量发展的若干意见
9.2	定政发11	关于区属重点国有企业深化改革规范运营的若干意见
9.7	定政发12	关于调整区政府部分领导工作分工的通知
12.17	定政发13	关于深化企业精准服务的实施意见（试行）
1.7	定政办发1	关于印发《定海区重污染天气应急预案》的通知
2.26	定政办发2	关于重新公布《舟山市定海区个人住宅国有划拨用地补交出让金标准》的通知
3.16	定政办发3	关于印发定海城区防洪排涝能力提升三年行动计划（2020—2022年）的通知
4.1	定政办发4	关于印发《定海区国土绿化五年行动方案（2020—2024年）》的通知
4.26	定政办发5	关于认真做好区领导领办件和区人大重点建议、区政协重点提案办理工作的通知

续表29

月日	文件名	文 件 标 题
4.29	定政办发6	关于印发《舟山市定海区推进5G产业发展实施方案》的通知
5.13	定政办发7	关于印发定海区区属重点国有企业负责人经营业绩考核与薪酬核定办法（试行）的通知
5.25	定政办发8	关于印发2020年舟山市定海区法治政府建设工作要点的通知
6.9	定政办发9	关于贯彻《舟山市物业管理条例》的实施意见
6.9	定政办发10	关于印发《定海区水利工程险情处置预案》的通知
6.12	定政办发11	关于印发《定海区基层政策性农业信贷担保服务创新试点实施方案》的通知
6.16	定政办发12	关于印发《定海区渡口长制度工作方案》的通知
6.23	定政办发13	关于公布区政府及区政府办公室行政规范性文件清理结果的通知
6.3	定政办发14	关于印发《2020年征地区片综合地价调整方案》的通知
7.8	定政办发15	关于印发《舟山市定海区低效企业整治提升实施方案》的通知
7.9	定政办发16	关于印发《舟山市定海区辐射事故应急预案》的通知
7.17	定政办发17	关于印发《定海区加快推进农业领域“机器换人”实施方案》的通知
7.23	定政办发18	关于印发《定海区创建浙江省渔业健康养殖示范县实施方案》的通知
7.23	定政办发19	关于调整舟山市定海区公共卫生工作委员会及各专业工作组组成成员的通知
8.3	定政办发20	关于公布2020年定海区粮食生产功能区认定结果的通知
8.28	定政办发22	关于印发《定海区海岛公园建设三年行动计划（2020—2022）》的通知
9.7	定政办发23	关于印发《定海区“无废城市”建设工作实施方案》的通知
9.9	定政办发24	关于印发《2020年定海区土地流转工作实施方案》的通知
9.15	定政办发25	关于印发《定海区在养野生动物处置工作实施方案》的通知

续表29

月日	文件名	文 件 标 题
9.15	定政办发26	印发《关于建立政府工作约谈制度的实施意见》的通知
9.23	定政办发27	关于印发《定海区渔农村饮用水达标提标行动县级清盘验收意见》的通知
9.27	定政办发28	关于印发《定海区镇（街道）敬老院改造提升三年行动方案（2020—2022年）》的通知
9.28	定政办发29	关于印发定海区防汛防旱防台应急预案的通知
9.3	定政办发30	关于建立舟山市定海区深化医药卫生体制改革联席会议制度的通知
9.3	定政办发31	关于印发《定海区关于开展固定污染源排污许可规范化管理试点工作实施方案》的通知
10.14	定政办发32	关于印发舟山市定海区人民政府及其各部门任命的国家工作人员宪法宣誓实施办法的通知
10.2	定政办发33	关于成立区“无废城市”建设工作领导小组的通知
10.23	定政办发34	关于调整区促进中小企业和民营企业发展工作领导小组的通知
10.26	定政办发35	关于印发《定海区节水行动实施方案》的通知
11.16	定政办发36	关于成立区迎接土地例行督察工作领导小组的通知
12.2	定政办发37	关于开展第一次全区自然灾害综合风险普查的通知
12.7	定政办发38	关于建立舟山市定海区农渔村留守儿童关爱保护和孤困儿童保障工作联席会议制度的通知
12.23	定政办发39	关于印发《定海区救灾物资储备管理实施细则》的通知
12.29	定政办发40	关于印发定海区突发公共事件总体应急预案及专项应急预案的通知
1.14	定政1	关于创建海洋生态建设示范区工作自查情况的报告
1.16	定政2	关于2019年度粮食安全县区长责任制落实情况的报告
4.1	定政3	关于要求对舟山定海城西社区实施方案评审的请示
3.2	定政4	关于2019年度消防工作情况的报告

续表29

月日	文件名	文 件 标 题
3.16	定政5	关于定海区2019年法治政府建设工作的报告
4.13	定政6	关于要求置换舟山港域马岙港作船码头的请示（呈毛江平副市长）
4.13	定政7	关于要求对浦西鑫材国际市场进行不动产权分割的请示
4.24	定政8	关于申报万里美丽经济交通走廊创建示范县的请示
4.27	定政9	关于要求审议并转报《舟山市定海区海岛保护规划》的请示
5.7	定政10	关于要求暂缓缴纳海洋督查整改地块划拨价款的请示
6.8	定政11	关于要求改建定海区中心医院的请示
6.12	定政12	关于要求对舟山长宏国际再生利用有限公司3万吨级码头对外开放启用验收的请示
6.23	定政13	关于要求调整2020年定海区征地区片综合地价的请示
7.6	定政14	关于要求解决浙江易航海信息技术有限公司CMMI3论证费用的请示
7.7	定政15	关于要求调整定海区防洪排涝三年行动计划任务及规模的请示
7.1	定政16	关于要求支持甬舟铁路、甬舟二通道永久基本农田补划相关事项的请示
8.13	定政17	关于浙江兆弟桩业有限公司舟山分公司污水入河问题整改情况的报告
8.18	定政18	关于要求对浙江半岛船业有限公司码头船坞对外启用验收的请示
8.2	定政19	关于要求无偿划转定海二中、定海七中（原檀枫小学）、舟山小学（原北园小学）等三所学校不动产的请示
8.19	定政20	关于要求转报省政府批准《定海区青苗、经济作物和地上附着物补偿标准》的请示
8.27	定政21	关于要求同意浙江建桥能源发展有限公司码头临时接靠国际航行船舶的请示
9.2	定政22	关于要求撤销省级舟山群岛定海国际旅游度假区的请示
9.16	定政23	关于申报绿色转化财政专项激励资金竞争性分配项目的报告

续表29

月日	文件名	文　件　标　题
9.16	定政24	关于要求同意浙江金万达港口有限公司册子四宗工业用地开竣工延期的请示
9.22	定政25	关于土地征收的请示
9.28	定政26	关于申报创建国家农村产业融合发展示范园的请示
9.28	定政27	关于要求补助盐仓街道创城专项经费的请示
9.3	定政28	关于定海区渔农村饮用水达标提标行动县级清盘验收的报告
11.9	定政29	关于要求补助环南街道规划编制经费的请示
11.19	定政30	关于要求补助和盛果蔬专业合作社生产设施提升资金的请示
11.24	定政31	关于要求将市人防办位于定海区滕坑湾等区块人防资产划归定海区住建局（人防办）的请示
12.1	定政32	关于定海区和普陀区行政区域界线联合检查工作情况的报告
12.3	定政33	关于要求舟山市定海康道交通发展有限公司5万吨级（兼靠10万吨）码头对外启用正式验收的请示
12.18	定政34	关于申报定海“千年古城”复兴试点的请示
12.26	定政35	关于进一步促进我区数字经济发展审议意见落实情况的报告
12.28	定政36	关于上报《定海区绿色转化财政专项激励政策实施方案》的报告
12.29	定政37	关于定海区第十七届人民代表大会第四次会议代表议案建议办理情况的审议意见落实情况的报告
12.29	定政38	关于全区2020年上半年国民经济和社会发展计划执行情况及财政预算执行情况审议意见落实情况的报告

（撰稿：周啸峰）

责任编辑：王英伟

索　引

主题索引

1—9

H

K

L

M

N

P

Q

T

W

X

Y

Z

图表索引